collection Adonis

dictionnaire
français
anglais

par Jean Mergault

Agrégé de l'Université
Maître-assistant
à l'université de Paris VII

édition
entièrement nouvelle

Librairie Larousse
17, rue du Montparnasse
75006 Paris

ISBN 2-03-402052-9

Avant-propos

● Dans la PARTIE ANGLAISE, les **noms** anglais sont indiqués *n*, les noms français *m* (nom masculin), *f* (nom féminin), *n* (nom de personne masculin ou féminin). Le genre n'est pas donné si le nom est accompagné d'un adjectif ayant une forme féminine évidente.

● Dans la PARTIE FRANÇAISE, les **noms** et **adjectifs** français en entrées figurent à la forme masculine avec indication abrégée du féminin. Le pluriel n'est donné qu'en cas de forme irrégulière.

● Les **niveaux de langue** des entrées sont indiqués par des rubriques, abrégées, en capitales ; ceux des traductions sont donnés entre parenthèses (liste des rubriques p. IV).

● Les **nuances de sens** sont précisées par des exemples en italiques ou par des indications entre crochets ou entre parenthèses.

● Le mot de l'entrée est remplacé par le **signe** ~ dans les composés ou les exemples.

● Les **verbes anglais** sont donnés à l'infinitif sans *to*, par souci d'économie de place.

● La **prononciation** (représentée au moyen de l'Alphabet Phonétique International) n'est pas reprise à chaque nouvelle entrée si elle peut se déduire aisément de celle qui précède. Dans ce cas, il est convenu que l'**accent** principal tombe sur la première syllabe, sauf indication contraire au moyen des signes habituels, intégrés par convention dans la typographie de l'entrée.

‖ = changement de sens ou de niveau de langue.

● = changement de catégorie.

* après verbe anglais = verbe irrégulier (liste partie anglaise p. V, VI).

(1) après verbe français = numéro de conjugaison (p. VIII et 262-6).

Labels/Rubriques

AGR.	agriculture	LIT.	littéraire/literary
ANAT.	anatomie/anatomy	MATH.	mathématiques/-tics
ARCH.	architecture	MED.	médecine/medicine
ARG.	argot/slang	MIL.	militaire/military
ARTS	arts/arts	MUS.	musique/music
ASTR.	astronautique/-tics astronomie/-my	NAUT.	nautique/-tical, navy
AUT.	automobile/car	OPT.	optique/-tics
AV.	aviation	PEJ.	péjoratif/pejorative
BOT.	botanique/botany	PHOT.	photographie/-phy
CH.	chimie/chemistry	PHYS.	physique/physics
CIN.	cinéma/cinema	POL.	politique/politics
COLL.	colloquial/familier	RAD.	radio
COMM.	commerce/trade	RAIL.	chemin de fer/railway
CULIN.	art culinaire/cooking	REL.	religion
ELECTR.	électricité/-city électronique/-nics	SL.	argot/slang
		SP.	sports (games)
FAM.	familier/colloquial	TECHN.	technique/-ology
FIG.	figuré/figuratively	TEL.	télécommunications
FIN.	finances/finance	TH.	théâtre/theatre
FR.	France	TV	télévision
GB	Gde-Bretagne/Britain	US	usage américain/ chiefly American
GEOGR.	géographie/geography		
GRAMM.	grammaire/grammar	VULG.	vulgaire/vulgar
JUR.	jurisprudence, etc.	ZOOL.	zoologie/zoology

Abbreviations/Abréviations

a, a.	adjectif	*inv*, inv.	invariable
abrév.	abréviation	*loc*	locution (phrase)
arch.	archaïque		
arg.	argot (slang)	*m*	(nom) masculin
art	article	*mod*	modal
art contr	article contracté	n., n.	nom (*m, f*)
		nég., nég.	négatif
aux	auxiliaire	obj.	complément d'objet (object)
av	adverbe		
c	conjonction	*onom*	onomatopée
coll.	colloquial (familier)	opp.	opposé
		p, p.	préposition
comp.	comparatif	part.	participe
cond.	conditionnel	péj.	péjoratif
contr.	contraire	pers.	personnel
déf	défini	*Pl*, pl.	pluriel
dém	démonstratif	*poss*	possessif
dim.	diminutif	p. p.	participe passé
dir.	direct	*pr*, pr.	pronom[inal]
excl	exclamation, exclamatif	*préf*	préfixe
		prés.	présent
f	(nom) féminin	qqch	quelque chose (something)
fam.	familier (colloquial)	qqn	quelqu'un (somebody)
fig.	figuré	récipr.	réciproque
imp.	impératif	réfl.	réfléchi
impers, impers.	impersonnel	*rel*	relatif
impr.	impropre	*Sg*, *sg*, sing.	singulier
ind	indéfini	sl.	slang (argot)
indir.	indirect	sup.	superlatif
inf.	infinitif	TV	télévision
interj	interjection	*v*, v.	verbe
interr.	interrogatif		

Common French endings

-a	[-a]	-ieuse	[-jøz]
-able	[-abl]	-ieux	[-jø]
-ade	[-ad]	-if	[-if]
-age	[-aʒ]	-in	[-ɛ̃]
-ain	[-ɛ̃]	-ion	[-jɔ̃]
-aire	[-ɛr]	-ique	[-ik]
-ais	[-ɛ]	-ir(e)	[-ir]
-aise	[-ɛz]	-isation	[-izasjɔ̃]
-al(le)	[-al]	-ise	[-iz]
-ance	[-ɑ̃s]	-iser	[-ize]
-ant(e)	[-ɑ̃(t)]	-isme	[-ism]
-ateur	[-atœr]	-issage	[-isaʒ]
-atif	[-atif]	-issant(e)	[-isɑ̃(t)]
-ation	[-asjɔ̃]	-issement	[-ismɑ̃]
-ative	[-ativ]	-isseur	[-isœr]
-atrice	[-atris]	-isseuse	[-isøz]
-aux	[-o]	-iste	[-ist]
-e	mute	-ite	[-it]
-é(e)	[-e]	-ité	[-ite]
-el(le)	[-ɛl]	-ition	[-isjɔ̃]
-ement	[-(ə)mɑ̃]	-itude	[-ityd]
-ence	[-ɑ̃s]	-ive	[-iv]
-ent(e)	[-ɑ̃(t)]	-ivement	[-ivmɑ̃]
-er	[-e]	-ment	[-mɑ̃]
-erie	[-(ə)ri]	-o	[-o]
-esse	[-ɛs]	-oir(e)	[-war]
-ette	[-ɛt]	-on	[-ɔ̃]
-eur, -euse	[-œr, -øz]	-onner	[-ɔne]
-eux	[-ø]	-onneur	[-ɔnœr]
-i(e)	[-i]	-té	[-te]
-ial(le)	[-jal]	-teur	[-tœr]
-iant(e)	[-jɑ̃(t)]	-tion	[-sjɔ̃]
-ible	[-ibl]	-trice	[-tris]
-ié(e)	[-je]	-tude	[-tyd]
-ien	[-jɛ̃]	-ture	[-tyr]
-ienne	[-jɛn]	-u(e)	[-y]
-ier, -ière	[-je, -jɛr]	-ure	[-yr]

Phonetic transcription

SYMBOLS	KEY WORDS		SYMBOLS	KEY WORDS	
a	lac	[lak]	ɛ̃	main	[mɛ̃]
α	âme	[αm]	ɑ̃	lent	[lɑ̃]
e	dé	[de]	ɔ̃	mon	[mɔ̃]
ɛ	lait	[lɛ]	œ̃	brun	[brœ̃]
i	ni	[ni]	g	gare	[gar]
ɔ	note	[nɔt]	j	yeux	[jø]
o	rôle	[rol]	ɥ	nuit	[nɥi]
u	mou	[mu]	w	oui	[wi]
y	mur	[myr]	ʒ	je	[ʒə]
œ	bœuf	[bœf]	ʃ	chat	[ʃa]
ø	bleu	[blø]	ɲ	peigne	[pɛɲ]
ə	me	[mə]	*	héros	[*ero]

The other symbols [p], [b], [t], [d], [k], [f], [v], [s], [z], [l], [r], [m], [n] coincide with their graphic counterparts, the r-sound being sounded as a "uvular fricative".

* The "aspirate" **h** is not sounded in French. It merely renders any elision or "liaison" impossible : le héros [lə *ero] ; les héros [le *ero].

Symbols. The symbols used are those of the International Phonetic Alphabet.

Stress. The stress is not indicated in the French-English part as it normally falls on the last *sounded* syllable of the word.

conjugations

INF.	1. aimer	2. finir	3. recevoir	4. rompre
PART.PR.	aimant	finissant	recevant	rompant
P.	aimé	fini	reçu	rompu

INDICATIF

présent

je	aime	finis	reçois	romps
tu	aimes	finis	reçois	romps
il	aime	finit	reçoit	rompt
nous	aimons	finissons	recevons	rompons
vous	aimez	finissez	recevez	rompez
ils	aiment	finissent	reçoivent	rompent

imparfait

je	aimais	finissais	recevais	rompais
tu	aimais	finissais	recevais	rompais
il	aimait	finissait	recevait	rompait
n/v	aimi|ons,ez	finissi|ons,ez	recevi|ons,ez	rompi|ons,ez
ils	aimaient	finissaient	recevaient	rompaient

p. simple

je	aimai	finis	reçus	rompis
tu	aimas	finis	reçus	rompis
il	aima	finit	reçut	rompit
n/v	aim|âmes,âtes	fin|îmes,îtes	reç|ûmes,ûtes	romp|îmes,îtes
ils	aimèrent	finirent	reçurent	rompirent

futur

je	aimerai	finirai	recevrai	romprai
tu	aimeras	finiras	recevras	rompras
il	aimera	finira	recevra	rompra
n/v	aimer|ons,ez	finir|ons,ez	recevr|ons,ez	rompr|ons,ez
ils	aimeront	finiront	recevront	rompront

COND.

je	aimerais	finirais	recevrais	romprais
tu	aimerais	finirais	recevrais	romprais
il	aimerait	finirait	recevrait	romprait
n/v	aimeri|ons,ez	finir|ons,ez	recevri|ons,ez	rompri|ons,ez
ils	aimeraient	finiraient	recevraient	rompraient

SUBJONCTIF

présent

je	aime	finisse	reçoive	rompe
tu	aimes	finisses	reçoives	rompes
il	aime	finisse	reçoive	rompe
n/v	aimi|ons,ez	finissi|ons,ez	recevi|ons,ez	rompi|ons,ez
ils	aiment	finissent	reçoivent	rompent

imparfait

je	aimasse	finisse	reçusse	rompisse
tu	aimasses	finisses	reçusses	rompisses
il	aimât	finît	reçût	rompît
n/v	aimassi|ons,ez	finissi|ons,ez	reçussi|ons,ez	rompissi|ons,ez
ils	aimassent	finissent	reçussent	rompissent

IMP.

	aime	finis	reçois	romps
	aimons	finissons	recevons	rompons
	aimez	finissez	recevez	rompez

a

a [α] *m* a ‖ → AVOIR.

à [a] (**au** [o] = à le; **aux** [o] = à les) *p* [lieu, sans mouvement] at, in; ~ *Paris*, in Paris ‖ [lieu, avec mouvement] to; *aller ~ la gare*, go to the station ‖ [distance] ~ *2 miles d'ici*, 2 miles away ‖ [direction] on, to; ~ *gauche*, on/to the left ‖ [temps] at, on; ~ *midi*, at noon ‖ *faire du cent ~ l'heure*, do sixty miles an hour ‖ [appartenance] of; *un ami ~ moi*, a friend of mine; ~ *qui est ce livre ?*, whose book is this ? ; *il est ~ moi/mon frère*, it is mine/my brother's ‖ [manière, moyen] by, with, in; ~ *la main*, by hand; *au crayon*, in pencil ‖ [caractéristique] with; *une jeune fille aux yeux bleus*, a girl with blue eyes, a blue-eyed girl ‖ [devoir] *c'est ~ vous de*, it's up to you to (faire, do) ‖ RAD. ~ *vous !*, over (to you!)

abaisser [abese] *v* (1) lower.

abandonné, e [abãdɔne] *a* forsaken; deserted (*femme*).

abandonner *v* (1) forsake, desert ‖ quit (*emploi*) ‖ SP. give up, drop out.

abasourdir [abazurdir] *v* (2) stun, bewilder.

abat-jour [abaʒur] *m inv* lamp-shade.

abattement [-tmã] *m* depression, dejection.

abattoir *m* slaughter-house.

abattre [-tr] *v* (20) cut down (*arbre*); pull down (*bâtiment*) ‖ kill (*animal dangereux*); slaughter (*animal de boucherie*).

abbaye [abei] *f* abbey.

abbé [-be] *m* priest; *l'~ X*, Father X.

abc [abese] *m* rudiments.

abcès [absɛ] *m* abscess.

abeille [abɛj] *f* bee.

abîme [abim] *m* abyss, chasm.

abîmer *v* (1) ruin, spoil, damage ‖ *s'~*, get spoiled.

aboiement [abwamã] *m* bark (ing).

abominable [abɔminabl] *a* abominable.

abondance [abɔ̃dãs] *f* abundance, plenty.

abondant, e *a* plentiful, abundant; *peu ~*, scarce, scanty.

abonné, e [journal] subscriber ‖ RAIL. season-ticket holder ● *a* : *être ~ à*, take in, subscribe to (journal).

abonnement *m* subscription; *prendre un ~ à*, subscribe to; *carte d'~*, season-ticket.

abonner *v* (1) : *s'~ à*, subscribe to (journal) ‖ RAIL. take a season-ticket.

abord [abɔr] *m* approach ‖ Pl surroundings ; [ville] outskirts ‖ *d'~*, at first ; *tout d'~*, first of all.

abordable [-dabl] *a* reasonable (price).

aborder *v* (1) approach, accost (qqn).

aboutir [abutir] *v* (2) : ~ *à*, end, result at/in ‖ [chemin] lead to.

aboyer [abwaje] *v* (9a) bark.

abrégé [abreʒe] *m* summary.

abréger *v* (5, 7) abbreviate (mot).

abréviation [-vjasjɔ̃] *f* abbreviation.

abri [abri] *m* shelter, cover ; *à l'~*, under shelter ; *se mettre à l'~*, take shelter ; *sans ~*, homeless.

abricot [-ko] *m* apricot.

abriter [-te] *v* (1) shelter.

abrupt, e [abrypt] *a* abrupt, steep.

abrutir [-tir] *v* (2) stupefy ‖ daze.

absence [absɑ̃s] *f* absence.

absent, e *a* absent, away (de, from) ● *n* absent person, absentee.

absolu, e [absɔly] *a* absolute.

absolument *av* absolutely ‖ completely.

absorbant, e [absɔrbɑ̃, t] *a* absorbing.

absorber *v* (1) absorb ‖ drink (boisson) ‖ suck in/up.

abstinence [abstinɑ̃s] *f* abstinence.

abstinent, e *a* abstemious, abstinent ● *n* total abstainer, teetotaller.

abstraction [abstraksjɔ̃] *f* abstraction.

abstrait, e [-ɛ, t] *a* abstract.

absurde [absyrd] *a* absurd, preposterous.

abus [aby] *m* abuse, misuse.

abuser [-ze] *v* (1) : ~ *de*, misuse ; strain (ses forces) ‖ ~ *du tabac*, smoke too much.

académie [akademi] *f* academy.

académique *a* academic.

acajou [akaʒu] *m* mahogany.

accablant, e [akablɑ̃, t] *a* oppressive (chaleur).

accabler *v* (1) overwhelm (de, with) ; overcome (de, by).

accalmie [akalmi] *f* lull.

accélérateur [akseleratœr] *m* accelerator.

accélération *f* acceleration.

accélérer *v* (5) accelerate ; speed up (circulation).

accent [aksɑ̃] *m* accent (français, etc.) ‖ GRAMM. stress (tonique) ; accent (graphique).

accepter [aksepte] *v* (1) accept.

accès [aksɛ] *m* access, admittance (à, to) ‖ MED. attack, bout (fièvre).

accessoire [aksɛswar] *m* accessory, attachment ‖ Pl appliances.

accident [aksidɑ̃] *m* accident ; *avoir un ~*, meet with an accident ‖ AUT., RAIL. crash.

accidenté, e *n* MED.
casualty, victim.

accidentel, le [-tɛl] *a* acci-
dental.

accidentellement *av* acci-
dentally.

acclamer [aklame] *v* (1)
cheer.

acclimatation [aklimatasjɔ̃]
f acclimatization.

acclimater *v* (1) acclimatize ‖
s'~, become/get acclimatized.

accommoder [akɔmɔde] *v*
(1) CULIN. dress ‖ **s'~**, put up
(*de*, with).

accompagner [akɔ̃paɲe] *v*
(1) accompany, attend ; ~ *qqn
jusque chez lui*, see sb home ;
~ *à la gare*, see/send off.

accomplir [akɔ̃plir] *v* (2)
carry out (*tâche*) ; accomplish
(*mission*) ; fulfil (*promesse*).

accord [akɔr] *m* agreement ;
être d'~, agree (*avec*, with) ;
ne pas être d'~, disagree
(*sur*, about) ; *se mettre d'~*,
come to an agreement ; *d'~!*,
all right!, OK! ‖ **en ~**, in
keeping (*avec*, with) ‖ MUS.
chord ‖ RAD. tuning ‖ GRAMM.
agreement.

accordéon [-deɔ̃] *m* ac-
cordion.

accorder *v* (1) grant (*permission*) ; ~ *que*, admit that
‖ MUS. tune (*instrument*) ‖
[*colours*] match ‖ GRAMM.
agree (*avec*, with) ‖ FIG. **s'~**,
get on well (*s'entendre*).

accordeur *m* MUS. tuner.

accoster [akɔste] *v* (1) accost
(person).

accotement [akɔtmɑ̃] *m*
[*route*] shoulder, verge.

accouchement [akuʃmɑ̃] *m*
MED. delivery, childbirth ; ~
sans douleur, painless child-
birth.

accoucher *v* (1) give birth
(*de*, to).

accoudoir [akudwar] *m*
armrest.

accourir [akurir] *v* (32) run
up.

accroc [akro] *m* tear.

accrocher [-ʃe] *v* (1) hang up
(suspendre) (*à*, on, from) ‖ hook
(*avec crochet*) ‖ **s'~**, hang on
(*à*, to).

accroissement [akrwasmɑ̃]
m growth ‖ increase.

accroître [-watr] *v* (34)
increase ‖ **s'~**, grow, increase.

accroupir (s') [sakrupir] *v*
(2) crouch, squat.

accru [akry] → ACCROÎTRE.

accueil [akœj] *m* reception ‖
welcome (*bienvenue*) ; *faire bon
~ à qqn*, welcome sb.

accueillir *v* (35) receive ; welcome, greet (*avec plaisir*).

accumulateur [akymylatœr]
m AUT. (storage) battery.

accumuler *v* (1) : **s'~**, accu-
mulate.

accusation [akyzasjɔ̃] *f*
accusation, charge.

accusé *m* : ~ *de réception*,
acknowledgment of receipt.

accuser *v* (1) accuse (*de*, of).

charge (*de*, with) ‖ ∼ **réception**, acknowledge receipt of.

achalandé, e [aʃalɑ̃de] *a* : *bien* ∼, well-stocked (approvisionné).

achat [aʃa] *m* buying (action) ; purchase (objet) ; *faire des* ∼*s*, go shopping.

acheter [aʃte] *v* (86) buy, purchase ; ∼ *qqch d'occasion*, buy sth second-hand.

acheteur, euse *n* buyer, purchaser.

achèvement [aʃɛvmɑ̃] *m* completion.

achever [-əve] *v* (5) end, finish ‖ complete ‖ finish off (tuer).

acide [asid] *a/m* acid.

acier [asje] *m* steel.

aciérie [-ri] *f* steelworks.

acompte [akɔ̃t] *m* COMM. deposit ; instalment.

à-côtés [akote] *mpl* extras (dépenses) ‖ perks (coll.) [avantages].

acoustique [akustik] *f* acoustics.

acquéreur [akerœr] *m* buyer, purchaser.

acquérir *v* (13) acquire.

acquisition [akizisjɔ̃] *f* acquisition (act) ; purchase (objet) ; *faire l'∼ de*, acquire.

acquit [aki] *m* receipt ; *pour* ∼, paid with thanks ‖ FIG. *par* ∼ *de conscience*, for conscience' sake.

acquitter [-te] *v* (1) COMM. pay off (dette) ‖ JUR. acquit.

âcre [akr] *a* acrid (goût) ; pungent, sharp (odeur).

acrobate [akrɔbat] *n* acrobat.

acrobatie [-si] *f* acrobatics ‖ *Pl* : ∼*s aériennes*, aerobatics, stunt-flying.

acte [akt] *m* act, action ‖ TH. act ‖ JUR. deed ; ∼ *de naissance*, birth certificate.

acteur, trice *n* actor *m* ; actress *f* ; player *n*.

actif, ive *a* active, busy (personne, vie).

action [aksjɔ̃] *f* action, act ‖ REL. ∼ *de grâces*, thanksgiving.

actionner [-sjɔne] *v* (1) TECHN. operate, work.

activité [-tivite] *f* activity.

actualité [-tɥalite] *f* current events ; *d'∼*, topical ‖ *Pl* TV news.

actuel, le *a* present.

actuellement *av* now.

adaptable [adaptabl] *a* adaptable.

adaptateur *m* ELECTR. adapter.

adapter *v* (1) adjust, fit (à, to) ‖ FIG. adapt ‖ *s'∼*, fit (à, on).

addition [adisjɔ̃] *f* addition ‖ (restaurant) bill, US check.

additionner [-ɔne] *v* (1) add up.

adepte [adɛpt] *n* follower.

adhérent, e [aderɑ̃, -t] *n* member.

adhérer *v* (5) : FIG. ∼ *à*, join (association).

adhésion [-zjɔ̃] *f* joining.

adieu [adjø] *m* farewell ; *faire ses ~x à*, say good-bye to ; *fête d'~*, send-off.

adjectif [adʒɛktif] *m* adjective.

adjoint, e [adʒwɛ̃, t] *n* assistant ; ~ *au maire*, deputymayor.

admettre [admɛtr] *v* (64) allow (accorder) ; admit (reconnaître) ‖ let in, receive (recevoir).

administrer [administre] *v* (1) direct, manage.

admirer [admire] *v* (1) admire.

admissible [admisibl] *a* (examen) qualified for a « viva ».

admission [-sjɔ̃] *f* admission.

adolescence [adɔlesɑ̃s] *f* adolescence, youth, teens.

adolescent, e *a/n* adolescent, youth ‖ teenager.

adonner (s') [sadɔne] *v* (1) give o.s. up, devote o.s. (*à*, to) ‖ take up.

adopter [adɔpte] *v* (1) adopt (enfant).

adoptif, ive *a* adopted (enfant) ; adoptive (parents).

adorer [adɔre] *v* (1) worship.

adresse 1 [adrɛs] *f* skill (habileté).

adresse 2 *f* address (domicile).

adresser *v* (1) direct (lettre) ‖ *s'~*, ask (*à qqn*, sb) ; apply (*à*, at) [endroit].

adroit, e [adrwa, t] *a* skilful.

adulte [adylt] *a/n* adult, grown-up.

adultère [adyltɛr] *a* adulterous ● *n* [personne] adulterer, -eress ‖ *m* [acte] adultery.

adverbe [advɛrb] *m* adverb.

adversaire [advɛrsɛr] *n* opponent, adversary.

aérer [aere] *v* (5) air (pièce).

aérien, ne *a* aerial.

aéro-club *m* flying club.

aérodrome [-drom] *m* aerodrome.

aérodynamique *a* AUT., AV. streamlined.

aérogare *f* air-terminal.

aéroglisseur *m* hovercraft.

aéronautique [-notik] *f* aeronautics.

aéroport *m* airport.

aérosol *m* MÉD. aerosol.

affaiblir [afeblir] *v* (2) weaken ‖ *s'~*, grow weak(er).

affaire [afɛr] *f* business, affair ; *avoir ~ à*, have to do with ; *faire l'~*, serve the purpose, suit ‖ COMM. deal (transaction) ; *une bonne ~*, a good bargain ; firm, concern (firme) ‖ *Pl* business ; *les ~s sont les ~s*, business is business ; *faire des ~s*, do business (*avec*, with) ; *homme d'~s*, businessman ‖ *Pl* business (affaires privées) ; *mêlez-vous de vos ~s*, mind your own business ‖ *Pl* things, belongings (objets).

affairé, e *a* busy.

affairer (s') *v* (1) bustle about.

affamé, e [afame] *a* hungry, starving.

affamer v (1) starve.

affecter [afɛkte] v (1) affect, move (émouvoir).

affection [-sjɔ̃] f affection, attachment.

affectueusement [-ɥøzmɑ̃] av affectionately, fondly.

affectueux, euse a a loving, affectionate.

affiche [afiʃ] f bill, poster.

afficher v (1) post (up); défense d'~, stick no bill.

affilée (d') [dafile] loc av on end ; quatre heures d'~, four solid hours.

affirmatif, ive [afirmatif, iv] a affirmative.

affirmer v (1) assert.

affligé, e [afliʒe] a desolate.

affluence [aflyɑ̃s] n crowds; heures d'~, rush hours.

affolé, e [afole] a a panicky, distracted ‖ wild (regard).

affolement m distraction, panic.

affoler v (1) : s'~, panic, lose one's head.

affranchir [afrɑ̃ʃir] v (2) stamp (lettre).

affranchissement m [lettre] stamping, postage.

affréter [-ete] v (5) charter (avion, etc.).

affreux, euse a a hideous (laid) ; shocking (révoltant).

affûter [afyte] v (1) whet, sharpen.

afin [afɛ̃] p : ~ de, in order to, so as to ‖ ~ que, in order that, so that.

africain, e [afrikɛ̃, ɛn] a/n African.

Afrique [-k] f Africa.

agaçant, e [agasɑ̃, t] a irritating.

agacer [-se] v (5) irritate, annoy.

âge [aʒ] m age ; quel ~ avez-vous ?, how old are you ? ; prendre de l'~, get on in years ; dans la fleur de l'~, in one's prime ; d'un certain ~, elderly ‖ age (époque).

âgé, e a aged ; ~ de dix ans, ten years old ‖ plus ~, older ; elder (de deux personnes).

agence [aʒɑ̃s] f agency, bureau ; ~ de voyage, travel-bureau.

agenda [aʒɛ̃da] m engagement-book.

agenouiller (s') [saʒənuje] v (1) kneel down.

agent [aʒɑ̃] m agent ; ~ immobilier, estate agent ‖ ~ de police, policeman ; Monsieur l'~ !, Officer !

agglomération [aglɔmerasjɔ̃] f built-up area.

aggloméré m TECHN. chip-board.

aggraver [agrave] v (1) make worse ‖ s'~, get worse.

agir [aʒir] v (2) act (sur, on); behave, do; bien ~, do right; mal ~, do wrong ‖ MÉD. [remède] work ‖ s'~ : de quoi s'agit-il ?, what is about ?, what is the matter ? ; il s'agit de..., the question is to..., it's about...

agité, e [-te] *a* excited, fidgety (personne) ‖ rough, choppy (mer) ‖ restless (nuit) ; broken (sommeil).

agiter *v* (1) shake, agitate ; wave (mouchoir) ; stir (liquide).

agneau [aɲo] *m* lamb.

agrafe [agraf] *f* [papier] staple.

agrafer *v* (1) staple.

agrafeuse *f* stapler.

agrandir [agrãdir] *v* (2) enlarge ‖ PHOT. enlarge, blow up.

agrandissement *m* PHOT. enlargement.

agréable [agreabl] *a* pleasant, nice.

agréer *v* (1) approve.

agresseur [agresœr] *m* aggressor.

agressif, ive *a* aggressive.

agression *f* aggression ; mugging ; ~ à main armée, hold-up.

agriculteur [agrikyltœr] *m* farmer.

agriculture *f* farming.

aguerrir [agerir] *v* (2) inure, harden (à, to) ‖ s'~, become hardened.

ahuri, e [ayri] *a* bewildered, stupefied.

ahurissant, e *a* bewildering.

ai [ε] → AVOIR.

aide [εd] *f* aid, assistance, help (assistance) ‖ *n* assistant.

aider *v* (1) help, assist ; ~ qqn à monter/descendre, help sb up/down.

aïe ! [aj] *excl* ouch !

aigle [εgl] *m* eagle.

aiglefin [-afɛ̃] *m* haddock.

aiglon *m* eaglet.

aigre [εgr] *a* sour.

aigu, ë [egy] *a* sharp (pointu) ; shrill (son) ; acute (douleur).

aiguille [eguij] *f* needle (à coudre) ‖ [horloge] hand ; dans le sens des ~s d'une montre, clockwise ; dans le sens inverse des ~s d'une montre, counter-clockwise.

aiguilleur *m* : AV., FAM. ~ du ciel, air traffic controller.

aiguillon *m* sting.

aiguiser [eg(u)ize] *v* (1) sharpen, whet.

ail [aj] (*Pl* **aulx** [o]) *m* garlic.

aile [εl] *f* wing ‖ SP. ~ volante, hang-glider.

ailier *m* SP. winger.

ailleurs [ajœr] *av* elsewhere, somewhere else ‖ d'~, besides, moreover ‖ par ~, otherwise.

aimable [εmabl] *a* friendly, kind (amical) ; nice (agréable).

aimant [εmã] *m* magnet.

aimanté, e *a* magnetic.

aimer *v* (1) love (d'amour) ; ~ (beaucoup), be fond of ; ~ (bien), like ; enjoy (vacances, repas) ; care for (avoir envie de) ‖ ~ mieux : j'aimerais mieux faire, I had/would rather do.

aîné, e [εne] *a* elder (de deux) ; eldest (de plusieurs) ● *n* elder, eldest, senior.

ainsi [ɛ̃si] *av* thus, so ; et ~ de suite, and so on ; pour ~ dire, so to say, as it were ; ~ soit-il, so be it ‖ **~ que**, (just) as ; as well as.

air 1 [ɛr] m air ; **en plein ~**, in the open (air) ‖ FIG. *change-ment d'~*, change of scene.

air 2 m look, appearance (aspect) ; *avoir l'~*, look ‖ MUS. tune, air.

aisance [ɛzãs] f ease ‖ FIN. easy circumstances.

aise [ɛz] f ease, comfort ; *à l'~*, at ease, comfort ; *mal à l'~*, ill-at-ease ; *se sentir à l'~*, feel at home ‖ FIG. *à l'~*, in easy circumstances, well-off (riche).

aisé, e a easy (facile) ‖ well-to-do (riche).

ajiste [aʒist] n youth-hosteller.

ajourner v (1) postpone ‖ fail (candidat).

ajouter [aʒute] v (1) add (à, to).

ajuster [aʒyste] v (1) adjust ‖ fit (vêtement).

ajusteur m fitter.

alarme [alarm] f alarm.

alarmer v (1) alarm, frighten.

album [albɔm] m album.

alcool [alkɔl] m alcohol ‖ spi-rit ; *~ à brûler*, methylated spirit (whisky, etc.) ; *sans ~*, soft (boisson) ‖ MED. *~ à 90°*, surgical spirit.

alcoolique a alcoholic • n alcoholic.

alcootest m breath(alyzer) test.

alerte 1 [alɛrt] f alarm.

alerte 2 a brisk, alert.

alerter v (1) warn (prévenir).

algèbre [alʒɛbr] f algebra.

Alger [alʒe] f Algiers.

Algérie [-ri] f Algeria.

algérien, ne a/n Algerian.

algue [alg] f seaweed.

aliment [alimã] m food.

alimentation [-tasjɔ̃] f feed-ing, food.

alimenter v (1) feed ‖ *s'~*, take food.

alité a [alite] a confined to bed, laid up.

aliter (s') v (1) take to one's bed.

allaiter [alɛte] v (1) suckle, feed.

allant [alã] m energy ; *plein d'~*, full of pep (coll.).

allée f (jardin) walk, path ; drive (carrossable) ‖ *~s et venues*, comings and goings.

alléger [aleʒe] v (5, 7) lighten (charge) ‖ relieve (douleur).

Allemagne [almaɲ] f Ger-many.

allemand, e [-ã, d] a German • m [langue] German.

Allemand, e n German.

aller [ale] v (15) go ‖ **~ à** *bicyclette*, cycle ; **~ à** *cheval*, ride ; **~ à** *pied*, walk, go on foot ‖ **~ en** *Angleterre*, go over to England ; *êtes-vous ~é à Londres ?*, have you been to London ? ‖ [aller + inf.] **~** *chercher*, fetch ; **~ et venir**, come and go ‖ [santé] *comment ~ez-vous ?*, how are you ? ; **~** *bien/mal*, be well/unwell ; **~** *mieux*, be better, make progress ‖ [vêtement] suit, fit (à, to) ‖ [convenir] ça ira, that'll do ‖ [futur proche] to be going to, be about to ‖ **s'en ~**, go/get away, be off ‖ FIG. [couleurs] ~ *(bien) ensemble*, match ‖ FIG. *il va de soi que*, it stands to reason that ; FAM. *ça ira*, that'll do ● *m* outward journey ; *à l'~*, on the way out ‖ RAIL. **~ *(simple)***, single ticket ; **~ et retour**, return ticket.

allergie [alɛrʒi] *f* allergy.

alliage [aljaʒ] *m* alloy.

alliance [-jãs] *f* alliance, union ‖ wedding-ring (anneau).

allô [alo] *interj* hullo !

allocation [aləkasjɔ̃] *f* allocation, allowance ; **~ *de chômage***, dole (coll.) ; **~s *familiales***, family allowance.

allonger [alɔ̃ʒe] *v* (7) lengthen ‖ stretch (out) [bras] ; **~ *les jambes***, stretch one's legs ‖ **s'~**, [personne] lie down.

allons [alɔ̃] → ALLER ● *interj* : **~ !**, come on !

allumage [alymaʒ] *m* AUT. ignition.

allume-gaz *m* gas-lighter.

allumer *v* (1) light (cigarette) ; **~ *du feu***, light a fire ; kindle (bois) ; turn on (lumière, radio) ; switch on (électricité).

allumette *f* match ; **~ *suédoise***, safety-match.

allure [alyr] *f* [vitesse] pace ; *à toute ~*, at full speed ‖ [démarche] gait, walk.

allusion [-zjɔ̃] *f* allusion, hint ; *faire ~ à*, allude to.

alors [alɔr] *av* then ‖ **~ *que***, when (quand) ; whereas, while (tandis que) ‖ FAM. **~ ?**, well ? ; *et ~ ?*, so what ?

alouette [alwɛt] *f* (sky)lark.

alourdir [alurdir] *v* (2) make heavy.

aloyau [alwajo] *m* sirloin.

alphabet [alfabɛ] *m* alphabet ; **~ *Morse***, Morse code.

alphabétique [-etik] *a* alphabetic.

alpinisme [alpinism] *m* mountaineering, climbing.

alpiniste *n* mountaineer ; climber.

altéré, e [altere] *a* thirsty.

altérer *v* (5) adulterate (produit) ; spoil (nourriture) ‖ **s'~**, deteriorate.

alternatif, ive [altɛrnatif, iv] *a* alternative ‖ ELECTR. alternating.

alternativement *av* alternately.

altitude [altityd] *f* altitude, height.

alto [alto] *m* viola.

aluminium [alyminjɔm] *m* aluminium.

alunir [-nir] *v* (2) land on the moon.

amande [amãd] *f* almond (fruit) ‖ [noyau] kernel.

amant [amã] *m* lover.

amas [ama] *m* heap, pile.

amasser [-se] *v* (1) heap/pile up.

amateur [amatœr] *n* lover

(d'art) ‖ amateur (non-professionnel); ~ de cinéma, filmfan; ~ de théâtre, playgoer; ~ de sports, sportsman ‖ d'~, amateurish.

ambassade [ābasad] f embassy.

ambassadeur, drice n ambassador, -dress.

ambiance [ābjās] f environment; atmosphere.

ambigu, é [ābigy] a ambiguous, dubious (réponse).

ambitieux, euse [-sjø] a ambitious.

ambition f ambition.

ambre [ābr] m amber.

ambulance [ābylās] f ambulance.

âme [αm] f soul, spirit ‖ état d'~, mood.

améliorer [ameljɔre] v (1) improve, better ‖ s'~, improve.

aménager [-naʒe] v (7) fit up/out ‖ arrange, appoint (maison).

amende [amād] f fine ‖ [jeu] forfeit; mettre à l'~, fine.

amener [amne] v (5) bring (personne, qqch).

amer, ère [amɛr] a (goût) bitter.

amèrement av bitterly.

américain, e [amerikɛ̃, ɛn] a/n American.

américanisme [-kanism] m americanism.

Amérique [-k] f America; ~ du Nord, North America.

amerrir [amerir] v (2) AV. land on the sea.

ameublement [amøbləmā] m furniture.

ami, e [ami] n friend ‖ FAM. boy/girl friend.

amical, e, aux [-kal, o] a friendly.

amicalement av in a friendly way.

amidon [-dɔ̃] m starch.

amitié [-tje] f friendship ‖ Pl [formule] kind regards.

amont [amɔ̃] m : en ~, upstream; en ~ de, above.

amortir [amɔrtir] v (2) muffle (bruit); absorb, deaden (choc).

amortisseur [-sœr] m shock-absorber.

amour [amur] m (f au pl.) love ‖ pour l'~ de, for the sake of/for ...'s sake ‖ FAM. faire l'~, make love with; have sex with (coll.).

amoureux, euse a in love (de, with); tomber ~, fall in love • n lover.

amour-propre m self-esteem.

ampère [āpɛr] m ampere.

ampèremètre m ammeter.

amphithéâtre [āfiteatr] m (amphi)theatre.

ample [āpl] a loose (vêtements) ‖ full, wide (robe).

amplificateur [-ifikatœr] m TECHN. amplifier.

amplifier v (1) amplify.

ampoule [āpul] f phial (flacon) ‖ ELECTR. bulb ‖ PHOT. ~ (de) flash, flashbulb ‖ MED. blister.

amputer [āpyte] v (1) amputate.

amusant, e [amyzã, t] *a* amusing, funny.

amusement *m* amusement, entertainment.

amuser *v* (1) amuse, entertain ; **s'~**, enjoy o.s., have a good time ; [enfant] play (*avec*, with).

an [ã] *m* year ; *par* ~, yearly ; *jour de l'*~, New Year's Day ; *il a six* ~*s*, he is six years old.

analyse [analiz] *f* analysis.

analyser *v* (1) analyse.

ananas [anana] *m* pineapple.

anarchie [anarʃi] *f* anarchy.

anarchiste *a/n* anarchist.

anche [ãʃ] *f* MUS. reed.

anchois [ãʃwa] *m* anchovy.

ancien, ne [ãsjɛ̃, ɛn] *a* ancient (monde) ; antique (meuble) ; old (adresse) ‖ former (ministre) ‖ ~ *élève*, old boy.

ancre [ãkr] *f* anchor ; *jeter l'*~, cast anchor ; *lever l'*~, weigh anchor.

âne [an] *m* ass, donkey ‖ FIG. fool.

ânesse [ans] *f* she-ass.

anesthésie [anɛstezi] *f* anaesthesia.

anesthésier *v* (1) anaesthetize.

anesthésique *a/m* anaesthetic.

anesthésiste *n* anaesthetist.

ange [ãʒ] *m* angel.

angine [ãʒin] *f* tonsilitis.

anglais, e [ãglɛ, z] *a* English • *m* [langue] English.

Anglais, e *n* Englishman, -woman.

angle *m* angle ; ~ *aigu/droit*, sharp/right angle. ‖ PHOT. *grand* ~, wide angle lens.

Angleterre [-ətɛr] *f* England.

anglican, e [-ikã, an] *a/n* Anglican.

anglicisme [-sism] *m* anglicism.

anglo-normand, e [- onɔrmã, d] *a* : *Îles A*~*es*, Channel Islands.

anglophone [-fɔn] *a* English-speaking.

angoisse [ãgwas] *f* anguish.

angoissé, e *a* anguished.

animal [animal] *m* animal ; ~ *familier*, pet.

animateur, trice *n* RAD. compère, disc jockey.

animation [-] *f* liveliness (vie) ; *plein d'*~, busy (rue).

animé, e *a* animated ; *dessin* ~, (animated) cartoon.

ankylosé, e [ãkiloze] *a* stiff.

ankyloser *v* (1) get stiff.

anneau [ano] *m* ring (bague) ‖ [chaîne] link.

année *f* year ; *l'*~ *prochaine*, next year ; *toute l'*~, all the year round ‖ ~ *scolaire*, school year ‖ *bonne* ~*!*, Happy New Year ! ‖ ASTR. ~*-lumière*, light-year.

anniversaire [aniversɛr] *a* anniversary • *m* birthday.

annonce [anɔ̃s] *f* announcement (information) ‖ COMM. advertisement ; *petites* ~*s*, small ads (coll.) ‖ [cartes] bid (enchère).

annoncer v (6) announce ‖ publish, declare (publier).

annonceur m advertiser ‖ RAD., TV, sponsor.

annuaire [anyɛr] m year-book ‖ TÉL. (telephone) directory.

annuel, le a yearly.

annuellement av yearly.

annulaire [-lɛr] m ring-finger.

annuler v (1) cancel (ordre) ‖ call off (rendez-vous) ; la soirée est ~ée, the party's off.

ânon [ɑnɔ̃] m ass's foal.

anonyme [anɔnim] a anonymous.

anorak [-rak] m anorak.

anormal, e, aux a abnormal.

anse [ɑ̃s] f (panier) handle.

antenne [ɑ̃tɛn] f RAD. aerial.

antérieur, e [ɑ̃terjœr] a [temps] previous ; prior (à, to).

antérieurement av previously ; ~ à, prior to.

anti- [ɑ̃ti] pref anti-.

antiaérien, ne [ɑ̃tiaerjɛ̃, ɛn] a anti-aircraft.

antiatomique a anti-atomic.

antibiotique [-biɔtik] m antibiotic.

anticiper [ɑ̃tisipe] v (1) anticipate ; forestall.

anticonceptionnel, le [-kɔ̃sɛpsjɔnɛl] a contraceptive ; mesures ~elles, contraception.

antidote [-dɔt] m antidote.

antigel m anti-freeze.

Antillais, e [ɑ̃tijɛ] a/n West-Indian.

Antilles fpl West Indies.

antiparasite m RAD. suppressor.

antipathie [-pati] f dislike (envers, for).

antipathique a antipathetic.

antiquaire [-kɛr] n antique dealer.

antique a ancient.

antiquité f antiquity ‖ Pl antiques.

antisémitisme [-semitism] m anti-Semitism.

antiseptique a/m antiseptic.

antivol a anti-theft • m anti-theft device.

anxiété [ɑ̃ksjete] f anxiety, concern.

anxieux, euse a uneasy, restless, nervous.

août [u] m August.

apaiser [apɛze] v (1) appease ‖ calm (down) ‖ quench (soif).

apatride [apatrid] a stateless • n stateless person.

apercevoir [apɛrsəvwar] v (3) see, perceive, catch sight of ‖ s'~, notice, realize (de qqch, sth).

apesanteur [apəzɑ̃tœr] f weightlessness.

aplatir [aplatir] v (2) flatten.

apostrophe [apɔstrɔf] f apostrophe.

apôtre [apotr] m apostle.

apparaître [aparɛtr] v (74) appear, come into sight ‖ faire ~, conjure (up) [esprit].

appareil [-rɛj] m apparatus ; device ‖ ~ ménager, domestic appliance ‖ ~ photographique, camera ‖ TÉL. receiver.

apparemment [-ramã] *av* apparently.

apparence *f* appearance (aspect); show, semblance (semblant); **en ~**, seemingly.

apparent, e *a* apparent, visible.

apparition [-isjɔ̃] *f* appearance.

appartement [-təmã] *m* flat, US apartment.

appartenir [-tənir] *v* (101) [propriété] belong (à, to).

appât [apa] *m* bait.

appel [apɛl] *m* call || [vérification] **faire l'~**, call the roll, call over || TEL. call; **faire un ~ téléphonique**, place a phone call; **~ en PCV**, transferred-charge call; **~ en préavis**, person to person call || FIG. plea (demande pressante).

appeler [aple] *v* (8) call || hail (taxi) || **~ le médecin**, call (in) the doctor || TEL. ring up (qqn, sb) || **s'~**, be called; **comment vous ~ez-vous ?**, what is your name ?; **je m'~le Smith**, my name is S.

appendicite [apɛ̃disit] *f* appendicitis.

appétissant, e [apetisã, t] *a* appetizing.

appétit [-ti] *m* appetite; **avoir de l'~**, have a good appetite.

applaudir [aplodir] *v* (2) applaud, clap.

applaudissements *mpl* applause.

appliqué, e [aplike] *a*

diligent, painstaking (travailleur).

appliquer *v* (1) apply, put, lay (sur, on) || **s'~**, apply o.s. (à, to); work hard || [règle] apply.

appoint [apwɛ̃] *m* FIN. odd money; **faire l'~**, give the exact change.

apporter [apɔrte] *v* (1) bring (qqch, sth).

apprécier [apresje] *v* (1) appreciate, appraise, enjoy.

apprendre [-ti] *v* (80) learn; **~ à lire**, learn to read ; **~ par cœur**, memorize, learn by heart || teach (enseigner) || tell (annoncer).

apprenti, e [-ti] *n* apprentice.

apprentissage *m* apprenticeship; **mettre en ~**, apprentice (chez, to).

apprêter [aprɛte] *v* (1) make ready, prepare || **s'~ à faire qqch**, get ready to do sth.

apprivoisé, e [-ivwaze] *a* tame.

apprivoiser *v* (1) tame.

approche [-ɔʃ] *f* approach.

approcher *v* (1) bring near || **s'~ (de)**, (come) near.

approfondir [-ɔfɔ̃dir] *v* (2) deepen, make deeper.

approprié, e [-ɔprje] *a* appropriate, suitable (à, to/for).

approuver [-uve] *v* (1) approve.

approvisionnement [-ɔvizjɔnmã] *m* stock, supply.

approvisionner *v* (1) supply

(en, with); cater for (qqn, sb) ‖ **s'~**, get one's supplies (*chez*, from).

approximatif, ive [-ɔksimatif, iv] *a* approximate.

approximativement *av* approximately.

appui [apɥi] *m* support, prop.

appuie-tête *m* AUT. head-rest.

appuyer [-je] *v* (9 *a*) : ~ *sur*, press (bouton); depress (levier) ‖ lean, rest, prop (*qqch contre*, sth against) ‖ **s'~**, lean, rest (*sur*, on; *contre*, against).

âpre [αpr] *a* harsh; rough (goût); biting (froid).

après [aprε] *p* after (plus tard que) ● *av* after, afterwards, later; *peu* ~, soon after, presently; *et puis* ~?, so what? ‖ ~ *tout*, after all ‖ ~ *que*, after ‖ *d'~*, after (selon); *d'~ lui*, according to him.

après-demain *av* the day after tomorrow.

après-midi *m/f* afternoon.

apte [apt] *a* fit, qualified (à, to).

aptitude *f* aptitude, ability ‖ *Pl* qualifications, gifts.

aquarelle [akwarεl] *f* watercolour(s).

aquarium [-rjɔm] *m* aquarium, tank.

aqueduc [akdyk] *m* aqueduct.

arabe [arab] *a* Arabic, Arabian ● *m* [langue] Arabic.

Arabe *n* Arab (personne).

Arabie [-i] *f* Arabia.

arachide [-ʃid] *f* peanut.

araignée [arεɲe] *f* spider.

arbitre [arbitr] *m* arbiter ‖ SP. [football] referee; [cricket] umpire.

arbitrer *v* (1) arbitrate ‖ SP. referee, umpire.

arbre [arbr] *m* tree; ~ *fruitier*, fruit-tree; ~ *de Noël*, Christmas-tree.

arbuste [-byst] *m* shrub.

arc [ark] *m* bow; *tir à l'*~, archery.

arc-en-ciel *m* rainbow.

archet [arʃε] *m* MUS. bow.

architecte [-itεkt] *m* architect, designer.

architecture *f* architecture.

ardent, e [ardɑ̃] *a* hot (chaud); burning (brûlant) ‖ FIG. eager, keen.

ardoise [ardwaz] *f* slate.

arête [arεt] *f* (fish)bone.

argent [arʒɑ̃] *m* silver (métal) ‖ money; ~ *liquide*, cash; ~ *comptant*, ready money; ~ *de poche*, [enfant] pocket-money; [femme] pin-money ‖ *en avoir pour son* ~, get one's money's worth.

argenté, e *a* silvery ‖ silver-plated (objet).

argenterie [-tri] *f* silverware.

argile [arʒil] *f* clay.

argot [argo] *m* slang.

argument [argymɑ̃] *m* argument.

aride [arid] *a* arid, dry.

aristocrate [aristɔkrat] *n* aristocrat.

aristocratie [-si] *f* aristocracy.

aristocratique [-tik] *a* aristocratie.

arithmétique [aritmetik] *f* arithmetic.

arme [arm] *f* arm, weapon ; ~ à feu, fire-arm.

armée *f* army ; ~ de terre, land forces ; ~ de l'air, air force.

armer *v* (1) arm ‖ cock (fusil).

armoire *f* wardrobe ; cabinet (à pharmacie) ; cupboard (à linge).

armurier [-yrje] *m* gunsmith.

aromate [arɔmat] *m* spice.

aromatique *a* aromatic.

aromatiser *v* (1) flavour.

arôme [arom] *m* aroma ‖ CULIN. flavour.

arpenter [arpɑ̃te] *v* (1) survey (terrain).

arpenteur [-tœr] *m* surveyor.

arracher [araʃe] *v* (1) tear away/off (déchirer) ; pull out/up (extraire) ; snatch away (brusquement) ‖ MÉD. pull (dent).

arrangement [arɑ̃ʒmɑ̃] *m* arrangement, scheme ‖ agreement (accord) ; settlement (conciliation) ‖ MUS. arrangement.

arranger *v* (1) arrange, dispose ; put in order (mettre en ordre) ‖ settle (différend) ; est-ce que ça vous ~e ? does it suit you ? ‖ s'~, come to an agreement (avec, with).

arrêt [arɛ] *m* stop(ping) ; sans ~, continuously ‖ [voyage] break, stop-over ‖ [lieu] stop-ping-place ; ~ d'autobus, bus-stop ; ~ facultatif, request stop.

arrêter [-te] *v* (1) stop ‖ arrest (malfaiteur) ‖ FIG. decide upon (projet) ‖ s'~, stop ; [voiture] come to a halt, pull up ‖ call (chez, at) ; [voyageur] stop over (à, at).

arrhes [ar] *fpl* deposit.

arrière [arjɛr] *m* rear, back ● *a inv* rear (feu, roue) ; back (siège) ‖ en ~, back(wards) ‖ rester en ~, stay behind ‖ en ~ de, behind.

arrière-boutique *f* back-shop.

arrière-cuisine *f* scullery.

arrière-goût *m* after-taste.

arrière-plan *m* back-ground.

arrière-saison *f* late autumn.

arrivant, e [arivɑ̃] *n* : nouvel ~, new-comer.

arrivée *f* arrival.

arriver *v* (1) come, arrive (à, at) ; turn up (se présenter) ; get to (ville) ; check in (à l'hôtel) ‖ happen, occur (se produire) ; quoi qu'il ~e, whatever happens ; que lui est-il ~é ?, what has happened to him ? ‖ SP. come in ‖ RAIL. le train doit ~ à six heures, the train is due (to arrive) at six ‖ FAM. y ~, manage, contrive (financièrement).

arroser [arɔze] *v* (1) water ‖ wash down (repas).

arrosoir *m* watering-can.

art [ar] *m* art ‖ skill (habileté) ‖ Pl (fine) arts (beaux-arts).

artère [artɛr] *f* MED. artery ‖ FIG. thoroughfare (rue).

artichaut [artiʃo] *m* artichoke.

article [-kl] *m* [journalisme] article, story ; ~ *de fond*, leader ‖ GRAMM. article.

articulation [-kylasjɔ̃] *f* [membre] joint ; [doigt] knuckle.

articuler *v* (1) articulate.

artifice [-fis] *m* artifice, trick (stratagème).

artificiel, le *a* artificial.

artillerie [-jri] *f* artillery.

artisan [-zɑ̃] *m* craftsman.

artiste [-st] *n* artist ‖ TH. actor, actress.

artistique *a* artistic.

as [ɑs] *m* [carte, champion] ace.

ascendant, e [asɑ̃dɑ̃, t] *a* upward.

ascenseur [asɑ̃sœr] *m* lift, US elevator.

ascension *f* SP. climb(ing).

aseptique [asɛptik] *a* aseptic.

asiatique [azjatik] *a* Asiatic, Asian ● *n* Asiatic.

Asie [azi] *f* Asia.

asile [-l] *m* asylum ; ~ *d'aliénés*, mental hospital.

aspect [-ɛ] *m* aspect.

asperge [aspɛrʒ] *f* asparagus.

asperger *v* (7) sprinkle, spray.

asphyxier [asfiksje] *v* (1) asphyxiate.

aspirateur [aspiratœr] *m* vacuum-cleaner, hoover [R] ; *passer l'~ dans*, hoover (coll.).

aspirer *v* (1) breathe in (air) ; suck in/up.

aspirine [-rin] *f* aspirin.

assaisonnement [asɛzɔn-mɑ̃] *m* CULIN. seasoning ; [salade] dressing.

assaisonner *v* (1) season ; dress (salade).

assassin [asasɛ̃] *m* murderer.

assassinat [-ina] *m* murder.

assassiner *v* (1) murder.

assécher [aseʃe] *v* (5) dry (up) ; drain (marais).

assemblée [asɑ̃ble] *f* meeting (réunion) ; ~ *générale*, general meeting ‖ POL. assembly.

assembler *v* (1) bring together (personnes) ; gather, collect (choses) ‖ *s'~*, gather.

asseoir [aswar] *v* (18) sit down/up (qqn) ‖ *s'~*, sit down.

assez [ase] *av* enough ; ~ *d'argent*, enough money ; ~ *chaud*, warm enough ‖ rather (plutôt).

assiette [asjɛt] *f* plate ; ~ *plate/creuse*, dinner/soup plate.

assimiler [asimile] *v* (1) assimilate.

assis, e [asi, z] → ASSEOIR ● *a* seated, sitting.

assistance [-stɑ̃s] *f* [public] audience ; attendance.

assistant, e *n* assistant : *~e sociale*, social worker.

assister *v* (1) assist, help ‖ ~ *à*, attend, be present at.

association [asɔsjasjɔ̃] *f* association ‖ society (club).

associé, e *n* COMM. partner.

associer *v* (1) associate ‖ *s'~*,

associate ‖ [participer] join in ‖ COMM. enter into partnership.

assoiffé, e [aswafe] *a* thirsty.

assombrir [asɔ̃brir] *v* (2) darken ‖ **s'~**, grow dark; [ciel] cloud over.

assommant, e [asɔmɑ̃, t] *a* FIG. tiresome, boring.

assommer *v* (1) fell, knock down.

assortiment *m* assortment; collection (d'objets).

assortir *v* (2) match (couleurs); pair (off) [par deux].

assoupi, e [asupi] *a* dozing.

assoupir (s') *v* (2) doze off.

assoupissement *m* drowsiness (somnolence); doze (somme *m*).

assourdir [asurdir] *v* (2) deafen ‖ muffle (son).

assourdissant, e *a* deafening.

assumer [asyme] *v* (1) assume.

assurance [asyrɑ̃s] *f* assurance, (self-)confidence ‖ JUR. insurance, assurance; **~ automobile/incendie/maladie**, car/fire/sickness insurance; **~ au tiers/tous risques/-vie**, third-party/comprehensive/life insurance.

assurer *v* (1) assure (certifier) ‖ JUR. insure ‖ **s'~**, make sure of; JUR. insure (contre, against); take out an insurance.

astérisque [asterisk] *m* asterisk, star.

asticot [-iko] *m* maggot.

astigmate [-igmat] *a/n* astigmatic.

astigmatisme *m* astigmatism.

astiquer [-ike] *v* (1) polish.

astre [astr] *m* star.

astrologie [-ɔlɔʒi] *f* astrology.

astrologue [-lɔg] *n* astrologer.

astronaute [-not] *n* cosmonaut.

astronautique [-notik] *f* astronautics.

astronome [-nɔm] *n* astronomer.

astronomie [-nɔmi] *f* astronomy.

astronomique [-nɔmik] *a* astronomic(al).

astuce [astys] *f* cunning; trick (tour).

astucieux, euse *a* shrewd, clever; tricky.

atelier [atəlje] *m* TECHN. (work)shop ‖ ARTS studio.

athée [ate] *a* atheistic ● *n* atheist.

athéisme *m* atheism.

athlète [atlɛt] *n* athlete.

athlétique [-etik] *a* athletic.

athlétisme [-etism] *m* athletics.

Atlantique [atlɑ̃tik] *a/m* Atlantic.

atmosphère [atmɔsfɛr] *f* atmosphere.

atome [atom] *m* atom.

atomique [-ɔmik] *a* atomic.

atomiseur [-izœr] *m* atomizer.

atout [atu] *m* [cartes] trump ; ~ trèfle, clubs are trumps ; sans ~, no trumps.

âtre [ɑtr] *m* hearth, fire-place.

atroce [atrɔs] *a* atrocious ; excruciating (douleur).

attabler (s') [satable] *v* (1) sit down to table.

attache [ataʃ] *f* (paper-)clip (trombone).

attacher *v* (1) fasten, bind, tie (up) [lier] ; tie up (chien) || CULIN. catch || *s'~*, fasten (se boutonner) ; be tied (se lier).

attaque [-k] *f* assault ; ~ à main armée, hold-up (véhicule) ; raid (banque) || MED. stroke (apoplexie) ; bout (grippe).

attaquer *v* (1) attack, assault.

attarder (s') [satarde] *v* (1) linger (flâner) ; loiter (traîner) || [visite] overstay.

atteindre [atɛdr] *v* (59) reach || hit (frapper) ; ~ le but, hit the mark.

atteinte [-t] *f* reach ; hors d'~, out of reach.

attendre [atɑdr] *v* (4) wait for ; wait (que, till) ; faire ~ qqn, keep sb waiting || ~ dez!, wait a minute ! || ~ avec impatience, be anxious to, look forward to || ~ un bébé, be expecting || Av., RAIL. ~ du à 2 h, due at 2 o'clock || en ~dant, meanwhile || *s'~ à*, expect.

attendrissant, e *a* moving, touching.

attentat [-ta] *m* attempt on sb's life ; outrage ; ~ à la bombe, bomb attack.

attente *f* wait(ing).

attentif, ive *a* attentive (à, to) [vigilant] ; careful (examen).

attention *f* attention ; faire ~ à, pay attention to, mind, watch out for || attirer l'~ de qqn, catch sb's eye || ~!, look out !

attentivement *av* attentively, carefully.

atténuer [atenɥe] *v* (1) attenuate ; subdue (couleur, lumière) ; deaden (bruit) ; ease (douleur).

atterrir [atɛrir] *v* (2) Av. land, touch down.

atterrissage *m* landing ; ~ forcé, forced landing.

attestation [atɛstasjɔ] *f* certificate.

attirant, e [atirɑ] *a* attractive, appealing.

attirer *v* (1) attract, draw (vers, towards) || *s'~ des ennuis*, get into trouble.

attiser [atize] *v* (1) poke, stir (feu).

attitré, e [-tre] *a* a regular (marchand) ; steady (ami).

attitude [-tyd] *f* attitude.

attraper [atrape] *v* (1) catch, get || MED. catch (maladie) || FAM. tell off, dress down (réprimander).

attrayant, e [atrɛjɑ̃, t] *a* attractive, engaging.

attribuer [atribɥe] *v* (1) : ~

à, attribute/ascribe to (acte, œuvre).

attribut [-by] *m* GRAMM. complement.

attrister [-iste] *v* (1) make sad.

attroupement [atrupmɑ̃] *m* crowd.

au [o] → À.

aube [ob] *f* dawn, daybreak.

auberge [obɛrʒ] *f* inn; ~ *de la jeunesse*, youth hostel.

aubergine [-in] *f* aubergine, egg-plant.

aubergiste [-ist] *m* innkeeper ‖ [auberge de la jeunesse] *père/mère* ~, warden.

aucun, e [okœ̃, -yn] *a* [proposition négative] no, not any ‖ [proposition affirmative ou interrogative] any ● *pr* none.

audace [odas] *f* daring, boldness; *avoir l'*~ *de*, dare to.

audacieux, euse *a* daring.

au-dedans/-dehors/-delà/-dessous/-dessus → DEDANS, DEHORS, DELÀ, DESSOUS, DESSUS.

audio-visuel, le [odjovizɥɛl] *a* audio-visual.

auditeur, trice [oditœr] *n* listener.

auditoire *m* audience.

augmentation [ogmɑ̃tasjɔ̃] *f* increase (prix); rise (salaire).

augmenter *v* (1) increase; raise (salaire) ‖ [nombre] grow ‖ [prix] rise.

aujourd'hui [oʒurdɥi] *av* today; *il y a* ~ *huit jours*, a week ago today; *d'*~

en huit/en quinze, today week/fortnight.

aulx [o] → AIL.

aumône [omon] *f* alms; *faire l'*~, give alms.

aumônier *m* chaplain.

auparavant [oparavɑ̃] *av* before; first.

auprès [oprɛ] *p* : ~ *de*, to/by (à côté de) ‖ compared with (en comparaison de).

auquel [okɛl] → LEQUEL.

auriculaire [orikylɛr] *m* little finger.

aurore [ɔrɔr] *f* dawn, daybreak.

aussi [osi] *av* also, too ‖ ~ ... *que*, as ... as ; *il est* ~ *grand que vous*, he is as tall as you ; *pas* ~ ... *que*, not as/so ... as.

aussitôt [osito] *av* immediately, at once ‖ ~ *que*, as soon as.

Australie [ostrali] *f* Australia.

australien, ne *a/n* Australian.

autant [otɑ̃] *av* as much/many (de, as); *pas* ~, not so many (de, as); ~ *que*, as much/many as ; *pas* ~ *que*, not so much/many as ; *je* ~ *que je sache*, as far as I know ; *d'*~ *plus/moins que*, all the more/less as.

autel *m* altar.

auteur *m* author.

authentique [-ɑ̃tik] *a* authentic(al), genuine.

auto [oto] *f* car ‖ [fête foraine] ~*s tamponneuses*, dodgems (coll.).

autobus [-bys] *m* bus ; ~ à
deux étages/ à impériale,
double-decker.

autocar *m* motor-coach.

autocollant, e *a* self-
sticking • *m* sticker.

autocuiseur [-kyizœr] *m*
pressure-cooker.

auto-école *f* driving school.

autographe [-graf] *m* autograph.

automate [-mat] *m* automaton.

automation *f* automation.

automatique(ment) *a/(av)*
automatic(ally).

automne [otɔn] *f* autumn, US
fall.

automobile [otɔmɔbil] *f*
motor-car, US automobile.

automobiliste *n* motorist.

autorail [-raj] *m* rail-car.

autorisation [-rizasjɔ̃] *f*
authorization.

autoriser *v* (1) authorize,
permit.

autorité *f* authority, power.

autoroute *f* motorway, US
expressway.

auto-stop *m* hitch-hiking ;
faire de l'~, hitch-hike ;
thumb a lift (coll.).

auto-stoppeur, euse *n*
hitch-hiker.

autour [otur] *av/p* : ~ *(de)*,
round, around.

autre [otr] *a/pr* other ; *un*
~, another (one) ; ~ *chose*,
something else || *nous* ~*s Fran-
çais*, we French ; *l'un et l'*~,
both ; *l'un l'*~, each other.

autrefois [-əfwa] *av* formerly ; in the past.

autrement *av* otherwise (dif-
féremment) || or else (sinon).

Autriche [otriʃ] *f* Austria.

autrichien, ne *a/n* Austrian.

aux [o] → À.

auxiliaire [oksiljɛr] *a/n* auxiliary.

aval [aval] *m* : *en* ~, down
stream ; *en* ~ *de*, below.

avalanche [-ɑ̃ʃ] *f* avalanche.

avaler *v* (1) swallow.

avance [avɑ̃s] *f* advance,
lead ; *en* ~, early, in advance,
before time ; *d'*~, beforehand
|| SP. lead || AUT. → *(à l'allu-
mage)*, sparking advance.

avancer *v* (5) advance,
move forward, make way
|| move/bring forward (qqch)
|| advance (date) || advance
(argent) || (montre) gain ; *ma
montre* ~ *de cinq minutes*,
my watch is five minutes fast ;
put on (montre) || AUT. → PAS.

avant [avɑ̃] *p* (distance, ordre,
temps) before ; ~ *peu*, before
long ; ~ *tout*, above all (sur-
tout) || earlier than ; ~ *la fin
de la semaine*, by the end of
the week ; ~ *de*, before •
av before (auparavant) || late,
far (tard) || *en* ~, forward,
onwards ; [temps] in front,
ahead (de, of) || ~ *que*, before
• *p* *pas* ~ *que*, not until •
m forepart || SP. forward • *a inv* :
AUT. *roue* ~, front wheel.

avantage [-taʒ] *m* advantage
; *à son* ~, at one's best || SP.

superiority ; [tennis] vantage ;
∼ service/dehors, van in/out.

avantageux, euse a advantageous ‖ COMM. être ∼, be good value.

avant-bras m fore-arm.

avant-centre m [football] centre-forward.

avant-dernier, ère a/n last but one.

avant-hier [-tjɛr] av the day before yesterday ; ∼ soir, the evening before last.

avare [avar] a miserly ● n miser.

avarice [-is] f avarice.

avarié, e a gone bad/off.

avec [avɛk] p with.

avenir [avnir] m future ; à l'∼, in the future.

aventure [avãtyr] f adventure ‖ affair (amoureuse) ‖ bonne ∼, fortune ‖ à l'∼, aimlessly.

aventurer (s') v (1) venture.

aventureux, euse a adventurous.

averse [avɛrs] f shower.

aversion [-sjɔ̃] f dislike ; prendre qqn en ∼, take a dislike to sb.

averti, e [-ti] a experienced ‖ forewarned (prévenu).

avertir v (2) warn (mettre en garde) ‖ inform (de, of).

avertissement m warning, notice.

avertisseur m signal ; ∼ d'incendie, fire-alarm ‖ AUT. hooter.

aveuglant, e [avœglã, t] a blinding.

aveugle n : un/une ∼, a blind man/woman ; les ∼s, the blind.

aveugler v (1) blind.

aviateur, trice [avjatœr] n airman, airwoman.

aviation f aviation ‖ [métier] flying ‖ MIL. air force.

avide [avid] a greedy ; ∼ de, eager for (plaisir).

avion [avjɔ̃] m plane, aeroplane, US airplane ‖ aircraft ; ∼ à réaction, jet-plane ‖ par ∼, by air ‖ aller en ∼, go by plane, fly (à, to).

aviron [avirɔ̃] m oar ‖ SP. rowing.

avis [avi] m opinion ; changer d'∼, change one's mind ‖ notice ; jusqu'à nouvel ∼, until further notice ; ∼ au public, public notice.

avocat, e [avɔka, t] n lawyer, barrister ‖ [Écosse] advocate.

avoine [avwan] f oats.

avoir [-r] v (19) [possession] have ‖ [se procurer] get ‖ [éprouver] be ; ∼ chaud/froid/faim, be warm/cold/hungry ‖ [dimension] be ; ∼ 2 mètres de long, be 2 meters long ‖ [âge] be ; ∼ dix ans, be ten years old ‖ qu'avez-vous ?, what's the matter with you ? ‖ en ∼ : j'en ai assez, I am sick of it ; en ∼ pour son argent, get one's money's worth ‖ y ∼ : il y a, there is/are ; il y avait (autrefois), there used to be ; il y a deux ans, two years ago ‖ FAM. se faire ∼, be had.

avortement [avɔrtəmɑ̃] *m* abortion.

avorter *v* (1) MED. abort, have an abortion.

avoué [avwe] *m* solicitor, attorney.

avouer *v* (1) confess, own (faute) ‖ admit, acknowledge (admettre).

avril [avril] *m* April.

axe [aks] *m* axle.

ayant, ons [ɛjɑ̃, 5] → AVOIR.

b

b [be] *m*.

bac 1 [bak] *m* [récipient] tub ; ~ à glace, ice-tray ‖ NAUT. ferry(-boat) ; passer en ~, ferry over.

bac 2 *m* FAM. = BACCALAURÉAT.

baccalauréat [bakalɔrea] *m* GB General Certificate of Education (A Level).

bachot [baʃo] *m* FAM. = BACCALAURÉAT.

bachoter [-te] *v* (1) cram.

bagages [bagaʒ] *mpl* luggage, US baggage ; faire/défaire ses ~, pack (up)/unpack (one's luggage) ‖ bags (coll.).

bagarre [-r] *f* brawl, scuffle.

bagarrer (se) *v* (1) FAM. scuffle, fight (avec, with).

bagatelle [-tɛl] *f* trifle.

bagnole [baɲɔl] *f* FAM. car.

bague [bag] *f* ring ; ~ de fiançailles, engagement ring.

baguette *f* stick ‖ CULIN. chopsticks.

baie 1 [bɛ] *f* GEOGR. bay.

baie 2 *f* BOT. berry.

baignade [bɛɲad] *f* bathing ; bathing-place (lieu).

baigner *v* (1) bath (bébé) ; bathe (corps) ‖ se ~, bathe, have a swim ; aller se ~, go for a swim.

baigneur, euse *n* bather, swimmer.

baignoire *f* bath (tub) ‖ TH. box.

bâillement [bɑjmɑ̃] *m* yawn(ing).

bâiller *v* (1) yawn.

bain [bɛ̃] *m* [baignoire] bath ; **prendre un ~**, have a bath ‖ [mer, piscine] bathe, swim ‖ ~ de soleil, sunbath ; prendre un ~ de soleil, sunbathe ‖ ~ de vapeur, sweat-bath.

baiser [beze] *m* kiss ; donner un ~, kiss.

baisse [bɛs] *f* [prix, température] drop, fall.

baisser *v* (1) lower ‖ let down (vitre) ; pull down (store) ‖ ~ les yeux, look down ‖ [mer] go down ; [marée] go out ‖ [température, baromètre] fall ‖ [vent] drop ‖ FIN. [prix] decline, drop ; cheapen (prix) ‖ **se ~**, bend down, stoop.

bal [bal] *m* dance ; **~ costumé**, fancy-dress ball.

balade *f* FAM. outing ; stroll (à pied).

balader (se) *v* (1) saunter, go for a stroll.

balafre [-afr] *f* scar.

balai [-ɛ] *m* broom ; **un coup de ~**, a sweep ; **passer le ~ dans**, sweep.

balance *f* scales.

balancer *v* (6) swing, rock ‖ **se ~**, swing, sway, rock.

balançoire *f* seesaw, swing.

balayer [-ɛje] *v* (9 *b*) sweep ‖ RAD. scan.

balayeur *m* sweeper.

balcon [-kɔ̃] *m* balcony.

baleine [-ɛn] *f* whale.

balle [bal] *f* ball ‖ [tennis] *faire des* **~s**, have a knock-up ; **~ nulle**, no ball ‖ [fusil] bullet.

ballon *m* SP. ball ‖ AV. balloon (captif).

ballot [-o] *m* bale, bundle.

balustrade [-ystrad] *f* railing, handrail.

ban [bɑ̃] *m* : *publier les* **~s** (*de mariage*), put up the banns ‖ round of applause.

banal, e [banal] (*Pl* **banals**) *a* banal ; commonplace, trite ; *peu* **~**, unusual.

banane [-n] *f* banana.

banc [bɑ̃] *m* bench ‖ [école] form ‖ [église] pew.

bandage [bɑ̃daʒ] *m* MED. bandage.

bande 1 *f* [ruban] band ; [papier] strip ; [journal] wrapper ‖ [magnétophone] **~ (magnétique)**, (magnetic tape ; [magnétoscope] videotape ‖ **~ dessinée**, strip cartoon, comic strip ‖ MED. bandage ; **~ Velpeau**, crêpe bandage ‖ RAD. band.

bande 2 *f* band, gang.

bandit [-i] *m* bandit.

banlieue [bɑ̃ljø] *f* suburbs, outskirts ; *de* **~**, suburban.

banlieusard, e [-zar] *n* FAM. suburbanite ‖ RAIL. commuter.

banque [bɑ̃k] *f* bank ‖ MED. **~ du sang**, blood-bank.

banquette *f* bench ; seat.

banquier *m* banker.

baptême [batɛm] *m* baptism, christening ‖ AV. **~ de l'air**, first flight.

baptiser *v* (1) christen, baptize.

baquet [bakɛ] *m* tub.

bar [bar] *m* bar (comptoir, local).

baraque [-ak] *f* hut, shanty ‖ [foire] booth.

baratin [-atɛ̃] *m* empty talk (boniments).

baratiner [-atine] *v* (1) chat up (femme).

barbare *a* barbarous, cruel.

barbe [barb] *f* beard ; *se laisser pousser la* **~**, grow a beard ; *sans* **~**, beardless, clean-shaven ‖ FAM. *quelle* **~!**, what a drag !

barbelé, e [-əle] *a* : *fil de fer* **~**, barbed wire.

barboter [-ɔte] v (1) paddle, splash about (patauger).

barbouiller [-uje] v (1) smear (d'encre).

barbu, e a bearded.

barman [barman] m barman; bartender.

baromètre [-ɔmɛtr] m barometer, glass.

barque [-k] f small boat.

barrage [baraʒ] m [lac] dam.

barre [bar] f bar; rod (de fer); bar (de chocolat) ‖ SP. bar; ~ fixe, horizontal bar; ~s parallèles, parallel bars.

barreau [-o] m [échelle] rung.

barrer v (1) cross, score out, cancel (mot) ‖ cross («t») ‖ block (up) [rue] ‖ FIN. cross (chèque).

barreur m SP. coxswain.

barrière f fence (clôture); gate (ouvrante).

bas 1, se [bɑ, s] a low ‖ NAUT. low (marée) ‖ SP. below the belt (coup) ● av low; parler ~, speak in a low voice ‖ en ~, (down) below, US way down; parler ~, downwards(s); de ~ en haut, upward(s) ● m foot, bottom; au ~ de, at the bottom of.

bas 2 m stocking; ~ de Nylon, nylons.

basané, e [bazane] a tanned, swarthy.

bascule [baskyl] f weighing machine.

base [bɑz] f base ‖ de ~, basic.

baser v (1) ground, base.

bas-fonds [bafɔ̃] mpl underworld.

basket [baskɛt] m/f [chaussure] track-/training-shoe ‖ Pl trainers (coll.).

basse 1 → BAS 1.

basse 2 f (chanteur, voix) bass.

basse-cour f farmyard, poultry-yard.

bassin [basɛ̃] m pond, pool (pièce d'eau) ‖ NAUT. dock.

bassine [-in] f basin.

basson [basɔ̃] m bassoon.

bataille [batɑj] f battle.

bâtard, e [batar, d] a/n bastard ‖ [chien] mongrel.

bateau [bato] m boat; ~ citerne, tanker; ~ de course, racer; ~ de pêche, fishing-boat; ~ à voiles, sailing-boat.

bâti, e [bɑti] a built; bien ~, well built.

bâtiment m building.

bâtir v (2) build.

bâton m stick (léger); cudgel (gros) ● m low; lipstick.

batte [bat] f SP. bat.

batterie [-ri] f ELECTR. battery ‖ drums.

batteur m CULIN. beater ‖ MUS. drummer.

battre [-r] v (20) beat ‖ defeat (vaincre) ‖ shuffle (cartes) ‖ CULIN. beat (crème) ‖ SP. un record, break a record ‖ MUS. ~ la mesure, beat time ‖ se ~, fight (contre, against; pour, for).

baume [bom] m MED., FIG. balm.

bavard, e [bavar, d] a talkative.

bavardage m chatter(ing),
gossip.

bavarder v (1) chat, gossip,
have a chat.

baver [bave] v (1) dribble.

bazar [bazar] m general shop.

beau, bel, belle [bo, bɛl] a
beautiful, lovely || handsome,
good-looking (homme) || fair,
nice (temps) ; il fait beau, the
weather is fine || fair (paroles)
|| great, favourable (occasion) ||
FIG. au beau milieu, right in
the middle ; de plus belle, more
and more || se faire belle, do
o.s. up, get dressed up ● m
[temps] être au beau fixe, be set
fair || [chien] faire le beau, sit
up ● av : avoir beau, in vain,
vainly ; il a beau essayer, however hard he tries.

beaucoup av much, a great
deal ; a lot, lots (coll.) ; ~
mieux, far better, lots better
(coll.) de ~, by far || ~ de,
(affirmatif) a good deal of, a
lot of, lots of (coll.) ; [négatif]
not much/many ● pr [person-
nes] many ; a lot of people
(coll.).

beau-fils m son-in-law
(gendre) ; stepson (par remariage).

beau-frère m brother-in-law.

beau-père m father-in-law
(père du conjoint) ; stepfather
(par remariage) || → BEL(LE).

beauté f beauty, loveliness ;

(good) looks ; se refaire une ~,
do over one's face.

beaux-parents mpl in-laws
(coll.).

bébé [bebe] m baby.

bec [bɛk] m (oiseau) beak, bill
|| [plume] nib.

bécarre [bekar] m MUS.
natural.

bêche [bɛʃ] f spade.

bêcher v (1) dig (up).

bégayer [begeje] v (9 b) stammer, stutter.

bègue [bɛg] n stammerer,
stutterer.

béguin [begɛ̃] m : FAM. avoir
le ~ pour, have a crush on
(coll.).

beige [bɛʒ] a beige.

beignet [bɛɲɛ] m doughnut ;
~ aux pommes, apple-fritter.

bel a → BEAU.

bêler [bɛle] v (1) bleat.

belge [bɛlʒ] a/n Belgian.

Belgique f Belgium.

bélier [belje] m ram.

belle [bɛl] a → BEAU ● f [jeu]
deciding game ; SP. play-off ;
[tennis] final set ; jouer la ~,
play off.

belle-fille f daughter-in-law
(bru) ; stepdaughter (par remariage).

belle-mère f mother-in-law
(mère du conjoint) ; stepmother
(par remariage).

belle-sœur f sister-in-law.

bémol [bemol] m MUS. flat.

bénédiction [benediksjɔ̃] f
REL. blessing.

bénéfice [-fis] m COMM. profit ; *faire du ~ sur*, make a profit on.

bénir [benir] v (2) bless.

benjamin, e [bɛ̃ʒamɛ̃, in] n junior ; youngest child.

béquille [bekij] f crutch.

berceau [bɛrso] m cradle, cot.

bercer v (5) rock (dans un berceau) ; nurse (dans les bras).

berge [bɛrʒ] f (steep) bank.

berger, ère [-e, ɛr] n shepherd, -ess.

besogne [bəzɔɲ] f (piece of) work, job, task.

besoin [bəzwɛ̃] m need, want, requirement ; *au ~*, if necessary ; *avoir ~ de*, need, require ; *vos cheveux ont ~ d'être coupés*, your hair wants/needs cutting.

bestiaux [bɛstjo] mpl, **bétail** [betaj] m cattle, livestock.

bête [bɛt] f animal, beast • a silly, stupid.

bêtise f foolishness ; *dire des ~s*, talk nonsense ‖ blunder (erreur).

béton [betɔ̃] m concrete.

betterave [bɛtrav] f beetroot.

beurre [bœr] m butter.

beurrer v (1) butter.

beurrier m butter-dish.

biais [bjɛ] m slant ; *de/en ~*, slantwise.

biberon [-rɔ̃] m (feeding) bottle ; *nourrir au ~*, feed on the bottle ; *nourri au ~*, bottlefed.

Bible [-l] f Bible.

bibliothécaire [-lijɔtekɛr] n librarian.

bibliothèque [-tɛk] f library ; *~ de prêt*, lending library ‖ [meuble] book-case.

biche [-ʃ] f hind.

bicyclette [-siklɛt] f bicycle ; *à ~*, on a bicycle ; *aller à ~*, cycle.

bidon 1 [-dɔ̃] m can.

bidon 2 a ARG. phoney.

bielle [bjɛl] f (connecting-)rod ‖ AUT. *couler une ~*, run a big end.

bien [bjɛ̃] av well ; *aller ~*, be well ‖ [très] very ; *~ mieux*, much better ; *~ chaud*, good and hot (boisson), nice and warm (pièce) ‖ [beaucoup] *~ du/de la*, much ; *~ des*, many ; *~ trop tard*, much too late ‖ *~ entendu*, of course ; *eh ~ !*, well ! ‖ *~ que*, although • a good-looking (personne) ; nice (chose) ‖ [à l'aise] comfortable ‖ [morale] nice, decent ‖ [en bons termes] on good terms • m *le ~*, good ‖ [possession] possession, property ‖ *Pl : ~s de consommation*, consumer goods.

bien-aimé, e [-nɛme] a/n beloved, darling.

bien-être [-nɛtr] m wellbeing ; comfort.

bientôt av soon ‖ *à ~ !*, see you/be seeing (you soon) !

bienveillant, e [-vɛjɑ̃] a benevolent (envers, to).

bienvenu, e [-vny] a welcome • f welcome ; *souhaiter la ~e à qqn*, wish sb welcome.

bière [bjɛr] f beer, ale ; *~ légère*, lager ; *~ blonde*, pale

ale ; ~ **brune**, brown ale ; stout (forte) ; ~ **à la pression**, beer on draught.

biffer [bife] v (1) cross out.

bifteck [biftɛk] m (beef)steak ; ~ **haché**, minced steak.

bifurcation [bifyrkasjɔ̃] f [road] fork.

bifurquer [-ke] v (1) fork ; branch off.

bigle [bigl] a cross-eyed, squint-eyed.

bigoudi [bigudi] m hair-curler.

bijou [biʒu] m (Pl **bijoux**) m jewel.

bijouterie [-tri] f jeweller's shop (boutique).

bijoutier, ère n jeweller.

bikini [bikini] m bikini.

bilingue [bilɛ̃g] a/n bilingual.

billard [bijar] m billiards-table ; **jouer au** ~, play billiards.

bille [bij] f marble.

billet [-ɛ] m ticket ; ~ **d'aller et retour**, return ticket ; ~ **d'aller simple**, single ticket || FIN. note ; ~ **de banque**, bank note, US bill.

bis 1 [bi] a brown (pain).

bis 2 [bis] interj encore!

biscotte [biskɔt] f rusk.

biscuit [-ɥi] m biscuit, US cracker.

bise 1 [biz] f North wind.

bise 2 f FAM. kiss.

bissextile [bisɛkstil] a : **année** ~, leap-year.

bistrot [bistro] m FAM. pub ; ~ **du coin**, local.

bizarre [bizar] a queer, odd, peculiar, funny.

blague 1 [blag] f : ~ **à tabac**, (tobacco) pouch.

blague 2 f FAM. trick, joke ; **sans** ~!, no kidding!

blaireau [blɛro] m shaving-brush.

blâmer [blɑme] v (1) blame ; rebuke, reprove.

blanc, che [blɑ̃, ʃ] a white ● FIG. **nuit** ~**che**, sleepless night ● m white || **(œuf, volaille)** white.

blanchâtre [-ʃɑtr] a whitish.

blanche 1 → BLANC.

blanche 2 f MUS. minim.

blanchir v (2) whiten || wash, launder (linge).

blanchissage m washing, laundering.

blanchisserie [-isri] f laundry.

blanchisseuse f laundress.

blasphémer [blasfeme] v (5) blaspheme.

blé [ble] m corn, wheat.

blesser [blese] v (1) wound [accident] injure ; hurt (légèrement) || [chaussures] pinch.

blessure f wound [accident] injury ; hurt (légère) ; sore (par frottement).

bleu, e [blø] a blue ● m blue ; ~ **marine**, navy blue || Pl ~**s de travail**, boiler-suit, overalls, dungarees || MED. bruise.

bloc [blɔk] m block.

bloc-notes m inv. writing-pad.

blond, e [blɔ̃, d] *a* fair, blond ● *f* [femme] blonde.

bloquer [blɔke] *v* (1) block (up) [route] || ~é par la neige, snow-bound || TECHN. jam on (freins).

blottir (se) [səblɔtiʀ] *v* (2) huddle up, curl up.

blouse [bluz] *f* blouse (chemisier) ; overall (de travail).

blouson [bluzɔ̃] *m* jacket.

bluff [blœf] *m* bluff.

bluffer *v* (1) bluff.

bluffeur, euse *n* bluffer.

bobine [bɔbin] *f* [fil] bobbin, reel ; [machine à écrire] spool || PHOT. spool ; ~ réceptrice, take-up spool || CIN. reel.

bocal, aux [bɔkal] *m* jar.

bœuf [bœf] (*Pl* **bœufs** [bø]) *m* ox (*Pl* oxen) || CULIN. beef.

boire [bwaʀ] *v* (21) drink ; ~ dans un verre, drink out of a glass ; ~ à (même) la bouteille, drink from the bottle || ~ **à la santé de qqn**, drink sb's health || FAM. ~ **un coup**, down a drink.

bois [bwa] *m* [forêt, matériau] wood ; de/en ~, wooden || ~ blanc, deal ; ~ de chauffage, firewood ; ~ de construction, timber.

boisé, e [-ze] *a* wooded, woody.

boisson [-sɔ̃] *f* drink.

boîte [-t] *f* box ; ~ d'allumettes, matchbox ; ~ de conserve, tin, US can || ~ de couleurs, box of paints ; ~ aux lettres, letter-/pillar-box ; ~ à

maquillage, vanity-case ; ~ à ordures, dustbin, US garbage-can ; ~ à thé, tea-caddy || AUT. ~ de vitesses, gear-box || TH. ~ de nuit, night-club || FAM. [saint (sl.)] || FIG., FAM. mettre en ~, rag.

boiter *v* (1) limp.

boiteux, euse *a* lame ● *n* cripple, lame man/woman.

bol [bɔl] *m* bowl.

bombarder [bɔ̃baʀde] *v* (1) [avion] bomb.

bombe *f* bomb ; ~ atomique, atom(ic) bomb ; ~ incendiaire, fire-bomb || [atomiseur] spray.

bon, ne [bɔ̃, ɔn] *a* good ; nice (odeur) || kind, good (charitable) ; qui a ~ cœur, kind-hearted || fit (apte) ; ~ à manger, fit to eat || right (correct) || valid (valable) || wholesome (sain) || ~ **sens**, common sense || [souhait] *Bonne année !*, Happy New Year! || [quantité] une ~e heure, a full hour ; un ~ nombre, a fairly large number || [temps] de ~e heure, early || COMM. ~ marché, cheap ● *av* nice (agréablement) || sentir ~, smell nice || il fait ~ ici, it's nice (and warm-cool) here || pour le ~, for good ● *interj* good !, all right !

bonbon *m* sweet, US candy.

bonbonne *f* demijohn.

bond [bɔ̃] *m* bound, leap, spring || FIG. faire faux ~, break an appointment, let down ; stand up (coll.).

bonde [-d] *f* [baignoire] plug.

bondé, e *a* crowded, cram-full.

bondir *v* (2) jump, leap, spring.

bonheur [bɔnœr] *m* happiness ; porter ∼, bring luck (à, to) ‖ par ∼, fortunately.

bonhomme [-ɔm] *m* chap ; ∼ de neige, snowman.

bonjour [bɔ̃ʒur] *m* hello! ; [matin] good morning! ; [après-midi] good afternoon!

bonne 1 → BON.

bonne 2 *f* maid.

bonnet [bɔnɛ] *m* cap.

bonsoir [bɔ̃swar] *m* good evening!, good night!

bonté *f* goodness, kindness.

bord [bɔr] *m* edge ; [lac] margin ; [rivière] side, bank ‖ ∼ de la mer, seashore, seaside ‖ [verre] brim ‖ NAUT. board ; monter à ∼, go aboard/on board.

bordeaux [-do] *m* [= vin de Bordeaux] claret.

border [-de] *v* (1) [arbres] line (route) ‖ tuck in (personne).

bordure *f* border, edge ‖ [trottoir] kerb.

borgne [-ɲ] *a* one-eyed.

borne [-n] *f* boundary-stone ; milestone (routière).

borner *v* limit, bound.

bosquet [bɔskɛ] *m* grove.

bosse [bɔs] *f* [bossu, chameau] hump ‖ [front] bump.

bossu, e *a* humpbacked • *n* hunchback.

botanique [bɔtanik] *a* botanic(al) • *f* botany.

botte 1 [bɔt] *f* boot ; ∼ à l'écuyère, riding-boots ; ∼ de caoutchouc, wellington ; waders (de pêcheur).

botte 2 *f* [légumes] bunch ‖ [foin] bundle.

bouc [buk] *m* [animal] he-goat ‖ [barbe] goatee.

bouche [buʃ] *f* mouth ‖ MED. faire du ∼ à ∼, give the kiss of life.

bouchée *f* mouthful, bite.

boucher *v* (1) cork (up) (bouteille) ; obstruct, block, choke (passage) ; stop, plug (trou) ; stop up (nez).

boucher, ère [-, ɛr] *n* butcher, butcher's wife.

boucherie [-ri] *f* butcher's shop.

bouchon *m* [liège] cork ‖ [verre] stopper ‖ [pêche] float ‖ AUT. [radiateur] cap ‖ FAM. [circulation] hold-up, (traffic) jam.

boucle [-kl] *f* [ceinture] buckle ‖ [cheveux] curl ‖ [nœud] loop ‖ ∼ d'oreille, ear-ring.

bouclé, e *a* curly.

boucler *v* (1) buckle (ceinture) ‖ curl (cheveux).

bouder *v* (1) sulk.

boudeur, euse *a* sulky.

boudin *m* black pudding.

boue [bu] *f* mud.

bouée [bwe] *f* buoy ; ∼ de sauvetage, life buoy.

boueux, euse [bwø, z] *a* muddy, slushy (neige fondue) • *mpl* → ÉBOUEUR.

bouffée [bufe] f puff, whiff ‖ [cigarette] drag (sl.).

bougeoir [buʒwar] m candlestick.

bouger v (7) move, stir ‖ [négativement] budge ; ne ~ez pas !, keep still!

bougie [-i] f candle ‖ AUT. ~ d'allumage, spark(ing)-plug.

bouillant, e [bujɑ̃, t] a boiling ‖ boiling hot (boisson).

bouillir v (22) boil ; faire ~, boil.

bouilloire f kettle.

bouillon m [liquide] broth.

bouillonner v (1) bubble, seethe.

bouillotte [-ɔt] f hot-water-bottle.

boulanger, ère [bulɑ̃ʒe, ɛr] n baker, baker's wife.

boulangerie f bakery, baker's shop.

boule f [billard] ball ; [boules] bowl ; jouer aux ~s, play bowls ‖ ~ de neige, snowball.

boulette f [papier] pellet ‖ CULIN. meat-ball.

bouleversant, e [-vɛrsɑ̃, t] a upsetting, shattering.

bouleverser v (1) turn upside down ; tumble ‖ FIG. upset, shake.

boulon m bolt.

boulot [-o] m FAM. job.

bouquet [bukɛ] m bunch.

bouquetière [buktjɛr] f flower-girl.

bouquin m FAM. book.

bouquiner [-ine] v (1) browse.

bouquiniste n second-hand bookseller.

bourde [burd] f blunder.

bourdonner v (1) [insectes] buzz, hum.

bourgeois, e [burʒwa, z] a middle-class (famille) ‖ plain (cuisine) ‖ private (maison) • a middle-class person.

bourgeoisie [-zi] f middle-class.

bourgeon m bud.

bourgeonner v (1) bud.

Bourgogne [burgɔɲ] f GEOGR. Burgundy • m : [vin] b~, burgundy.

bourrasque [burask] f squall.

bourratif, ive [-atif, iv] a stodgy.

bourré, e a cram-full ‖ ARG. tight [sl.] (ivre).

bourrer v (1) cram, stuff (de, with) ; fill (pipe).

bourse [-s] f purse ‖ ~ (d'études), scholarship, grant ‖ FIN. la B~, the Stock Exchange.

boursier, ère n scholar.

bousculer [buskyle] v (1) jostle (pousser) ; hurry, rush (presser) ‖ se ~, jostle, hurry.

boussole [busɔl] f compass.

bout [bu] m [extrémité] end ; ~ à ~, end to end ; [cigarette, nez] tip ; à ~ de liège, cork-tipped [morceau] bit, piece, scrap.

bouteille [-tɛj] f bottle ; mettre en ~, bottle ; ~ isolante, vacuum-bottle ; ~s vides, empties (consignes).

bout-filtre m filter-tip.

boutique [-tik] f shop, US store.

boutiquier, ère n shop-keeper.

bouton [-ɔ̃] m button ; ~ de col, collar stud ; ~s de manchettes, cuff-links ; ~-pression, snap ‖ [porte, radio] knob ‖ BOT. bud ‖ MÉD. spot, pimple.

boutonner v (1) button (veste) ; do up (robe).

boutonnière [-ɔnjɛr] f buttonhole.

boxe [bɔks] f boxing ; combat de ~, boxing-match.

boxer v (1) box.

boxeur m boxer.

bracelet [braslɛ] m bracelet ‖ strap (de montre).

bracelet-montre m wristwatch.

braguette [-gɛt] f flies.

brailler [braje] v (1) bawl ; [enfant] squall.

braire [brɛr] v (23) bray.

braise [-z] f live coals, embers.

brancard [brɑ̃kar] m stretcher (civière).

branche [-ʃ] f bough, branch.

branchement m ÉLECTR. connection.

brancher v (1) ÉLECTR. connect, plug in.

brandir [-dir] v (2) flourish.

branlant, e [-lɑ̃, t] a shaky (meuble) ; rickety (chaise) ; unsteady (table).

braquer [brake] v (1) level, aim, point (fusil) [sur, at] ‖ AUT. turn ; ~ez à droite !, right

lock ! ; ~ez à fond !, lock hard over !

bras [bra] m arm ; ~ dessus, ~ dessous, arm in arm ; donner le ~ à qqn, give sb one's arm ; être en ~ de chemise, be in (one's) shirt-sleeves.

brassard [-sar] m armlet.

brasse f SP. breast-stroke ; ~ papillon, butterfly-stroke.

brasser v (1) brew (bière).

brasserie f brewery (fabrique).

brave [brav] a [après le nom] brave (courageux) ‖ [avant le nom] good, decent.

bravo excl hear ! hear ! ; well done ! ● npl cheers.

bravoure [-ur] f bravery.

break [brɛk] m estate car, US station wagon.

brebis [brabi] f ewe.

brèche [brɛʃ] f breach ; gap.

bref, ève [brɛf, ɛv] a short, brief ● av in short.

Bretagne [brətaɲ] f Britanny.

bretelle f [soutien-gorge] (shoulder) strap ‖ Pl braces, US suspenders ‖ [autoroute] sliproad.

breton, ne [-ɔ̃, ɔn] a/n Breton.

brevet [-vɛ] m certificate ‖ JUR. patent (d'invention).

bricolage [brikɔlaʒ] m odd jobs, do-it-yourself.

bricoler v (1) do odd jobs.

bricoleur m do-it-yourselfer ; handyman.

bridge 1 [-dʒ] m [cartes] bridge ; ~ contrat, contract

bridge ; ~ *aux enchères*, auction bridge ; *jouer au* ~, play bridge.

bridge 2 *m* [dents] bridge.

brièvement [-ɛvmã] *av* breefly.

brillant, e [-jã] *a* bright, brilliant, shining ‖ FIG. brilliant.

brillantine [-in] *f* hair-oil.

briller *v* (1) shine ‖ glitter ‖ [lumière aveuglante] glare ; [diamant] glitter ; [lueur incertaine] glimmer ; [lueur faible] gleam ; [lueur incandescente] glow.

brimer [-me] *v* (1) rag, bully (camarade).

brin [brɛ̃] *m* blade (d'herbe) ; spray (de muguet).

brindille [-dij] *f* twig, sprig.

brioche [brijɔʃ] *f* bun.

brique [brik] *f* brick.

briquet [-ɛ] *m* lighter.

brise [briz] *f* breeze.

briser *v* (1) break, shatter ; ~ *en morceaux*, smash ‖ *se* ~, break ; shatter.

britannique [-tanik] *a* British.

broc [bro] *m* jug.

brocanteur [brɔkãtœr] *n* second-hand dealer ; junk dealer.

broche [brɔʃ] *f* brooch (bijou) ‖ CULIN. spit.

broché, e *a* : *livre* ~, paperback.

brochette [-ɛt] *f* skewer (instrument) ; kebab (mets).

brochure *f* booklet, pamphlet.

broder [brɔde] *v* (1) embroider.

broderie *f* embroidery.

bronchite [brɔ̃ʃit] *f* bronchitis.

bronzage [brɔ̃zaʒ] *m* (sun)tan.

bronze *m* bronze.

bronzé, e *a* tanned, sunburnt.

bronzer *v* (1) tan.

brosse [brɔs] *f* brush ; *coup de* ~, brush-up ; ~ *à cheveux*, hair-brush ; ~ *à dents*, tooth-brush ; ~ *à habits*, clothes-brush ; ~ *à ongles*, nail-brush ‖ *cheveux en* ~, crew-cut.

brosser *v* (1) brush.

brouette [bruɛt] *f* wheel-barrow.

brouillage [bruja3] *m* RAD. jamming.

brouillard [-r] *m* fog ‖ mist (brume) ‖ smog (mêlé de fumée).

brouillé, e *a* blurred (image) ‖ CULIN. scrambled (œufs) ‖ FIG. *être* ~ *avec qqn*, be on bad terms with sb.

brouiller *v* (1) blur (image, miroir) ‖ RAD. jam ‖ FIG. confuse (idées) ‖ *se* ~, fall out (*avec*, with).

brouillon *m* rough copy.

broussaille [brusaj] *f* brush-wood.

brouter [brute] *v* (1) browse, graze.

broyer [brwaje] *v* (9 a) grind, crush ‖ FIG. ~ *du noir*, have the blues.

bru [bry] *f* daughter-in-law.

bruine [bruin] *f* drizzle.

bruit [-i] *m* noise ; *faire du* ~, make a noise ; *sans* ~, noiselessly ‖ thud (sourd) ; clash (métallique) ; [ferraille] rattle.

bruitage [-taʒ] *m* sound-effects.

brûlage [brylaʒ] *m* [cheveux] singeing.

brûlant, e *a* a burning (hot) ‖ scorching (soleil) ; piping hot (thé).

brûlé, e *a* burnt ● *m* CULIN. burning (odeur).

brûler *v* (1) burn ‖ scorch (peau) ; scald (ébouillanter) ; singe (cheveux) ‖ AUT. ~ *un feu rouge*, go through a red light ‖ CULIN. burn ; [lait] catch ‖ FIG. [jeu] *tu ~es!*, you're getting warm! ‖ FIG. ~ *de*, be eager to.

brûlure *f* burn ; [eau bouillante] scald ‖ MED. ~ *d'estomac*, heartburn.

brume [brym] *f* mist ‖ haze (de chaleur).

brumeux, euse *a* misty, hazy ; foggy.

brun, e [brœ̃, yn] *a* a brown ‖ tanned (bronzé) ; dark (cheveux) ● *m* [couleur] brown ● *f* [femme] brunette.

brunir [brynir] *v* (2) [peau] tan ; [personne] get a tan.

brusque [-sk] *a* a sudden, abrupt ‖ sharp (tournant).

brusquement *av* suddenly, abruptly.

brut, e [-t] *a* a unrefined, raw (matière) ; rough (diamant) ‖ crude (pétrole).

brutal, e, aux *a* a brutal (instinct) ‖ rough (manières).

brutalement *av* roughly ‖ brutally ‖ bluntly (sans ménagement).

brutaliser *v* (1) bully.

Bruxelles [brysɛl] Brussels.

bruyamment [brцijamɑ̃] *av* noisily.

bruyant, e *a* noisy.

bu [by] → BOIRE.

bûche [byʃ] *f* log ; ~ *de Noël*, Yule-log.

bûcher *v* (1) swot (up).

bûcheron [-rɔ̃] *m* woodcutter.

budget [bydʒɛ] *m* budget.

buée [bцe] *f* steam ; *couvrir de* ~, cloud (up).

buffet [byfɛ] *m* side-board ‖ [réception] buffet ‖ RAIL. refreshment room.

buisson [bцisɔ̃] *m* bush.

buissonnière [-ɔnjɛr] *a* : *faire l'école* ~, play truant.

bulle [byl] *f* bubble ‖ [bande dessinée] balloon.

bulletin [-tɛ̃] *m* bulletin, report ; ~ *de bagages*, luggage-ticket ; ~ *météorologique*, weather report ; ~ *de naissance*, birth certificate ; [école] ~ *trimestriel*, terminal report ‖ ~ *receipt* ‖ POL. ~ *de vote*, ballot.

bungalow [bɛ̃galo] *m* bungalow ‖ [club] chalet.

bureau [byro] *m* [meuble] desk ‖ [lieu] office ; ~ *de poste*, post-office ‖ [staff] (privé) ‖ COMM. [hôtel] reception desk ; ~ *de tabac*, tobacconist's.

burette *f* oil-can.

buste [byst] *m* bust.

but [byt] *m* target, mark ;
atteindre/manquer ‖ le ~,
hit/miss the mark ‖ SP. [football] goal ‖ FIG. aim, goal ;
sans ~, aimlessly(ly).

butane [-an] *m* butane.

buter *v* (1) stumble.

buvable [byvabl] *a* drinkable.

buvard [-ar] *m* blotter ; blotting-paper.

buvette *f* RAIL. refreshment.

buveur, euse *n* drinker ; ~
d'eau, teetotaler.

c [se] *m*.

ça [sa] *pr dém* → CELA.

çà [sa] *av* : ~ *et là*, here and there.

cabane [kaban] *f* hut, shanty, cabin.

cabaret [-rɛ] *m* nightclub.

cabine [kabin] *f* [piscine] cubicle ‖ NAUT. cabin ‖ TEL. ~ *téléphonique*, call-box.

cabinet [-ɛ] *m* MED. surgery, consulting-room ‖ POL. cabinet ‖ *Pl* toilet ; loo (coll.).

câble [kɑbl] *m* cable ‖ TEL. cable.

câbler *v* (1) cable.

cabriolet [kabriɔlɛ] *m* AUT. cabriolet.

cacahouète [kakawɛt] *f* peanut.

cacao *m* cocoa.

cache-cache [kaʃkaʃ] *m* : *jouer à* ~, play hide-and-seek.

cache-col, cache-nez *m* muffler, comforter.

cacher *v* (1) hide, conceal ‖ *se* ~, hide.

cachet [-ɛ] *m* : ~ *de la poste*, postmark ‖ MED. cachet, tablet.

cacheter [-te] *v* (8 *a*) seal (enveloppe).

cachette *f* hiding-place ‖ *en* ~, secretly.

cadavre [kadavr] *m* corpse.

caddie [kadi] *m* [supermarché] trolley.

cadeau [kado] *m* gift, present ; *faire* ~ *de qqch*, give sth as a gift (*à qqn*, to sb).

cadenas [-na] *m* padlock.

cadet, te [ɛ, t] *a* younger
● *n* younger son/daughter (fils/fille) ; younger brother/sister (frère/sœur) ; youngest (dernier-né, ère-née).

cadran [-rɑ̃] *m* dial ; ~
solaire, sun-dial ‖ TEL. dial.

cadre *m* [cycle, tableau] frame ‖ [administration] executive ‖ [décor] setting.

cadrer *v* (1) CIN. centre.

cadreur *m* cameraman.

cafard 1 [kafar] *m* : *avoir le* ~, be feeling blue.

cafard 2 *m* sneak (rapporteur).

cafarder [-de] *v* (1) FAM. [école] sneak.

café *m* coffee ; ~ *crème*, white

coffee ; ~ *au lait,* coffee with milk ; ~ *noir,* black coffee ; ~ *soluble,* instant coffee.

cafétéria [-terja] *f* cafeteria.

cafetière [-tjɛr] *f* coffee-pot ; ~ *électrique,* percolator.

cage [kaȝ] *f* cage.

cagnotte [kaɲɔt] *f* pool, kitty.

cahier [kaje] *m* notebook, exercise book.

cahot [kao] *m* jolt, bump.

cahoter [-te] *v* (voiture) bump along.

cahoteux, euse *a* bumpy.

caillé [kaje] *m* curds, junket.

cailler *v* (1) : **(se)** ~, curdle.

caillou [-u] (*Pl* **cailloux**) *m* pebble.

caisse [kɛs] *f* chest, box, case ‖ [tiroir] till ; [lieu] cash-desk ; [libre-service] checkout ‖ FIN. ~ *d'épargne,* savings bank.

caissier, ère *n* cashier.

cake [kɛk] *m* fruit-cake.

calandre [kalɑ̃dr] *f* AUT. radiator-grille.

calciner [-sine] *v* (1) char, burn to a cinder.

calcul [-kyl] *m* reckoning, calculation ‖ MATH. arithmetic ; [école] sums.

calculatrice *f* calculator.

calculer *v* (1) calculate, reckon ; work out (prix).

cale *f* [meuble] wedge ; [roue] chock.

caleçon [-sɔ̃] *m* (under) pants ; ~ *de bain,* (bathing-) trunks.

calendrier [-ɑ̃drije] *m* calendar ‖ [programme] schedule.

calepin [-pɛ̃] *m* notebook.

caler *v* (1) wedge (porte) ‖ AUT. stall.

califourchon (à) [akalifur,ʃɔ̃] *loc av* astride ; *être (assis)* ~ *sur,* straddle.

calmant, e [kalmɑ̃, t] *a* soothing ● *m* MED. painkiller.

calme *a* calm ; still (air) ‖ quiet, cool (personne) ● *m* calm, quiet, quietness (quiétude) ; stillness (silence) ‖ *garder son* ~, keep cool.

calmement *av* calmly, quietly.

calmer *v* (1) calm (down), quiet ‖ ease, relieve, soothe (douleur) ‖ *se* ~, [personne] calm/cool down.

calque [-k] *m* tracing ; *papier-* ~, tracing paper.

calquer *v* (1) trace.

camarade [kamarad] *n* comrade, companion ; ~ *de classe,* class-mate ; ~ *de jeu,* playmate.

cambouis [kɑ̃bwi] *m* sludge, dirty oil.

cambriolage [kɑ̃brjolaȝ] *m* burglary, house-breaking ; heist (sl.).

cambrioler *v* (1) break into ; burgle.

cambrioleur, euse *n* burglar.

came [kam] *f* cam ‖ AUT. *arbre à* ~, cam-shaft.

camelote [-lɔt] *f* FAM. trash, junk.

caméra [-era] *f* cine-/movie-camera.

cameraman [-man] *m* cameraman.

camion [-jɔ̃] *m* lorry, US
truck ‖ van (fourgon).

camionnette [-jɔnɛt] *f* (delivery) van.

camionneur *m* lorry-, US
truck-driver.

camp [kɑ̃] *m* MIL. camp ‖
FIG. side.

campagne [-paɲ] *f* country,
country-side; *à la* ~, in the
country; *en pleine/rase* ~, in
the open country ‖ POL. drive.

camper *v* (1) camp (out).

campeur, euse *n* camper.

camping [-iŋ] *m* camping;
faire du ~, go camping ‖ [lieu]
campsite.

Canada [kanada] *m* Canada.

canadien, enne *a/n* Canadian.

canal, aux [kanal, o] *m* canal
‖ TV. channel.

canapé [-pe] *m* settee, couch,
sofa.

canard [-r] *m* duck; drake
(mâle).

candidat, e [kɑ̃dida, t] *n*
candidate ‖ [poste] applicant.

candidature *f* candidature;
poser sa ~ *à*, apply for.

cane [kan] *f* duck.

caniche [-i/] *m* poodle.

canicule [-ikyl] *f* dog-days.

canif *m* pen-knife.

caniveau [-ivo] *m* gutter.

canne [kan] *f* cane, walking
stick ‖ SP. ~ *à pêche*, fishing
rod ‖ BOT. sugar-cane.

canoë [-ɔe] *m* canoe.

canon *m* gun.

canot [-o] *m* dinghy; ~ *automobile*, motor-boat; ~ *pneumatique*, rubber boat; ~ *de
sauvetage*, life-boat.

canotage [-ɔtaʒ] *m* SP.
rowing; *faire du* ~, go boating.

cantine [kɑ̃tin] *f* [école]
dining-hall.

canular [kanylar] *m* hoax.

caoutchouc [kaut/u] *m*
rubber.

cap [kap] *m* cape.

capable *a* capable (*de*, of);
able (*de*, to).

capacité [-asite] *f* capacity
(contenance).

cape *f* cape; cloak.

capitaine [kapitɛn] *n* captain.

capital, e, aux [-ital, o] *a/m*
capital.

capitale *f* [lettre, ville]
capital.

capitalisme *m* capitalism.

capitaliste *n* capitalist.

capitonner [-itɔne] *v* quilt.

capot [-o] *m* AUT. bonnet, US
hood.

capote [-ɔt] *f* AUT. hood, US
top.

capoter *v* (1) AUT. overturn.

caprice [-ris] *m* whim, fancy
‖ freak (de la nature).

capsule [-syl] *f* capsule ‖
[bouteille] cap ‖ MED. capsule.

capter [-te] *v* (1) RAD.
receive; pick up (message).

captiver [-tive] *v* (1) captivate, fascinate.

capturer [-tyre] *v* (1) capture,
catch.

capuchon [-y⁄ɔ̃] *m* cowl, hood ‖ [stylo] cap.

car 1 [kar] *c* for, because.

car 2 *m* [= *autocar*] (motor-)coach, US bus.

caractère [-aktɛr] *m* character ‖ nature, temper (nature) ; *avoir bon/mauvais* ~, be good/bad-tempered ‖ personality, character, individuality ‖ [imprimerie] character, type ; *écrire en* ~*s d'imprimerie*, write in block letters.

carafe [-af] *f* water-bottle.

caramel [-amɛl] *m* butterscotch, toffee.

caravane [-avan] *f* AUT. caravan.

carburant [-byrɑ̃] *m* AUT. (motor-)fuel.

carburateur *m* carburettor.

cardigan [-digã] *m* cardigan.

cardinal, aux [-dinal, o] *m* REL. cardinal.

carême [-ɛm] *m* REL. Lent.

caresse *f* caress ; stroke (à un animal).

caresser *v* (1) caress ; stroke (animal) ; fonde (enfant).

cargo [-go] *m* cargoboat, freighter.

cari [-i] *m* CULIN. curry.

carie [-i] *f* [dents] decay, caries.

carié, e *a* bad, decayed.

carier (se) *v* (1) decay.

carillon [-ijɔ̃] *m* chime.

carillonner [-ɔne] *v* (1) [cloches] chime.

carlingue [-lɛ̃g] *f* cabin.

carnaval [-naval] *m* carnival.

carnet [-nɛ] *m* note-book ‖ ~ *de timbres*, book of stamps ; ~ *de chèques*, cheque-book.

carotte [-ɔt] *f* carrot.

carré, e [-e] *a/m* square ‖ MATH. *élever au* ~, square.

carreau [-o] *m* (window-)pane ‖ [cartes] diamond.

carrefour [-fur] *m* crossroads.

carrière [-] *f* career.

carrosserie [-ɔsri] *f* AUT. body.

cartable [kartabl] *m* (school) bag ; [à bretelles] satchel.

carte, e *f* [card] ‖ ~ *postale*, post-card ; ~ *de visite*, visiting-card ; ~ *de vœux*, greetings card ‖ ~ *à jouer*, playing-card ; *jouer aux* ~*s*, play cards ‖ ~ *des vins*, wine list ‖ COMM. ~ *de crédit*, credit card ‖ GEOGR. map ‖ AUT. ~ *routière*, road-map.

carton *m* cardboard ‖ ARTS ~ *à dessin*, portfolio.

cartouche [-tuʃ] *f* [fusil], PHOT. cartridge ‖ [stylo] refill.

cas [kɑ] *m* case ; ~ *de force majeure*, case of absolute necessity ‖ *en tout* ~, in any case, at any rate ; *en* ~ *de*, in case of ; *en* ~ *d'urgence*, in an emergency ; *au* ~ *où il pleuvrait*, in case it rains.

casanier, ère [kazanje, ɛr] *a* stay-at-home.

cascade [kaskad] *f* waterfall.

cascadeur *m* CIN. stunt man.

case [kaz] *f* [courrier] pigeonhole ; [échiquier] square.

caserne [-ɛrn] *f* barracks ; ∼ *de pompiers*, fire station.

casier *m* compartment ‖ [courrier] pigeonhole ‖ JUR. : *judiciaire*, (police) record.

casino [-ino] *m* casino.

casque [kask] *m* helmet ‖ [motocycliste] crash-helmet ‖ TEL. headphone.

casquette *f* cap.

casse [kɑs] *f* breaking • *m* ARG. heist (sl.) [cambriolage].

casse-cou *m inv* daredevil.

casse-croûte *m inv* snack.

casse-noisettes, casse-noix *m inv* nutcrackers.

casser *v* (1) break ‖ *se* ∼ *le cou*, break one's neck.

casserole [kasrɔl] *f* saucepan.

casse-tête [kɑs-] *m inv* puzzle.

cassette *f* [magnétophone] cassette.

cassis [-is] *m* [fruit] blackcurrant.

cassonade [-ɔnad] *f* brown sugar, demerara.

castagnettes [kastaɲɛt] *fpl* castanets.

catalogue [katalɔg] *m* catalogue.

catastrophe [-strɔf] *f* catastrophe.

catastrophique *a* catastrophic.

catch [katʃ] *m* Sp. (all-in) wrestling.

catéchisme [kateʃism] *m* catechism ; Sunday school.

catégorie [kategɔri] *f* category.

catégorique *a* categorical ; positive (affirmation) ‖ flat (refus).

catégoriquement *av* categorically.

cathédrale [katedral] *f* cathedral.

catholicisme [katɔlisism] *m* Catholicism.

catholique *a/n* (Roman) Catholic.

cauchemar [koʃmar] *m* nightmare.

cause [koz] *f* cause, motive, reason ; *à* ∼ *de*, because of, on account of, owing to.

causer *v* (1) talk, chat ; ∼ *de*, talk of/about ; ∼ *avec*, talk with.

causerie [-zri] *f* talk.

cavalerie [kavalri] *f* cavalry.

cavalier, ère *n* SP. rider, horseman, -woman ‖ [danse] partner ‖ *m* [échecs] knight.

cave [kav] *f* cellar.

caverne [kavɛrn] *f* cave.

caviar [-jar] *m* caviar(e).

ce 1 [sə] (*c'* devant voyelles et « h » muet) *pr dém* [chose] this ‖ [personne déterminée] he, she, it ; [pl.] they ; *c'est mon ami*, he is my friend ‖ [personne indéterminée] it ; *qui est-ce ?*, who is it ? ; *c'est-à-dire*, that is to say ; *qu'est-*∼ *que c'est ?*, what is it ? ‖ ∼ *qui*, ∼ *que*, [la chose qui/que] what ; [chose qui/que] which ; *je savais tout*, ∼ *qui l'a surpris*,

I knew everything, which surprised him ‖ **tout** ~ **qui/que,** all that.

ce 2 (cet [sɛt] devant voyelle et « h » muet, **cette, ces** [sɛ]) a dém : ~...-**ci,** this/these ‖ ~ ... -**là,** that/those ‖ [temps] ~ **matin,** this morning ; *cette* **nuit,** last night (passée) ; ~ **soir,** tonight (à venir).

ceci [-si] pr dém this.

cécité [sesite] f blindness.

céder [sede] v (5) give up (place) ‖ give in, yield (se rendre).

ceinture [sɛtyr] f belt ‖ ~ **de sécurité,** AUT. seatbelt ‖ AV. safetybelt ‖ [judo] belt ‖ [taille] waist.

cela [səla] (FAM. **ça** [sa]) pr dém that (opposé à *ceci*).

célèbre [selɛbr] a famous.

célébrer [-ebre] v (1) celebrate, keep (fêtes).

célibataire [-ibatɛr] a unmarried, single ● n bachelor, unmarried woman.

celle(s) ⇒ CELUI.

cellier [selje] m cellar.

Cellophane [-ofan] f cellophane.

cellule [-yl] f cell ‖ ELECTR. ~ **photo-électrique,** photo-electric cell ‖ [électrophone] cartridge.

celui [səlɥi] **celle** [sɛl], **ceux** [sø] pr dém : *celui/celle* **de,** that of, 's ‖ *celui-/celle-* **ci,** this one ; *ceux-/celles-ci,* these ‖ *celui-/celle-* **là,** that one ‖ ~ -*ci...,* ~ -*là,* the former..., the

latter ‖ *ceux-/celles-là,* those ‖ *celui/celle* **que,** the man/woman (that) ; [neutre] the one (that) ‖ *celui/celle* **qui,** the man/woman who ; [neutre] the one that ; *ceux/celles* **qui,** those who ; [neutre] those, the ones that.

cendre [sãdr] f ash ‖ Pl cinders.

cendrier m ash-tray.

censé, e [sãse] a : **être** ~ **faire,** be supposed to do ‖ FIN. **pour** ~, per cent.

cent [sã] a hundred ‖ FIN. **pour** ~, per cent.

centaine [-tɛn] f about a hundred.

centenaire [-tnɛr] a/n centenary ; centenarian (personne).

centième [-tjɛm] a/n hundredth.

centigrade [-tigrad] a centigrade.

centime [-tim] m centime.

centimètre m centimetre.

central, e, aux [sãtral, o] a central ● m TEL. (telephone) exchange ‖ ELECTR., TECHN. power station.

centre m centre ‖ COMM. ~ **commercial,** shopping centre ‖ SP. [football] *avant* ~, centre-forward.

cependant [səpãdã] c however, though, yet, nevertheless.

cercle [sɛrkl] m circle ; ~ **vicieux,** vicious circle.

cercueil [-kœj] m coffin.

céréale [sereal] f cereal.

cérémonie [-mɔni] f ceremony ; *sans* ~, informally, in a homely way.

cérémonieux, euse *a* formal.

cerf [sɛr] *m* stag, deer.

cerf-volant *m* kite ; *jouer au* ~, fly a kite.

cerise [sariz] *f* cherry.

cerisier *m* cherry-tree.

certain, e [sɛrtɛ̃, ɛn] *a* [après le nom] certain || [attribut] sure, certain ● *a ind* some, certain ; *jusqu'à un* ~ *point*, up to a point ; *dans un* ~ *sens*, in a way ● *pr ind pl* ~s, some (people) ; ~s *d'entre eux*, some of them.

certainement *av* certainly, surely, most likely.

certes [sɛrt] *av* certainly.

certificat [-tifika] *m* testimonial (d'employeur) || diploma.

certifier *v* (1) certify.

certitude *f* certainty, certitude ; *avoir la* ~ *de*, be sure of.

cerveau [-vo] *m* brain.

cervelle *f* brain || CULIN. brains.

ces [se] *a dém pl* these, those || → CE 2.

cesse [sɛs] *f* cease ; *sans* ~, continually, incessantly.

cesser *v* (1) stop ; leave off (*de faire*, doing) ; ~ *de fumer*, give up smoking || **ne pas** ~ **de faire**, keep doing.

c'est-à-dire [sɛtadir] *loc c* that is to say (abrév. : i. e.).

cet, cette → CE 2

ceux → CELUI.

chacun, e [ʃakœ̃, yn] *pr ind*

[individuellement] each (one) || [collectivement] everyone, everybody.

chagrin [ʃagrɛ̃] *m* sorrow, grief, distress ; *faire du* ~ *à*, grieve.

chahuter [ʃayte] *v* (1) rag (professeur).

chaîne [ʃɛn] *f* chain || GÉOGR. (mountain) range || TECHN. ~ *de montage*, assembly line || TV channel, programme || RAD. stéréo(phonique), stereo system.

chair [ʃɛr] *f* flesh ; (*avoir la*) ~ *de poule*, (have) gooseflesh.

chaise [ʃɛz] *f* chair ; ~ *longue*, deck-chair.

chaland [ʃalã] *m* NAUT. barge.

châle [ʃɑl] *m* shawl.

chalet [ʃalɛ] *m* chalet.

chaleur [ʃalœr] *f* warmth ; (*grande*) ~, heat.

chaleureux, euse *a* FIG. warm, hearty.

chalutier [-ytje] *m* trawler.

chambre [ʃɑ̃br] *f* (bed)room (à coucher) ; ~ *d'amis*, guest-room ; ~ *à un/deux lit(s)*, single/double room ; ~ *de débarras*, lumber-room || AUT. ~ *à air*, inner tube.

chambré, e *a* at room temperature (vin).

chameau [ʃamo] *m* camel.

champ [ʃã] *m* field ; *à travers* ~, across country || SP. ~ *de courses*, race-course || FIG. *sur le* ~, immediately.

champagne [-paɲ] *m* champagne.

champignon [-piɲɔ̃] *m* mushroom (comestible); toadstool (vénéneux).

champion, ne [-pjɔ̃, ɔn] *n* champion.

championnat [-ɔna] *m* championship.

chance [ʃɑ̃s] *f* luck, fortune; *avoir de la* ∼, be lucky; *bonne* ∼*!*, good luck!; *pas de* ∼*!*, hard luck!! ‖ [probabilités] chance ‖ *Pl* odds; *les* ∼*s sont contre nous/pour nous*, the odds are against us/in our favour; *il a des* ∼*s de réussir*, he is likely to succeed.

chancelant, e [-lɑ̃] *a* unsteady (chose); staggering (personne, pas).

chanceler *v* (8a) stagger.

chanceux, euse *a* lucky.

change [ʃɑ̃ʒ] *m* FIN. (foreign) exchange; *taux du* ∼, rate of exchange.

changeant *a* changeable.

changement *m* change ‖ RAIL. change ‖ AUT. ∼ *de vitesse*, gear change.

changer *v* (7) change; ∼ *de place*, change seats ‖ move (déplacer) ‖ RAIL. change (of train) ‖ AUT. ∼ *de vitesse*, change gear ‖ *se* ∼, turn (en, into); [personne] change (one's clothes).

changeur *m* FIN. money-changer ‖ ∼ *de disques automatique*, automatic record-changer.

chanson [ʃɑ̃sɔ̃] *f* song.

chant [ʃɑ̃] *m* song, singing ‖

REL. ∼ *de Noël*, Christmas carol.

chantage [-taʒ] *m* blackmail; *faire du* ∼, blackmail.

chanter *v* (1) sing ‖ [coq] crow.

chanteur, euse *n* singer; ∼ *de charme*, crooner.

chaparder [ʃaparde] *v* (1) pilfer, pinch.

chapeau [-o] *m* hat.

chapelle *f* chapel.

chapitre [-itr] *m* chapter.

chaque [ʃak] *a ind* [individuellement] each ‖ [collectivement] every.

charbon [ʃarbɔ̃] *m* coal; ∼ *de bois*, charcoal.

charbonnier [-bɔnje] *m* coalman.

charcuterie [-kytri] *f* pork-butcher's shop (boutique); pork-butcher's meat (produits).

charcutier, ère *n* pork-butcher.

chardon [-dɔ̃] *m* thistle.

charge [-ʒ] *f* load, burden ‖ [fonction] responsibility; office, duties ‖ ELECTR. charge; *en* ∼, live (rail) ‖ FIN. costs, expenses.

chargé, e *a* loaded (caméra, fusil, véhicule) ‖ FIG. busy (journée); *être* ∼ *de*, be in charge of.

charger *v* (7) load ‖ ELECTR. charge ‖ FIG. ∼ *de*, load with; ∼ *qqn de*, put sb in charge of ‖ *se* ∼ *de*, take on, take charge of; undertake (*de faire*, to do); take care of (*qqn*, sb) ; **je m'en ~**, I'll see to it.

chargeur m PHOT. cartridge, cassette || ELECTR. charger.

chariot [-ʒo] m AGR. waggon || TECHN. truck ; trolley ; [machine à écrire] carriage.

charité f charity ; **demander la ~, beg** ; **faire la ~**, give alms (à, to).

charmant, e [-mɑ̃] a charming (personne) || lovely, delightful (réception).

charme m charm ; glamour (ensorceleur) || [magie] spell || FIG. seduction.

charmer v (1) charm, enchant.

charnière [-njɛr] f hinge.

charpente [-pɑ̃t] f frame.

charpentier m carpenter.

charrette f cart.

charrier v (1) cart, carry || [rivière] **~ des glaçons**, drift ice.

charrue f plough.

charter [-tɛr] m AV. charter (flight).

chas [ʃa] m [aiguille] eye.

chasse 1 [-s] f SP. hunt(ing) [à courre] ; shooting (au fusil) ; **aller à la ~**, go hunting/shooting || [période] shooting season || **~ aux papillons**, butterfly chase || **~ sous-marine**, spear fishing.

chasse 2 f : TECHN. **~ d'eau**, flush ; **tirer la ~ d'eau**, flush the basin.

chasse-neige m inv snow-plough.

chasser v (1) SP. shoot (au fusil) ; **~ à courre**, hunt.

chasseur, euse n SP. hunter, huntsman (à courre) ; shooter, gun (au fusil) || m [hôtel] page(-boy).

chat [ʃa] m cat ; tomcat (mâle) ; **~ de gouttière**, tabby || [jeu] **jouer à ~ perché**, play tag.

châtaigne [ʃatɛɲ] f chestnut.

châtaignier m chestnut-tree.

châtain [-ɛ̃] a chestnut, light brown.

château [-o] m country seat, mansion ; palace (royal) ; **~ fort**, castle.

chaton [ʃatɔ̃] m kitten.

chatouiller [-tuje] v (1) tickle.

chatouilleux, euse a ticklish.

chatte [ʃat] f she-cat.

chaud, e [ʃo, d] a warm ; **très ~**, hot ; **avoir ~**, be warm ; **il fait ~**, it is warm ● m : **tenir au ~**, keep in a warm place.

chaudement [-dəmɑ̃] av warmly.

chaudière f boiler.

chauffage [-faʒ] m heating ; **~ central**, central heating ; **appareil de ~**, heater.

chauffe-bain m, **chauffe-eau** m inv water-heater ; geyser (à gaz).

chauffe-plats m inv dish-warmer, chafing-dish.

chauffer v (1) heat, warm (up) || **faire (ré)~**, warm up || **se ~**, warm o.s. (up) ; **~ au soleil**, bask in the sun.

chauffeur m AUT. chauffeur ;

~ de taxi, taxidriver; **sans ~**, self-drive (location).

chaume [ʃom] m [toit] thatch.

chaumière f thatched cottage.

chaussée [ʃose] f causeway (surélevée) || roadway (rue, route).

chausse-pied m shoe-horn.

chausser v (1) shoe || **~ qqn**, put sb's shoes on || fit (bien/mal) || **~ du 38**, take 38 (GB = 5) in shoes || **se ~**, put one's shoes on.

chaussette f sock.

chausson m slipper || CULIN. **~ aux pommes**, appleturnover.

chaussure f shoe || boot (montante); **~s de tennis**, tennis-shoes.

chauve [ʃov] a bald.

chauve-souris f bat.

chef [ʃɛf] m head || POL. leader || RAIL. **~ de gare**, stationmaster || MUS. **~ d'orchestre**, conductor.

chef-d'œuvre [ʃedœvr] (Pl **chefs-d'œuvre**) m masterpiece.

chelem [ʃlɛm] m slam.

chemin [ʃəmɛ̃] m (foot)path; lane (creux) || [parcours, direction] **à mi-~**, midway; **sur votre ~**, on your way; **demander son ~**, ask one's way; **montrer le ~**, lead/show the way; **perdre son ~**, lose one's way || RAIL. **~ de fer**, GB railway, US railroad.

cheminée [-ine] f chimney

(tuyau); fire-place (foyer); mantelpiece (manteau) || NAUT. funnel.

chemise f shirt; **~ de nuit**, nightdress || [dossier] folder.

chemisier m shirt, blouse.

chêne [ʃɛn] m oak.

chenil [-il] m kennel.

chenille [-ij] f caterpillar.

chèque [ʃɛk] m cheque; **carnet de ~s**, cheque-book; **établir un ~ de £5**, write/make out a cheque for £5; **~ barré**, crossed cheque; **~ en blanc**, blank cheque; **~ certifié**, certified cheque || **~ de voyage**, traveller's cheque || **~ essence**, petrol-voucher.

cher, ère [ʃer] a dear (à, to); beloved (à, of) || COMM. dear, expensive (coûteux); **pas ~**, cheap, inexpensive.

chercher [-ʃe] v (1) seek || look for, search for || look up (mot dans dictionnaire) || **aller ~**, fetch, go and get, go for; aller ~ qqn à la gare, go to meet sb at the station || **~ à faire**, try to do.

chéri, e [ʃeri] a beloved ● n darling.

cheval, aux [ʃəval, o] m horse; **~ de course**, race-horse; **~ de selle**, saddle-horse; **à ~**, on horseback || SP. **aller à ~**, ride || AUT. **~(-vapeur)**, horse-power.

chevelure [ʃəvlyr] f hair.

cheveu [-ə] m hair || Pl hair.

cheville [-ij] f MED. ankle.

chèvre [ʃɛvr] f (she-)goat.

chevreau [ʃəvro] m kid.

chez [ʃe] p : ~ Pierre, at Peter's (house); ~ **soi**, at home; ~ qqn, at sb's home/place; **rentrer** ~ soi, go home; **venez** ~ **moi**, come to my place ‖ with (avec); il habite ~ nous, he lives with us ‖ [adresse] care of, c/o ‖ faire comme chez ~ make o.s. at home.

chez-soi m inv home.

chic [ʃik] a inv smart, stylish, chic (élégant) ‖ smart, posh (coll.) [distingué] ‖ nice, decent (gentil) ● m style ‖ FIG. avoir le ~ pour faire, have the knack of doing.

chiche! [-ʃ] interj : ~ que, I bet you that.

chicorée [-kɔre] f chicory.

chien [ʃjɛ̃] m dog; ~ de chasse, retriever; ~ de garde, watch-dog; ~-loup, wolf-dog.

chienne [-ɛn] f bitch.

chiffon [ʃifɔ̃] m rag; duster.

chiffonner v (1) ruffle (étoffe); crumple (papier).

chiffre [-fr] m figure, number, digit.

chignon [-ɲɔ̃] m bun, chignon.

chimie [-mi] f chemistry; ~ minérale, inorganic chemistry.

chimique a chemical.

chimiste n chemist.

Chine [-n] f China.

Chinois, e [-wa, z] n Chinese.

chinois, e a Chinese ● m [langue] Chinese.

chips [-ps] fpl : pommes ~, (potato) crisps.

chiqué [-ke] m FAM. pretence, bluff.

chirurgical, e, aux [ʃiryrʒikal, o] a surgical.

chirurgie f surgery; ~ esthétique, plastic surgery.

chirurgien, ne n surgeon.

chirurgien-dentiste m dental-surgeon.

choc [ʃɔk] m shock ‖ clash (violent) ‖ MÉD. shock, stress.

chocolat [-ɔla] m chocolate.

chœur [kœr] m chorus; en ~, in chorus ‖ REL. choir.

choisir [ʃwazir] v (2) choose, single out; select (parmi, from).

choix [ʃwa] m choice, selection; faire son ~, make one's choice ‖ de ~, choice.

chômage [ʃomaʒ] m unemployment; en ~, unemployed, out of work, redundant; s'inscrire au ~, go on the dole.

chômeur, euse n unemployed worker ‖ Pl : les ~s, the unemployed.

chope [ʃɔp] f tankard, mug.

choquer [ʃɔke] v (1) FIG. shock (scandaliser) ‖ offend (blesser).

chorale [kɔral] f choral society.

chose [ʃoz] f thing.

chou [ʃu] (Pl choux) m cabbage; ~ de Bruxelles, Brussels sprouts; ~-fleur, cauliflower.

chouchou, te n pet.

choucroute [-krut] *f* sauer-
kraut.

chouette 1 [ʃwɛt] *f* owl.

chouette 2 *a/interj* FAM.
smashing (!); great.

chrétien, ne [kretjɛ̃, ɛn] *a/n*
Christian.

Christ [krist] *m* Christ.

chronomètre [krɔnɔmɛtr] *m*
SP. stop-watch.

chronométrer [-metre] *v* (1)
SP. time.

chuchoter [ʃyʃɔte] *v* (1)
whisper.

chut ! [ʃyt] *interj* sh !

chute *f* fall; *faire une ~,*
have a fall; *~ de neige,*
snowfall || *~ d'eau,* waterfall.

ci [si] → CE ● *av* here; *~con-
tre,* opposite; *~-dessous,*
below; *~-dessus,* above; *~
joint, e,* enclosed.

cible [-bl] *f* target, aim.

cicatrice [-katris] *f* scar
(balafre).

cicatriser [-ize] *v* (1) : *(se)
~,* heal (over).

cidre [-dr] *m* cider.

ciel [sjɛl] (*Pl* LIT. **cieux** [sjø])
m sky || REL. heaven.

cierge [-rʒ] *m* candle.

cigale [sigal] *f* cicada.

cigare [-r] *m* cigar.

cigarette [-ret] *f* cigarette.

cigogne [sigɔɲ] *f* stork.

cil [sil] *m* eyelash.

cime [sim] *f* [arbre] top ||
[montagne] summit.

ciment [-ɑ̃] *m* cement.

cimetière [-tjɛr] *m* grave-
yard, churchyard, cemetery.

ciné-club [sine-] *m* film
society/club.

cinéma [-ma] *m* cinema ; pictures, US movies; *aller au ~,*
go to the pictures.

cinémathèque [-tɛk] *f* film-
library.

cinq [sɛ̃k] *a/m* five.

cinquante *a/m* fifty.

cinquième [-jɛm] *a/n* fifth.

cintre [sɛ̃tr] *m* [portemanteau]
coat-hanger.

cirage [siraʒ] *m* (shoe) polish.

circonstance [-kõstɑ̃s] *f* cir-
cumstance ; occasion.

circuit [-kɥi] *m* tour, round
trip || ELECTR. circuit || RAD.
~ imprimé, printed circuit ;
~ intégré, integrated circuit.

circulation [-kylasjõ] *f* circu-
lation || MED. circulation ||
AUT. traffic.

circuler *v* (1) [choses] circu-
late; [personnes] go about ||
ELECTR. flow.

cire *f* wax || polish (encaus-
tique).

cirer *v* (1) polish || shine
(chaussures).

cirque [-k] *m* circus.

cisailles [sizaj] *fpl* wire-
cutters.

ciseaux [sizo] *mpl* scissors.

citation [sitasjõ] *f* quotation.

cité *f* city (grande ville).

citer *v* (1) quote, cite (texte).

citerne [-ɛrn] *f* (water-)tank.

citoyen, enne [-wajɛ̃, ɛn] *n*
citizen.

citron [-rõ] *m* lemon ; *~
pressé,* (fresh) lemon-squash.

citronnade [-ɔnad] *f* lemon-squash.

civet [sivɛ] *m* stew (de lièvre).

civil, e [sivil] *a* civil ● *m* civilian.

civilisation [-izazjɔ̃] *f* civilization.

civiliser *v* (1) civilize.

civique [-k] *a* : *instruction* ∼, civics.

clair, e [klɛr] *a* light, bright ‖ FIG. clear (idée) ● *av* clearly ‖ *il fait* ∼, it is daylight ● *m* : ∼ *de lune*, moonlight.

clairement *av* clearly, plainly.

clairon *m* bugle.

clandestin, e [klɑ̃dɛstɛ̃, in] *a* underground.

claque [klak] *f* slap ; *donner une* ∼, slap.

claqué, e *a* FAM. dead beat.

claquement *m* [porte] slam.

claquer *v* (1) [porte] bang (faire) ‖ slam, bang (porte) faire ‖ snap (ses doigts) ‖ [dents] chatter ‖ *se* ∼ *un muscle*, strain a muscle.

clarinette [-rinɛt] *f* clarinet.

classe [klɑs] *f* class (catégorie) ; *de première* ∼, first rate ‖ class (sociale) ; ∼ *ouvrière*, working class ‖ [école] form, class, US grade ; *(salle de)* ∼, class-room ‖ RAIL. class.

classement *m* classification.

classer *v* (1) sort, classify ; ∼ *par ordre alphabétique*, file in alphabetical order.

classeur *m* folder, file ‖ [meuble] filing-cabinet.

clavecin [klavsɛ̃] *m* harpsichord.

clavier *m* keyboard.

clé, clef [kle] *f* key ; ∼ *de la porte d'entrée*, latch key ; *fermer à* ∼, lock ; *mettre sous* ∼, lock up ‖ AUT. ∼ *de contact*, ignition key ‖ TECHN. spanner ‖ MUS. ∼ *de sol*, G clef.

cliché [kliʃe] *m* PHOT. negative.

client, e [-jɑ̃, t] *n* COMM. customer ; patron (habituel) ; [hôtel] guest ; [taxi] fare.

cligner [-ɲe] *v* (1) : ∼ *des yeux*, blink.

clignotant [-ɲɔtɑ̃] *m* trafficator.

climat [-ma] *m* climate.

climatisé, e [-tize] *a* air-conditioned.

clin [klɛ̃] *m* : ∼ *d'œil*, wink ; *faire un* ∼ *d'œil à*, wink at.

clinique [klinik] *f* clinic ; nursing home ; ∼ *d'accouchement*, maternity home.

cliqueter [-kte] *v* AUT. [moteur] pink.

clochard, e [klɔʃar, d] *n* tramp.

cloche [klɔʃ] *f* bell.

cloche-pied *av* : *sauter à* ∼, hop along.

clocher *m* steeple, church-tower.

cloison [klwazɔ̃] *f* partition.

cloque [klɔk] *f* blister.

clore [-r] *v* (27) close ‖ seal down (enveloppe).

clôture [klotyr] *f* fence.

clou [klu] *m* nail ‖ MED. boil.

clouer v (1) nail.

clown [klun] m clown.

club [klœb] m club.

cocaïne [kɔkain] f cocaine.

cocaïnomane [-ɔman] n cocaine-addict.

cocher [kɔʃe] v (1) tick off.

cochon m pig ; ~ de lait, sucking-pig.

cochonnet [-ɔnɛ] m [boules] jack.

cocktail [kɔktɛl] m cocktail (boisson) ; cocktail party (réunion) || ~ Molotoff, petrol bomb.

cocotier [-ɔtje] m coconut (-palm).

code [kɔd] m code || ~ postal, post code, US zip code || AUT. C~ de la Route, Highway Code ; se mettre en ~, dip one's lights.

coéquipier, ère [koekipje] n team-mate.

cœur [kœr] m heart (organe) || avoir mal au ~, feel sick ; donner mal au ~, sicken || [cartes] heart || [mémoire] par ~, by heart || FIG. heart ; de bon ~, willingly, heartily ; avoir bon ~, be kind-hearted ; sans ~, heartless.

coffre [kɔfr] m chest || AUT. boot.

coffre-fort [-ɛ] m safe.

coffret [-ɛ] m casket.

cogner [kɔɲe] v (1) knock || AUT. knock || se ~, se ~ la tête, hit one's head (contre, against).

cohue [kɔy] f crush.

coiffé, e [kwafe] a covered (tête).

coiffer v (1) put on (chapeau) || do sb's hair (cheveux) || se ~, do one's hair.

coiffeur, euse n [dames] hairdresser ; [hommes] barber.

coiffure f [chapeau] head-gear ; [cheveux] hair-do.

coin [kwɛ̃] m corner || ~ du feu, fireside || TECHN. wedge || RAIL. place de ~, corner-seat || FIG. spot, place, area || FAM. aller au petit ~, spend a penny.

coincer [-se] v (6) jam || corner (qqn) || se ~, jam.

coïncidence [kɔɛ̃sidɑ̃s] f coincidence.

coïncider v (1) coincide.

coing [kwɛ̃] m quince.

coke [kɔk] m coke.

col [kɔl] m [vêtement] collar ; ~ roulé, polo neck || GEOGR. pass, col.

colère [-ɛr] f anger ; accès de ~, fit of anger ; être en ~, be in a temper, be angry (contre qqn, with sb) ; se mettre en ~, get into a temper, lose one's temper, become angry.

coléreux, euse [-erø] a quick-tempered.

colin-maillard [-ɛ̃majar] m blindman's buff.

colis [-i] m parcel.

collaborer [kɔlabɔre] v (1) collaborate (à, to ; avec, with) ; contribute (à, to).

collant, e [-ɑ̃] a sticky (poisseux) ‖ tight-fitting (vêtements) ● *m* tights.

collation [-asjɔ̃] *f* light meal ; elevenses (à 11 heures).

colle *f* glue ; paste (à papier) ‖ FAM. poser ; [école] detention (retenue).

collectif, ive [-ɛktif, iv] *a* / collective.

collection *f* collection ; faire ∼ *de*, collect ; ∼ *de timbres*, stamp-collection ‖ [mode] collection ; présentation de ∼, fashion-show.

collectionner *v* (1) collect.

collectionneur, euse *n* collector.

collège [-ɛʒ] *m* secondary school ; ∼ *d'enseignement général*, comprehensive school.

collégien, ne [-eʒjɛ̃] *n* schoolboy, -girl.

collègue [-ɛg] *n* colleague.

coller [N] (1) glue, paste ‖ stick (timbre, etc.) ‖ FAM. [école] plough (sl.) [ajourner] ; keep in (consigner).

collier *m* necklace (ornement) ‖ [chien] collar.

colline [-in] *f* hill.

collision [-izjɔ̃] *f* crash, collision ; entrer en ∼, collide (avec, with).

collyre [-ir] *m* eye-drops.

colombe [kɔlɔ̃b] *f* dove.

colombier *m* dove-cot(e).

colombophile [-ɔfil] *f* pigeon-fancier.

colonel [kɔlɔnɛl] *m* colonel.

colonie [-ɔni] *f* colony ‖ ∼ *de vacances*, holiday camp.

colonne [-ɔn] *f* column.

colorer [-ɔre], **colorier** *v* (1) colour.

coma [kɔma] *m* : dans le ∼, in a coma.

combat [kɔ̃ba] *m* fight, struggle ; ∼(*s*) *de coqs*, cockfight(ing).

combattant, e [-tɑ̃] *a* / *n* combatant ; ancien ∼, war veteran.

combattre [-tr] *v* (20) fight.

combien *av* : [quantité, degré] ∼ *(de)*, how much/many ‖ [prix] ∼ *est-ce ?*, how much is it ? ‖ [temps] how long ? ● *m* FAM. le ∼ *sommes-nous ?*, what's the date (today) ? ; tous les ∼ ?, how often ?

combinaison [-binɛzɔ̃] *f* combination ‖ [vêtement] overalls (de mécanicien) ; slip (de femme).

combine [-bin] *f* FAM. scheme, trick.

combiner *v* (1) combine, plan, devise.

comble [-bl] *a* crowded, packed, (cram-)full (salle).

combler *v* (1) fill up.

combustible [-bystibl] *m* fuel.

comédie [kɔmedi] *f* comedy.

comédien, ne *n* actor ; comedian (comique).

comestible [-ɛstibl] *a* edible ● *mpl* edibles, foodstuffs.

comique *a* comic(al).

commandant [kɔmɑ̃dɑ̃] *m* MIL. major.

commande [-ãd] f COMM. order || TECHN. control ; ∼ à distance, remote control.

commander v (1) command, order ; ∼ qqch à qqn, order sth from sb || order (repas).

comme [kɔm] c [comparaison] like, as || FAM. haut ∼ ça, that high || [cause] as ; ∼ il n'était pas prêt, nous partîmes sans lui, as he was not ready, we went without him || [temps] ∼ il descendait du train, as he was getting off the train ● av [manière] as, like ; faites ∼ moi, do as I do || [exclamation] ∼ c'est gentil de votre part! how nice of you! || ∼ si, as if/though || FAM. ∼ ci, ∼ ça, so, so.

commençant, e [-ãsã] n beginner.

commencement [-smã] m beginning ; au/dès le ∼, in/from the beginning.

commencer v (6) begin || start || ∼ à, begin to ; ∼ par, begin with.

comment av how? ; ∼ va-t-il ?, how is he ? || ∼ est-elle ?, what is she like ?

commérage [-eraʒ] m gossip.

commerçant, e [-ɛrsã] n tradesman, shopkeeper.

commerce [-ɛrs] m trade || commerce (relations) ; faire le ∼, trade (de, in).

commercial, e, aux a commercial.

commettre [kɔmɛtr] v (64) commit (erreur).

commis [kɔmi] m : ∼ voyageur, commercial traveller.

commissaire [-isɛr] m : ∼ de police, superintendent || NAUT. ∼ de bord, purser.

commissaire-priseur [-prizœr] m auctioneer.

commissariat [-isarja] m police-station.

commission f errand (course) ; message ; faire une ∼, do an errand, deliver a message ; faire des ∼s, run errands.

commissionnaire [-ɔnɛr] n messenger.

commode [-ɔd] a convenient || handy (outil) ● f chest of drawers.

commun, e [-œ̃, yn] a common || mutual (ami) || usual ; peu ∼, uncommon || mettre en ∼, pool.

communauté [-ynote] f community || [hippie] commune.

commune [-yn] f district, parish || [France] commune.

communiant, e [kɔmynjã] n REL. communicant.

communication [-ynikasjɔ̃] f TEL. connection ; avoir la ∼, be through ; mettre en ∼ avec, connect with, put through to ; ∼ interurbaine, trunk-call.

communier v (1) REL. receive communion.

communion f REL., FIG. communion.

communiqué m communiqué.

communiquer v (1) communicate.

communisant, e [-ynizɑ̃] n POL. fellow-traveller.

communisme m communism.

communiste n communist.

compagne [kɔ̃paɲ] f → COMPAGNON.

compagnie f company ; *tenir ~ à qqn*, keep sb company ; *fausser ~ à qqn*, give sb the slip ‖ COMM. company.

compagnon, agne n companion ; *~ de chambre*, roommate ; *~ de jeu*, playmate.

comparable [kɔ̃parabl] a comparable (*à*, to, with) ; *être ~*, compare (*à*, with).

comparaison [-ɛzɔ̃] f comparison ; *en ~ de*, in comparison with ; *sans ~*, beyond compare.

comparatif, ive a/m comparative.

comparativement av comparatively.

comparer v (1) compare (*à*, to ; *avec*, with).

compartiment [-timɑ̃] m compartment.

compas [kɔ̃pa] m (pair of) compasses ‖ NAUT. compass.

compassé, e [-se] a formal.

compatissant, e [-tisɑ̃] a sympathetic.

compatriote [-trijɔt] n compatriot ; fellow-countryman/countrywoman.

compensation [kɔ̃pɑ̃sasjɔ̃] f compensation.

compenser v (1) compensate for ; make up for (perte).

compétent, e [-etɑ̃] a competent, efficient, capable.

compétition f SP. competition, contest.

complaisant, e [-plɛzɑ̃] a obliging ; kind (aimable).

complément m GRAMM. object.

complet, ète [-plɛ, -t] a complete (entier) ; full (plein) ‖ thorough (total, absolu) ‖ [autobus] full up ; [hôtel] booked up, « no vacancies » ● m suit.

complètement av completely ; utterly ; quite.

compléter [-ete] v (5) complete ; make up (somme).

complication [kɔ̃plikasjɔ̃] f complexity ‖ complication.

complice [-s] n accomplice.

compliment [-mɑ̃] m compliment ‖ *Pl* regards.

complimenter [-te] v (1) compliment.

compliqué, e a complicated, intricate.

compliquer v (1) complicate.

comportement [-pɔrtəmɑ̃] m behaviour.

composant [kɔ̃pozɑ̃] m constituent, component.

composer v (1) compose ‖ TEL. dial (numéro) ‖ *se ~ de*, be composed of, be made up of, consist of.

compositeur, trice [-itœr] n MUS. composer.

composition f (école) test-paper.

compote [-t] f compote ; ~ de pommes, apple-sauce ; ~ de fruits, stewed fruit.

compréhensible [kɔ̃preãsibl] a understandable.

compréhensif, ive a understanding, sympathetic.

compréhension f understanding.

comprendre [-ãdr] v (80) include ; be composed of (inclure) ‖ understand (problème) ‖ realize (se rendre compte) ‖ mal ~, misunderstand ‖ se faire ~, make o.s. understood ‖ se ~, understand each other.

compresse f MED. compress.

comprimé [-ime] m MED. tablet.

comprimer v (1) compress.

compris, e [-i] a included ; y ~, including ; tout ~, all in ; prix tout ~, inclusive terms.

compromettre [-ɔmetr] v (64) compromise ‖ se ~, compromise o.s. ; commit o.s.

compromis [-i] m compromise.

comptabilité [kɔ̃tabilite] f book-keeping ; tenir la ~, keep the books.

comptable n accountant ‖ m : expert ~, chartered accountant.

comptant a/m : paiement ~, down payment • av : payer ~, pay cash down.

compte m reckoning, count, calculation (calcul) ‖ Pl accounts (comptabilité) ; faire ses ~s, make up one's accounts ‖ FIN. ~ chèques postaux, GB Giro ; ~ courant, current account ; ~ de dépôt, deposit account ‖ ASTR. ~ à rebours, countdown ‖ FIG. se rendre ~ de, realize (comprendre) ; be aware of (prendre conscience) ; tenir ~ de, take into account, take sth into consideration, allow for ; ne pas tenir ~ de, disregard, ignore.

compte-gouttes m inv dropper.

compter v (1) reckon, count (calculer) ‖ FIG. consider (estimer) ; ~ pour trois, count as three ; cela ne ~ pas, that doesn't count ‖ count, rely (sur, on) [se fier à].

compte rendu [-rãdy] m report.

compte-tours m inv. revolution counter.

compteur m meter ‖ AUT. ~ de vitesse, speedometer.

comptoir m counter, bar.

concave [kɔ̃kav] a concave.

concéder [-sede] v (5) concede ; admit, grant.

concentration [-sãtrasjɔ̃] f concentration.

concentré m CULIN. extract.

concentrer v (1) concentrate, condense.

concerner v (1) concern, regard ; en ce qui ~e, as regards ; en ce qui me ~e, as far as I am concerned.

concert [-sɛr] m concert.

concession [-sɛsjɔ̃] f concession ; **faire des ~s**, make concessions.

concevoir [-səvwar] v (3) conceive ; design (plan).

concierge [kɔ̃sjɛrʒ] n caretaker.

conclure [-klyr] v (29) conclude (accord, discours).

conclusion [-yzjɔ̃] f conclusion.

concombre [-kɔ̃br] m cucumber.

concours [-kur] m [études] competitive examination ‖ [beauty] contest.

concret, ète [kɔ̃krɛ, ɛt] a concrete.

conçu, e [kɔ̃sy] → CONCEVOIR.

concurrence [-kyrɑ̃s] f competition (avec, with) ; **faire ~**, compete (à, with).

concurrent, e n [concours] candidate ‖ SP. competitor, entrant.

condamnation [-danasjɔ̃] f condemnation.

condamner v (1) JUR. sentence ; condemn (à, to).

condensé, e a condensed (lait).

condenser [-dɑ̃se] v (1) condense.

condition [kɔ̃disjɔ̃] f condition ‖ **à ~ que**, provided/providing that ‖ [rang social] condition, station ‖ Pl. COMM. terms ; **~s de paiement**, easy terms.

conditionné, e [-ɔne] a conditioned.

conditionnel, le a conditional.

condoléances [kɔ̃dɔleɑ̃s] fpl condolence ; **présenter ses ~**, offer one's sympathy.

conducteur, trice [-dyktœr] n AUT. driver.

conduire [-dцir] v (85) lead (mener) ; show in (faire entrer) ; **~ qqn quelquepart**, take sb somewhere ‖ [chemin] lead ‖ AUT. drive (voiture, qqn) ‖ **se ~**, behave.

conduite f guidance, conduct ; **sous la ~ de**, escorted by ‖ AUT. driving ; **à gauche**, left hand drive ; **~ intérieure**, saloon car, US sedan ‖ TECHN. **~ de gaz**, gas main ‖ FIG. behaviour.

cône [kon] m cone.

confection [kɔ̃fɛkjɔ̃] f making ‖ **de ~**, ready-made (habit).

conférence [-ferɑ̃s] f conference (entretien, réunion) ; **~ de presse**, press-conference ‖ **lecture** (sur, on) [exposé oral].

confesser [-fese] v (1) REL. confess (péchés, pénitent) ‖ **se ~**, confess (à, to).

confiance [-fjɑ̃s] f confidence, trust (en, on) ; (digne) **de ~**, trustworthy ; reliable ; **avoir ~ en qqn**, trust sb ; **~ en soi**, self-confidence.

confidence [-fidɑ̃s] f secret, confidence ; **faire une ~**, tell a secret.

confidentiel, le [-sjɛl] a confidential ; off the record.

confier [-fje] v (1) entrust

(*qqch à qqn*, sb with sth) ; confide (secret) [*à*, to] ; leave (clefs) [*à*, with] ‖ **se ~**, confide (*à*, in).

confiné, e [-fine] *a* stale, stuffy (air).

confirmation [-firmasjɔ̃] *f* confirmation.

confirmer *v* (1) confirm.

confiserie [-fizri] *f* sweetshop ‖ confectionery (produit).

confiseur, euse *n* confectioner.

confisquer [-fiske] *v* (1) confiscate.

confiture [-fityr] *f* jam ; **~ d'oranges**, marmalade ‖ *Pl* preserves.

confondre [-fɔ̃dr] *v* (4) confuse, mix up (*avec*, with) ; *je le ~ds toujours avec son frère*, I never know him from his brother.

conformer *v* (1) model ‖ **se ~**, conform (*à*, to) ; comply (*à*, with).

confort [-fɔr] *m* comfort ; ease, amenities ; **~ moderne**, modern convenience ; mod con (coll).

confortable [-tabl] *a* comfortable ; cosy (pièce) ; *peu ~*, uncomfortable.

confus, e [-fy, z] *a* confused (souvenir) ; indistinct (bruit) ; embarrassed, ashamed (honteux).

confusion *f* confusion (erreur) ; muddle (désordre) ; embarrassment (honte).

congé [-ʒe] *m* leave ; *jour de* ~, holiday, day off ; *en* ~, on holiday ; **~ de maladie**, sick-leave ‖ discharge, dismissal (renvoi) ; [adieu] *prendre ~ de*, take leave of.

congédier [-dje] *v* (1) dismiss, discharge.

congélateur [-latœr] *m* deep-freeze (meuble) ; freezer (compartiment).

congelé, e [-ʒle] *a* deep-frozen (foods).

congeler *v* (8 *b*) : **(se) ~**, freeze.

congère [-ʒɛr] *f* snow-drift.

congestion [-ʒɛstjɔ̃] *f* congestion ; **~ cérébrale**, stroke.

conjonction [-ʒɔ̃ksjɔ̃] *f* GRAMM. conjunction.

conjugaison [-ʒygɛzɔ̃] *f* conjugation.

conjuguer *v* (1) conjugate.

connaissance [kɔnɛsɑ̃s] *f* knowledge, learning ‖ understanding (compréhension) ‖ acquaintance (relation) ; *faire la* ~ *de qqn*, make sb's acquaintance ‖ MED. consciousness ; *perdre/reprendre* ~, lose/regain consciousness ; *faire reprendre* ~ *à qqn*, bring sb round ; *sans* ~, unconscious.

connaître [-ɛtr] *v* (74) know ‖ be acquainted with (qqn, sb) ‖ *faire* ~ *qqch à qqn*, let sb know ‖ **se ~**, meet, become acquainted ; *s'y* ~ *en*, know all about.

connecter [-ɛkte] *v* (1) ELECTR. connect.

connu, e a (well-)known (*de*, to/by); *être ~ sous le nom de*, go under the name of ‖ → CONNAÎTRE.

conquérir [kɔ̃kerir] v (13) conquer.

conquête [-ɛt] f conquest.

conquis, e [-i] → CONQUÉRIR.

consacrer [-sakre] v (1) : *(se) ~*, devote (o.s.) (*à*, to).

conscience [-sjɑ̃s] f consciousness (connaissance); *avoir ~ de*, be aware of ‖ conscience (sens moral); *par acquit de ~*, for conscience' sake ‖ MED. *perdre/reprendre ~*, lose/regain consciousness.

consciencieusement [-jœzmɑ̃] av conscientiously.

consciencieux, euse a conscientious ‖ careful (soigneux).

conscient, e a conscious, aware, sensible (*de*, of); awake, alive (*de*, to).

conseil [-sɛj] m : un ~, a piece of advice; *demander ~ à qqn*, ask sb's advice ‖ *Pl* advice; hints (suggestions) ‖ council (assemblée).

conseiller v (1) advise, counsel ‖ recommend.

consentant, e [-sɑ̃tɑ̃] a willing, agreeable (*à*, to).

consentir v (93) consent, agree (*à*, to).

conséquence [-sekɑ̃s] f consequence, result ; *en ~*, accordingly.

conséquent, e a consistent

(*avec*, with) ‖ *par ~*, therefore, consequently.

conservateur, trice [-sɛrvatœr] a conservative ● n POL. conservative.

conservation f preservation ‖ COMM. preserving.

conservatoire m MUS. academy.

conserve f : *mettre en ~*, preserve, can ‖ *Pl* preserves, tinned food, US canned food.

conserver v (1) preserve (aliments) ‖ tin, can (en boîte) ‖ *se ~*, keep.

considérable [kɔ̃siderabl] a considerable (différence) ‖ wide (culture).

considération [-sjɔ̃] f considération ; *prendre en ~*, take into consideration ‖ regard, respect (estime).

considérer v (5) consider (envisager) ; *tout bien ~é*, all things considered ‖ regard, look on (*comme*, as).

consigne [-siɲ] f orders (ordres) ‖ RAIL. left-luggage office, US check-room; *mettre ses bagages à la ~*, leave one's luggage in the left-luggage office ‖ *~ automatique*, left-luggage locker(s) ‖ COMM. deposit.

consigné, e a returnable (bouteille).

consigner v (1) [école] keep in.

consister v (1) consist, be composed (*en*, of) [se composer

de]; consist (*à*, in) [se réduire
à].

consolation [-sɔlasjɔ̃] *f* consolation, comfort.

consoler *v* (1) : **(se)** ~, console (o.s.).

consommateur, trice [-sɔmatœr] *n* consumer.

consommation *f* consumption; *biens de* ~, consumer goods.

consommer *v* (1) consume ‖ use (gaz, électricité).

consonne [-sɔn] *f* consonant.

conspuer [-spɥe] *v* (1) boo, shout down.

constamment [-stamɑ̃] *av* constantly.

constant, e *a* constant (continuel).

constatation [-statasjɔ̃] *f* establishment (fait).

constater *v* (1) record (fait) ‖ note, notice, find (que, that).

consterner [-stɛrne] *v* (1) dismay (abattre).

constipation [-stipasjɔ̃] *f* constipation.

constituer [-stitɥe] *v* (1) constitute, compose, make up (ensemble) ‖ form (ministère).

constitution *f* JUR., MED. constitution.

constructeur, trice [-stryktœr] *n* maker; builder.

construction *f* construction; building.

construire [-ɥir] *v* (85) build.

consul [kɔ̃syl] *m* consul.

consulat [-a] *m* consulate.

consultatif, ive [-tatif, iv] *a* advisory.

consultation [-tasjɔ̃] *f* consultation.

consulter *v* (1) consult (ouvrage, qqn) ‖ MED. ~ *un médecin*, take medical advice.

consumer [-syme] *v* (1) consume, burn away/up ‖ *se* ~, burn away/out.

contact [-takt] *m* contact ‖ ELECTR., AUT. *mettre/couper le* ~, switch on/off.

contagieux, euse [-taʒjø] *a* contagious, catching.

contagion *f* contagion.

conte [kɔ̃t] *m* tale ; ~ *de fées*, fairy tale.

contempler [kɔ̃tɑ̃ple] *v* (1) contemplate, behold, gaze on.

contemporain, e [-ɑ̃pɔrɛ̃, ɛn] *a* a contemporary (*de*, with) ● *n* contemporary.

contenance [-nɑ̃s] *f* capacity, content.

conteneur *m* container.

contenir *v* (101) contain, hold ‖ FIG. control (colère); hold back (larmes).

content, e *a* pleased (*de*, with); glad (*de*, of/about).

contenter [-te] *v* (1) please, gratify, satisfy ‖ *se* ~ *de* (*faire*), content o.s. with (doing).

contenu [-ny] *m* contents.

conter *v* (1) tell, relate.

contestable [-ɛste] *v* (1) contest; dispute, challenge.

continent [-inɑ̃] *m* continent.

continental, e, aux [-tal] *a* continental.

continu, e *a* continuous, unbroken ‖ ELECTR. *courant* ~, direct current.

continuel, le [-inɥɛl] *a* continual, continuous.

continuellement *av* continually, continuously.

continuer [-ɥe] *v* (1) go on, continue; carry on, keep on with.

continuité *f* continuity.

contour [-ur] *m* outline (silhouette).

contourner [-ne] *v* (1) go round, bypass.

contraceptif, ive [-trasɛptif, iv] *a/m* contraceptive.

contraception *f* contraception.

contracter [-trakte] *v* (1) contract (mariage) ‖ take out (police d'assurance) ‖ MÉD. contract (maladie).

contractuel, le [-ɥɛl] *n* AUT. traffic warden.

contradiction *f* contradiction (opposition); *en* ~, inconsistent (*avec*, with).

contraindre [-trɛ̃dr] *v* (59) compel, force (*à*, to).

contrainte [-t] *f* constraint.

contraire [-ɛr] *a* contrary (*à*, to); opposite; *en sens* ~, in the opposite direction ‖ (aliment, climat) *être* ~ *à*, disagree with • *m* contrary; *au* ~, on the contrary.

contrariant, e [-arjɑ̃] *a* annoying (fâcheux).

contrarier *v* (1) annoy, vex; displease (mécontenter).

contrariété [-ete] *f* annoyance, vexation.

contraste [-ast] *m* contrast.

contraster *v* (1) contrast.

contrat [-a] *m* contract.

contravention [-avɑ̃sjɔ̃] *f* AUT. fine; [stationnement] *attraper une* ~, get a ticket (coll.).

contre *p* [contraste, opposition, choc] against • *av* : *par* ~, on the other hand.

contrebande [-əbɑ̃d] *f* smuggling.

contrebandier *n* smuggler.

contrebasse *f* double-bass.

contrecœur (à) *loc av* reluctantly.

contredire *v* (63) contradict.

contrefaçon *f* counterfeit(ing), forgery.

contremaître *m* foreman.

contre-plaqué *m* plywood.

contrepoison *m* antidote.

contrer *v* (1) [cartes] double.

contresens *m* mistranslation.

contresigner *v* (1) countersign.

contretemps *m* disappointment (déception); contretemps, hitch.

contribuable [-ibɥabl] *n* taxpayer.

contribuer *v* (1) contribute (*à*, to).

contribution *f* contribution (participation) ‖ *Pl* rates (impôts).

contrôle [-ol] *m* check(ing); check point (lieu) ‖ ~ *des naissances*, birth-control, family planning ‖ FIN. ~ des changes, exchange-control.

contrôler v (1) check, inspect (billets) ‖ control (comptes).

contrôleur m [bus] conductor ‖ RAIL. ticket-collector/inspector ‖ AV. ~ aérien, air traffic controller.

contusion [-tyzjɔ̃] f bruise.

contusionner [-ɔne] v (1) bruise.

convaincant, e [-vɛ̃kɑ̃] a convincing (argument).

convaincre [-ɛ̃kr] v (102) convince, persuade (persuader).

convalescence [-valɛsɑ̃s] f convalescence ; être en ~, be convalescing.

convalescent, e a/n convalescent.

convenable [-vnabl] a suitable, convenient ‖ proper (manières).

convenablement av suitably ‖ correctly.

convenance [-vnɑ̃s] f convenience ‖ Pl proprieties.

convenir v (101) be convenient/suitable : meet the case (faire l'affaire) ‖ ~ **de qqch**, agree on/about sth (se mettre d'accord) ; own, admit (que, that) [reconnaître] ‖ ~ à, suit ; **ne pas ~,** (climat, nourriture) disagree (à, with).

convention [-vɑ̃sjɔ̃] f agreement (accord) ‖ convention (contrat).

conventionnel, le [-ɔnɛl] a conventional.

conversation [-vɛrsasjɔ̃] f

conversation ; engager la ~ avec qqn, enter into conversation with sb.

convexe [-vɛks] a convex.

conviction [-viksjɔ̃] f conviction ; avoir la ~ que, be convinced that.

convoquer [-vɔke] v (1) summon.

coopératif, ive [kooperatif, iv] a co-operative ● f co-operative.

copain, ine [kɔpɛ̃, in] n FAM. pal ; chum.

copie f copy ; ~ au net, fair copy ; ~ **carbone,** carbon copy ‖ [école] paper.

copier v (1) copy (out) ‖ [école] ~ sur qqn, crib off sb (coll.).

copieur m photocopier.

copieux, euse [kɔpjø] a copious ‖ substantial (repas).

coq [kɔk] m cock, rooster.

coquelicot [-liko] m poppy.

coquetier [-tje] m egg-cup.

coquillage [-ijaʒ] m shell (coquille) ; shellfish (mollusque).

coquille [-ij] f [huître, noix, œuf] shell.

cor 1 [kɔr] m MUS. horn ; ~ de chasse, hunting horn.

cor 2 m MED. corn.

corbeau [-bo] m crow, raven.

corbeille [-bɛj] f basket ; ~ à papier, waste-(paper)-basket.

corde [-d] f rope ; ~ à (étendre le) linge, clothes-line ; ~ à sauter, skipping-rope ‖ MUS. string ; les (instruments à) ~s, the strings.

cordée f SP. rope.

cordial, e, aux [-djal, o] a hearty, cordial.

cordialement av heartily ; ~ *vôtre*, yours sincerely.

cordonnier [-dɔnje] m shoemaker, cobbler.

corne [-n] f horn ; ~ *à chaussure*, shoehorn.

corneille [-nɛj] f crow.

cornemuse [-nəmyz] f bagpipes ; *joueur de* ~, bagpiper.

corner [-ne] v (1) AUT. hoot, honk.

cornet [-nɛ] m : CULIN. ~ *de glace*, ice-cream cone ‖ MUS. ~ *à pistons*, cornet.

corniche [-niʃ] f [route] cliffroad.

cornichon m CULIN. gherkins.

Cornouailles [kɔrnwaj] f Cornwall.

corporel, le [-pɔrɛl] a corporal, bodily.

corps [kɔr] m body (vivant) ; corpse (mort).

corpulent, e [-pylɑ̃, t] a stout.

correct, e [-ɛkt] a right (exact) ; proper (emploi).

correctement av correctly.

correction f correcting, correction ‖ [punition] punishment ; hiding (coll.).

correspondance [kɔrɛspɔ̃-dɑ̃s] f correspondence (conformité) ‖ correspondence, letters ‖ RAIL. connection ; *assurer la* ~, connect (avec, with).

correspondant, e a corresponding (à, to, with) ● n [journalisme] correspondent ‖ [école] pen-friend.

correspondre [-dr] v (4) [personnes] correspond (avec, with) ; write (avec, to) ‖ FIG. ~ *à*, correspond to, square with.

corrigé [-iʒe] m key.

corriger v (7) correct (faute) ; mark (copies) ‖ *se* ~, mend one's ways.

corrompre [-ɔ̃pr] v (90) corrupt ‖ bribe (avec de l'argent).

corrompu, e a corrupt.

corruption [-ypsjɔ̃] f corruption.

Corse [-s] f [pays] Corsica ● a/n/m Corsican.

corvée [-ve] f drudgery, chore.

cosmétique [kɔsmetik] a/m cosmetic.

cosmonaute [-ɔnot] n cosmonaut.

cosse [kɔs] f pod, hull.

cossu, e a well-to-do, welloff.

costaud, e [-to, d] a FAM. hefty.

costume [-tym] m costume, dress ; ~ *de bain*, bathing costume.

côte 1 [kot] f ANAT. rib ; ~ *à* ~, side by side ‖ CULIN. [bœuf] rib ; [porc] chop ; [veau] cutlet.

côte 2 f [route] hill.

côte 3 f GÉOGR. coast, shore ; *la* C~ *d'Azur*, the Riviera.

côté m [partie] side ; *de ce* ~-*ci*, on this side ; *de l'autre* on the other side, across ‖ [circulation] ~ *gauche*, GB near side, FR. off side ‖ [proximité] **à ~ (de)**, near ; *la maison à ~ ~*, the house next door ‖ [direction] way ; *de quel ~ allez-vous ?*, which way are you going ? ; *de ce ~*, this way ‖ FIG. **mettre de ~**, put by (argent).

coteau [kɔto] *m* hill.

côtelette [kotlɛt] *f* [mouton] chop ; [veau] cutlet.

cotisation [kɔtizasjɔ̃] *f* subscription, fees.

cotiser *v* subscribe ‖ **se ~**, club together ; go kitty (coll.).

coton [-ɔ̃] *m* cotton ; ~ *hydrophile*, cotton-wool.

cou [ku] *m* neck.

couchant [-ʃɑ̃] *a* : *soleil ~*, setting sun • *m* sunset (soleil) ‖ west (occident).

couche 1 *f* [peinture] coat ‖ [neige, etc.] layer.

couche 2 *f* [bébé] napkin.

couché, e *a* lying ‖ in bed (au lit) • *interj* : [à un chien] ~ *!*, down !

coucher *v* (1) lay down (poser) ‖ put to bed (enfant) ‖ [héberger] put up (qqn) ‖ [sexe] sleep, go to bed (avec, with) ‖ **se ~**, lie down (s'étendre) ; *aller se ~*, go to bed ; turn in (coll.) ‖ ASTR. set, go down.

couches *fpl* MED. confinement ; *être en ~*, be confined.

couchette *f* RAIL. berth, couchette.

coude [-d] *m* elbow ; ~ *à ~*, side by side ; *jouer des ~s*, jostle.

coudre [-dr] *v* (31) sew ‖ sew on (bouton).

couler 1 [-le] *v* (1) [liquide] run, flow ; ~ *goutte à goutte*, trickle ; leak (fuir) ‖ [nez] run ‖ **faire ~ un bain**, run a bath ‖ AUT. ~ *une bielle*, run a big end.

couler 2 *v* (1) [bateau] sink ‖ [nageur] go under.

couleur *f* colour ; *gens de ~*, coloured people ‖ paint (produit) ; ~*s à l'huile*, oil-colours ‖ [cartes] suit ; *jouer dans la ~*, follow suit ‖ CIN. *film en ~s*, colour film.

couleuvre [-lœvr] *f* grass-snake.

coulisser [-lise] *v* (1) slide.

couloir *m* corridor, passage ‖ TH., [bus] gangway.

coup [ku] *m* [choc] knock ‖ [agression] *porter un ~*, deal a blow ; [pied] kick ; [poing] punch ; [arme à feu] shot ‖ [bruit] knock ; ~ *de sonnette*, ring ; ~ *de tonnerre*, thunderclap ‖ [éléments] ~ *de vent*, gust of wind ; ~ *de soleil*, sunburn ‖ [instrument] ~ *de brosse*, brush-up ; *donner un ~ de fer à qqch*, press, iron ‖ [dés] cast ‖ [échecs] move ‖ SP. stroke ; [tennis] ~ *droit*, drive ; [football] ~ *franc*, free kick ; ~ *d'envoi*, kick-off ‖ ~ *de téléphone*, call ; *donner un ~ de téléphone (à qqn)*, make a phone call (to sb), give (sb) a ring || FIG. **d'œil**, glance; *jeter un ~ d'œil sur*, glance at; *~ de foudre*, love at first sight; *donner un ~ de main à qqn*, give sb a hand || FAM. *boire un ~*, have a drink • *loc : coup à ~*, all of a sudden; *d'un seul ~*, at one go.

coupable [-pabl] *a* guilty.

coupe 1 *f* bowl (à fruits) || SP. cup.

coupe 2 *f* cutting (action); *~ de cheveux*, haircut || [cartes] cut(ting).

coupé *m* AUT. coupé.

coupe-circuit *m inv* circuit-breaker.

coupe-papier *m inv* paper-knife.

couper *v* (1) cut || cut down (arbre); chop (bois); cut up (en morceaux); slice (en tranches) || cut (cheveux); *se faire ~ les cheveux*, have a haircut || [cartes] cut (jeu de cartes); trump (avec atout) || TECHN. turn off (eau, gaz) || ELECTR. switch off (courant) || TEL. cut off || SP. cut (balle) || FIG. *~ d'eau*, water down, dilute (vin); *~ les cheveux en quatre*, split hairs || *se ~*, cut o.s.; *se ~ le doigt*, cut one's finger; *se ~ les ongles*, cut/pare one's nails.

couple [-pl] *m* [animaux] pair || [personnes] couple, pair.

couplet [-plɛ] *m* verse.

coupon [-pɔ̃] *m* coupon; *~ réponse international*, international reply coupon.

coupure *f* cut || *~ de journaux/presse*, press-cutting/-clipping || ELECTR. *~ de courant*, power cut.

cour [kur] *f* yard, courtyard; *~ de récréation*, playground.

courage *m* courage, bravery [ardeur au travail] will.

courageux, euse *a* courageous, brave || hard-working (au travail).

couramment [-amɑ̃] *av* [parler] fluently.

courant 1, e *a* running (eau) || usual (expression) || everyday (vie) || standard (modèle).

courant 2 *m* [eau] current || *~ d'air*, draught || ELECTR. current || FIG. *être au ~*, be well-informed of, know about; *mettre qqn au ~ de*, tell sb about || *se mettre au ~ de*, acquaint o.s. with; *se tenir au ~ de*, keep abreast of.

courbatu, e [-baty] *a* : *tout ~*, aching all over.

courbature *f* ache.

courbe *a* curved • *f* curve.

courber *v* (1) bend, curve (qqch) || *~ la tête*, bow one's head.

coureur, euse [-œr] *n* SP. runner, racer; *~ de fond*, long-distance runner.

courgette [-ʒɛt] *f* BOT. courgette.

courir *v* (-32t) run || *~ après*, run/go after || SP. run, race; *faire ~*, race (cheval) || FIG. [bruit] circulate; *le bruit court que*, there is a rumour that;

~ *les bistrots*, go pub-crawling ‖ FIG. run (risque).

couronne [kuʀɔn] *f* crown.

couronner *v* (1) crown.

courrier *m* mail, post; *par retour du ~*, by return of post; *le ~ est-il arrivé ?*, has the post come ?

courroie [-wa] *f* strap.

cours 1 [kuʀ] *m* [fleuve] course.

cours 2 *m* FIN. current price; ~ *du change*, rate of exchange ‖ [étude] class; period, lesson; *suivre un ~*, attend a class; *un ~ d'histoire*, a history period; *de vacances*, summer-school ‖ FIG. course; *au ~ de*, in the course of, during.

course [-s] *f* run, race; *au pas de ~*, at the double ‖ [taxi] journey ‖ errand (commission); *faire une ~*, run an errand; shopping; *faire des ~s*, go shopping; *faire les ~s*, do the shopping ‖ SP. race; ~ *d'autos, de chevaux*, motor-race, horse-race ‖ *Pl* races, race-meeting.

court 1, e [kuʀ, t] *a* short ● *av* short; *être à ~ de*, be short of.

court 2 *m* [tennis] court.

court-circuit *m* short circuit.

courtois, e [-twa, z] *a* courteous.

courtoisie [-zi] *f* courtesy.

couru → COURIR.

cousin, e [kuzɛ̃, in] *n* cousin; ~ *germain*, first cousin.

coussin [-sɛ̃] *m* cushion.

cousu, e [-zy] → COUDRE ● *a*

sewn, sewed; ~ *main*, hand-sewn.

coût [ku] *m* cost; ~ *de la vie*, cost of living.

couteau [kuto] *m* knife; ~ *à découper*, carving-knife.

coûter [-te] *v* (1) cost; *combien ça ~ e ?*, how much is it ? *cela ~ e cher*, it is expensive ‖ ~*e que ~ e*, at any cost.

coûteux, euse *a* costly, expensive; *peu ~*, inexpensive.

coutume [-tym] *f* custom; *avoir ~ de*, be in the habit of; *comme de ~*, as usual.

couture *f* [action] sewing ‖ [résultat] seam; *sans ~*, seamless.

couturier *m* fashion designer.

couturière *f* seamstress; dressmaker.

couvercle [-vɛʀkl] *m* lid, cover, top.

couvert 1 [-ɛʀ] *m* [table] cover; *mettre le ~*, lay the table; *mettre deux ~s*, lay/set the table for two; [restaurant] cover charge.

couvert 2, e [-, t] → COUVRIR ● *a* covered (*de*, with) ‖ with one's hat on (tête) ‖ cloudy, overcast (ciel).

couverture *f* blanket (de laine); ~ *chauffante*, electric blanket; ~ *de voyage*, rug ‖ [livre] wrapper ‖ [journalisme] coverage.

couvre-lit *m* bedspread.

couvre-livre *m* dust-jacket.

couvre-pied(s) *m* quilt.

couvrir [-vrir] v (72) cover (de, with) ‖ smother (feu) ‖ cover (distance) ‖ [journalisme, assurance] cover ‖ *se* ~, put one's hat on ; [ciel] cloud over.

crabe [krab] m crab.

crachat [-ʃa] m spit.

cracher v (1) spit.

craie [krɛ] f chalk.

craindre [krɛ̃dr] v (59) fear, be afraid of ‖ *je ne crains pas le froid,* I don't mind the cold ‖ ~ *de,* be afraid of ; ~ *que,* be afraid (that) ; fear (that).

crainte [-t] f fear ‖ *de* ~ *que,* for fear that.

craintif, ive a timid, timorous.

crampe [krɑ̃p] f cramp.

cramponner (se) v (1) cling, hang on (à, to).

crâne [krɑn] m skull.

crâner v (1) swank.

crâneur, euse n show off (coll.).

crapaud [krapo] m toad.

craquement [-kmã] m crack.

craquer v (1) crack ‖ ~ *une allumette,* strike a match.

crasse [-s] f dirt, filth, grime.

crasseux, euse a filthy, grimy.

cravate [-vat] f tie.

crawl [krol] m : *nager le* ~, do the crawl.

crayon [krɛjɔ̃] m pencil ; *au* ~, in pencil ; ~ *de couleur,* crayon.

création [kreasjɔ̃] f creation.

créature [-tyr] f creature.

crécelle [kresɛl] f rattle.

crèche [krɛʃ] f crèche, day-nursery ‖ REL. crib.

crédit [kredi] m credit (*auprès de,* with) ‖ COMM. credit ; *à* ~, on credit ; *faire* ~ *à qqn,* give sb credit.

crédule [-dyl] a credulous.

créer [-e] v (1) create.

crémaillère [-majɛr] f : *pendre la* ~, have a house-warming.

crème [krɛm] f cream ‖ ~ *anglaise,* custard ; ~ *fouettée,* whipped cream ‖ ~ *hydratante,* moisturizing cream ; ~ *à raser,* shaving-cream.

crémerie [kremri] f dairy.

crémeux, euse a creamy.

crémier, ère n dairyman, -woman/maid.

créole [kreɔl] a/n Creole.

crêpe 1 [krɛp] m [chaussures] crêpe (rubber).

crêpe 2 f CULIN. pan-cake.

crépiter [krepite] v (1) crackle.

crépu, e a frizzy, woolly.

crépuscule [-pyskyl] m twilight, dusk.

cresson [krɛsɔ̃] m (water-) cress.

crête [krɛt] f [montagne, vague] crest ‖ [coq] comb.

creuser [krøze] v (1) hollow out ; dig out, dig a hole.

creux, euse [krø] a hollow ‖ sunken (yeux) ; empty (ventre).

crevaison [krəvɛzɔ̃] f AUT. puncture.

crevasse [-vas] f crevasse (de

glacier ‖ crack (fissure) ‖ MED. chap.

crevé, e a flat (pneu).

crever v (5) [animal] die ‖ [pneu] puncture ; *j'ai ~é*, I have had a puncture.

crevette f shrimp.

cri [kri] m shout, cry ‖ scream, shriek (aigu) ; yell (de douleur) ; *pousser un ~*, give a cry ‖ FIG. *dernier ~*, trendy ; *le dernier ~*, the latest thing.

cric [-k] m AUT. jack.

crier v (1) shout, cry out ‖ call (pour appeler) ; yell (de douleur).

crime [-m] m crime.

criminel, le [-minɛl] a criminal.

crin [krɛ̃] m (horse)hair.

crise [kriz] f crisis ‖ [affaires] slump ; *~ du logement*, housing shortage ‖ MED. attack, fit ; *~ cardiaque*, heart attack ; *~ de nerfs*, (fit of) hysterics.

cristal [-stal] m crystal.

critique [-tik] a critical ; *situation ~*, emergency.

critiquer v (1) criticize, blame, find fault with.

croc [kro] m [dent] fang.

croc-en-jambe [krɔkɑ̃ʒɑ̃b] m : *faire un ~ à qqn*, trip sb up.

croche [krɔʃ] f MUS. quaver.

crochet [-ɛ] m hook ‖ crochet-hook (à tricoter) ; *faire du ~*, crochet ‖ Pl (square-)brackets ; *mettre entre ~s*, bracket ‖ SP. [boxe] hook.

croire [krwar] v (33) believe

(à, in) ; *faire ~*, make believe ‖ think (penser) ; *je crois bien que*, I dare say that.

croisé, e [-ze] a double-breasted (veste).

croisement [-zmɑ̃] m crossing ‖ cross-roads ; *~ en trèfle*, clover-leaf.

croiser v (1) cross ‖ fold (les bras) ‖ meet, pass (qqn) ‖ AUT. pass ‖ *se ~*, cross ; *ma lettre s'est ~ée avec la vôtre*, our letters have crossed ‖ pass one another (en chemin).

croisière f cruise ; *faire une ~*, go on a cruise.

croissance [-sɑ̃s] f growth.

croissant m ASTR. crescent.

croître [krwatr] v (34) grow ‖ [jours] get longer ‖ [plantes] grow.

croix [krwa] f cross ‖ *C~-Rouge*, Red Cross.

croquer v (1) crunch.

croquis [-i] m sketch.

cross-country [krɔskuntri] m SP. cross-country race.

crosse f SP. [golf] club ; [hockey] stick ; [cricket] bat.

crotte [krɔt] f : [confiserie] *une ~ de chocolat*, a chocolate.

crotté, e a dirty, muddy.

croulant, e [krulɑ̃] a crumbling.

crouler v (1) collapse ‖ tumble down.

croustillant, e [-stijɑ̃, t] a crisp, crusty.

croûte [-t] f [pain] crust ; [fromage] rind ‖ FAM. *casser la ~*, have a snack.

croyable [krwajabl] *a* believable, credible.

croyance *f* belief.

croyant, e *n* believer (chrétien).

cru 1, e [kry] → CROIRE.

cru 2, e *a* CULIN. raw.

cru *m* vintage (vin).

crû → CROÎTRE.

cruauté [-ote] *f* cruelty.

crucifix [-sifi] *m* crucifix.

crudités [-dite] *fpl* CULIN. raw fruit/vegetables.

crue 1 *f* swelling ; *en* ~, in spate.

crue 2 → CRU 1 et 2.

cruel, le *a* cruel (envers, to).

crustacé [-stase] *m* shellfish.

cube [kyb] *a* cubic ● *m* cube ‖ MATH. *élever au* ~, cube.

cubique *a* cubic ; *racine* ~, cube root.

cueillir [kœjir] *v* (35) gather, pick.

cuiller, cuillère [kɥijɛr] *f* spoon ; ~ *à soupe*, tablespoon ; ~ *à café*, tea-spoon.

cuillerée [-jre] *f* spoonful.

cuir [kɥir] *m* leather.

cuirassé [-ase] *m* battle-ship.

cuire *v* (85) : *(faire)* ~, cook ; *faire* ~ *à l'eau/au four*, boil/bake.

cuisant, e [-zã] *a* FIG. smart, burning (douleur).

cuisine [-zin] *f* kitchen (pièce) ‖ [art] cookery ; *livre de* ~, cookery-book ‖ (préparation) ; *faire la* ~, do the cooking, cook.

cuisiner *v* (1) cook.

cuisinier, ère *n* cook (personne).

cuisinière *f* kitchen range ; ~ *à gaz*, (gas-)cooker.

cuisse [-s] *f* thigh ‖ [poulet] leg.

cuisson [-sɔ̃] *f* cooking.

cuit, e [kɥi, t] *a* cooked ; ~ *à point*, *bien* ~, well done, done to a turn ; *peu* ~, underdone ; *trop* ~, overdone.

cuivre [-vr] *m* brass (jaune) ; copper (rouge).

culbuter *v* (1) tumble down ‖ upset (renverser).

culot [-o] *m* FAM. nerve, cheek ; *quel* ~ *!*, what a nerve !

culotte [-ɔt] *f* breeches, shorts.

culotter *v* (1) season (pipe).

culpabilité [-pabilite] *f* guilt.

culte [-t] *m* REL. worship.

cultivateur, trice [-tivatœr] *n* farmer.

cultivé, e *a* FIG. cultured.

cultiver *v* (1) cultivate, till ; grow (faire pousser).

culture *f* AGR. farming ; growing.

culturiste *n* body-builder.

cure [kyr] *f* MED. cure, treatment ; ~ *thermale*, water-cure ; *faire une* ~ *à Vichy*, take the waters at Vichy.

curé *m* parish priest.

cure-dent *m* tooth-pick.

cure-pipe *m* pipe-cleaner.

curer *v* (1) clean out ‖ *se* ~ *les dents*, pick one's teeth.

curieux, euse [-jø] *a* inquisitive, curious (indiscret) ‖ inquiring (intéressé) ‖ funny, odd (étrange) ● n bystander (spectateur).

curiosité [-iozite] f curiosity, inquisitiveness (indiscrétion) ‖ [tourisme] place of interest ; Pl sights.

cuvée f vintage (vin).

cuver v (1) : FAM. ~ son vin, sleep off one's wine.

cuvette f (wash-)basin ; [cabinets] bowl.

cyclisme m cycling.

cycliste f cyclist.

cyclone [-on] m cyclone, hurricane.

cygne [siɲ] m swan.

cylindre [silɛ̃dr] m cylinder.

cylindrée f AUT. capacity.

d [de] m.

dactylo [daktilo] f typist.

dactylographie [-grafi] f typewriting.

dactylographier v (1) typewrite.

daigner [dɛɲe] v (1) deign.

dalle [dal] f flag(stone).

daltonien, ne [daltɔnjɛ̃] a colour-blind.

dame [dam] f lady ; woman ‖ [cartes, échecs] queen ; [dames] king ‖ Pl [jeu] draughts, US checkers.

damier m draught-board.

dancing [dɑ̃siŋ] m dance-hall.

Danemark [danmark] m Denmark.

danger [dɑ̃ʒe] m danger ‖ en cas de ~, in case of emergency ; hors de ~, safe ; sans ~, safely.

dangereusement [-ʒrøzmɑ̃] av dangerously.

dangereux, euse a dangerous.

danois, e [-wa, z] a/m Danish ‖ n Dane.

dans [dɑ̃] p [lieu, sans mouvement] in ; within (dans les limites de) ‖ [lieu, avec mouvement] into (pénétration) ; out of, from (extraction) ‖ [temps] in, during ; within (dans les limites de).

danse [-s] f dancing (action) ; dance (air).

danser v (1) dance.

danseur, euse n dancer.

dard [dar] m sting.

date [dat] f date ; quelle ~ sommes-nous ?, what date is it ? ; fixer une ~, fix a date ; ~ limite, deadline.

dater v (1) date (de, from) ; à ~ d'aujourd'hui, from now on.

datte [dat] f date.

dattier m date-palm.

dauphin [dofɛ̃] m dolphin.

davantage [davɑ̃taʒ] av : ~ (de), more (en quantité).

de 1 [də], **d'** [devant voyelle/h muet] (**du** = de le ; **des** [de)

= *de les*) p [lieu] of, at, in ‖ [lieu, origine] from ; *il vient ~ Londres*, he comes from London ‖ *dites-lui ~ ma part que*, tell him from me that ‖ [mesure] in, of ; *10 pieds ~ haut*, 10 feet in height ‖ [prix] *chèque ~ 10 livres*, cheque for ten pounds ‖ [appartenance, dépendance] of ; *'s* ; *la maison ~ mon père*, my father's house ‖ [contenu] of ; *une tasse ~ thé*, a cup of tea ‖ [matière] in ; *table ~ bois*, wooden table ‖ [apposition] *la ville ~ Paris*, the town of Paris ; *l'aéroport ~ Londres*, London Airport.

de 2 (**du** = *de le* ; **de la** ; **de l'** [devant voyelle/h muet] ; **des** [dɛ] = *de les*) *art partitif* [quantité] some, any ; *avez-vous du pain ?*, have you any bread ? ; *donnez-moi du pain*, give me some bread ; *je n'ai pas de pain*, I have no bread ; *boire de la bière*, drink beer.

dé 1 [de] *m* thimble (à coudre).

dé 2 die (*Pl* **dice**) ; *jouer aux ~s*, play dice.

débarbouiller [-barbuje] *v* (1) wash the face ‖ **se ~**, wash one's face.

débarcadère [-barkadɛr] *m* NAUT. landing-stage.

débardeur [-bardœr] *m* docker, stevedore.

débarquer [-barke] *v* (1) land, unload (marchandises) ; disembark (personnes).

débarrasser [-se] *v* (1) clear (pièce, table) [*de*, of] ; disem-

barrass ; rid (*de*, of) ‖ **se de**, get rid of, dispose of ; shake off (habitude).

débat [-ba] *m* discussion, debate.

débile [-bil] *a* weak(ly), feeble.

débloquer [-blɔke] *v* (1) TECHN. unlock (écrou).

déboîter [-bwate] *v* (1) MED. dislocate ‖ AUT. pull/cut out.

déborder *v* (1) [fleuve] overflow ‖ [lait] boil over.

déboucher *v* (1) uncork, open (bouteille) ; clear, unstop, clean out (tuyau, etc.).

debout [dəbu] *av* [personne] standing ; upright (dressé) ; *se tenir ~*, stand ; *se mettre ~*, stand up ‖ (levé) ‖ FAM. *je ne tiens plus ~*, I'm ready to drop.

déboutonner [debutɔne] *v* (1) unbutton.

débraillé, e [-brɑje] *a* slovenly, untidy.

débrancher *v* (1) ELECTR. disconnect.

débrayage [-brɛjaʒ] *m* AUT. clutch(-pedal).

débrayé, e *a* out of gear.

débrayer *v* (9 *b*) disengage the clutch, declutch ‖ FAM. [grève] walk out.

débrouillard, e [-brujar, d] *a* resourceful.

débrouiller *v* (1) : **se ~**, manage (*pour*, to) ; fend for o.s., cope.

début [-by] *m* beginning, start.

débutant, e [-tɑ̃] n beginner,
learner.

débuter v (1) begin, start.

deçà [dǝsa] loc p : **en ~ de**,
on this side of.

décacheter [dekaʃte] v (1)
unseal, break open (lettre).

décade [-d] f period of ten
days ‖ decade (dix ans).

décaféiné [-feine] a decaffeinated.

décalage [-laʒ] m : **~
horaire**, (time) lag ; Av. [voya-
geur] *souffrir du* **~ horaire**,
suffer from jet lag.

décalquer [-lke] v (1) trace.

décapotable [-pɔtabl] a :
voiture **~**, convertible.

déceler [desle] v (8 b) detect,
disclose (découvrir).

décembre [-sɑ̃br] m December.

décennie [-sɛni] f decade.

décent, e [-sɑ̃] a decent,
modest.

déception [-sɛpsjɔ̃] f disappointment ; let-down (coll.).

décerner [-sɛrne] v (1) award.

décevant, e [-svɑ̃] a disap-
pointing.

décevoir v (3) disappoint, let
down.

décharge f : **~** (publique),
dumping-ground ‖ ELECTR.
discharge ; shock.

décharger v (7) unload (voiture) ‖ ELECTR. discharge ‖
FIG. **~ qqn de**, relieve sb of ‖
se ~, [accus] run down.

déchausser (se) [sadeʃose]
v (1) take off one's shoes.

déchets [deʃɛ] mpl waste,
scraps.

déchirer [-ʃire] v (1) tear (off)
[arracher] ; pull to pieces, tear
up (en morceaux) ‖ **se ~**,
[tissu] tear, rip.

déchirure f tear, rent, rip.

décibel [-sibɛl] m decibel.

décidé, e [-side] a resolute,
decided ; resolved, determined
(à, to).

décider v (1) decide (qqch) ‖
~ qqn à, persuade sb to ; **~
de**, settle ‖ **se ~**, make up
one's mind (prendre parti) ; **se
~ à**, decide on (faire, doing).

décimal, e, aux [-simal, o]
a/f decimal.

décision [-sizjɔ̃] f decision ;
prendre une **~**, come to a
decision.

déclaration [-klarasjɔ̃] f statement, declaration ‖ FIN. **~
de revenus**, return of income.

déclarer v (1) declare, state ‖
declare (à la douane).

déclencher [-klɑ̃ʃe] v (1)
release (mécanisme).

déclencheur m PHOT. (shutter) release ; **~ souple**, cable
release.

décoiffer v (1) undo/ruffle
sb's hair (dépeigner).

décollage [-kɔlaʒ] m Av.
take-off.

décoller v (1) unstick ‖ Av.
take off ‖ **se ~**, come unstuck.

décolleté, e [-kɔlte] a a low-
necked (robe).

décoloration m [-kɔlɔrasjɔ̃]
[cheveux] bleaching ; *se faire*

faire une ∼, have one's hair bleached.

décolorer *v* (1) discolour ‖ bleach (cheveux) ‖ *se* ∼, lose colours ; (étoffe) fade ; *se* ∼ *au lavage*, wash out.

décombres [-kɔ̃br] *mpl* wreckage.

décommander *v* (1) cancel (rendez-vous).

déconcerter *v* (1) disconcert, take aback, confuse.

décongeler *v* (8 *b*) defrost.

déconseiller *v* (1) advise against.

décontenancer [-kɔ̃tnɑ̃se] *v* (6) put out of countenance.

décor [-kɔr] *m* decoration ‖ TH. scenery, setting.

décoratif, ive *a* decorative, ornemental.

décoration *f* decoration.

décorer *v* (1) decorate ‖ deck (out), trim.

découdre *v* (31) unpick ; unstitch (vêtement).

découpage *m* [viande] carving.

découper *v* (1) cut up (gâteau) ; cut out (images) ; carve, cut up (volaille).

découragement *m* discouragement.

décourager *v* (7) discourage, dishearten ‖ *se* ∼, lose heart.

découvert, e *a* uncovered ‖ bareheaded (tête nue) ‖ open (terrain) ‖ FIN. *tirer à* ∼, overdraw ● *m* FIN. overdraft.

découverte *f* discovery, finding.

découvrir *v* (72) uncover ‖ discover, find out (trouver) ‖ *se* ∼, take off one's hat ; [ciel] clear.

décrire [-krir] *v* (44) describe.

décrocher [-krɔʃe] *v* (1) TEL. lift the receiver.

décroître *v* (34) decrease ; diminish.

déçu, e [-sy] *a* disappointed (*par*, at) ‖ → DÉCEVOIR.

dédaigner *v* (1) disdain, disregard ; scorn (mépriser).

dédaigneux, euse *a* contemptuous, scornful (*de*, of).

dédain [-dɛ̃] *m* disdain, contempt.

dedans [dədɑ̃] *av* inside ; *au* ∼ *(de)*, inside.

dédier [dedje] *v* (1) dedicate (livre).

dédommagement [-dɔmaʒmɑ̃] *m* compensation (indemnisation).

dédommager *v* (7) compensate.

dédouaner *v* (1) COMM. clear (through customs).

déduction [-dyksjɔ̃] *f* COMM. deduction.

déduire [-dɥir] *v* (85) COMM. deduct, knock off.

défaire *v* (50) undo ‖ untie (nœud) ‖ unpack (valise) ‖ strip (lit) ‖ *se* ∼, come undone ; come apart (se séparer) ; *se* ∼ *de*, cast off.

défaite *f* defeat.

défausser (se) [sədefose] *v* (1) : [cartes] ∼ *de*, discard.

défaut [defo] *m* lack

(manque) ; **à ~ de**, for want of ; **faire ~**, fail, be lacking ‖ shortcoming(s) [points faibles] ‖ [machine] defect.

défavorable *a* unfavourable.

défectif, ive [defɛktif] *a* GRAMM. defective.

défectueux, euse [-ɥø] *a* defective, faulty.

défendre *v* (4) defend (*contre*, against) ‖ forbid (interdire) ‖ **se ~**, defend o.s. (*contre*, against).

défense [defɑ̃s] *f* defence ; **prendre la ~** *de qqn*, stand up for sb ‖ **~ d'entrer**, no admittance ; **~ d'entrer sous peine d'amende**, trespassers will be prosecuted ; **~ de marcher sur la pelouse**, keep off the lawn/grass ; **~ de stationner**, no parking ‖ ZOOL. tusk (d'éléphant).

défi [defi] *m* challenge.

déficit [-sit] *m* deficit ‖ FIN. **en ~**, in the red.

défier *v* (1) challenge (adversaire) ‖ defy, dare (*de*, to) ‖ **se ~ de**, distrust.

défilé [-le] *m* parade ; **~ de mode**, fashion-show ‖ MIL. march past.

défiler *v* (1) MIL. march past.

défini, e [-ni] *a* definite.

définir *v* (2) define.

définitif, ive [-nitif] *a* definitive, final (réponse).

définition / definition ‖ [mots croisés] clue.

définitive / : **en ~**, finally.

définitivement *av* finally ; permanently.

défoncé, e [defɔ̃se] *a* bumpy (route).

défoncer *v* (6) smash in (porte) ‖ ARG. [drogué] **se ~**, freak out.

déformer *v* (1) deform (corps) ‖ put out of shape (vêtement) ‖ TV distort (image) ‖ **se ~**, lose its shape.

défunt, e [-fœ̃, t] *a* late.

dégagé, e [-gaʒe] *a* clear (ciel, route) ; open (espace).

dégager *v* (7) clear (lieu, voie) ‖ **se ~**, free o.s. (*de*, from) ; [ciel] clear.

dégât(s) [-ga] *m(pl)* damage ; **faire des ~s**, do damage.

dégel *m* thaw.

dégeler *v* (8 *b*) thaw.

dégivrage [-ʒivraʒ] *m* defrosting.

dégivrer *v* (1) defrost (parebrise, réfrigérateur).

dégonfler *v* (1) deflate (ballon, pneu) ‖ **se ~**, FAM. climb/back down.

dégoût *m* disgust, distaste.

dégoûtant, e [-gutɑ̃, t] *a* disgusting, sickening.

dégoûter *v* (1) sicken (écœurer) ; disgust (*de*, with).

dégradable [-gradabl] *a* degradable.

dégrafer [-grafe] *v* (1) unfasten, undo.

degré [dəgre] *m* degree.

dégringoler [degrɛ̃gɔle] *v* (1) tumble down.

dégriser [-grize] v (1) sober up.

déguisement m disguise (état) ; fancy dress (habit).

déguiser v (1) : (se) ~, disguise (o.s.).

dégustation [-gystasjɔ̃] f sampling.

déguster v (1) taste, sample.

dehors [dəɔr] av outside ; au-~, outside, outdoors ; en ~, outside ; en ~ de, outside, apart from.

déjà [deʒa] av [affirmation] already (dès ce moment) ; before (auparavant) ‖ [interr., nég.] yet ; faut-il ~ que vous partiez ?, need you go yet ?

déjeuner [-ʒœne] m lunch, dinner ; petit ~, breakfast ; prendre le petit ~, have breakfast ● v (1) (have) lunch.

delà [dəla] av : au-~, farther, further ; au-~ de, beyond.

délabré, e [delabre] a dilapidated.

délabrer (se) v (1) fall into disrepair, decay ‖ [santé] deteriorate.

délai [-lɛ] m delay (retard) ; sans ~, without delay.

délassement m relaxation (détente).

délasser v (1) relax, refresh (détendre) ‖ se ~, relax (se détendre).

Delco [delko] m AUT. distributor.

délecter (se) [sədelɛkte] v (1) take delight (à/de, in).

déléguer [delege] v (5) delegate (pouvoirs) [à, to].

délibérer v (5) deliberate (avec, with ; sur, upon).

délicat, e [delika, t] a delicate ‖ CULIN. dainty (mets).

délicatement av delicately.

délice [-s] m (f au pl.) delight ‖ Pl delights, pleasures ; faire ses ~s de, take delight in.

délicieux, euse a delicious, lovely.

délier [delje] v (1) untie (ruban).

délinquance [delɛ̃kɑ̃s] f delinquency ; ~ juvénile, juvenile delinquency.

délinquant, e a delinquent ● n offender.

délirer v (1) be delirious, rave.

délit [-li] m offence.

délivrer v (1) release ; set free (prisonnier) ‖ issue (passeport).

déloyal, e, aux [-loajal] a unfair (procédé) ; disloyal.

demain [dəmɛ̃] av tomorrow ; ~ matin, tomorrow morning ; à ~ !, good bye till to morrow !, see you tomorrow ! ; de ~ en huit, tomorrow week.

demande [dəmɑ̃d] f request (requête) ; application (d'emploi) ; sur ~, on request ; faire une ~, make an application, apply (de, for) ‖ plea (pressante) ‖ form (formulaire) ‖ [mariage] proposal ‖ COMM. l'offre et la ~, supply and demand.

demander v (1) ask for ; ~ qqch à qqn, ask sb (for) sth, ask sth of sb ‖ ~ à qqn de

faire qqch, ask sb to do sth ‖ **~ son chemin à qqn**, ask sb the way ; **~ (à voir) qqn**, inquire for sb, ask for sb ; **on vous ~e au téléphone**, you are wanted on the phone ‖ require (exiger) ; **~ du temps**, take/require time ‖ **ne ~ qu'à**, be quite ready to ‖ **~ qqn en mariage**, propose to sb ‖ COMM. **~ un prix**, charge ‖ **se ~**, wonder (pourquoi, why ; si, whether).

demandeur, euse n TEL. caller.

démangeaison [demãʒɛzɔ̃] f itch(ing).

démanger v (7) itch.

démaquiller (se) [sədemakije] v (1) take off one's make-up.

démarche [-marʃ] f gait, walk (allure) ‖ FIG. step.

démarcheur, euse n hawker.

démarrer v (1) AUT. start off ; faire ~, start up.

démarreur m AUT. starter.

démêler [-mɛle] v (1) comb out (cheveux) ; disentangle (ficelle).

déménagement [-menaʒmã] m removal.

déménager v (7) move out, remove, move house.

déménageur m furniture-remover.

démesuré, e a excessive, beyond measure.

démettre v (64) dislocate, put

out ‖ **se ~ de**, resign (ses fonctions).

demeure [dəmœr] f residence.

demeurer v (1) [habiter] live ‖ [rester] stay.

demi 1, e [dəmi] a half ; **deux et ~**, two and a half ; **une ~douzaine**, half a dozen ; **une ~bouteille**, a half a bottle ; **deux heures et ~e**, half past two ‖ **à ~**, half.

demi 2 m [bière] half-pint ‖ SP. [football] half-back ; [rugby] **~ de mêlée**, scrum-half.

demi- préf.

demi-finale f semi-final.

demi-heure f : **une ~**, half an hour, a half-hour.

demi-pension f half-board.

demi-pensionnaire n day-boarder.

demi-place f RAIL. half-fare.

demi-pointure f half-size.

demi-soupir m MUS. quaver rest.

démission [demisjɔ̃] f resignation ; **remettre/donner sa ~**, hand in one's resignation.

démissionner v (1) resign.

demi-tarif m half-fare.

demi-tour m half-turn ; faire ~, turn back ; AUT. **~ sur place**, U-turn.

démocrate [demɔkrat] a/n democrat.

démocratie [-si] f democracy.

démocratique [-tik] a democratic.

démodé, e [-mɔde] a out of
date, old-fashioned.
démoder (se) v (1) go out of
fashion.
demoiselle [dəmwazɛl] f
young lady ; ~ d'honneur, bridesmaid.
démolir [demɔlir] v (2) demolish ‖ pull down, tear down
(maison).
démonstratif, ive [-mɔ̃stra-
tif] a demonstrative.
démonstration f demonstration.
démontable [-mɔ̃tabl] a collapsible (bateau).
démonter v (1) TECHN. take
to pieces, dismantle, take
apart, take down ‖ FIG. put off
(déconcerter) ; se ~, get upset,
go to pieces.
démontrer v (1) demonstrate ‖
prove.
dénigrer [-nigre] v (1) disparage, denigrate.
dénombrer [-nɔ̃bre] v (1)
count.
dénominateur [-nɔminatœr]
m denominator.
dénoncer [-nɔ̃se] v (1)
denounce ; give away (qqn).
dénonciation [-jasjɔ̃] f
denunciation.
dénoter v (1) indicate.
dénouer v (1) untie, undo ‖ let
down (cheveux) ‖ se ~, come
undone.
dénoyauter [-nwajote] v (1)
stone.
dense [dɑ̃s] a thick ; dense
(brouillard).

densité f thickness ; PHYS.
density.
dent [dɑ̃] f tooth ; ~ de lait,
milk-tooth ; ~ de sagesse,
wisdom tooth ; fausses ~s,
false teeth ; faire ses ~s, be
teething ; avoir mal aux ~s,
have toothache ; se faire arracher une ~, have a tooth out.
dentelle [-tɛl] f lace.
dentellière [-tɛljɛr] f lace-
maker.
dentier m denture.
dentifrice [-tifris] a/m :
(pâte) ~, tooth-paste.
dentiste n dentist.
dépannage [-panaʒ] m emergency repairing.
dépanner v (1) repair (on the
spot).
dépareillé, e [-parɛje] a odd
(gant, etc.).
départ [-par] m departure,
start(ing) ; être sur son ~, be
on the point of leaving ‖ NAUT.
sailing.
dépassé, e [-pase] a outdated.
dépassement [-pasmɑ̃] m
AUT. overtaking.
dépasser v (1) go
beyond/past ; get ahead (qqn) ;
outrun, outstrip (à la course)
‖ (véhicule) overtake ; ~ la
vitesse permise, be speeding
‖ (chose) stick out, protrude (faire
saillie) ‖ (vêtement) show.
dépaysé, e [-pɛize] a : se
sentir ~, feel strange/like a
fish out of water.

dépayser v (1) remove sb from his usual surroundings.

dépêcher (se) [sadepɛ̠ʃe] v (1) hurry (up), make haste; ~ez-vous !, hurry up !

dépeigner v (1) ruffle, dishevel.

dépeindre v (59) depict.

dépendre v (4) depend, hang (de, on) ‖ cela ~d, it all depends.

dépense [-pɑ̃s] f expense, expenditure.

dépenser v (1) spend.

dépensier, ère a extravagant.

dépilatoire [-pilatwar] a/m depilatory.

dépit [-pi] m : en ~ de, in spite of.

déplacé, e a displaced (personne) ‖ FIG. out of place, improper (remarque).

déplacement m displacement ‖ SP. jouer en ~, play away.

déplacer v (6) displace, shift, move (changer de place) ‖ se ~, [personne, chose] move.

déplaire v (75) displease (à, to).

déplaisant, e a unpleasant.

déplier v (1) unfold (journal).

déployer v (9 a) [-plwaje] unfold, spread, stretch (ailes).

déplu [-ply] → DÉPLAIRE.

dépoli, e a frosted (verre).

déposé, e a : COMM. marque ~e, registered trade-mark.

déposer v (1) deposit, lay down, set down ‖ AUT. put down, drop (passager) ‖ RAIL.

~ une valise à la consigne, leave a case at the left-luggage office.

dépôt [-po] m : ~ (de garantie), deposit.

dépourvu, e [-purvy] a : ~ de, without ‖ • m : prendre qqn au ~, take sb by surprise, catch.

déprécier [-presje] v (1) : (se) ~, depreciate.

dépression f depression (creux) ‖ depression, slump (économique) ‖ MED. ~ nerveuse, break-down.

déprimant, e [-primɑ̃] a depressing.

déprimé, e a depressed ; se sentir ~, feel low.

déprimer v (1) depress.

depuis [dəpɥi] p since (à partir d'une date) ; ~ longtemps, long since ; ~ peu, not long ago ‖ for (au cours de) ; je suis ici ~ deux semaines, I have been here for two weeks ; ~ quand ?, how long ? ; ~ ... jusqu'à, from ... to (à partir de) ; ~ le matin jusqu'au soir, from morning till night ‖ av since (then) ‖ later on (ultérieurement) ; ~ que, since.

député [depyte] m member of Parliament.

déraillement [-rajmɑ̃] m derailment.

dérailler v (1) jump the rails, be derailed.

dérailleur m [bicyclette] derailleur (gears).

dérangé, e a upset (estomac) ; unsound (esprit).

dérangement m trouble ‖ TEL. en ~, out of order.

déranger v (7) disturb ‖ TECHN. put out of order (appareil) ‖ MED. upset (estomac) ; derange (esprit) ‖ FIG. intrude (être importun) ; si cela ne vous ~e pas, if it's no trouble to you ‖ se ~, go out of one's way.

déraper [-rape] v (1) skid, slip.

déréglé, e [-regle] a out of order, upset.

dérive f NAUT., AV. drift ; aller à la ~, drift.

dériver v (1) NAUT. drift ‖ FIG. ~ de, derive from.

dermatologiste [dɛrmatɔlɔʒist] n dermatologist.

dernier, ère [-nje] a last ‖ lowest, bottom (le plus bas) ‖ late, later, latest (le plus récent) ; ~ières nouvelles, latest news ‖ ~ière limite, deadline ‖ [journal] ~ numéro, current issue ● n : le ~, the last (l'ultime) ; ce ~, the latter (de deux).

dernièrement av recently, lately.

dernier-né, ère-née a/n last born (child).

dérober [-rɔbe] v (1) steal (qqch) ; rob (qqch à qqn, sb of sth).

dérouiller [-ruje] v (1) remove the rust off.

dérouler v (1) unroll, unwind.

déroutant, e [-rutɑ̃] a confusing, misleading.

dérouter v (1) AV., NAUT. divert ‖ FIG. put out.

derrière [dɛrjɛr] p behind, US back of ● av behind ‖ de ~ : les pattes de ~, the hind legs ; la porte de ~, the back door ‖ par~, (from) behind ; behind sb's back ● m [chose] back, rear ‖ [homme] bottom ; behind (coll.).

des [de] art → DE, UN.

dès [dɛ] p [temps] as early as, as far back (date éloignée) ; as soon as (aussitôt) ; ~ que possible, as soon as possible ; from ; ~ aujourd'hui, from this day on ; ~ à présent, from now on ‖ ~ que, as soon as, FAM. directly ; ~ que je l'aperçus, the moment I saw him.

désaccord [dez-] m disagreement ‖ être en ~ sur, be at odds/variance (avec, with ; sur, on).

désaccordé, e [dez-] a MUS. out of tune.

désagréable a unpleasant, disagreeable ; nasty (personne).

désagrément [-agremɑ̃] m nuisance, annoyance.

désaltérer v (1) quench (sb's) thirst ‖ se ~, quench one's thirst.

désamorcer [-amɔrse] v (6) defuse (bombe) ‖ se ~, [pompe] fail.

désarmer v (1) unload (revolver).

désastre [-astr] m disaster.

désastreux, euse a disastrous, ruinous.

désavantage *m* disadvantage.

désavantagé, e *a : être ~,* be at a disadvantage.

descendant, e [desãdã] *a* downward; *train ~,* down-train (de Londres).

descendre [-dr] *v* (4) go/come down ‖ get down ‖ *~ l'escalier,* go/come downstairs ‖ [s'arrêter] stop over (à, at); *~ à l'hôtel,* put up at a hotel ‖ [baromètre] fall ‖ [marée] go out ‖ [bicyclette] *~ en roue libre,* coast.

descente [-t] *f* going/coming down, descent (action, pente) ‖ way down (direction).

description [dɛskripsjɔ̃] *f* description.

désembuer [dezãbɥe] *v* (1) demist.

désembueur *m* AUT. demister.

désemparé, e [-ãpare] *a* helpless (personne).

déséquilibrer *v* (1) unbalance.

désert, e [-ɛr, t] *a* a desert, uninhabited (non habité) • *m* desert.

désespéré, e *a* desperate.

désespérer *v* (5) despair (de, of) ‖ drive to despair.

désespoir *m* despair, hopelessness.

déshabiller *v* (1) undress,

strip ‖ *se ~,* undress, get undressed.

déshabituer *v* (1) break sb of the habit (de, of) ‖ *se ~,* break o.s. of the habit (de, of).

déshydrater [-idrate] *v* (1) dehydrate.

désigner [-iɲe] *v* (1) designate; point out (du doigt) ‖ appoint (nommer).

désinfecter *v* (1) disinfect.

désintéressé, e *a* disinterested.

désintéresser *v* (1) : *se ~,* take no further interest (de, in).

désinvolte [-ɛ̃vɔlt] *a* casual.

désir [dezir] *m* wish (de, of); desire (de, for); *c'est prendre ses ~s pour des réalités,* that's a piece of wishful thinking ‖ *vif ~,* longing, yearning ‖ [sexe] desire.

désirable *a* desirable.

désirer *v* (1) wish, desire ; desire (de, for), wish for sth ; *~ ardemment,* yearn for.

désobéir *v* (2) : *~ à qqn,* disobey sb.

désobéissant, e *a* disobedient.

désodorisant [-ɔdɔrizɑ̃] *m* deodorant.

désodoriser *v* (1) deodorize.

désolé, e [-ɔle] *a* (very) sorry (contrarié) ‖ desolate (désert).

désordonné, e *a* untidy, disorderly (pièce, personne).

désordre *m* disorder, confusion (défaut) ; *en ~,* untidy,

disorderly (pièce) ; out of order ;
messy.

désorienté, e a FIG. bewildered, at a loss, mixed up.

désorienter v (1) bewilder
(déconcerter).

désormais [-ɔrmɛ] av from
now on.

désosser [-ɔse] v (1) bone.

desquels [dekɛl] → LEQUEL.

dessécher v (5) dry up.

dessein [dɛsɛ̃] m design,
purpose.

desserrer [desre] v (1) loosen
(nœud, ceinture) ‖ se ~,
come/work loose.

dessert [dɛsɛr] m dessert,
sweet.

desservir 1 [-vir] v (95) clear
(table).

desservir 2 v (95) RAIL.
serve.

dessin [dɛsɛ̃] m drawing (art) ;
drawing, sketch (réalisation) ;
pattern (motif) ‖ [presse]
humoristique, cartoon ‖ CIN. ~
animé, (animated) cartoon.

dessinateur, trice [-inatœr]
n drawer ‖ TECHN. draughtsman.

dessiner v (1) draw ‖ TECHN.
design (plan, modèle).

dessous [dəsu] av under
(-neath), below ; au—~
below ‖ ci-~, below ● m
underside.

dessous-de-plat m inv table
mat.

dessus [-y] av (up)on, over ;
au-~ (de), above, on top of ‖
ci-~, above ‖ par ~, over ●

m [objet] top ; [main] back ‖
MED. prendre le ~, recover
(one's health).

dessus-de-lit m inv bed-
spread.

destin [dɛstɛ̃] m destiny, fate.

destinataire [-inatɛr] n
addressee.

destination f destination ;
arriver à ~, reach one's journey's end ; à ~ de, for, going
to (voyageurs) ; NAUT. bound
for.

destinée f destiny, fate.

destiner v (1) intend, mean (à,
for) ; destine (à, to/for).

destruction [-ryksjɔ̃] f destruction, wreck.

détachant [detaʃɑ̃] m stain-
remover.

détacher 1 v (1) remove
stains from.

détacher 2 v (1) untie,
loose, unleash (chien) ‖ se ~,
come undone/untied ; [animal]
break/get loose ; [chose] come
off ; work loose.

détail [-j] m detail ‖ COMM.
retail ; vendre au ~, sell retail
‖ Pl particulars.

détecter [detɛkte] v (1) detect.

détective m detective.

déteindre v (59) [couleur]
run ; [étoffe] lose colour.

détendre v (4) slacken, loosen
(corde) ‖ FIG. relax (esprit) ‖ se
~, [corde] slacken ; FIG. [per-
sonne] relax.

détendu, e a FIG. relaxed
(personne).

détenir [detnir] v (101) possess ‖ SP. hold (record).

détenu, e n prisoner.

détergent, e [detɛrʒɑ̃] a/m detergent.

détériorer [deterjɔre] v (1) deteriorate, damage ‖ **se ~,** deteriorate.

déterminé, e a determined (résolu).

déterminer v (1) determine.

détersif, ive [detɛrsif, iv] a/m detergent.

détester [-tɛste] v (1) detest, dislike, hate.

détonation [-tɔnasjɔ̃] f detonation, report.

détour m : faire un **~,** go/come round, make a detour.

détourné, e a roundabout.

détournement [-turnəmɑ̃] m diversion ‖ [avion] hijacking.

détourner v (1) divert (avion, circulation) ‖ [pirate] hijack (avion) ‖ **~ les yeux,** look away. ‖ **se ~,** turn away (de, from).

détraqué, e [-trake] a TECHN. out of order, broken down.

détraquer v (1) put out of order (machine) ‖ MED. upset (estomac) ‖ **se ~,** get out of order.

détriment [-trimɑ̃] m : au **~ de,** to the detriment of.

détritus [-tritys] mpl refuse, rubbish, litter.

détroit [-trwa] m strait(s).

détruire [-truir] v (85) destroy, demolish.

dette [dɛt] f debt ; avoir des **~s,** be in debt.

deuil [dœj] m mourning (état, vêtement, période) ; **en ~,** in mourning (de, for).

deux [dø(z)] a inv [cardinal] two ; **un jour sur ~,** every other day ‖ [ordinal] second ; le **~ mai,** the second of May ● m two ; à **~,** together ; **~ par ~,** two by two ; **couper en ~,** cut in halves ‖ **les ~,** both ; les **~ hommes,** both men ; **nous ~,** both of us ; **tous les ~,** both of them ‖ [cartes, dés] deuce.

deuxième [-zjɛm] a/n second.

deuxièmement av secondly.

deux-pièces m inv. twin-set (vêtement).

deux-points m inv colon.

dévaliser [devalize] v (1) rob (personne).

dévaluer [-ɥe] v (1) devaluate.

devancer [dəvɑ̃se] v (6) get ahead of.

devant [dəvɑ̃] p in front of, ahead of ● av in front ; **au-~ (de),** in front (of) ; aller au-~ de qqn, go to meet sb ‖ **par-~,** in front ● m front.

devanture [-tyr] f (shop-) window.

déveine f FAM. tough luck.

développement [-vlɔpmɑ̃] m development ‖ pays en voie de **~,** developing countries ‖ PHOT. development.

développer v (1) PHOT. develop ‖ SP. develop ‖ COMM. expand.

devenir [dəvnir] v (101)

become, grow, get, turn; ~
fou, go mad ‖ become of (adve-
nir) ; *qu'est-il* ~*u* ?, what has
become of him ?

déverser [devɛrse] *v* (1) pour,
shed.

dévêtir [-vɛtir] *v* (104) : (*se*)
~, undress.

déviation [-vjasjɔ̃] *f* AUT.
diversion (de la circulation) ;
by-pass (route) ; detour (temporaire).

dévider *v* (1) unwind.

deviner [dəvine] *v* (1) guess.

devinette *f* riddle, conundrum.

devis [-i] *m* estimate.

dévisager [devizaʒe] *v* (1)
stare at.

devise [dəvi:z] *f* FIN.
currency ; ~*s étrangères*,
foreign bills.

dévisser *v* (1) unscrew.

dévoiler *v* (1) unveil ‖ FIG.
disclose (secret).

devoir 1 [dəvwar] *v* (39) owe
(argent).

devoir 2 *v aux* [nécessité]
must ; have to ; *je dois partir de
bonne heure*, I have to leave
early ‖ [convention] be (supposed) to ; *nous devons nous marier
le mois prochain*, we are to be
married next month ‖ [probabi-
lité] *il doit être malade*, he
must be ill ; *il devrait gagner*,
he ought to win ‖ [conseil]
ought, should ; *vous devriez
partir maintenant*, you should
start now ● *m* [moral] duty.

devoir 3 *m* [école] exercise ‖
Pl [maison] homework.

dévorer [devɔre] *v* (1) devour
(proie) ; eat up (repas).

dévotion *f* devotion.

dévoué, e [-vwe] *a* devoted.

dévouement *m* devotion.

dévouer (se) *v* (1) devote o.s.

diabète [djabɛt] *m* MED.
diabetes.

diabétique [-etik] *a/n* diabetic.

diable [djɑbl] *m* devil.

diagramme [djagram] *m*
chart.

dialecte [-lɛkt] *m* dialect.

dialogue [-lɔg] *m* dialogue.

diamant [-mɑ̃] *m* diamond.

diamètre *m* diameter.

diapason [-pazɔ̃] *m* MUS.
tuning-fork.

diaphragme [-fragm] *m* diaphragm ‖ [contraceptif] (Dutch)
cap ‖ PHOT. diaphragm, stop.

diaphragmer *v* (1) PHOT.
stop down.

diapositive *f* PHOT. transparency ; ~ (*en couleurs*), (colour)
slide.

Dictaphone [diktafɔn] *m*
dictaphone [R].

dictateur [-tatœr] *m* dictator.

dictée *f* dictation.

dicter *v* (1) dictate.

diction *f* delivery.

dictionnaire [-ksjɔnɛr] *m*
dictionary.

dicton [-tɔ̃] *m* saying.

dièse [djɛz] *m* sharp.

diesel [djezɛl] *m* diesel
engine.

diète [djɛt] f MED. low diet ; *mettre à la* ~, put sb on a diet.

diététicien, ne [-etetisjɛ̃] n dietician.

diététique [-etetik] a dietetic ; *produits* ~s, health food ● f dietetics.

dieu [djø] m god ‖ *pour l'amour de D*~, for goodness' sake ; D~ *vous bénisse !*, God bless you !

différé [difere] m : RAD. (émission) *en* ~, recorded (program).

différemment [-amã] av differently.

différence f difference (divergence) ; *à la* ~ *de*, unlike ‖ *faire la* ~, distinguish (entre, between).

différent, e a different, distinct (de, from) ‖ diverse, various (divers).

différer 1 v (5) [être différent] differ.

différer 2 v (5) [remettre] postpone, put off.

difficile [-isil] a difficult, hard (problème, tâche) ‖ particular, fastidious (personne).

difficilement av with difficulty.

difficulté [-kylte] f difficulty ; *avoir de la* ~ *à faire qqch*, have difficulty in doing sth.

difforme a deformed.

diffuser [-yze] v (1) RAD. broadcast.

diffusion [-jɔ̃] f diffusion ‖

RAD. broadcast(ing) ; *seconde* ~, repeat.

digérer [diʒere] v (5) digest.

digestion [-ɛstjɔ̃] f digestion.

digne [diɲ] a : ~ *de*, worthy of.

digue [-g] f dike, dyke.

dilater [-late] v (1) : **(se)** ~, expand.

diluer [-lɥe] v (1) dilute ; water down.

dimanche m Sunday.

dimension [dimãsjɔ̃] f dimension, size.

diminuer [diminɥe] v (1) diminish, decrease (dimension) ; shorten (longueur) ‖ take in (vêtement) ‖ reduce (loyer, vitesse) ‖ [jours] grow shorter ‖ [pluie] let up ‖ [prix] fall ‖ [réserves] run low ‖ MED. [forces] decline.

diminutif [-ytif] m GRAMM. diminutive ; ~ *affectueux*, pet name.

diminution [-ysjɔ̃] f diminishing ‖ [quantité] decrease ‖ [prix] reduction.

dinde [dɛ̃d] f, **dindon** m turkey.

dîner [dine] v (1) dine (de, off/on) ; have dinner ● m dinner ; dinner-party.

dingue [dɛ̃g] a FAM. crazy, nuts.

diplomate [diplɔmat] m diplomat.

diplomatique a diplomatic.

diplôme [-om] m diploma, certificate.

diplômé, e a graduated ● n

graduate, post-graduate (étudiant).

dire [dir] *v* (40) say, tell ; ~ *qqch à qqn*, tell sb sth, say sth to sb ‖ *sans mot* ~, without a word ‖ speak (parler) ‖ ~ *du mal/du bien de*, speak badly/well of ‖ REL. say (prière) ‖ FIG. [= cela ressemble à] *on dirait*, it looks/tastes/sounds/feels like ‖ FAM. *dites-donc!*, look here!, I say! ‖ *c'est-à-~*, that is to say ; *pour ainsi* ~, so to say/speak, as it were ; *entendre* ~, hear (*que*, that) ‖ *vouloir* ~, mean.

direct, e [-εkt] *a* direct, straight ‖ RAIL. through (billet, train) ; non-stop (train) ‖ RAD. *émission en* ~, live broadcast.

directement *av* straight (en ligne droite) ; directly, right (sans intermédiaire).

directeur, trice *n* manager, -ess, director ; ~ *adjoint*, assistant manager, -ess ‖ [école] headmaster, -mistress ‖ [administration] head.

direction *f* [sens] direction ‖ COMM. management ‖ AUT. steering.

directive *f* directive, instruction, line.

directrice → DIRECTEUR.

diriger [-iʒe] *v* (1) direct, control, manage ‖ MUS. conduct (orchestre) ‖ *se* ~, proceed (*vers*, to) ; head/make (*vers*, for).

discerner [disεrne] *v* (1) discern, distinguish (*entre*, between) ; make out (percevoir).

discipline [-iplin] *f* discipline, order.

discipline, e *a* orderly.

discipliner *v* (1) discipline.

disco [disko] *m* MUS., FAM. disco.

discobole [-bɔl] *m* discus thrower.

discordant, e [-rdã] *a* discordant.

discorde *f* discord.

discothèque [-kɔtεk] *f* record library ‖ [club] disco(thèque).

discours [-kur] *m* speech ; *prononcer un* ~, deliver a speech.

discret, ète [-krε, t] *a* discreet.

discrètement *av* discreetly.

discrétion [-kresjɔ̃] *f* discretion (discernement) ‖ *à* ~, at will.

discussion [-kysjɔ̃] *f* discussion, debate, argument (débat) ; *groupe de* ~, panel.

discutable [-tabl] *a* debatable ‖ questionable (douteux).

discuter *v* (1) discuss, debate (*avec*, with) ‖ have a discussion ‖ argue (protester).

diseur, euse [dizœr] *n* : ~ *euse de bonne aventure*, fortune-teller.

disjoncteur [disʒɔ̃ktœr] *m* circuit-breaker.

disloquer [-lɔke] *v* (1) dislocate ‖ disjoint (membre).

disparaître *v* (74) disappear, vanish ; fade out (graduellement) ‖ [tache] go ‖ *faire* ~, wash out (en lavant) ; conjure away (escamoter).

dispenser v (1) exempt, excuse (de, from) ; spare (qqn de qqch, sb sth).

disponible [-pɔnibl] a available.

disposé, e [-poze] a FIG. disposed, prepared, ready (à, to) ; être ~ à faire, be willing to do ; peu ~, unwilling, reluctant (à, to).

disposer v (1) arrange, dispose (arranger) || ~ **de**, have at one's disposal.

dispositif [-pozitif] m TECHN. device.

disposition f arrangement || **à sa ~,** at one's disposal || Pl aptitude, gift, turn ; **prendre des ~s,** make arrangements (pour, for/to).

dispute [-pyt] f quarrel, dispute.

disputer v (1) SP. play (match) || se ~ avec, quarrel with ; fight (coll.) ; se ~ qqch, scramble for sth.

disquaire [-kɛr] n record-dealer.

disqualifier v (1) SP. disqualify.

disque [disk] m SP. discus || MUS. record. || AUT. ~ de stationnement, parking disc.

disquette f floppy disc, diskette.

dissimuler (dissimyle] v (1) hide, conceal (qqch à qqn, sth from sb).

dissipé, e [-ipe] a unruly.

dissiper 1 (se) v (1) misbehave.

dissiper 2 v (1) : se ~, [brouillard] lift.

dissolu, e [-ɔly] a dissolute.

dissolution f AUT. rubber solution.

dissolvant [-vɑ̃] m solvent ; ~ (pour vernis à ongles), nail-varnish remover.

dissoudre [-udr] v (10) : (se) ~, dissolve.

dissuader [-ɥade] v (1) dissuade, deter (de, from).

dissuasif, ive [-ɥazif] a deterrent.

dissuasion f : force de ~ nucléaire, nuclear deterrent.

distance [-tɑ̃s] f distance ; à 2 miles de ~, 2 miles away ; **à quelle ~ ?,** how far (away) ?

distancer v (6) outdistance, outrun ; leave behind ; se laisser ~, fall/drop behind.

distant, e a distant, remote || FIG. standoffish ; aloof.

distiller [-tile] v (1) distil.

distinct, e [distɛ̃, kt] a distinct, separate (de, from).

distinctement [-ktəmɑ̃] av distinctly.

distinction [-ksjɔ̃] f distinction.

distingué, e [-ge] a refined, distinguished.

distinguer v (1) distinguish, discern, make out (discerner) [de, from] ; je n'arrive pas à les ~, I can't tell which is which.

distraction [distraksjɔ̃] f

absent-mindedness (défaut d'attention) ‖ distraction, amusement, entertainment, pastime, hobby (divertissement).

distraire v (11) divert (l'attention) [de, from]; ‖ entertain, amuse (qqn) ‖ *se*, amuse o.s.

distrait, e [-trɛ, t] a absentminded, inattentive.

distribuer [-tribɥe] v (1) distribute; hand out, give out ‖ deal (cartes); deliver (lettres).

distributeur [-tribytœr] m dispenser (contenant); ~ *automatique*, slot machine; ~ *automatique de timbresposte*, stamp-machine ‖ AUT. distributor ‖ CIN. renter.

distribution f distribution, handing out ‖ delivery (lettres); deal (cartes); ~ *des prix*, prizegiving ‖ CIN., TH. cast(ing) ‖ AUT. timing.

dit, e [di, t] → DIRE • a : à *l'heure* ~*e*, at the appointed time; *autrement* ~, in other words.

divan [divã] m divan, couch, settee, sofa; ~-*lit*, divan-bed.

divers, e [divɛr, s] a various, sundry, miscellaneous, divers.

divertissement [-tismã] m entertainment ‖ pastime (jeu).

divin, e [divɛ̃, in] a divine.

diviser v (1) divide (par, by).

division f division.

divorce [-ɔrs] m divorce ‖ JUR. *demander le* ~, sue for a divorce.

divorcé, e a divorced • n divorcee.

divorcer v (6) get a divorce; ~ *d'avec qqn*, divorce sb; *ils ont* ~*é*, they have been divorced.

dix [di devant consonne ou « h » aspiré; diz devant voyelle ou h muet; dis suivi d'une pause] a/m ten.

dix-huit a/m eighteen.

dixième [-zjɛm] a/n tenth.

dix-neuf a/m nineteen.

dix-sept a/m seventeen.

dizaine [-zɛn] f about ten.

do [do] m MUS. C.

docile [dɔsil] a docile.

dock [dɔk] m NAUT. warehouse (magasin); dock (bassin).

docker [-ɛr] m docker, stevedore.

docteur, oresse [-tœr, ɔrɛs] n doctor, woman doctor.

document [dɔkymã] m document.

documentaire [-tɛr] a/m documentary.

dodu, e [dɔdy] a plump, buxom (femme).

doigt [dwa] m finger; ~ *de pied*, toe; *le petit* ~, the little finger; *bout du* ~, finger-tip ‖ *se mettre les* ~*s dans le nez*, pick one's nose.

dollar [dɔlar] m dollar.

domaine [dɔmɛn] m estate, domain.

domestique [-ɛstik] a domestic (animal); home (usage) • n servant.

domicile [-isil] m residence, domicile, home ‖ RAIL. *prendre à* ~, collect (bagages).

dominer [-ine] v (1) dominate ‖ tower above (par la taille).

domino [-ino] m domino; jouer aux ~s, play dominoes.

dommage [dɔmaʒ] m damage (dégât) ‖ harm, prejudice ‖ quel ~!, what a shame/pity!

dommages-intérêts mpl : réclamer des ~, claim for damages.

dompter [dɔ̃te] v (1) tame (lion) ‖ break in (cheval).

dompteur, euse n tamer.

don m gift ‖ FIG. gift, talent; avoir le ~ de, have a flair for.

donc [-k] c therefore (par conséquent) ‖ [intensif] then, so.

donjon [-ʒɔ̃] m keep.

donne [dɔn] f [cartes] deal.

données [-e] fpl data.

donner v (1) give; ~ qqch à qqn, give sb sth, give sth to sb ‖ deal (distribuer) ‖ give, present (offrir) ‖ give, deal (coup) ‖ ~ un rendez-vous à, fix/make an appointment with ‖ give (ordres) ‖ TEL. ‖ [cartes] deal; à vous de ~, your deal ‖ • sur, [fenêtre] overlook, look out on; [maison] face, front ‖ se ~ du mal/de la peine, take pains/trouble ‖ s'en ~, have a lot of fun.

donneur, euse n [cartes] dealer.

dont [dɔ̃] pr rel of whom/which; whose (duquel) ‖ about whom/which (au sujet duquel)

‖ [omis] l'homme ~ je parle, the man I am speaking of.

dopage [dɔpaʒ] m doping.

doper v (1) dope.

doré, e [dɔre] a gilded, gilt ‖ [couleur] golden.

dorénavant [-navɑ̃] av henceforth, from now on.

dorer v (1) gild ‖ CULIN. (faire) ~, brown.

dorloter [dɔrlɔte] v (1) pamper, coddle ‖ se ~, pamper.

dormeur, euse [-mœr] n sleeper.

dormir v (41) sleep, be asleep; avoir envie de ~, feel sleepy; ~ à poings fermés, be fast asleep; empêcher de ~, keep awake; • au-delà de l'heure voulue, oversleep (o.s.).

dortoir [-twar] m dormitory.

dos [do] m back ‖ [chat] faire le gros ~, arch its back ‖ [livre, main] back.

dose [-z] f dose.

doser v (1) MED. dose.

dossier [dɔsje] m [chaise] back ‖ [documents] file.

dot [dɔt] f dowry.

douane [dwan] f customs (administration); passer la ~, go through (the) customs; custom-house (bureau).

douanier m custom-officer.

doublage [dublaʒ] m CIN. dubbing.

double a double, twofold; en ~ (exemplaire), in duplicate ‖ AUT. parquer en ~ file, double-park ● m double; coûter le ~, cost twice as much ‖

duplicate, copy, carbon (copy) ‖ SP. [tennis] double.

double-croche f semi-quaver.

doubler v (1) double ‖ line (vêtement); fold in two (en pliant) ‖ AUT. overtake, pass ‖ TH. understudy ‖ CIN. dub (film); stand in for (vedette).

doublure f [vêtement] lining ‖ TH. understudy ‖ CIN. stand-in; stunt-man (cascadeur).

douce [dus] a → DOUX.

doucement av softly ; smoothly, gently (sans heurt); slowly (lentement).

douceur f [toucher] softness ; [goût] sweetness ; [climat] mildness; [caractère] gentleness ‖ en ∼, gently.

douche [duʃ] f shower (-bath); prendre une ∼, have a shower.

doucher v (1) give a shower to.

doué, e [dwe] a gifted, talented; être ∼ pour, have a gift for.

douille [duj] f ELECTR. socket.

douillet, te [-ɛ] a cosy, snug (pièce) ‖ PEJ. soft.

douleur [dulœr] f pain, ache (physique); grief, distress (morale) ‖ MED. sans ∼, painless.

douloureux, euse [-urø] a [physiquement] aching, painful; sore (endroit) ‖ [moralement] sorrowful, grievous, distressing.

doute [dut] m doubt (au sujet de, as to; sur, about); **sans aucun** ∼, no doubt, without (a) doubt; ‖ **sans** ∼, probably, I suppose so.

douter v (1): ∼ **de**, doubt (qqch/qqn); question (qqch); j'en ∼e, I doubt it ‖ **se** ∼ **de**, suspect; je m'en ∼ais, I thought as much.

douteux, euse a doubtful, questionable.

doux, ce [du, s] a mild (climat); gentle (caractère); quiet (animal) ‖ [toucher] soft [goût, odorat] sweet ‖ [eau] soft (non calcaire); → EAU ‖ FAM. **en** ∼**ce**, on the quiet.

douzaine [duzɛn] f dozen ; à la ∼, by the dozen; deux ∼s d'œufs, two dozen eggs; une demi-∼, half a dozen.

douze a/m twelve.

douzième [-jɛm] a/n twelfth.

draguer [drage] v (1) TECHN. dredge ‖ FAM. (try and) pick up (girls) [coll.].

dramatique [-matik] a dramatic.

drame m drama (pièce).

drap [dra] m sheet.

drapeau [-po] m flag.

dressage [drɛsaʒ] m training.

dresser 1 v (1) train (animal); break in (cheval).

dresser 2 v (1) erect, raise (mettre debout); pitch, put up (tente) ‖ [chien] ∼ les oreilles, cock/prick up its ears ‖ **se** ∼, [personne] draw o.s. up.

dribbler [drible] v (1) SP. dribble.

drogue [drɔg] *f* MED. drug ‖ dope (stupéfiant).

drogué, e *n* drug addict.

droguer *v* (1) drug (avec un stupéfiant) ‖ *se* ~, take drugs.

droit 1, e [drwa, t] *a* [non courbe] straight; *se tenir* ~, stand upright ‖ single-breasted (veston) ‖ MATH. right (angle) ‖ SP. [tennis] *coup* ~, forehand drive ‖ FIG. upright (personne) • *av* straight; *tout* ~, straight on/ahead, directly.

droit 2, e *a* right (côté, main); *à* ~*e*, on/to the right.

droit *m* right; ~ *de passage*, right of way; *avoir le* ~ *de (faire)*, have the right to (do); [nég.] *vous n'avez pas le* ~ *de*, you're not supposed to ‖ JUR. law; *faire son* ~, study law.

droite → DROIT 1 et 2 • *f* the right (-hand side) ‖ POL. *la* ~, the Right (wing).

droitier, ère *n* right-handed.

droits *mpl* fee, dues; ~*s de douane*, customs, customs duties; *soumis aux* ~*s de douane*, dutiable; *exempt de* ~*s*, duty-free.

drôle [drol] *a* funny, amusing.

drôlement *av* jolly.

du [dy] → DE 1 et 2.

dû, e *a* due, owing (à, to) ‖ *port* ~, carriage forward • *m* due; *payer son* ~, pay one's share.

duel [dɥɛl] *m* duel.

dune [dyn] *f* dune.

duo [dɥo] *m* duet.

duplicata [dyplikata] *m* duplicate.

duquel [dykɛl] *pr* → LEQUEL.

dur, e [dyr] *a* hard ‖ stiff (col) ‖ CULIN. hard (eau); *œufs* ~*s*, hard-boiled eggs ‖ tough (viande) ‖ MED. ~ *d'oreille*, hard of hearing ‖ FIG. hard (difficile) • *av* hard; *travailler* ~, work hard.

durant *p* during.

durcir [-sir] *v* (2) harden.

durée *f* duration, length.

durement *av* severely (éprouvé); *traiter* ~, treat harshly.

durer *v* (1) last.

duvet [dyvɛ] *m* down (plume) ‖ sleeping-bag (sac de couchage).

dynamique [dinamik] *a* dynamic ‖ FAM. dashing, energetic (personne).

dynamisme *m* dynamism.

dynamo *f* dynamo.

e

e [ə], **é** [e], **è, ê** [ɛ] *m.*

eau [o] *f* water; ~ *douce*, fresh water (potable); ~ *miné-* *rale*, mineral water; ~ *pota-* *ble*, drinking water; ~ *salée*, salt water; ~ *de source*, spring water ‖ [parfumerie] **~ de Cologne,** eau-de-Cologne ; **~ de rose,** rose-water ; **~ de toilette,** toilet water ‖ Fig. *cela me fait venir l'~ à la bouche,* that makes my mouth water ‖ *Pl* waters ‖ Rel. **~ bénite,** holy water.

eau-de-vie f brandy.

ébahi, e [ebai] a flabbergasted.

ébaucher [-oʃe] v (1) sketch out, outline (projet).

ébène [-ɛn] f ebony.

ébéniste [-enist] m cabinet-maker.

éblouir [-bluir] v (2) dazzle.

éblouissant, e a dazzling.

éboueur [-uœr] m dustman.

ébouillanter [-ujɑ̃te] v (1) scald.

ébouriffer [-urife] v (1) tousle, ruffle.

ébrécher [-reʃe] v (5) chip.

ébriété [-rijete] f intoxication.

ébullition [-ylisjɔ̃] f boil(ing) ; *porter à l'~,* bring to the boil.

écaille [ekaj] f [poisson] scale ; [huître] shell.

écarlate [ekarlat] a scarlet.

écart [ekar] m distance, gap ; *à l'~,* out of the way, remote ; *à l'~ de,* away from ‖ [chiffre] difference ‖ [mouvement] *faire un ~,* step aside ‖ [dance] *faire le grand ~,* do the splits.

écarté, e a out of the way, outlying, secluded (lieu).

écartement [-tamɑ̃] m spacing, spreading (action) ‖ space, gap (distance) ‖ Rail. gauge.

écarter v (1) spread, open (bras, jambes) ‖ keep/move away (éloigner) ‖ dismiss, rule out (objection) ‖ [cartes] discard.

ecchymose [ekimoz] f bruise.

ecclésiastique [eklezjastik] a ecclesiastical ● m ecclesiastic, churchman, clergyman.

échafaudage [eʃafodaʒ] m scaffolding.

échalote [-lɔt] f shallot.

échange [eʃɑ̃ʒ] m exchange ; *en ~ de,* in exchange for.

échanger v (7) exchange (contre, for).

échangeur m Aut. interchange.

échantillon [-tijɔ̃] m sample.

échappatoire [eʃapatwar] f evasion.

échappement m Aut. exhaust ; *tuyau d'~,* exhaust-pipe.

échapper v (1) : **~ à,** escape (qqn/qqch) ; dodge (obligation) ‖ **laisser ~,** let go (laisser fuir) ; let slip (manquer) ; drop (mot) ; let fly (révéler) ‖ Fig. *l'~ belle,* have a narrow escape ‖ **s'~,** escape, break away/loose (de, from).

écharde [eʃard] f splinter.

écharpe [-p] f [femme] scarf ‖ Med. sling.

échasse [eʃas] f stilt.

échauffer (s') [eʃofe] v (1) get warm/hot ‖ Sp. warm up.

échec [eʃɛk] m [examen] failure ; [plan] miscarriage ; *subir* *un* ~, suffer a set-back; *tenir en* ~, hold in check.

échecs *mpl* [jeu] chess; *une partie d'*~, a game of chess; *jouer aux* ~, play chess ‖ *Sing* check; *faire* ~ *à/mettre en* ~, check; *(faire)* ~ *et mat*, (check)mate.

échelle *f* ladder; ~ *de corde*, rope-ladder; *faire la courte* ~ *à qqn*, give sb a leg up ‖ [carte] scale ‖ [salaires] ~ *mobile*, sliding scale ‖ FIG. *sur une petite/grande* ~, on a small/large scale.

échelon [eʃlɔ̃] *m* [échelle] rung ‖ FIG. [grade] step.

échelonner *v* (1) space out ‖ FIN. spread out (paiements) ‖ FIG. stagger (congés, heures de sortie).

échevelé, e [-əvle] *a* tousled, dishevelled.

échiquier [-ikje] *m* chess-board.

écho [eko] *m* echo.

échouer [eʃwe] *v* (1) fail; ~ *à un examen*, fail in an examination.

éclabousser [eklabuse] *v* (1) splash, spatter.

éclaboussure *f* splash.

éclair [eklɛr] *m* flash of lightning.

éclairage *m* lighting.

éclaircie [-si] *f* bright interval.

éclaircir *v* (2) thin (cheveux) ‖ *s'*~, [ciel, temps] clear.

éclairer *v* (1) light, lighten ‖

light up (pièce); ~ *qqn*, light the way for sb.

éclaireur, euse *n* (Boy) Scout, Girl Guide.

éclat [ekla] *m* [morceau] fragment; [bois] splinter ‖ *voler en* ~*s*, fly to pieces ‖ *rire aux* ~*s*, roar with laughter ‖ [lumière] brightness ‖ FIG. splendour, glamour, brightness.

éclatant, e [-tɑ̃] *a* loud (bruit); bright (lumière); vivid (couleurs).

éclatement *m* burst, explosion ‖ [pneu] bursting.

éclater *v* (1) burst, explode, blow up; [pneu] burst ‖ FIG. [maladie, feu, guerre] break out.

éclipse [eklips] *f* eclipse.

éclore [-ɔr] *v* (43) [œuf, oiseau] hatch; *faire* ~, hatch ‖ [bourgeon] burst.

écluse [-yz] *f* lock.

écœurant, e [ekœrɑ̃] *a* sickening, nauseating; sickly (odeur) ‖ FIG. disgusting.

écœurer *v* (1) sicken, make sick.

école [ekɔl] *f* school; ~ *maternelle*, nursery school; ~ *primaire*, primary school; *aller à l'*~, go to school.

écolier, ère *n* schoolboy/girl.

écologie [-ɔʒi] *f* ecology.

écologique *a* ecological.

économe [ekɔnɔm] *a* economical, thrifty, sparing.

économie *f* economy, thrift ‖ *Pl* savings; *faire des* ~*s*, save money ; *faire des ~s de,* save on (essence, etc.).

économique *a* economic(al) ; cheap (objet).

économiser *v* (1) economize on, save on ‖ save (temps) ‖ save (up) [argent].

écorce [ekɔrs] *f* [arbre] bark ; [orange] peel.

écorcher *-ʃe* v (1) [éraflure] graze ; [frottement] chafe.

écorchure *f* scratch ; graze.

écossais, e [ekɔsɛ, z] *a* Scots, Scottish, Scotch.

Écossais, e *n* Scotsman, -woman ; Scot.

Écosse *f* Scotland.

écosser *v* (1) shell.

écot [eko] *m* share ; *payer son ~,* go Dutch.

écoulement [ekulmɑ̃] *m* flow.

écouler (s') *v* (1) [liquide] flow out, run off ‖ [fuite] leak out ‖ FIG. [temps] pass, go by.

écourter *-rte* v (1) shorten, cut short.

écoute *-t* f listening ‖ RAD. *prendre l'~,* tune in.

écouter *v* (1) listen to (qqn) ‖ [magnétophone] play back.

écouteur *m* earphone ‖ RAD. headphone, earphone.

écran [ekrɑ̃] *m* CIN. screen ; *porter à l'~,* screen.

écraser *-aze* v (1) crush, stamp on ‖ stub out (cigarette) ‖ [meule] grind ‖ AUT. run over (qqn) ‖ *s'~,* AV. crash.

écrémer *-eme* v (5) cream, skim.

écrevisse *-əvis* f crayfish.

écrier (s') [ekrije] *v* (1) exclaim, cry out.

écrin [ekrɛ̃] *m* jewel case.

écrire [-ir] v (44) write ‖ ~ *à la machine,* type ‖ [lettre] ~ *un mot,* drop a line ‖ spell (orthographier) ‖ *s'~,* [mot] be spelt.

écrit, e [-i,t] *a* written • *m* writing ; *par ~,* in writing ‖ [examen] written examination.

écriteau [-ito] *m* notice.

écriture [ekrir] *f* writing ‖ REL. *É~ sainte,* Scriptures, Holy Writ.

écrivain [-ivɛ̃] *m* writer.

écrou [ekru] *m* nut.

écrouler (s') [sekrule] v (1) [bâtiment] collapse.

écume [ekym] *f* [mer] foam ; [bière] froth.

écumer *v* (1) skim (off).

écumoire *f* skimmer.

écureuil [-rœj] *m* squirrel.

écurie [-ri] *f* stable.

écuyère [ekɥijɛr] *f* horse-woman.

édifice [edifis] *m* building.

édifier *v* (1) build, erect.

éditer [edite] *v* (1) publish.

éditeur, trice *n* publisher.

édition *f* publishing (action) ; *maison d'~,* publishing house ‖ [tirage] edition ; [journal] issue ; ~ *spéciale,* extra.

éditorial, aux [-tɔrjal] *m* leader.

éducation [edykasjɔ̃] *f* education ‖ ~ *physique,* physical training ‖ [enfants] upbringing ; *sans ~,* ill-bred.

éduquer [-ke] v (1) educate, bring up.

effacer [efase] v (6) efface [gomme] rub out; [grattoir] erase; [éponge] clean, wipe off ‖ erase (bande magnétique).

effaroucher [-ruʃe] v (1) frighten/scare away.

effectivement [efɛktivmɑ̃] av effectively, actually.

effet [efɛ] m effect, result; faire de l'~, be effective, work ‖ impression; faire l'~ de, seem/look/feel like ‖ Pl things, clothes, belongings ‖ en ~, indeed ‖ SP. twist, spin (sur une balle).

efficace [efikas] a effective (mesure); efficient (personne).

effleurer [eflœre] v (1) brush, touch lightly.

effondrer (s') [sefɔ̃dre] v (1) [bâtiment] collapse ‖ [toit] fall in ‖ MÉD. [personne] break down, collapse; go to pieces (coll.).

efforcer (s') [seforse] v (6) strive, endeavour, do one's best (de, to).

effort [-ɔr] m effort, exertion, strain; faire un ~, make an effort; sans ~, easily ‖ FIG. bid.

effraction [ɛfraksjɔ̃] f : entrer par ~, break in(to).

effrayant, e [-ɛjɑ̃] a dreadful, frightening.

effrayer v (9b) frighten; scare.

effriter [-ite] v (1) : (s')~, crumble (away).

effronté, e [-ɔ̃te] a shameless, cheeky.

effroyable [-wajabl] a terrifying, appalling.

égal, e, aux [egal, o] a equal ‖ even (régulier) ‖ FIG. even (caractère) ‖ FAM. cela m'est ~, I don't mind/care ● m equal ‖ sans ~, matchless.

également av equally ‖ likewise (de la même manière) ‖ as well, also, too (aussi).

égaler v (1) equal, be equal to.

égalisation f equalization.

égaliser v (1) equalize ‖ level (niveler) ‖ SP. tie.

égalité f equality ‖ SP. tie (de points); [tennis] deuce.

égard [egar] m consideration, respect; à cet ~, in this respect, for that matter; à tous (les) ~s, in every respect ‖ Pl attention, regard.

égaré, e [-e] a stray (animal); mislaid (objet); lost (personne).

égarer v (1) mislay (objet); lead astray (qqn) ‖ (s')~, lose one's way.

égayer [egɛje] v (9b) enliven (conversation); brighten (lieu); cheer up (qqn).

église [egliz] f church.

égout [egu] m sewer.

égoutter [-te] v (1) drain (off); faire ~, drip ‖ s'~, drip (goutte à goutte); drain (off, away).

égouttoir m draining-board.

égratigner [egratiɲe] v (1) scratch.

égratignure f scratch.

eh! [e] *excl* hey!, hi! ‖ ~ *bien ?*, well ?

élaguer [elage] *v* (1) prune.

élan [elã] *m* spring ; *avec/sans* ~, running/standing (saut) ; *prendre son* ~, take a run-up.

élancer [-se] *v* (1) MED. [douleur] shoot ‖ *s'~*, rush (*sur*, at).

élargir [elarʒir] *v* (2) widen ‖ let out (robe).

élastique [-stik] *a* elastic, springy, resilient ● *m* elastic, rubber band (bracelet).

élection [elɛksjɔ̃] *f* election ; polling ; ~ *partielle*, by-election ; ~*s générales*, general elections.

électricien, ne [elɛktrisjɛ̃] *n* electrician.

électricité [-isite] *f* electricity, power ; *à l'*~, electrically.

électrique [-trik] *a* electric(al).

électrocuter [-kyte] *v* (1) electrocute.

électroménager *a* : *appareil* ~, domestic appliance.

électronique [-ɔnik] *a* electronic ● *f* electronics.

électrophone [-trɔfɔn] *m* record-player.

élégance [elegãs] *f* elegance.

élégant, e *a* elegant ‖ stylish, smart (vêtements).

élément [-mã] *m* element ; constituent ‖ TECHN. unit.

éléphant, e [-fã] *n* elephant.

élevage [elvaʒ] *m* breeding, rearing ; *faire l'*~ *de*, breed.

élève [elɛv] *n* pupil ; schoolboy/girl ; *ancien* ~, old boy.

élevé, e [elve] *a* high ‖ COMM. stiff (prix).

élever 1 *v* (5) [porter plus haut] raise ‖ *s'~*, rise ‖ [édifice] stand (*sur*, on) ‖ [facture] come to.

élever 2 *v* (5) (éduquer) bring up (enfants) ; breed, raise, rear (animaux) ‖ *bien/mal élevé(e)*, well-/ill-bred.

élimé, e [elime] *a* threadbare.

éliminatoire [-inatwar] *a* eliminatory (examen) ; disqualifying (note) ● *f* SP. cup-tie.

éliminer *v* (1) eliminate ‖ exclude (candidat).

élire [elir] *v* (60) elect ‖ POL. elect, return (député).

elle [ɛl] *pr* [sujet féminin] she ‖ [sujet neutre] it ‖ *Pl* they ‖ [obj. dir./indir.] her, it ; then: *c'est* ~, it's her (fam.) ; *à* ~, of hers, of her own ; *Pl* : *à* ~*s*, of theirs ‖ ~-*même*, herself (*f*) ; itself (neutre).

élocution [elɔkysjɔ̃] *f* delivery.

éloge [-ʒ] *m* praise ; *faire l'*~ *de*, praise ; *digne d'*~, praiseworthy.

éloigné, e [elwaɲe] *a* remote, distant, far-away.

éloigner *v* (1) take away ; move away (qqch) ‖ *s'~*, move off.

éloquent, e [elɔkã] *a* eloquent.

émail [emaj] (*Pl* **émaux** [-o]) *m* enamel.

emballage [ãbalaʒ] *m*

packing (action) ‖ [carton]
package.

emballer *v* (1) pack, wrap
(up).

embarcadère [-rkadεr] *m*
wharf, pier.

embarcation *f* boat, craft.

embardée [-rde] *f* : AUT.
faire une ~, swerve.

embarquement [-rkǝmã] *m*
NAUT. embarkation, embark-
ing ‖ AV. emplaning.

embarquer *v* (1) take on
board ; embark (passagers) ‖
s'~, embark, board, go aboard.

embarras [-ra] *m* encum-
brance ‖ trouble (dérangement)
‖ difficulty, predicament ; *être
dans l'*~, be at a loss/in a fix
‖ confusion, embarrassment ‖
Pl : *faire des* ~, (make) a fuss.

embarrassant, e [-rasã] *a*
cumbersome (encombrant) ‖
awkward (question).

embarrasser *v* (1) encumber
(encombrer) ; hinder (gêner) ‖
FIG. embarrass, nonplus, disconcert ‖ *s'*~, burden o.s. (de,
with) ; FIG. bother o.s.

embauche [ãboʃ] *f* vacancies
(emplois disponibles).

embaucher *v* (1) engage, take
on ‖ (*s'*) ~, sign on.

embellir [ãbεlir] *v* (2) beautify, embellish ‖ improve in
looks.

embêter [ãbεte] *v* (1) bore,
bother (importuner) ‖ worry
(tourmenter).

embobiner [ãbɔbine] *v* (1)
reel in, wind.

embouchure [ãbuʃyr] *f* ‖
MUS. mouthpiece ‖ GÉOGR.
mouth.

embouteillage [-tεjaʒ] *m*
AUT. traffic jam.

emboutir [-tir] *v* (2) TECHN.
stamp, press ‖ AUT., FAM.
crash into.

embrasser [ãbrase] *v* (1)
kiss (donner des baisers) ; hug,
embrace (enlacer) ‖ *s'*~, kiss
(each other).

embrayage [-εjaʒ] *m* AUT.
clutch.

embrayer *v* (9*b*) throw into
gear ‖ AUT. let in the clutch.

embrouiller [-uje] *v* (1) tan-
gle ‖ FIG. muddle ; *s'*~,
become confused, get mixed up.

embruns [-œ̃] *m pl* spray.

embuer [ãbɥe] *v* (1) : (*s'*)~,
fog, mist over, cloud up.

éméché, e [emeʃe] *a* tipsy.

émeraude [εmrod] *f* emerald.

émeri [-i] *m* emery ; *toile* ~,
emery-cloth.

émerveiller [εmεrvεje] *v* (1)
fill with wonder ‖ *s'*~, marvel
(de, at).

émetteur [emεtœr] *m* RAD.
transmitter.

émettre [-εtr] *v* (64) give forth
(son) ; emit (chaleur, lumière) ‖
RAD. transmit.

émietter [emjεte] *v* (1)
crumble.

émigrant, e [emigrã] *n* emigrant.

émigration *f* emigration.

émigré, e [emigre] *n* emigrant.

émigrer *v* (1) emigrate.

émission [-sjɔ̃] f RAD. transmission, broadcast (programme) ∼ différée/en direct, recorded/live programme ; ∼ télévisée, telecast.

emmagasiner [ɑ̃magazine] v (1) store.

emmêler [ɑ̃mɛle] v (1) [en]tangle ‖ **s'∼**, get entangled.

emménager [-enaʒe] v (7) move in.

emmener [-ne] v (5) take (qqn) [à, to].

emmitoufler [-itufle] v (13) muffle (up).

émotif, ive [emotif] a emotional (personne) ; emotive (trouble).

émotion f emotion, excitement (émoi) ; shock (choc).

émoussé, e [emuse] a blunt (lame).

émousser v (1) blunt ‖ FIG. take the edge off (appétit).

émouvant, e [-vɑ̃] a moving, stirring.

émouvoir v (67) move, affect (toucher) ‖ upset, disturb (bouleverser).

empaqueter [ɑ̃pakte] v (8a) pack up, do up.

emparer (s') [ɑ̃pare] v (1) : s'∼ de, lay hands on, seize.

empêcher [ɑ̃peʃe] v (1) prevent, stop (de, from) ; ∼ qqn de faire qqch, keep sb from doing sth ‖ **s'∼ de**, stop o.s. from ; je ne puis m'∼ de me demander, I can't help wondering.

empereur [ɑ̃prœr] m emperor.

empeser [ɑ̃pəze] v (1) starch.

empiler [ɑ̃pile] v (1) stack, pile (up) ‖ ARG. se faire ∼, be had.

empire [-r] m empire (État).

empirer v (1) worsen, get worse, deteriorate.

emplacement [ɑ̃plasmɑ̃] m site, location.

emplir v (2) fill (up).

emploi [-wa] m use ; mode d'∼, directions for use ‖ ∼ du temps, time-table (tableau) ‖ employment, job ; demande/offre d'∼, situation wanted/vacant ; se présenter à un ∼, apply for a job ; sans ∼, jobless.

employé, e [-waje] n employee ; ∼ de bureau, clerk.

employer v (9a) use, make use of (utiliser).

employeur, euse n employer.

empocher [ɑ̃pɔʃe] v (1) pocket.

empoisonnement [ɑ̃pwazɔnmɑ̃] m poisoning.

empoisonner v (1) : **(s')** ∼, poison (o.s.).

emporter v (1) take (away) ; plats cuisinés à ∼, take-away meals ‖ l'∼ sur, prevail over ‖ **s'∼**, lose one's temper.

empreinte [ɑ̃prɛ̃t] f imprint ‖ track (trace) ; ∼s digitales, fingerprints.

empressé, e [-ese] a attentive.

empresser (s') v (1) hasten (de, to).

emprunt [-œ̃] m borrowing ‖ FIN. loan.

emprunter [-œ̃te] v (1) borrow (à, from).

emprunteur, euse n borrower.

ému, e [emy] a moved (par, by).

en [ã] p [lieu, sans mouvement] in, at; ~ mer, at sea; ~ train, on the train; [lieu, avec mouvement] (in)to; aller ~ Angleterre, go to England ‖ [temps] in; ~ juin, in June ‖ [manière d'être] in; ~ habit, in evening-dress; ~ désordre, in disorder ‖ [état, matière] of; mur ~ pierre, wall of stone, stone wall; ~ or, gold(en) ‖ [transformation] (in)to; traduire ~ français, translate into French ‖ [moyen] by; ~ bateau, by boat; aller ~ avion/voiture, fly/drive ‖ ~ + part. prés. : [manière] sortir ~ courant, run out ‖ [moyen] ; ~ travaillant, by working ‖ [temps] when, while, on (+ -ing); ~ entrant, on entering; as; ~ venant ici, as I was coming here ▪ pr [= de cela] about/of/with, it/him/her; j'~ ai besoin, I need it ‖ [sens partitif] some; il n'~ a pas, he hasn't got any; none; prenez-~, take some; il n'~ a pas, he hasn't got any ▪ av : [lieu] elle ~ vient, she has just come from there.

encadrer v (1) frame.

encaisser [ãkɛse] v (1) FIN. cash (chèque); collect (argent).

encastrer [ãkastre] v (1) embed ‖ s'~, fit (dans, into).

encaustique f [ãkostik] polish.

encaustiquer v (1) polish, wax.

enceinte 1 [ãsɛ̃t] af MED. pregnant; in the family way (coll.); être ~, be expecting; ~ de trois mois, three months gone (coll.).

enceinte 2 f RAD. loud speaker.

enchanté, e a delighted (de, with).

enchère f bid(ding); faire une ~, bid; vente aux ~s, (sale by) auction; mettre qqch aux ~s, put sth up for auction.

encolure [ãkɔlyr] f collar size.

encombrant, e [ãkɔ̃brã] a cumbersome.

encombre (sans) [sãzãkɔ̃br] loc av without mishap.

encombrement [-əmã] m congestion; ~ de voitures, traffic block.

encombrer v (1) clutter, encumber (pièce); ~ de papiers, litter with papers; obstruct, congest (rue); block (up) [passage] ‖ TEL. block (ligne).

encorder [ãkɔrde] v (1) rope (up).

encore [ãkɔr] av [toujours] still; il est ~ là, he is still

there ‖ [jusqu'à présent] *pas
~*, not yet ; *jamais ~*, never
before ‖ [de nouveau] again ;
~ une fois, (once) again, once
more, over again ‖ [davantage]
more ; some more ; another ; *~
une semaine*, one week more
‖ [en outre] furthermore ; *non
seulement..., mais ~*, not
only..., but also ; *quoi ~ ?*,
what else ? ‖ [+ comp.] more,
still, yet ; *~ plus riche*, yet
richer ; *~ mieux*, even better.

encouragement [ãkuraʒmã]
m encouragement, inducement.

encourager *v* (7) encourage.

encre [ãkr] *f* ink ; *~ de
Chine*, Indian ink ; *écrire à
l'~*, write in ink.

endommager [ãdɔmaʒe] *v*
(7) damage.

endormi, e [ãdɔrmi] *a* asleep,
sleeping, sleepy.

endormir *v* (41) put to sleep ;
lull to sleep (en berçant) ‖
MED. anaesthetize ‖ *s'~*, go to
sleep, fall asleep.

endosser [ãdose] *v* (1) put on
(habit) ‖ FIN. endorse (chèque).

endroit 1 *m* place, spot (lieu)
‖ FAM. *aller au petit ~*, spend
a penny.

endroit 2 *m* right side ; *à l'~*,
right side out.

endurer *v* (1) endure, bear.

énergie [enɛrʒi] *f* energy ;
power ; *~ nucléaire*, nuclear
energy.

énergique *a* energetic (caractère) ; emphatic (refus).

énervant, e [enɛrvã] *a* irritating.

énervé, e *a* irritated, annoyed
(agacé) ; excited (agité).

énerver *v* (1) irritate ; *cela
m'~e*, it gets on my nerves ‖
s'~, get excited.

enfance [ãfãs] *f* childhood ;
boyhood, girlhood ; *première
~*, infancy.

enfant *n* child ; boy, little
girl ; *sans ~s*, childless ‖
REL. *~ de chœur*, altar boy.

enfantillage [-tija3] *m* child-
ishness.

enfantin, e [-tɛ̃, in] *a* childish (puéril).

enfer [ãfɛr] *m* hell.

enfermer [-me] *v* (1) shut
in/up ; lock in/up (à clef).

enfiler [ãfile] *v* (1) thread
(aiguille) ; string (perles) ; put
on (vêtement) ; slip on (robe).

enfin [ãfɛ̃] *av* at last, finally ‖
lastly (en dernier).

enflammer [ãflame] *v* (1) set
on fire.

enflé, e [ãfle] *a* swollen.

enfler *v* (1) swell (up).

enflure *f* swell(ing).

enfoncer [ãfɔ̃se] *v* (6) push
in ; drive in (clou), sink (pieu) ;
knock in (en cognant) ; break
open (porte) ; *s'~*, penetrate
(*dans*, into) ; *s'~ dans* (eau,
water).

enfouir [ãfwir] *v* (2) bury.

enfuir (s') [sãfɥir], *v* (56) flee,
run away, fly away, escape
(*de*, from).

engageant, e [ãgaʒã] a inviting (temps).

engager v (7) hire (domestique) ‖ ~ *la conversation avec qqn,* engage sb in conversation ‖ MIL. enlist (hommes) ‖ **s'~,** bind/commit o.s., promise (à, to) ‖ MIL. join the army, enlist.

engelure [ãʒlyr] f chilblain.

englober [ãglɔbe] v (1) include.

engourdi, e [ãgurdi] a benumbed, numb (par le froid, with cold).

engourdir v (2) (be)numb (par, with).

engraisser [ãgrɛse] v (1) grow fat, put on flesh.

énigme [enigm] f riddle, enigma ; puzzle.

enivrant, e [ãnivrã] a intoxicating.

enivrer v (1) intoxicate ‖ **s'~,** get drunk.

enjambée [ãʒãbe] f stride.

enjamber v (1) stride over.

enjeu m stake.

enlaidir [ãlɛdir] v (2) make ugly ‖ become ugly.

enlèvement [ãlɛvmã] m [personne] kidnapping ‖ [ordures] disposal.

enlever [ãlve] v (5) remove ; take/pull off (vêtement) ‖ kidnap (personne).

enneigé, e [ãnɛʒe] a snow-covered, snowed up.

ennemi, e [ɛnmi] n enemy • a hostile.

ennui [ãnɥi] m boredom ‖ Pl trouble(s), worries ; *avoir des* ~s, come to grief ; *s'attirer des* ~s, get into trouble ‖ FIG. *l'*~ *c'est que,* the trouble is that.

ennuyer [-je] v (9a) bore ; bother, worry ‖ [interr. nég.] *cela vous —uie-t-il si je...?,* do you mind if I...? ‖ **s'~,** be bored ‖ *s'~ de qqn,* miss sb.

ennuyeux, euse a boring, annoying ; dull, stuffy (livre, etc.).

énoncer [enɔ̃se] v (6) state (condition) ; word, express (idée).

énorme [enɔrm] a huge, enormous ‖ FIG. tremendous.

énormément av enormously, tremendously, vastly.

enquête [ãkɛt] f inquiry, investigation, survey ; *faire une* ~ *sur,* investigate, inquire into.

enquêter v (1) inquire, investigate.

enquêteur, euse n investigator.

enregistrement [ãrəʒistrəmã] m recording ‖ [bagages] registration, US checking ‖ [bande, disque] recording.

enregistrer v (1) record ; register, US check (bagages) ‖ record (bande, disque) ; ~ *au magnétophone,* take on tape.

enrhumé, e [-yme] a : *être* ~, have a cold.

enrhumer (s') v (1) catch a cold.

enrichir [-iʃir] v (2) enrich, make rich ‖ **s'~,** grow rich.

enrouler v (1) : **(s')~,** roll up.

reel in ; twist ‖ CIN. wind (*sur*, on to).

enseignant, e [ãsɛɲã] *a* teaching • *n* teacher.

enseigne *f* sign ; ~ *lumineuse/au néon*, electric/neon sign.

enseignement *m* teaching ‖ education.

enseigner *v* (1) teach ; ~ *qqch à qqn*, teach sb sth ; instruct.

ensemble [ãsãbl] *av* together ; *tous* ~, all together ‖ *être bien* ~, be on good terms ; *aller bien* ~, get on well together ‖ at the same time, at once (en même temps) • *m* whole (totalité) ; *dans l'*~, on the whole ‖ MATH. set.

ensoleillé, e [ãsɔlɛje] *a* sunny.

ensuite *av* next ‖ then (puis).

entame [ãtam] *f* first slice.

entamer *v* (1) start, cut the first slice of (rôti).

entasser *v* (1) heap/pile up (amonceler) ‖ pack, cram, crowd (tasser) ‖ *s'*~, [personnes] crowd.

entendre *v* (4) hear ‖ ~ *dire que*, hear that ; ~ *parler de*, hear about/of ; ~ *par hasard*, overhear ‖ ~ *mal*, be hard of hearing ‖ *s'*~, [bruit] be heard ‖ FIG. understand each other, get on (*avec*, with) [s'accorder] ; agree (se mettre d'accord) [*about*, sur].

entendu, e *a* agreed ; granted ; *c'est* ~!, all right! ‖ *bien* ~, of course.

entente *f* understanding, agreement (accord).

enterrement [ãtɛrmã] *m* burial.

enterrer *v* (1) bury.

entêté, e [ãtete] *a* a stubborn, pig-headed, mulish.

entêter (s') *v* (1) persist (*à faire qqch*, in doing sth).

enthousiasme [ãtuzjasm] *m* enthusiasm, gusto.

enthousiaste [-t] *a* enthusiastic, keen.

entier, ère [ãtje] *a* entire, whole ; *tout* ~, totally ; *pendant deux journées* ~es, for two clear days • *m* whole ; *en* ~, entirely, wholly.

entièrement *a* entirely, wholly.

entonner [ãtɔne] *v* (1) : ~ *une chanson*, break into song.

entonnoir *m* funnel.

entorse [ãtɔrs] *f* sprain ; *se faire une* ~, sprain/twist one's ankle.

entourage [ãturaʒ] *m* environment, surroundings (milieu).

entourer *v* (1) surround (*de*, with).

entracte [ãtrakt] *m* interval.

entraider (s') [sãtrɛde] *v* (1) aid/help one another.

entrain *m* liveliness, spirit, go ; *plein d'*~, lively, buoyant, full of go/pep.

entraînement [ãtrɛnmã] *m* SP. training.

entraîner v (1) carry along ‖ SP. train, coach ‖ FIG. *se laisser ~ dans*, get involved in ‖ SP. *s'~*, train (o.s.).

entraîneur m SP. coach, trainer.

entre [ɑ̃tr] p between (au milieu) ‖ *l'un d'~ eux*, one of them ; *~ autres*, among other things ‖ FIG. *~ nous*, between ourselves.

entrebâillé, e [-əbaje] a ajar, off the latch (porte).

entrebâiller v (1) half-open.

entrebâilleur m catch.

entrecôte [-akot] f rib-steak.

entrée f entrance, entry ‖ [autorisation] admission ; *interdite*, no admittance ; *~ gratuite*, free-admission ‖ [lieu] entrance-hall ; *~ de service*, tradesmen's entrance ‖ [écriteau] "way in".

entremets [-əmɛ] m sweet.

entreposer [-əpoze] v (1) store.

entreprenant, e [-əprənɑ̃] a enterprising ; pushing, forward (osé).

entreprendre v (80) undertake ‖ set about, start (commencer).

entrepreneur m contractor.

entreprise f undertaking ‖ COMM. concern, firm.

entrer v (1) enter ; go/get in, come in (*~ en passant*, drop in, look in (chez, at/on) ‖ *~ sans autorisation*, trespass ‖ *faire ~*, show in (qqn, sb).

entretenir [-ətnir] v (101)

keep (up) [maison] ‖ keep, support, maintain (famille) ‖ keep in repair, maintain (chose) ; look after (jardin) ‖ AUT. service ‖ FIG. *~ la conversation*, carry on a conversation ‖ *s'~*, converse, have a talk (avec, with).

entretien [-tjɛ̃] m [jardin, maison] upkeep ‖ [maison, etc., famille] maintenance ‖ AUT. servicing ‖ FIG. conversation, talk ; interview.

entrevoir v (106) catch a glimpse of.

entrevue f interview ; meeting.

entrouvert, e a half-open, ajar (porte).

énumérer [enymere] v (5) enumerate.

envahir [ɑ̃vair] v (2) invade (pays).

enveloppe [-ɔp] f envelope.

envelopper v (1) wrap (up).

envenimer [ɑ̃vnime] v (1) : *s'~*, fester, become inflamed.

envers 1 [-ɛr] p FIG. toward(s), to.

envers 2 m [tissu, vêtement] wrong side ; *à l'~*, inside out (du mauvais côté) ; wrong side up (retourné) ; upside down (sens dessus dessous) ; back to front (devant derrière).

envie [-i] f envy (jalousie) ‖ *faire ~ à qqn*, make sb envious ‖ [désir] *avoir ~ de*, feel like (boire/se baigner, drinking/a swim) ; *avoir bien ~ de*, have a good mind to.

envier v (1) envy ‖ covet (convoiter).

envieux, euse a envious.

environ [-irɔ̃] av about, around.

environs mpl surroundings, neighbourhood; aux ∼ de, round about.

envisager [-izaʒe] v (7) contemplate, intend.

envoi [-wa] m sending (off) ‖ SP. coup d'∼, kick-off.

envol m flight ‖ AV. take-off.

envoler (s') v (1) fly ‖ AV. take-off.

envoûter [-ute] v (1) bewitch.

envoyer [-waje] v (46) send; ∼ chercher qqn, send for sb.

épais, se [epɛ, s] a thick ‖ bushy (barbe); dense (brouillard, forêt) ● av thick(ly).

épaisseur f thickness; deux pouces d'∼, two inches thick.

épaissir v (2) thicken.

épanoui, e [epanwi] a in full bloom ‖ FIG. beaming (visage).

épanouir v (2): s'∼, bloom, open out.

épargne [eparɲ] f thrift, savings; caisse d'∼, savings-bank.

épargner v (1) save (up), spare.

éparpiller [-pije] v (1) scatter, throw about.

épatant, e [epatɑ̃] a FAM. splendid.

épate f : FAM. faire de l'∼, show off.

épater v (1) swank, impress.

épaule [epol] f shoulder.

épave [epav] f NAUT., FIG. wreck.

épée [epe] f sword.

épeler [eple] v (8 a) spell (out).

épice [epis] f spice.

épicé, e a hot.

épicer v (6) spice.

épicerie [-ri] f grocer's shop.

épicier, ère n grocer.

épidémie [-demi] f epidemic.

épier [epje] v (1) spy upon.

épilatoire [epilatwar] a depilatory.

épiler v (1) remove the hairs from; pluck (sourcils).

épinard(s) [epinar] m(pl) spinach.

épine [-n] f thorn.

épingle [epɛ̃gl] f pin; ∼ à cheveux, hairpin; ∼ de nourrice, safety-pin ‖ AUT. virage en ∼ à cheveux, hairpin bend.

épingler v (1) pin up.

épithète [epitɛt] f epithet, attributive adjective.

éplucher [eplyʃe] v (1) peel (fruit, légumes); clean (salade).

épluchures fpl peelings.

éponge [epɔ̃ʒ] f sponge.

éponger v (7) mop up.

époque [epɔk] f period, time.

épouse [epuz] f wife.

épouser v (1) marry.

épousseter [-ste] v (8 a) dust.

épouvantable [-vɑ̃tabl] a dreadful.

épouvantail [-vɑ̃taj] m scarecrow.

épouvante f dread, terror.

épouvanter v (1). scare, appal, terrify.

époux [epu] m husband ‖ les (deux) ∼, the (married) couple.

épreuve [eprœv] f test, proof, trial; mettre à l'∼, put to the test, try out ‖ Phot. print ‖ Sp. trial, contest, event.

éprouver [epruve] v (1) test (qqch) ‖ feel, experience (ressentir).

éprouvette f test tube.

épuisant, e [epɥizɑ̃, t] a exhausting.

épuisé, e a exhausted, worn out ‖ Comm. sold out, out of print (livre); out of stock (article).

épuiser v (1) exhaust, wear/tire out (personne) ‖ s'∼, tire/wear o.s. out; [réserves] run out.

épuisette f landing-net.

équateur [ekwatœr] m equator.

équerre [ekɛr] f square.

équilibre [ekilibr] m balance; garder/perdre son ∼, keep/lose one's balance.

équilibrer v (1) balance.

équilibriste n tightrope dancer.

équipage [-paʒ] m crew.

équipe f gang, team (d'ouvriers); ∼ de secours, rescue party ‖ Sp. team; [aviron] crew.

équipement m equipment, outfit.

équiper v (1) equip, fit out (de, with).

équipier, ère n team member, crewmember.

équitation [-tasjɔ̃] f riding.

équivalent, e [-valɑ̃] a equivalent, equal (à, to) • m equivalent.

érable [erabl] m maple(-tree).

érafler [-fle] v (1) graze, scratch.

éraflure f graze, scratch.

éreinté, e [erɛ̃te] a worn-out, dead-tired.

érotique [-tɔsjk] a erotic, sexy.

errer [ɛre] v (1) wander.

erreur f error (de, of/in); mistake (de d'adresse, misdirection; ∼ de calcul, miscalculation; faire/commettre une ∼, make a mistake; par ∼, by mistake ‖ Tél. ∼ de numéro!, wrong number!

érudit, e [erudi] n scholar.

escabeau [ɛskabo] m stepladder.

escalade [-lad] f climbing.

escalader v (1) climb.

escale f Naut. (port of) call ‖ Av. stop-over; faire ∼, call at, put in at; Av. stop over at ‖ Av. vol sans ∼, nonstop flight.

escalier m stairs (marches); staircase (cage); ∼ de secours, fire-escape.

escalope [-lɔp] f escalope.

escamoter [-mɔte] v (1) conjure away.

escargot [-rgo] m snail.

escarpé, e [-rpe] a steep.

esclavage [ɛsklavaʒ] *m* slavery, bondage.

esclave *n* slave.

escorter [ɛskɔrte] *v* (1) escort.

escrime [ɛskrim] *f* fencing; *faire de l'~,* fence.

escroc [ɛskro] *m* swindler, twister.

escroquer [-ɔke] *v* (1) swindle, cheat.

escroquerie [-ɔkri] *f* swindling, swindle.

espace [ɛspas] *m* space ‖ elbow room (place suffisante).

espacement *m* spacing; [machine à écrire] barre d'~, space-bar.

espacer *v* (6) [lieu] space (out) ‖ [temps] make less frequent.

espadrille [-adrij] *f* plimsoll, US sneaker.

Espagne [-aɲ] *f* Spain.

Espagnol, e [-ɔl] *n* Spaniard.

espagnol, e *a* Spanish ● *m* [langue] Spanish.

espèce [-ɛs] *f* kind, sort (sorte) ; *une ~ de,* a sort of ‖ ZOOL. species.

espèces */pl* FIN. cash; *en ~s,* in cash.

espérance [-erãs] *f* hope (espoir) ‖ expectation (attente) ; *~ de vie,* expectation of life.

espérer *v* (5) hope for (qqch) ; *~ faire,* hope to do ; *je l'~e,* I hope so ; *j'~e que non,* I hope not.

espiègle [-jɛgl] *a* mischievous (enfant).

espion, ne [-jɔ̃, ɔn] *n* spy.

espionner *v* (1) spy.

espoir *m* hope ; *plein d'~,* hopeful ; *sans ~,* hopeless.

esprit [-ri] *m* mind (intellect) ‖ *présence d'~,* presence of mind ‖ *il m'est venu à l'~ que,* it occurred to me that ; *~ d'équipe,* team spirit ‖ wit (vivacité d'esprit) ; *trait d'~,* flash of wit ; *avoir de l'~,* be witty ‖ spirit (fantôme).

esquisse [ɛskis] *f* sketch.

esquisser *v* (1) sketch, outline.

esquiver [-ve] *v* (1) dodge ‖ *s'~,* sneak away.

essai [ɛsɛ] *m* trial, test (épreuve) ; *à l'~,* on trial ; *faire l'~ de qqch,* try sth out ‖ try (tentative) ; *coup d'~,* first try ‖ SP. [rugby] try.

essaim [ɛsɛ̃] *m* swarm.

essayage [ɛsɛjaʒ] *m* [couture] fitting.

essayer *v* (9 b) try, test (objet) ‖ try on (vêtement).

essence [ɛsãs] *f* petrol, US gasoline ; gas (coll.) ; *(~) ordinaire,* two-star (petrol) ; *poste d'~,* filling/petrol station ‖ CH. essential oil.

essentiel, le [-sjɛl] *a* essential ● *m* : *l'~,* the main point.

essentiellement *av* essentially.

essieu [ɛsjø] *m* axle(-tree).

essorer [ɛsɔre] *v* (1) wring out ; spin-dry.

essoreuse *f* wringer ; *~ centrifuge,* spin-drier.

essoufflé, e [ɛsufle] *a* breathless, out of breath.

essouffler v (1) wind, make breathless.

essuie-glace [ɛsɥi-] m wind-screen wiper.

essuie-mains m inv hand-towel.

essuyer [-je] v (9a) dust (objet poussiéreux) ; wipe dry (objet humide).

est 1 [ɛst] m east ; à l'~, in the east ; à l'~ de, east of ; de l'~, eastern ; vent d'~, easterly wind ; vers l'~, easterly wind.

est 2 [ɛ], **est-ce que** [ɛskə] → ÊTRE.

estampe [ɛstɑ̃p] f ARTS print.

estamper v (1) cheat, swindle ; se faire ~, be had (coll.).

esthéticienne [-etisjɛn] f beautician.

esthétique a aesthetic ● f aesthetics.

estime [-im] f esteem, respect, regard ‖ tenir qqn en ~, think highly of sb.

estimer v (1) value, appraise (évaluer) ‖ appreciate, prize (apprécier) ‖ esteem, value highly (faire cas de).

estival, e, aux [-ival, o] a summer.

estivant, e n holiday-maker.

estomac [-ɔma] m stomach ; avoir l'~ creux, feel empty ; avoir mal à l'~, have stomach-ache.

estomper [-ɔ̃pe] v (1) FIG. blur (contours).

estrade [-rad] f platform.

estropier [-rɔpje] v (1) cripple, disable.

estuaire [-ɥɛr] m estuary.

et [e] c and.

étable [etabl] f cow-shed.

établi [-i] m TECHN. bench.

établir v (2) establish, set up ‖ make up (liste) ; make out (document) ‖ FIN. ~ un chèque de £15, make out a cheque for £15 ‖ s'~, settle (dans un lieu) ; settle down (se fixer) ‖ COMM. set up in business.

établissement m setting up (acte) ‖ firm (commercial).

étage [etaʒ] m storey, floor ; un immeuble à six ~s, a six-storied building ; au deuxième ~, on the second/US first floor ; à l'~ (supérieur), upstairs.

étagère [-ɛr] f shelf, shelves.

étai [etɛ] m prop.

étain [etɛ̃] m [métal] tin ‖ [vaisselle] pewter.

étais, était [etɛ] → ÊTRE.

étal [etal] m stall.

étalage m COMM. display, show ; shop-window (vitrine) ; faire l'~, dress the window ; art de l'~, window-dressing.

étalagiste n window-dresser.

étale a slack (mer).

étalement m staggering (des congés).

étaler v (1) spread (étendre) ; display, lay out (déployer) ‖ stagger (congés) ‖ s'~, spread ; [personne] lounge, sprawl ‖ [période] spread (sur, over).

étanche [etɑ̃ʃ] a watertight.

étang [etɑ̃] m pond.

étant [etɑ̃] → ÊTRE.

ÉTAPE

102

étape [etap] *f* stage (trajet) ‖ stopping-place (lieu).

état 1 [eta] *m* state, condition; **en bon/mauvais ~,** in good/bad condition; *à l' ~ de neuf,* as good as new ‖ *dans un triste ~,* in a sad plight ‖ *Pl* : FAM. *être dans tous ses ~,* be all worked up ‖ TECHN. *en ~ de marche,* in working order.

État 2 *m* state (gouvernement, nation).

état-major [-maʒɔr] *m* staff.

États-Unis [-zyni] *mpl* United States.

étau [eto] *m* vice.

étayer [eteje] *v* (9b) prop up.

été 1 [ete] → ÊTRE.

été 2 *m* summer; **en ~,** in summer ‖ **~ de la Saint-Martin,** Indian summer.

éteindre [etɛ̃dr] *v* (59) extinguish, put out (feu, lumière); blow out (bougie); switch off (électricité); turn out/off (gaz) ‖ **s'~,** [feu] go out.

étendre *v* (4) spread (out); lay (nappe); hang out (linge); dilute; **~ d'eau,** water down ‖ **s'~,** [personne] lie down (sur un lit); stretch out (par terre).

étendu, e *a* extensive (vaste); wide (plaine).

étendue *f* (terrain) expanse, stretch.

éternel, le [etɛrnɛl] *a* eternal, everlasting, endless.

éternellement *av* eternally, endlessly.

éternité *f* eternity.

éternuer [-nɥe] *v* (1) sneeze.

êtes [ɛt] → ÊTRE.

étincelant, e [etɛ̃slɑ̃] *a* sparkling, glittering.

étinceler *v* (5) sparkle, glitter.

étincelle *f* spark.

étiqueter [etikte] *v* (8b) label.

étiquette *f* label, tag; [prix] ticket.

étirer *v* (1) stretch ‖ **s'~,** stretch (out).

étoffe [etɔf] *f* material, fabric.

étoile *f* star; **~ filante,** shooting star; **~ polaire,** pole star ‖ *coucher à la belle ~,** sleep out in the open ‖ CIN. star ‖ FIG. *bonne ~,** lucky star.

étoilé, e *a* starry, starlit ‖ star-spangled (bannière).

étonnant, e [etɔnɑ̃] *a* a surprising, amazing; *(il n'est) pas ~ que,* no wonder that.

étonnement *m* wonder, amazement; *à mon grand ~,* much to my surprise.

étonner *v* (1) surprise, amaze, astonish ‖ **s'~,** wonder (que, that); marvel (de qqch, at sth).

étouffant, e [etufɑ̃] *a* a sultry, stifling, sweltering (chaleur).

étouffer *v* (1) choke ‖ muffle (bruit).

étourderie [eturdəri] *f* absent-mindedness, carelessness (inattention); oversight (acte).

étourdi, e *a* scatter-brained (distrait) ‖ giddy, dizzy (pris de vertige) • *n* scatter-brain.

étourdir *v* (2) make giddy ‖ [choc] daze, stun.

étourdissant, e a stunning
(coup) ; deafening (bruit).

étourdissement m (fit of)
giddiness.

étrange [etrɑ̃ʒ] a strange,
odd, queer.

étrangement av strangely.

étranger, ère [-ʒe, ɛr] a
strange (lieu, usage) ; foreign
(nation, personne) ● n [per-
sonne] foreigner (d'une autre
nationalité) ; stranger (à un
lieu, un groupe) ● m [pays]
foreign country ; **à l'~,**
abroad ; *aller à l'~,* go abroad.

étrangler [-gle] v (1) strangle,
throttle ‖ **s'~,** choke.

être [ɛtr] v (48) [exister] be ; ‖
[position] stand (debout) ; lie
(couché) ‖ [date] *nous sommes
le 10,* today is the 10th ‖ [+
attribut] ~ *malade,* be ill ; *il
est docteur,* he is a doctor ‖
FAM. [= aller] *où avez-vous
été ?,* where have you been ? ;
j'y ai été, I have been there
‖ ~ **à,** [= appartenir] belong
to ; *c'est à moi/vous,* it's
mine/yours ; *à qui est ce
livre ?,* whose book is this ? ; [+
(pro)nom + verbe] *c'est-à vous
de jouer,* [cartes] it's your lead,
[échecs] it's your move ‖ [+ adj
numéral] *c'est à 10 miles d'ici,*
it is 10 miles from here ‖
c'est, it is ; *c'est moi/lui,* that's
me/him ‖ [impersonnel] *il est,*
there is/are ‖ **en** ~ : *où en
êtes-vous ?,* how far have you
got ? ; *quoi qu'il en soit,* however that may be ‖ **y** ~ : *y* ~

pour qqch, have sth to do with
it ‖ **qu'est-ce que c'est ?,**
what is it ? ● m creature (être
vivant) ; ~ **humain,** human
being.

étrenne [etrɛn] f : *avoir l'~
de,* be the first to (use, etc.) ‖
Pl New Year's gift.

étrenner v (1) use/wear for
the first time.

étroit, e [-wa, t] a narrow ‖
tight (vêtement).

étude [etyd] f study ‖ Pl :
faire ses ~s à, study/be educated at ; *faire ses ~s de médecine,* be studying to be a doctor.

étudiant, e n student ; ~ **en
médecine,** medical student.

étudier v (1) study ‖ MUS.
practise.

étui [etɥi] m case ; ~ **à cigarettes,** cigarette-case.

eu [y] → AVOIR.

euphémisme [øfemism] m
understatement.

Europe [ørɔp] f Europe.

Européen, ne [-ɔpeɛ̃, ɛn] n
European.

européen, ne a European.

eux [ø] pr them ; *ce sont* ~, it
is they/them ; ~**-mêmes,**
themselves ‖ → LUI.

évacuer [evakɥe] v (1) : *faire
~,* clear (salle).

évadé, e [evade] n fugitive.

évader (s') v (1) escape.

évaluer [-lɥe] v (1) value,
appraise ‖ assess (dommages).

évangile [evɑ̃ʒil] m Gospel.

évanoui, e [evanwi] a
unconscious.

évanouir (s') v (2) faint, pass out.

évanouissement m MED. fainting-fit.

évaporer [-pɔre] v (1) : *faire/ s'~*, evaporate.

évasion [-zjɔ̃] f escape.

éveil [evɛj] m awakening.

éveillé, e a awake(n) ; *bien ~*, wide awake ; *rester ~*, stay awake ‖ FIG. alert (vigilant).

événement [evenmɑ̃] m event (à sensation) ; occurrence (fait).

éventail [evɑ̃taj] m fan.

éventaire m stall.

éventé, e a stale (nourriture) ; flat (boisson).

éventer [-te] v (1) [boisson] go flat ; [nourriture] go stale.

éventuellement [-tɥɛlmɑ̃] av possibly ; if necessary.

évêque [evɛk] m bishop.

évidemment [evidamɑ̃] av evidently, obviously, of course.

évident, e a obvious, evident.

évier [evje] m sink.

éviter [evite] v (1) avoid ‖ shirk (corvée, responsabilité) ; dodge (coup) ; keep clear of (qqn, qqch) ‖ AUT. by-pass (ville).

évoquer [evɔke] v (1) evoke, call up, call to mind.

exact, e [ɛgza(kt)] a accurate, exact, correct, true (juste) ; *l'heure ~*, the right time.

exactement av exactly.

exagération [-ʒerasjɔ̃] f exaggeration.

exagéré, e a exaggerated.

exagérer v (1) exaggerate ‖ overdo.

examen [-mɛ̃] m examination ; exam (coll.) ; *~ d'entrée*, entrance examination ; *se présenter à un ~*, sit for an examination ; *passer un ~*, take an exam ‖ MED. test ‖ REL. *~ de conscience*, self-examination.

examinateur, trice [-minatœr] n examiner.

examiner v (1) examine ‖ MED. examine (malade) ; *se faire ~*, have o.s. examined.

exaspérant, e [-sperɑ̃] a exasperating.

exaspérer v (5) exasperate.

excédent [ɛksedɑ̃] m excess, surplus ; *en ~*, (left) over ; *~ de poids*, overweight ‖ AV. *de bagages*, excess luggage.

excellent, e [-elɑ̃] a excellent.

excentrique [-ɑ̃trik] a remote, outlying (quartier) ‖ FIG. eccentric ● n PEJ. crank.

excepté [-ɛpte] p except.

excepter v (1) except (de, from).

exception f exception ; *sans ~*, barring none ; *à l'~ de*, except for.

exceptionnel, le [-sjɔnɛl] a exceptional, out-standing.

exceptionnellement av exceptionally.

excessif, ive [-ɛsif] a excessive.

excessivement av excessively.

exciter [-ite] v (1) excite ‖ [sexe] arouse; turn on (sl.).

exclamation [-klamasjɔ̃] f exclamation ‖ GRAMM. point d'~, exclamation mark.

exclamer (s') v (1) exclaim.

exclure [-klyr] v (29) expel, turn out (qqn) ‖ FIG. exclude, rule out.

exclusif, ive a COMM. sole (droit); exclusive (vente).

exclusivement av exclusively.

excursion [-kyrsjɔ̃] f excursion, trip; [à pied] hike; faire une ~, go on an excursion.

excursionner v (1) go hiking (à pied).

excuse [-kyz] f excuse, apology (de, for); faire des ~s à qqn, apologize to sb ‖ plea (prétexte).

excuser v (1) excuse; ~ez-moi, excuse me, I beg your pardon ‖ s'~, apologize (auprès de qqn, to sb; de qqch, for sth); decline an invitation.

exécutant, e [ɛgzekytã] n MUS. performer.

exécuter v (1) execute ‖ carry out (ordre) ‖ fulfil (promesse) ‖ MUS. perform ‖ MÉD. make up, dispense (ordonnance) ‖ JUR. execute (criminel).

exécution f execution ‖ [ordre] carrying out ‖ [travail] performance, achievement ‖ JUR. execution.

exemplaire [-ãplɛr] m copy; en deux/trois ~s, in duplicate/triplicate.

exemple m example, instance; par ~, for example/instance ‖ donner l'~, set an example.

exempter v (1) exempt, free, excuse (de, from).

exercer [-ɛrse] v (6) exercise, train (corps) ‖ carry on (profession) ‖ s'~, practise, train.

exercice [-is] m training, pratice (entraînement) ‖ exercise (scolaire) ‖ SP. exercise; faire de l'~, take some exercise ‖ MIL. drill ‖ MUS. faire des ~s, practise.

exigeant, e [-iʒã] a exacting, demanding, fastidious, hard to please.

exigence f demand ‖ Pl requirements.

exiger v (7) demand (de, of); claim, require (de, from); require sth of sb.

exil [-il] m exile.

exilé, e n exile.

exiler v (1) exile (de, from) ‖ s'~, go into exile.

existence [-istãs] f existence, life.

exister v (1) exist, live ‖ il ~e, there is/are.

exotique [-ɔtik] a exotic.

exotisme m exoticism.

expatrier (s') [ɛkspatrije] v (1) expatriate o.s.

expédier [ɛkspedje] v (1) send, dispatch (lettre); ~ par avion/le train, send by air mail/rail.

expéditeur, trice n sender ‖ [au dos de l'enveloppe] from.

expédition f sending ‖ [lettre] dispatch ; [paquet] consignment.

expérience [ɛksperjɑ̃s] f experience (connaissance) ‖ PHYS., CH. experiment.

expérimenté, e [-imɑ̃te] a experienced.

expérimenter v (1) test, experiment.

expert [-pɛr, t] a expert, skilled (en, in) ● m expert ‖ ~-comptable, chartered accountant.

expirer [-pire] v (1) expire, breathe out.

explication [-plikasjɔ̃] f explanation.

expliquer [-ke] v (1) explain account for.

exploit [ɛksplwa] m feat.

explorateur, trice [-plɔratœr] n explorer.

explorer v (1) explore.

exploser [-ploze] v (1) explode, go off, blow up ; faire ~, explode.

explosif, ive a/m explosive.

explosion f explosion, blowing up ; faire ~, explode, go off, blow up.

exportateur, trice [-pɔrtatœr] n exporter.

exportation f export.

exporter v (1) export.

exposer 1 v (1) display, show (objets) ; exhibit (collections) ‖ expose (aux intempéries) ‖ PHOT. expose ‖ s'~, risk one's life.

exposer 2 v (1) set out (expliquer).

exposition f show, exhibition ‖ PHOT. exposure.

exprès 1 [-prɛ] av deliberately, on purpose ; je ne l'ai pas fait ~, I didn't mean it/to.

exprès 2 [-s] a inv : lettre ~, express letter.

express [-prɛs] m RAIL. fast train.

expression f expression ‖ GRAMM. phrase (locution).

exprimer [-prime] v (1) express ‖ phrase (pensée) ; express (sentiment) ‖ s'~, express o. s.

exquis, e [-ki] a exquisite.

exténué, e [-tenɥe] a exhausted.

exténuer v (1) exhaust, tire out.

extérieur, e [-terjœr] a exterior (côté, mur) ‖ outer (côté) ● m exterior, outside ; à l'~, outside, outward ‖ Pl CIN. location shots.

externat [-tɛrna] m day-school.

externe a external, outer (superficiel) ‖ MED. usage ~, for external use ● n day-boy/-girl (élève).

extincteur [-tɛ̃ktœr] m (fire) extinguisher.

extinction f extinction, extinguishing ‖ ~ de voix, loss of voice.

extra 1 [ɛkstra] a first-rate.

extra 2 m extra (supplément).

extra- préf extra-.

extra-fin, e *a* superfine; sheer (bas).

extraire *v* (11) extract, pull out (*de*, from).

extrait [-ɛ] *m* extract, excerpt (passage) ‖ JUR. ~ *de naissance*, birth certificate ‖ CULIN. extract.

extraordinaire *a* extraordinary, out of the way.

extra-scolaire *a* extra-curricular.

extrême [-ɛm] *a* extreme, utmost ‖ GÉOGR. *E*~*-Orient*, Far East ● *m* extreme.

extrêmement *av* extremely, exceedingly.

extrémité *f* end.

f

f [ɛf] *m*.

fa [fa] *m* MUS. F.

fable [-bl] *f* fable.

fabricant, e [fabrikɑ̃] *f* manufacturer, maker.

fabrication [-kasjɔ̃] *f* manufacture; ~ *en série*, mass production.

fabrique [-k] *f* factory.

fabriquer *v* (1) manufacture, produce, make.

façade [-sad] *f* ARCH. front, façade.

face [-s] *f* face (humaine) ‖ FIG. *faire* ~ *à*, face ‖ *en* ~ *de*, in front of, opposite (to) ‖ *en* ~, across the street ‖ ~ *à*, facing; *hôtel* ~ *à la mer*, hotel facing the sea ‖ ~ *à* ~, face to face (*avec*, with) ‖ → PILE.

fâché, e [fɑʃe] *a* angry, cross (*contre*, with); miffed.

fâcher *v* (1) anger, irritate, vex ‖ *se* ~, [colère] get angry (*contre*, with); [brouille] fall out (*avec*, with).

fâcheux *a* unfavourable.

facile [fasil] *a* easy.

facilement *av* easily.

facilité *f* easiness ‖ COMM. ~*s de paiement*, easy terms.

faciliter *v* (1) facilitate, make easier.

façon [fasɔ̃] *f* way; *de cette* ~, that way ‖ *de toute* ~, anyway; *de* ~ *à*, in such a way as to; *de* ~ *que*, so that ‖ *Pl* manners, ways (comportement) ‖ *sans* ~(*s*), without ceremony/fuss.

facteur, trice [faktœr] *n* postman, -woman.

factice [-tis] *a* artificial; *objet* ~, dummy.

facture [-tyr] *f* invoice.

facultatif, ive [-yltatif] *a* optional ‖ [autobus] *arrêt* ~, request stop.

fade [fad] *a* CULIN. tasteless.

faible [fɛbl] *a* weak, feeble (corps); faint (voix, son); slight (odeur); weak (thé) ● *m* : *avoir un* ~ *pour*, be partial to.

faiblement *av* weakly, feebly, faintly, slightly.

faiblesse *f* weakness, feebleness ‖ [voix] faintness ‖ FIG. weakness, softness.

faiblir *v* (2) weaken, grow weaker ‖ [personne] lose strength ‖ [vue] fail.

faïence [fajᾶs] *f* earthenware ‖ [objets] crockery.

faille [faj] → FALLOIR.

faillir *v* (49) fail (à, in) ‖ *avoir* ~*i* : il a ~*i tomber*, he nearly/almost fell ; *il* ~*it se noyer*, he narrowly escaped drowning.

faillite *f* bankruptcy ; *faire* ~, go bankrupt.

faim [fɛ̃] *f* hunger ; *avoir* ~, be hungry ; *mourir de* ~, die of hunger ; FIG. starve.

fainéant *e* [fɛneᾶ] *n* loafer.

faire [fɛr] *v* (50) [fabriquer] make ; ~ *du café*, make coffee ; ~ *un chèque*, write a cheque ; ~ *le lit*, make the bed ‖ [agir] do ; *bien/mal* ~, do well/wrong ; *comment* ~?, how shall I/we do? ; *pour quoi* ~?, what for? ; ~ *la chambre*, do the bedroom ; ~ *ses chaussures*, clean one's shoes ; ~ *comme chez soi*, make o.s. at home ; ~ *la cuisine*, do the cooking ; ~ *son devoir*, do one's duty ; ~ *une promenade*, go for a walk ; ~ *du sport*, go in for sport ‖ [voyager] ~ *un voyage*, go on/make a journey ‖ [étudier] ~ *du Latin*, take Latin ‖ [distance] ~ *6 km*, do

6 kilometres ‖ [vitesse] ~ *du 100 à l'heure*, do 60 miles an hour ‖ [prix] *combien cela fait-il?* how much does that come to? ‖ [âge] *il ne fait pas 50 ans*, he doesn't look fifty ‖ [contrefaire] ~ *l'idiot*, play the fool ; ~ *le malade*, sham illness ‖ [conseil] *vous feriez mieux de partir*, you'd better go ‖ [effet] ~ *du bien/du mal à*, do good/harm to ; *si ça ne vous fait rien*, if you don't mind ; *ça ne fait rien*, it doesn't matter, I don't mind ‖ [impers.] *il fait froid*, it is cold ; *il fait jour/nuit*, it is daylight/dark ; *il fait bon*, it is nice ; *quel temps fait-il?*, what's the weather like? ‖ [+ infin. actif] make, have, get, let ; ~ *attendre qqn*, keep sb waiting ; *faites-le entrer*, show him in ; ~ ~ *qqch à qqn*, get sb to do sth ‖ [+ infin. passif] ~ *construire une maison*, have a house built ‖ [substitut] *do* ‖ *se* ~ : [devenir] *il se fait tard*, it is getting late ‖ [se produire] *comment se fait-il que...?*, how does it happen that..., how come... (coll.) ‖ [+ obj.] *se* ~ *des amis*, make friends ; *se* ~ *(du) mal*, hurt o.s. ; *se* ~ *les ongles*, do one's nails ; *se* ~ *du souci*, *s'en* ~, worry ; *ne vous en faites pas*, don't worry ; take it easy (coll.) ‖ [+ infin.] *se* ~ *comprendre*, make o.s. understood ; *se* ~ *couper les cheveux*, get one's hair cut ; *se* ~ ~ *un*

costume, have a suit made ; *se* ∼ *photographier*, have one's photo taken.

fait 1, e [fɛ, t] → FAIRE ● *a* done (accompli) ; *bien* ∼, well done ‖ made (fabriqué) ; ∼ *à la maison*, home-made ‖ *bien* ∼, shapely (bien bâti).

fait 2 *m* fact ; *le* ∼ *est que*, the fact is that ‖ occurrence (événement) ; ∼*s divers*, news item ; *prendre qqn sur le* ∼, surprise sb in the very act ‖ *au* ∼, by the way ‖ *du* ∼ *de*, because of, owing to.

faitout, fait-tout *m inv* stew pan.

falaise [falɛz] *f* cliff.

falloir [falwar] *v impers* (51) [nécessité] must, have (got) to ; *il faut que je le voie*, I must see him ; *il nous fallut le faire*, we had to do it ‖ [obligation] be obliged to ; *il faut dire la vérité*, you must tell the truth ‖ [interdiction] *il ne faut pas faire cela*, you mustn't do that ‖ [besoin] want, need, require ; *s'il le faut*, if required ; [certitude] *il faut qu'elle ait perdu la tête*, she must have lost her head ● *loc a : comme il faut*, respectable, decent ● *vpr impers :* **s'en** ∼ *: il s'en est fallu de peu*, it was a near thing.

falsifier [-sifje] *v* (1) forge.

fameux, euse [famø] *a* first-rate ; *pas* ∼, not too good.

familial, e, aux [-iljal, o] *a*

family (maison, vie) ; home(like) [ambiance].

familiariser (se) [-iljarize] *v* (1) become familiar (avec, with).

familier, ère *a* familiar ‖ colloquial (style).

famille [-ij] *f* family.

famine [-in] *f* famine.

fana [fana] *a* FAM. crazy (de, about) ● *n* fanatic.

faner (se) *v* (1) fade, wilt.

fantaisie [fɑ̃tɛzi] *f* whim.

fantaisiste *a* fanciful.

fantasme [fɑ̃tasm] *m* fantasy.

fantassin [-asɛ̃] *m* infantryman.

fantastique [-astik] *a* fantastic.

fantôme [-om] *m* ghost.

farce [fars] *f* (practical) joke, trick (tour) ; *faire une* ∼ *à qqn*, play a joke on sb.

farcir *v* (2) stuff.

fard [far] *m* make-up.

fardeau [-do] *m* load, burden.

farder (se) *v* (1) : TH. *(se)* ∼, make (o. s.) up.

farfelu, e [-faly] *a* cranky.

farine [-in] *f* flour, meal.

farineux, euse *a* floury ‖ starchy (aliment).

farouche [-uʃ] *a* shy (timide).

fasciner [fasine] *v* (1) fascinate.

fascisme [faʃism] *m* Fascism.

fasciste *a/n* Fascist.

fasse [fas] → FAIRE.

fatal, e, als [fatal] *a* fatal, inevitable ‖ fateful (funeste).

fatalité f fatality.

fatigant, e [-igɑ̃] a tiring (besogne) ; tiresome (personne).

fatigue [-ig] f fatigue, weariness ; *être mort de* ~, be dead-tired.

fatigué, e a tired, weary.

fatiguer v (1) tire, weary || *se* ~, get tired.

faubourg [fobur] m suburb.

fauché, e [foʃe] a FAM. hard up (coll.) ; broke (sl.).

faucher v (1) mow || FAM. pinch (voler).

faucille [fosij] f sickle.

faussaire [fosɛr] m forger.

fausse → FAUX 2.

fausser v (1) warp, bend, twist || FAM. ~ *compagnie à qqn*, give sb the slip.

faut [fo] → FALLOIR.

faute 1 [fot] f mistake, fault ; *faire une* ~, make a mistake ; ~ *d'impression*, misprint ; ~ *d'orthographe*, spelling mistake ; *faire des* ~*s d'orthographe*, spell badly || fault (responsabilité) ; *c'est de votre* ~, it's your fault.

faute 2 f lack, want (manque) ; ~ *de*, for lack of || *sans* ~, without fail.

fauteuil [-œj] m arm-chair, easy chair ; ~ *roulant*, wheelchair || TH. seat ; ~*s d'orchestre*, stalls.

faux 1 [fo] f AGR. scythe.

faux 2, fausse [fo, s] a false, untrue ; ~*sse nouvelle*, false report || wrong (erroné) ; ~ *numéro*, wrong number ; ~

sens, misinterpretation || forged (billet) ; bad (pièce) || MUS. wrong (note) ; out of tune (instrument) ; *chanter* ~, sing flat || FIN. ~ *frais*, incidental expenses ● m JUR. forgery (document).

faux-bond m : *faire* ~ *à qqn*, let (sb) down, stand sb up.

faux-filet m CULIN. sirloin.

faux-monnayeur [-mɔnɛjœr] m counterfeiter.

faveur [favœr] f favour || *en* ~ *de*, in favour of.

favorable [-ɔrabl] a favourable.

favori, te [-i, t] a/n favourite (chose, personne) ● npl (side-)whiskers.

favoriser [-ze] v (1) favour || further (faciliter).

fécule [fekyl] f CULIN. starch.

féculent m starchy food.

fédéral, e, aux [federal, o] a federal.

fédération f federation.

fée [fe] f fairy.

feindre [fɛ̃dr] v (59) feign, pretend.

fêler (se) [səfɛle] v (1) crack.

félicitation [felisitasjɔ̃] f congratulation.

félicité f bliss.

féliciter v (1) : *(se)* ~, congratulate (o. s.).

fêlure [felyr] f crack.

femelle [fəmɛl] f a female.

féminin, e [feminɛ̃, in] a feminine ; female (sexe) ● m GRAMM. feminine ; *au* ~, in the feminine.

femme [fam] *f* woman ‖ ~ *de chambre*, chambermaid ; ~ *de ménage*, cleaning woman, daily (help) ‖ wife (épouse).

fendre [fɑ̃dr] *v* (4) split (bûche) ‖ slit (inciser) ‖ **se** ~, split, crack.

fenêtre [fənɛtr] *f* window ; sash window (à guillotine).

fente [fɑ̃t] *f* [mur] crack ; [bois] split ; [jupe] slit ; [distributeur] slot.

fer [fɛr] *m* [métal] iron ; ~ *blanc*, tin-plate ; ~ *forgé*, wrought iron ‖ ~ *à cheval*, horseshoe ‖ [ustensile] ~ *à repasser*, (electric) iron ; *donner un coup de* ~ *à*, press (vêtement) ‖ TECHN. ~ *à souder*, soldering-iron.

férié, e [ferje] *a* : *jour* ~, bank-holiday.

ferme 1 [fɛrm] *a* solid, firm.

ferme 2 *f* farm-house (habitation) ; farm (terres).

fermé, e *a* shut, closed ; locked (voiture).

fermer *v* (1) shut, close ; ~ *à clef/au verrou*, lock/bolt ‖ turn off/out (gaz) ; switch off (électricité) ‖ VULG. *la* ~*e !*, shut up !

fermeture *f* shutting, closing (action) ; closing time (heure) ‖ ~ *Éclair*, zip (fastener) ‖ CIN. ~ *en fondu*, fade out.

fermier, ère *n* farmer, farmer's wife.

féroce [feros] *a* fierce, ferocious.

ferraille [fɛraj] *f* scrap iron ; *mettre à la* ~, scrap.

ferrer *v* (1) shoe (cheval).

ferry [-i] *m* (car) ferry.

fervent, e [fɛrvɑ̃] *a* fervent • *n* devotee, enthusiast.

ferveur *f* fervour.

fesse [fɛs] *f* buttock.

fessée *f* spanking.

fesser *v* (1) spank.

festin [fɛstɛ̃] *m* feast.

festival [-ival] *m* festival.

fête [fɛt] *f* feast ; ~ *légale*, bank/public holiday ; *jour de* ~, holiday ; ~ *du travail*, Labour Day ; ~ *nationale*, FR. Bastille Day, US Independence Day ; ~ *name-day (de qqn) ‖ ~ *foraine*, fun fair ‖ welcome (accueil) ; *faire* ~ *[personne]* welcome warmly (à qqn, sb) ; *[chien]* fawn (à son maître, on its master) ‖ [réception] party.

fêter *v* (1) keep (anniversaire, Noël) ; celebrate (événement).

feu [fø] (*Pl* **feux**) *m* fire ; *faire du* ~, make a fire ; *avez-vous du* ~ *?*, have you got a light ? ‖ [incendie] fire ; *prendre* ~, catch fire ; *mettre le* ~ *à qqch*, set sth on fire ; *au* ~ *!*, fire ! ‖ ~ *de joie*, bonfire ; *[tireur] faire* ~, shoot, fire ‖ [signal] light ; ~ *orange/rouge*, amber/red light ; ~*x tricolores*, traffic lights ; FAM. *donner le* ~ *vert à qqn*, give sb the green light ‖ AUT. ~ *arrière*, rear light.

feuillage [fœjaʒ] *m* foliage.

feuille 1 *f* BOT. leaf.

feuille 2 f [papier] sheet.

feuillet [-ɛ] m leaf; ~s de rechange, refill || à ~s mobiles, loose-leaf (cahier).

feuilleter [-te] v (8a) glance/leaf through.

feuilleton m serial.

feuillu, e a leafy.

feutre [føtr] m felt || (crayon) ~, felt-tip (pen).

février [fevrije] m February.

fiable [fjabl] a reliable.

fiacre [-kr] m cab.

fiançailles [fijãsaj] fpl engagement.

fiancé, e a : être ~, be engaged (à, to) ● n fiancé, e.

fiancer (se) v (1) get engaged (à, to).

fibre [fibr] f fibre.

ficeler [fisle] v (8a) tie up (paquet).

ficelle [-ɛl] f string, twine.

fiche [fiʃ] f (index) card ; ~ perforée, punch(ed) card || ELECTR. plug.

ficher v (1) stick, drive (dans, in) || FAM. ~ la paix à qqn, leave sb alone ; ~ : FAM. je m'en ~e, I couldn't care less ; il se ~e de vous, he's pulling your leg.

fichier m card index.

fichu, e → FICHER ● a FAM. lost (perdu) || il est ~, he's done for || être mal ~, be out of sorts (malade) || [avant le nom] rotten, lousy (caractère, temps).

fiction [fiksjɔ̃] f fiction.

fidèle [fidɛl] a faithful ||

retentive (mémoire) ● n : REL. les ~s, the faithful ; [assemblée] the congregation.

fidèlement av faithfully.

fidélité [-elite] f faithfulness || fidelity (conjugale).

fier (se) [safje] v (1) : ~ à, rely/depend on, trust.

fier, ère [fjɛr] a proud ; être ~ de, take a pride in ; être ~ de posséder, boast.

fièrement av proudly.

fierté f pride.

fièvre [fjɛvr] f fever ; avoir un accès de ~, have a bout of fever.

fiévreux, euse [fjevrø] a feverish.

figer (se) [safiʒe] v (7) [huile] congeal ; [sang] curdle.

fignoler [fiɲɔle] v (1) polish up.

figue [fig] f fig.

figurant, e [figyrã] n TH. walk-on || CIN. extra.

figuration f : CIN. faire de la ~, play extras || TH. walking-on part.

figure [-r] f face || [cartes] court-card || GRAMM. figure.

figuré, e a figurative ; au ~, figuratively.

figurer v (1) represent || se ~, imagine.

fil 1 [fil] m [coton] thread ; ~ à coudre, sewing thread ; [laine] yarn ; [métal] wire || ELECTR. cord, flex || TEL. coup de ~, telephone call ; au bout du ~, on the phone ; passer un coup de ~, give a buzz (sl.).

fil 2 m : FIG. ~ *conducteur*, clue ; [conversation] thread.

file f file, line ; ~ *d'attente*, queue ; *à la* ~, in file ; *en* ~ *indienne*, in Indian file.

filer 1 v (1) spin (laine) || run, ladder (bas).

filer 2 v (1) tear along || *il faut que je* ~*e*, I must fly || [bas] ladder, run || FAM. ~ *à l'anglaise*, take French leave.

filet 1 [-ɛ] m net ; ~ *à papillons*, butterfly net ; ~ *à provisions*, shopping net || ~ *de pêche*, fishing-net || SP. [tennis] net || RAIL. rack || CULIN. *un* ~ *de vinaigre*, a dash of vinegar.

filet 2 [poisson, viande] fillet.

fille [fij] f (opp. de *fils*) daughter ; (opp. de *garçon*) girl ; *petite* ~, little girl ; *jeune* ~, young girl ; *vieille* ~, spinster, old maid ; ~ *mère*, unmarried mother || PEJ. prostitute.

fillette f young girl.

filleul, e [-œl] n godson, -daughter.

film [film] m film, motion picture, US movie ; *grand* ~, feature ; ~*-annonce*, trailer ; *nouveau* ~, release.

filmer v (1) film, shoot.

fils [fis] m son.

filtre [filtr] m filter.

filtrer v (1) filter (through).

fin 1 [fɛ̃] f end ; close (de l'année, de la journée) ; *vers la* ~ *de l'après-midi*, in the late afternoon ; ~ *de semaine*,

week-end ; *à la* ~, at last ; *sans* ~, endless(ly), without end ; *prendre* ~, come to an end || death, end || FIG. [but] aim, goal, end.

fin 2, e [-, -in] a fine (aiguille, cheveux, poussière, sable, tissu) ; sharp (pointe) || thin (papier) || sheer (bas).

fin 3 av fine ; *écrire* ~, write small ; ~ *prêt*, quite ready.

final, e, aux [final, o] a final, terminal.

finale f SP. final(s) ; *quart de* ~, quarter-final ; *demi-*~, semi-final.

finalement av at last, finally, eventually.

finaliste n finalist.

finance [-ɑ̃s] f finance.

finesse f fineness || [taille] slenderness.

finir v (2) finish, end (qqch) || ~ *de faire qqch*, finish doing sth ; *c'est* ~*i*, it's over ; *avez-vous* ~*i de manger ?*, have you done eating ? || come to an end (cesser) ; *mal* ~, ~ *mal*, come to a bad end || ~ *par (faire qqch)*, end by/in (doing sth) || *en* ~, put a end (avec, to).

finition f finish.

firme [firm] f firm.

fissure f crack.

fixateur [fiksatœr] m PHOT. fixing salt.

fixation f fixing, settling || [ski] binding.

fixe [fiks] a fixed ; permanent (emploi) ; regular (heures) ‖ *beau* ∼, set fair.

fixer 1 v (1) [immobiliser] fix ; fasten ‖ PHOT. fix ‖ *se* ∼, settle (down) [dans un pays].

fixer 2 v (1) [déterminer] fix, determine ; appoint (date).

flacon [flakɔ̃] m flask, bottle.

flair [flɛr] m [chien] smell, scent.

flairer v (1) [dog] smell, sniff, scent.

flamand, e [flamɑ̃, d] a/n/m Flemish.

flambant [flɑ̃bɑ̃] av : ∼ *neuf*, brand new.

flamber v (1) flame, blaze, burn up ‖ CULIN. singe.

flamboyer [-waje] v (9a) blaze/flame up.

flamme [flam] f flame ; *en* ∼s, ablaze.

flan [flɑ̃] m custard-tart.

flanc [flɑ̃] m flank, side.

Flandre [-dr] f Flanders.

flanelle [flanɛl] f flannel.

flâner [flɑne] v (1) [se promener] stroll, saunter, loiter ‖ [paresser] lounge.

flâneur, euse n idler, stroller.

flaque [flak] f puddle (d'eau).

flash [-ʃ] m [journalisme] (news-)flash ‖ PHOT. flash (light) ; ∼ *électronique*, electronic flash.

flatter [-te] v (1) flatter ; play up to ; fawn on (bassement).

flatterie [-tri] f flattery.

flèche [flɛʃ] f arrow ‖ *comme*

une ∼, like a shot ; *partir comme une* ∼, dart off.

fléchette [fleʃɛt] f dart.

flegmatique [flɛgmatik] a phlegmatic.

flegme m coolness, composure, phlegm.

flemmard, e [flɛmar, d] a FAM. lazy ; bone idle (coll.).

flétrir [fletrir] v (2) wither (up) [plante] ‖ *se* ∼, [fleur] wither, wilt.

fleur [flœr] f flower ; ∼ *des champs*, wild flower ‖ blossom (d'arbre) ‖ *en* ∼(s), in flower ; in blossom (arbre).

fleuret [-ɛ] m SP. foil.

fleurir v (53) flower, bloom ‖ [arbre] blossom ‖ decorate with flowers ; lay flowers on (tombe).

fleuriste n florist ; *boutique de* ∼, flower shop.

fleuve [flœv] m river.

flexible [flɛksibl] a flexible.

flic [flik] m FAM. cop (coll.).

flipper [flipœr] m pin ball machine, pin table.

flirt [flœrt] m flirting, flirtation (action) ‖ boy/girl friend.

flirter v (1) flirt.

flocon [flɔkɔ̃] m [neige] flake ‖ CULIN. ∼s *de maïs*, corn flakes.

floraison [-rɛzɔ̃] f blooming, blossoming, flowering ; *en pleine* ∼, in full bloom ‖ [époque] flower-time.

florissant, e a flourishing, blooming.

flot [flo] m : [marée] *le* ∼

montant, flood(-tide) ‖ *Pl*
waves ‖ FIG. flow, flood.

flotte [flɔt] *f* NAUT. fleet,
navy ‖ FAM. water, rain.

flotter *v* (1) *(faire)* ~, float ‖
[drapeau, cheveux] stream.

flotteur *m* float.

flou, e [flu] *a* blurred (contour) ; out of focus (image).

flûte [flyt] *f* flute ; ~ *à bec*,
recorder ; ~ *de Pan*, Pan-pipe.

flûtiste *n* flautist.

flux [fly] *m* flood tide ; *le* ~ *et
le reflux*, the ebb and flow.

focal, e, aux [fɔkal, o] *a*
focal.

foi [fwa] *f* faith (sincérité) ;
digne de ~, credible, reliable
‖ trust (confiance) ; *avoir* ~ *en*,
trust ‖ REL. faith, belief.

foie *m* liver.

foin [fwɛ̃] *m* hay ; *faire les* ~*s*,
make hay.

foire [fwar] *f* fair.

fois [fwa] *f* time ; *combien de*
~ *?*, how often ?, how many
times ? ; *une* ~, once ; *deux* ~,
twice ; *trois* ~, three times ;
une ~ *de plus*, once more, once
again ‖ *deux* ~ *moins*, half
as much/many ; *deux* ~ *plus*,
twice as much/many ‖ *une
autre* ~, on another occasion ‖
il était une ~, once upon a
time there was ‖ *toutes les* ~
que, whenever ‖ *à la* ~,
at once (ensemble), at the same
time (en même temps).

fol [fɔl] *a* → FOU.

folie [-i] *f* madness, insanity.

folklore [-klɔr] *m* folklore.

folle *a* → FOU • *f* madwoman.

follement *av* madly, wildly.

foncé, e [fɔ̃se] *a* dark, deep
(couleur).

foncer 1 *v* (6) darken, deepen
(couleur).

foncer 2 *v* (6) dash, dart (*sur*,
at) ‖ tear (along).

fonction [fɔ̃ksjɔ̃] *f* function ;
duty, office ; charge ‖ FIG.
serve/act as ‖ JUR. ~ *publique*,
civil service ‖ FIG. *être* ~ *de*,
depend on ; *en* ~ *de*, according
to, in terms of.

fonctionnaire [-ɔnɛr] *n* civil
servant, official.

fonctionnel, le *a* functional.

fonctionnement *m* TECHN.
working.

fonctionner *v* (1) TECHN.
[machine] work ; *faire* ~,
operate.

fond [fɔ̃] *m* [boîte, mer, trou]
bottom ‖ [pièce] back ‖ [beauté]
~ *de teint*, foundation ‖
SP. *de* ~, long-distance ‖
ARTS background ‖ FIG. bottom ‖ *au* ~ *de*, in/to the
bottom of ‖ *au* ~, *dans le* ~,
finally, actually (en réalité) ‖
à ~, thoroughly ; *enfoncer à*
~, drive home ‖ *de* ~ *en
comble*, from top to bottom.

fondamental, e, aux
[-damãtal, o] *a* fundamental,
basic.

fondation *f* foundation, founding (action) ; foundation (établissement).

fonder *v* (1) found, set up
(créer) ‖ start (famille).

fondre [-dr] v (4) melt ; *faire* ~, melt (beurre) ; dissolve (sucre) ‖ [neige] melt (away) ‖ [glace] thaw ‖ ELECTR. [fusible] fuse, blow (out) ‖ FIG. ~ *en larmes*, burst into tears ‖ *se* ~, [couleurs] blend, shade (dans, into).

fondu, e [-dy] a molten (métal) ● m : CIN. ~ *enchaîné*, dissolve.

font [f5] → FAIRE.

fontaine [-tɛn] f (drinking-) fountain ‖ spring (source).

fonte 1 f cast-iron.

fonte 2 f melting (action) ; ~ *des neiges*, thaw.

football [futbol] m football, soccer ; *jouer au* ~, play football.

force [fɔrs] f strength, force ‖ ELECTR., PHYS., TECHN. power ‖ MIL. ~ *de dissuasion nucléaire*, nuclear deterrent ; ~ *de frappe*, strike force ; Pl forces ‖ *de* ~, by force, forcibly ; *à* — *de*, by dint of.

forcé, e a forced.

forcément av of necessity, inevitably.

forcer v (6) force, compel (à, to) ; ~ *qqn à faire qqch*, force sb into doing sth ; *être* ~*é de*, be compelled to ‖ break open (coffre, porte) ‖ *se* ~, force o.s.

forer [fɔre] v (1) drill (trou) ; sink (puits).

forestier, ère [fɔrɛstje] a forest.

foret [-ɛ] m TECHN. drill.

forêt [-ɛ] f forest.

forfaitaire [-fɛtɛr] a COMM. contract(ual) ; *paiement* ~, lump sum.

forge [-3] f forge.

forger v (7) TECHN. forge.

formalité [-malite] f formality ; *remplir une* ~, comply with a formality.

format [-ma] m format.

formation f formation ‖ [apprentissage] training.

forme f shape, form ; *sous* ~ *de*, in the shape of ; *prendre* ~, take shape ‖ SP. form ; (bonne) ~, fitness ; *en* ~, fit, in form ; *ne pas être en* ~, be out of form/training ‖ FIG. form (formalité) ; *pour la* ~, for form's sake ; *en bonne et due* ~, in due form. ‖ GRAMM. passive, passive (form).

formel, le a formal, express (défense).

formellement av absolutely, strictly, emphatically.

former v (1) form, shape ‖ [éducation] train ‖ FIG. make up (composer).

formidable [-midabl] a stupendous, tremendous ‖ ~*!*, fantastic!

formulaire [-mylɛr] m form.

formule f : [correspondance] ~ *de politesse*, complimentary close ‖ MATH., CH., PHYS. formula.

formuler v (1) express (souhait) ; word, state (opinion).

fort [fɔr] m MIL. fort.

fort, e a [-, t] a strong (résistant) ; stout (chaussures) ; high (vent, fièvre) ; loud (voix) ; broad (accent) ● *at* hard, heavily (violemment) ; exceedingly, very (très) ; *parlez plus* ~, speak up.

fortement [-təmã] *av* strongly.

fortifiant, e [-tifjã] *a* invigorating, fortifying ; bracing (air) ● *m* tonic.

fortifier *v* (1) MED. strengthen, invigorate, brace up.

fortune [-tyn] *f* wealth, fortune ; *faire* ~, make a fortune ‖ luck, fortune ; *manger à la* ~ *du pot*, take pot luck ‖ *de* ~, makeshift (moyens).

fortuné, e *a* wealthy (riche).

fosse [fos] *f* pit (trou) ‖ TECHN. ~ *d'aisances*, cesspool ; ~ *septique*, septic tank.

fossé [fose] *m* ditch.

fou, fol, folle [fu, fɔl] *a* mad ; *devenir* ~, go mad ; *rendre* ~, drive mad ‖ FAM. ~ *de*, crazy about ● *n* madman, -woman ; lunatic ‖ *m* (échecs) bishop.

foudre [-dr] *f* lightning ‖ FIG. *coup de* ~, love at first sight.

fouet [fwɛ] *m* whip ‖ CULIN. whisk.

fouetter [-te] *v* (1) whip ; flog (enfant) ‖ CULIN. whip (crème) ; whisk (œufs).

fougère [fuʒɛr] *f* fern.

fouille [fuj] *f* (personne) searching.

fouiller *v* (1) search (qqn) ; go through (poches).

fouillis [-i] *m* jumble, muddle, mess.

foulard [fular] *m* scarf.

foule *f* crowd.

foulée *f* stride.

fouler (se) [səfule] *v* (1) : ~ *la cheville*, sprain one's ankle.

foulure *f* MED. sprain.

four [fur] *m* oven ; *(faire) cuire au* ~, bake.

fourbu, e [-by] *a* dog-tired.

fourchette [-ʃɛt] *f* fork.

fourgon [-gɔ̃] *m* RAIL. luggage-van.

fourmi [-mi] *f* ant.

fourmilière [-miljɛr] *f* ant-hill.

fourmillement [-mijmã] *m* swarming.

fourmiller *v* (1) swarm (de, with).

fournée [-ne] *f* ovenful ; batch (de pain).

fournir *v* (2) : ~ *qqch à qqn*, provide/supply sb with sth ‖ cater (repas) ‖ afford (occasion) ‖ (cartes) follow suit, ~ *à pique*, follow in spades ‖ COMM. *se* ~ *chez* : get one's supplies from.

fournisseur *m* tradesman ‖ supplier.

fourniture *f* supplying ‖ *Pl* supplies.

fourré, e [fure] *a* furlined (vêtement) ‖ CULIN. stuffed.

fourré *m* thicket.

fourrer 1 *v* (1) line with fur ‖ CULIN. stuff.

fourrer 2 *v* (1) FAM. stick, shove (dans, into).

fourre-tout *m inv* hold-all.

fourreur *m* furrier.

fourrière *f* AUT. *mettre à la ~*, tow away.

fourrure *f* fur.

foutre (s'en) [~sᾱfutr] *v* (4) : VULG. *je m'en fous*, I don't give a damn (coll.).

foutu [futy] *a* → FICHU.

foyer 1 [fwaje] *m* fire-place, hearth (âtre) ‖ PHYS. focus (de lentille) ; *verres à double ~*, bifocals.

foyer 2 *m* home ; *~ d'étudiants*, hostel.

fracas [fraka] *m* crash.

fracasser [-se] *v* (1) shatter, smash to pieces ‖ *se ~*, crash, smash.

fraction *f* fraction.

fracturer *v* (1) break open (coffre-fort).

fragile [-ȝil] *a* fragile ; brittle, breakable ‖ COMM. « FI~ », "with care" ‖ FIG. delicate (santé).

fragment [-gmᾱ] *m* fragment, piece.

fraîche [frεʃ] *af* → FRAIS.

fraîcheur *f* coolness ‖ FIG. freshness.

fraîchir *v* (2) [température] get cooler.

frais 1, fraîche [frε, ʃ] *a* cool (pièce, temps) ; fresh (air) ‖ CULIN. fresh (beurre, poisson) ; new-laid (œufs) ● *m* cool, fresh air ; *prendre le ~*, take the cool air ; *au ~*, in a cool place.

frais 2 *mpl* expenses, charges ;

à peu de ~, cheaply ; *sans ~*, free of charge ‖ *~ professionnels*, expense account ; *faux ~*, incidental expenses.

fraise [frεz] *f* BOT. strawberry ; *~s des bois*, wild strawberries.

framboise [frᾱbwaz] *f* raspberry.

franc [frᾱ] *m* franc (monnaie).

franc, che [frᾱ, ʃ] *a* frank (sincère) ; straight (réponse) ; straightforward (direct) ‖ SP. *~ jeu*, fair play ; *jouer ~ jeu*, play fair.

français, e [-sε] *a* French ● *m* [langue] French.

Français, e *n* Frenchman, -woman ; *les ~*, the French.

France [-s] *f* France.

franchement [-ʃmᾱ] *av* frankly.

franchir *v* (2) jump over (fossé) ; clear (obstacle).

franchise *f* frankness ; *en toute ~*, quite frankly ‖ *en ~*, duty-free.

franco [-ko] *av* : *~ (de port)*, post-free, carriage paid.

frappant, e [frapᾱ] *a* striking.

frappe *f* typing.

frappé, e *a* CULIN. iced (champagne).

frapper *v* (1) strike (coup) ; hit (qqn) ‖ *~ à la porte*, knock at the door ; *entrer sans ~*, walk straight in ‖ FIG. strike.

fraternel, le [-tεrnεl] *a* brotherly.

fraude [frod] *f* fraud; ~ *fiscale*, tax-evasion ‖ *passer en* ~, smuggle in.

frauder *v* (1) cheat.

frayer [frɛje] *v* (9*b*) open up (chemin) ‖ *se* ~ *un chemin* (*à coups de coudes*), elbow one's way (*à travers*, through).

frayeur *f* fright.

frein [frɛ̃] *m* brake ‖ AUT. ~ *à main*, hand-brake; ~ *à disque*, disc-brake; ~ *à tambour*, drum-brake; *mettre le* ~, put the brake on.

freiner [frɛne] *v* (1) brake.

frêle [frɛl] *a* frail.

frelon [frəlɔ̃] *m* hornet.

frémir [fremir] *v* (2) quiver, shudder (d'horreur) ‖ [eau prête à bouillir] simmer.

frémissement *m* quiver(ing); [peur] shudder.

fréquemment [-kamã] *av* frequently.

fréquence [-kãs] *f* frequency.

fréquent, e *a* frequent; *peu* ~, infrequent.

fréquenté, e *a* frequented; *mal* ~, ill-frequented.

fréquenter *v* (1) frequent, resort to (lieu) ‖ go about with (personne).

frère [frɛr] *m* brother; ~ *aîné*, elder brother; ~ *cadet*, younger brother; ~ *de lait*, foster-brother.

fréter [frete] *v* (1) charter.

friand, e [frijã] *a* fond (*de*, of).

friandise *f* dainty, delicacy.

fric [frik] *m* FAM. dough (sl.).

friction *f* rub(bing) ‖ [coiffeur] scalp-massage ‖ SP. rub-down.

frictionner [-sjɔne] *v* (1) rub; give a rub-down to (qqn).

Frigidaire [friʒidɛr] *m* refrigerator.

frigo [-go] *m* FAM. fridge (coll.).

frileux, euse [-lø] *a* : *être* ~, feel the cold.

frimer [-me] *v* (1) ARG. swank (coll.).

fringues [frɛ̃g] *fpl* ARG. togs (sl.).

friper [fripe] *v* (1) : **(se)** ~, crumple.

frire *v* (55) : *(faire)* ~, fry.

frisé, e [-e] *a* curly.

friser *v* (1) curl (cheveux).

frisquet [friskɛ] *a* chilly.

frisson [-sɔ̃] *m* [froid] shiver; [horreur] thrill.

frissonner *v* (1) [froid] shiver; [horreur] shudder; [peur, plaisir] thrill.

frites [-t] *fpl* chips, US French fries.

friture *f* frying oil/grease; dripping (graisse); fried fish (poissons).

froid, e [frwa, d] *a* cold; *il fait* ~, it is cold ● *m* cold, chill; *avoir* ~, be cold; *j'ai aux pieds*, my feet are cold; *prendre* ~, catch cold.

froisser [-se] *v* (1) crumple, crease ‖ FIG. hurt, offend ‖ *se* ~, [tissu] crease, crumple ‖ FIG. take offence (*de*, at).

frôler [frole] *v* (1) brush, graze.

fromage [frɔmaʒ] *m* cheese; ~ *blanc*, cottage cheese; ~ *de*

chèvre, goat's milk cheese ; ∼ à la crème, cream cheese.

froment m wheat.

froncer [frɔ̃se] v (1) : ∼ les sourcils, frown, knit one's brows.

fronde [-d] f catapult (jouet).

front 1 [frɔ̃] m forehead, brow.

front 2 m : NAUT. ∼ de mer, sea-front ‖ FIG. faire ∼ à, face ‖ de ∼, abreast (sur la même ligne) ; head on (collision).

frontière [-tjɛr] f border, frontier.

frotter [frɔte] v (1) rub ‖ chafe (frictionner) ‖ polish (parquet).

frousse f fright ; avoir la ∼, be scared.

frugal, e, aux [frygal, o] a frugal, spare (repas).

fruit(s) [frɥi] m(pl) fruit ; un ∼, a piece of fruit ; ∼s confits, candied fruit ; ∼s de mer, sea-food.

fruitier, ère [-tje] n greengrocer.

fugitif, ive [fyʒitif] a fugitive, fleeting ● n runaway, fugitive.

fugue [fyg] f MUS. fugue.

fuir 1 [fɥir] v (56) flee, fly, run away from.

fuir 2 v (56) [robinet] leak ; qui fuit, leaky ‖ [liquide] leak/run out ‖ [gaz] escape.

fuite 1 f flight ; prendre la ∼, take to flight.

fuite 2 f [liquide] leak(age).

fume-cigarette [fym-] m cigarette-holder.

fumée f smoke ; rempli de ∼, smoky.

fumer v (1) smoke ; défense de ∼, no smoking ‖ CULIN.

fûmes [fym] → ÊTRE.

fumeur, euse n smoker ‖ RAIL. compartiment de ∼s, smoking compartment, smoker ; non-∼, non-smoker.

fumier m dung.

funeste [fynɛst] a disastrous ‖ fatal (mortel).

funiculaire [fynikylɛr] a/m funicular, cable-railway.

fur [fyr] m : au ∼ et à mesure (que), [loc av] (in proportion) as ; as fast/soon as.

furieux, euse [-jø, z] a furious, angry (contre, with).

furtif, ive [-tif] a furtive, stealthy.

furtivement av stealthily.

fuseau [fyzo] m : ∼ horaire, time zone.

fusée f rocket ; ∼ à trois étages, three-stage rocket.

fusible m ELECTR. fuse.

fusil [-zi] m MIL. rifle ‖ SP. (shot-)gun (de chasse) ; ∼ sous-marin, speargun.

fût [fy] → ÊTRE.

futur, e [fytyr] a future ● m GRAMM. future.

g

g [ʒe] *m.*

gabarit [gabari] *m* gauge.

gâcher [gɑʃe] *v* (1) FIG. waste (gaspiller); spoil (plaisir).

gâchis [-i] *m* waste ‖ FAM. mess; *quel ~!*, what a mess!

gaffe [gaf] *f* blunder.

gaffer *v* (1) blunder.

gaffeur, euse *n* blunderer.

gag [gag] *m* TH., CIN. gag.

gage [-ʒ] *m* pledge; *en ~,* in pawn; *mettre en ~,* pawn (sth) ‖ [jeux] forfeit (amende).

gagnant, e [-ɲɑ̃] *a* winning • *n* winner.

gagner *v* (1) earn (salaire); *~ sa vie,* make one's living ‖ win (pari, prix) ‖ gain, save (temps).

gai, e [ge] *a* merry, cheerful, gay.

gaieté *f* cheerfulness.

gain [gɛ̃] *m* gain, profit ‖ Pl [jeu] winnings; [travail] earnings.

gaine [gɛn] *f* sheath ‖ [vêtement] girdle, foundation-garment.

gala [gala] *m* gala.

galant, e *a* gallant, attentive to women.

galaxie [-aksi] *f* galaxy.

galbe [-b] *m* curves.

galbé, e *a* curved.

galerie [-ri] *f* ARTS picture-gallery ‖ AUT. (luggage) rack.

galet [-ɛ] *m* pebble ‖ Pl shingle; *plage de ~s,* shingly beach.

Galles [gal] *f : le pays de ~,* Wales.

gallicisme [-isism] *m* gallicism.

gallois, e [-wa, z] *a* Welsh • *m* [langue] Welsh.

Gallois, e *n* Welshman, -woman.

gallon *m* gallon.

galop [galo] *m* gallop; *au ~,* at a gallop; *grand ~,* full gallop; *petit ~,* canter.

galoper [-ɔpe] *v* (1) gallop; *faire ~,* gallop.

gambit [gɑ̃bi] *m* gambit.

gamin [gamɛ̃] *m* kid, youngster.

gamine [-in] *f* girl.

gamme [gam] *f* MUS. scale.

gangster [gɑ̃gstɛr] *m* gangster.

gant [gɑ̃] *m* glove; *~s de boxe,* boxing-gloves; *~s de caoutchouc,* rubber gloves; *~ de crin,* friction glove; *~ de toilette,* face flannel.

garage [garaʒ] *m* garage.

garagiste [-ist] *m* garage-man.

garant, e *n : se porter ~ de,* vouch for.

garantie [-ɑ̃ti] *f* guarantee.

garantir *v* (2) guarantee.

garce [-s] *f* FAM. bitch (coll.).

garçon [-sɔ̃] *m* boy, lad ‖ *(vieux) ~,* (old) bachelor ‖ *~ de cabine,* steward; *~ de café,* waiter ; ~!, waiter! ‖ ~ d'honneur, best man.

garçonnière [-sɔnjɛr] f bachelor's room.

garde 1 [gard] f care; *prendre* ~, take care of; *de ne pas*, not to); *prenez* ~!, careful! ‖ ~ *d'enfant*, baby-sitting (fonction) ‖ *de* ~, on duty (pharmacien) ‖ MIL. guard; *monter* ~, mount guard.

garde 2 n [personne] guardian, watchman, keeper (gardien) ; nurse (garde-malade) ; sitter-in, baby-sitter (d'enfants) ‖ m : ~ *du corps* (body)-guard.

garde-boue [-əbu] m inv mudguard.

garde-fou m parapet.

garde-plage f life-guard.

garder 1 v (1) [conserver] keep, preserve ‖ ~ *qqn à dîner*, keep sb to dinner ‖ ~ *la chambre/le lit*, keep (to) one's room/bed ‖ AUT. ~ *sa droite*, keep (to) the right.

garder 2 v (1) [surveiller] keep, watch over, guard ; tend (moutons) ; mind, look after (enfants).

gardien, ne n keeper, guardian ; watchman (veilleur de nuit) ; caretaker (concierge) ‖ ~ *de la paix*, constable, policeman ‖ SP. ~ *de but*, goalkeeper.

gare [gar] f station, US depot ‖ ~ *de marchandises*, goods sta-

tion ; ~ *maritime*, harbour station.

garer v (1) : AUT. *(se)* ~, park.

gargariser (se) [səgargarize] v (1) gargle.

gargarisme m gargle.

garnir (garnir) v (2) : ~ *de*, fit (out) with (équiper) ‖ trim with (orner).

garniture f ornament ; fittings (accessoires).

gars [gɑ] FAM. lad, fellow, US guy (coll.).

gas-oil [gazɔjl] m diesel oil.

gaspillage [gaspijaʒ] m waste, wasting, squandering.

gaspiller v (1) waste, squander.

gâteau [gato] m cake ; ~ *sec*, cracker.

gâter v (1) spoil, pamper (enfant) ‖ *se* ~, [aliments] spoil, go bad/off ; [fruit] decay.

gauche [goʃ] a left (côté) ‖ AUT., GB nearside, FR. offside ‖ FIG. awkward, clumsy ‖ f left side ; *à* ~, on/to the left ‖ POL. *la* ~, the Left Wing ; *homme de* ~, leftist.

gaucher, ère [-ʃe, ɛr] a/n left-handed (person).

gaufre [gofr] f waffle (gâteau).

gaufrette f CULIN. wafer.

gaver [gave] v (1) : *(se)* ~, stuff (o.s.).

gaz [gaz] m inv gas ; ~ *lacrymogène*, tear-gas.

gazon m lawn (pelouse).

géant, e [ʒeã] a/n giant.

geindre [ʒɛ̃dr] v (59) whine.

gel [ʒɛl] *m* frost.

gelé, e [ʒəle] *a* frost-bitten ● *f* frost ; ~ **blanche,** hoarfrost || CULIN. jelly.

geler *v* (8*b*) freeze (congeler) ; frost (couvrir de gelée) || **se** ~, freeze.

gémir [ʒemir] *v* (2) groan, moan ; wail.

gémissement *m* moan(ing), groan(ing).

gênant, e [ʒɛnā] *a* awkward, embarrassing.

gencive [ʒãsiv] *f* gum.

gendre [ʒãdr] *m* son-in-law.

gêne [ʒɛn] *f* discomfort (physique) || uneasiness (morale) ; inconvenience (désagrément) || *sans* ~, inconsiderate.

gêné, e *a* short (of money).

gêner *v* (1) embarrass ; be in the/sb's way (encombrer) ; hinder (contrarier) ; trouble, annoy, bother (importuner) ; *la fumée vous* ~*-t-elle ?,* do you mind if I smoke ? || **se** ~, put o.s. out.

général, e, aux [ʒeneral, o] *a* general ; *en* ~, generally, usually ; *en règle* ~*e,* as a rule ● *m* MIL. general.

généralement *av* generally, usually.

génération *f* generation.

génératrice *f* ELECTR. generator.

généreux, euse *a* generous, bountiful || rich (vin).

générique *m* CIN. credit-titles.

générosité [-ozite] *f* generosity.

génial, e, aux [ʒenjal, o] *a* of genius || FAM. ~ !, fantastic !, super !

génie *m* genius.

genou [ʒənu] *m* (*Pl* **genoux**) *m* knee ; *à* ~*x,* kneeling, on one's knees ; *jusqu'aux* ~*x,* knee-deep ; *se mettre à* ~*x,* kneel down.

genre [ʒãr] *m* kind, sort || GRAMM. gender.

gens [ʒã] *mpl* people, folk ; *de braves* ~, good people ; *jeunes* ~, young men ; ~ *du monde,* society people.

gentil, le [ʒãti, j] *a* kind (aimable) ; nice (sympathique) ; sweet (charmant) ; good (sage).

gentillesse *f* kindness.

géographie [ʒeɔgrafi] *f* geography.

géographique *a* geographical.

géologie [-lɔʒi] *f* geology.

géométrie [-metri] *f* geometry.

géométrique *a* geometrical.

gérant, e [ʒerã] *n* manager.

gerbe [ʒɛrb] *f* (blé) sheaf ; (fleurs) spray.

gercer [ʒɛrse] *v* (6) : (**se**) ~, crack.

gerçure *f* chap, crack.

gérer [ʒere] *v* (5) manage, run.

germain, e [ʒɛrmɛ̃, ɛn] *a* → COUSIN.

germe *m* germ.

germer *v* (1) sprout, come up.

geste [ʒɛst] *m* gesture ; wave

(de la main) ; *faire un ~*, make a gesture, give a wave.

gestion *f* management.

gibier [ʒibje] *m* game.

giboulée [-bule] *f* sudden shower ; *~s de mars*, April showers.

gicler [-kle] *v* (1) squirt, spurt out ; *faire ~*, squirt.

gicleur *m* AUT. jet ; *~ de ralenti*, slow running jet.

gifle [-fl] *f* slap (on the face).

gifler *v* (1) : *~ qqn*, slap sb's face.

gigantesque [-gãtɛsk] *a* gigantic.

gigot [-go] *m* leg of mutton.

gigoter [-gɔte] *v* (1) fidget.

gilet [-lɛ] *m* waistcoat.

gingembre [ʒɛ̃ʒãbr] *m* ginger.

girl [gœrl] *f* TH. chorus-/show-girl.

girouette [ʒirwɛt] *f* weathercock, vane.

gitan, e [-tã, an] *a/n* gipsy.

givre [-vr] *m* hoarfrost.

glabre [glabr] *a* beardless ; clean-shaven.

glace 1 [-s] *f* mirror, looking-glass ‖ AUT. window (vitre).

glace 2 *f* ice ‖ CULIN. ice-cream ‖ FIG. *rompre la ~*, break the ice.

glacé, e *a* frozen (eau) ‖ icy (vent) ; ice-cold (boisson, mains) ‖ PHOT. glossy.

glacial, e, als/aux *a* icy (température).

glacier *m* glacier, ice-field.

glacière *f* ice-box.

glaçon *m* [toit] icicle ‖ CULIN. ice cube.

glaise [glɛz] *f* clay.

glissade [glisad] *f* slide, slip.

glissant, e *a* slippery.

glisser *v* (1) slide (sur la glace) ; slip (par accident) ; glide (sur l'eau) ‖ *se ~*, creep, steal, sneak.

glissière *f* slide, groove.

glissoire *f* slide.

globe [glɔb] *m* globe.

gloire [glwar] *f* glory.

glorieux, euse [glɔrjø] *a* glorious.

glycérine [gliserin] *f* glycerine.

gober [-be] *v* (1) suck (œuf).

godasse [-das] *f* FAM. shoe.

goémon [-emɔ̃] *m* seaweed.

gogo (à) [agogo] *loc av* galore ● *m* FAM. mug, sucker (coll.).

goinfre [gwɛ̃fr] *a* piggish ● *m* pig.

golf [gɔlf] *m* golf ; *terrain de ~*, golf-course/-links ; *joueur de ~*, golfer.

golfe *m* gulf.

gomme [gɔm] *f* gum ‖ eraser, (India) rubber (à effacer).

gommer *v* (1) erase, rub out.

gond [gɔ̃] *m* hinge.

gonfler [-fle] *v* (1) inflate, pump up (ballon, pneu).

gonfleur *m* (foot) pump.

gorge [gɔrʒ] *f* throat ; *avoir mal à la ~*, have a sore throat.

gorgée *f* mouthful, gulp ; *petite ~*, sip.

gosier [gozje] *m* throat, gullet.

gosse [gɔs] *m* FAM. kid(dy).

goudron [gudrɔ̃] *m* tar.

goudronner *v* (1) tar.

gouffre [-fr] *m* gulf, abyss.

goulot [-lo] *m* neck.

goupille [-pij] *f* pin.

gourdin [-rdɛ̃] *m* club.

gourmand, e [-rmɑ̃, d] *a* greedy; ~ *de*, fond of.

gourmandise *f* greediness ‖ *Pl* delicacies.

gousse [-s] *f* pod, shell; ~ *d'ail*, clove of garlic.

goût [gu] *m* taste (sens) ‖ taste, flavour (saveur); *avoir un* ~ *de*, taste of ; *cela a bon* ~, it tastes good ‖ FIG. taste.

goûter 1 [-te] *v* (1) taste (mets) ‖ relish (déguster) ; ~ *à*, taste, sample ; [nég.] touch.

goûter 2 *v* (1) have (afternoon) tea • *m* tea ; ~-*dîner*, high tea.

goutte [gut] *f* drop, drip ; ~ *à* ~, drop by drop.

gouttière [ʃtoit] gutter ; [descente] drain-pipe.

gouvernement *m* government.

gouverner *v* (1) govern, rule (pays).

grâce [grɑs] *f* [beauté] grace (fulness) ; *avec* ~, gracefully ‖ *de bonne/mauvaise* ~, willingly/unwillingly ‖ [faveur] favour ‖ [miséricorde] pardon, mercy ‖ REL. thanks (remerciement) ; *actions de* ~*s*, thanksgiving.

grâce à *loc p* thanks to.

gracier [grasje] *v* (1) pardon.

gracieusement *av* gracefully ‖ free of charge.

gracieux, euse *a* graceful.

grade [grad] *m* [université] degree ‖ MIL. rank.

graduation [-ɥasjɔ̃] *f* graduation ‖ [thermomètre] scale.

graduellement [-ɥɛlmɑ̃] *av* gradually.

graduer [-ɥe] *v* (1) graduate.

grain [grɛ̃] *m* [céréale] grain ; [café] bean, berry ; [raisin] grape.

graine [grɛn] *f* seed.

graissage [grɛsaʒ] *m* greasing ‖ AUT. lubrication.

graisse [grɛs] *f* grease ‖ CULIN. fat ; [rôti] dripping.

graisser *v* (1) grease, lubricate.

graisseux, euse *a* greasy, oily.

grammaire [gramɛr] *f* grammar.

grammatical, e, aux [-atikal, o] *a* grammatical.

gramme *m* gramme.

grand, e [grɑ̃, d] *a* great, large, big ‖ tall, high (haut) ; *un homme* ~, a tall man ; ~ *et maigre*, lanky ‖ loud (bruit, cri) ‖ FIG. great ; *un* ~ *homme*, a great man ; *il est* ~ *temps*, it is high time ‖ *au* ~ *air*, in the open air ; *au* ~ *jour*, in broad daylight ‖ *en* ~, on a large scale.

grand-chose *n inv* : *pas* ~, not much.

Grande-Bretagne [-brətaɲ] *f* (Great) Britain.

grandement *av* greatly, largely, highly.

grandeur *f* size (dimension).

grandir *v* (2) [personne] grow up.

grand-maman *f* grandma, granny.

grand-mère *f* grandmother.

grand-papa *m* grandpa.

grand-parents *mpl* grandparents.

grand-père *m* grandfather.

grange [grãʒ] *f* barn.

graphologie [grafɔlɔʒi] *f* graphology.

grappe [grap] *f* [fleurs, fruits] cluster ; [raisin] bunch.

gras, se [grɑ, s] *a* fat ‖ greasy, oily (graisseux) ‖ CULIN. fat, fatty (viandes) ‖ BOT. *plante* ∼*se*, thick leaf plant ‖ FAM. *faire la* ∼*se matinée*, lie in, have a lie in ● *av* REL. *faire* ∼, eat meat ● *a* ∼.

grassouillet, te [-sujɛ, t] *a* plump.

gratis [gratis] *av* free.

gratitude *f* gratitude.

gratte-ciel [grat-] *m* *inv* skyscraper.

gratter *v* (1) scrape (avec un outil) ; scratch (avec les ongles) ‖ erase (effacer) ‖ *se* ∼, scratch.

gratuit, e [gratɥi, t] *a* free.

gratuitement *av* gratis, free of charge.

grave 1 [grav] *a* deep, low (voix, son).

grave 2 *a* solemn (air) ‖ severe (maladie, accident).

gravement *av* solemnly, gravely ‖ severely.

graver *v* (1) engrave, carve.

gravir *v* (2) climb (échelle) ; ascend, climb (montagne).

grec, que [grɛk] *a* Greek ‖ Grecian (arts) ● *m* [langue] Greek.

Grec, que *n* [personne] Greek.

Grèce [grɛs] *f* Greece.

greffe [grɛf] *f* BOT. graft ‖ MÉD. ∼ *du cœur*, heart transplant.

greffer *v* (1) graft ‖ MÉD. transplant.

grêle [grɛl] *f* hail.

grêlon *m* hailstone.

grelot [grəlo] *m* bell.

grelotter [-te] *v* (1) shiver.

grenier [grənje] *m* attic, garret.

grenouille [-uj] *f* frog.

grève [grɛv] *f* [arrêt du travail] strike ; ∼ *de la faim*, hunger-strike ; ∼ *perlée*, go-slow ; ∼ *sur le tas*, sit-down strike ; ∼ *du zèle*, work-to-rule ; *faire* ∼, strike ; *être en* ∼, be on strike ; *se mettre en* ∼, go on strike.

gréviste [grevist] *n* striker.

grièvement [grijɛvmã] *av* : ∼ *blessé*, grievously/seriously wounded.

griffe [grif] *f* claw.

griffer *v* (1) scratch ; claw.

griffonner *v* (1) scrawl, scribble, scratch.

grignoter [griɲɔte] *v* (1) nibble.

gril [gri(l)] *m* grid(iron), grill.

grillade [-jad] f CULIN. grill.

grillage [-jaӡ] m wire netting ; screen (à une fenêtre).

grille f [clôture] railing || [porte] gate || [foyer] grate.

grille-pain m inv toaster.

griller v (1) CULIN. grill ; roast (café) || [automobiliste] go through (feu rouge) || [ampoule] blow (out).

grillon m cricket.

grimace [-mas] f grimace ; faire des ~s, make faces (à, at).

grimer v (1) make up (en, as).

grimpant, e [grɛ̃pɑ̃, t] a : plante ~e, creeper.

grimper v (1) climb (up).

grimpeur, euse n climber.

grincer v (6) grate, creak, squeak || ~ des dents, grind one's teeth.

grippe [grip] f MED. influenza, flu (coll.).

grippé, e a : être ~, have (the) flu.

gris, e [gri] a/n grey || FAM. tipsy.

grisâtre [-zɑtr] a greyish.

grisonnant, e [-zɔnɑ̃] a greying.

grisonner v (1) turn grey.

grog [grɔg] m grog.

grognement [-ɲmɑ̃] m grunt ; grumble.

grogner v (1) [cochon] grunt ; [chien] growl, snarl || [personne] grumble.

grommeler [-mle] v (8a) grumble, mutter.

gronder v (1) [ton-

nerre] rumble || [chien] growl || scold (enfant).

groom [grum] m bellboy.

gros, se [gro, s] a big, large || fat (gras) || large, considerable (important) || jouer ~ jeu, play high || heavy (houleux) || bad (rhume) || ~ mot, bad word || en ~, broadly speaking ● m : COMM. prix de ~, wholesale price.

groseille [-zɛj] f currant ; ~ à maquereau, gooseberry.

grossesse [-sɛs] f pregnancy.

grosseur f size (dimension).

grossier, ère [grosje] a coarse (matière) || roughly done (sommaire) || rude (indélicat, insolent) || glaring (erreur).

grossièrement av coarsely ; roughly ; rudely.

grossièreté f coarseness, rudeness (vulgarité).

grossir v (2) grow bigger ||[personne] put on weight || make bigger (chose) ||[loupe] magnify || [vêtement] make (one) look bigger.

grossissant, e a PHYS. magnifying (verre).

grossiste n COMM. wholesale dealer.

grosso modo [-somodo] loc av roughly.

grotte [grɔt] f cave.

grouillant, e [grujɑ̃] a teeming, swarming (de, with).

grouiller v (1) : ~ de, be swarming/crawling with || FAM. se ~, get a move on.

groupe [-p] m group, party ;

en ~, in a group ‖ ~ de discussion, panel ‖ MED. ~ sanguin, blood-group ‖ ELECTR. ~ électrogène, generating sphere.

grouper v (1) group, arrange in group ‖ **se** ~, gather, cluster.

grue [gry] f ZOOL., TECHN. crane.

gruyère [-jɛr] m gruyère.

gué [ge] m ford ; passer à ~, ford.

guenon [gənɔ̃] f she-monkey.

guêpe [gɛp] f wasp.

guêpier m wasps'-nest.

guère [gɛr] av : [rarement] **ne** ... ~, hardly, scarcely ; [peu] not much/many.

guérir [gerir] v (2) heal (plaie) ; cure (qqn) [de, of] ; [plaie] heal ; [personne] recover, get well again.

guérison [-izɔ̃] f [malade] recovery.

guérisseur, euse n healer.

guerre [gɛr] f war ; en ~, at war ; déclarer la ~, declare war (à, on) ; ~ froide, cold war.

guet [gɛ] m : faire le ~, be on the look-out.

guetter [-te] v (1) watch (surveiller).

gueule [gœl] f [animal] mouth ‖ [figure] VULG. mug (sl.) ; ta ~!, shut your trap! (sl.) ‖ FAM. ~ de bois, hangover.

gui [gi] m mistletoe.

guichet [-ʃɛ] m window ; [bureau de poste] position ‖ [autoroute] ~ de péage, toll booth ‖ RAIL. ~ des billets, booking-office.

guide [-d] m [personne] guide ; [tourisme] courier ; [livre] guidebook ● f [scoutisme] Girl Guide.

guider v (1) guide, lead.

guidon m handle-bar.

guignol [-nɔl] m puppet-show, Punch and Judy show (spectacle) ; Punch (personnage).

guillemet [-jmɛ] m inverted comma ; mettre entre ~s, enclose in quotation marks.

guise [-z] f : à sa ~, as one pleases ; **en ~ de**, by way of.

guitare [-tar] f guitar.

Guyane [gɥijan] f Guiana.

gymnase [ʒimnaz] m gymnasium.

gymnastique [-astik] f gymnastics.

gynécologique [ʒinekɔlɔʒik] a gynaecological.

gynécologue [-g] n gynaecologist.

h

(L'« h » aspiré est indiqué par un astérisque.)

h [aʃ] m : bombe H, H-bomb ; heure H, zero hour.

habile [abil] *a* clever, skilful, handy.

habilement *av* cleverly, skilfully.

habileté *f* cleverness, skill.

habiller [-je] *v* (1) dress ‖ **s'~**, dress (o. s.), get dressed ‖ [soirée] dress up.

habitacle [-takl] *m* AV. cockpit.

habitant, e [-tã] *n* inhabitant.

habiter *v* (1) live (*dans*, in); inhabit, live in (pays, ville) ‖ occupy (maison).

habits [abi] *mpl* clothes.

habitude *f* habit; *avoir l'~ de*, be used to; *prendre/perdre l'~ de*, get into/out of the habit of ‖ *d'~*, usually.

habitué, e [-ɥe] *n* COMM. regular customer.

habituel, le *a* usual, regular, habitual, customary.

habituellement *av* usually.

habituer *v* (1) accustom ‖ **s'~**, get accustomed/used (*à*, to).

*****hache** [aʃ] *f* axe.

*****hacher** *v* (1) chop (up) ‖ CULIN. mince.

*****hachis** [-i] *m* CULIN. hash, minced meat; *~ Parmentier*, shepherd's pie.

*****haie** [ɛ] *f* hedge ‖ SP. *course de ~s*, hurdle-race.

*****haillons** [ajõ] *mpl* rags.

*****haine** [ɛn] *f* hate, hatred.

*****haïr** [air] *v* (58) hate.

Haïti [aiti] *f* Haiti.

haïtien, ne [aisjẽ, ɛn] *a/n* Haitian.

*****hâle** [ɑl] *m* (sun)tan, sunburn.

*****hâlé, e** *a* (sun)tanned.

haleine [alɛn] *f* breath; *hors d'~*, out of breath, breathless.

*****hâler** [ale] *v* (1) tan, sunburn (brunir).

*****haleter** [alte] *v* (8 b) pant, gasp.

*****halte** [alt] *f* stop-over ‖ stopping-place (lieu) ● *interj* : *~!*, stop!

haltère [-ɛr] *m* dumb-bell.

haltérophile [-erɔfil] *n* weightlifter.

*****hamac** [amak] *m* hammock.

hameçon [amsõ] *m* (fish-)hook.

*****hanche** [ã*f*] *f* hip.

*****handicap** [ãdikap] *m* handicap.

*****handicapé, e** *a* handicapped » *n* handicapped person; *~ moteur*, spastic.

*****handicaper** *v* (1) handicap.

*****hangar** [ãgar] *m* shed.

*****hanté, e** [ãte] *a* haunted.

*****hanter** *v* (1) haunt.

*****harasser** [arase] *v* (1) exhaust.

*****hardi, e** [ardi] *a* bold, daring.

*****hardiment** *av* boldly.

*****hareng** [arã] *m* herring; *~ saur*, red herring, kipper, bloater.

*****haricot** [ariko] *m* bean; *~s verts*, French beans.

harmonica [armɔnika] *m* mouth-organ.

harmonie *f* MUS. harmony.

harmonieux, euse *a* harmonious.

*__harpe__ [arp] *f* harp.

*__harpon__ *m* SP. spear ; *pêche au ~*, spear-fishing.

*__hasard__ [azar] *m* chance, luck ; *jeu de ~*, game of chance ; *au ~*, at random ; aimlessly (sans but) ; *par ~*, by chance.

*__hasarder__ [-de] *v* (1) risk.

*__hâte__ [ât] *f* haste, hurry ; *avoir ~ de faire qqch*, be eager to do sth ; *à la ~*, hastily ; *en ~*, hurriedly, in haste.

*__hâter__ *v* (1) : *se ~*, hasten, make haste, hurry.

*__hausse__ [os] *f* (prix, salaire) rise, increase.

*__hausser__ *v* (1) raise ‖ *~ les épaules*, shrug (one's shoulders).

*__haut, e__ [o, t] *a* (montagne, mur) high ; *de 6 pieds ~*, 6 feet high ‖ (arbre, personne) tall ‖ (marée) high ‖ (voix) loud ; *à voix ~e*, aloud ● *av* high ; loud ; *tout ~*, loudly (parler) ● *m* height ; *de 6 pieds de ~*, 6 feet in height ; *vers le ~*, upward(s) ‖ (caisse) "this side up" ‖ *en ~*, at the top, upstairs ; *de ~ en bas*, from top to bottom.

*__hautbois__ *m* oboe.

*__hauteur__ *f* height ; *quelle est la ~ de ?*, how high is...? ; *à mi~*, half-way up.

*__haut-parleur__ *m* loudspeaker.

hayon [εjɔ̃] *m* AUT. hatch, tailgate.

hebdomadaire [εbdɔmadεr] *a/m* weekly.

hébété, e [ebete] *a* dazed.

hébreu [ebrø] *a* Hebrew ● *m* (langue) Hebrew.

*__héler__ [ele] *v* (5) hail (taxi).

hélice [elis] *f* NAUT., AV. screw, propeller.

hélicoptère [-kɔptεr] *m* helicopter.

héliport *m* heliport.

helvétique [εlvetik] *a* : *Confédération ~*, Helvetic Confederacy.

*__hennir__ [εnir] *v* (2) neigh.

herbe [εrb] *f* grass ; *mauvaise ~*, weed ‖ MED. *~ médicinale*, herb ‖ CULIN. *fines ~s*, sweet herbs.

herbicide [-isid] *m* weedkiller.

*__hérisson__ [erisɔ̃] *m* hedgehog.

héritage [-taʒ] *m* inheritance ; *faire un ~*, inherit.

hériter *v* (1) inherit ; *~ (de) qqch*, inherit sth ; *~ d'une fortune*, come into a fortune ; *~ de qqn*, inherit sb's property.

héritier, ère *n* heir, -ess.

*__hernie__ [εrni] *f* rupture.

hésitant, e [ezitã] *a* hesitant, undecided.

hésitation *f* hesitation ; *sans ~*, unhesitatingly.

hésiter *v* (1) hesitate ; *sans ~*, without hesitating.

heure [œr] *f* (durée) hour ; *louer à l'~*, hire by the hour ; (classe) period ; (travail) *~s supplémentaires*, overtime ‖ (moment) time ; *quelle ~ est-*

il ?, what time is it ? ; *deux ~s dix*, ten past two ; *il est dix ~s moins cinq*, it is five to ten ; *à 2 ~s*, at 2 o'clock ‖ *~ d'été*, daylight-saving time ; *~ normale*, standard time ‖ *à l'~*, on time ; *à l'~ juste*, on the hour ; *c'est l'~!*, time is up! ; *toutes les ~s*, hourly ; *~s creuses*, off-peak hours ‖ *tout à l'~*, [passé] a short while ago ; [futur] in a little while, presently ; *à tout à l'~*, see you later ; *à l'~ actuelle*, at the present time ‖ *de bonne ~*, early.

heureusement [-øzmã] *av* luckily, fortunately.

heureux, euse *a* happy ; pleased, glad (satisfait) ‖ lucky (chanceux).

*****heurter** [-te] *v* (1) hit, strike, knock ‖ *se ~*, collide (à, with).

*****hibou** [-ibu] (*Pl* **hiboux**) *m* owl.

*****hic** [ik] *m* : *le ~ c'est que*, the snag is that.

hier [iɛr] *av* yesterday ; *~ matin*, yesterday morning ; *~ soir*, last night.

hirondelle [irɔ̃dɛl] *f* swallow.

hirsute [irsyt] *a* unkempt.

*****hisser** [ise] *v* (1) hoist ‖ *se ~*, climb.

histoire [istwar] *f* [science] history ‖ [récit] story ; *drôle*, joke ‖ *Pl* [ennui] trouble ; [manières] *faire des ~s*, make a fuss.

historique [-ɔrik] *a* historic(al).

hiver [ivɛr] *m* winter ; *d'~*, winter (journée, vêtements) ; wintry (temps).

*****hocher** [ɔʃe] *v* (1) : *~ la tête*, shake one's head.

*****hockey** [ɔkɛ] *m* hockey ; *~ sur glace*, ice-hockey.

hold-up [ɔldœp] *m inv* [banque] raid ; [train] hold-up.

*****hollandais, e** [ɔlãdɛ] *a* Dutch.

*****Hollandais, e** *n* Dutchman, -woman.

*****Hollande** *f* Holland ● *m* [fromage] Dutch cheese.

*****homard** [ɔmar] *m* lobster.

homme [ɔm] *m* man ; *jeune ~*, young man ; *~ d'affaires*, businessman.

homme-grenouille *m* frogman.

homo *n* FAM. gay (coll.).

homonyme [-ɔnim] *a* homonymous ● *m* homonym.

homosexuel, le *a/n* homosexual.

honnête [ɔnɛt] *a* honest (personne) ; decent (attitude, procédé).

honnêtement *av* honestly, decently.

honnêteté *f* honesty.

honneur *m* honour ‖ *faire à*, honour (engagements) ; do justice to (repas) ‖ *en l'~ de*, in honour of.

honorable [ɔnɔrabl] *a* honourable, respectable (personne) ; creditable (action) ; *peu* ~, disreputable.

honorer *v* (1) honour.

*honte [ɔt] *f* shame, disgrace ; *avoir* ~ *de*, be ashamed of ; *quelle* ~!, for shame !

honteux, euse *a* ashamed (*de*, of) ‖ disgraceful, shameful (action) ; *c'est* ~*x!*, it's a shame/disgrace !

hôpital [ɔpital] *m* hospital.

*hoquet [ɔkɛ] *m* hiccup ; *avoir le* ~, have the hiccups.

*hoqueter [-te] *v* (1) hiccup.

horaire [ɔrɛr] *a* hourly ● *m* RAIL. time-table, US schedule.

horizon [ɔrizɔ̃] *m* horizon ; *à l'*~, on the horizon.

horizontal, e, aux [-tal, o] *a* horizontal.

horizontalement *av* horizontally.

horloge [-lɔʒ] *f* clock ; ~ *parlante*, speaking clock.

horloger, ère *n* watch-maker.

horlogerie [-ri] *f* : *mouvement d'*~, clockwork.

horreur [ɔrœr] *f* horror ; *avoir* ~ *de*, hate.

horrible *a* horrible (affreux) ; horrid (épouvantable).

*hors [ɔrs] *p* outside ; ~ *jeu*, out of play ; ~ *de*, out of ; ~ *d'atteinte/de portée*, out of reach ; ~ *de propos*, beside the point ; ~ *de soi*, beside o. s.

*hors-bord *a* outboard (moteur) ● *m inv* speed-boat (bateau).

*hors-d'œuvre [-dœvr] *m inv* hors-d'œuvre.

*hors-taxes *a* duty free.

horticulteur, trice [-tikyltœr] *n* fruit-grower.

hospitaliser [ɔspitalize] *v* (1) hospitalize, send to hospital.

hospitalité *f* hospitality.

hostie [ɔsti] *f* host.

hostile [-l] *a* hostile.

hôte, esse [ot, ɛs] *n* host (qui reçoit) ; guest (invité).

hôtel *m* hotel ; *à l'*~, in/at a(n) hotel ; *descendre à l'*~, put up at a hotel ‖ ~ *de ville*, town hall.

hôtesse *f* hostess ‖ [tourisme] escort ‖ ~ *de l'air*, air-hostess ‖ → HÔTE.

*houblon [ublɔ̃] *m* hop(s).

*houille [uj] *f* coal ; ~ *blanche*, water-power.

*houle [ul] *f* swell.

*houppe [up] *f* : ~ *à poudre*, powder-puff.

*houx [u] *m* holly.

huer [ɥe] *v* (1) hiss, boo.

huile [ɥil] *f* oil ; ~ *de foie de morue*, cod-liver oil ; ~ *d'olive*, olive oil ; ~ *solaire*, suntan oil ; ~ *de table*, salad oil ‖ TECHN. ~ *de graissage*, lubricating oil.

huiler *v* (1) oil.

huileux, euse *a* oily.

huilier *m* (oil-cruet.

*huit [ɥit ; ɥi devant consonne] *a/m* eight ; *dans* ~ *jours*, in a week ; *d'aujourd'hui en* ~, today week, a week today.

huitaine [-ɛn] *f* : *dans une ~,* in a week or so.

huitième [-jɛm] *a/n* eighth.

huître [ɥitr] *f* oyster.

humain, e [ymɛ̃, ɛn] *a* human ‖ humane, kind (compatissant).

humanité [-anite] *f* mankind (genre humain).

humble [œ̃bl] *a* humble.

humblement [-əmɑ̃] *av* humbly.

humecter [ymɛkte] *v* (1) damp(en), moisten.

humeur *f* mood (disposition); *d'~ changeante,* moody; *être de bonne/mauvaise ~,* be in a good/bad humour/mood.

humide [-id] *a* wet (mouillé); humid (chaud); damp, raw (froid).

humidité *f* humidity; damp(ness).

humilier [-ilje] *v* (1) humiliate ‖ *s'~,* humble o.s.

humoriste [-ɔrist] *n* humorist.

humoristique *a* humorous (histoire).

humour [-ur] *m* humour.

*hurlement [yrləmɑ̃] *m* howl(ing) ‖ [douleur] yell, scream.

*hurler *v* (1) howl; yell.

*hutte [yt] *f* hut.

hydratant, e [idratɑ̃] *a* moisturizing.

hydraulique [idrolik] *a* hydraulic.

hydravion *m* seaplane.

hygiène [iʒjɛn] *f* hygiene.

hygiénique [-enik] *a* hygienic.

hymne [imn] *m* hymn; ~ *national,* national anthem.

hypermétrope [ipɛrmetrɔp] *a* long-sighted.

hypnotique [ipnɔtik] *a* hypnotic.

hypnotiser *v* (1) hypnotise, mesmerize.

hypnotisme *m* hypnotism, mesmerism.

hypocrisie [ipɔkrizi] *f* hypocrisy.

hypocrite *a* hypocritical ● *n* hypocrite.

hypodermique [-dɛrmik] *a* hypodermic.

hypothèse [-tɛz] *f* hypothesis.

i [i] *m.*

iceberg [isbɛrg] *m* iceberg.

ici [isi] *av* [lieu] (over) here; *d'~,* from here; *par ~,* this way (direction); around here (proximité) ‖ [temps] now; *jusqu'~,* up to now.

idéal, e, als [ideal] *a* ideal ● *m* (*Pl* **idéals, aux** [-al, -o]) ideal.

idéaliste *n* idealist.

idée f idea, notion ; *je n'en ai pas la moindre* ~, I haven't the slightest idea || ~ *fixe*, obsession.

identité [idãtite] f identity ; *carte d'*~, identity card.

idiomatique [idjomatik] a idiomatic.

idiot, e [idjo, ɔt] a idiotic • FAM. silly • n idiot, *faire l'*~, play the fool.

idiotisme [idjɔtism] m idiom.

idole [idɔl] f idol.

if [if] m yew(-tree).

ignorance [iɲɔrãs] f ignorance.

ignorant, e a ignorant || ~ *de*, unacquainted with.

ignorer v (1) be ignorant of ; know nothing about, not to know.

il [il] pr [masculin] he || [neutre] it || [impers.] it || *Pl* they.

île [il] f island, isle.

illégal, e, aux a illegal, unlawful.

illisible a illegible.

illuminer [ilymine] v (1) illuminate, light up.

illusion [-yzjõ] f illusion.

illusionniste [-jɔnist] n conjurer.

illustration [-ystrasjõ] f illustration.

illustré, e a illustrated.

illustrer v (1) illustrate.

ilot [ilo] m islet.

im- [ɛ̃ devant b et p ; i devant mm + voyelle] *préf.*

image [imaʒ] f picture.

imagination [-inasjõ] f imagination || fancy (fantaisie).

imaginer v (1) imagine, fancy || design (inventer) || *s'*~, fancy, imagine ; *s'*~ *que*, think that.

imbécile [ɛ̃besil] n idiot.

imberbe [ɛ̃bɛrb] a beardless.

imitation [imitasjõ] f imitation || copy (reproduction).

imiter v (1) imitate, copy.

immangeable [ɛ̃mãʒabl] a uneatable.

immédiat, e [imedja, t] a immediate || instant (soulagement).

immédiatement av immediately, at once ; instantly.

immense [imãs] a immense, vast.

immérité, e a undeserved.

immeuble [imœbl] m building ; block of flats (de rapport).

immigrant, e [imigrã] a/n immigrant.

immigration f immigration.

immigré, e a/n immigrant.

immigrer v (1) immigrate (*en*, into).

immobile a motionless, immobile.

impair, e a odd, uneven.

impasse f cul-de-sac, dead end || [cartes] finesse.

impatience f impatience.

impatient, e a impatient, eager ; *être* ~ *de*, look forward to.

impatienter (s') v (1) grow impatient.

impayé, e *a* unpaid.

impératif, ive [ε̃peratif] *a/m* imperative.

impériale *f* AUT. upper deck; *autobus à ~*, double decker (bus).

imperméable [ε̃pεrmeabl] *a* waterproof ● *m* waterproof, mackintosh, raincoat.

impoli, e *a* impolite.

importance [ε̃pɔrtɑ̃s] *f* importance, significance; *avoir de l'~*, be important; *ça n'a pas d'~*, it doesn't matter, that makes no difference.

important, e *a* important, significant ‖ outstanding (événement) ‖ considerable (somme) ‖ *peu ~*, unimportant ‖ FIG. prominent (position, rôle) ● *m* : *l'~ est de*, the main thing is to.

importateur, trice *n* importer.

importation *f* import.

importer 1 *v* (1) COMM. import.

importer 2 *v* (1) [être important] matter; *peu ~!*, never mind!; *n'~e comment*, anyhow; *n'~e où*, anywhere; *n'~e quand*, any time; *n'~e quel*, any; *n'~e qui*, anybody; *n'~e lequel*, anyone; *n'~e quoi*, anything.

importuner [-yne] *v* (1) bother.

imposant, e [ε̃pozɑ̃] *a* imposing, stately (majestueux).

imposer *v* (1) lay down (règle); prescribe, set (tâche); *en ~*

à, impress ‖ *s'~*, intrude (*à*, on); assert o.s.; [action] be necessary/essential.

impossible *a* impossible (*de*, to) ● *m* : *faire l'~*, do all one can, do one's utmost (*pour*, to).

impôt [ε̃po] *m* tax; *~ sur le revenu*, income-tax.

impresario [ε̃presarjo] *m* agent.

impression [ε̃presjɔ̃] *f* impression; *faire ~*, make an impression; *avoir l'~ que*, have a feeling that ‖ TECHN. print(ing).

impressionnant, e [-ɔnɑ̃] *a* impressive.

impressionner *v* (1) impress; upset.

imprévisible *a* unforeseeable.

imprévu, e *a* unforeseen, unexpected.

imprimé [ε̃prime] *m* print ‖ Pl [poste] printed matter.

imprimer *v* (1) print.

imprimerie [-ri] *f* printing office.

imprimeur *m* printer.

improbable *a* improbable, unlikely.

improvisé, e [ε̃provize] *a* improvised; extemporized (discours); scratch (dîner).

improviser *v* (1) improvise; extemporize (discours).

improviste (à l') *loc av* unexpectedly, without warning.

imprudemment *av* imprudently, unwisely; recklessly.

imprudence *f* carelessness, imprudence.

imprudent, e a careless, imprudent; unwise.

impur, e a impure.

in- [in devant voyelle ou h; i devant n ou r; ɛ̃ devant autre consonne] préf.

inachevé, e a unfinished, uncompleted.

inactif, ive a inactive, idle.

inadvertance [-advɛrtɑ̃s] f oversight; par ~, inadvertently.

inamical, e, aux a unfriendly.

inanimé, e a inanimate (corps) ‖ unconscious, senseless (évanoui).

inattendu, e [-atɑ̃dy] a unexpected.

inattentif, ive a inattentive.

inattention f absent-mindedness, distraction; faute d'~, careless mistake.

inaudible a inaudible.

incalculable a incalculable, countless.

incandescent, e [ɛ̃kɑ̃desɑ̃] a glowing.

incapable a incapable (de, of); unable (de faire, to do).

incarné, e [ɛ̃karne] a ingrown, ingrowing (ongle).

incassable a unbreakable.

incendie [ɛ̃sɑ̃di] m fire; ~ criminel, arson.

incendier v (1) set on fire, burn down.

incertain, e a uncertain (de, about); doubtful (renseignement, résultat); unsettled (temps).

incessant, e a unceasing.

incident [ɛ̃sidɑ̃] m incident.

inciter v (1) incite, prompt, encourage (à, to).

incliner [ɛ̃kline] v (1) slope, tilt (objet) ‖ bow (tête) ‖ s'~, bow, bend (sur, over; devant, before).

inclure [ɛ̃klyr] v (4) enclose, include.

inclus, e [-y, z] a included, inclusive.

incolore [-kɔlɔr] a colourless.

incommode a inconvenient ‖ uncomfortable (siège).

incommoder v (1) inconvenience, bother.

incomparable a incomparable, matchless.

incompétent, e a incompetent.

incomplet, ète a incomplete.

incompréhensible a incomprehensible.

inconfort m discomfort.

inconnu, e a unknown (de, to) ● n stranger (personne).

inconsciemment [ɛ̃kɔ̃sjamɑ̃] av unconsciously.

inconscient, e a/m unconscious.

inconvénient [ɛ̃kɔ̃venjɑ̃] m inconvenience, drawback; si vous n'y voyez aucun ~, if you don't mind.

incorrect, e a incorrect, wrong (renseignement) ‖ improper (tenue) ‖ impolite (langage).

incrédule a incredulous.

incroyable a unbelievable, incredible.

incruster [ɛ̃kryste] v (1) inlay.

incurable [ɛ̃kyrabl] a/n incurable.

Inde [ɛ̃d] f India.

indécence f indecency.

indécent, e a indecent.

indécis, e [ɛ̃desi] a indecisive ǁ undecided (momentanément).

indéfini, e a indefinite.

indéfiniment av indefinitely.

indélébile [ɛ̃delebil] a indelible.

indélicat, e a indelicate (sans tact).

indémaillable [ɛ̃demajabl] a ladderproof.

indemne [ɛ̃dɛmn] a unhurt.

indemnisation f compensation.

indemniser v (1) indemnify, compensate.

indemnité f indemnity ǁ [allocation] allowance ǁ ~ de chômage, dole.

indépendance f independence.

indépendant, e a independent.

index [ɛ̃dɛks] m forefinger (doigt).

indicateur [ɛ̃dikatœr] m RAIL. time-table, US schedule.

indicatif m GRAMM. indicative ǁ TÉL. dialling code ǁ RAD. signature tune.

indication f indication ; direction, piece of information.

indien, ne [ɛ̃djɛ̃] a Indian • f [nage] sidestroke.

indifférence f indifference (pour, to) ; coolness.

indifférent, e a indifferent (à, to) ; unconcerned (à, about).

indigène [ɛ̃diʒɛn] n native.

indigeste [ɛ̃diʒɛst] a indigestible, stodgy.

indigestion f indigestion ; avoir une ~, have an attack of indigestion.

indigne a unworthy (de, of).

indigné, e a indignant (de, at).

indigner v (1) make indignant ǁ s'~, become indignant (de/contre, at/with).

indiquer [ɛ̃dike] v (1) point out, show ; point (at/to) [du doigt] ; ~ à qqn le chemin de, show (sb) the way to, direct (sb) to ǁ recommend, tell of ǁ [instrument] register.

indirect, e a indirect.

indiscret, ète a indiscreet, inquisitive (personne).

indiscrétion f indiscretion (conduite, remarque).

indispensable a indispensable, essential.

indisponible a unavailable.

indisposé, e a MÉD. unwell ; [femme] être ~e, have one's period, be indisposed.

indisposition f MÉD. indisposition ; [femme] period.

indistinct, e a indistinct ; dim (contour, lumière) ; confused (son).

indistinctement av indistinctly (vaguement).

individu [ɛ̃dividy] m individual ǁ FAM. fellow, character ǁ PÉJ. customer.

individuel, le [-ɥɛl] *a* individual.

individuellement *av* individually.

indolore [-ɔr] *a* painless.

indulgent, e [ɛ̃dylʒɑ̃] *a* indulgent.

indûment [-mɑ̃] *av* unduly.

industrie [-stri] *f* industry.

industriel, le *a* industrial • *m* industriel, manufacturer.

inédit, e [inedi, it] *a* unpublished ‖ FIG. new.

inefficace *a* ineffective, ineffectual.

inégal, e, aux *a* unequal • uneven (irrégulier).

inélégant, e *a* inelegant.

inerte [inɛrt] *a* inert, lifeless.

inespéré, e *a* unhoped-for, unexpected.

inévitable *a* inevitable, unavoidable.

inévitablement *av* inevitably.

inexact, e [inɛgza, akt] *a* inaccurate, inexact.

inexpérimenté, e *a* inexperienced, unskilled.

inexplicable *a* inexplicable.

infanterie [ɛ̃fɑ̃tri] *f* infantry ; *l'~ de marine*, the marines.

infatigable *a* indefatigable, tireless.

infect, e [ɛ̃fɛkt] *a* foul.

infecter *v* (1) infect, contaminate ‖ *s'~*, [plaie] become septic/infected.

inférieur, e [ɛ̃ferjœr] *a* lower (lèvre) ; bottom (rayon) ‖ FIG.

inferior ; poor (qualité) ; *~ à*, inferior to, below.

infidèle *a* unfaithful (époux).

infidélité *f* infidelity, unfaithfulness (conjugale).

infini, e *a* infinite.

infiniment *av* infinitely.

infinité *f* infinity ; *une ~ de*, no end of.

infinitif *m* GRAMM. infinitive.

infirme *a* crippled • *n* cripple.

infirmerie [ɛ̃firməri] *f* infirmary.

infirmier, ère *n* male nurse, nurse.

infirmité *f* infirmity, disability.

inflammable [ɛ̃flamabl] *a* inflammable.

inflation [ɛ̃flasjɔ̃] *f* inflation.

influence [ɛ̃flyɑ̃s] *f* influence.

influencer *v* (6) influence.

informaticien, ne [ɛ̃fɔrmatisjɛ̃] *n* computer scientist.

information *f* information ; *une ~*, a piece of information ‖ *Pl* news.

informatique [-atik] *f* data processing ; [science] computer science.

informe *a* shapeless.

informer *v* (1) inform, tell (*sur*, about) ; *~ qqn*, let sb know ‖ *s'~*, inquire, ask (*de*, about).

infraction *f* offence (*à*, against) ; breach (*à*, of).

infrarouge [ɛ̃fra-] *a* infrared.

infuser [ɛ̃fyze] *v* : CULIN. (*faire*) *~*, infuse, brew (thé).

infusion *f* herb tea (tisane).

ingénieur [ɛ̃ʒenjœr] *m* engineer.

ingénieux, euse *a* ingenious.

ingénu, e *a* ingenuous.

ingrat, e [ɛ̃gra, t] *a* ungrateful (personne); awkward (âge); thankless (tâche).

ingratitude *f* ingratitude.

inhabité, e *a* unused to.

inhabituel, le *a* unusual.

inhalateur [inalatœr] *m* inhaler.

inhumain, e *a* inhuman.

inimitable *a* inimitable.

ininterrompu, e *a* unbroken (file, sommeil).

initiation [inisjasjɔ̃] *f* initiation.

initiative *f* initiative; *esprit d'~*, spirit of enterprise.

initier *v* (1) initiate (à, into) || *s'~*, learn, acquaint o.s. (à, with).

injecter [ɛ̃ʒɛkte] *v* (1) inject.

injecteur *m* TECHN. injector.

injection *f* TECHN. injection || AUT. *moteur à ~*, fuel-injection engine || MED. injection (piqûre); *~ de rappel*, booster injection; *douche* (gynécologique).

injure [ɛ̃ʒyr] *f* insult; *faire ~ à*, offend || *Pl* abuse.

injurier *v* (1) insult, abuse.

injuste *a* unjust || unfair (partial) [*envers*, to].

injustice *f* injustice; unfairness.

inné, e *a* innate, inborn.

innocent, e [inɔsɑ̃] *a* innocent, guiltless (non coupable).

innombrable *a* innumerable.

inoffensif, ive *a* innocuous, harmless.

inondation [inɔ̃dasjɔ̃] *f* flood, inundation.

inonder *v* (1) flood.

inopportun, e *a* untimely.

inoubliable *a* unforgettable.

inouï, e [inwi] *a* unheard-of.

inoxydable *a* rust-proof; stainless (acier).

inquiet, ète [ɛ̃kjɛ, t] *a* worried, uneasy (*au sujet de*, about); anxious (*de*, for/about).

inquiéter [-ete] *v* (1) worry, disturb || *s'~*, worry, trouble (o.s.) [*de*, about].

inquiétude *f* worry, care (souci) || concern (crainte).

inscrire *v* (44) write (down) || enroll (qqn); *se faire ~*, put one's name down, enter one's name (à, for) || *s'~*, register, enrol || *s'~ à l'hôtel*, check in.

insecte [ɛ̃sɛkt] *m* insect; *~ nuisible*, pest.

insecticide [-isid] *a* : *bombe ~*, insect spray; *poudre ~*, insect-powder, insecticide.

insensible *a* insensitive (à, to) || imperceptible (mouvement).

insigne [ɛ̃siɲ] *m* badge.

insignifiant, e [-niɲjɑ̃] *a* trifling, slight (chose); insignificant (personne).

insinuation [-nyasjɔ̃] *f* innuendo.

insipide [-pid] *a* insipid, tasteless.

insister [-ste] *v* (1) insist/stress, lay stress (*sur*, on).

insolation [ɛ̃sɔlasjɔ̃] *f* sunstroke.

insolence *f* insolence.

insolent, e *a* insolent.

insomnie [-mni] *f* sleeplessness, insomnia.

insonore *a* sound-proof.

insonoriser *v* (1) sound-proof.

insouciance [ɛ̃susjɑ̃s] *f* carelessness.

insouciant, e *a* happy-go-lucky, care-free, casual.

inspecter [ɛ̃spɛkte] *v* (1) inspect, examine.

inspecteur, trice *n* inspector.

inspiration [ɛ̃spirasjɔ̃] *f* inspiration.

inspirer *v* (1) inspire.

instable *a* unstable ǁ unsettled (temps).

installation [ɛ̃stalasjɔ̃] *f* TECHN. installation, plant (appareil) ; ~ *sanitaire*, plumbing ǁ Pl (maison) fittings.

installer *v* (1) install (appareil) ; lay on (eau, gaz) ; put in (électricité) ǁ settle (qqn) ǁ *s'*~, settle (down) ǁ set up house, settle in (emménager).

instant [ɛ̃stɑ̃] *m* moment, instant ; *à chaque* ~, at every moment ; *un* ~*!*, just a minute! ; *à l'*~, just now.

instantané, e [-tane] *a* instantaneous ● *m* PHOT. snap (-shot).

instinct [ɛ̃stɛ̃] *m* instinct.

instinctif, ive [-ktif] *a* instinctive.

instinctivement *av* instinctively.

institut [ɛ̃stity] *m* institute ǁ ~ *de beauté*, beauty-parlour.

instituteur *m* school-teacher.

institution *f* institution ǁ (école) private school.

institutrice *f* schoolmistress.

instruction [ɛ̃stryksjɔ̃] *f* education, schooling (enseignement) ; *avoir reçu une bonne* ~, be well educated ; *sans* ~, uneducated ǁ Pl instructions, directions (mode d'emploi).

instruire [-ɥir] *v* (2) teach, educate (enseigner) ǁ *s'*~, learn ; improve one's mind (se cultiver).

instrument [ɛ̃strymɑ̃] *m* instrument.

instrumentiste [-tist] *n* instrumentalist.

insu de (à l') *loc p* unknown to ; *à mon* ~, without my knowledge.

insuffisamment *av* insufficiently.

insuffisant, e *a* insufficient ; scant (portion).

insulaire [ɛ̃sylɛr] *n* islander.

insuline [-lin] *f* insulin.

insulte [-t] *f* insult ǁ Pl abuse.

insulter *v* (1) insult.

insupportable *a* unbearable.

intact, e [ɛ̃takt] *a* intact.

intégral, e, aux [ɛ̃tegral, o] *a* complete.

intégralement *av* completely.

intègre [ɛ̃tɛgr] *a* upright, honest.

intellectuel, le [ɛ̃tɛlɛktɥɛl] *a* intellectual • *n* intellectual ‖ PEJ. highbrow.

intelligence [-iʒɑ̃s] *f* intelligence ‖ understanding (compréhension).

intelligent, e *a* intelligent, clever.

intendant, e [ɛ̃tɑ̃dɑ̃] *n* [école] bursar.

intense [-s] *a* intense, severe (froid) ; strenuous (effort).

intention *f* intention, purpose ; *avoir l'~ de*, intend/mean to ‖ *à l'~ de*, (meant) for ‖ *Pl* views.

inter [ɛ̃tɛr] *m* abrév. = INTER-URBAIN • préf.

interchangeable *a* interchangeable.

interdiction *f* prohibition ; ban (*de*, on).

interdire *v* (63) forbid ; prohibit, ban ; *~ qqch à qqn*, forbid sb sth ; *il est ~it de fumer*, no smoking.

intéressant, e [ɛ̃terɛsɑ̃] *a* interesting.

intéressé, e *a* interested ‖ PEJ. self-seeking.

intéresser *v* (1) interest ‖ concern (concerner) ‖ *s'~ à*, be interested in.

intérêt [-ɛ] *m* interest ; *sans ~*, uninteresting ‖ interest, profit (avantage).

intérieur, e [-jœr] *a* inner, inside, interior ‖ inland (commerce) ‖ home (politique) • *m* inside ; interior ‖ *à l'~ de*, inside ; *d'~*, indoor (jeu, vêtement).

intérieurement *av* inwardly.

intérim [-im] *m* : *travailler par ~*, temp.

intérimaire *a* interim, acting, temporary.

interjection [ɛ̃tɛrʒɛksjɔ̃] *f* interjection.

interloqué, e [-lɔke] *a* nonplussed, taken aback.

intermédiaire [-medjɛr] *a* intermediate.

interminable *a* endless.

internat [-na] *m* boarding-school.

international, e, aux *a* international.

interne *a* internal, inner • *n* [école] boarder.

interphone [-fɔn] *m* intercom.

interposer *v* (1) interpose (*entre*, between) ‖ *s'~*, intervene, interpose (*entre*, between).

interprétation [-pretasjɔ̃] *f* interpretation, rendering.

interprète [-ɛt] *n* interpreter (traducteur) ‖ MUS. interpreter.

interpréter [-ete] *v* (5) MUS., TH. perform, render, interpret.

interrogatif, ive *a* GRAMM. interrogative.

interrogation *f* interrogation ‖ [école] *~ écrite*, written test.

interroger [-ʒe] *v* (7) interrogate, question ‖ [école] examine.

interrompre v (90) interrupt, break (activité); break in on (conversation) ‖ ELECTR. cut off (courant) ‖ s'~, break off, stop speaking.

interrupteur [-yptœr] m ELECTR. switch.

interruption [-ypsjɔ̃] f interruption, break ‖ MED. ~ de grossesse, termination of pregnancy.

interurbain, e a : TEL. communication ~e, trunk/US long-distance call.

intervalle [-val] m [espace] interval, gap ‖ space of time; dans l'~, (in the) meantime.

intervenir v (2) intervene ‖ FAM. come in.

interview [-vju] f interview.

interviewer [-vjuve] v (1) interview.

intestin [ɛ̃tɛstɛ̃] m intestine.

intime [ɛ̃tim] a intimate ‖ ami ~, close friend ‖ private (réunion) ‖ homelike (atmosphère).

intimement av intimately.

intimidé, e [-mide] a self-conscious.

intimider v (1) intimidate.

intimité f intimacy ‖ privacy (vie privée).

intituler [-tyle] v (1) entitle, head.

intonation [ɛ̃tɔnasjɔ̃] f intonation.

intoxication [-ksikasjɔ̃] f MED. intoxication; ~ alimentaire, food-poisoning.

intoxiqué, e [-ke] n addict.

intoxiquer v (1) poison.

intramusculaire [ɛ̃tramyskylɛr] a intramuscular.

intransitif, ive a intransitive.

introduction [ɛ̃trɔdyksjɔ̃] f introduction.

introduire [-ɥir] v (85) introduce; insert (clef) ‖ show/ usher in (qqn).

intrus, e [ɛ̃try, z] a intruding • n intruder ‖ JUR. trespasser.

intuition [ɛ̃tɥisjɔ̃] f intuition.

inusable a hardwearing.

inusité, e a not in use.

inutile a useless.

inutilement av uselessly, needlessly.

inutilité f uselessness.

inventaire [ɛ̃vɑ̃tɛr] m COMM. stock-taking; faire l'~, take stock.

inventer v (1) invent, contrive ‖ FIG. devise; coin (mot).

inventeur, trice n inventor, discoverer.

invention f invention.

inverse [ɛ̃vɛrs] a/m inverse; en sens ~, in the opposite direction.

inverser v (1) invert, reverse.

invisible a invisible.

invitation [ɛ̃vitasjɔ̃] f invitation.

invité, e n guest.

inviter v (1) invite; ~ qqn (chez soi), ask sb round; ~ qqn à dîner, ask sb for/to dinner.

involontaire a involuntary, unintentional.

involontairement av involuntarily.

invraisemblable a improbable, unlikely.

iode [jɔd] m iodine ; *teinture d'~*, tincture of iodine.

ir- [ir] préf.

irlandais, e [irlɑ̃dɛ] a Irish • m [langue] Irish.

Irlandais, e n Irishman, -woman ; *les ~*, the Irish.

Irlande f Ireland.

ironie [irɔni] f irony.

ironique a ironical.

ironiquement av ironically.

irons, ont [irɔ̃] → ALLER.

irréfléchi, e a thoughtless, unconsidered (action, parole).

irrégulier, ère a irregular ‖ erratic (mouvement).

irremplaçable a irreplaceable.

irréparable a irreparable, unmendable.

irresponsable a irresponsible.

irriter [irite] v (1) irritate ‖ chafe (par frottement).

islam [islam] m REL. Islam.

islamique a Islamic.

isolant, e [izɔlɑ̃] a insulating.

isolé, e a isolated ‖ lonely (maison) ‖ remote (lieu) ‖ detached (mot).

isoler v (1) isolate ‖ ELECTR. insulate.

Israël [israɛl] m Israel.

Israélien, ne [-eljɛ̃] n Israeli.

Israélite n Israelite.

issue [isy] f outlet, exit.

Italie [itali] f Italy.

Italien, ne n Italian.

italien, ne a Italian • m [langue] Italian.

italique a/m italic.

itinéraire [itinerɛr] m itinerary, route.

ivoire [ivwar] m ivory.

ivre [ivr] a drunk(en) ; *~ mort*, dead drunk.

ivresse f drunkenness, intoxication.

ivrogne, esse [-ɔɲ] n drunkard.

j

j [ʒi] m : *jour J*, D-Day.

jaillir [ʒajir] v (2) [liquide] spring (up), gush (out), spurt (out) [de, from] ‖ [flamme] shoot up.

jalousie [ʒaluzi] f jealousy.

jaloux, ouse [-u, z] a jealous, envious (de, of).

jamais [ʒamɛ] av [négatif] never ; [positif] ever ; *~ plus*, never more ; *à ~*, for ever ; *presque ~*, hardly ever.

jambe [ʒɑ̃b] f leg.

jambon m ham.

jante [ʒɑ̃t] f rim.

janvier [ʒɑ̃vje] m January.

jardin [ʒardɛ̃] *m* garden ; ~ *potager*, kitchen garden ǁ ~ *d'enfants*, kindergarten.

jardinier, ère *n* gardener ǁ ~*ière d'enfants*, kindergarten mistress.

jargon [ʒargɔ̃] *m* gibberish ǁ PEJ. jargon.

jarretelle [ʒartɛl] *f* suspender, US garter.

jarretière *f* garter.

jauge [ʒoʒ] *f* AUT. [essence] petrol gauge ; [huile] dip-stick.

jaunâtre [ʒonatr] *a* yellowish.

jaune *a* yellow ● *m* yellow ǁ ~ *d'œuf*, yolk ǁ PEJ. blackleg (briseur de grève).

jaunir *v* (2) turn yellow.

jaunisse [-is] *f* jaundice.

Javel (eau de) [ʒavɛl] *f* bleaching water.

je [ʒə], **j'** [ʒ] (devant voyelle ou « h » muet) pr I.

Jésus(-Christ) [ʒezy(kri)] *m* Jesus (Christ) ; *après/avant J.-C.*, A.D./B.C.

jet [ʒɛ] *m* jet ǁ fountain.

jetée [ʒəte] *f* pier, jetty.

jeter *v* (8a) throw, cast ǁ fling, hurl (violemment) ; throw away, cast off, chuck (away) [se débarrasser] ǁ NAUT. ~ *l'ancre*, cast anchor ǁ se ~ *sur*, go/rush at ; [fleuve] flow (*dans*, into).

jeton *m* [jeu] counter ; [poker] chip ǁ TEL. token.

jeu [ʒø] *m* game ǁ [jouer] ~ *de cartes*, pack of cards ; hand (main) ǁ ~ *d'argent*, gambling ; ~ *de hasard*, game of chance ;

~ *de mots*, play on words, pun ; *Jeux Olympiques*, Olympic games ; ~ *de société*, parlour game ǁ TV ~ *concours*, quiz ǁ SP. play ; *hors* ~, out of play ; *franc* ~, fair play ǁ MUS. [orgue] stop ǁ TECHN. play ǁ FIG. *vieux* ~, old-fashioned ; square (coll.) [personne].

jeudi [-di] *m* Thursday.

jeun (à) [ʒœ̃] *loc av* on an empty stomach (de nourriture) ; sober (de boisson).

jeune *a* a young ; ~ *fille*, girl ; ~*s gens*, young people ; ~ *homme*, young man.

jeûne [ʒøn] *m* fast.

jeûner *v* (1) fast.

jeunesse [ʒœnɛs] *f* youth ; boyhood, girlhood.

jockey [ʒɔkɛ] *m* jockey.

jogging [dʒɔgiŋ] *n* : *faire du* ~, jog, go jogging.

joie [ʒwa] *f* joy.

joindre [ʒwɛ̃dr] *v* (59) join ; connect (*à*, to) ǁ enclose (insérer) ; annex (document) ǁ ~ *les mains*, join hands ǁ se ~ *à*, join.

joint [ʒwɛ̃] *m* TECHN. joint ǁ ARG. [drogue] joint (sl.).

joker [ʒɔkɛr] *m* joker.

joli, e [ʒɔli] *a* pretty, nice, good-looking.

joncher [ʒɔ̃ʃe] *v* (1) strew, litter.

jongler [ʒɔ̃gle] *v* (1) juggle.

jongleur, euse *n* juggler.

jonquille [ʒɔ̃kij] *f* daffodil.

joue [ʒu] *f* cheek.

jouer [ʒwe] *v* (1) play ; *bien/mal* ~, play a good/bad game ; *c'est à vous de* ~, [cartes] it's your turn (to play), [échecs] it's your move || [échecs] move (pièce) ; [jeux d'argent] gamble ; stake (une somme) ; back (cheval) || SP. play ; ~ *en déplacement*, play away || CIN., TH. play, act ; put on (pièce), show (film) || TECHN. work, be loose (avoir du jeu).

jouet [-ɛ] *m* toy ; ~ *mécanique*, clockwork toy.

joueur, euse *n* player ; *bon/mauvais* ~, good/bad loser || [jeux d'argent] gambler.

jouir *v* (2) : ~ *de*, enjoy || [sexe] come (sl.).

jouissance [-isɑ̃s] *f* enjoyment || pleasure.

jour [ʒur] *m* [24 heures] day ; *par* ~, per day, a day ; *donner ses huit* ~*s* (à), give a week's warning (to) || [date] day ; *quel* ~ *sommes-nous ?*, what day is it today ? ; ~ *de l'An*, New Year's Day ; ~ *de congé*, day off ; ~ *férié*, Bank Holiday ; ~ *de fête*, holiday ; ~ *de naissance*, birthday ; ~ *de semaine*, week day || *tous les* ~*s*, every day, daily ; *tous les deux* ~*s*, every other day ; *tous les huit* ~*s*, once a week ; *dans huit* ~*s*, a week from today, today week ; *il y a aujourd'hui huit* ~*s*, this day last week ; *il y a eu hier huit* ~*s*, a week ago yesterday,

yesterday week || *mettre à* ~, bring up-to-date || [époque] day, time ; *de nos* ~*s*, nowadays ; *de tous les* ~*s*, for every day use || [lumière] daylight ; *de* ~, by day(light) ; *il fait* ~, it is daylight.

journal, aux [-nal, o] *m* (news)paper || diary (intime) || RAD. ~ *parlé*, news(cast).

journaliste *n* journalist.

journée *f* day(time).

joyeux, euse [ʒwajø] *a* joyful, cheerful.

judo [ʒydo] *m* judo.

juge [ʒyʒ] *m* JUR. judge ; ~ *de paix*, Justice of the Peace.

jugement *m* [opinion] judgment || JUR. sentence.

juger *v* (7) JUR. judge, try || FIG. judge, consider, think.

juif, ive [ʒɥif] *a* Jewish.

Juif *m* Jew.

juillet [ʒɥijɛ] *m* July.

juin [ʒɥɛ̃] *m* June.

Juive *f* Jewess.

jumeau, elle [ʒymo] *a* a twin (frère, sœur) || semi-detached (maison) ● *n* twin.

jumelé, e [-le] *a* : *villes* ~*es*, twin cities.

jumelle(s) *f(pl)* binoculars ; ~*s de théâtre*, opera glasses.

jument *f* mare.

jupe [ʒyp] *f* skirt ; ~ *fendue*, split skirt.

jupon *m* petticoat.

jurer [-re] *v* (1) swear, vow (promettre) || swear, curse (blasphémer) [*contre*, at] || FIG. [couleurs] jar, clash (*avec*, with).

juron *m* oath, swear-word, curse.

jury [-ri] *m* [examen] board of examiners.

jus [ʒy] *m* juice ; ~ **de fruits**, fruit juice ‖ CULIN. gravy.

jusque [ʒysk] (**jusqu'** devant voyelle) *p* : [espace] ~ **à** (au, aux), as far as, down/up to ; ~ **au bout**, as far as the end ; ~ **ici**, this far ; ~ **où ?**, how far ? ‖ [temps] till, until, up to ; ~ **alors**, till then ; ~ **à présent**, until now, so far ‖ [quantité] as much/many as ‖ [série] to ; ~

au dernier, to the last one ‖ ~ **à ce que**, till, until.

juste [ʒyst] *a* right, exact, correct (exact) ; le mot ~, the right word ‖ tight (vêtement) ‖ MUS. in tune • *av* exactly, just (exactement) ‖ right ; ~ **au coin**, right at the corner ‖ MUS. chanter ~, sing in tune.

justement *av* justly, rightly ‖ precisely.

justice [-is] *f* justice, fairness.

justifier *v* (1) justify ; bear out ‖ explain away (excuser).

k

k [ka] *m*.

kayak [kajak] *m* kayak.

kermesse [kɛrmɛs] *f* bazaar.

kidnapper [kidnape] *v* (1) kidnap.

kilo(gramme) [kilo(gram)] *m* kilo(gram).

kilométrage *m* AUT. mileage.

kilomètre *m* kilometre.

kilowatt *m* kilowatt.

kinésithérapeute [kineziterapøt] *n* physiotherapist.

kiosque [kjɔsk] *m* [journaux] kiosk, stall.

kit [kit] *m* kit.

klaxonner [klaksɔne] *v* (1) AUT. hoot, sound the horn.

knock-out [nɔkaut] (abrév. *K.O.* [kao]) *m inv* SP. knock-out ; mettre ~, knock out ; déclarer K.O., count out.

l

l [ɛl] *m*.

la 1 [la] (**l'** devant voyelle ou « h » aspiré) → LE.

la 2 *m* MUS. A.

là *av* [lieu] there ‖ [temps] then ; jusque ~, till then ‖ **par** ~, that way ; ~**-bas**, down/over there ; ~**-dedans**, in there ; ~**-dessous**, under there ; ~**-dessous**, under there ;

dessus, on that ; **~-haut**, up there.

laboratoire [labɔratwar] *m* laboratory.

labourer [-ure] *v* (1) plough.

labyrinthe [-irɛ̃t] *m* maze.

lac [lak] *m* lake.

lacer [lase] *v* (6) lace (up).

lacet [-ɛ] *m* shoe-lace ; [route] twist ; en ~, winding.

lâche 1 [lɑʃ] *a* cowardly ● *n* coward.

lâche 2 *a* slack (corde) ; loose (nœud).

lâcher *v* (1) let go of (qqch) ; drop (laisser tomber) ‖ FIG. drop (qqn) ‖ [frein] fail.

lacrymogène [lakrimɔʒɛn] *a* : gaz ~, tear-gas.

lacté, e [lakte] *a* milky ; régime ~, milk diet.

laïc [laik] *a* = LAÏQUE.

laid, e [lɛ, d] *a* ugly ; plain.

laideur *f* ugliness (personnes).

laine [lɛn] *f* wool ; de ~, woollen ; ~ de verre, glass-wool.

laineux, euse *a* woolly.

laïque [laik] *a* a lay ● *n* layman, -woman.

laisse [lɛs] *f* lead ; en ~, on a lead.

laisser *v* (1) leave (abandonner) ‖ let, allow (permettre) ~ tomber, let fall ; FIG. fail (personne) ‖ *se* ~ *aller*, let o.s. go.

laisser-aller *m inv* carelessness, slovenliness.

lait [lɛ] *m* ~ milk ; ~ *caillé*, curd, junket ; ~ *écrémé*, skim-milk ; ~ *en poudre*, milk-powder.

laiterie [-tri] *f* dairy.

laiteux, euse *a* milky.

laitue *f* lettuce.

lambeau [lɑ̃bo] *m* shred ; en ~x, in tatters/rags.

lame 1 [lam] *f* wave.

lame 2 *f* [couteau, etc.] blade ; ~ *de rasoir*, razor-blade.

lampadaire [lɑ̃padɛr] *m* street lamp.

lampe *f* lamp ; ~ *à alcool*, spirit-lamp ; ~ *(de poche) électrique*, torch ; ~ *à rayons UV*, sun-lamp ; ~ *témoin*, pilot-lamp ; ~ *tempête* hurricane-lamp ‖ RAD. valve, US tube.

lance [lɑ̃s] *f* : ~ *d'arrosage*, nozzle.

lance-pierres *m inv* [jouet] catapult.

lancer *v* (6) throw ‖ toss (en l'air) ; hurl, fling (violemment) ‖ TECHN. launch (fusée, navire) ‖ SP. pitch (balle) ; throw (disque) ; put (poids) ; [pêche] cast ‖ COMM. promote (article, etc.) ● *m* SP. throwing, putting ; [pêche] casting.

lande [lɑ̃d] *f* moor, heath.

langage [lɑ̃gaʒ] *m* language.

langouste [lɑ̃gust] *f* spiny lobster.

langue 1 [lɑ̃g] *f* tongue (organe) ; tirer la ~, put out one's tongue.

langue 2 *f* language ; ~ *familière*, colloquial language ; ~ *maternelle*, mother tongue ; ~ *vivante*, living language ; ~

lanière [lanjɛr] *f* strap, thong.

lanterne [lɑ̃tɛrn] *f* lantern.

lapin [lapɛ̃] *m* rabbit ‖ FAM. *poser un ~ à qqn,* stand sb up.

lapsus [lapsys] *m* slip (of the tongue).

laque [lak] *f* lacquer.

laquelle → LEQUEL.

laquer *v* (1) lacquer.

lard [lar] *m* bacon.

large [larʒ] *a* wide, broad ; loose, full (vêtement) ● *m* : 3 mètres de ~, 3 metres wide ‖ NAUT. open sea ; *au ~ de,* off.

largement *av* broadly, widely ‖ FIG. *nous avons ~ le temps,* we have plenty of time.

largeur *f* width, breadth ; *dans le sens de la ~,* breadthwise.

larguer [-ge] *v* (1) AV. drop.

larme [larm] *f* tear ; *en ~s,* tearful ; *fondre en ~s,* burst into tears ‖ FIG. dash, drop (de liquide).

las, se [lɑ, s] *a* weary.

laser [lazœr] *m* laser.

lasser [lɑse] *v* (1) weary, tire ‖ *se ~,* grow weary (de, of).

lassitude *f* weariness.

latin, e [latɛ̃, in] *a* latin ● *m* [langue] Latin.

latitude *f* latitude.

laurier [lɔrje] *m* laurel ‖ CULIN. bay leaves.

lavable [lavabl] *a* washable.

lavabo *m* wash-basin ‖ *Pl* toilet (w.-c.).

lavage *m* wash(ing).

lavande [-ɑ̃d] *f* lavender.

lave-glace *n* AUT. windscreen washer.

laver *v* (1) wash ; *~ la vais-*selle, wash up, do the dishes ‖ *se ~,* wash, have a wash ; *se ~ les mains,* wash one's hands ; *se ~ la tête,* wash one's hair.

laveuse *f* washerwoman.

lave-vaisselle *m inv* dishwasher.

laxatif, ive [laksatif] *a/m* laxative.

le 1 [lə], **la** [la] (**l'** devant voyelle ou « h » muet), **les** [le] *art déf m/f/pl* the.

le 2, la, l', les *pr m/f/pl* him, her, it ; them.

le 3, l' *pr neutre* so ; it, one ; je ~ *pense,* I think so.

lèche [lɛʃ] *f* : FAM. *faire de la ~,* suck up (à, to).

lécher [leʃe] *v* (5) lick.

lèche-vitrine *m inv* : FAM. *faire du ~,* go window-shopping.

leçon [ləsɔ̃] *f* lesson ; ~ *particulière,* private lesson ; *réciter sa ~,* say one's lesson.

lecteur, trice [lɛktœr] *n* reader ‖ *m ~ de disquettes,* disc drive.

lecture *f* reading.

légal, e, aux [legal, o] *a* legal.

légalement *av* legally.

légende [leʒɑ̃d] *f* legend ‖ [carte] key.

léger, ère [-e, ɛr] *a* light (poids) ; thin (vêtement) ‖ FIG. mild (beer) ; weak (thé) ; gentle (coup, brise, pente) ; slight (faute) ; *à la ~ère,* hastily, inconsiderately.

légèrement *av* lightly; slightly.

légèreté *f* lightness.

légitime [-itim] *a* legitimate, lawful || *en état de ~ défense*, in self-defence.

légume [legym] *m* vegetable; *~s verts*, greens.

lendemain [lɑ̃dmɛ̃] *m* : *le ~*, the next day, the day after; *du jour au ~*, overnight || FAM. *~ de cuite*, morning after.

lent, e [lɑ̃] *a* slow.

lentement *av* slowly.

lenteur *f* slowness.

lentille [-tij] *f* BOT., CULIN. lentil || PHYS. lens; *~s cornéennes*, contact lenses.

lequel [ləkɛl], **laquelle** [lakɛl], **lesquels, lesquelles** [lekɛl] *a* which ● *pr interr* which ● *pr rel* [personnes] who; whom/whose || [choses] which || *formes contractées avec à* : *auquel, auxquels, auxquelles* p. + which; *auquel cas*, in which case; avec *de* : *duquel, desquels, desquelles* pr rel → DONT, QUI, QUE.

les [le] → LE.

lessive [lɛsiv] *f* washing powder (produit) || washing (lavage) || wash(ing) [linge]; *faire la ~*, do the washing.

lettre [lɛtr] *f* letter (caractère, message); *en toutes ~s*, in full.

leur [lœr] *a poss* their ● *pr poss* : *le/la ~, les ~s*, theirs || *Pl* : *les ~s*, their own (friends/fa-mily) ● *pr pers* (to) them; *je ~ ai dit*, I told them.

levain [ləvɛ̃] *m* leaven.

levant *a* rising (soleil) ● *m* east.

levé, e *a* up (debout); *il est ~*, he is up ● *f* [lettres] collec-tion || [cartes] trick.

lever *v* (1) raise, lift || pull up (vitre) || raise (main) || pull up (vitre) || raise (main) || *les yeux*, look up || CULIN. [pâte] rise || *se ~*, stand/get up, rise; get out (du lit); *se ~ de table*, rise from table; [soleil] rise; [temps] clear.

levier *m* lever.

lèvre [lɛvr] *f* lip.

levure [ləvyr] *f* yeast.

lézard [lezar] *m* lizard.

liaison [liezɔ̃] *f* (love) affair; *avoir une ~ avec*, carry on with.

liant, e [ljɑ̃] *a* sociable; *peu ~*, standoffish.

Liban [libɑ̃] *m* Lebanon.

libanais, e *a/n* Lebanese.

libéral, e, aux [-eral, o] *a* liberal.

libérer *v* (1) free, liberate || *se ~ de*, free/disengage o.s. from.

liberté [-ɛrte] *f* liberty, freedom.

libraire [librɛr] *n* bookseller.

librairie *f* book-shop.

libre *a* free; *~ de*, free from || spare (temps); off duty (pas de service) || vacant (chambre, siège) || [taxi] "for hire"; *pas ~*, engaged || clear (route) || private (école).

librement *av* freely.

libre penseur, euse *n* free-thinker.

libre-service *m* self-service store ; cafeteria (restaurant).

licence [lisɑ̃s] *f* [université] degree.

licencié, e *a/n* graduate ; ~ ès lettres, bachelor of Arts.

licenciement [-imɑ̃] *m* lay-off, redundancy.

licencier *v* (1) dismiss.

liège [ljɛʒ] *m* cork ; à bout de ~, cork-tipped.

lien [ljɛ̃] *m* bond, tie.

lier [lje] *v* (1) bind, tie (up).

lierre [ljɛr] *m* ivy.

lieu [ljø] *m* place, spot ‖ au ~ de, instead of ‖ avoir ~, take place ; s'il y a ~, if necessary ‖ tenir ~ de, serve as.

lièvre [ljɛvr] *m* hare.

liftier [liftje] *m* lift-boy.

ligne [liɲ] *f* line ; ~ en pointillé, dotted line ; à la ~!, new paragraph! ‖ RAIL. ~ de chemin de fer, railway line ; grande ~, main line ‖ AV. ~ aérienne, airline ‖ TÉL. line ; ~ interurbaine, trunk line ‖ SP. line ; ~ de départ, mark ; [pêche] fishing line ‖ FIG. garder la ~, keep one's figure.

lime [lim] *f* file ; ~ à ongles, nail-file.

limer *v* (1) file.

limitation [-itasjɔ̃] *f* limitation ; ~ des naissances, birth control ; ~ de vitesse, speed limit.

limite *f* limit ‖ [pays] boundary ; sans ~, boundless ‖ date/dernière ~, dead-line.

limiter *v* (1) limit, bound (borner) ‖ restrict (restreindre) ‖ FAM. ~ les dégâts, cut one's losses.

limonade [-ɔnad] *f* lemonade.

limpide [lɛ̃pid] *a* limpid, clear.

linge [lɛ̃ʒ] *m* linen ; [sous-vêtements] underwear.

lingerie [-ri] *f* underwear (linge) ‖ linen-room (pièce).

lion [ljɔ̃] *m* lion.

lionceau [-so] *m* (lion-)cub.

lionne [-ɔn] *f* lioness.

liqueur [likœr] *f* liqueur.

liquide [-id] *a/m* liquid ‖ FIN. argent ~, ready money.

liquider *v* (1) liquidate.

lire [lir] *v* (60) read ; ~ dans les lignes de la main de qqn, read sb's hand.

lis [lis] *m* lily.

lisse [lis] *a* smooth.

lisser *v* (1) smooth.

liste [list] *f* list ; dresser une ~, draw up a list ; ~ d'attente, waiting list.

lit [li] *m* bed ; à deux ~s, double (-bedded) [chambre] ; ~ de camp, camp-bed ; ~ d'enfant, cot ; ~s jumeaux, twin beds ; ~ d'une personne, single bed ; ~ pour deux personnes, double-bed ‖ garder le ~, stay in bed.

literie [-tri] *f* bedding, bed-clothes.

litote [-tɔt] *f* understatement.

litre [-tr] *m* litre.

littéraire [literɛr] *a* literary.

littéral, e, aux [-al, o] *a* literal.

littérature *f* literature.

livraison [livrɛzɔ̃] *f* COMM. delivery.

livre 1 *m* book ; ~ **de classe**, school-book ; ~ **de cuisine**, cook book ; ~ **de poche**, paperback.

livre 2 *f* [poids] pound ‖ FIN. ~ (sterling), pound (sterling).

livrer *v* (1) COMM. deliver.

livreur *m* delivery-man.

local, e, aux [lɔkal, o] *a* local ● *m* premises.

locataire [-tɛr] *n* tenant ; [= sous-~] lodger.

location *f* [locataire] renting ; hiring (de voiture) ; [propriétaire] letting ‖ TH., RAIL. booking, reservation ‖ TH. **bureau de** ~, box-office.

locomotive [lɔkɔmɔtiv] *f* locomotive, engine.

locution [lɔkysjɔ̃] *f* phrase.

loge [lɔʒ] *f* [gardiens] lodge ‖ TH. box.

logement *m* housing ‖ accommodation (appartement).

loger *v* (7) live (*chez*, with) ; stay (*à l'hôtel*, at a hotel) ‖ accommodate, put up (qqn) ; [domestique] *ne pas être* ~*é*, live out ‖ *se* ~, find lodgings.

logeuse *f* landlady.

logique *a* logical ● *m* logic.

loi [lwa] *f* law ; *projet de* ~, bill ; act (votée).

loin [lwɛ̃] *av* [espace] far (*de*, from) ; *il y a* ~ *de* ... *à*, it's a long way from ... to ; *moins* ~, less far ; *plus* ~, farther (off), further ; *au* ~, far away, in the distance ; *de* ~, from afar ; *non* ~, near by.

loisir(s) [lwazir] *m* (*pl*) leisure, spare time.

Londonien, ne [lɔ̃dɔnjɛ̃] *n* Londoner.

Londres [-dr] *m* London.

long, gue [lɔ̃, g] *a* long ‖ [temps] long, lengthy ● *m* length ; *en* ~, lengthwise ; *tout du* ~, all along ; *de* ~ **en large**, to and fro ; *à la* ~*gue*, in the long run ; *tout le* ~ *du jour*, all day long ; *le* ~ *de*, along, alongside.

longer [-ʒe] *v* (7) go along ‖ [mur] border.

longitude *f* longitude.

longtemps [-tɑ̃] *av* a long time ; *avant* ~, before long ; *depuis* ~, for a long time ; *il y a* ~, long ago ; *je n'en ai pas pour* ~, I shan't be long.

longue [lɔ̃g] → LONG.

longuement *av* long, for a long time.

longueur *f* length ; *en* ~, *dans le sens de la* ~, lengthwise ; *quelle est la* ~ *de* ... ?, how long is ... ? ‖ RAD. *d'onde*, wave-length.

longue-vue *f* telescope, spyglass.

loque [lɔk] *f* rag.

loquet [-ɛ] *m* latch ; *fermer au* ~, latch.

lorsque [lɔrsk] *c* when.

losange [lɔzɑ̃ʒ] *m* lozenge.

lot [lo] *m* share ‖ [loterie] prize ; *gros* ∼, first prize ; FAM. jack-pot.

loterie [-ɔtri] *f* lottery, raffle.

lotion [losjɔ̃] *f* lotion.

lotissement [lɔtismɑ̃] *m* development (immeubles).

loto *m* GB bingo (jeu).

louange [lwɑ̃ʒ] *f* praise.

louche 1 [luʃ] *a* shady.

louche 2 *f* ladle.

loucher *v* (1) squint.

louer 1 [lwe] *v* (1) praise.

louer 2 *v* (1) [propriétaire] hire out (bateau, télévision, voiture) ; let (maison) ; *maison à* ∼, house to let ; let out (chambre) ; [bateau, voiture] *à* ∼, for hire ‖ [locataire] rent (chambre, maison) ; hire (bateau, télévision, voiture) ‖ RAIL., TH. book (place).

loup [lu] *m* wolf.

loupe [lup] *f* magnifying-glass.

louper *v* (1) FAM. miss (train).

lourd, e [lur, d] *a* heavy (pesant) ‖ close, sultry (temps) ‖ heavy (sommeil).

lourdement [-dəmɑ̃] *av* heavily.

louve [luv] *f* she-wolf.

louveteau [-to] *m* ZOOL. wolf-cub ‖ FIG. cub (scout).

loyal, e, aux [lwajal, o] *a* loyal, honest, fair.

loyalement *av* truly, honestly, fairly.

loyer *m* rent.

lu [ly] → LIRE.

lueur *f* gleam, glimmer ; glow (incandescente).

lugubre [lygybr] *a* dismal, gloomy.

lui 1 [lɥi] (*Pl* **eux** [ø] sujet ; **leur** [lœr] obj.) *pr* [sujet] *he* ; *c'est* ∼, it is he, FAM. it's him ‖ [obj.] *him, her, it* ; to him, to her ; *dites-*∼, tell him ; *donnez-le-*∼, give it to him ‖ [possession] *c'est à* ∼, it's his/its own ‖ ∼-*même*, himself ; itself (neutre).

lui 2 → LUIRE.

luire *v* (61) [soleil] shine ‖ gleam, glimmer (faiblement).

luisant, e [-zɑ̃] *a* shining, gleaming.

lumbago [lɔ̃bago] *m* lumbago.

lumière [lymjɛr] *f* light.

lumineux, euse [-inø] *a* bright, luminous.

lundi [lœ̃di] *m* Monday.

lune [lyn] *f* moon ; *nouvelle/pleine* ∼, new/full moon ‖ FIG. ∼ *de miel*, honeymoon.

luné, e *a* : *bien/mal* ∼, in a good/bad mood.

lunette *f* ASTR. telescope ‖ *Pl* glasses ; ∼*s de motocycliste*, goggles ; ∼*s de soleil*, sunglasses.

lutte [lyt] *f* struggle ‖ SP. wrestling ; ∼ *à la corde*, tug of war.

lutter *v* (1) struggle (résister) ‖ fight (se battre) ‖ SP. wrestle.

lutteur, euse *n* SP. wrestler.

luxe [lyks] *m* luxury ; *de* ∼, luxury.

Luxembourg [-ãbur] *m* Luxembourg.

luxer *v* (1) dislocate.

luxueux, euse [-ɥø] *a* luxurious.

lycée [lise] *m* ; grammar school ; US high school.

lycéen, né [-ẽ, ɛn] *n* (secondary school) pupil.

lyncher [lẽʃe] *v* (1) lynch.

m

m [ɛm] *m*.

ma [ma] → MON.

macadam [makadam] *m* macadam.

macaron [-rɔ̃] *m* macaroon.

macaroni [-ɔni] *m* macaroni.

mâcher [maʃe] *v* (1) chew.

machinalement [maʃinalmã] *a* mechanically.

machine *f* machine, engine ; ~ *à calculer/à coudre/à laver,* calculating-/sewing-/washing machine ; ~ *à écrire,* typewriter ; ~ *à sous,* fruit-machine, one-armed bandit ‖ RAIL. engine.

machinerie [-inri] *f* machinery.

mâchoire [maʃwar] *f* jaw.

maçon [masɔ̃] *m* bricklayer, mason.

maçonnerie [-ɔnri] *f* masonry.

madame [madam] (*Pl* **mesdames** [medam]) *f* madam ; *Pl* ladies ‖ X, Mrs. X.

mademoiselle [-dmwazɛl] (*Pl* **mesdemoiselles** [medmwazɛl]) *f* : ~ X, Miss X ‖ [restaurant] ~!, waitress !

magasin [magazɛ̃] *m* shop, US store ; *grand* ~, department store ; ~ *à succursales multiples,* multiple-/chain-store.

magazine [-zin] *m* magazine.

magie [maʒi] *f* magic.

magique *a* magic(al).

magnétique [maɲetik] *a* magnetic.

magnéto-cassette [maɲeto-] *m* cassette deck.

magnétophone [-fɔn] *m* tape-recorder.

magnétoscope [-skɔp] *m* video-tape recorder.

magnifique [-ifik] *a* magnificent, splendid ; glorious (temps).

mai [mɛ] *m* May ; *le premier* ~, May Day.

maigre [mɛgr] *a* lean, thin ‖ REL. meatless (repas) ; *faire* ~, abstain from meat ● *m* CULIN. lean.

maigreur *f* thinness, leanness.

maigrichon, ne [-iʃɔ̃, ɔn] *a* skinny.

maille [maj] *f* [tricot] stitch ; [filet] mesh ; ~ *filée,* ladder.

maillon *m* link.

maillot [-o] *m* : [femmes] ~ *de bain,* swim-suit, bathing-suit ;

∼ de corps, vest ‖ SP. jersey.

main [mɛ̃] f hand ; la ∼ dans la ∼, hand in hand ; **sous la** ∼, at hand, handy ; serrer la ∼ à qqn, shake sb's hand ‖ **donner un coup de** ∼ **à qqn**, give sb a hand ; **à la** ∼, by hand (travail) ; fait à la ∼, hand-made ‖ [cartes] avoir la ∼, have the lead ‖ FIG. bien en ∼, under control.

main-d'œuvre [-dœvr] f manpower, labour.

maintenant [-tnã] av now ; à partir de ∼, from now on.

maintenir v (101) hold (up) [soutenir] ‖ keep (discipline, ordre] ‖ **se** ∼, keep on ; [temps] remain fine ‖ MED. hold one's own.

maire [mɛr] m mayor.

mairie f town hall.

mais [mɛ] c but.

maïs [mais] m maize, Indian corn, US corn.

maison [mɛzɔ̃] f house (habitation) ; ∼ **de campagne**, cottage ; ∼ **préfabriquée**, prefab home (foyer) ; **à la** ∼, at home ; fait à la ∼, home-made ‖ COMM. ∼ **de commerce**, firm, business ‖ MED. ∼ **de santé**, nursing-home ‖ FAM. aux frais de la ∼, on the house.

maître [mɛtr] m master ‖ master (expert) ; ∼ **d'hôtel**, [restaurant] headwaiter ; [maison] butler ; [club] steward ∼ **nageur**, lifeguard.

maîtresse f mistress ‖ ∼ **de maison**, housewife.

maîtrise f control.

maîtriser v (1) control ‖ master (cheval, langue).

majeur, e [maʒœr] a major ; **en** ∼ **partie**, for the most part ‖ **cas de force** ∼, case of absolute necessity ‖ of age (personne) ‖ MUS. major ● m middle finger.

majorer [-ɔre] v (1) increase (prix).

majorité f majority ; **la** ∼ **de(s)**, the greater part of the ∼ ‖ JUR. atteindre sa ∼, come of age.

majuscule [-yskyl] f capital letter.

mal [mal] av badly, ill ; **plus** ∼, worse ; ∼ **comprendre**, misunderstand ; se trouver ∼, faint ; prendre ∼ qqch, take sth amiss ‖ tant bien que ∼, somehow ‖ FAM. **pas** ∼, rather well ; pas ∼ de, quite a lot of ● a wrong, bad ; être ∼ avec qqn, be on bad terms with sb ‖ FAM. **pas** ∼, not bad ● m (Pl **maux** [mo]) evil ; le bien et le ∼, good and evil ‖ [douleur physique] pain, ache ; ∼ **de l'air/de mer**, air-/sea-sickness ; ∼ **de dents/de tête**, tooth/headache ; ∼ **d'estomac**, stomach-ache ; ∼ **de gorge**, sore throat ; avoir le ∼ de mer, be sea-sick. ; avoir au cœur, feel sick ; avoir ∼ aux dents, have toothache ; avoir ∼ à la tête, have a headache ; faire du ∼ (à), hurt ; pain (douleur) ‖ illness (maladie) ‖ trouble (difficulté) ; *se donner du* ∼ *à faire qqch*, take pains to do sth ‖ [souffrance morale] ∼ *du pays*, homesickness ; *avoir le* ∼ *du pays*, be homesick.

malade a ill, sick ; *tomber* ∼, fall sick, be taken ill ‖ FAM. *rendre* ∼, upset ● *n* sick person, invalid.

maladie f illness, disease ; ∼ *de foie*, liver complaint.

maladresse f awkwardness.

maladroit, e a awkward, clumsy.

maladroitement av awkwardly.

malaise m malaise ; *avoir un* ∼, feel faint.

malchance f ill/bad luck.

malchanceux, euse a unlucky.

malcommode a inconvenient, awkward.

maldonne f [cartes] misdeal.

mâle [mɑl] a male ; he- ; bull (grands animaux) ‖ manly (voix).

malentendu m misunderstanding.

malfaiteur [-fɛtœr] m lawbreaker.

malgré [-gre] p in spite of ‖ ∼ *que*, although.

malheur [-œr] m bad luck, misfortune ; *par* ∼, as ill luck would have it ; *porter* ∼ *à*, bring bad luck to.

malheureusement av unfortunately.

malheureux, euse a unlucky, unfortunate (malchan-

ceux) ; unsuccessful (candidat) ● *n* unfortunate person, wretch.

malhonnête a dishonest, crooked.

malin, igne [-ɛ̃, iɲ] a cunning, smart, shrewd (astucieux).

malle [mal] f trunk.

mallette f small suit-case.

malodorant, e [malɔdɔrɑ̃] a ill-smelling.

malsain, e a unhealthy.

malt [malt] m malt.

maltraiter v (1) ill-treat.

malveillance [-vɛjɑ̃s] f malevolence.

malveillant, e a malevolent (personne) ; spiteful (remarque).

maman [mamɑ̃] f mummy.

Manche 1 (la) [mɑ̃ʃ] f the (English) Channel.

manche 2 m handle ; ∼ *à balai*, broom-stick.

manche 3 f [cartes] game ‖ SP. heat, round ‖ ARG. *faire la* ∼, busk.

manche 4 f sleeve ; *en* ∼*s de chemise*, in one's shirt-sleeves ; *sans* ∼*s*, sleeveless.

manchette f cuff ‖ [journal] headline.

manchot, e [-o, ɔt] a one-armed.

mandarine [mɑ̃darin] f tangerine.

mandat [-a] m money-order.

manège [manɛʒ] m : ∼ *(de chevaux de bois)*, roundabout, merry-go-round.

manger [mɑ̃ʒe] v (7) eat (dans,

off/from) [assiette] ; *donner à*
∼ à, feed ; *finir de ∼*, eat up.

maniable [manjabl] *a* easy to
handle (objet) ; handy (outil).

maniaque [-ak] *a* fussy (exigeant) ; fastidious, finicky
(méticuleux).

manie *f* fad ; peculiarity ; fad.

manier *v* (1) handle.

manière *f* manner, way ; *de*
quelle ∼?, how? ; *à la ∼*,
like ; *d'une ∼ ou d'une autre*,
somehow (or other) ; *de toute ∼*,
anyway ‖ *Pl* manners ; *bonnes/mauvaises ∼s*, good/bad
manners.

manif [manif] *f* FAM. demo
(coll.).

manifestant, e [-ɛstã] *n*
POL. demonstrator.

manifestation *f* POL.
demonstration.

manifester *v* (1) show (sentiments) ‖ POL. demonstrate.

manivelle [manivɛl] *f* crank.

mannequin [mankɛ̃] *m* model
(personne) ‖ [vitrine] dummy.

manœuvre [manœvr] *f*
manœuvring, manœuvre ‖
[machine] working ● *m* labourer.

manœuvrer *v* (1) work, operate (machine).

manoir *m* manor house.

manque [mãk] *m* lack ; *par*
∼ de, for lack/want of.

manquer *v* (1) be missing, be
lacking (faire défaut) ‖ miss
(but, train) ‖ *l'école*, miss
school ‖ *vous me ∼ez*, I miss
you ; *est-ce que je vous ∼e?*,

do you miss me? ‖ *∼ de*, lack ;
be short of ; *ne ∼ de rien*, lack
nothing ‖ *il a ∼é (de) tomber*,
he almost/nearly fell.

mansarde [mãsard] *f* attic,
garret.

manteau [-to] *m* coat ; *∼ de*
fourrure, fur coat.

manucure [manykyr] *f* manicurist (femme).

manuel, le [-ɥɛl] *a* manual ●
m handbook, manual.

maquette [makɛt] *f* (scale)
model.

maquillage [makijaʒ] *m*
make-up ; *boîte à ∼*, vanity-
case.

maquiller *v* (1) make up ‖ *se*
∼, make up, do one's face.

marais [marɛ] *m* marsh,
swamp ‖ *∼ salant*, salt pan.

maraude [marod] *f* : [taxi] *en*
∼, cruising.

marauder *v* (1) pilfer.

marbre [marbr] *m* marble.

marchand, e [marʃɑ̃, d]
n dealer, shopkeeper, tradesman ; *∼ de journaux*,
newsagent ; *∼ de légumes*,
green-grocer ; *∼ de poisson*,
fishmonger ; *∼ de volaille*,
poulterer.

marchander *v* (1) bargain,
haggle over.

marchandise *f* merchandise
‖ commodity (article, produit) ‖
Pl goods, wares.

marche 1 [marʃ] *f* step, stair.

marche 2 *f* walking ‖ MIL.
march ‖ TECHN. running ; *en*
ordre de ∼, in working order ;

mettre en ~, start ‖ AUT. **~ arrière**, reverse (gear) ; *faire* ~ *arrière*, reverse one's car, back ; *sortir en* ~ *arrière*, back out.

marché m market (lieu) ; *aller au* ~, to go to market ; ~ *aux fleurs*, flower-market ; ~ *noir*, black market ; ~ *aux puces*, flea market ‖ **(à) bon ~**, cheap(ly) ; **par-dessus le** ~, into the bargain ‖ **M— commun**, Common Market.

marchepied [-əpje] m step.

marcher v (1) walk ‖ TECHN. [machine] work, run ; *faire* ~, operate, run, drive ‖ RAIL. [train] run.

mardi [mardi] m Tuesday ; ~ **gras**, Shrove Tuesday.

mare [mar] f pond (étang), pool (flaque).

marécage [-ekaʒ] m swamp.

marée f tide ; ~ *mon-tante*, flood-/rising tide ; ~ *descendante*, ebb-tide ; *à* ~ *haute/basse*, at high/low tide ; *grande* ~, spring tide.

marelle f hopscotch.

margarine [-garin] f margarine ; marge (coll.).

marge [-ʒ] f margin.

marginal, e, aux [-ʒinal, o] a marginal ● n drop-out (hippie).

marguerite [-garit] f BOT. daisy.

mari [-i] m husband.

mariage [-iʒaʒ] m marriage (union) ; *demander en* ~, propose to ; *demande en* ~,

proposal ‖ wedding (noce) ‖ married life (vie conjugale).

marié, e a married ; *non* ~, single ● n : *jeune* ~/~*e*, bridegroom/bride ‖ → NOUVEAU.

marier v (1) [mariée, prêtre] marry ‖ *se* ~, get married ; *se* ~ *avec*, marry.

marihuana [-iwana] f marijuana.

marin, e [-ɛ̃, in] a marine (plante) ; sea (brise) ; nautical (mille) ● m sailor, seaman.

marine f : ~ *de guerre*, navy ; ~ *marchande*, merchant navy.

marionnette [-jɔnɛt] f puppet.

marmelade [-məlad] f stewed fruit.

Maroc [-ɔk] m Morocco.

marocain, e a/n Moroccan.

maroquinerie [-ɔkinri] f fancy-leather goods.

marque [-k] f mark, stamp ; ~ *de pas*, footprint [jeux] tenir la ~, keep the score ‖ COMM. brand ; ~ *déposée*, trade name ‖ AUT. make ‖ SP. score.

marquer v (1) mark ‖ [thermomètre] read ‖ SP. score (points) ; ~ *un but*, score a goal.

marraine [marɛn] f godmother.

marrant, e a FAM. (screamingly) funny.

marre av : FAM. *en avoir* ~ *de*, be fed up with.

marrer (se) [səmare] v (1) FAM. have a good laugh.

marron a inv chestnut ● m chestnut ; ~ d'Inde, horse-chestnut.

mars [mars] m March.

marteau [-to] m hammer || [porte] knocker.

marxisme [-ksism] m Marxism.

marxiste n Marxist.

masculin, e [maskylɛ̃, in] a masculine (genre) ; male (sexe).

masque [mask] m mask.

masquer v (1) hide ; screen (lumière).

massage [masaʒ] m massage.

masse f bulk, mass (tas) ; body (d'eau) || crowd (de gens) || ELECTR. earth ; mettre à la ~, earth || en ~, in bulk.

masser v (1) MED. massage ; se faire ~, have a massage.

masseur, euse n masseur, euse.

massif, ive a massive, bulky || solid (or).

mass media [-medja] mpl mass media.

massue f club.

mastic [mastik] m putty.

mastiquer [-ke] v (1) chew.

mat [mat] m [échecs] être ~, be check mate ; faire échec et ~, checkmate.

mat, e a [couleur] flat ; swarthy (peau).

mât [mɑ] m NAUT. mast || SP. ~ de tente, (tent-) pole.

match [matʃ] m SP. match ; ~ nul, drawn game, draw ; faire ~ nul, draw (avec, with).

matelas [matla] m mattress ; ~ pneumatique, air-bed.

matelot [-o] m sailor, seaman.

matériel, le [materjɛl] a material ● m : ~ de camping, camping gear || TECHN. outfit, equipment.

maternel, le [matɛrnɛl] a maternal, motherly.

maternité f maternity hospital.

mathématiques [matematik] fpl mathematics.

maths [mat] fpl FAM. maths.

matière [matjɛr] f matter || ~ grasse, fat ; ~ plastique, plastic ; ~s premières, raw materials || [études] subject.

matin [matɛ̃] m morning ; ce ~, this morning ; de bon ~, early in the morning ; demain ~, tomorrow morning ; deux heures du ~, two in the morning, 2 a.m.

matinal, e, aux [-inal, o] a morning (activité) || il est ~, he's an early riser.

matinée f morning ; faire la grasse ~, have a lie-in.

matou [matu] m tomcat.

matraque [matrak] f [police] truncheon || [malfaiteur] cosh.

matraquer v (1) bludgeon, cosh.

maturité [matyrite] f maturity, ripeness.

maudire [modir] v (62) curse.

Maurice [-ris] GEOGR. île ~, Mauritius.

maussade [-sad] a sullen, glum, moody ; dull (temps).

mauvais, e [-vɛ] *a* bad ; *plus* ~, worse ‖ ~*e volonté*, ill will ‖ wrong (erroné) ; ~ *côté*, wrong side (route) ‖ foul (temps) ‖ rough-going (route) ; rough (mer) ‖ broken (anglais, français, etc.) ‖ nasty (odeur) • *av* : *sentir* ~, smell (bad), stink.

mauve *a/m* mauve.

maximal, e, aux [maksimal, o] *a* → MAXIMUM.

maximum [-ɔm], **maximal, e, aux** *a* maximum • *m* : *au (grand)* ~, at the (very) most.

mayonnaise [majɔnɛz] *f* mayonnaise.

mazout [mazut] *m* fuel-oil ; *chauffé au* ~, oil-fired.

me [mə] *pr* (to) me • *pr réfl* myself.

mec [mɛk] *m* FAM. bloke.

mécanicien, ne [mekanisjɛ̃] *n* mechanic ; ~*dentiste*, dental mechanic.

mécanique *a* mechanical ‖ clockwork (jouet) • *f* mechanics.

mécanisme *m* mechanism ; machinery, works.

méchant, e [meʃɑ̃] *a* malicious, spiteful, nasty.

mèche 1 [mɛʃ] *f* (lampe) wick.

mèche 2 *f* (cheveux) lock.

mèche 3 *f* TECHN. bit.

méconnaissable [mekɔnɛsabl] *a* unrecognizable.

mécontenter *v* (1) displease, dissatisfy.

médecin [medsɛ̃] *m* doctor ; *femme* ~, woman doctor ; ~

de médecine générale, general practitioner, G.P. ; ~ *conventionné*, panel doctor.

médecine [-in] *f* medicine.

média [medja] *mpl* = MASS MEDIA.

médiateur *m* ombudsman.

médical, e, aux [medikal, o] *a* medical.

médicament *m* medicine ; drug.

médiocre [medjɔkr] *a* mediocre, poor.

médire *v* (63) speak ill (*de*, of).

médisance [-dizɑ̃s] *f* scandal.

méditer [-dite] *v* (1) meditate (*sur*, on).

Méditerranée [-diterane] *f* Mediterranean.

méditerranéen, ne [-ẽ, ɛn] *a* Mediterranean.

médius [-ys] *m* middle finger.

méfiance [mefjɑ̃s] *f* distrust, mistrust.

méfiant, e *a* distrustful, suspicious.

méfier (se) *v* (1) : ~ *de*, distrust, mistrust.

mégarde *f* : *par* ~, by mistake.

mégot [mego] *m* stub, butt.

meilleur, e [mejœr] *a* better (*que*, than) ; *le* ~, the best.

mélancolique [melɑ̃kɔlik] *a* melancholy.

mélange [melɑ̃ʒ] *m* mixture, blend.

mélanger *v* (7) mix, blend (*à*, with).

mélasse [melas] *f* treacle.

mêlée [mele] f [rugby] scrum, pack.

mêler v (1) mix, mingle, blend (together) ‖ se ~, mix (se mélanger) ; mingle (à, with) ; se ~ à la conversation, join in the conversation, cut in (interrompre) ‖ ~ez-vous de vos affaires, mind your own business.

mélodie [melɔdi] f melody.

mélodieux, euse v a melodious, sweet.

melon [məlɔ̃] m BOT. melon.

membre [mɑ̃br] m ANAT. limb ‖ FIG. [société] member.

même [mɛm] a [avant le n.] same ; en ~ temps, at the same time ; du ~ âge que, the same age as ‖ [après le n.] very ; aujourd'hui ~, this very day ‖ [après un pr.] self (Pl selves) ; lui-~ (+ v.), he himself (+ v.) ; elles/eux-~, themselves ● n same ; le/la ~, the same, the same ; cela revient au ~, that amounts to the same thing ● av even ; ~ pas, pas ~, not even ; ~ si, even if/though ‖ ici ~, right here ‖ boire à ~ la bouteille, drink from the bottle ‖ quand ~, yet, even so ; tout de ~, all the same ; de ~ que, as well as.

mémoire [memwar] f memory (faculté) ; avoir une bonne ~, have a retentive memory.

menace [mənas] f threat.

menacer v (6) threaten.

ménage [menaʒ] m household (personnes) ‖ housekeeping (soins) ; housework (tra-

vaux) ; faire le ~, do the housework ‖ married couple.

ménager, ère [-e, ɛr] a domestic ● f housewife.

ménagerie [-ri] f menagerie.

mendiant, e [mɑ̃djɑ̃] n beggar.

mendier v (1) beg (for).

mener [məne] v (1) lead ‖ take (qqn) (à, to) ‖ [route] lead (à, to) ‖ FIG. lead (vie) ‖ SP. lead (par, by).

meneur n RAD. ~ de jeu, compère.

mensonge [mɑ̃sɔ̃ʒ] m lie ; petit ~, fib ; faire un ~, tell a lie.

mensualité [-sɥalite] f : par ~s, by monthly instalment.

mensuel, le a monthly.

mensurations [-syrasjɔ̃] fpl measurements.

mental, e, aux [-tal, o] a mental.

menteur, euse [-tœr] n liar.

menthe [-t] f mint ; ~ poivrée, peppermint.

mentionner [-sjɔne] v (1) mention.

mentir v (93) lie.

menton m chin.

menu, e [məny] a small, tiny (petit) ‖ ~ monnaie, small change ● av fine, small ; hacher ~, mince.

menu m [repas] menu.

menuisier [mənɥizje] m joiner.

mépris [mepri] m contempt, scorn.

méprisant, e [-zã, t] *a* contemptuous, scornful.

méprise *f* mistake, error.

mépriser [-ze] *v* (1) despise, scorn.

mer [mɛr] *f* sea ; *en ~,* (out) at sea ; *en pleine ~,* in the open sea ; *grosse ~,* heavy sea ; *~ d'huile,* glassy sea ‖ [marée] *la ~ monte/descend,* the tide is coming in/going out.

mercerie [-sri] *f* haberdasher's shop (magasin).

merci [-si] *interj* thank you ; thanks (coll.) ; *~ beaucoup,* thank you very much ; thanks a lot (coll.) ; *(non) ~,* no, thank you.

mercredi [-krədi] *m* Wednesday.

mercure [-kyr] *m* mercury.

mère [mɛr] *f* mother ‖ *~ aubergiste,* warden. ‖ *~ porteuse,* surrogate mother.

méridien [meridjɛ̃] *m* meridian.

méridional, e, aux [-ɔnal, o] *a* southern ● *n* FR. Southerner.

mérite [merit] *m* merit.

mériter *v* (1) deserve, merit.

merlan [mɛrlã] *m* whiting.

merle [mɛrl] *m* blackbird.

merveille [mɛrvɛj] *f* wonder, marvel ; *à ~,* wonderfully.

merveilleux, euse *a* wonderful.

mes [me] → MON.

mesdames, mesdemoiselles → MADAME, MADEMOISELLE.

mesquin, e [mɛskɛ̃, in] *a* mean.

mess [mɛs] *m* MIL. mess.

message *m* message.

messe *f* mass ; *assister à/dire la ~* attend/say mass.

messieurs → MONSIEUR.

mesure *f* measurement, measure ; *fait sur ~,* made to measure, bespoke ‖ MUS. bar ; [cadence] tempo ; *battre la ~,* beat time ; *jouer en ~,* keep time ‖ [degré (limite)] *dans la ~ où,* in so far as ; *dans une certaine ~,* to a certain extent ‖ [modération] *outre ~,* beyond measure ‖ *au fur et à ~ que,* as.

mesurer *v* (1) measure ‖ *combien ~ez-vous ?,* how tall are you ?

métal [metal] *m* metal.

métallique *a* metallic.

météo [meteo] *f* FAM. weather forecast (bulletin).

météorologie [-rɔlɔʒi] *f* meteorology.

météorologique *a* meteorological ; *bulletin ~,* weather forecast.

méthode [metɔd] *f* method.

méthodique *a* methodical.

méthodiquement *av* methodically.

méticuleux, euse [metikylø] *a* meticulous.

métier *m* trade, occupation, line ; *~ manuel,* craft, handicraft ; *exercer un ~,* carry on a trade ‖ TECHN. *~ à tisser,* loom ‖ FIG. skill, technique.

métrage [metraʒ] *m* length ‖ CIN. footage; *un court* ~, a short (film); *un long* ~, a full-length film.

mètre [mɛtr] *m* metre; ~ *à ruban*, tape-measure.

métrique [metrik] *a* metric.

métro *m* underground (railway) ‖ [Londres] tube; US subway; elevated (aérien).

mets [mɛ] *m* dish (plat).

metteur [mɛtœr] *m* : ~ *en scène*, CIN. director, TH. producer.

mettre [-r] *v* (64) put ‖ place (placer); set (disposer); ~ *la table*, lay the table ‖ put on (vêtements, chaussures) ‖ FIG. take (temps) ‖ *se* ~, put o.s. ‖ *se* ~ *au lit*, go to bed; *se* ~ *debout*, stand up; *se* ~ *à table*, sit down to table; *se* ~ *du rouge aux lèvres/en robe*, put on some lipstick/a dress ‖ *se* ~ *à*, start to; *se* ~ *au travail*, set to work ‖ *s'y* ~, set about it.

meuble [mœbl] *m* : *un* ~, a piece of furniture ‖ *Pl* furniture.

meublé, e *a* furnished; *non* ~, unfurnished ● *m* furnished apartment(s).

meubler *v* (1) furnish.

meule 1 [møl] *f* AGR. stack; ~ *de foin*, hayrick.

meule 2 *f* grindstone (à aiguiser).

meunier, ère [mønje] *n* miller, miller's wife.

meurtre [mœrtr] *m* murder.

meurtrier, ère *n* murderer, -eress.

meurtrir *v* (2) bruise ‖ damage (fruit).

meurtrissure [-isyr] *f* bruise.

mi [mi] *m* MUS. E.

mi- *préf* half, mid.

mi-août *f* mid-August.

miauler [mjole] *v* (1) mew.

mi-carême *f* mid-Lent.

miche [miʃ] *f* loaf.

mi-chemin (à) *loc av* halfway.

mi-côte (à) *loc av* half-way up (the hill).

micro [mikro] *m* FAM. mike.

microbe [mikrɔb] *m* microbe, germ.

microfilm *m* microfilm.

microphone [-fɔn] *m* microphone.

microscope [-skɔp] *m* microscope.

microsillon *m* : *(disque)* ~, long-playing record, L.P.

midi [midi] *m* midday, twelve o'clock; noon ‖ GEOGR., FR. *le* M~, the South.

mie [mi] *f* soft part (of bread).

miel [mjɛl] *m* honey.

mien, ne [mjɛ̃] *pr poss* : *le/la/les* ~*s*, mine ● *mpl* : *les* ~*s*, my own people.

miette [mjɛt] *f* [pain] crumb.

mieux [mjø] *av* better; *au* ~, at best; *le* ~, the best; *de* *en* ~, better and better; *aller* ~, better; *aimer* ~ *qqch*, like sth better; *j'aimerais* *partir*, I'd rather go; *je ferais* ~ *de partir*, I'd better go ●

m : faire de son ~, do one's best ‖ MED. *un léger* ~, a slight improvement.

mignon, ne [miɲɔ̃, ɔn] *a* sweet, cute.

migraine [migrɛn] *f* headache.

mijoter [miʒɔte] *v* (1) CULIN. simmer.

mil [mil] → MILLE.

milieu 1 [miljø] *m* [centre] middle ; *au (beau)* ~ *de,* (right) in the middle of.

milieu 2 *m* [circonstances sociales] environment, surroundings, background.

militaire [militɛr] *a* military ; army ● *m* soldier ; serviceman.

militant, e *n* militant.

militer *v* (1) militate (*pour/contre,* for/against).

mille [mil] *a inv* thousand ; *deux* ~ *un,* two thousand and one ‖ *les M*~ *et Une Nuits,* the Arabian Nights ● *m* [mesure] ~ *(marin),* mile.

milliard [-jar] *m* milliard, US billion.

millième [-jɛm] *a/n* thousandth.

million *m* million.

mime [mim] *m* mime.

mimer *v* (1) mime.

minable [minabl] *a* FAM. shabby, pitiable.

mince [mɛ̃s] *a* thin ; slim, slender (taille, personne).

mine 1 [min] *f* look ; *avoir bonne/mauvaise* ~, look well/poorly ; *faire* ~, pretend/offer (*de,* to).

mine 2 *f* [crayon] lead ‖

TECHN. mine ; ~ *de charbon,* coal-mine.

minerai [-rɛ] *m* ore.

minéral, e, aux [-eral, o] *a/m* mineral.

minet, te [minɛ] *n* puss, pussy.

mineur *m* TECHN. miner ; [charbon] collier.

mineur, e *a* under age (personne) ‖ MUS., FIG. minor ● *n* JUR. minor (personne).

mini- [mini] *préf* mini-, midget.

minijupe *f* miniskirt.

minimal, e, aux [-mal, o] *a* minimal.

minimum [-mɔm] *a* minimum ● *m : au* ~, at least.

ministère [-stɛr] *m* ministry, US department ; ~ *des Affaires étrangères,* Foreign Office, US State Department.

ministre [-str] *m* minister ; *Premier* ~, Prime Minister.

minorité [minɔrite] *f* minority.

minuit [minɥi] *m* midnight.

minuscule [-yskyl] *a* minute, tiny ● *f* small letter.

minute [-yt] *f* minute.

minuter *v* (1) time.

minuterie *f* time-switch.

mioche [mjɔʃ] *m* FAM. kid.

mi-pente [a] [amipɑ̃t] *loc av* half-way down/up.

miracle [mirakl] *m* REL. miracle.

mirage [-ʒ] *m* mirage.

mire [f] : ~ *de réglage,* test card (télévision).

miroir *m* mirror, looking-glass.

miroiter *v* (1) glisten.

mis, e [mi] → METTRE.

mise 1 *f* : [cheveux] ~ *en plis*, set ; *se faire faire une* ~ *en plis*, have one's hair set ‖ TH. ~ *en scène*, staging.

mise 2 *f* [jeu] stake.

miser *v* (1) stake, bet.

misérable [-erabl] *a* miserable, wretched (malheureux) ; squalid (quartier) ‖ *n* wretch.

misère [-ɛr] *f* destitution, want (pauvreté).

mission [misjɔ̃] *f* mission.

mite [mit] *f* (clothes) moth.

mité, e *a* moth-eaten.

mi-temps *f* : *travail à* ~, part-time job ; *travailler à* ~, work part-time ‖ SP. half-time.

mixage [miksaʒ] *m* CIN. mixing.

mixeur *m* CULIN. mixer.

mixte [-t] *a* mixed, coeducational (école).

mobile 1 [mɔbil] *m* motive.

mobile 2 *a* movable ; loose (feuillets).

mobilier *m* (set of) furniture.

mobiliser *v* (1) MIL. mobilize, call up.

moche [mɔʃ] *a* FAM. ugly (laid) ; FIG. rotten, lousy (sl.).

mode 1 [mɔd] *m* mode ; ~ *d'emploi*, directions for use ‖ ~ *de vie*, way of life ‖ MUS. mode ‖ GRAMM. mood.

mode 2 *f* [vêtement] fashion ; style ; *à la* ~, fashionable, in fashion.

modelage [-laʒ] *m* modelling.

modèle [-ɛl] *m* model, pattern (forme) ‖ ARTS sitter, model ‖ TECHN. ~ *réduit*, small-scale model ‖ FIG. model.

modeler *v* (8b) model.

modéré, e *a* moderate.

modérément *av* moderately.

modérer *v* (1) moderate ; ease down (vitesse).

moderne [-ɛrn] *a* modern, up-to-date.

moderniser *v* (1) modernize.

modeste [-ɛst] *a* modest ; unassuming.

modifier [-ifje] *v* (1) modify, alter.

modiste *f* milliner.

modulation [-ylasjɔ̃] *f* : RAD. ~ *d'amplitude*, amplitude modulation, A. M. ; ~ *de fréquence*, frequency modulation, F. M., V. H. F.

mœurs [mœr(s)] *fpl* manners ‖ *de* ~ *légères*, promiscuous.

moi [mwa] *pr* → JE ‖ [complément] me ; *dis-*~, tell me ‖ [+ p.] *avec* ~, with me ; *c'est à* ~, it's mine ‖ [sujet] I ; *c'est* ~, it's me (coll.) ‖ ~-*même*, myself.

moindre [mwɛdr] *a* [comp.] less(er) ‖ [sup.] *le* ~, the least.

moine [mwan] *m* monk.

moineau [-o] *m* sparrow.

moins [mwɛ̃] *av* [comp.] less ‖ ~ *de*, less/fewer than ; ~ *d'argent*, less money ; ~ *de livres*, fewer books ; *les (enfants de)* ~ *de dix ans*, children under ten years of age ; *en* ~ *d'une heure*, within an hour ‖

[sup.] **le** ~, the least ; **au** ~, **du** ~, at least ǁ **en** ~, less, missing ǁ **de** ~ **en** ~, less and less ; **à** ~ **de**, unless, barring ; **à** ~ **que**, unless ǁ p less, minus ; *6* ~ *1 égale 5*, 6 minus 1 equals 5 ; *une heure* ~ *dix*, ten to one.

mois [mwa] *m* month.

moisi, e [-zi] *a* mouldy, musty ● *m* mould.

moisir *v* (2) mould, go mouldy.

moisissure [-zisyr] *f* mould.

moisson [-sɔ̃] *f* harvest(ing).

moissonner *v* (1) AGR. harvest, reap.

moite [-t] *a* moist ; clammy (main).

moitié [-tje] *f* half ; **à** ~ half ; *à* ~ *chemin*, half-way ; *à* ~ *prix*, at half-price ǁ FAM. *~.~*, half and half ; *partager* *~.~*, go fifty-fifty.

mol [mɔl] → MOU.

molaire *f* molar.

mollet [mɔlɛ] *m* ANAT. calf.

moment [mɔmɑ̃] *m* moment, time ; *c'est le* ~ *de*, it is time to... ; *~s perdus*, odd moments, spare time ǁ **en ce** ~, now, at the moment ; **pour** **le** ~, for the present ; *d'un* ~ *à l'autre*, any minute ; **au** ~ **où**, as, the moment (that) ; **du** ~ **que**, since.

mon [mɔ̃], **ma** [ma], **mes** [me] *a poss m/f pl* my.

monastère [mɔnastɛr] *m* monastery.

monceau [mɔ̃so] *m* heap, pile.

monde [mɔ̃d] *m* world, earth ; *le Nouveau M*~, the New World ; *dans le* ~ *entier*, all over the world ǁ people (gens) ; *beaucoup de* ~, a lot of people ; *tout le* ~, everybody, everyone.

mondial, e, aux *a* world.

monnaie [mɔnɛ] *f* money, currency ; *pièce de* ~, coin ǁ change ; *petite* ~, small change ; *la* ~ *de mille francs*, change for a thousand francs ; **faire de la** ~, make change ; *rendre la* ~ *de*, give change for.

monotone [mɔnɔtɔn] *a* monotonous.

monotonie *f* monotony.

monsieur [məsjø] (*Pl* **messieurs** [mesjø] *m* [devant un nom pr.] Mr ; *Pl* Messrs ǁ [en s'adressant à un supérieur] Sir ǁ [lettre] Dear Sir ; *Pl* Dear Sirs, gentlemen ; *cher* ~, Dear Mr X.

monstre [mɔ̃str] *m* monster ; freak (of nature).

monstrueux, euse [-ɥø, z] *a* monstrous (anormal) ǁ shocking (odieux).

mont [mɔ̃] *m* mount (montagne).

montage [-taʒ] *m* TECHN. setting, fitting ; *chaîne de* ~, assembly line ǁ CIN. editing.

montagnard, e [-taɲar] *n* mountain dweller.

montagne *f* mountain.

montagneux, euse *a* mountainous, hilly.

montée f rise ‖ uphill slope (côte).

monter v (1) go up, come up, rise, climb (up) ‖ get on/into (train) ‖ [marée] come in ‖ ~ sur, get on, mount (bicyclette) ‖ [prix] rise ‖ SP. ‖ à bicyclette/cheval, ride ‖ TECHN. assemble, put together (machine) ‖ mount, set (diamant) ‖ TH. stage.

monteur, euse n TECHN. fitter ‖ CIN. film-editor.

montre [mɔ̃tr] f watch; ~ bracelet, wrist-watch; ~ de plongée, diver's watch.

montrer v (1) show, display (faire voir) ‖ ~ le chemin, show the way ‖ point at (du doigt).

monture f [lunettes] frame; [bague] setting.

monument [mɔnymɑ̃] m monument.

moquer (se) [səmɔke] v (1) : ~ de, laugh at, make fun of ; je m'en ~e, I don't care.

moquerie f mockery, derision.

moquette [mɔkɛt] f fitted/wall-to-wall carpet.

moral, e, aux [mɔral, o] a moral.

morale f morals (principes); morality (bonne conduite) ‖ [histoire] moral.

moralement av morally.

morceau [mɔrso] m bit, piece ‖ [sucre] lump ‖ CULIN. morsel ‖ MUS. piece.

mordre [-dr] v (4) bite.

morne [-n] a dismal, dreary.

morose [-oz] a sullen, moody.

morpion [-pjɔ̃] m crab-louse ‖ jouer aux ~s, play at noughts and crosses.

morse [-s] m Morse (code).

morsure f bite.

mort, e [mɔr, t] → MOURIR ● a dead ‖ AUT. au point ~, in neutral ‖ FIG. dead (langue); ~ de fatigue, dead-tired/-beat ● n dead person ‖ tête de ~, death's head ‖ [cartes] dummy ‖ REL. jour des Morts, All Souls' Day.

mort f death.

mortalité [-talite] f death-rate.

mortel, le a mortal, deadly; fatal (accident, maladie).

mortier [-tje] m mortar.

morue f cod.

mosquée [mɔske] f mosque.

mot [mo] m word; ~ à ~, word for word ‖ gros ~, rude/swear word ‖ ~s croisés, crossword (puzzle) ‖ bon ~, ~ d'esprit, joke; jeu de ~s, pun ‖ note (courte lettre); envoyez-moi un ~, drop me a line.

motard [mɔtar] m FAM. motorcyclist ‖ motor-cycle policeman.

motel m motel.

moteur, trice a driving; roues ~s, driving wheels ● m engine, motor; ~ diesel, diesel engine; ~ électrique, electric motor; ~ à injection, fuel injection engine.

motif *m* motive, reason ; occasion.

motivation [-ivasjɔ̃] *f* motivation.

moto [moto] *f* FAM. motor-bike.

moto-cross *m* motocross, scramble.

motocyclette [-siklɛt] *f* motocycle.

motocycliste *m* motorcyclist.

motrice [mɔtris] → MOTEUR.

mou, mol, molle [mu, mɔl] *a* soft (matière) ; slack (corde).

mouchard [muʃar] *m* FAM. [école] sneak ; bug (micro).

moucharder [-de] *v* (1) sneak on (sl.).

mouche *f* fly.

moucher *v* (1) : *se* ~, blow one's nose.

moucheron [-rɔ̃] *m* midge.

mouchoir *m* handkerchief ; ~ *en papier*, tissue.

moudre [mudr] *v* (65) grind (café).

moue [mu] *f* pout ; *faire la* ~, pout.

mouette [mwɛt] *f* (sea-)gull.

mouiller [muje] *v* (1) wet ‖ water (down) (vin, lait).

moule 1 [mul] *m* TECHN. mould.

moule 2 *f* ZOOL. mussel.

mouler *v* (1) mould ‖ cast (métal).

moulin *m* mill ; ~ *à café/à poivre*, coffee-/pepper-mill ‖ ~ *à vent*, wind-mill.

moulu, e → MOUDRE ● *a* ground.

mourir [murir] *v* (66) die ; ~ *de faim*, starve (to death).

mousse [mus] *f* moss (plante) ‖ [bière] foam, froth ; [savon] lather.

mousser *v* (1) [bière] froth, foam ‖ [savon] lather ‖ [vin] sparkle.

mousseux *m* sparkling wine.

moustache [mustaʃ] *f* moustache ‖ *Pl* [chat] whiskers.

moustiquaire [-tikɛr] *f* mosquito-net.

moustique *m* mosquito ; *produit anti*-~*s*, mosquito repellent.

moutarde [mutard] *f* mustard.

mouton *m* [animal] sheep ‖ [viande] mutton.

mouvement [muvmɑ̃] *m* movement, motion.

Mouvement de Libération de la Femme (MLF) *m* Women's Liberation Movement ; Women's Lib (coll.) ; *membre du MLF*, Women's Libber (coll.).

moyen [mwajɛ̃] *m* means, way ; *au* ~ *de*, by means of ‖ *trouver* ~ *de*, manage, contrive to ‖ ~ *de transport*, (means of) transport ‖ *Pl* FIN. means (ressources) ; *je n'ai pas les* ~*s d'acheter...*, I can't afford to buy... ‖ FAM. *perdre ses* ~*s*, go to pieces.

moyen, ne [-, ɛn] *a* medium (qualité) ; middle (dimension, position) ; *classe* ~*ne*, middle-class; M~ Âge, Middle Ages || [calcul] average; mean; heure ~ne de Greenwich, Greenwich Mean Time (G.M.T.) • f average; en ~, on an average; au-dessus/au-dessous de la ~, above/below average; faire la ~, take an average || [examens] pass-mark || AUT. faire une ~ de 80 km/h, do 50 miles on average.

moyennant [-ɛnã] p for.

Moyen Orient m Middle East.

moyeu [-ø] m hub.

muer [mɥe] v (1) [voix] break, crack.

muet, te [-ɛ] a dumb (infirme); mute, silent (silencieux) || CIN. silent • n mute.

mugir [myʒir] v (2) [vache] moo || [mer] boom, roar.

muguet [mygɛ] m lily of the valley.

mule, et [myl, ɛ] mule.

multicolore [myltikɔlɔr] a multicoloured.

multiple [-pl] a manifold, multiple.

multiplication [-plikasjɔ̃] f multiplication.

multiplier [-plije] v (1) multiply || se ~, grow in number.

multitude f multitude.

munir [mynir] v (2) provide, fit (de, with) || se ~, provide/supply o.s. (de, with).

mur [myr] m wall || Av. ~

du son, sound barrier || REL. M~ des Lamentations, Wailing Wall.

mûr, e [myr] a ripe (fruit); pas ~, unripe.

mûre f [ronces] blackberry; [mûrier] mulberry.

mûrier m mulberry-tree.

mûrir v (2) ripen; faire ~, ripen.

murmure [myrmyr] m murmur, whisper.

murmurer v (1) whisper, murmur || [ruisseau] babble.

muscle [myskl] m muscle.

musclé, e a muscular.

musée [myze] m museum.

muselière [-əljɛr] f muzzle.

muséum [-eɔm] m museum.

musical, e, aux [-ikal, o] a musical.

music-hall [-ikol] m variety show, music-hall.

musicien, ne [-isjɛ̃] n musician • a musical (personne).

musique f music; mettre en ~, set to music.

musulman, e [-ylmã, an] a/n Moslem.

mutilé, e [mytile] n disabled.

mutiler v (1) mutilate, maim.

mutuellement [mytɥɛlmã] av one another, each other.

myope [mjɔp] a short-sighted.

myopie f short-sightedness.

mystère [mistɛr] m mystery.

mystérieux, euse [-erjø] a mysterious.

n

n [ɛn] *m*.

nacre [nakr] *f* mother-of-pearl.

nacré, e *a* pearly.

nage [naʒ] *f* swimming ; *traverser à la ~*, swim across ‖ [style] stroke ; *~ sur le dos*, back stroke ‖ [transpiration] *en ~*, in a sweat.

nageoire *f* fin.

nager *v* (7) swim.

nageur, euse *n* swimmer.

naïf, ïve [naif] *a* artless, naive.

nain, e [nɛ̃, ɛn] *a* dwarf(ish) ● *n* dwarf.

naissance [nɛsɑ̃s] *f* birth ; *donner ~*, give birth (à, to), be delivered (à, of).

naître [nɛtr] *v* (68) be born ; *il est né le ...*, he was born on the ...

nappe [nap] *f* table-cloth.

napperon [-rɔ̃] *m* tablemat.

narine [narin] *f* nostril.

nasal, e, aux [nazal, o] *a* nasal.

nasillard, e [-ijar, d] *a* nasal ; *ton ~*, nasal twang.

natal, e, als [natal] *a* native.

natation [-sjɔ̃] *f* swimming.

nation [-sjɔ̃] *f* nation ; *N~s unies*, United Nations.

national, e, aux [-ɔnal, o] *a* national.

nationaliser *v* (1) nationalize.

nationalité *f* nationality.

natte [nat] *f* plait (cheveux).

natter *v* (1) plait.

naturalisation [natyralizasjɔ̃] *f* naturalization.

naturaliser *v* (1) naturalize.

nature *f* nature ‖ [caractère] disposition ‖ [sorte] kind ‖ FIN. *en ~*, in kind ● *a inv* neat (boisson).

naturel, le *a* natural ‖ unaffected.

naturellement *av* naturally ; *~!*, of course! ‖ *tout ~*, as a matter of course.

naturiste *n* naturist.

naufrage [nofraʒ] *m* (ship-)wreck ; *faire ~*, be shipwrecked.

nausée [noze] *f* nausea ; *avoir la ~*, feel sick.

nautique [notik] *a* nautical.

naval, e, als [naval] *a* naval.

navet [-ɛ] *m* turnip.

navette *f* TECHN. shuttle ‖ RAIL. shuttle (service).

navigateur [navigatœr] *m* NAUT., AV. navigator.

navigation *f* sailing, navigation.

naviguer *v* (1) sail.

navire [-r] *m* ship.

navré, e [navre] *a* sorry (*de*, for).

ne [nə] (**n'** devant voyelle ou « h » muet) *av* [négation] not ‖ *~ ... plus*, not ... any longer (temps), not ... any more (quantité), not ... again (répétition) ‖ **~ ... que,** only.

né, e [e] → NAÎTRE ● a born.

néanmoins [-ãmwɛ̃] av nevertheless.

néant [-ã] m [inventaire] nil.

nébuliseur [-bylizœr] m MÉD. nasal spray.

nécessaire [-sesɛr]' a necessary (à, for) ; chose ~, requisite ● m : **le ~,** the necessaries.

néerlandais, e [-ɛrlãdɛ] a/n/m Dutch.

négatif, ive [-gatif] a negative ● m PHOT. negative ‖ GRAMM. negative.

négation f negation.

négligé, e [-gliʒe] a untidy, slovenly (vêtement).

négligeable a negligible.

négligence f negligence.

négligent, e a negligent, careless ‖ heedless (étourdi).

négliger v (7) neglect ‖ omit, overlook (omettre).

nègre, négresse [nɛgr, negrɛs] n PÉJ. Negro/Negress ; nigger.

neige [nɛʒ] f snow ; **~ fondue,** sleet (tombant), slush (à terre).

neiger v imp (7) snow.

neigeux, euse a snowy.

néon [neɔ̃] m neon (lighting).

nerf [nɛr] m nerve ‖ FAM. *taper sur les* **~s** *de qqn,* get on sb's nerves.

nerveux, euse [-vø] a MÉD. nervous (système ; maladie) ‖ FIG. jumpy, nervy (coll.).

net, te [nɛt] a clean, spotless (propre) ; fair (copie) ; clear,

distinct (clair) ; sharp (photo) ; COMM., FIN. net (prix, poids) ● av : *s'arrêter* **~,** stop short/dead ● m : *mettre qqch au* **~,** write a fair copy of sth.

nettoie-pipe [nɛtwa-] m pipe cleaner.

nettoyage [-jaʒ] m cleaning ; **~ à sec,** dry-cleaning.

nettoyer v (9a) clean ‖ **~ à sec,** dry-clean.

neuf [nœf] a/m nine.

neuf, neuve [nœf, v] a new ; *flambant* **~,** brand-new ● m new ; *à l'état de* **~,** practically new ‖ FAM. *quoi de* **~ ?,** any news ?

neutre [nøtr] a neutral ● m GRAMM. neuter.

neuvième [nœvjɛm] a/n ninth.

neveu [nəvø] m nephew.

nez [ne] m nose ; *parler du* **~,** speak through one's nose.

ni [ni] c : *ni... ni...,* neither... nor... ; **~** *l'un* **~** *l'autre,* neither.

niche [-ʃ] f [chien] kennel.

nicher (se) v (1) nest, nestle.

nickel [-kɛl] m nickel.

nicotine [-kɔtin] f nicotine.

nid [ni] m nest.

nièce [njɛs] f niece.

nier [nje] v (1) deny (que, that).

n'importe (qui, quel) [nɛ̃pɔrt] → IMPORTER 2.

niveau [nivo] m level ; *au* **~** *de, de* **~** *avec,* on a level with ; *au* **~** *de la mer,* at sea level ‖ FIG. standard ; **~** *de vie,* standard of living.

noble [nɔbl] *a* noble.

noce [nɔs] *f* wedding.

nocif, ive *a* harmful.

nocturne [nɔktyrn] *a* night(ly).

Noël [nɔɛl] *m* Christmas.

nœud [nø] *m* knot ; ~ *coulant,* running knot ; **faire/défaire un** ~, tie/untie a knot ‖ ~ *papillon,* bow-tie ‖ NAUT. knot (vitesse).

noir, e [nwar] *a* black (couleur) ‖ dark (nuit) ● *n* : [personne] *Noir(e),* black (woman) ‖ *m* black ‖ *f* MUS. crotchet.

noircir [-sir] *v* (2) black(en) ; grow black.

noisette [nwazɛt] *f* hazel-nut.

noix [nwa] *f* (wal)nut ; ~ *de coco,* coconut.

nom [nɔ̃] *m* name ; ~ *de famille,* surname ; ~ *de jeune fille,* maiden name ‖ GRAMM. noun ; ~ *commun,* common noun ; ~ *propre,* proper noun ‖ *au* ~ *de,* in the name of, on behalf of.

nomade [nɔmad] *a* nomad(ic) ● *n* nomad.

nombre [nɔ̃br] *m* MATH., GRAMM. number.

nombreux, euse *a* numerous, many.

nombril [-i] *m* navel.

nommer [nɔme] *v* (1) name (appeler) ‖ appoint (à, to) ‖ *se* ~, be called.

non [nɔ̃] *av no* ‖ not ; *je pense que* ~, I think not ‖ ~ *plus* : *il ne l'aime pas, et moi* ~ *plus,* he doesn't like it, neither do I.

nord [nɔr] *m* north ; *au* ~, in the north ; *du* ~, northern, northerly ; *vers le* ~, north(wards).

normal, e, aux [-mal, o] *a* normal ‖ regular, standard (dimensions) ● *f* normal.

normalement *av* normally.

Norvège [-vɛʒ] *f* Norway.

norvégien, ne *a/n* Norwegian.

nos [no] → NOTRE.

notaire [nɔtɛr] *m* notary.

notamment [-amã] *av* particularly.

note *f* note ; *prendre* ~ *de,* make a note of ; *prendre des* ~s, take notes ‖ [école] *bonne/mauvaise* ~, good/bad mark ‖ MUS. note ‖ COMM. bill.

noter *v* (1) note/write down.

notion [nosjɔ̃] *f* notion.

notre [nɔtr] (*Pl* **nos** [no]) *a poss our* ‖ **nôtre (le, la)** *pr poss* ours ● *mpl* [invités] *serez-vous des* ~s ?, will you join us ?

nouer [nue] *v* (1) tie, knot.

nouilles [-j] *fpl* noodles.

nourrir *v* (2) feed ‖ ~ *(au sein),* nurse, breast-feed ‖ *se* ~, feed (de, on).

nourrissant, e *a* nourishing.

nourriture *f* food [animaux] feed.

nous [nu] *pr* [sujet] we ‖ [obj.] us ; *à* ~, ours ; *chez* ~, at home ; *entre* ~, between you and me ‖ ~*-mêmes,* ourselves.

nouveau, nouvel, nouvelle [nuvo, ɛl] (*Pl* **nou-**

veaux, elles a new; de ~, again || ~**x mariés**, newly weds ; ~ **né**, new born (child).

nouvelle 1 a → NOUVEAU.

nouvelle 2 f short story.

nouvelle 3 f : une ~, a piece of news ; **annoncer une (mauvaise)** ~, break the news || Pl news ; dernières ~s, latest news ; **demander des** ~**s de qqn**, after sb ; donnez-moi de vos ~s, let me hear from you ; recevoir des ~s de qqn, hear from sb.

novembre [nɔvɑ̃br] m November.

novice [-is] a inexperienced ● n beginner, tyro.

noyade [nwajad] f drowning.

noyau [-o] m [fruit] stone.

noyé, e n drowned man, woman.

noyer v (9a) drown || AUT. flood (carburateur) || **se** ~, [accident] drown, be drowned ; [suicide] drown oneself.

nu, e [ny] a naked, nude ; tout ~, stark-naked || nude (partie du corps) ; ~**-pieds/-tête**, barefoot(ed)/-headed.

nuage [nɥaʒ] m cloud ; sans ~, cloudless.

nuageux, euse a cloudy ; overcast (temps).

nuance [nɥɑ̃s] f [teinte] shade || FIG. shade of meaning.

nucléaire [nykleɛr] a nuclear.

nudisme [nydism] m nudism.

nudiste n nudist, naturist.

nuire [nɥir] v (69) : ~ à, do harm to, injure.

nuisible [-izibl] a harmful ; injurious (à la santé).

nuit [nɥi] f night ; la ~, in the night ; **à la** ~, at night ; **cette** ~, last night (passée), tonight (à venir) ; **de** ~, by night ; **il fait** ~, it is dark ; **bonne** ~, good night !

nul, le [nyl] a [avant n.] no || [après n.] nil ; partie ~le, draw ; faire match ~, draw || [attribut] hopeless (sans valeur), useless (coll.) ● pr no one.

numéro [nymero] m number || [journal] copy, issue, number ; dernier ~, current issue ; vieux ~, back number || [programme] item.

numéroter [-ɔte] v (1) number.

nuptial, e, aux [nypsjal, o] a wedding (cérémonie).

nuque [nyk] f nape (of the neck).

Nylon [nilɔ̃] m nylon ; bas (de) ~, nylons.

o [o] *m*.

obéir [ɔbeir] *v* (2) : ~ à, obey (ordre, qqn).

obéissance, e *a* obedient.

obèse [ɔbɛz] *a* obese.

objecteur [ɔbʒɛktœr] *m* : ~ de conscience, conscientious objector.

objectif, ive *a* objective ● *m* PHOT. lens.

objet [-ɛ] *m* object, thing ‖ *Pl* : ~*s trouvés*, lost property (office) ; ~*s de valeur*, valuables ‖ GRAMM. object.

obligation [ɔbligasjɔ̃] *f* obligation ; duty ; *être dans l'~ de*, be obliged to.

obligatoire [-twar] *a* obligatory, compulsory.

obligé, e [-ʒe] *a* obliged, compelled ; *être ~ de*, have got to ; [nég.] not have to.

obligeant, e *a* obliging, kind.

obliger *v* (7) compel, oblige ; *êtes-vous ~é de partir maintenant ?*, need you go yet ? ‖ oblige (rendre service).

oblique [-k] *a* oblique ; slant(ing).

obliquement *av* obliquely.

obliquer *v* (1) oblique ‖ ~*ez à droite*, go half right.

oblitération [-terasjɔ̃] *f* postmark.

oblitérer *v* (1) post-mark.

obscène [ɔbsɛn] *a* obscene ; *mot ~*, four-letter word.

obscur, e [-kyr] *a* dark, gloomy.

obscurcir [-kyrsir] *v* (2) darken.

obscurité *f* dark(ness), gloom.

obséder [-ede] *v* (1) obsess, haunt (*par*, with).

observateur, trice [-ɛrvatœr] *n* observer.

observation *f* observation ‖ comment, remark.

observatoire *m* observatory.

observer *v* (1) observe, watch ‖ *faire ~*, point out, remark.

obsession [-ɛsjɔ̃] *f* obsession.

obstacle [-takl] *m* obstacle.

obstination [-tinasjɔ̃] *f* obstinacy, stubbornness.

obstiné, e *a* obstinate, stubborn.

obstiner (s') *v* (1) : ~ à, persist in.

obtenir [ɔbtənir] *v* (101) get, obtain, come by.

obturateur [-yratœr] *m* PHOT. shutter.

obturer *v* (1) MED. fill (dent).

obus [ɔby] *m* shell.

occasion [ɔkazjɔ̃] *f* occasion (circonstance) ; *à l'~*, on occasion ‖ chance, opportunity (chance) ; *profiter de l'~*, take this occasion (*pour*, to) ‖ COMM. bargain ; *d'~*, second-hand ‖ AUT. *voiture d'~*, used car.

occasionnel, le [-ɔnɛl] *a* occasional.

occasionner v (1) cause, occasion, bring about.

Occident [ɔksidɑ̃] m West, Occident.

occidental, e, aux a Western, Occidental.

occupation [ɔkypasjɔ̃] f occupation, employment (travail) ; ~ *secondaire*, side-line.

occupé, e a busy (à, at) ‖ [lieu] engaged ‖ TEL. engaged, US busy.

occuper v (1) occupy (lieu) ; take up (de la place) ‖ s'~ *de*, busy o.s. with ; deal with ‖ look after, take care of, mind (prendre soin de).

océan [ɔseã] m ocean.

Océanie [-ani] f Oceania.

octobre [ɔktɔbr] m October.

oculiste [ɔkylist] n oculist.

odeur [ɔdœr] f smell ; *bonne/mauvaise* ~, pleasant/bad smell.

odieux, euse [-jø] a odious, hateful.

odorat [-ɔra] m smell.

œil [œj] (Pl **yeux** [jø]) m eye ; *coup d'*~, glance ; *jeter un coup d'*~, have a look at ; *jeter un coup d'*~ *furtif à*, peep at ‖ *à vue d'*~, visibly ‖ FAM. *je n'ai pas fermé l'*~ *de la nuit*, I didn't sleep a wink all night ; ~ *poché*, black eye ‖ Pl : *aux yeux bleus*, blue-eyed.

œillère [-ɛr] f MED. eye-bath.

œuf [œf] (Pl **œufs** [ø]) m egg ; ~s *brouillés*, scrambled eggs ; ~ *à la coque*, boiled egg ; ~s *à la dur*, hard-boiled egg ; ~s *à la*

neige, floating islands ; ~ *sur le plat*, fried egg.

œuvre [œvr] f work ; ~ *d'art*, work of art.

offenser [ɔfɑ̃se] v (1) offend, hurt (the feelings of).

offert, e [ɔfɛr, t] → OFFRIR.

office 1 [ɔfis] m office, duty (emploi) ‖ REL. service.

office 2 f (butler's) pantry.

officiel, le [-jɛl] a official.

officiellement av officially.

officier m officer.

officieusement [-jøzmɑ̃] av off the record, unofficially.

officieux, euse a unofficial.

offre [ɔfr] f offer ‖ *l'*~ *et la demande*, supply and demand.

offrir v (72) offer ; ~ *qqch à qqn*, present sb with sth.

oh! [o] excl oh! ; ~ *là là!*, oh dear!

oie [wa] f goose.

oignon [ɔɲɔ̃] m onion.

oiseau [wazo] m bird.

oisif, ive [-if] a idle.

oisiveté f idleness.

olive [ɔliv] f olive.

olivier m olive(-tree).

ombrage [ɔ̃braʒ] m shade.

ombragé, e a shadowy.

ombrager v (7) shade.

ombrageux, euse a quick to take offence.

ombre f shade (lieu ombragé) ; *à l'*~, in the shade ‖ shadow (silhouette).

ombrelle f sunshade, parasol.

omelette [ɔmlɛt] f omelet(te).

omettre [ɔmɛtr] v (64) omit, leave out (mot).

omnibus [ɔmnibys] m RAIL. slow train.

on [ɔ̃] pr indéf one, we, you; they **il ∼ me dit**, I am told.

oncle [ɔ̃kl] m uncle.

onde [ɔ̃d] f RAD. wave; **∼s courtes**, short waves; **longueur d'∼**, wave-length; **sur les ∼s**, on the air.

ondée f (sudden) shower.

ondulation [-ylasjɔ̃] f wave (cheveux); **∼ permanente**, permanent wave.

onduler v (1) undulate ‖ wave (cheveux).

ongle [ɔ̃gl] m (finger-)nail.

onze [ɔz] a/m eleven.

onzième [-jɛm] a/n eleventh.

opaque [ɔpak] a opaque.

opérateur [ɔperatœr] n : CIN. **∼ (de prise de vues)**, cameraman.

opération f operation ‖ MATH., MED. operation; **subir une ∼**, undergo an operation.

opérer v (5) MED. operate (qqn de, on sb for); **se faire ∼ de**, be operated on for.

opérette f musical comedy.

opinion [ɔpinjɔ̃] f opinion, view ‖ **avoir une bonne/haute ∼ de qqn**, think highly of sb ‖ **∼ (publique)**, public opinion.

opium [ɔpjɔm] m opium.

opportun, e [ɔpɔrtœ̃, yn] a opportune, timely.

opportuniste n opportunist.

opposé, e [ɔpoze] a opposed, averse, counter (à, to) ‖ oppo-

site (à, to) [en face de] ‖ reverse (côté) • m opposite, contrary; **à l'∼ de**, contrary to.

opposer v (1) oppose ‖ contrast (faire contraster) ‖ offer (résistance) ‖ SP. match (contre, against) ‖ **s'∼ à**, be opposed to.

opposition f opposition.

opticien, ne [ɔptisjɛ̃] n optician.

optimiste [-mist] a optimistic • n optimist.

or 1 [ɔr] c now.

or 2 m gold.

orage m (thunder-)storm.

orageux, euse a stormy.

oral, e, aux [ɔral] a • m oral examination, viva voce.

oralement av orally.

orange [ɔrɑ̃ʒ] a/m orange • f orange (fruit).

orangé, e a orange-coloured.

orangeade [-ad] f orangeade.

oranger m orange-tree.

orateur, trice [-atœr] n orator, speaker.

orchestre [-kɛstr] m orchestra ‖ [jazz] band ‖ TH. (fauteuils à l'∼), stalls, pit.

ordinaire [-dinɛr] a ordinary (habituel) ‖ common (-place) (courant); **peu ∼**, out of the common • m : **d'∼**, usually; **comme à l'∼**, as usual ‖ AUT., FAM. two-star (petrol).

ordinateur [-dinatœr] m computer; **mettre sur ∼**, computerize.

ordonnance [-dɔnɑ̃s] *f* MED. prescription.

ordonner *v* (1) order, command ‖ arrange, put in order ‖ MED. prescribe.

ordre 1 [-dr] *m* [disposition harmonieuse] order ; **en** ∼, tidy ; **sans** ∼, messy (chose), untidy (personne) ‖ **mettre en** ∼, set in order, tidy up ; straighten (up) [chambre] ; [suite] order ; *par* ∼ *alphabétique*, in alphabetical order ‖ [rang] class, rank ; *de premier/second* ∼, first/second rate ‖ TECHN. *en* ∼ *de marche*, in working order.

ordre 2 *m* [commandement] order, command ; *donner un* ∼, give an order.

ordures [-dyr] *fpl* garbage, refuse.

oreille [-ɛj] *f* ear.

oreiller *m* pillow.

oreillons *mpl* mumps.

organe [-gan] *m* MED., JUR. organ.

organisateur, trice [-ganizatœr] *n* organizer ‖ ∼ *de voyages*, tour operator.

organisation *f* [action] organization, planning ‖ [service] agency.

organiser *v* (1) organize, arrange, form, fix ‖ *s'*∼, get organized.

organiste *n* organist.

orge [-ʒ] *f* barley.

orgue [-g] *m* (*f* au pl) organ.

orgueil [-gœj] *m* pride.

orgueilleux, euse *a* proud.

orient [-jɑ̃] *m* east ; *Extrême/Moyen O*∼, Far/Middle East.

oriental, e, aux *a* Eastern.

orientation *f* orientation ; *sens de l'*∼, sense of direction ‖ [maison] aspect ‖ FIG. ∼ *professionnelle*, vocational guidance.

orienté, e *a* : ∼ *à l'est*, facing east.

orienter *v* (1) orientate.

original, e, aux [-iʒinal, o] *a* original ◆ *n* eccentric (personne) ‖ *m* original (ouvrage).

originalité *f* originality.

origine *f* origin ‖ *d'*∼ *française*, of French descent.

ornement [-nəmɑ̃] *m* ornament.

orner *v* (1) adorn, decorate (de, with).

orphelin, e [ɔrfəlɛ̃, in] *a/n* orphan.

orphelinat [-ina] *m* orphanage.

orteil [-tɛj] *m* toe.

orthographe [-tɔgraf] *f* spelling ; *faute d'*∼, misspelling.

orthographier *v* (1) spell ; *mal* ∼, misspell.

ortie [-ti] *f* nettle.

os [ɔs] (*Pl* **os** [o]) *m* bone.

osé, e [oze] *a* daring, bold.

oser *v* (1) dare ; *il n'ose pas venir*, he dare not come, he does not dare come.

otage [ɔtaʒ] *m* hostage ; *prendre en* ∼, take hostage.

ôter [ote] *v* (1) take off, remove.

ou [u] *c* or ; ∼ *bien*, or else ; *ou..., ou...,* either..., or.

où *av interr* where?; ~ *donc* ...?, wherever...?; *jusqu'*~?, how far? • *pr rel* [lieu] where; *la maison* ~ *il habite*, the house he lives in; [temps] when, in/on which, that • *loc av* : *d'*~, where... from; hence [conséquence]; *partout* ~, wherever.

ouate [wat] *f* cotton-wool.

ouater *v* (1) quilt.

oubli [ubli] *m* oblivion || oversight, negligence.

oublier *v* (1) forget (*de*, to) || neglect (omettre); *n'~ez pas de*, remember to || leave behind (qqch quelque part).

ouest [wɛst] *m* west; *à l'*~, in the west; *de l'*~, western; *vers l'*~, westward(s).

oui [wi] *av* yes; *mais* ~!, yes indeed! || *je crois que* ~, I think so.

ouïe *f* hearing; *avoir l'*~ *fine*, be sharp of hearing.

ouragan [uragɑ̃] *m* hurricane.

ourlet [urlɛ] *m* hem.

ours [urs] *m* bear; ~ *en peluche*, Teddy bear.

ourse *f* she-bear || ASTR. *la Grande/Petite O*~, the Great/ Little Bear.

oursin *m* sea-urchin.

ourson *m* bear's cub.

outil [uti] *m* tool.

outre 1 [utr] *p* as well as, besides • *av* beyond; *en* ~, besides, moreover.

outre 2 [-ə] *préf* beyond.

outre-mer *av* overseas • *m* ultramarine (couleur).

outrepasser *v* (1) exceed (droits).

outsider [utsidɛr] *m* outsider.

ouvert, e [uvɛr, t] *a* open; *grand* ~, wide open || *le gaz est* ~, the gas is on || SP. open (saison).

ouverture *f* opening || COMM. *heures d'*~, business hours || SP. ~ *de la chasse*, opening day of the shooting season || PHOT. aperture || CIN. ~ *en fondu*, fade in.

ouvrable [uvrabl] *a* : *jour* ~, working day.

ouvrage *m* work.

ouvre-boîtes [-əbwat] *m inv* tin opener.

ouvreuse *f* usherette.

ouvrier, ère [-ije] *n* worker/workman, female worker.

ouvrir *v* (72) open || *aller* ~, answer the door || prize open || unfold (journal) || ~ *le gaz*, turn on the gas || zip open (combinaison) || ELECTR., RAD. switch on || COMM. open (boutique).

ovale [ɔval] *a/m* oval.

ovni [ɔvni] *m* UFO.

oxyde [ɔksid] *m* oxide; ~ *de carbone*, carbon monoxide.

oxygène [-ʒɛn] *m* oxygen.

p

p [pe] *m.*

pacifiste [pasifist] *n* pacifist.

pagaie [page] *f* paddle.

pagaille, pagaye [-aj] *f* FAM. muddle, mess ‖ [beaucoup] *en* ~, galore.

pagayer [-εje] *v* (9 b) paddle.

page [paʒ] *f* page ; *à la* ~, up-to-date.

pagne [paɲ] *m* loincloth.

paie [pε] *f* → PAYE.

paiement, payement *m* payment ; ~ *différé*, deferred payment.

paillasson [pajasɔ̃] *m* doormat.

paille [paj] *f* straw ; *tirer à la courte* ~, draw straws.

pain [pɛ̃] *m* bread ; *un* ~, a loaf (of bread) ; ~ *azyme*, unleavened bread ; ~ *bis*, brown bread ; ~ *d'épice*, gingerbread ; ~ *grillé*, toast ; ~ *de mie*, sandwich loaf ; *petit* ~, French roll ‖ FIG. *gagner son* ~, earn one's bread.

pair, e [pεr] *a* even (nombre) • *m* equal ‖ *au* ~, au pair.

paire [-] *f* pair (gants, etc.).

paisible [pεzibl] *a* peaceful, quiet.

paix [pε] *f* peace.

palais [palɛ] *m* palace.

pâle [pɑl] *a* pale.

Palestine [palεstin] *f* Palestine.

palestinien, ne *a/n* Palestinian.

palier [palje] *m* [escalier] landing.

pâlir [pɑlir] *v* (2) grow pale ; lose colour ‖ [couleur] fade.

palissade [palisad] *f* paling, fence.

palme [palm] *f* palm ‖ [natation] flipper.

palmier [palmje] *m* palm (tree).

palourde [palurd] *f* clam.

palpitant, e [palpitɑ̃] *a* thrilling.

palpiter *v* (1) [cœur] throb, palpitate.

pamplemousse [pɑ̃pləmus] *m* grapefruit.

pancarte [pɑ̃kart] *f* notice (-board) ; placard.

panier [panje] *m* basket ; ~ *à salade*, salad-washer.

panique [-ik] *f* panic ; *pris de* ~, panic-stricken.

panne [pan] *f* break-down, failure ; ~ *de courant*, power failure ‖ AUT. ~ *de moteur*, engine-failure ; *avoir une/tomber en* ~, break down ; *avoir une* ~ *d'essence*, run dry, run out of petrol ; *en* ~, broken-down.

panneau [-o] *m* panel ; ~ *d'affichage*, notice board ; ~*x de signalisation*, traffic signs.

panorama [panɔrama] *m* panorama.

panoramique *a* panoramic • *m* CIN. pan(ning) shot; *faire un ~*, pan (round).

pansement [pɑ̃smɑ̃] *m* dressing; bandage; *faire un ~*, dress a wound, bandage; *~ adhésif*, (sticking) plaster.

panser *v* (1) MED. dress.

pantalon [-talɔ̃] *m* (pair of) trousers; slacks, US pants; *~ de velours*, corduroys.

pantoufle [-tufl] *f* slipper.

papa [papa] *m* FAM. dad(dy).

pape *m* pope.

papeterie [paptri] *f* COMM. stationery (fournitures); stationer's (shop) [boutique].

papier *m* paper; *~ d'aluminium*, tinfoil; *~ calque/carbone / d'emballage / hygiénique / tracing / carbon / wrapping / toilet-paper*; *~ à lettres*, writing-paper; *~ peint*, wall-paper; *~ de soie*, tissue paper; *~ de verre*, sand-paper [documents]; *vieux ~s*, litter.

papillon [-ijɔ̃] *m* butterfly; *~ de nuit*, moth.

papoter [-ɔte] *v* (1) chatter.

paquebot [pakbo] *m* steamship, liner.

pâquerette [pɑkrɛt] *f* daisy.

Pâques [pɑk] *m* Easter (day).

paquet [pakɛ] *m* parcel; *faire un ~*, make up a parcel [cigarettes] packet, US pack [cartes] pack || [linge] bundle.

par [par] *p* [moyen] by [lieu] through; *~ la fenêtre*, out of/through the window; *~*

Douvres, via Dover || [distributif] per; *~ an*, per year; *deux fois ~ jour*, twice a day || [atmosphère] in, on; *~ cette chaleur*, in this heat • *loc* : *~derrière*, (from) behind; *~dessus*, over; *~dessus tout*, above all; *~devant*, in front, before.

parachute [-aʃyt] *m* parachute; *sauter en ~*, parachute.

parachuter *v* (1) drop.

parachutiste *n* parachutist, paratrooper.

paraffine [-afin] *f* paraffinwax; *huile de ~*, liquid paraffin.

paragraphe [-agraf] *m* paragraph.

paraître 1 [-ɛtr] *v* (74) [se montrer] appear, come out [livre] be published; *vient de ~*, just out.

paraître 2 *v* (74) (sembler) seem, appear, look [impers.] *il ~t/~trait que*, it seems/would seem that; *~t-il*, apparently.

parallèle [-alɛl] *a* parallel • *m* GEOGR. parallel || *f* parallel (line).

paralyser [-alize] *v* (1) paralyse.

paralysie *f* paralysis.

parapluie *m* umbrella.

parasite [-azit] *m* MED. parasite || RAD. atmospherics.

parasol *m* parasol; [table] sunshade; [plage] beach-umbrella.

parasoleil *m* PHOT. hood.

paratonnerre *m* lightning-rod.

paravent *m* folding screen.

parc [-k] *m* park ‖ [château] grounds ‖ ~ (*à bébé*), playpen ‖ AUT. ~ *de stationnement*, car park.

parce que [-skə] *c* because.

parc(o)mètre [-k(ɔ)mɛtr] *m* parking meter.

parcourir *v* (32) go over ; walk (rues) ; travel, cover (distance) ; skim through (livre).

parcours [-kur] *m* distance covered ‖ journey (trajet).

par-derrière / dessus / de-vant → PAR.

pardessus *m* overcoat, top-coat.

pardon *m* forgiveness ; *je vous demande* ~!, I beg your pardon! ; ~!, (I am) sorry!

pardonner *v* (1) forgive, pardon ; ~ *qqch à qqn*, forgive sb for sth.

pare-brise *m inv* AUT. wind-screen.

pare-chocs *m inv* AUT. bumper.

pareil, le [-ɛj] *a* like, alike ; similar (*à*, to) ‖ [tel] such (a).

pareillement *av* likewise.

parent, e [-ɑ̃] *a* related ● *mpl* parents, father and mother ‖ *nsg* relative, relation.

parenthèse [-ɑ̃tɛz] *f* round brackets.

paresse *f* laziness, idleness.

paresseux, euse *a* lazy ● *n* lazy person.

parfait, e *a* perfect ● *m* GRAMM. perfect.

parfaitement *av* perfectly.

parfois *av* sometimes, occa-sionally.

parfum [-fœ̃] *m* perfume, fra-gance ‖ [fleur] scent ‖ [glace] flavour.

parfumer [-fyme] *v* (1) per-fume, scent.

parfumerie [-fymri] *f* per-fume shop.

pari [-i] *m* bet ; gamble.

parier *v* (1) bet (*avec*, with) ; lay (une somme) [*sur*, on].

parieur, euse *n* better.

parisien, ne [-izjɛ̃] *a/n* Parisian.

parking [-kiŋ] *m* AUT. car park ; [route] lay-by.

parlement [-ləmɑ̃] *m* parliament.

parler [-le] *v* (1) speak, talk (*à*, to) ; *de*, of/about) ; tell (*de*, of/about) ; say nothing of, let alone ‖ FAM. *tu* ~*s!*, you bet!, you're telling me! ‖ *se* ~, speak to each other.

parmi [-mi] *p* among.

paroi [-wa] *f* side, wall.

paroisse [-was] *f* parish.

parole [-ɔl] *f* speech (faculté) ; *sans* ~*s*, speechless ; *adresser la* ~, speak (*à*, to) ‖ word (pro-messe) ; *donner/tenir sa* ~, give/keep one's word ; *man-quer à sa* ~, break one's word ‖ *Pl* [chanson] lyrics.

parquer [-ke] *v* (1) park (voi-ture).

parquet [-kɛ] m floor.

parrain [parɛ̃] m godfather ‖ [club] sponsor.

parrainer [-ene] v (1) sponsor.

parsemer v (5) strew, sprinkle (de, with).

part [par] f share (portion) ‖ part (participation) ; prendre ~ à, take part in ‖ faire ~ de qqch à qqn, announce sth to sb ‖ pour ma ~, for me ‖ de la ~ de, from ; TEL. de la ~ de qui ?, who's speaking ? ; dites-lui de ma ~ que ..., tell him from me that ... ‖ à ~, aside ; à ~ (cela), except for (that) ; ‖ autre ~, elsewhere, somewhere else ; **nulle ~**, nowhere ; **quelque ~**, somewhere, anywhere ; **d'une** ~ ..., **d'autre** ~, on the one hand ..., on the other hand.

partage [-taʒ] m sharing, division ; faire le ~ de qqch, divide sth up, share sth out (entre, between).

partager v (7) share out ; ~ qqch, divide sth (up) (entre, among) ; ~ avec qqn, go shares with sb ; ‖ ~ les frais, go Dutch ; ~ de moitié, go halves/fifty-fifty.

partenaire [-tənɛr] n partner.

parti [-ti] m : [choix] prendre ~, come to a decision, make up one's mind ; prendre ~ pour qqn, take sb's part ‖ ~ pris, prejudice ‖ [profit] tirer ~ de qqch, turn sth to account ‖ [mariage] un beau ~, a good match ‖ POL. party.

partial, e, aux [-sjal, o] a partial, biased.

participant, e n SP. entrant.

participation [-tisipasjɔ̃] f participation.

participe m GRAMM. participle.

participer v (1) participate ‖ take part (à, in).

particulier, ère [-tikylje] a particular, peculiar, special ; en ~, particularly.

particulièrement av particularly.

partie 1 [-ti] f part ; en ~, in part, partly ; la plus grande ~ de, the greater part of, most of ‖ faire ~ de, be part of, belong to, be a member of (club).

partie 2 f game ; faire une ~ de cartes, have a game of cards ‖ SP. game ; faire une ~ de tennis, play a game of tennis.

partiel, le [-sjɛl] a partial.

partiellement av in part, partly.

partir [-tir] v (93) go away, set forth, start ; leave (pour, for) ‖ [hotel] check out ‖ [train] leave ‖ [avion] take off ‖ [bouton] come off ‖ [taches] come/wash out ; faire ~, remove (tache) ‖ NAUT. sail (de, from) ‖ à ~ de, from.

partisan, e [-tizɑ̃, an] a : être ~ de, be in favour of, be for ● n follower, supporter.

partout av everywhere ; all over ; ~ où, wherever.

paru [pary] → PARAÎTRE.

parvenir v (101) : [atteindre]
~ **à**, reach || [réussir] ~ **à**,
succeed in, manage to.

pas 1 [pa] *av* not ; ~ **du tout**,
not at all.

pas 2 *m* step (mouvement) ;
faire un ~, take a step ; **faire
un faux** ~, stumble ; *faire les
cent* ~, walk up and down ;
revenir sur ses ~, retrace
one's steps || footstep (bruit,
empreinte) || [vitesse] pace ;
aller au ~, go at a walking
pace || AUT. crawl along || *avan-
cer à grands* ~, stride along ||
[lieu] ~ **de la porte**, door-
step || GÉOGR. le ~ **de Calais**,
the Straits of Dover || FIG.
mauvais ~, fix.

passable [-sabl] *a* middling,
fair || [examen] pass.

passage *m* way, passage ;
crossing (traverse) ; ~ **clouté**,
pedestrian/zebra crossing ; ~
interdit, no entry ; ~ *sou-
terrain*, subway || [livre] pas-
sage || RAIL. ~ **à niveau**,
level crossing.

passager, ère [-saʒe, ɛr] *a*
passing ● busy (rue) ● *n* passenger ; ~ *clandestin*, stowaway.

passant, e *a* (busy (rue) || *en*
~, by the way (à propos) || *en*
~ *par*, via, by way of ● *n*
passer-by.

passe [pɑs] *f* SP. pass.

passé, e *a* past, bygone ● *m*
past || GRAMM. past tense.

passe-partout *m inv* master-
key, passkey.

passe-passe *m inv* : *tour de*
~, conjuring trick ; *faire des
tours de* ~, conjure.

passeport *m* passport.

passer v (1) pass, go by/past
|| ~ *avant son tour*, jump the
queue || ~ **chez qqn**, call at
sb's place ; ~ **voir qqn**, call
on sb, look sb up ; drop in on
sb ; *le facteur est-il* —*é* ?,
has the postman been ? || ~
par, go through || *faire* ~, pass
(on) [faire circuler] || go through
(filtrer) || [coffee] percolate ||
[couleur] fade || [temps] pass,
go by ; *faire* ~ *le temps*, while
away the time || omit (omettre) ;
~ *à côté*, miss the mark ||
[cartes] pass || ~ **à la douane**,
go through the customs || [train]
run || cross (frontière) || go over
(pont) || pass, hand (on), reach
down [qqch] || spend (vacan-
ces) ; ~ *la nuit*, stay overnight
|| sweep (main) [sur, over] ; ~
le balai dans, sweep ; ~ *l'aspi-
rateur dans*, hoover (coll.) || ~
un examen, take/sit (for) an
exam || SP. pass (ballon) [à, to]
|| CULIN. pass through a sieve ||
CIN. [film] be on/showing ;
put on, show (film) || FIG. ~
pour, be taken for || *se* ~,
happen, take place (arriver) ;
que se ~*-t-il* ?, what's going
on ?, what's the matter ? || *se*
~ *de*, go without.

passe-temps *m inv* pastime ;
~ *favori*, hobby.

passe-thé *m inv* tea-strainer.

passif, ive [pasif] a passive ●
m GRAMM. passive.

passion f passion.

passionnant, e [-ɔnɑ̃] a
exciting, thrilling.

passionné, e a : ~ de, keen
on (coll.).

passionnément av passion-
ately.

passoire f [thé] strainer;
[légumes] colander.

pasteur [pastœr] m parson.

pastille [-tij] f lozenge, drop.

pat [pat] a/m stalemate(d).

patauger [-oʒe] v (7) paddle,
splash about.

pâte [pɑt] f [pain] dough;
[pâtisserie] pastry ‖ Pl : ~s
(alimentaires), pasta.

pâté m [encre] blot ‖ [maisons]
block ‖ CULIN. pie.

patère [patɛr] f (hat-)peg.

paternel, le [patɛrnɛl] a
paternal, fatherly.

patiemment [pasjamɑ̃] av
patiently.

patience f patience; **prendre**
~, be patient ‖ [cartes]
patience.

patient, e a patient ● n MED.
patient.

patienter v (1) wait patiently.

patin [patɛ̃] m skate ; ~ à
roulettes, roller-skate.

patinage [-inaʒ] m skating.

patiner v (1) skate ‖ TECHN.
skid.

patineur, euse n skater.

patinoire f skating-rink.

pâtisserie [pɑtisri] f pastry

(gâteaux) ; pastry-shop (boutique).

pâtissier, ère n pastry-cook.

patraque [patrak] a FAM.
off-colour, poorly (coll.).

patrie [patri] f homeland,
native land, mother country.

patriote [-ɔt] a patriotic ● n
patriot.

patriotique a patriotic.

patriotisme f patriotism.

patron [patrɔ̃] m pattern
(modèle).

patron, ne [-, ɔn] n
employer ; boss (coll.) ; [bistrot]
publican.

patronage [-ɔnaʒ] m patronage.

patronner v (1) patronize.

patte [pat] f leg ; [chat, chien]
paw ; [oiseau] foot ‖ FAM. à
quatre ~s, on all fours.

paume [pom] f palm.

paumé, e a FAM. lost.

paupière [popjɛr] f eyelid.

pause [poz] f break.

pauvre [povr] a poor ● n poor
person ; les ~s, the poor.

pauvrement av poorly.

pauvreté [-ate] f poverty.

pavé [pave] m paving-stone.

paver v (1) pave.

pavillon [-ijɔ̃] m suburban
house ‖ NAUT. flag.

paye, paie [pɛj, pɛ] f pay.

payer v (9b) pay [de,
for]; pay for (qqch); ~ à boire
(à qqn), stand a drink ; ~
~ en espèces/par chèque, pay
in cash/by cheque ; **faire** ~,
charge (prix) ‖ **se** ~, buy o.s.

(s'offrir) ; FAM. *se ~ la tête de qqn*, pull sb's leg, make a fool of sb.

payeur, euse *n* payer.

pays [pei] *m* country ; *~ natal*, native land.

paysage [-zaʒ] *m* landscape, scenery.

paysan, ne [-zã, an] *n* countryman, -woman.

Pays-Bas *mpl* Netherlands.

péage [peaʒ] *m* toll ; *barrière de ~*, toll-gate.

peau [po] *f* [animal, personne] skin || [orange] rind || [cheval, vache] hide || *~ de chamois*, shammy leather.

Peau-Rouge *n* Red Indian ; *femme ~*, squaw.

pêche 1 [pɛʃ] *f* BOT. peach.

pêche 2 *f* fishing ; *aller à la ~*, go fishing || *~ à la ligne*, angling, fishing.

péché [peʃe] *m* sin.

pécher *v* (5) sin.

pêcher 1 [peʃe] *m* BOT. peach-tree.

pêcher 2 *v* (1) fish for ; *~ à la ligne*, go angling.

pêcheur, euse *n* fisherman, -woman.

pédale [pɛdal] *f* pedal.

pédaler *v* (1) pedal.

pédalo *m* pedal-boat.

pédicure [-ikyr] *n* chiropodist.

peigne [pɛɲ] *m* comb ; *se donner un coup de ~*, run a comb through one's hair.

peigner *v* (1) : *~ qqn*, comb

sb's hair || *se ~*, comb one's hair.

peignoir *m* dressing-gown ; *~ de bain*, bath-robe.

peindre [pɛ̃dr] *v* (59) paint ; *~ qqch en bleu*, paint sth blue ; *~ à l'huile*, paint in oils.

peine 1 [pɛn] *f* [douleur morale] sorrow, grief ; *faire de la ~ à qqn*, hurt sb's feelings, grieve sb || *sous ~ de*, under penalty of.

peine 2 *f* [effort] pain, trouble ; *se donner la ~ de*, take trouble to, bother to ; *valoir la ~*, be worth while.

peine (à) *loc av* scarcely, hardly.

peiner *v* (1) hurt, grieve.

peintre [pɛ̃tr] *m* painter.

peinture *f* paint ; *attention à la ~!*, wet paint! || ARTS painting ; *~ à l'huile*, oil-painting.

péjoratif, ive [peʒɔratif] *a* derogatory, pejorative.

pêle-mêle [pɛlmɛl] *loc av* pell-mell.

peler [pəle] *v* (8 *b*) peel.

pèlerin [pɛlrɛ̃] *m* pilgrim.

pèlerinage [-inaʒ] *m* : *aller en ~*, go on a pilgrimage.

pelle [pɛl] *f* [grande] shovel ; [petite] scoop ; dustpan (à poussière).

pellicule [-ikyl] *f* PHOT. film || *Pl* [tête] dandruff.

pelotage [plɔtaʒ] *m* FAM. petting.

peloter *v* (1) FAM. pet.

pelouse [p(ə)luz] *f* lawn, green.

pelure [p(ə)lyr] *f* [fruit] peel; [oignon] skin.

pénaliser [penalize] *v* (1) SP. penalize.

pénalité *f* JUR., SP. penalty.

pencher [pɑ̃ʃe] *v* (1) incline, lean, tilt ‖ **se ∼**, bend, lean over; **se ∼** *au-dehors*, lean out.

pendant [-dɑ̃] *p* during ‖ for; **∼** *un an*, for one year ‖ **∼** *que*, while.

penderie [-dri] *f* wardrobe.

pendre [-dr] *v* (4) hang (criminel, rideau) ‖ hang (down) [être suspendu] ‖ **se ∼**, hang o.s.

pendule [-dyl] *f* clock.

pénétrer [penetre] *v* (5) penetrate, enter (*dans*, into) ‖ [liquide] soak, seep; *faire ∼ en frottant*, rub in.

pénible [-ibl] *a* hard, tiresome (travail); unpleasant (désagréable).

péniche [-iʃ] *f* barge.

pénicilline [-isilin] *f* penicillin.

pensée [pɑ̃se] *f* thought.

penser *v* (1) think (*à*, of/about); *qu'en ∼ vous* ?, what do you think of it? ; *à quoi ∼es-tu* ?, a penny for your thoughts.

penseur *m* thinker.

pensif, ive *a* pensive, thoughtful.

pension *f* board and lodging; *être en ∼ chez*, board with; **∼** *de famille*, boarding-house, guest-house ‖ [école] boarding-school ‖ JUR. pension (allocation); **∼** *alimentaire*, alimony.

pensionnaire [-ɔnɛr] *n* lodger, paying guest ‖ [école] boarder.

pensionnat [-ɔna] *m* boarding-school.

pente [pɑ̃t] *f* slope; *en ∼*, sloping.

Pentecôte *f* Whitsun(tide).

pépin [pepɛ̃] *m* [fruit] pip.

perçant, e [pɛrsɑ̃] *a* shrill (cri).

percepteur [-sɛptœr] *m* tax-collector.

percer [-se] *v* (6) pierce ‖ drill, bore (trou).

perceu *e f* drill; **∼** *électrique*, power-drill.

percevoir 1 [-səvwar] *v* (3) perceive, detect (ressentir).

percevoir 2 *v* (3) collect (faire payer).

percussion [-kysjɔ̃] *f* percussion.

percuter *v* (1) crash into.

perdant, e [-dɑ̃] *n* loser.

perdre [-dr] *v* (4) lose (qqch) ‖ [arbre] shed (feuilles) ‖ **∼** *son temps*, waste one's time; **∼** *du temps*, lose time ‖ **se ∼**, get lost, lose one's way.

perdu, e *a* lost ‖ COMM. non-returnable (emballage).

père [pɛr] *m* father ‖ **∼** *aubergiste*, warden ‖ P**∼** *Noël*, Father Christmas.

perfection [-fɛksjɔ̃] *f* perfection ; *à la ∼*, to perfection.

perfectionner *v* (1) improve,

perfect ‖ **se** ~, improve one's knowledge (*en*, of).

performance [-fɔrmãs] *f* SP. performance.

périmé, *e* [perime] *a* no longer valid, expired (billet) ; out of date (méthode).

période [perjɔd] *f* period ; spell (de froid, etc.).

périodique *a* periodic(al) ● *m* periodical.

périphérique [periferik] *m* AUT. ring-road, by-pass.

perle [pɛrl] *f* pearl ; ~ *de culture*, cultured pearl.

permanent, *e* [-manã] *a* permanent ● *f* [chevelure] perm.

permettre *v* (64) [autoriser] permit, allow (de, to) ; *il ne vous est pas permis de*, you may not ‖ [rendre possible] enable ‖ **se** ~, allow o.s. ; indulge in (fantaisie) ; [achat] *je ne peux pas me le* ~, I can't afford it.

permis, *e* → PERMETTRE ; *a* allowed (autorisé) ● *m* permit ; ~ *de chasse*, shooting-licence ‖ AUT. ~ **de conduire**, drivinglicence ; *passer son* ~, take one's driving-test ; *retirer le* ~ *de conduire à*, disqualify.

permissif, **ive** [-misif] *a* permissive.

permission *f* permission ; *avec votre* ~, with your leave ‖ MIL. leave ; *en* ~, on leave.

perpendiculaire [-pãdikylɛr] *a/f* perpendicular.

perpétuel, **le** [-petɥɛl] *a* everlasting, perpetual.

perplexe [-plɛks] *a* perplexed.

perroquet [pɛrɔkɛ] *m* parrot.

perruche [-yʃ] *f* budgerigar.

perruque [-yk] *f* wig.

persévérer [pɛrsevere] *v* (5) persevere.

persil [-si] *m* parsley.

persistant, *e* *a* : *arbre à feuilles* ~es, evergreen.

personnage [pɛrsɔnaʒ] *m* personage ‖ TH. character.

personnalité [-alite] *f* personality.

personne 1 *f* person ; *combien de* ~s ?, how many people ?

personne 2 *pr* [phrase interr., négative] anybody, anyone ‖ [aucun] nobody, no one, none.

personnel, **le** *a* personal, individual ; private (maison, voiture) ● *m* staff.

personnellement *av* personally.

perspective [-spɛktiv] *f* perspective ‖ FIG. outlook.

persuader [-sɥade] *v* (1) persuade, convince (de, of).

perte [-t] *f* loss ‖ ~ *de temps*, waste of time.

peser [pəze] *v* (5) weigh (qqch ; un certain poids).

pessimiste [pesimist] *a* pessimistic ● *n* pessimist.

pétard [petar] *m* cracker.

pétillant, *e* [petijã] *a* a fizzy (eau) ; sparkling (vin).

pétiller *v* (1) [feu] crackle ‖ [vin] sparkle, fizz(le).

petit, *e* [pəti, t] *a* small, little ‖ short (personne) ‖ low (quantité) ‖ young ; *quand j'étais* ~, when I was a boy • *av* : ~ *à* ~, little by little • *n* child ‖ ZOOL. young ; *faire des* ~*s*, have little kittens (chats)/puppies (chiens) ; cub (lion).

petite-fille *f* granddaughter.

petit-fils *m* grandson.

pétrir [petrir] *v* (2) knead.

pétrole [-ɔl] *m* oil (brut) ‖ ~ *lampant*, paraffin (oil), US kerosene.

pétrolier *m* NAUT. tanker.

peu [pø] *av* : ~ *de*, [quantité, valeur] little ; [nombre] few ‖ ~ *à* ~, little by little ; *avant/sous* ~, before long ; *depuis* ~, lately, of late ; *un* ~, a little, a bit (cher, fatigué) • *m* : *un* ~ *de*, a little (of), some.

peuple [pœpl] *m* people, nation.

peuplier *m* poplar.

peur [pœr] *f* fear ; *avoir* ~ *de*, be afraid of ; *faire* ~ *à*, frighten, scare ; *de* ~ *de*, for fear of ; *de* ~ *que*, for fear that, lest.

peureux, euse *a* fearful, timid.

peut-être [pøtɛtr] *av* perhaps, maybe, possibly ; ~ *viendra-t-il*, he may come.

phare [far] *m* NAUT. lighthouse ‖ AUT. headlight.

pharmacie [-masi] *f* pharmacy ‖ chemist's shop.

pharmacien, ne *n* (dispensing) chemist.

philatélie [filateli] *f* philately.

philatéliste *n* stamp collector, philatelist.

philosophe [-ɔzɔf] *n* philosopher.

philosophie *f* philosophy.

phonétique [fɔnetik] *f* phonetics.

phoque [fɔk] *m* seal.

photo [fɔto] *f* = FAM. photo ; *prendre une* ~, take a photograph.

photocopie *f* photocopy.

photocopier *v* (1) photocopy ‖ *machine à* ~, (photo)copier.

photogénique [-ʒenik] *a* : *il est* ~, he always comes out well (in pictures).

photographe [-graf] *m* photographer.

photographie *f* photography ‖ photograph, picture (épreuve).

photographier *v* (1) photograph ; *se faire* ~, sit for a photo.

photopile *f* solar battery.

phrase [fraz] *f* sentence.

physicien, ne [fizisjɛ̃] *n* physicist.

physique 1 [-k] *a* physical • *f* physics.

physique 2 *a* physical (culture) • *m* [personne] physique.

pianiste [pjanist] *n* pianist.

piano *m* piano ; ~ *droit*, upright piano ; ~ *à queue*, grand piano ; *jouer du* ~, play the piano.

pick-up [pikœp] *m inv* pick-up ‖ record-player (électrophone).

pièce 1 [pjɛs] *f* piece ; bit

(morceau) ‖ [raccommodage] patch ‖ TECHN. part; **~s détachées**, spare parts ‖ FIN. **~ de monnaie**, coin.

pièce 2 f room (salle).

pièce 3 f TH. play.

pied [pje] m foot; donner un coup de **~**, kick; aller à **~**, walk, go on foot ‖ **avoir ~**, be within one's depth; ne pas avoir **~**, be out of one's depth; perdre **~**, get out of one's depth ‖ NAUT. **avoir le ~ marin**, be a good sailor ‖ FIG. [arbre, mur] foot; [table, etc.] leg.

piège [pjɛʒ] m trap (trappe).

piéger [pjeʒe] v (7) trap.

pierre [pjɛr] f stone; **~ à aiguiser**, whetstone; **~ à briquet**, flint; **~ ponce**, pumice; **~ précieuse**, gem.

piété [pjete] f piety.

piéton m pedestrian.

pieu [pjø] m post, stake.

pieuvre [-vr] f octopus.

pieux, euse a pious.

pigeon [piʒɔ̃] m pigeon; **~ voyageur**, homing pigeon, carrier ‖ **~ artificiel**, clay pigeon ‖ FAM. mug (dupe).

pigeonnier [-ɔnje] m dovecot(e).

pile 1 [pil] f [pièce] reverse; **~ ou face**, heads or tails; jouer (qqch) à **~ ou face**, toss up (for sth).

pile 2 f : **~ (électrique)**, battery; **~ atomique**, atomic pile.

piller v (1) loot.

pilote [pilɔt] m AV., NAUT.

pilot; co**~**, second pilot; **~ d'essai**, test pilot.

piloter v (1) NAUT., AV. pilot ‖ AUT. drive.

pilule [-yl] f MED. pill; prendre la **~**, be on/take the pill; **~ du lendemain**, morning after pill.

piment [pimɑ̃] m : **~ rouge**, red pepper.

pin [pɛ̃] m pine.

pince [pɛ̃s] f pliers; **~ à épiler**, tweezers; **~ à ongles**, nailclippers; **~ à linge**, clothespeg; **~ à sucre**, sugar tongs.

pinceau [-o] m brush.

pincée f [sel, etc.] pinch.

pincer v (6) pinch; purse (lèvres).

pincettes fpl tongs.

pinède [pinɛd] f pine-wood.

pingouin [pɛ̃gwɛ̃] m penguin.

Ping-Pong [piŋpɔ̃ŋ] m tabletennis, ping-pong.

pinte [pɛ̃t] f pint.

piolet [pjɔlɛ] m ice-axe.

pion [pjɔ̃] m [échecs] pawn ‖ [dames] (draughts)man.

pipe [pip] f pipe.

piquant, e [pikɑ̃] a prickly (plante); sharp, pungent (goût).

pique m [cartes] spade.

pique-nique [-nik] m picnic.

pique-niquer v (1) (go for a) picnic.

piquer v (1) prick ‖ [guêpe] sting; [moustique, ourson] ping-pong ‖ [barbe] prick ‖ MED., FAM. give an injection; **~ (un chien)**, put (a dog) to sleep ‖ **se ~**, give o.s. a shot (coll.) ‖ FIG. pinch (voler).

piquet [-ɛ] *m* post, stake; [tente] peg ‖ ∼s de grève, strike pickets.

piqûre *f* [épingle] prick; [guêpe] sting ‖ MED. injection; shot (coll.).

pirate [pirat] *m* pirate; ∼ de l'air, air pirate, hijacker.

pire *a* [comp.] worse ‖ [sup.] worst ● *m* : le ∼, the worst; au ∼, at the (very) worst.

pis [pi] *a/av* worse ; ∼ encore, worse still ; de mal en ∼, from bad to worse ● *m* : le ∼, the worst.

pis-aller [-zale] *m* makeshift.

piscine [pisin] *f* swimming-pool.

pisser [pise] *v* (1) VULG. pee (sl.).

piste [pist] *f* [trace] trail ‖ [sentier] track ‖ [cirque] ring ‖ SP. (race-)track ; ∼ cendrée, cinder-/dirt-track ; ∼ cyclable, cycle-path ‖ CIN. ∼ sonore, sound-track.

pistolet [-ɔlɛ] *m* pistol, gun.

piston *m* piston.

pitié [pitje] *f* pity ; par ∼, for pity's sake ; sans ∼, merciless ; *avoir ∼ de*, pity, feel pity for.

pittoresque [pitɔrɛsk] *a* picturesque.

pivot [pivɔ] *m* pivot.

pivoter [pivɔte] *v* (1) pivot, swing.

placage [plakaʒ] *m* [rugby] tackle.

placard [-r] *m* cupboard.

place [plas] *f* place (position) ; mettre en ∼, place, set ‖ *à la ∼ de*, instead of ‖ [room (espace) ; faire de la ∼ à/pour, make room for ‖ [ville] square ‖ [école] rank ‖ RAIL., TH. seat ; ∼ assise/debout, sitting/standing room.

placé, e *a* : SP. jouer un cheval ∼, back a horse for a place.

placer *v* (5) place, put, set ; stand (debout) ; lay (couché).

plafond *m* ceiling.

plage [plaʒ] *f* beach.

plaie [plɛ] *f* wound.

plaindre [plɛ̃dr] *v* (59) feel sorry for ‖ *se ∼*, complain (à, to ; de, about).

plaine [plɛn] *f* plain.

plainte [plɛ̃t] *f* : JUR. porter ∼ contre, lodge a complaint against.

plaire [plɛr] *v* (75) please ; *s'il vous ∼ît*, (if you) please ‖ *se ∼ à*, take pleasure in, enjoy.

plaisant, e [-zɑ̃] *a* pleasant, pleasing (agréable).

plaisanter [-zɑ̃te] *v* (1) joke.

plaisanterie [-zɑ̃tri] *f* joke.

plaisir [-zir] *m* pleasure, delight ; faire ∼ à, please ; prendre ∼ à, enjoy, take delight in.

plan 1 [plɑ̃] *m* plan ‖ [ville] map.

plan 2 *m* : premier ∼, foreground ‖ PHOT., CIN. gros ∼, close-up.

planche [-ʃ] *f* board ; ∼ à

repasser, ironing-board ‖ ~ *à dessin*, drawing-board ‖ SP. *faire la* ~, float ; ~ *à roulettes*, skateboard ; ~ *de surf*, surfboard ‖ ~ *à voile*, sailboard, windsurf ; *faire de la* ~ *à voile*, go windsurfing.

plancher *m* floor.

planer [plane] *v* (1) glide, soar ‖ AV. sail ‖ ARG. [drogue] trip out.

planète [-ɛt] *f* planet.

planeur *m* glider.

planning [-iŋ] *m* : ~ *familial*, family planning.

planquer *v* (1) FAM. hide ‖ *se* ~, hide o.s., lie low.

plante 1 [plɑ̃t] *f* plant ; ~ *grasse*, thick leaf plant ; ~ *grimpante*, creeper.

plante 2 *f* : ~ *du pied*, sole.

planter *v* (1) plant.

plaque [plak] *f* [métal] plate ‖ AUT. ~ *d'immatriculation*, number plate ‖ CULIN. ~ *chauffante*, hot-plate.

plaquer 1 *v* (1) plate (métal).

plaquer 2 *v* (1) SP. tackle ‖ MUS. strike (accord) ‖ FAM. jilt (personne).

plastique [plastik] *a/m* plastic.

plat, e [pla, t] *a* flat ‖ even, level (terrain) ‖ *à* ~ (*pile*) ‖ *tomber à* ~ *ventre*, fall flat on one's face ‖ flat (pneu) ; discharged (accu).

plat *m* [vaisselle] dish ‖ CULIN. course (service) ; ~ *de résistance*, main course ; ~ dish (mets).

plateau [-to] *m* tray ‖ [balance] scale ‖ [tournedisque] turntable ‖ CIN. set.

plate-forme *f* platform.

platine [-tin] *f* [magnétophone] (tape) deck.

plâtre [plɑtr] *m* plaster.

plein, e [plɛ̃, ɛn] *a* full (*de*, of) ; *un verre* ~, a full glass ‖ [non creux] solid ‖ crammed (bondé) ‖ ASTR. ~*e lune*, full moon ‖ ZOOL. pregnant (femelle) ‖ RAIL. ~ *tarif*, full fare • *av* : ~ *de*, lots of, plenty of • *m* : AUT. *faire le* ~ (*d'essence*), fill up (with petrol) ; (*faites*) *le* ~ !, fill her up ! • *loc* : *à temps* ~, fulltime ‖ *en* ~, right (*sur*, on) ; *battre son* ~, be in full swing.

pleurer *v* (1) weep ; cry (très fort) ; ~ *de joie*, weep for joy.

pleurs [-r] *mpl* : *en* ~, in tears.

pleuvoir [-vwar] *v impers* (76) *rain* ; *il pleut*, it's raining.

pli [pli] *m* fold, pleat ‖ [pantalon] crease ; *faire le* ~ *du pantalon*, crease the trousers ‖ *faux* ~, wrinkle ‖ [coiffure] *mettre en* ~*s*, set ‖ [cartes] *faire un* ~, make a trick.

pliant, e [-jɑ̃] *a* folding (chaise).

plier *v* (1) fold (up) ‖ bend (bras, genou).

plisser [-se] *v* (1) pleat (jupe) ‖ crease (chiffonner) ‖ wrinkle (front) ‖ *se* ~, [tissu] crease.

plomb [plɔ̃] m lead (métal) ; de ~, leaden ‖ ÉLECTR. fuse.

plombage [-baʒ] m [dent] filling.

plomber v (1) fill (dent).

plomberie f plumbing.

plombier m plumber.

plongée [plɔ̃ʒe] f NAUT. SP. diving, dive ; faire une ~, dive ; ~ **sous-marine**, skin-diving ; appareil de ~ sous-marine, aqualung.

plongeoir m diving-board.

plongeon m SP. dive ; faire un ~, dive.

plonger v (7) dive ; plunge.

plongeur, euse n SP. diver ‖ [vaisselle] dishwasher.

plu 1 [ply] → PLEUVOIR.

plu 2 → PLAIRE.

pluie [plɥi] f rain ; ~ fine, drizzle.

plume [plym] f [oiseau] feather ‖ [écriture] pen.

plumer v (1) pluck (oiseau).

plumier m pencil-box.

plupart (la) [laplypar] loc av : la ~ des gens, most people ; pour la ~, for the most part.

pluriel, le [plyrjɛl] a plural • m plural ; au ~, in the plural.

plus [ply devant consonne et dans les loc. nég. ; plyz devant voyelle ou « h » muet ; plys en fin de phrase et en comptant] av [nég.] **ne ... ~**, no more, no longer ; **non** ~, not either, nor, neither ‖ [quantitatif] more (que, than) ; beaucoup ~, far/much more ; ~ ou moins, more or less ‖ **le ~** : le ~

grand, the greater (de deux) ; the greatest (de plusieurs) • loc : ~ **de**, more than, over ; **de** ~, more ; un jour de ~, one day more ; **de** ~ [plys], moreover, furthermore (en outre) ‖ **d'autant** ~ **que**, (all) the more as ‖ **de** ~ **en** ~, more and more ; **en** ~, extra, more ; en ~ de, on top of ; **tout au** ~, at (the very) most.

plusieurs [plyzjœr] a several.

plus-que-parfait [plyskaparfɛ] m pluperfect.

plutôt [plyto] av rather (que, than) ; quite ; instead (of).

pluvieux, euse [plyvjø] a rainy, wet.

pneu [pnø] m AUT. tyre.

pneumatique [-matik] a pneumatic • m = PNEU.

poche [pɔʃ] f pocket ; ~ intérieure, breast pocket ; ~ revolver, hip-pocket.

pocher v (1) CULIN. poach.

pochette f fancy handkerchief ‖ [allumettes] book.

poêle 1 [pwal] m [chauffage] stove.

poêle 2 f : CULIN. ~ (à frire), frying-pan.

poème [pɔɛm] m poem.

poésie [-ezi] f poetry ; une ~, a piece of poetry.

poète [-ɛt] m poet.

poétique [-etik] a poetic(al).

poids [pwa] m weight ; prendre/perdre du ~, put on/lose weight ‖ SP. ~ et haltères, weight-lifting ; lancer le ~, put the weight ‖ SP.

coq, bantamweight ; ~ *lourd,* heavy-weight ‖ AUT. ~ *lourd,* (heavy) lorry.

poignée [pwaɲe] *f* handful (quantité) ‖ *de main,* handshake ‖ [porte] handle.

poignet [-ɛ] *m* wrist ‖ [chemise] cuff.

poil [pwal] *m* hair ‖ FAM. *à* ~, starkers (sl.).

poilu, e *a* hairy, shaggy.

poinçonner [pwɛ̃sɔne] *v* (1) punch.

poing [pwɛ̃] *m* fist ; *coup de* ~, punch.

point 1 [pwɛ̃] *m* dot (sur un « i ») ‖ [ponctuation] (full) stop ; ~ *d'interrogation/d'exclamation,* question/exclamation mark ; ~-*virgule,* semicolon.

point 2 *m* [lieu] point, place ; ~ *de vue,* viewpoint ; ~ *de départ,* starting-point ‖ *être sur le* ~ *de faire,* be about/near to do ; *j'étais sur le* ~ *de partir,* I was just leaving ‖ AUT. ~ *mort,* neutral (gear) ; *mettre au* ~ *mort,* disengage (the clutch) ‖ AV., NAUT. position ‖ FIG. ~ *faible,* weak point ‖ FIG. ~ *de vue,* point of view.

point 3 *m* [école] mark ‖ SP., [cartes] point ; *marquer des* ~*s,* score points.

point 4 *m* [couture] stitch ; *faire un* ~, sew up ‖ [douleur] ~ *de côté,* stitch.

point 5 *loc* : *à* ~, just right ; CULIN. done to a turn ‖ PHOT.

mettre au ~, bring into focus.

pointe [-t] *f* [aiguille, etc.] point ‖ *sur la* ~ *des pieds,* on tiptoe ‖ [maximum] *heure de* ~, peak hour ‖ [disque] ~ *de lecture,* stylus.

pointer *v* (1) check off (liste).

pointillé [-ije] *m* dotted line.

pointu, e *a* pointed, sharp.

pointure *f* size.

poire [pwar] *f* pear ‖ FAM. mug (tête, dupe) [sl.].

poireau [-ro] *m* leek.

pois [pwa] *m* pea ; *petits* ~, (garden) peas.

poison [-zɔ̃] *m* poison ‖ FIG. nuisance ; pest (personne) [coll.].

poisseux, euse [-sø] *a* sticky.

poisson [-sɔ̃] *m* fish ; ~ *d'eau douce,* fresh-water fish ; ~ *de mer,* salt-water fish ; ~ *rouge,* goldfish.

poitrine [-trin] *f* chest, breast ‖ [femme] bosom, bust.

poivre [-vr] *m* pepper.

poivrière *f* pepperpot.

poivron *m* green/sweet pepper.

poker [pɔkɛr] *m* [cartes] poker ; [dés] ~ *d'as,* poker dice.

polaire [pɔlɛr] *a* polar.

polar [-ar] *m* FAM. whodunit (sl.).

pôle [pol] *m* pole.

poli, e [pɔli] *a* polite, civil.

police 1 [-s] *f* : ~ *d'assurance,* policy.

police 2 *f* police.

Polichinelle [-ʃinɛl] *m* Punch.

poliment *av* politely.

polir *v* (2) polish.

politesse [-tɛs] *f* politeness, good manners.

politique [-tik] *a* political; *homme* ~, politician • *f* politics.

polluer [pɔlɥe] *v* (1) pollute; foul.

pollution [-usjɔ̃] *f* pollution.

polycopier [pɔlikɔpje] *v* (1) duplicate; *machine à* ~, duplicator.

Polynésie [-nezi] *f* Polynesia.

pommade [pɔmad] *f* salve (cicatrisante).

pomme *f* apple; ~ *à couteau*, eater ‖ ~ *de pin*, (pine) cone.

pomme de terre *f* potato.

pommier *m* apple-tree.

pompe [pɔ̃p] *f* pump; ~ *à incendie*, fire-engine.

pomper *v* (1) pump.

pompier *m* fireman.

pompiste *n* forecourt attendant.

ponce [pɔ̃s] *f* : *pierre* ~, pumice (stone).

ponctuation [pɔ̃ktɥasjɔ̃] *f* punctuation.

ponctuel, le *a* punctual.

pondre [pɔ̃dr] *v* (4) lay eggs.

poney [pɔnɛ] *m* pony.

pont [pɔ̃] *m* bridge; ~ *suspendu*, suspension bridge ‖ AV. ~ *aérien*, air-lift ‖ NAUT. deck. ‖ AUT. ~ *arrière*, rear axle.

populaire [pɔpylɛr] *a* popular; working class (quartier).

population *f* population.

porc [pɔr] *m* CULIN. pork.

porcelaine [-səlɛn] *f* porcelain, china.

porche [-ʃ] *m* porch.

pornographie [-nɔgrafi] *f* pornography.

port 1 [pɔr] *m* harbour (bassin); port (ville).

port 2 *m* [poste] postage ‖ [transport] carriage.

portail [-taj] *m* gate(way).

portant, e *a* : *bien/mal* ~, in good/bad health.

portatif, ive *a* portable.

porte 1 *f* [door ‖ [jardin] gate ‖ doorway (passage) ‖ ~ *d'entrée*, front/street door ‖ ~-*fenêtre*, French window ‖ ~ *de service*, back door ‖ *être à la* ~, be locked out ‖ FAM. *mettre à la* ~, turn out.

porte 2 → PORTER • *préf.*

porte-avions *m inv* aircraft carrier.

porte-bagages *m inv* [bicyclette] carrier ‖ RAIL. rack.

portée *f* reach ‖ *à* ~, within reach ; *à* ~ *de la main*, near at hand ; *à* ~ *de voix*, within earshot ‖ *hors de* ~, out of reach ; *hors de* ~ *de la voix*, out of earshot ‖ [fusil] range.

portefeuille [pɔrtə-] *m* wallet.

porte-jarretelles *m inv* suspender-belt.

porte-manteau *m* coat rack; clothes-hanger (cintre).

porte-monnaie *m inv* purse.

porter *v* (1) carry, bear (transporter) ‖ wear, have on (vêtement) ‖ COMM. deliver (livrer) ‖ **se ~**, [vêtements] be worn ‖ *bien/mal* **se ~**, be in good/bad health.

porte-serviette *m* towel-rack.

porteur *m* RAIL. porter, US red cap ‖ [chèque] bearer.

portillon [-tijɔ̃] *m* RAIL. gate, barrier.

portion [pɔrsjɔ̃] *f* portion, share ‖ CULIN. helping.

porto [-to] *m* port (vin).

portrait *m* portrait.

pose [poz] *f* PHOT. time-exposure.

posemètre *m* exposure meter.

poser *v* (1) lay/put (down) ‖ TECHN. install, set ‖ ARTS pose ; sit.

poseur, euse *m* show-off.

positif, ive [-itif] *a* positive.

position *f* position.

posséder [pɔsede] *v* (5) possess, own, have got.

possesseur [-ɛsœr] *m* owner, possessor.

possibilité [-ibilite] *f* possibility, chance.

possible *a* possible ; *dès que* **~**, as soon as possible.

postal, e, aux [pɔstal] *a* postal.

poste 1 [pɔst] *f* post ; *par la* **~**, by post, US mail ; *mettre à la* **~**, post, US mail ; **~** *aérienne*, airmail ; **~** *restante*, "poste restante", US general delivery.

poste 2 *m* [lieu] station ; **~** *d'essence*, petrol station ; **~** *de police*, police-station ; **~** *de secours*, first-aid station.

poste 3 *m* [emploi] post, appointment.

poste 4 *m* RAD. station (émetteur) ; set (récepteur) ‖ TEL. extension.

poster *v* (1) post, US mail.

post-scriptum [-skriptɔm] *m* postscript.

pot [po] *m* pot ; [eau, lait] jug ; [confiture] jar ; **~** *de chambre*, chamber(-pot) ; **~** *de fleurs*, flower-pot ‖ [jeux] jackpot ‖ AUT. **~** *d'échappement*, silencer ‖ FAM. *manger à la fortune du* **~**, take pot luck ; *avoir du* **~**, be lucky.

potable [pɔtabl] *a* drinkable.

potage *m* broth, soup.

potasser [-se] *v* (1) FAM. swot (up).

poteau [poto] *m* post, pole ; **~** *indicateur*, signpost ‖ SP. **~** *d'arrivée*, winning-post.

potelé, e [pɔtle] *a* plump.

poterie [-ri] *f* pottery (travail) ; earthenware (objet).

potier *m* potter.

potins [-ɛ̃] *mpl* gossip.

pou [pu] (*Pl* **poux**) *m* louse (*Pl* lice).

poubelle [-bɛl] *f* (dust)bin.

pouce [-s] *m* thumb (doigt) ; big toe (orteil) ‖ [mesure] inch ‖ FAM. *manger sur le* **~**, have a quick snack.

poudre [-dr] *f* powder ‖

CULIN. en ∼, dried, dehydrated (lait) ; powdered (chocolat).

poudrier m compact.

poule [-l] f hen.

poulet [-lɛ] m chicken.

poulpe [-lp] m octopus.

pouls [pu] m pulse.

poumon [-mɔ̃] m lung.

poupée [-pe] f doll ; *jouer à la* ∼, play (with one's) dolls.

pour [pur] p (+ (pro)nom) for ‖ (+ v.) (in order) to ; ∼ **que**, (in order) that, so that ; for.

pourboire m tip ; *donner un* ∼, tip.

pourcentage [-sɑ̃taʒ] m percentage.

pourquoi av why ; ∼ *pas ?*, why not ?

pourri, e [puri] a rotten, bad.

pourrir v (2) rot, decay.

pourriture f rot, decay.

poursuivre [pursɥivr] v (98) pursue, chase after ‖ continue ; carry on (with) (études) ; ∼ *son chemin*, walk on.

pourtant av yet, however, nevertheless.

pourvoir v (78) furnish, supply (de, with) ; provide (de, with) ‖ ∼ **à**, provide for.

pourvu (-vy) c : ∼ **que**, provided (that), so long as.

pousser 1 [puse] v (1) push ; shove (brutalement) ; *ne* ∼ez *pas !*, stop pushing ! ‖ wheel (chariot) ‖ ∼ *un cri*, utter a cry ; ∼ *un soupir*, heave a sigh ‖ **se** ∼, push forward ; ∼ez-*vous !*, move over !

pousser 2 v (1) [plantes]

grow ; [bourgeon] shoot ‖ *faire* ∼, grow ; *laisser* ∼, grow (barbe).

poussière f dust.

poussiéreux, euse [-jerø] a dusty.

poutre [putr] f beam.

pouvoir 1 [puvwar] v (79) [force, pouvoir] be able, can ; ∼ez-*vous soulever cette caisse ?*, can you lift this box ? ; [cond.] *je pourrais le faire*, I could do it if ; [passé] *j'ai pu le faire*, I was able to do it, je *n'ai pas pu le faire*, I couldn't do it ; [habitude] *je pouvais le faire*, I could do it ‖ **ne pas** ∼, be unable to do ; *vous n'y* ∼ez *rien*, you can't help it ‖ [éventualité] *cela peut être vrai*, that may be true ‖ [permission] may, can.

pouvoir 2 m power.

prairie [preri] f meadow.

praticien, ne [pratisjɛ̃] n MED. practitioner.

pratiquant, e [-kɑ̃] n churchgoer.

pratique a convenient, useful (commode) ; handy (outil) ‖ [non théorique, réaliste] practical ● f practice ; *mettre en* ∼, put into practice.

pratiquement av practically.

pratiquer v (1) practise (art, métier) ‖ go in for (sport) ‖ REL. go to church.

pré [pre] m meadow, field.

précaution [-kosjɔ̃] f precaution (mesure) ; *par* ∼, to be on the safe side ‖ care (soin).

précédent, e [-sedã] *a* previous, preceding, former.

précéder *v* (5) precede ; go in front of.

prêcher [prɛʃe] *v* (1) preach.

précieux, euse [presjø] *a* precious (objet) ‖ FIG. valuable.

précipité, e [-sipite] *a* precipitate ; hurried (départ) ; hasty (décision).

précipiter *v* (1) precipitate, hurl (jeter) ‖ *se* ~, rush (sur, at).

précis, e [-si] *a* accurate ; precise (moment) ; *à 2 heures* ~*es*, at two o'clock sharp.

préciser *v* (1) specify, state precisely.

précision *f* accuracy, precision ; *avec* ~, accurately.

précoce [-kɔs] *a* early.

prédécesseur [-desesœr] *m* predecessor.

prédiction *f* prediction.

prédire *v* (63) predict, foretell.

préféré, e [-fere] *n* favourite.

préférence *f* preference ; *de* ~*e*, preferably ; *de* ~ *à*, rather than ‖ *Pl* likes.

préférer *v* (5) prefer (à, to) ; ~ *qqch*, like sth better ‖ *je* ~*erais*, I'd rather/sooner.

préfixe *m* prefix.

préjugé *m* prejudice ; *avoir un* ~ *contre/pour*, be biased against/towards.

prélasser (se) [səprelase] *v* (1) loll, lounge (dans, in).

premier, ère [prəmje] *a* [série] first ‖ *les trois* ~*s livres*,

the first three books ‖ [temps] early ● *m* first ‖ *f* (lycée) sixth form (classe) ‖ TH. first night ‖ RAIL. first class.

premièrement *av* first(ly).

prendre [prãdr] *v* (80) take (qqch) ‖ take, have (nourriture) ‖ have (bain) ‖ take (train, avion) ‖ take (direction) ; catch (malfaiteur, animal) ‖ take in (locataires) ; pick up (voyageurs) ; ~ *qqn dans sa voiture*, give sb a lift ‖ gain (poids) ‖ [ciment, crème] set ‖ [feu] start ‖ [vaccin] take ‖ ~ *l'air*, go out for a breath of air ‖ COMM. charge (faire payer) ‖ PHOT. take ‖ AUT. get (essence) ; *prenez à droite*, bear right ; ~ *un virage*, take a corner ‖ FIG. ~ (qqn) *pour*, mistake (sb) for ‖ ~ *du temps*, take time ‖ *se* ~ *le pied*, catch one's foot ‖ *s'y* ~, go/set about it.

prenne [prɛn] → PRENDRE.

prénom [prenɔ̃] *m* Christian name.

préoccuper *v* (1) worry.

préparation [-parasjɔ̃] *f* preparation.

préparatoire [-twar] *a* preparatory.

préparer *v* (1) prepare, make up, get ready ‖ [école] coach, train (élèves) ; study for (examen) ‖ CULIN. prepare, US fix (repas) ‖ *se* ~, prepare (à, to) ; make ready (à, for).

préposé, e [-poze] *n* postman, -woman.

préposition *f* preposition.

près [prɛ] av near (by), close (by); *tout* ~, hard by ‖ *à peu* ~, about ‖ *de* ~, closely (attentivement); [voir] close to ‖ ~ *de*, near, close to ; about to (sur le point de).

presbyte [prɛsbit] a longsighted.

prescrire v (44) prescribe.

présence [prezɑ̃s] f presence ‖ [école, etc.] attendance ‖ FIG. ~ *d'esprit*, presence of mind.

présent, e a present • m present ‖ GRAMM. present ‖ *à* ~, at present, now ; *jusqu'à* ~, until now, so far.

présentateur, trice [-tatœr] n RAD. compère ; ~ *de disques*, disc jockey.

présentation f presentation ‖ introduction ‖ ~ *de collection*, fashion display.

présenter v (1) present ‖ introduce (qqn) ‖ *se* ~, present o.s. ; *se* ~ *à un emploi*, apply for a job ; *se* ~ *à un examen*, go in for an exam ; AV. *se* ~ *à l'enregistrement*, check in.

préservatif [prezɛrvatif] m sheath (contraceptive).

préserver v (1) preserve, protect (*de*, from).

président, e [prezidɑ̃] n [comité] chairman, -woman ‖ POL. president.

presque [prɛsk] av almost, nearly ; ~ *pas*, scarcely ; ~ *jamais*, scarcely ever.

presqu'île f peninsula.

presse f [journaux] press.

pressé, e [prese] a : *être* ~, be in a hurry (*de*, to); be pressed for time ‖ urgent (travail).

presse-citron m inv lemon-squeezer.

presse-papiers m inv paper-weight.

presse-purée m inv potato-masher.

presser 1 v (1) [hâter] hurry ‖ [travail] be urgent ; *rien ne* ~*e*, there's no hurry ‖ *se* ~, hurry (up), hasten ; *sans se* ~, at leisure. **2** *presser 2* v (1) press (serrer) ‖ squeeze (fruit) ‖ push (bouton).

presse-raquette m racket-press.

pression f pressure ‖ COMM. *bière à la* ~, beer on draught ‖ AUT. pressure : *vérifier la* ~ *des pneus*, check the air/pressure.

pressuriser [-yrize] v (1) pressurize.

prestidigitateur, trice [prɛstidiʒitatœr] n conjurer.

prestidigitation f conjuring ; *faire des tours de* ~, conjure.

prêt, e [prɛ, t] a ready ‖ handy (sous la main) ; *se tenir* ~, stand by.

prêt m loan (argent).

prêt-à-porter a ready-to-wear.

prétendre [pretɑ̃dr] v (4) claim ; assert, contend (*que*, that).

prétendu, e [-dy] a would-be (personne) ; so-called (chose).

prétentieux, euse [-sjø] *a* pretentious, conceited.

prêter [prɛte] *v* (1) lend ‖ FIG. ~ *attention*, pay attention ; ~ *serment*, take an oath.

prétexte [pretɛkst] *m* pretext, pretence ; *sous* ~ *de*, under the pretext of.

prêtre [prɛtr] *m* priest ; ~ *ouvrier*, priest-worker.

preuve [prœv] *f* proof, evidence ‖ MATH. *faire la* ~ *par neuf*, cast out the nines.

prévenant, e [prevnɑ̃] *a* considerate, attentive.

prévenir 1 *v* (101) anticipate (devancer).

prévenir 2 *v* (101) warn (avertir) ; *sans* ~, without warning ‖ prevent (accident).

prévisible [-izibl] *a* foreseeable.

prévision [-izjɔ̃] *f* anticipation, foresight, expectation ; *en* ~ *de*, in anticipation of ‖ ~*s météorologiques*, weather forecast.

prévoir *v* (82) foresee, anticipate (anticiper) ‖ forecast (temps).

prévoyant, e [-wajɑ̃] *a* provident.

prévu, e *a* : *comme* ~, as expected/anticipated ; ~ *pour lundi*, scheduled for Monday ‖ RAIL., AV. due (attendu).

prier 1 [prije] *v* (1) beg (*de*, to).

prier 2 *v* (1) REL. pray.

prière *f* REL. prayer ; *faire une* ~, say a prayer.

primaire [primɛr] *a* primary (école).

primeurs [-œr] *fpl* early fruit and vegetables.

primitif, ive [-itif] *a/n* primitive.

prince [prɛ̃s] *m* prince.

princesse *f* princess.

principal, e, aux [-ipal, o] *a* chief, main.

principauté [-ipote] *f* principality.

printemps [prɛ̃tɑ̃] *m* spring ; *au* ~, in (the) spring.

priorité [prijorite] *f* priority (*sur*, over) ‖ AUT. right of way.

pris, e [pri] *a* [personne] engaged (pas libre) ● → PRENDRE.

prise *f* hold, grasp ‖ AUT. *en* ~, in top gear ‖ CIN. ~ *de vues*, take ‖ ELECTR. socket, (power) point ; ~ *multiple*, multiple plug.

prison [prizɔ̃] *f* prison, jail.

prisonnier, ère [-ɔnje] *n* prisoner.

privé, e [prive] *a* private (vie).

priver *v* (1) deprive (*de*, of) ‖ *se* ~ *de*, deny o.s. sth.

prix [pri] *m* price, cost ‖ [autobus, taxi] *de la place/course*, fare ‖ *à bas* ~, low-priced, cheap(ly) ; ~ *fixe*, fixed price ; *à* ~ *réduit*, cut-price ‖ [récompense] prize.

probable [prɔbabl] *a* probable, likely.

probablement [-blemɑ̃] *av* probably.

problème [-blɛm] *m* problem

‖ FAM. *pas de* ∼!, no problem!; no sweat! (sl.).

procédé [-sede] *m* process.

procès-verbal [prɔsɛ-] *m* AUT. (policeman's) report; ticket (coll.).

prochain, e [prɔʃɛ̃, ɛn] *a* next.

prochainement *av* shortly, soon.

proche *a* near.

procurer [prɔkyre] *v* (1) procure, get (à, for) ‖ *se* ∼, get, come by.

producteur, trice [-dyktœr] *a* producing ● *n* CIN. producer.

production [-dyksjɔ̃] *f* production; output, yield (rendement).

produire [-dɥir] *v* (85) produce ‖ TECHN. turn out ‖ CIN. produce (film) ‖ *se* ∼, happen, come about, take place, occur.

produit [-dɥi] *m* product (manufacturé); ∼ *chimique*, chemical; ∼ *de remplacement*, substitute ‖ *produce* (agricole) ‖ *Pl* : ∼*s de beauté*, cosmetics; ∼*s congelés*, frozen food.

professeur [-fɛsœr] *m* teacher, master; [université] professor.

profession *f* occupation; trade (manuelle); ∼ *libérale*, profession.

professionnel, le [-fɛsjɔnɛl] *a/n* professional ; vocational (enseignement) ● *n* SP. professional; pro (coll.).

profil [-fil] *m* profile; *de* ∼, in profile.

profilé, e *a* AUT., AV. streamlined.

profit [-fi] *m* profit; *au* ∼ *de*, in favour of; *mettre à* ∼, turn to account; *tirer* ∼ *de*, profit by/from.

profiter [-fite] *v* (1) : ∼ *à*, benefit ‖ ∼ *de*, take advantage of.

profond, e [-fɔ̃, d] *a* deep ‖ sound (sommeil) ‖ *peu* ∼, shallow.

profondément [-fɔ̃demɑ̃] *av* deeply; *dormir* ∼, be fast asleep.

profondeur *f* depth; *un mètre de* ∼, three feet deep ‖ PHOT. ∼ *de champ*, depth of field.

profusion [-fyzjɔ̃] *f* : *à* ∼, in plenty, galore.

programme [-gram] *m* program(me) ‖ ∼ *scolaire*, curriculum, syllabus ‖ ∼ *électoral*, platform.

progrès [prɔgrɛ] *m* progress, improvement; *faire des* ∼, make progress, improve.

progresser [-ɛse] *v* (1) progress, improve ‖ come along.

progressif, ive [-ɛsif] *a* progressive.

projecteur [prɔʒɛktœr] *m* [diapositive, film] projector ‖ TH. spotlight.

projectile [-il] *m* missile.

projet [-ʒɛ] *m* project, plan.

projeter 1 [-ʒte] *v* (8a) plan, intend (*de*, to).

projeter 2 *v* (8a) throw (jeter)

‖ cast (ombre) ‖ project (diapositive, film).

prolétaire [-letɛr] a/n proletarian.

prolongateur [-lɔ̃gatœr] m ELECTR. extension cord.

prolongation [-lɔ̃gasjɔ̃] f [validité] extension ‖ [football] extra time; jouer les ~s, play extra time.

prolonger [-lɔ̃ʒe] v (7) prolong (séjour) ‖ extend (billet, rue).

promenade [-mnad] f [action] walk, stroll (à pied); drive, ride (en auto); ride (à cheval/bicyclette); faire une ~, go for a walk/drive/ride.

promener v (1) take out for a walk ‖ se ~, walk (about), take a walk; stroll (flâner); wander, ramble (au hasard).

promeneur, euse n walker, stroller.

promesse [-mɛs] f promise; faire une ~, make a promise.

promettre v (4) promise (qqch).

promoteur [-mɔtœr] m [construction] (property) developer.

promouvoir [-muvwar] v (83) promote; être promu, be promoted.

prompt, e [prɔ̃, t] a prompt; quick (esprit); ready (réponse).

pronom [prɔnɔ̃] m pronoun.

prononcer [-ɔ̃se] v (6) pronounce ‖ mal ~, mispronounce.

prononciation [-ɔ̃sjasjɔ̃] f pronunciation.

proportion [prɔpɔrsjɔ̃] f proportion; en ~ de, proportionally to ‖ Pl dimensions.

proportionnellement [-ɔnɛlmɑ̃] av proportionally.

propos [prɔpo] m talk ‖ à ~!, by the way!; à ~ de, about.

proposer [-ze] v (1) propose ‖ se ~, offer (ses services); mean, intend (de, to) [envisager].

proposition f proposal, proposition; suggestion, bid ‖ GRAMM. clause.

propre 1 [prɔpr] a own (à soi) ‖ GRAMM. proper (nom).

propre 2 a clean, tidy, neat (pas sale) • m : recopier au ~, make a fair copy of.

proprement av cleanly, neatly.

propreté [-əte] f cleanliness, cleanness.

propriétaire [-ietɛr] n owner ‖ [location] landlord, -lady.

propriété f ownership, property (droit) ‖ property (maison, etc.).

prose [proz] f prose.

prospère [prɔspɛr] a prosperous, flourishing.

prospérer [-ere] v (5) flourish, do well, thrive.

prostituée [prɔstitɥe] f prostitute.

protecteur, trice [prɔtɛktœr] a protective.

protection f protection.

protéger [-eʒe] v (5, 7) protect, guard (contre, against); shield (*contre*, against; *de*, from) || **se ∼ de**, protect o.s. from.

protestant, e [prɔtɛstɑ̃] *n* Protestant.

protester *v* (1) protest (*contre*, against).

prothèse [prɔtɛz] *f* : ∼ (*dentaire*), denture, (dental) plate; (*appareil de*) ∼ *auditive*, hearing aid.

prouver [pruve] *v* (1) prove.

provenir [prɔvnir] *v* (101) proceed, result, come (*de*, from).

proverbe *m* proverb.

province [-vɛ̃s] *f* province.

proviseur [-vizœr] *m* headmaster.

provision [-vizjɔ̃] *f* store, stock, supply || *Pl* supplies, provisions, food (*vivres*) || FIN. *sans* ∼, bad (*chèque*).

provisoire *a* provisional.

provisoirement *av* provisionally, temporarily.

provoquer [-vɔke] *v* (1) provoke (*défier*) || occasion, cause, bring about (*causer*).

proximité [-ksimite] *f* : *à* ∼ *de*, near, close to.

prudent, e [prydɑ̃] *a* prudent, cautious, careful.

prune [pryn] *f* plum.

pruneau [-o] *m* prune.

prunier *m* plum-tree.

psychanalyse [psikanaliz] *f* psychoanalysis.

psychanalyser *v* (1) psychoanalyse.

psychanalyste *n* (psycho)analyst.

psychiatre [-jatr] *n* psychiatrist.

psychologie [-ɔlɔʒi] *f* psychology.

psychologique *a* psychological.

psychologue [-g] *n* psychologist.

pu [py] → POUVOIR.

puanteur [pɥɑ̃tœr] *f* stench.

public, ique [pyblik] *a* public • *n* public || audience (spectateurs).

publicité *f* publicity, advertising; *faire de la* ∼, advertise || RAD., TV, commercial (annonce).

publier [-ije] *v* (1) publish, bring out (livre).

publiquement *av* publicly.

puce [pys] *f* flea || [informatique] chip.

pudeur [pydœr] *f* modesty.

pudique *a* modest.

puer [pɥe] *v* (1) stink; reek of.

puis [pɥi] *av* then, next || FAM. *et* ∼ *après* ?, so what ?

puiser [-ze] *v* (1) draw (eau) || dip (*dans*, out of).

puisque [-sk] *c* since, as, seeing that.

puissance [-sɑ̃s] *f* power.

puissant, e *a* powerful.

puits [pɥi] *m* well.

pull-over [pulɔvœr] *m* sweater, pull-over, jumper.

pulvériser (pulverize) *v* (1) spray (vaporiser).

punaise 1 [pynɛz] *f* ZOOL. (bed)bug.

punaise 2 *f* [dessin] drawing-pin.

punir *v* (2) punish (*qqn de*, sb for).

punition *f* punishment.

pupille 1 [pypil] *n* JUR. ward.

pupille 2 *f* ANAT. pupil.

pupitre [-tr] *m* [école] (writing-)desk ‖ MUS. music-stand.

pur, e [pyr] *a* [sans mélange]

pure; neat (whisky) ‖ FIG. pure, sheer.

purée *f* : ∼ *de pommes de terre*, mashed potatoes.

purement *av* purely.

purge [-ʒ] *f* purge.

purger *v* (7) purge.

puritain, e [-itɛ̃, ɛn] *a/n* puritan.

P.V. *m* AUT., FAM. ticket (coll.).

pyjama [piʒama] *m* pyjamas.

q

q [ky] *m*.

quadriller [kadrije] *v* (1) square; *papier* ∼*é*, squared paper.

quai [kɛ] *m* [fleuve] embankment ‖ NAUT. wharf ‖ RAIL. platform.

qualificatif, ive [kalifikatif] *a* qualifying.

qualifier *v* (1) qualify (*pour*, to/for).

qualité [-te] *f* quality (valeur) ‖ good quality; *de première* ∼, first-rate; *de mauvaise* ∼, poor quality.

quand [kɑ̃] *av interr* when; *depuis* ∼ *êtes-vous ici ?*, how long have you been here ? • *c* when ‖ as (comme) : ∼ *même*, all the same, even so.

quant à [kɑ̃ta] *loc p* as for/to.

quantité [-ite] *f* quantity, amount; *(une)* ∼ *de*, plenty of, a great deal of.

quarante [karɑ̃t] *a/m* forty ‖ SP. [tennis] ∼ *A*, deuce.

quarantième *a/n* fortieth.

quart [kar] *m* fourth (partie) ‖ *un* ∼ *d'heure*, a quarter of an hour; *6 heures moins le* ∼, a quarter to 6 ; *6 heures et* ∼, a quarter past 6 ‖ [mesure] quart (d'une livre) ‖ SP. ∼ *de finale*, quarter final.

quartier [-tje] *m* district ‖ neighbourhood, area, quarter ‖ ASTR. quarter.

quatorze [katɔrz] *a/m* fourteen.

quatorzième [-jɛm] *a/n* fourteenth.

quatre [katr] *a/m* four ‖ MUS. *morceau à* ∼ *mains*, piano duet ‖ FAM. *se mettre en* ∼, go out of one's way (*pour qqn/faire*, for sb/to do).

quatre-saisons *f inv* : *marchand(e) des* ∼, coster(monger).

quatre-vingt-dix *a/m* ninety.

quatre-vingts *a/m* eighty.

quatrième [-ijɛm] *a/n* fourth.

quatrièmement *av* fourthly.

que [kə] *pr rel* [obj.] whom, that (personnes) ‖ which, that (chose) ‖ *ce* ~, what, that which ; *tout ce* ~, whatever ● *pr interr* what (quoi) ; ~ *dit-il* ?, what does he say ? ; *qu'est-ce* ~ *c'est* ?, what is it ? ● *av* : ~ *c'est beau* !, how beautiful it is ! ‖ *ne* ... ~, only, but ● *c* that [souvent omis] ; *il a dit qu'il viendrait*, he said he would come ‖ [comparaison] than ; *plus grand* ~, greater than.

quel, le [kɛl] *a interr/excl* what, how ‖ which (= lequel) ● *a rel* : ~*(le) que soit*, [chose] whatever, whichever ; [personne] whoever.

quelconque [-kɔ̃k] *a ind* any, whatever (n'importe lequel) ‖ some ; *pour une raison* ~, for some reason (or other).

quelque [-k] *a ind* [sing.] some, any ‖ [plur.] a few.

quelquechose *pr ind* something.

quelquefois *av* sometimes.

quelquepart *loc av* somewhere.

quelques-uns, quelques-unes [-kəzœ̃, zyn] *pr ind pl* some, a few.

quelqu'un, une [-kœ̃, yn] *pr ind* someone, somebody ; ~ *d'autre*, somebody else

‖ [interrogation, négation] anyone, anybody.

qu'en-dira-t-on [kɑ̃diratɔ̃] *m inv* gossip ; *se moquer du* ~, not to care about what people say.

querelle [kərɛl] *f* quarrel.

question [kɛstjɔ̃] *f* question ; *poser une* ~ *à qqn*, ask sb a question ‖ point, matter ; *à côté de la* ~, beside the mark ‖ *il est* ~ *de*, there is talk of ‖ [examen] paper ‖ FAM. *pas* ~ !, no way ! (sl.).

questionner *v* (1) question.

quête [kɛt] *f* : REL. *faire la* ~, take up the collection.

quêter *v* (1) collect.

queue [kø] *f* [animal] tail ‖ [casserole] handle ; [feuille, fleur] stalk, stem ; [fruit] stalk ‖ [billard] cue ‖ [file d'attente] queue ; *faire la* ~, queue up ‖ AUT. *faire une* ~*-de-poisson*, cut in (*à qqn*, on sb) ; *il m'a fait une* ~*-de-poisson*, he cut me up.

qui [ki] *pr rel* [sujet] who, that (personnes) ; which, that (choses) ‖ [obj.] (to) who(m), that (personnes) ● *pr interr* [sujet] who ? ; ~ *est-ce* ~ ?, who ? ‖ [obj.] who(m) ? ; *à* ~ *est-ce* ?, whose is it ? ; *à* ~ *est ce chapeau* ?, whose hat is this ?

quiconque [-kɔ̃k] *pr ind* whoever, anyone.

quille [-j] *f* skittle.

quincaillerie [kɛ̃kɑjri] *f* hard-

ware ‖ ironmonger's/hard-
ware shop.

quincaillier, ère n ironmonger, hardware dealer.

quinte [kɛ̃t] f : MED. ~ de
toux, fit of coughing.

quinze [-z] a/m fifteen ; dans
~ jours, in a fortnight's time ;
demain en ~, tomorrow fortnight.

quinzième [-zjɛm] a/n fif-
teenth.

quittance [kitɑ̃s] f receipt.

quitte a : être ~ avec qqn,
[dette] be quits with sb ‖ ~ ou
double, double or quits.

quitter v (1) leave, quit ‖
take/throw off (vêtements) ‖
TEL. ne ~ez pas !, hold on !

‖ se ~, part, part company
(with).

quoi [kwa] pr rel/interr what ‖
à ~ : à ~ cela sert-il ?, what
is that for ? ‖ de ~ : de ~
manger, something to eat ; il a
de ~ vivre, he has enough to
live on ; il n'a pas de ~ s'acheter..., he can't afford to buy... ;
il n'y a pas de ~ !, don't
mention it !, you are welcome !
‖ ~ que, whatever ; ~ qu'il
arrive, whatever happens ; ~
qu'il en soit, however that
may be, be that as it may ● pr
excl : ~ !, what !

quoique [-k] c (al)though.

quotidien, ne [kɔtidjɛ̃] a
daily ; everyday ● m daily
(journal).

r

r [ɛr] m.

r(a)- [r(a)] préf → RE.

rabais [rabɛ] m COMM. discount, reduction.

rabattre v (20) lower, pull
down ‖ turn down (coll.) ‖
COMM. reduce, take off.

rabbin [rabɛ̃] m rabbi.

raccommoder v (1) mend
(vêtement) ; darn (chaussette).

raccompagner v (1) : ~ qqn
chez lui, see sb home.

raccorder v (1) connect, link
up, join.

raccourci [-kursi] m :

(prendre un) ~, (take a) short
cut.

raccourcir v (2) shorten ;
cut down (vêtement) ‖ curtail
(séjour) ‖ [jours] grow shorter, draw/close in ‖ [vêtement]
shrink (au lavage).

raccrocher v (1) TEL. ring
off.

race [ras] f race ‖ ZOOL. breed.

racheter v (8b) buy back ‖
FIN. redeem (dette).

racine [rasin] f root ‖ MATH.
~ carrée/cubique, square/cu-
bic root.

racisme m racialism.

raciste n racialist, racist.

racler [rakle] v (1) scrape ‖ rake (ratisser).

racoler [rakɔle] v (1) [prostituée] accost.

raconter v (1) tell, relate.

radar [radar] m radar.

radeau [-o] m raft.

radiateur [-jatœr] m radiator ; fire, heater (électrique, à gaz) ‖ AUT. radiator.

radiesthésie [-jɛstezi] f dowsing ; faire de la ~, dowse.

radiesthésiste n dowser.

radin a FAM. tight-fisted, stingy, mean.

radio [radjo] f radio ; à la ~, on the radio ; poste de ~, radio-set ‖ MED., FAM. passer à la ~, have an X-ray.

radiodiffuser v (1) broadcast.

radiodiffusion f broadcast(ing).

radiographie [-grafi] f radiography.

radiographier v (1) X-ray ; se faire ~, have an X-ray.

radio-réveil m clock-radio.

radis [radi] m radish.

radoucir [-dusir] v (2) : [temps] se ~, become milder.

rafale [-fal] f [vent] gust, blast.

raffiner [-fine] v (1) refine (pétrole, sucre).

raffoler v (1) : ~ de, be fond of, love.

rafraîchir v (2) cool (boisson) ‖ refresh (qqn) ‖ trim, give just a trim (cheveux) ‖ FIG. refresh (mémoire) ; brush up

(son anglais, one's English) ‖ se ~, get cool(er) ‖ refresh o.s. (en buvant).

rafraîchissant, e a cooling ; refreshing.

rafraîchissement m cooling (action) ‖ Pl cool drinks, refreshments.

ragaillardir [-gajardir] v (2) buck up, perk up (coll.).

rage [raʒ] f MED. rabies ‖ FIG. rage.

ragoût m stew.

raide [rɛd] a stiff (membres) ‖ tight (corde) ‖ steep (escalier, pente).

raidir v (2) stiffen ‖ tighten (corde).

raie [rɛ] f line ‖ streak, stripe (zébrure) ‖ [cheveux] parting ; se faire une ~, part one's hair.

rail [raj] m RAIL. rail.

rainure [rɛnyr] f groove.

raisin [rɛzɛ̃] m : du ~, grapes ; un grain de ~, a grape ; *grappe de ~s*, bunch of grapes ; ~ *sec*, raisin ; ~s de Corinthe, currants.

raison 1 f [raison (faculté)] discretion ; âge de ~, years of discretion.

raison 2 f reason, cause (motif) ; *sans ~*, without reason ; ~ *de plus, à plus forte ~*, all the more reason ‖ *vous avez ~*, you are right.

raisonnable [-ɔnabl] a reasonable, sensible ‖ moderate (prix).

raisonnement m reasoning.

raisonner v (1) reason.

rajeunir [raʒœnir] v (2) grow young again, look younger ‖ rejuvenate (qqn).

rajouter v (1) add (de, more of).

ralenti [ralãti] m CIN. slow motion ‖ AUT. tick-over, idling ; *tourner au* ~, idle, tick over.

ralentir v (2) slow (down) ; slacken speed.

râler [rɑle] v (1) FAM. grouse.

rallonge f [table] extra leaf.

rallonger v (7) lengthen, make longer (vêtement) ‖ [jours] draw out.

rallye [rali] m AUT. rally.

ramasser v (1) pick up, collect, gather (rassembler).

rame [ram] f NAUT. oar ; *aller à la* ~, row.

rameau [-o] m bough.

Rameaux mpl : REL. *dimanche des* ~, Palm Sunday.

ramener v (5) bring/take/carry back ; ~ *qqn chez lui en voiture*, drive sb home.

ramer v (1) row.

rameur m oarsman, rower.

ramoner [-ɔne] v (1) sweep.

ramoneur m (chimney-) sweep.

rampe [rɑ̃p] f [escalier] hand-rail, banister.

ramper v (1) crawl, creep.

rance [rɑ̃s] a rancid, off (beurre).

rancune [rɑ̃kyn] f ill will, grudge ; *sans* ~, no hard feelings.

rancunier, ère a spiteful, vindictive.

randonnée [rɑ̃dɔne] f hike (à pied) ; drive (en voiture) ; ride (à bicyclette).

rang [rɑ̃] m row, line (ligne) ‖ FIG. rank, station ; ~ *social*, position.

rangé, e [-ʒe] a tidy, neat (bureau) ‖ quiet (vie).

rangée f row, line.

ranger v (7) put away (qqch) ; tidy up (chambre) ‖ rank (classer) ‖ *se* ~, AUT. park, pull over.

ranimer v (1) bring round (personne évanouie) ; bring back to life (noyé).

rapatrier v (1) repatriate.

râpe [rɑp] f CULIN. grater.

râper v (1) CULIN. grate.

rapide [rapid] a rapid, quick, fast, swift ‖ speedy (guérison) ● m RAIL. express.

rapidement av rapidly, swiftly, quickly, fast.

rapidité f swiftness, quickness, speed.

rapiécer [-pjese] v (6) patch (up).

rappel m recall(ing), calling back ‖ backpay (salary) ‖ TH. curtain call ‖ MED. booster.

rappeler v (8a) call back ; bring back, call to mind (évoquer) ; ~ *qqch à qqn*, remind sb of sth ; ~*ez-moi de le faire*, remind me to do it ; ~*ez-moi au bon souvenir de*, remember me to ‖ TEL. ring back, call again ‖ *se* ~, remember.

rapport 1 [rapɔr] m report (compte rendu).

rapport 2 m relation(ship), connection (avec, with) ; par ~ à, in comparison with ‖ Pl : ~s sexuels, sexual intercourse.

rapporter 1 v (1) [-te] bring/take back (qqch).

rapporter 2 v (1) FIN., COMM. bring (in) ‖ AGR. yield.

rapporteur m MATH. protractor.

rapprocher v (1) bring, draw nearer (de, to) ‖ se ~, draw closer ; approach, come near.

rapt [rapt] m kidnapping.

raquette [-kɛt] f [tennis] racket ; [Ping Pong] bat.

rare [-r] a rare (peu commun) ; scarce (peu abondant) ; thin (cheveux, barbe).

rarement av rarely, seldom.

ras, e [rɑ, z] a close-cropped (cheveux) ● av close ; plein à ~ bord, full to the brim ; à/au ~ de, on a level with, flush with.

rasé, e a : ~ de près, smooth shaven.

raser v (1) shave ‖ FAM. bore (ennuyer) ‖ se ~, shave, have a shave ; [rasoir électrique] dry-shave.

raseur, euse n FAM. bore.

rasoir m razor ; ~ électrique, electric razor, shaver.

rassembler v (1) gather together, collect ‖ se ~, gather.

rassis, e a stale (pain).

rassurer v (1) reassure ; ~ qqn, put sb's mind at ease ‖ se ~, set one's mind at ease.

rat [ra] m rat.

raté, e [-te] a miscarried (affaire) ● m(pl) AUT. backfire, misfiring ; avoir des ~s, misfire.

râteau [rɑto] m rake.

rater [rate] v (1) miss (train, etc.) ‖ FAM. fail (examen) ; lose (occasion).

ration f ration.

rationner v (1) ration.

rattraper v (1) : [rejoindre] ~ qqn, catch sb up ; catch up with sb, overtake sb ; ~ le temps perdu, make up for lost time.

rauque [rok] a hoarse.

ravi, e [ravi] a delighted.

ravin m ravine, gully.

ravir v (2) FIG. delight.

raviser (se) [saravize] v (1) change one's mind, think better of it.

ravissant, e a ravishing, delightful, lovely.

ravitaillement [-tajmã] m supplying (action) ; supply (denrées) ; aller au ~, go and get food.

ravitailler v (1) supply with provisions ‖ se ~, take in fresh supplies (en, of).

rayer [rɛje] v (9 b) scratch (abîmer) ‖ line, rule (papier) ‖ cross out (mot).

rayon 1 m [lumière] ray, beam ; ~ de soleil, sunbeam ; [roue] spoke ‖ PHYS. ray ‖ MATH. radius.

rayon 2 m [bibliothèque]

(book-)shelf ‖ COMM. department.

rayure f stripe, streak (raies) ‖ scratch (trace).

re-, ré- [rə, re] préf [répétition] re-, ...again ‖ [retour (à l'état initial)] re-.

ré [re] m MUS. D.

réaction f reaction ‖ à ~, jet-propelled.

réagir v (2) react (contre, against ; sur, on).

réalisateur, trice [-alizatœr] n RAD., CIN. director.

réalisation f realization, achievement ‖ CIN., RAD. production.

réaliser v (1) carry out, fulfil, achieve ; work out (plan) ; realize (rêves) ‖ CIN. produce ‖ FAM. realize (se rendre compte) ‖ **se ~**, [projets] come off ; [espoirs] materialize ; [rêves] come true.

réaliste a realistic ● n realist.

réalité f reality.

rébarbatif, ive [-barbatif] a forbidding.

rebondir v (2) : (faire) ~, bounce.

rebrousser [-bruse] v (1) ‖ FIG. ~ chemin, turn back, retrace one's steps.

rébus [-bys] m rebus.

rebut [-by] m scrap ; de ~, waste ; **mettre au ~**, scrap ; tombé au ~, dead (lettre).

recaler v (1) [examen] FAM. fail ; être ~é, fail.

récemment [-samã] av recently, lately.

récent, e a recent, late (événement) ; fresh (nouvelles).

récépissé [-sepise] m receipt, voucher.

récepteur, trice [-sɛptœr] a : RAD. poste ~, receiver ● m TEL. receiver.

réception f [lettre] receipt ‖ reception, party ‖ [hôtel] reception desk.

réceptionniste [-sjɔnist] n desk clerk, receptionist.

récession [-sesjɔ̃] f recession.

recette [-sɛt] f CULIN. recipe.

receveur, euse [-səvœr] n : ~ des postes, postmaster ‖ conductor (d'autobus).

recevoir v (3) receive, get ‖ receive, welcome, entertain (invités) ‖ take in (pensionnaires) ‖ pass (candidat) ‖ take in (journal) ‖ ~ REÇU.

rechange (de) loc a duplicate ; spare (de secours) ; linge de ~, change of clothes.

recharge f [stylo] refill.

recharger v (1) recharge (accu) ; reload (camera, fusil).

réchaud m : ~ à alcool, spirit-stove.

réchauffer v (1) warm up (again) ‖ **se ~**, get warm.

recherche [-ʃɛrʃ] f search ; à la ~ de, in search of ‖ research (scientifique).

rechercher v (1) search after/for (chose/personne égarée).

récipient [-sipjã] m container.

réciproque [-siprɔk] *a* reciprocal.

réciproquement *av* conversely.

récit [resi] *m* account, story.

récital [-tal] *m* MUS. recital.

récitation *f* recitation.

réciter *v* (1) recite (poésie); say (leçon); *faire* ~, hear.

réclamation [-klamasjɔ̃] *f* complaint, claim; *faire une* ~, put in a claim.

réclamer *v* (1) claim (*à, from*); demand (exiger); claim back (demander le retour) ‖ [chose] require, need (soins, etc.).

récolte [-kɔlt] *f* AGR. harvest(ing), gathering; crop (produits).

récolter *v* (1) AGR. harvest, reap, gather in.

recommandation [-kɔmãdasjɔ̃] *f* recommendation.

recommandé, e *a* : *lettre* ~*e*, registered letter.

recommander *v* (1) recommend (qqch, qqn) ‖ register (lettre) ‖ *se* ~ *de qqn*, give sb's name as a reference.

récompense [-kɔ̃pãs] *f* reward.

récompenser *v* (1) reward.

réconcilier *v* (1) reconcile; *se* ~, become friends again; make (it) up (*avec*, with).

reconduire *v* (85) : ~ *qqn chez lui*, see/take/drive sb home ‖ show/usher out (visiteur).

réconfort *m* comfort.

réconfortant, e [-tã] *a* comforting (paroles); refreshing (breuvage).

réconforter *v* (1) comfort (consoler); refresh (redonner des forces).

reconnaissance *f* gratitude ‖ FIN. *signer une* ~ (*de dette*), write out an I.O.U.

reconnaissant, e *a* grateful, thankful (*envers*, to; *de*, for).

reconnaître *v* (74) recognize, know (qqn) ‖ own, concede (admettre) ‖ *se* ~, recognize each other.

recopier *v* (1) copy out; make a fair copy.

record [-kɔr] *m* record; *détenir un* ~, hold a record.

recoudre *v* (31) sew on again (bouton); sew up again (manche).

recourir *v* (32) : ~ *à*, resort to.

recouvrer [-kuvre] *v* (1) recover (santé).

récréation *f* (école) playtime, break.

rectangle [rɛktãgl] *m* rectangle.

reçu, e [-sy] → RECEVOIR ● *a* successful (candidat); *être* ~ *à un examen*, pass an exam ● *m* COMM. receipt.

recueil [-kœj] *m* collection.

recueillir *v* (23) collect.

reculer *v* (1) move/step/stand back; *faire* ~, move back.

reculons (à) [-ɔ̃] *loc av* backwards; *sortir à* ~, back out.

récupération [-kyperasjɔ̃] *f*
[ferraille] salvage.

récupérer *v* (1) get back,
recover, retrieve (objet perdu) ‖
salvage (ferraille) ‖ MÉD. recover, recuperate (forces).

récurer [-kyre] *v* (1) scrub.

recyclage *m* retraining;
refresher course.

recycler (se) *v* (1) retrain.

rédacteur, trice [-daktœr] *n*
writer ‖ [journal] editor.

rédaction *f* writing (action) ‖
wording (manière) ‖ [journa-
lisme] editorial staff ; (salle de)
∼, news-room ‖ [école] composition, essay.

redire *v* (40) say again ‖ *trouver à* ∼, find fault with.

redoubler *v* (1) [école] repeat.

redouter *v* (1) dread, fear.

redresser *v* (1) straighten
(out), unbend ‖ AUT. straighten
up ‖ *se* ∼, straighten up ;
stand upright, sit up.

réduction [-dyksjɔ̃] *f* reduction ‖ [salaire] cut ‖ COMM.
discount.

réduire [-dɥir] *v* (85) reduce
(en, to) ‖ diminish, decrease ‖
COMM. ∼ *les prix*, cut prices ‖
se ∼ *à*, come down to.

réduit, e [-dɥi, t] *a* : *magasin
à prix* ∼s, cut price store.

réel, le [reɛl] *a* a real (besoin) ‖
actual (fait).

réellement *av* really, actually.

refaire *v* (50) do/make again,
remake ‖ do up (rénover).

réfectoire [-fɛktwar] *m*
refectory ‖ [école] dining-hall.

référence [-ferɑ̃s] *f* reference.

refiler *v* (1) FAM. ∼ *une fausse
pièce*, palm off (à, onto) [coll.].

réfléchi, e [-fleʃi] *a* a thoughtful ‖ GRAMM. reflexive.

réfléchir 1 *v* (2) reflect (à,
upon) ‖ consider ; think (à,
about) ; ∼*ssez-y !*, think it over !

réfléchir 2 *v* (2) PHYS.
reflect, throw back.

reflet [-flɛ] *m* reflection.

refléter [-flete] *v* (5) reflect,
send/throw back.

réflex [-flɛks] *a/m* : (appareil)
∼, reflex camera.

réflexe *a/m* reflex.

réflexion 1 [-sjɔ̃] *f* thought,
consideration ; *à la* ∼, *faite*,
on second thoughts ‖ remark.

réflexion 2 *f* PHYS. reflection.

reflux *m* ebb (marée).

réforme *f* reform.

réformer *v* (1) reform.

refoulé, e *a* inhibited (personne).

refoulement [-fulmɑ̃] *m* FIG.
repression.

refouler *v* (1) TECHN. force
back ‖ FIG. repress, inhibit.

refrain [-frɛ̃] *m* MUS. refrain.

réfrigérateur [-friʒeratœr] *m*
refrigerator, U.S. ice-box.

refroidir *v* (2) chill, cool ‖ *se*
∼, get cold, grow cold ‖ MÉD.
catch a chill ‖ FIG. cool
down.

refroidissement *m* cooling ‖

AUT. *à* ∼ *par air*, air-cooled ‖
MED. chill.

refuge [-fyʒ] *f* refuge, shelter
‖ [piétons] (traffic) island.

réfugié, e [-fyʒje] *n* refugee.

réfugier (se) *v* (1) take refuge
(*chez*, with).

refus [-fy] *m* refusal.

refusé, e [-fyze] *a* unsuccessful (candidate).

refuser *v* (1) refuse (de faire);
decline (invitation); turn down
(offre); deny (*qqch à qqn*, sb
sth) ‖ *se* ∼, deny o. s. (qqch).

regagner *v* (1) get/win back ‖
∼ *son domicile*, go back home.

régal [-gal] *m* CULIN. dainty
dish ‖ FIG. treat.

régaler *v* (1): *se* ∼, treat o. s.
(*de*, to), regale o. s.

regard [-gar] *m* look; stare
(fixe); gaze (long); glance
(rapide); *jeter un* ∼ *sur*,
glance at.

regarder *v* (1) look at; ∼ *par
la fenêtre*, look out of the window ‖ stare (fixement); gaze
(longuement); watch (observer)
‖ TV ∼ *la télévision*, look in
‖ FIG. consider, look upon (considérer [*comme*, as]) ‖ concern;
ça ne vous ∼*e pas*, that's no
business of yours.

régime 1 [-ʒim] *m* MED.
diet; se mettre au ∼, go on a
diet; *suivre un* ∼ *pour maigrir*,
slim ‖ FAM. *être au* ∼ *sec*, be
on the (water) waggon (sl.).

régime 2 *m* [bananes] bunch.

régiment *m* regiment.

région [-ʒjɔ̃] *f* region, district,
area.

régional, e, aux [-ʒjɔnal, o]
a regional.

réglage [-glaʒ] *m* adjustment
‖ RAD. tuning.

règle [rɛgl] *f* ruler; ∼ *à calcul*, slide-rule ‖ FIG. rule; *en*
∼, in order (passeport).

règlement *m* regulation.

régler 1 [regle] *v* (5) rule
(papier).

régler 2 *v* (5) [montre] set
(mettre à l'heure) ‖ TECHN.
regulate, adjust ‖ AUT. tune
(moteur); time (allumage) ‖
PHOT. focus ‖ COMM., FIN.
settle (dette); ∼ *la note*, pay
the bill.

règles [rɛgl] *fpl* MED.
period(s); *avoir ses* ∼, have
one's period(s).

régner [-ɲe] *v* (5) reign, rule
(*sur*, over).

regret [-grɛ] *m* regret.

regretter [-te] *v* (1) regret; ∼
de, be sorry for.

régulier, ère *a* regular;
steady (pouls, progrès); even
(mouvement) ‖ AV. scheduled
(vol).

régulièrement *av* regularly,
steadily, evenly.

rein [rɛ̃] *m* kidney ‖ *Pl* small
of the back.

reine [rɛn] *f* queen.

rejeter *v* (8a) throw back.

rejoindre *v* (59) join, meet ‖
se ∼, meet.

réjouir *v* (2) gladden, delight ‖
se ∼, rejoice, be delighted.

réjouissances *fpl* merry-making, festivities.

relâche *f* : *sans* ~, without respite ‖ TH. "no performance (today)".

relâcher *v* (1) loosen, slacken (desserrer).

relation [-lasjɔ̃] *f* [rapport] relation(ship), connection (*entre*, between); *rester en* ~ *avec qqn*, keep in touch with sb ‖ [personne] acquaintance, contact, (*Pl*) connections ; ~s *d'affaires*, business relations ‖ *Pl* : ~s *publiques*, public relations ; ~s *sexuelles*, sexual intercourse.

relativement [-lativmã] *av* relatively.

relaxer (se) [sərəlakse] *v* (1) relax.

relève [-lɛv] *f* relief ‖ MIL. ~ *de la garde*, changing of the guards.

relevé, e [rəlve] *a* CULIN. spicy (plat); pungent (sauce).

relevé *m* [compteur] reading ‖ [école] ~ *des notes*, transcript ‖ [compte] statement.

relever *v* (5) raise, lift; pick up (qqch) ‖ put up (cheveux) ; roll up (manches) ‖ turn up (pantalon, col) ‖ read (compteur) ‖ MIL. change (garde) ‖ CULIN. season (sauce) ‖ MED. ~ *de maladie*, recover from illness ‖ *se* ~, get up again, get back to one's feet.

relié, e [-lje] *a* bound (livre).

relier *v* (1) bind (livre) ‖ connect, link (up), join (together) [réunir].

relieur *m* book-binder.

religieux, euse [-liʒjø] *a* religious ● *f* nun.

religion *f* religion.

reliure *f* bookbinding.

reluire *v* (61) shine ; *faire* ~, polish up, shine (chaussures).

remarquable [-markabl] *a* remarkable.

remarque *f* remark.

remarquer *v* (1) notice, observe ; *faire* ~, remark (*que*, that); point out (qqch).

remblai [rɑ̃blɛ] *m* embankment.

rembourrer *v* (1) pad, stuff.

remboursement [-bursəmã] *m* reimbursement, repayment, refund.

rembourser *v* (1) pay back.

remède [rəmɛd] *m* remedy, cure.

remerciements [-mɛrsimã] *mpl* thanks.

remercier *v* (1) thank (*qqn de qqch*, sb for sth).

remettre *v* (64) put back (replacer) ‖ give (back) [rendre] ‖ hand in/over, deliver (lettre) ; ~ *sa démission*, hand in one's resignation ‖ ~ *en état*, overhaul ; ~ *à neuf*, renovate, do up like new ‖ postpone, put off (différer) ‖ MED. reset (membre) ; ~ *en forme*, pull round ‖ TECHN. ~ *en marche*, restart ‖ FIG. remember; place (qqn) (reconnaître) ‖ *se* ~ : *se* ~ *en route*, start off again ; [temps] *se* ~ *au beau*, settle ; MED. *se* ~, get better, recover.

remise 1 *f* COMM. discount ; *faire une ~ de 5 % sur*, give 5 % discount on.

remise 2 *f* shed (hangar).

remonte-pente *m inv* SP. chair-lift, ski-lift.

remonter *v* (1) go/come up again/back || [baromètre] rise (again) || TECHN. wind up (montre) || FIG. ~ *le moral*, cheer up, buck up (coll.).

remords [-mɔr] *m* remorse ; *avoir des ~*, feel remorse.

remorque [-mɔrk] *f* AUT. trailer ; *prendre en ~*, tow.

remorquer *v* (1) tow ; haul.

remous [-mu] *m* eddy.

remplaçant, e [-plasɑ̃] *e substitute, replacement || SP. reserve.

remplacement *m* replacement.

remplacer *v* (6) replace (*par*, by).

remplir *v* (2) fill (*de*, with) ; ~ *un verre*, fill up a glass || refill (à nouveau) || fill in/up, complete (formulaire).

remporter *v* (1) take back || SP. win, carry off (prix, victoire).

remuer [-mɥe] *v* (1) move, stir (membre, liquide) ; [chien] ~ *la queue*, wag its tail || [enfant] fidget.

rémunération [-mynerasjɔ̃] *f* remuneration, payment.

rémunérer *v* (5) remunerate, pay for.

renard [-nar] *m* fox.

rencontre [rãkɔ̃tr] *f* meeting ;

aller à la ~ de qqn, go to meet sb || encounter (imprévue).

rencontrer *v* (1) meet || ~ *par hasard*, meet with, run into, come across, bump into || AUT. run into || **se ~**, [personnes] meet ; [routes] join ; [véhicules] collide.

rendez-vous [-devu] *m* appointment (invitation) ; *sur ~*, by appointment ; *fixer/prendre (un) ~ avec qqn*, make an appointment with sb.

rendre [-dr] *v* (4) give back || return (rendu) || ~ *visite à qqn*, call on/visit sb, pay sb a visit || render (service) || be sick (vomir) || MED. ~ *qqn malade*, make sb sick || **se ~**, give in, yield (céder) ; *se ~ à*, go to ; *se ~ utile*, make o.s. useful.

renfermé *m* : *sentir le ~*, smell stuffy.

renforcer *v* (1) reinforce.

renfrogné, e [-frɔɲe] *a* sullen.

renifler [rənifle] *v* (1) sniff.

renommée [-nɔme] *f* fame.

renoncer [-nɔ̃se] *v* (6) : ~ *à*, renounce, give up.

renouer *v* (1) tie again || resume (conversation) || ~ *avec qqn*, form friendship with sb.

renouveler [-nuvle] *v* (8a) renew || change (pansement) || repeat (ordonnance).

renseignement [rãsɛɲmã] *m* : *un ~*, a piece of information || *Pl* information, particulars.

renseigner *v* (1) inform, tell

(sur, about) ‖ se ~, inquire (sur, into), ask (sur, about).

rentrée [-tre] f : ~ (des classes), reopening of schools ‖ [artiste] come back.

rentrer v (1) come/go back, return ; ~ chez soi, go home ‖ FIN. ~ dans ses frais, break even ‖ FAM. ~ dans, crash into.

renverse (à la) [-rᾶvɛrs] loc av : tomber ~, fall on one's back.

renverser v (1) upset, overturn ‖ knock down, run down (piéton) ‖ tilt over (table) ‖ spill (liquide) ‖ se ~, overturn, upset ‖ [personne] lean back.

renvoi [-vwa] m dismissal, discharge ‖ [école] expulsion ‖ [digestion] belch ‖ SP. return.

renvoyer [-vwaje] v (9a) dismiss, discharge (employé) ‖ send back (lettre) ‖ [école] expel ‖ SP. throw back (balle).

repaire m den.

répandre [-pᾶdr] v (4) pour out, spill (liquide) ‖ shed (lumière) ‖ se ~, [liquide] spill ‖ [épidémie, nouvelle] spread (sur, over).

répandu, e a common, prevalent.

réparation [-parasjɔ̃] f repair(ing) ; en ~, under repair.

réparer v (1) repair, US fix ‖ mend (chaussures).

repas [rəpa] m meal ; faire un ~, take a meal ; ~ à prix fixe,

table d'hôte meal ; ~ froid, cold snack.

repasser 1 v (1) iron (linge) ; press (vêtements) ‖ sharpen (lame).

repasser 2 v (1) call again, come back ‖ [école] ~ un examen, resit for an exam.

repasser 3 v (1) go over (leçon).

repère m mark ; point de ~, landmark.

repérer [-pere] v (5) spot.

répéter [-pete] v (5) repeat, say again ‖ TH. rehearse.

répétition f repetition ‖ Pl [école] coaching ‖ TH. rehearsal ; ~ générale, dress rehearsal.

réplique [-plik] TH. cue.

répondeur [-pɔ̃dœr] m : TEL. ~ (automatique), answering machine.

répondre v (4) answer, reply (qqch) ‖ ~ à qqn/une question, answer sb/a question ‖ ~ à une lettre, write back ‖ ~ au téléphone, answer the telephone ‖ [impertinence] answer back ‖ ~ de (qqch/qqn), answer for (sth/sb) ; ~ de (qqn), vouch for.

réponse [-pɔ̃s] f answer, reply ; ~ payée, reply paid ; en ~ à, in answer to.

reportage m [journalisme] report(ing), series of articles ; faire le ~ de, cover ‖ RAD. coverage, commentary.

reporter 1 v (1) take/carry back ‖ postpone (différer) ‖ se ~, refer (à, to).

reporter 2 [-pɔrte] *m* reporter ‖ RAD. commentator.

repos [-po] *m* rest ; *au ~*, at rest ‖ break (pause).

reposant, e [-pozɑ̃] *a* restful (lieu) ; refreshing (sommeil).

reposer *v* (1) rest, lie (être étendu) ‖ lay/place again (à nouveau) ‖ rest (appuyer) ‖ *se ~*, rest, have/take a rest (se délasser).

repousser *v* (1) push back (tiroir).

reprendre 1 *v* (80) take back/again ‖ *~ haleine*, gather breath ‖ MED. *~ connaissance*, come round ‖ FIG. resume (travail).

reprendre 2 *v* (80) [critiquer] find fault with ‖ *se ~*, correct o.s.

représentant, e *n* COMM. representative, agent.

représentation *f* TH. performance.

représenter *v* (1) represent, stand for (symboliser) ‖ COMM. represent ‖ TH. perform (pièce) ‖ PHOT. show.

réprimander [-primɑ̃de] *v* (1) reprimand, scold.

reprise *f* [activité] resumption ‖ [appartement] key money ‖ TH. revival ‖ MUS. repeat ‖ SP. [boxe] round ‖ AUT. pick-up ‖ *à plusieurs ~s*, repeatedly.

reproche *m* reproach ; *sans ~*, blameless ; *faire des ~s à qqn pour*, reproach sb with.

reprocher *v* (1) : *~ qqch à qqn*, blame sb for sth ; *~ à qqn d'avoir fait qqch*, reproach sb for doing sth ‖ *se ~*, blame o.s. for.

reproduction *f* reproduction.

reproduire *v* (85) reproduce ; *~ en double*, duplicate ‖ *se ~*, ZOOL. reproduce, breed.

républicain, e [-pyblikɛ̃, ɛn] *a/n* republican.

république *f* republic.

répugnance [-pynɑ̃s] *f* loathing (*pour*, for) ; repugnance (*pour*, of).

répugnant, e *a* repugnant, loathsome.

répugner *v* (1) : *~ à* : [personne] *~ à faire*, be loath/reluctant to do ‖ [chose] disgust.

réputation [-pytasjɔ̃] *f* reputation, repute.

réputé, e *a* renowned.

requin [rəkɛ̃] *m* shark.

réseau [rezo] *m* network, system.

réservation [-zɛrvasjɔ̃] *f* booking, reservation.

réserve *f* reserve ; *de ~*, spare ‖ *mettre en ~*, put by, store (up).

réserver *v* (1) reserve, set aside, put by ‖ reserve, book (place).

réservoir *m* (water-)tank.

résidentiel, le [-zidɑ̃sjɛl] *a* residential.

résider *v* (1) dwell.

résigner (se) [sərezine] *v* (1) resign o.s. (*à*, to).

résistance [-zistɑ̃s] *f* resistance.

résistant, e *a* tough (personne) ‖ hard-wearing (vêtement) ‖ resistant (à la chaleur, etc.).

résister v (1) : ∼ **à**, hold out against, resist, withstand.

résolu, e [-zɔly] a resolute (personne) ; determined (à, to) ; bent (à, on).

résolument av resolutely.

résolution f resolution (décision) ‖ determination (fermeté).

résonner [-zɔne] v (1) resound, reverberate.

résoudre [-zudr] v (87) solve, work out (problème) ‖ resolve, decide on (décider) ‖ **se** ∼, resolve, determine, make up one's mind (à faire, to do).

respect [rɛspɛ] m respect ; par ∼ pour, out of respect for.

respectable [-ktabl] a respectable.

respecter v (1) respect.

respectivement av respectively.

respectueux, euse [-ɥø] a respectful ; dutiful (enfant).

respirateur [-piratœr] m [natation] snorkel.

respiration f respiration, breathing.

respirer v (1) breathe.

resplendissant, e [-plãdisã] a radiant, resplendent.

responsabilité [-põsabilite] f responsibility, liability ; charge, care ; avoir la ∼ de, be in charge of.

responsable a responsible, answerable (de, for ; envers, to).

resquiller [-kije] v (1) [invitation] gate-crash ; [autobus] jump the queue.

resquilleur, euse n gate-crasher, queue-jumper.

ressemblance [rəsãblãs] f resemblance, likeness (avec, to).

ressemblant, e a lifelike.

ressembler v (1) : ∼ **à**, resemble, look like ; [parenté] take after.

ressemeler [rəsəmle] v (8 a) resole.

ressentiment [rəsãtimã] m resentment (contre, against).

ressentir [rəsãtir] v (93) feel, experience.

ressort [rəsɔr] m TECHN. spring.

ressortir [-tir] v (2) [couleur] stand out ; [clou] stick out.

ressortissant, e [-tisã] n national.

ressource [rəsurs] f resource ; plein de ∼, resourceful.

restaurant [rɛstɔrã] m restaurant, café.

restaurer (se) v (1) refresh o.s., take some refreshment.

restauroute m pull-in/-up.

reste m rest, remainder, remnant ; de ∼, (left) over ‖ Pl [repas] leavings, scraps, leftovers.

rester 1 v (1) remain, be left (over) ; have left ; il ne me ∼e que £2, I have only £2 left.

rester 2 v (1) remain, stay (dans un lieu) ‖ FAM. live (habiter).

restituer [-titɥe] v (1) give back, return.

restreindre [-trɛ̃dr] v (59) restrict, limit || **se ~,** cut down expenses.

résultat [rezylta] m result, outcome.

résumé [-zyme] m summary ; **en ~,** to sum up ; **~ des chapitres précédents,** the story so far.

résumer v (1) sum up.

rétablir [-tablir] v (2) restore || MED. restore (santé) || MED. **se ~,** recover, come along.

rétablissement m restoration || MED. recovery.

retard [rətar] m delay ; **être en ~,** be late ; **dix minutes de ~,** ten minutes late || AV., RAIL. **en ~,** late, overdue || AUT. **~ à l'allumage,** retarded ignition.

retardataire [-datɛr] n latecomer.

retardement [-dəmɑ̃] m : PHOT. **obturateur à ~,** time-release.

retarder v (1) delay, put off (qqch) || delay, hold up (qqn) || put back (montre) ; **ma montre ~e de cinq minutes,** my watch is five minutes slow.

retenir v (101) keep, detain (qqn) || **~ son souffle,** catch one's breath || book, reserve (place, chambre) || remember (se souvenir) || MATH. carry || **se ~,** refrain (de, from).

retentir [-tɑ̃tir] v (2) [sonnette] ring ; [trompette] sound.

retenue f [école] detention ; **garder en ~,** keep in || FIN. deduction || MATH. carrying over.

retirer v (1) withdraw, take back || FIN. draw (argent) || RAIL. take out, US check out (bagages) || **se ~,** withdraw ; **retire (des affaires).**

retomber v (1) fall again || fall back.

retouche f [vêtement] (minor) alteration.

retoucher v (1) alter (vêtement) || PHOT. touch up.

retour m return ; **être de ~,** be (back) home ; **~ au pays,** home-coming || **par ~ du courrier,** by return of post || SP. **match ~,** return match || RAIL. **voyage de ~,** home journey || CIN. **~ en arrière,** flashback.

retourner [-ne] v (1) go/come back, return ; go again || return, send back (qqch) || turn (vêtement) ; turn inside out (gant) ; turn over/upside down (caisse) || **se ~,** turn about ; look back/round ; AUT. turn over (capoter).

retraite f retirement ; **prendre sa ~,** retire ; **en ~,** retired || pension.

retraité, e a pensioned off ● n pensioner.

rétrécir [retresir] v (2) take in (vêtement) || **se ~,** [étoffe] shrink.

rétrécissement m shrinkage.

rétrograder [-trograde] *v* (1) AUT. change down.

retrousser [rətruse] *v* (1) : ~ *ses manches*, roll up one's sleeves.

retrouver *v* (1) find again ‖ retrieve (objet perdu) ‖ meet again, join (qqn) ‖ *se* ~, meet.

rétroviseur [retro-] *m* AUT. driving-mirror.

réunion *f* reunion, meeting.

réunir *v* (2) join (together); bring/put together ‖ *se* ~, meet, get together.

réussi, e [-ysi] *a* successful.

réussir *v* (2) [chose] be a success, work out well, come off ‖ [personne] succeed, be successful, do well ‖ ~ *à* : ~ *à faire*, succeed in doing, manage to do ‖ ~ *à un examen*, get through an exam(ination), pass.

réussite *f* success ‖ [cartes] *faire une* ~, do a patience.

revanche [rəvɑ̃ʃ] *f* revenge ‖ [jeux] SP. revenge.

rêve [rɛv] *m* dream; *faire un* ~, have a dream.

réveil [revɛj] *m* awakening, waking (up); *au* ~, on waking up ‖ *dès son* ~, as soon as he wakes up.

réveillé, e [-eje] *a* awake.

réveille-matin [-ɛj-] *m inv* alarm-clock.

réveiller *v* (1) wake up ‖ ~*ez-moi à 6 h*, call me at six ‖ *se* ~, wake up, awake.

réveillon *m* midnight supper on Christmas/New Year's Eve.

réveillonner *v* (1) see the New Year in.

révélateur [-velatœr] *m* PHOT. developer.

révéler *v* (5) reveal, disclose; show ‖ *se* ~, reveal o.s.; prove, turn out (to be).

revenant [rəvnɑ̃] *m* ghost.

revendication [-vãdikasjɔ̃] *f* claim, demand.

revendiquer [-ke] *v* (1) claim, demand (droit).

revendre *v* (4) resell.

revenir *v* (101) come/get back, return; ~ *sur ses pas*, retrace one's step ‖ ~ *périodiquement*, come round ‖ [lait] *faire* ~, brown ‖ ~ *à*, [coûter] amount to, come down to; ~ *au même*, amount to the same thing; MED. ~ *à soi*, come round.

revenu [-vny] *m* income.

rêver [rɛve] *v* (1) dream (*à*, of; *de*, about).

rêverie [-ri] *f* day-dream(ing).

revers [rəvɛr] *m* reverse (side) ‖ [veste] lapel ‖ [pantalon] turn-up, US cuff ‖ [main] back ‖ [tennis] back-hand.

rêveur, euse [rɛvœr] *a* dreamy • *n* dreamer.

réviser *v* (1) go through again ‖ [école] revise ‖ overhaul (moteur) ‖ AUT. service.

révision *f* revision ‖ AUT. (regular) service, servicing.

revoir *v* (106) see again; meet again (qqn) ‖ review, revise (réviser) • *m/interj* : *au* ~!, good bye!, so long!

révolte [-vɔlt] f revolt.

révolter (se) v (1) revolt.

révolution [revɔlysjɔ̃] f POL., ASTR. revolution.

révolutionnaire [-ɔnɛr] a/n revolutionary.

revolver [-vɔlvɛr] m revolver ; gun.

revue f review (inspection) ; *passer en ~,* review ‖ magazine (illustrée).

rez-de-chaussée [redʒose] m inv ground-floor, US first floor.

rhum [rɔm] m rum.

rhumatisme [rymatism] m rheumatism.

rhume [rym] m : ~ (de cerveau), cold (in the head) ; ~ des foins, hay-fever ; ~ de poitrine, cold on the chest.

ricaner [rikane] v (1) sneer.

riche [-ʃ] a rich, wealthy.

richesse f wealth.

ricochet [-kɔʃe] m : faire des ~s sur l'eau, play ducks and drakes.

ride [rid] f [visage] wrinkle, line.

ridé, e a wrinkled.

rideau [-o] m curtain.

rider v (1) wrinkle.

ridicule [-ikyl] a ridiculous, ludicrous.

rien [rjɛ̃] pr ind [interr.] anything (quelque chose) ‖ [nég.] nothing ; ~ d'autre, nothing else ‖ ~ que, nothing but, merely ; ~ du tout, nothing at all ; pour ~, for nothing ; ça ne fait ~!, never

mind, that doesn't matter ‖ [réponse] de ~!, you're welcome!

rigoler [rigɔle] v (1) FAM. laugh.

rigolo a FAM. funny.

rigoureux, euse [rigurø] a rigorous ; severe (hiver).

rigueur [-gœr] f rigour ; severity, harshness ; à la ~, if necessary.

rime [rim] f rhyme.

rimer v (1) rhyme.

rincer [rɛ̃se] v (6) rinse.

ring [riŋ] m [boxe] ring.

riposter v (1) retort.

rire [rir] v (89) laugh (de, at) ; éclater de ~, burst out laughing ; ~ aux éclats/à gorge déployée, roar with laughter ‖ pour ~, for fun ● m laugh, laughter ; avoir le fou ~, go into fits of laughter.

risque [risk] m risk, hazard ; courir un ~, run a risk ; à vos ~s et périls, at your own risk ; sans ~, safe(ly) ‖ au ~ de, at the risk of.

risqué, e a hazardous, risky.

risquer v (1) risk, hazard.

ristourne [-turn] f FIN. discount, rebate.

rivage [rivaʒ] m shore.

rivaliser v (1) : ~ avec, compete with.

rive f [rivière] (river)side, bank ‖ [lac] shore.

rivet [-ɛ] m rivet.

rivière f river.

riz [ri] m rice ; ~ au lait, rice-pudding.

robe [rɔb] f dress, frock ; gown (habillée) ; ∼ *du soir*, evening-gown/-dress ‖ ∼ *de chambre*, dressing-gown ‖ CULIN. *pommes de terre en* ∼ *des champs*, potatoes in their jackets.

robinet [-inɛ] m tap, US faucet.

robot [-o] m robot.

robuste [-yst] a sturdy, robust.

roc [rɔk] m rock.

rocailleux, euse [-ajø] a rocky (route).

roche [-ʃ] f rock.

rocher m rock ; boulder (rond).

rocheux, euse a rocky.

roder v (1) AUT. run in (moteur).

rôder [rode] v (1) prowl (about).

rognon [rɔɲɔ̃] m kidney.

roi [rwa] m king.

rôle [rol] m part, rôle ; *jouer le* ∼ *de*, act the part of ‖ *à tour de* ∼, in turns.

roman [rɔmɑ̃] m novel ; ∼-*feuilleton*, serial ; ∼ *policier*, detective story.

romancier, ère [-ɑ̃sje] m novelist.

romanesque [-anɛsk] a romantic ; fantastic.

romantique [-tik] a romantic.

rompre [rɔ̃pr] v (90) : *(se)* ∼, break ‖ FIG. break *(avec qqn,* with sb).

ronce [rɔ̃s] f bramble.

rond, e [rɔ̃, d] a round ; *en chiffres* ∼*s*, in round figures ‖ FAM. tight (ivre) ● m

ring, round ‖ ∼ *de serviette*, napkin ring ‖ *en* ∼, in a circle.

ronde f [police] beat ‖ MUS. semi-breve.

rond-point m round-about.

ronfler [-fle] v (1) snore.

ronger [-ʒe] v (7) gnaw (at) ‖ [acide] eat into ‖ *se* ∼ *les ongles*, bite one's nails.

ronron m purr.

ronronner v (1) purr.

roque [rɔk] m [échecs] castling.

roquer v (1) castle.

rosbif [rɔsbif] m : *un* ∼, a joint of (boned and rolled) beef.

rose [roz] f rose ● a/m pink.

roseau [-o] m reed.

rosée f dew ; *couvert de* ∼, dewy.

rosier m rose-tree.

rossignol [-iɲɔl] m nightingale.

rot [ro] m belch.

roter [rɔte] v (1) belch.

rôti [roti] m roast, joint.

rôtie f : *une* ∼, a piece of toast.

rôtir v (2) : *(faire)* ∼, roast (viande) ; toast (pain).

roucouler [rukule] v (1) coo.

roue [ru] f wheel ‖ [bicyclette] ∼ *libre*, free-wheel ‖ AUT. ∼ *de secours*, spare wheel.

rouge [ruʒ] a red ● m red ‖ ∼ *à lèvres*, lipstick ; *(se) mettre du* ∼ *à lèvres*, put on lipstick.

rougeole [-ɔl] f measles.

rougeoyant, e [-waʒã] *a* glowing.

rougir *v* (2) redden ‖ turn red ‖ [personne] blush.

rouille [-j] *f* rust.

rouillé, e *a* rusty.

rouiller *v* (1) rust ‖ **se ~**, get rusty.

rouleau [-lo] *m* roller ‖ ~ à pâtisserie, rolling-pin.

rouler *v* (1) [bille] roll ‖ [voiture] run ‖ wheel (chariot) ‖ FAM. se faire ~, be had.

roulis [-li] *m* NAUT. rolling.

roulotte [-lɔt] *f* caravan.

roupiller [-pije] *v* (1) FAM. snooze.

roupillon *m* snooze ; piquer un ~, have forty winks.

rouspéter [-spete] *v* (1) FAM. grouch.

rousse [-s] → ROUX.

route [-t] *f* road ; ~ nationale, main road ; ~ à quatre voies, dual carriage-way ‖ **en ~ pour**, on the way to ; **se mettre en ~**, set out.

routier, ère *a* road (carte) • *m* [conducteur] (long distance) lorry driver, US truckman ‖ FAM. [restaurant] transport café, pull-up.

routine [-tin] *f* routine.

roux, rousse [ru, s] *a* reddish

brown ; red (cheveux) ; redhead-ed (personne).

royal, e, aux [rwajal, o] *a* royal, kingly.

royaume [-om] *m* kingdom.

ruban [rybã] *m* ribbon ‖ ~ adhésif, Sellotape.

rubis [-bi] *m* ruby.

ruche [-ʃ] *f* (bee)hive.

rude [-d] *a* rough ‖ coarse (toile) ‖ hard (métier, climat).

rue [ry] *f* street.

ruelle [ryɛl] *f* alley.

ruer [rɥe] *v* (1) kick ‖ **se ~**, rush, dash (sur, at).

rugby [rygbi] *m* rugby ; rugger (coll.).

rugir [-ʒir] *v* (2) [lion] roar.

rugueux, euse [-gø] *a* rough.

ruine [rɥin] *f* ruin ; tomber en ~, fall into ruin(s).

ruiner *v* (1) **(se) ~**, ruin (o.s.).

ruisseau [-so] *m* brook, stream ‖ gutter (caniveau).

rumeur [rymœr] *f* rumour (nouvelle).

ruse [-z] *f* ruse, cunning.

rusé, e *a* cunning.

russe [-s] *a/n/m* Russian.

Russie *f* Russia.

Rustine [-stin] *m* puncture-patch.

rythme [ritm] *m* rhythm.

rythmé, rythmique *a* rhythmical.

s

s [ɛs] *m.*

sa [sa] *a poss* → SON.

sabbat [saba] *m* Sabbath.

sable [sabl] *m* sand; *de ~,* sandy.

sablier *m* sand-glass.

sablonneux, euse [-ɔnø] *a* sandy.

sabre [sɑbr] *m* sword.

sac [sak] *m* bag; sack (grand); *~ de couchage,* sleeping-bag; *~ à dos,* rucksack; *~ à main,* hand-bag, US purse; *~ en papier,* paper bag; *~ à provisions,* shopping bag; *~ de toilette,* sponge bag.

saccade [-kad] *f* jerk.

saccadé, e *a* jerky.

saccharine [-arin] *f* saccharin.

sacoche [-ɔʃ] *f* bag; [bicyclette] saddle-bag.

sacré, e [-re] *a* REL. sacred, holy ‖ FAM. damned.

sacrifice [-rifis] *m* sacrifice.

sage [saʒ] *a* wise ‖ good, quiet (enfant); *sois ~!,* be good!

sage-femme *f* midwife.

sagesse *f* wisdom.

saignant, e [sɛɲɑ̃] *a* CULIN. underdone.

saigner *v* (1) bleed.

sain, e [sɛ̃, ɛn] *a* healthy ‖ *~ et sauf,* safe and sound, safely.

saindoux [-du] *m* lard.

saint, e [sɛ̃, t] *a* holy ‖ [devant nom] Saint; *S~ Esprit,* Holy Ghost/Spirit; *S~ Vierge,* Blessed Virgin • *n* saint.

saisir [sɛzir] *v* (2) seize; grasp, catch hold of ‖ FIG. catch, get (mot, sens).

saison *f* season; *de ~,* in season; *hors de ~,* out of season ‖ *~ de la chasse,* shooting season.

salade [salad] *f* CULIN. salad ‖ lettuce (verte).

saladier *m* salad-bowl.

salaire *m* [hebdomadaire] wages; [mensuel] salary.

salaud [-o] *m* VULG. swine.

sale *a* dirty ‖ FIG. nasty (tour); foul (temps).

salé, e *a* salt (beurre, eau) ‖ [conserve] salted.

saler *v* (1) CULIN. salt, put salt in.

saleté *f* dirt, filth.

salière *f* salt-cellar.

salir *v* (2) soil, dirty, make dirty ‖ *se ~,* dirty o.s., get dirty; [vêtement] soil.

salive *f* saliva.

salle [sal] *f* room; *~ de bains,* bath-room; *~ de classe,* classroom; *~ à manger,* dining-room; *~ de séjour,* living-room ‖ COMM. *~ des ventes,* sale-room ‖ RAIL. *d'attente,* waiting-room.

salon *m* lounge, sitting-room ‖

[hôtel] lounge ‖ ~ **de coiffure,** hairdresser's salon ; ~ **de thé,** tearoom ‖ AUT. ~ **de l'auto,** motor-show.

salopette [-ɔpɛt] *f* overalls, dungarees.

saluer [-ɥe] *v* (1) greet ‖ MIL. salute.

salut [-y] *m* greeting ‖ [signe de tête] bow ‖ MIL. salute • *interj* [bonjour] hi!, hello! ; [au revoir] see you !, cheerio !

salutation [-ytasjɔ̃] *f* salutation, greeting ‖ Pl : [correspondance] *veuillez agréer mes sincères* ~*s,* yours truly.

samedi [samdi] *m* Saturday.

sandale [sɑ̃dal] *f* sandal.

sandwich [-wit∫] *m* sandwich.

sang [sɑ̃] *m* blood.

sang-froid *m* composure ; *de* ~, in cold blood ; *garder/perdre son* ~, keep/lose one's temper.

sangle [sɑ̃gl] *f* strap.

sanglot [-o] *m* sob.

sangloter [-ɔte] *v* (1) sob.

sanguin, e [sɑ̃gɛ̃, in] *a* blood ‖ MED. *groupe* ~, blood group • *f* blood-orange.

sanitaire [sanitɛr] *a/m* sanitary ‖ *(installation)* ~, plumbing.

sans [sɑ̃(z)] *p* without ‖ -less.

sans-abri *n inv* homeless person.

sans-atout *m* no-trumps.

santé [sɑ̃te] *f* health ; *en bonne/mauvaise* ~, in good/bad health ‖ *à votre* ~*!,* your health!, cheers!

saoul [su] *a* = SOÛL.

sapin [sapɛ̃] *m* fir(-tree).

sarbacane [sarbakan] *f* [jouet] pea-shooter.

sardine [sardin] *f* sardine.

satané, e [satane] *a* FAM. damned (sl.).

satellite [-elit] *m* satellite.

satin [-ɛ̃] *m* satin.

satisfaction [-isfaksjɔ̃] *f* satisfaction.

satisfaire *v* (50) satisfy ; meet (demande) ‖ cater for (goûts).

satisfaisant, e [-isfəzɑ̃] *a* satisfying, satisfactory.

satisfait, e *a* satisfied ; ~ *de,* happy/pleased with.

sauce [sos] *f* CULIN. sauce ; gravy (jus de viande).

saucière *f* sauce-/gravy-boat.

saucisse [-is] *f* sausage.

saucisson *m* sausage.

sauf [sof] *p* save, except (for) ; *tous* ~ *lui,* all but him.

sauf, sauve [-, ov] *a* unhurt, safe.

saule [sol] *m* willow ; ~ *pleureur,* weeping willow.

saumon [-mɔ̃] *m* salmon.

sauna [-na] *m* sauna.

saupoudrer *v* (1) sprinkle.

saut [so] *m* leap, jump ‖ SP. ~ *en hauteur,* high jump ; ~ *en longueur,* long jump ; ~ *à la perche,* pole-vault ; ~ *à skis,* ski jump.

saut-de-mouton *m* [route] fly-over.

saute-mouton [sot-] *m* leapfrog.

sauter *v* (1) jump, leap (sur,

at) ‖ go off/up (exploser) ‖ SP. ~ à la corde, skip ‖ ÉLECTR. faire ~ les plombs, fuse the lights, blow the fuses ‖ FIG. skip (omettre) ; miss (mot).

sauterelle [-rɛl] f grasshopper.

sautiller [-ije] v (1) hop.

sauvage [sovaʒ] a wild • n savage.

sauvagement av savagely.

sauve → SAUF.

sauver v (1) save (de, from) ‖ se ~, run away ; CULIN. [lait] boil over.

sauvetage [-taʒ] m rescue.

savant, e [savã] a learned ; chien ~, performing dog • m scientist.

saveur f flavour.

savoir v (92) know ; ~ par cœur, know by heart ; autant que je sache, as far as I know ; je crois ~ que, I understand that I know how, be able (faire qqch, to do sth) ; ~ez-vous nager ?, can you swim ? ‖ faire ~ à qqn, let sb know ‖ on ne sait jamais !, you never can tell ! ‖ à ~, namely (c'est-à-dire) • m knowledge, learning.

savoir-faire m inv know-how.

savoir-vivre m inv (good) manners.

savon m soap ; ~ à barbe, shaving-soap.

savonner [-ɔne] v (1) soap, wash with soap.

savonnette f cake of soap.

savonneux, euse [-ɔnø] a soapy.

savourer [-ure] v (1) taste slowly ; relish.

savoureux, euse a tasty.

saxophone [saksɔfɔn] m saxophone.

scandale [skãdal] m scandal, outrage.

scandaleux, euse a shocking, scandalous.

scandaliser v (1) shock, scandalize.

scaphandre [skafãdr] m diving suit ‖ SP. ~ autonome, aqualung.

scaphandrier m diver.

scarlatine [skarlatin] f : (fièvre) ~, scarlet fever.

sceau [so] m seal.

sceller [sɛle] v (1) seal.

scénario [senarjo] m scenario, screenplay.

scénariste n scenarist, script-writer.

scène [sɛn] f TH. stage ; scene (décor, lieu, partie) ; mettre en ~, stage ; mise en ~, staging ‖ CIN. mettre en ~, direct ; metteur en ~, director ; mise en ~, direction ‖ FIG. faire une ~, make a scene.

scepticisme [sɛptisism] m scepticism.

sceptique a sceptical.

scie [si] f saw.

science [sjãs] f science, learning ‖ Pl science(s).

science-fiction f science fiction.

scientifique [-tifik] *a* scientific ● *n* scientist.

scier [sje] *v* (1) saw (off).

scintiller [sɛ̃tije] *v* (1) sparkle, glitter || (étoile) twinkle.

sciure [sjyr] *f* : ~ (de bois), sawdust.

scolaire [skɔlɛr] *a* school.

scooter [skuter] *m* (motor) scooter.

score [skɔr] *m* score.

scout [skut] *m* (boy-)scout.

scripte [skript], **script-girl** [-gœrl] *f* CIN. continuity-girl.

scrupule [skrypyl] *m* scruple || *sans* ~, unscrupulous.

scrupuleux, euse *a* scrupulous ; *peu* ~, unscrupulous.

scruter [-te] *v* (1) scrutinize || peer (*qqch*, at/into sth).

sculpter [skylte] *v* (1) carve (bois) ; sculpture (pierre).

sculpteur *m* sculptor.

sculpture *f* sculpture.

se [sə] *pr* [réfléchi] himself, herself, itself, oneself ; themselves || [réciproque] each other, one another.

séance [seɑ̃s] *f* session || CIN. performance.

seau [so] *m* pail, bucket.

sec, sèche [sɛk, ʃ] *a* dry || *à pied* ~, dry-shod || FIG. neat, straight (whisky) || sharp (bruit) ● *m* : *tenir au* ~, keep in a dry place.

sécateur [sekatœr] *m* pruning-scissors.

sécher [seʃe] *v* (5) dry (up) || blot (avec buvard) ; air (linge) || *faire* ~, dry || [école] ARG. be

stumped (ne pas pouvoir répondre) ; cut (cours).

sécheresse [-rɛs] *f* dryness || drought (période).

séchoir *m* drier (appareil).

second, e [səgɔ̃, d] *a* second ● *n* second || *m* SP. [courses] runner-up.

secondaire [-dɛr] *a* secondary.

seconde *f* [mesure] second || RAIL. second class.

secouer [səkwe] *v* (1) shake || shake off (poussière) || [vagues] toss (navire) ; [cahot] jolt.

secourir *v* (32) help, assist, rescue.

secours *m* help, assistance ; *aller au* ~ *de qqn*, go to sb's rescue ; *porter* ~ *à*, bring help to || *au* ~ *!*, help! || *de* ~, stand-by, spare, emergency.

secousse [səkus] *f* shake || [voiture] jolt.

secret, ète [səkrɛ, t] *a.* secret ; *ultra-*~, top secret ● *m* secret ; *en* ~, secretly.

secrétaire [-etɛr] *n* secretary ; ~ *de mairie*, town clerk || [meuble] writing desk.

secrétariat [-etarja] *m* secretary's office.

secrètement [-ɛtmɑ̃] *av* secretly.

section [sɛksjɔ̃] *f* section || [autobus] fare-stage.

sécurité [sekyrite] *f* security, safety ; ~ safe || TECHN. *dispositif de* ~, safety device || JUR. ~ *sociale*, social security, GB (National) Health service ‖ FAM. *pour plus de* ∼, to be on the safe side.

séduction [-dyksjɔ̃] *f* seduction ; glamour.

séduire [-dцiʀ] *v* (85) seduce.

séduisant, e [-dцizɑ̃] *a* a seductive, attractive, tempting.

ségrégation [-gʀegasjɔ̃] *f* segregation.

seigle [sɛgl] *m* rye.

seigneur [sɛɲœʀ] *m* lord ‖ REL. *Notre-S*∼, Our Lord.

sein [sɛ̃] *m* breast, bosom ; *nourrir au* ∼, breast-feed.

seize [sɛz] *a/m* sixteen.

séjour [seʒuʀ] *m* stay, visit.

séjourner [-ne] *v* (1) stay.

sel [sɛl] *m* salt ; ∼ *fin*, table salt ; *gros* ∼, kitchen salt ‖ *∼ de bain*, bath salts.

sélection [selɛksjɔ̃] *f* selection.

sélectionner *v* (1) select.

selle [sɛl] *f* (*cheval*, etc.) saddle ‖ (*bicyclette*) seat.

selon [səlɔ̃] *p* according to ; ∼ *que*, according as.

semaine [s(ə)mɛn] *f* week ; *en* ∼, on week-days ; *jour de* ∼, week-day ‖ REL. ∼ *sainte*, Holy Week.

semblable [sɑ̃blabl] *a* similar ; ∼ *à*, like • *m* like ; fellow-man.

semblant *m* : *faire* ∼, pretend ; *faire* ∼ *de ne pas voir*, ignore.

sembler *v* (1) seem, appear, look.

semelle [səmɛl] *f* sole.

semer *v* (5) sow.

semestre [-ɛstʀ] *m* half-year.

sens 1 [sɑ̃s] *m* sense ; *les cinq* ∼, the five senses.

sens 2 *m* sense, feeling (*connaissance intuitive*) ; ∼ *de l'orientation*, sense of direction ‖ sense, understanding (*jugement*) ; *bon* ∼, ∼ *commun*, (common) sense ‖ sense (*signification*) ; *dans un certain* ∼, in a sense ; ∼ *figuré/propre*, figurative/literal sense.

sens 3 *m* direction, way ; *interdit*, no entry ; (*rue* à) ∼ *unique*, one-way (street) ; *en* ∼ *inverse*, in the opposite direction ; *dans le* ∼ *inverse des aiguilles d'une montre*, anti-/counter-clockwise ; *[sɑ̃]* ∼ *dessus dessous*, upside-down, wrong side up ; ∼ *devant derrière*, back to front.

sensation *f* sensation (*perception*) ‖ feeling (*impression*) ; *donner la* ∼ *de*, feel like.

sensationnel, le [-asjɔnɛl] *a* sensational (*nouvelles*).

sensé, e *a* sensible.

sensibilité [-ibilite] *f* sensitiveness (*physique*) ; sensibility (*émotivité*).

sensible *a* tender, sore (*douloureux*) ; *être* ∼ *au froid*, feel the cold ‖ sensitive (*émotif*) ‖ FIG. perceptible, noticeable.

sensuel, le [-ɥɛl] *a* sensual.

sentier [sɑ̃tje] *m* (foot)path.

sentiment [sɑ̃timɑ̃] *m* feeling

(sensibilité) ‖ FIG. *avoir le ~ de/que*, be aware of/that.

sentimental, e, aux [-tal, o] *a* sentimental.

sentir *v* (93) feel (contact) ‖ smell (fleur) ; ~ *l'alcool*, smell of brandy ; ~ *bon/mauvais*, smell nice/bad ‖ *se* ~, feel.

séparation [separasjɔ̃] *f* separation, parting (action).

séparé, e *a* separate.

séparément *av* separately, apart.

séparer *v* (1) separate, sever ‖ part, divide (diviser) ‖ *se* ~, [personnes] separate, part (de, from).

sept [sɛt] *a/m* seven.

septembre [sɛptãbr] *m* September.

septième [sɛtjɛm] *a/n* seventh.

série [seri] *f* series, set ‖ COMM. *de* ~, standard ‖ MED. *une* ~ *de piqûres*, a course of injections ‖ TECHN. *production en* ~, mass production ‖ FIG. run.

sérieusement [-jøzmã] *av* seriously.

sérieux, euse *a* serious, earnest ‖ reliable (digne de confiance) • *m* seriousness ; *garder son* ~, keep one's countenance.

sérigraphie [-igrafi] *f* silk screen process.

seringue [sərɛ̃g] *f* syringe.

serment [sɛrmã] *m* oath ; *faire de*, swear to ; *prêter* ~, take an oath.

serpent [-pã] *m* snake.

serpentin [-pãtɛ̃] *m* streamer.

serpillière [-pijɛr] *f* floor-cloth.

serrer [sɛre] *v* (1) squeeze, press, clasp (main) ; clench (dents), tighten (ceinture) ; hold tight (dans sa main) ‖ [chaussures] pinch ‖ [pantalon] be too tight ‖ AUT. ~ *sa droite*, keep right ‖ *se* ~, sit closer (together) ; bunch up (se blottir).

serrure *f* lock.

serrurier *m* locksmith.

sertir [sɛrtir] *v* (2) TECHN. set (diamant).

serveur, euse [-vœr] *n* waiter, waitress.

serviable [-vjabl] *a* obliging, co-operative.

service 1 [-vis] *m* service (aide) ; *rendre* ~, oblige ; [objet] come in handy ; *rendre un* ~ *à qqn*, do sb a good turn ‖ [restaurant] service (charge) [pourboire] ‖ [wagon-restaurant] sitting (série de repas) ‖ [tennis] service, serve ‖ [couverts] set ‖ COMM. ~ *après vente*, after sales service ‖ REL. service.

service 2 *m* [administration] department, bureau ‖ duty ; *de* ~, on duty ‖ MIL. *faire son* ~ *militaire*, do one's military service ‖ AUT., RAIL. *faire le* ~, run (entre, between).

serviette [-vjɛt] *f* : ~ *(de table)*, napkin, serviette ; ~ *de toilette*, towel ‖ brief-case (sac).

servir v (95) serve ‖ serve (un plat) ‖ ~ qqch à qqn, help sb to sth; wait on (qqn); ~ à table, wait at table ‖ [tennis] serve ‖ ~ **à**, be useful/used for; à quoi cela sert-il?, what is it used for?; ça ne sert à rien d'essayer, it's no use trying; cela peut ~, it may come in handy ‖ ~ **de**, serve as ‖ **se** ~, help o.s. (de, to) [à table] ‖ use (utiliser).

serviteur [-itœr] m (man)servant.

ses [se] a poss → SON.

seuil [sœj] m threshold.

seul, e [sœl] a [isolé] alone, by o.s.: vivre ~, live alone; un(e) homme (femme) ~(e), a man on his (a woman on her) own, a single man (woman) ‖ [unique] single, only; un ~ homme, a single man, only one man; lui ~, only he, he alone • n : un(e) ~(e), a single one.

seulement av/c only.

sévère [sevɛr] a strict, severe (personne); harsh (punition).

sévèrement av strictly, severely.

sevrer [səvre] v (5) wean.

sexe [sɛks] m sex.

sexisme m sexism.

sexuel, le [-ɥɛl] a sexual.

shampooing [ʃɑ̃pwɛ̃] m shampoo; se faire un ~, have a shampoo.

shooter [ʃute] v (1) shoot.

short [ʃɔrt] m shorts.

si 1 [si] c [condition] if; comme ~, as if/though; ~ j'étais à votre place, if I were you; ~ on allait au cinéma?, what about going to the pictures? ‖ [question indirecte] whether; je me demande s'il viendra, I wonder whether he will come ‖ **bien que**, so that.

si 2 av [intensif] so (+ a.); so much (+ p. p.); un homme ~ gentil, so kind a man, such a kind man ‖ [affirmatif] yes; mais ~!, yes, of course!

si 3 m MUS. B.

sida m MÉD. AIDS.

side-car [sidkar] m side-car.

siècle [sjɛkl] m century.

siège [sjɛʒ] m seat.

sien, ne [sjɛ̃, ɛn] a poss his, hers, its, one's ● pr poss : le ~, la ~ne, les ~s, les ~nes, his, hers, its own, one's own ● mpl : les ~s, one's (own) people.

sieste [sjɛst] f : faire la ~, take a nap.

siffler [sifle] v (1) whistle ‖ TH. hiss.

sifflet [-ɛ] m whistle; donner un coup de ~, blow a whistle ‖ TH. hiss.

signal, aux [siɲal] m signal ‖ RAIL. ~ d'alarme, communication cord.

signaler v (1) point out, indicate (montrer).

signalisation f signalling.

signature f signature.

signe m sign, gesture; faire ~ à, beckon to, make a sign to; faire ~ de la main, motion, wave ‖ GRAMM. ~ de ponctua-

SOCIABLE

tion, punctuation mark ‖ REL. faire le ~ de la croix, make the sign of the cross.

signer *v* (1) sign ‖ *se* ~, REL. cross o.s.

signification [-ifikasjɔ̃] *f* meaning (sens).

signifier *v* (1) signify, mean.

silence [silɑ̃s] *m* silence, stillness ‖ ~!, be quiet!; garder le ~, keep silent ‖ MUS. rest.

silencieusement [-jøzmɑ̃] *av* silently, noiselessly, quietly.

silencieux, euse *a* silent (personne); still, quiet (lieu); noiseless (machine).

silex [silɛks] *m* flint.

silhouette [silwɛt] *f* silhouette, outline.

similaire [similɛr] *a* similar.

simili *m* imitation ‖ ~ *cuir*, imitation leather.

simple [sɛ̃pl] *a* simple (non compliqué); plain (sans recherche) ‖ unaffected (sans prétention) ‖ RAIL. billet ~, single (ticket) ● *m* [tennis] single.

simplement *av* simply ‖ merely; *purement et* ~, (purely and) simply.

simplifier [-ifje] *v* (1) simplify.

simultané, e [simyltane] *a* simultaneous.

sincère [sɛ̃sɛr] *a* sincere (personne); true (amitié); genuine (sentiments).

sincèrement *av* sincerely, truly.

singe [sɛ̃ʒ] *m* monkey; (*grand*) ~, ape.

singulier, ère [sɛ̃gylje] *a/m* GRAMM. singular.

sinistre [sinistr] *a* sinister ‖ dismal, grim (lugubre) ● *m* disaster ‖ JUR. damage.

sinistré, e *a* homeless (personne); devastated (région) ● *n* victim.

sinon *c* if not ‖ or else, otherwise (sans quoi); except (sauf).

sirène [sirɛn] *f* TECHN. siren, hooter.

sirop [-o] *m* syrup.

sitôt [sito] *av* : ~ *que*, as soon as.

situation [-ɥasjɔ̃] *f* [lieu] location, situation ‖ [emploi] employment, position, job ‖ FAM. dans une ~ intéressante, in the family way.

situer *v* (1) situate, locate.

six [si devant consonne; siz devant voyelle ou «h» muet; sis en fin de phrase] *a/m* six.

ski [ski] *m* ski; ~ *nautique*, waterskiing; faire du ~, ski.

skieur, euse [skjœr] *n* skier.

slip [slip] *m* [homme] briefs (*pl*); [femme] panties (*pl*); ~ *de bain*, bathing-trunks (*pl*).

slogan [slɔgɑ̃] *m* slogan.

smoking [smɔkiŋ] *m* dinnerjacket, US tuxedo.

snob [snɔb] *a* snobbish ● *n* snob.

snobisme *m* snobbery.

sobre [sɔbr] *a* abstemious.

sociable [sɔsjabl] *a* sociable ;

être très ~, be a good mixer (coll.).

social, e, aux *a* social.

socialisme *m* socialism.

socialiste *a/n* socialist.

société [-ete] *f* society ‖ COMM. company, firm.

socquette [sɔkɛt] *f* [R] anklesock.

sœur [sœr] *f* sister ‖ REL. sister, nun.

sofa [sɔfa] *m* sofa.

soi [swa] *pr* : ~ (-*même*), oneself ; *chacun pour* ~, everyone for himself ; *cela va de* ~, it stands to reason ‖ *chez* ~, at home.

soi-disant [-dizā] *a inv* would-be.

soie *f* silk.

soif [-f] *f* thirst ; *avoir* ~, be thirsty.

soigné, e [-ɲe] *a* a tidy (personne).

soigner *v* (1) look after, care for (qqn) ; nurse (plantes) ‖ MED. nurse, treat, tend (malade) ; doctor (rhume).

soigneusement [-ɲøzmā] *av* carefully.

soigneux, euse *a* careful, painstaking.

soin [swɛ̃] *m* care ; *prendre* ~ *de*, take care of, tend (qqn) ; *sans* ~, careless, untidy ‖ Pl care, attention ; *aux bons* ~*s de*, care of, c/o ; ~*s de beauté*, beauty treatment ‖ Pl MED. attendance, nursing ; ~*s d'urgence*, first aid.

soir [swar] *m* evening ; *ce* ~,

tonight ; *le* ~, in the evening ; *à 10 heures du* ~, at 10 p. m. ; *demain* ~, tomorrow evening ; *la veille au* ~, the night before ; *hier* (au) ~, last night, yesterday evening.

soirée *f* evening ‖ evening party.

soit [swa(t)] *c* : *soit* ..., *soit*, either..., or ; ~ *que* ..., or, whether ..., or ● [swat] *av* : ~ !, (very) well !

soixante [-sāt] *a/m* sixty.

soixante-dix *a/m* seventy.

sol 1 [sɔl] *m* ground, earth ‖ AGR. soil.

sol 2 *m* MUS. G.

solaire *a* solar.

soldat [-da] *m* soldier.

solde *m* balance (différence) ‖ Pl COMM. (clearance) sale.

solder *v* (1) COMM. sell off.

sole *f* ZOOL. sole.

soleil [-ɛj] *m* sun (astre) ‖ sunshine, sunlight (lumière) ; *au* ~, in the sun ; *il fait (du)* ~, it's sunny.

solennel, le [-anɛl] *a* solemn.

solide [-id] *a* solid, strong ; sturdy (personne) ‖ durable (vêtement) ‖ fast (couleur).

solitaire [-itɛr] *a/n* solitary (personne).

solitude *f* loneliness, solitude.

soluble [-ubl] *a* soluble ; instant (café).

solution *f* solution, answer ‖ ~ *de rechange*, alternative.

sombre [sɔ̃br] *a* dark ; dusky, overcast (ciel) ‖ FIG. gloomy.

sombrer v (1) [bateau] sink, go down/under, founder.

sommaire [sɔmɛr] a summary ● m summary.

sommairement av briefly.

somme 1 [sɔm] f sum (total) ‖ sum, amount (quantité d'argent) ‖ **en ~, ~ toute,** on the whole.

somme 2 m nap, doze; *faire un ~,* take a nap.

sommeil [-ɛj] m sleep; *sans ~,* sleepless; **avoir ~,** feel sleepy; *avoir le ~ profond/léger,* be a heavy/light sleeper.

sommet [-ɛ] m summit, top.

sommier m mattress.

somnambule [-nãbyl] n sleep-walker.

somnifère [-nifɛr] m sleeping-pill.

somnolent, e [-nɔlã] a drowsy, sleepy.

somnoler v (1) doze.

somptueux, euse [sɔ̃ptyø] a sumptuous, costly, gorgeous.

son, sa, ses [sɔ̃, sa, se] a poss *m/f/pl* his, her, its, one's.

son 1 m sound (bruit).

son 2 m [céréales] bran.

sondage [-daʒ] m : FIG. ~ **d'opinion,** (opinion) poll.

sonner v (1) ring [cloche, pendule] strike ‖ [réveille-matin] go off ‖ ring (cloche).

sonnerie [sɔnri] f ring(ing) ‖ TEL. bell.

sonnette f bell; *coup de ~,* ring.

sonore [sɔnɔr] a sonorous;

ringing ‖ CIN. *film ~,* sound-film.

sonoriser v (1) CIN. add the sound track.

sorbet [sɔrbɛ] m water ice.

sorcier, ère [-sje, ɛr] n sorcerer, witch.

sordide [-did] a squalid (quartier).

sort [sɔr] m lot (condition); fate, destiny (destinée); fortune, chance (hasard); *tirer qqch au ~,* draw lots for sth.

sorte [-t] f sort, kind (espèce); *une ~ de,* a kind/sort of ‖ *de (telle) ~ que,* so that.

sortie f going/coming out (action); *jour de ~,* day out ‖ way out, exit, outlet (issue); ~ **de secours,** emergency exit ‖ CIN. [film] release.

sortir v (93) go/come out ‖ take out (chien); bring/take out (qqch).

sot, te [so, ɔt] a silly, foolish.

sottise f foolishness, (stupidité) ‖ foolish thing (parole).

sou [su] m penny; *sans le ~,* penniless.

souci [-si] m care, worry; *se faire du ~,* worry (à propos de, about); *sans ~,* carefree.

soucier v (1) : *se ~ de,* worry/care about.

soucieux, euse a worried.

soucoupe f saucer ‖ ~ *volante,* flying saucer.

soudain, e [-dɛ̃, ɛn] a sudden.

soudainement av suddenly.

souder v (1) solder; [autogène] weld.

soudure f solder (métal); ∼ *autogène*, welding.

souffle [-fl] m breath, breathing; **à bout de** ∼, out of breath.

souffler v (1) [vent] blow ‖ [personne] take breath (reprendre haleine) ‖ blow out (bougie) ‖ Th. prompt.

soufflet [-ɛ] m [feu] bellows.

souffleur m Th. prompter.

souffrance [-frãs] f suffering, pain.

souffrant, e a suffering, unwell, poorly.

souffrir v (72) suffer; ∼ *de*, suffer from (chaleur, etc.) ‖ [nég.] *il ne peut* ∼..., he can't stand...

souhait [swɛ] m wish.

souhaiter [-te] v (1) wish for (qqch); ∼ *bon voyage à qqn*, wish sb a pleasant journey.

soûl, e [su, l] a drunk.

soulager [sulaʒe] v (7) relieve, ease (personne, douleur) ‖ **se** ∼, relieve o.s. (satisfaire un besoin naturel).

soulever [-lve] v (5) raise, lift up (fardeau) ‖ Aut. jack (up) ‖ **se** ∼, raise o.s., rise.

soulier m shoe.

souligner [-liɲe] v (1) underline (ligne) ‖ Fig. emphasize.

soumettre v (64) subdue (maîtriser) ‖ submit (présenter) ‖ **se** ∼, submit (à, to).

soupape f valve.

soupçon [-ps5] m suspicion.

soupçonner v (1) suspect.

soupe [-p] f soup.

souper m supper; dinner.

soupir m sigh; *pousser un* ∼, heave a sigh ‖ Mus. crotchet-rest.

soupirer v (1) sigh ‖ ∼ *après*, yearn for.

souple [-pl] a supple, pliable.

source [-rs] f spring; *prendre sa* ∼, [rivière] take its rise ‖ Fig. source.

sourcil [-rsi] m eyebrow.

sourd, e [-r, d] a deaf ‖ dull (bruit).

sourdine [-in] f Mus. mute.

sourd(e)-muet(te) a deaf-and-dumb ● n deaf-mute.

souriant, e [surjã] a smiling.

sourire m smile ● v (89) smile.

souris [-ri] f mouse.

sous [su(z)] p [espace] under, beneath, underneath; ∼ *la pluie*, in the rain ‖ [temps] under; ∼ *peu*, before long.

sous- préf under-, sub-.

sous-alimentation f malnutrition.

sous-développé, e a underdeveloped (pays).

sous-entendre v (4) imply ‖ Gramm. understand.

sous-entendu, e a Gramm. understood ● m innuendo.

sous-exposé, e a Phot. underexposed.

sous-lieutenant m second lieutenant.

sous-locataire n lodger.

sous-louer v (1) sublet (chambre).

sous-marin, e a underwater ● m submarine.

sous-officier m non-commissioned officer.

sous-sol m basement.

sous-titre m subtitle.

soustraction [sustraksjɔ̃] f subtraction.

soustraire v (11) subtract.

sous-vêtements mpl underwear.

soutenir [-tnir] v (101) support ‖ FIG. support, maintain (opinion, théorie) ; keep up (conversation).

souterrain, e [-terɛ̃, ɛn] a underground • m underground passage, subway.

soutien m support.

soutien-gorge m bra.

souvenir [-vnir] m memory, recollection ; en ∼ de, in memory of ‖ memento, keepsake (objet) • v (101) : se ∼ de, remember, recall.

souvent av often ; le plus ∼, more often than not.

soyeux, euse [swajø] a silky, silken.

sparadrap [sparadra] m sticking-plaster.

spatial, e, aux [-sjal, o] a space.

speaker, ine [spikœr, krin] n announcer, woman announcer.

spécial, e, aux [spesjal, o] a special.

spécialement av (e)specially.

spécialiste n specialist.

spécialité f specialty (activité, produit) ‖ MÉD. ∼ pharmaceutique, patent medicine.

spécimen [-simɛn] m specimen.

spectacle [spɛktakl] m spectacle, sight ‖ TH. show ; show-business, entertainment.

spectateur, trice n spectator ; onlooker (curieux) ‖ TH. les ∼s, the audience.

spéléologie [speleɔlɔʒi] f pot-holing.

spéléologue [-ɔg] n pot-holer.

sphère [sfɛr] f sphere.

spirale [spiral] f spiral.

spiritisme [spiritism] m spiritualism.

spirituel, le [-ɥɛl] a (vivacité) witty.

splendide [splɑ̃did] a splendid ; gorgeous (temps).

spontané, e [spɔ̃tane] a spontaneous.

spontanément av spontaneously.

sport [spɔr] m sport, games (pl) ; ∼s d'hiver, winter sports ; ∼s nautiques, water sports ; faire du ∼, go in for sport, do sport.

sportif, ive [-tif] a sporting • n sportsman, -woman.

sprint [sprint] m sprint.

square [skwar] m public garden.

squelette [skəlɛt] m skeleton.

stable [stabl] a stable, steady.

stade [-d] m SP. stadium.

stage [-ʒ] m training period.

stagiaire [-ʒjɛr] n trainee.

stagnant, e [-gnɑ̃] a stagnant.

stagner v (1) [eau] stagnate.

stand [stãd] m stand, stall ‖ ~ de tir, shooting-gallery.

standard [-ar] a inv standard • m : ~ téléphonique, switchboard.

standardiste [-dist] n TEL. operator.

standing [-iŋ] m status ‖ de grand ~, luxury.

starter [startεr] m SP. starter ‖ AUT. choke.

station [stasjõ] f resort (lieu) ; ~ balnéaire, seaside resort ; ~ de sports d'hiver, winter sports resort ; ~ thermale, watering-place, spa ‖ AUT. ~ de taxis, taxi rank ; ~service, service station ‖ RAIL., [métro] station ‖ ~ de radio, broadcasting station.

stationnement [-ɔnmã] m AUT. waiting ; ~ interdit, no parking/waiting.

stationner v (1) AUT. park.

statue [-ty] f statue.

stencil [stɛsil] m stencil.

sténo [steno] f FAM. shorthand.

sténodactylo f shorthand typist.

sténographie [-grafi] f stenography, shorthand.

sténographier v (1) take (down) in shorthand.

stéréophonie f stereophony.

stéréophonique [-reɔfɔnik] a stereophonic.

stérile [steril] a AGR. barren.

stérilet [-ɛ] m MED. loop, coil.

stériliser v (1) sterilize.

stimulant, e [stimylã] a stimulating • m FIG. incentive.

stimuler v (1) stimulate.

stock [stɔk] m stock.

stocker v (1) stock.

stop [-p] m stop ‖ [panneau] stop sign ; [auto] brake light ‖ abrév. = **auto-~; faire du ~**, hitch-hike, thumb a lift.

stoppage m invisible mending.

stopper v (1) stop (véhicule) ‖ come to a stop (s'arrêter).

store [-r] m (window-)blind.

strapontin [strapõtɛ̃] m foldaway seat.

strict, e [strikt] a strict ‖ precise (sens).

strictement [-əmã] av strictly.

studieux, euse [stydjø] a studious.

studio m bed-sitting-room ; bed-sitter (coll.) ‖ CIN., RAD. studio.

stupéfait, e [stypefε, t] a amazed.

stupéfiant, e a amazing, stunning • m drug.

stupéfier [-je] v (1) amaze, stun.

stupide [-pid] a stupid.

style [stil] m style.

stylo [-o] m fountain-pen ; ~ à bille, ball-point, biro [R].

su [sy] → SAVOIR.

subir [sybir] v (2) suffer (critique, perte) ; undergo (opération, test).

subit, e [-i, t] *a* sudden, unexpected.

subitement *av* suddenly.

subjonctif [-ʒɔ̃ktif] *m* subjunctive.

subordonné, e *a* GRAMM. dependent (proposition).

substance [sypstɑ̃s] *f* substance, matter.

subtil, e [syptil] *a* subtle.

succéder [syksede] *v* (1) : ~ à, succeed ‖ *se* ~, follow one another.

succès [-ɛ] *m* success; *avec* ~, successfully; *sans* ~, unsuccessful(ly) ‖ MUS., TH. hit.

succursale [sykyrsal] *f* branch.

sucer [suse] *v* (6) suck.

sucre [sykr] *m* sugar; ~ *de canne*, cane-sugar; ~ *en morceaux*, lump sugar; ~ *en poudre*, caster sugar; ~ *roux*, demerara.

sucré, e *a* sweet, sweetened.

sucrer *v* (1) sweeten, sugar.

sucrier *m* sugar-basin.

sud [syd] *m* south; *au* ~, in the south; *du* ~, southern, southerly; *vers le* ~, south(wards).

suer [sɥe] *v* (1) sweat.

sueur *f* sweat; *en* ~, in a sweat.

suffire [syfir] *v* (97) be enough ‖ FAM. *ça* ~*l*, that'll do.

suffisamment [-izamɑ̃] *av* sufficiently, enough.

suffisant, e *a* sufficient, enough.

suffixe *m* suffix.

suggérer [sygʒere] *v* (5) suggest.

suggestion [-estjɔ̃] *f* suggestion.

suicide [sɥisid] *m* suicide.

suicider (se) *v* (1) commit suicide.

suie [sɥi] *f* soot.

suinter [sɥɛ̃te] *v* (1) ooze.

Suisse [-s] *f* Switzerland.

suisse, esse *a/n* Swiss.

suite [-t] *f* continuation, sequel (*de*, to) [continuation]; *la* ~ *au prochain numéro*, to be continued ‖ *série*, run (série) ‖ consequence, result (résultat) ● *loc*: *de* ~, in succession; *et ainsi de* ~, and so forth; *par* ~ *de*, owing to, as a result of; *tout de* ~, at once, right now, straight away.

suivant, e [-vɑ̃] *a* following, next (ordre) ● *n* follower; *au* ~*l*, next! ● *p* according to.

suivre [-vr] *v* (98) follow, come after (succéder à) ‖ follow, go along (chemin) ‖ *prière de faire* ~, please forward ‖ COMM. repeat (article) ‖ FIG. follow, observe; ~ *le conseil de qqn*, follow sb's advice; ~ *un cours*, attend a class ‖ *à* ~, to be continued.

sujet, te [syʒɛ, t] *a* : ~ *à*, liable/prone to ● *m* subject, matter; ~ *de conversation*, topic ‖ *au* ~ *de*, concerning ‖ GRAMM. subject.

super [sypɛr] *m* AUT. four-star (petrol) ● *a* : FAM. ~*l*, super!

superbe [-b] *a* superb.

supérieur, e [syperjœr] *a* superior ‖ upper (étage, lèvre) ‖ higher (offre, température) ‖ advanced (études) ● *n* superior.

superlatif, ive [syperlatif] *a/m* superlative.

supermarché *m* supermarket.

supersonique *a* supersonic.

superstitieux, euse [-stisjø] *a* superstitious.

suppléant, e [sypleã] *a* acting ‖ supply (professeur) ● *n* substitute, deputy ‖ supply teacher.

supplément [-emã] *m* supplement, extra; **en ∼**, additional, extra ‖ RAIL. excess fare.

supplémentaire [-emãtɛr] *a* supplementary, additional, extra; **heures ∼s**, overtime ‖ *faire des heures ∼*, work overtime ‖ RAIL. relief (train).

supplier [-ije] *v* (1) entreat, beseech.

support [sypɔr] *m* stand, stay, prop, rest.

supporter [-te] *v* (1) support ‖ bear, sustain (poids) ‖ stand, suffer, put up with (tolérer) ‖ (négativement) *il ne peut pas les ∼*, he can't bear/stand them.

supporter 2 [-tɛr] *m* supporter, fan.

supposer [sypoze] *v* (1) suppose, assume.

supposition *f* supposition ‖ FAM. *une ∼ que*, supposing.

supprimer [syprime] *v* (1) remove (enlever) ‖ do away (faire disparaître) ‖ delete (mot) ‖ cut out (tabac, etc.).

sur [syr] *p* [lieu] on (à la surface de); [avec mouvement] on to ‖ **∼ soi** : je n'ai pas d'argent **∼ moi**, I have no money about me ‖ [sur toute la surface] over (sur la surface) ‖ [sujet] on, about ‖ [proportion] *un ∼ cinq*, one in five; *9 fois ∼ 10*, 9 times out of 10; *un jour ∼ deux*, every other day; *3 mètres ∼ 5*, 3 metres by 5 ● *préf* over-, super-, out-.

sur, e *a* sour (aigre).

sûr, e [syr] *a* sure, certain; *soyez-en ∼*, depend upon it; **∼ de soi**, self-confident ‖ safe (sans danger) ‖ reliable (renseignement) ‖ trustworthy (personne) ● *loc* : **bien ∼**, of course; *bien ∼ que non!*, certainly not!; FAM. **pour ∼**, sure enough.

suralimenter *v* (1) overfeed.

surcharge *f* overload(ing) ‖ [timbre] surcharge.

surcontrer *v* (1) [cartes] redouble.

sûrement *av* certainly.

surestimer *v* (1) overrate, overestimate.

sûreté *f* safety (sécurité); **en ∼**, safe.

surexposer *v* (1) PHOT. overexpose.

surf [sɑrf] *m* : *faire du ∼*, go surfing, surfride.

surface [syrfas] *f* surface.

surgelé, e a deep-frozen • mpl frozen food.

surhomme m superman.

sur-le-champ loc av straight away, at once.

surlendemain m next day but one.

surmenage [-mənaʒ] m overwork.

surmener v (1) : **(se)** ~, overwork (o.s.).

surmonter v (1) top, surmount (être au-dessus de) ‖ FIG. overcome, surmount (difficulté).

surmultipliée f AUT. overdrive.

surnaturel, le a supernatural.

surnom m nickname.

surnommer v (1) nickname.

surpasser v (1) surpass.

surplomb (en) loc av overhanging.

surprendre v (80) amaze, surprise ‖ catch (prendre au dépourvu).

surprise f surprise.

sursauter v (1) start; jump; *faire* ~ qqn, startle, give sb a jump.

surtaxe f [lettre] surcharge.

surtout av especially, mainly.

surveillant, e [-vejā] n [examens] invigilator.

surveiller v (1) supervise [s'occuper de] watch over (qqn) ‖ mind (bébé) ‖ [examen] invigilate.

survêtement m track suit.

survivant, e n survivor.

survivre v (105) survive ‖ ~ à, outlive, outlast (qqn).

sus [sy(s)] av : **en** ~ **de**, in addition to.

susceptible [sysεptibl] a susceptible (de, of) ‖ touchy (ombrageux).

suspect, e [-pε(kt), kt] a suspicious, suspect; ~ **de**, suspected of.

suspecter [-kte] v (1) suspect (de, of).

suspendre v (4) hang (up).

suspension [-pāsjɔ̃] f AUT. suspension.

svelte [svεlt] a svelte, slender.

syllabe [sillab] f syllable.

symbole [sɛ̃bɔl] m symbol.

symbolique a symbolic.

symétrie [simetri] f symmetry.

symétrique a symmetrical.

sympathie [sɛ̃pati] f liking, fellow-feeling.

sympathique a likable, nice (personne).

sympathiser v (1) get on well together.

symphonie [sɛ̃fɔni] f symphony.

synagogue [sinagɔg] f synagogue.

syndicaliste [sɛ̃dikalist] n (trade-)unionist.

syndicat [-ka] m (trade-)union ‖ ~ **d'initiative**, tourist office.

syndiquer (se) v (1) join a trade union.

synonyme [sinɔnim] a syno-

nymous (*de*, with) ● *m*
synonym.
syntaxe [sɛ̃taks] *f* syntax.
synthèse [sɛ̃tɛz] *f* synthesis.
synthétique [-etik] *a*
synthetic.

syphilis [sifilis] *f* syphilis.

syphilitique [-itik] *a* syphilitic.

système [sistem] *m* system ||
device (mécanisme).

t

t [te] *m*.
ta [ta] *a poss* → TON.
tabac [taba] *m* tobacco; *marchand de* ∼, tobacconist.
table 1 [tabl] *f* table; ∼ *rou-
lante*, trolley || *mettre la* ∼,
lay/set the table; *à* ∼!, dinner is served!
table 2 *f* : ∼ *des matières*,
table of contents || MATH.
table.
tableau [-o] *m* board; ∼
noir, blackboard || AUT. ∼ *de
bord*, dash-board || ARTS paint-
ing, picture.
tablette *f* shelf (rayon) || [cho-
colat] bar.
tablier *m* apron; [enfant]
pinafore.
tabouret [taburɛ] *m* stool.
tache [taʃ] *f* spot; [boue,
graisse] stain; [encre] blot || ∼
de rousseur, freckle.
tâche [taʃ] *f* task, job.
tacher [taʃe] *v* (1) stain || *se*
∼, soil one's clothes; [tissu]
stain.
tâcher [taʃe] *v* (1) try (*de*, to).
tact [takt] *m* tact; *plein de* ∼,
tactful; *sans* ∼, tactless.

taie [tɛ] *f* : ∼ *d'oreiller*, pil-
low-case/-slip.
taille [taj] *f* [vêtement] size;
quelle est votre ∼?, what
size do you take? || [hauteur]
height; *quelle est votre* ∼?,
how tall are you? || [ceinture]
waist.
taille-crayon *m inv* pencil-
sharpener.
tailler *v* (1) cut || prune (arbre);
trim, clip (barbe, haie); cut
(cheveux); sharpen (crayon).
tailleur *m* tailor (personne) ||
[costume] suit.
taire (se) [sɛtr] *v* (75) keep
silent; *taisez-vous!*, shut up,
be quiet.
talent [talɑ̃] *m* talent.
talon 1 *m* FIN. stub, counterfoil.
talon 2 *m* ANAT. heel.
talus [-y] *m* bank.
tambour [tɑbur] *m* MUS.
drum.
Tamise [tamiz] *f* Thames.
tamponner [tɑ̃pɔne] *v* (1) dab
(avec un coton) || stamp
(document) || RAIL. crash into.
tandis [tɑ̃di] *c* : ∼ *que*, while

(pendant que) ‖ whereas (au lieu que).

tanguer [-ge] v (1) pitch.

tant [tã] av : ∼ **de**, so much/many ‖ ∼ **mieux**!, so much the better! ; ∼ **pis**!, so much the worse!, never mind! ; too bad! ‖ ∼ **que**, as/so long as ‖ *en* ∼ *que*, as.

tante [-t] f aunt ‖ ARG. pansy (homosexuel).

tantôt 1 [-to] av FAM. this afternoon.

tantôt 2 av : tantôt ..., tantôt ..., now..., now ; sometimes ..., sometimes.

tape [tap] f slap ; pat (sur la joue).

taper v (1) beat ; knock (sur, on) ‖ ∼ *à la machine*, type ‖ FAM. ∼ *sur les nerfs de qqn*, get on sb's nerves.

tapis [-i] m carpet, rug ; ∼ **de sol**, ground-sheet.

tapis-brosse m door-mat.

tapisserie [-isri] f tapestry (murale) ‖ FAM. *faire* ∼, be a wall-flower.

tapissier, ère n upholsterer.

taquin, ine [takẽ, in] a teasing.

taquiner v (1) tease.

taquinerie [-ri] f teasing.

tard [tar] av late ; *il se fait* ∼, it is getting late ; *plus* ∼, later (on) ; *tôt ou* ∼, sooner or later ; *au plus* ∼, at the latest.

tarder [-de] v (1) : ∼ **à**, be long in ; *il ne* ∼*ra pas (à venir)*, he won't be long ; *sans* ∼, without delay.

tarif m tariff, price-list (catalogue) ‖ [abonnement, salaire, etc.] rates.

tarte [-t] f tart, flan.

tartine [-tin] f : ∼ (*de beurre*), slice of bread (and butter).

tartiner v (1) spread.

tas [tɑ] m heap, pile ; *mettre en* ∼, pile up ‖ FAM. *un* ∼ *de*, lots of.

tasse [-s] f cup ; (*grande*) ∼, mug ; ∼ *à thé*, tea-cup ; ∼ *de thé*, cup of tea.

tasser v (1) compress, squeeze, cram ‖ *se* ∼, crowd together, bunch up.

tâter [-te] v (1) feel.

tâtonner v (1) feel one's way, grope.

tâtons (à) loc av : *avancer* ∼, grope one's way along ; *chercher* ∼, feel for.

tatouage [tatwaʒ] m tattoo(ing).

tatouer v (1) tattoo.

taudis [todi] m hovel ‖ Pl slums.

taupe [top] f mole.

taupinière [-injɛr] f molehill.

taureau [toro] m bull.

taux [to] m rate.

taxe [taks] f tax ‖ ∼ *à la valeur ajoutée (TVA)*, value added tax (VAT).

taxer v (1) fix the price of ‖ FIN. put a tax on.

taxi m taxi, cab.

te [tə] pr → TU ‖ you ● pr réfléchi yourself.

té [te] m T-square.

technicien, ne [tɛknisjɛ̃] *n* technician.

technique *a* technical • *f* technique.

teindre [tɛ̃dr] *v* (59) dye (vêtement) ‖ *se* ~ (les cheveux), dye one's hair.

teint [tɛ̃] *m* complexion (du visage) ‖ [couleur] dye, colour; *bon/grand* ~, fast colour.

teinte *f* [-t] *f* colour, hue.

teinter *v* (1) tint.

teinture *f* dye ‖ MED. ~ *d'iode*, tincture of iodine.

teinturerie [-tyrri] *f* (dry-) cleaner's (shop).

teinturier, ère *n* cleaner.

tel, le [tɛl] *a* [ressemblance] such, like; *un* ~ *homme*, such a man; *un* ~ *courage*, such courage; ~ *que* : *un homme* ~ *que lui*, a man like him; ~ *quel*, such as it is ‖ [énumération] ~ *que*, such as, like • *pr* : *Un(e)* ~*(le)*, So-and-So.

télé [tele] *f* FAM. TV; *à la* ~, on the telly • *préf* télé-.

télécabine *f* cable-car.

télécommande *f* remote control.

télécommunications *fpl* telecommunications.

télédistribution *f* cable TV.

télégramme *m* telegram.

télégraphe [-graf] *m* telegraph.

télégraphie *f* telegraphy.

télégraphier *v* (1) wire, cable, telegraph.

téléguider *v* (1) radio-control.

télémètre *m* range-finder.

téléobjectif *m* telephoto lens.

télépathie [-pati] *f* telepathy.

téléphérique [-ferik] *m* cable-way, ropeway.

téléphone [-fɔn] *m* telephone; phone (coll.); *avoir le* ~, be on the phone ‖ *coup de* ~, telephone call ‖ *donner un coup de* ~ *à qqn*, give sb a ring; ~ *intérieur*, intercom.

téléphoner *v* (1) telephone; phone (coll.) ~ *à*, ring/call up.

téléphoniste *n* (telephone) operator.

télescope [telɛskɔp] *m* telescope.

téléspectateur, trice [tele-] *n* viewer.

télétype *m* teleprinter.

téléviser *v* (1) televise, telecast.

télévision *f* television; T V (coll.).

telle [tɛl] → TEL.

tellement *av* [degré] so, to such a degree; all that ‖ [quantité] so much.

témoignage [temwaɲaʒ] *m* evidence ‖ token (cadeau, souvenir).

témoigner *v* (1) give evidence ‖ FIG. show (gratitude); express (sentiment).

témoin [-wɛ̃] *m* witness; *être* ~ *de*, witness.

tempe [tɑ̃p] *f* MED. temple.

tempérament 1 [-eramɑ̃] *m* temperament, constitution.

tempérament 2 *m* : *acheter à* ~, buy on the hire-purchase system.

température *f* temperature ‖ MÉD. *faire de la* ∼, have a temperature.

tempête [-ɛt] *f* storm, gale ; ∼ *de neige*, blizzard.

temple [-l] *m* temple.

temporaire [-ɔrɛr] *a* temporary ; provisional (pouvoir) ‖ *faire du travail* ∼, temp.

temporairement *av* temporarily.

temps 1 [tɑ̃] *m* [durée] time ; *nous avons tout le* ∼, we've got plenty of time ; *il y a quelque* ∼, some time ago ; *en un rien de* ∼, in no time ; *prendre du* ∼, take time ; *prenez votre* ∼, don't hurry ; *depuis combien de* ∼ *êtes-vous ici ?*, how long have you been here ? ‖ [durée limitée] *pendant ce* ∼, meantime, meanwhile ‖ GRAMM. tense ‖ TECHN. *moteur à deux* ∼, two-stroke ● *loc* : *à* ∼, in time ; *en même* ∼, at the same time, at once ; *de* ∼ *à autre*, *de* ∼ *en* ∼, from time to time ; *à* ∼ *partiel*, part-time.

temps 2 *m* [météo] weather ; *beau/mauvais* ∼, nice/bad weather ; *quel* ∼ *fait-il ?*, what's the weather like ?

tenaille(s) [tənaj] *f* (*pl*) pincers.

tenant, e *a* attached (col) ● *n* SP. [record] holder.

tendance [tɑ̃dɑ̃s] *f* tendency, trend.

tendeur *m* [tente] guy(-rope).

tendre 1 [-r] *v* (4) stretch, tighten (corde) ; bend (arc) ; set (piège) ‖ *porter en avant*] hold out (main) ‖ ∼ *à*, tend to.

tendre 2 *a* soft (pierre) ; delicate (peau) ; tender (viande) ‖ FIG. tender (cœur) ; loving (regard) ; fond (ami).

tendrement [-əmɑ̃] *av* tenderly, fondly, lovingly.

tendresse *f* tenderness, fondness.

tendu, e → TENDRE 1 ● *a* tight (corde).

tenir [tənir] *v* (101) hold ; keep (maintenir) ‖ stand (rester debout) ‖ hold (résister) ; ∼ *bon*, hold one's own ‖ keep (maison) ‖ ∼ *de la place*, take up room ‖ [être contenu] hold ‖ COMM. keep (article, hôtel) ‖ AUT. hold (route) ; ∼ *sa droite*, keep (to the) right ‖ FIG. keep (promesse) ; consider (qqn pour, sb as) ‖ FAM. *je ne tiens plus debout*, I'm ready to drop ; ∼ *à*, value, care about ; ∼ *à faire*, be anxious to do ; ∼ *de*, take after (ressembler) ‖ *tenez !*, *tiens !*, look here ! ; here you are ! (prenez) ‖ *se* ∼ : ∼ *debout*, stand ; ∼ *à l'écart*, keep away ; ∼ *tranquille*, keep quiet ‖ behave (bien/mal, well/badly) ; *tiens-toi bien !*, behave yourself ! ‖ *se* ∼ *à*, hold on to (se cramponner).

tennis [tɛnis] *m* tennis ; ∼ *couvert*, indoor tennis ; ∼ *de table*, table-tennis ; *jouer au/faire du* ∼, play tennis.

tennisman [-man] *m* tennis-player.

tension [tãsjɔ̃] *f* [corde] tension ‖ MED. ~ artérielle, blood-pressure ‖ ELECTR. voltage ; *sous* ~, live (ligne).

tentant, e [tãtã] *a* tempting, inviting.

tentation *f* temptation.

tentative *f* attempt, endeavour ; bid.

tente *f* tent ; *dresser la* ~, pitch the tent.

tenter 1 *v* (1) [essayer] attempt, try (*de*, to).

tenter 2 *v* (1) [attirer] tempt.

tenu, e [təny] *a* : *bien* ~, well kept ; tidy, neat (chambre) • → TENIR.

tenue *f* dress (habillement) ; ~ *de soirée*, evening dress ‖ FIG. (good) behaviour.

terme 1 [tɛrm] *m* time limit ; *mettre un* ~ *à*, put an end to ‖ [loyer] (loyer).

terme 2 *m* term (mot) ‖ *Pl* : *être en bons/mauvais* ~*s avec*, be on good/bad terms with.

terminaison [-inɛzɔ̃] *f* GRAMM. ending.

terminal, e, aux *a* terminal ● *m* [ordinateur] terminal.

terminé, e *a* at an end, complete.

terminer *v* (1) end, finish, complete ‖ *se* ~, end, come to an end.

terminus [-ys] *m* terminus, terminal.

terne [tɛrn] *a* dull (couleur) ‖ FIG. dull, lifeless.

terrain [tɛrɛ̃] *m* [propriété] piece of land ; ~ *à bâtir*, building site ; ~ *vague*, waste ground ‖ SP. ground, field ; ~ *de camping*, camp site ; ~ *de golf*, golf-course.

terrasse [-as] *f* terrace.

terre *f* earth (planète) ‖ land (continent) ‖ ground (sol) ; *par* ~, on the ground/floor ‖ earth (matière) ; ~ *glaise*, earthen ‖ NAUT. *descendre à* ~, land, go ashore ‖ ELECTR. earth ; *mettre à la* ~, earth.

terreau [-o] *m* mould.

terreur *f* terror.

terrible *a* terrible, dreadful.

terrier *m* hole, burrow.

terrifiant, e [-ifjã] *a* terrifying, frightening.

terrifier *v* (1) terrify, frighten.

territoire [-itwar] *m* territory.

terroriser [-ɔrize] *v* (1) terrorize.

terrorisme *m* terrorism.

terroriste *n* terrorist.

tes [te] *a poss* → TON.

test [tɛst] *m* test ; *faire passer un* ~ *à qqn*, give sb a test ; *passer un* ~, take a test.

testament [-amã] *m* will.

tête [tɛt] *f* head ; *la* ~ *la première*, headfirst ‖ FIG. head ; *à* ~ *reposée*, at one's leisure ; *prendre la* ~, take the lead.

tête-à-queue *m inv* : *faire un* ~, skid right round.

tête-de-mort *f* death's head.

téter [tete] *v* (5) suck ; *donner à* ~, suckle.

tétine [-in] *f* [biberon] teat.

têtu, e [tety] *a* stubborn, mulish.

texte [tɛkst] *m* text.

textile [-il] *a/m* textile.

thé [te] *m* tea (boisson, repas) ‖ tea-party (réunion).

théâtre [-atr] *m* theatre ; stage (scène) ‖ *pièce de* ~, play.

théière *f* tea-pot.

thème [tɛm] *m* theme ‖ prose (traduction).

théorie [teɔri] *f* theory ; *en* ~, in theory.

théorique *a* theoretical, on paper.

théoriquement *av* theoretically.

thermal, e, aux [tɛrmal, o] *a :* *cure* ~e, water-cure ; *station* ~e, spa.

thermomètre [-ɔmɛtr] *m* thermometer.

Thermos [-os] *m/f :* *(bouteille)* ~, thermos(-flask), vacuum-flask.

thon [tɔ̃] *m* tunny (fish).

thym [tɛ̃] *m* thyme.

tibia [tibja] *m* shinbone.

tic [tik] *m* tic.

ticket [-ɛ] *m* ticket ; ~ *de quai*, platform ticket ‖ ARG. *avoir le* ~ *avec qqn*, make a hit with sb.

tic-tac [-tak] *m inv* tick(ing).

tiède [tjɛd] *a* tepid, lukewarm (liquide) ; mild (air).

tiédir [tjedir] *v* (2) become tepid ; *faire* ~, warm up.

tien, ne [tjɛ̃, ɛn] *pr poss : le* ~, *la* ~*ne*, *les* ~*s*, *les* ~*nes*, yours.

tiens ! *interj* → TENIR.

tiers [tjɛr] *m* third.

Tiers Monde *m* Third World.

tige [tiʒ] *f* BOT. stem, stalk.

tigre [tigr] *m* tiger.

tigresse *f* tigress.

timbre 1 [tɛ̃br] *m :* ~ *(-poste)*, (postage) stamp ; ~ *neuf/oblitéré*, new/used stamp ‖ post-mark (oblitération).

timbre 2 *m* (bicyclette) bell.

timbrer *v* (1) stamp (affranchir) ‖ postmark (oblitérer).

timide [timid] *a* shy.

timidité *f* shyness, timidity.

tinter [tɛ̃te] *v* (1) [cloche, oreilles] ring ; [clochette] jingle ; [verre] clink.

tir [tir] *m* shooting ‖ shooting-gallery (baraque foraine) ; ~ *à l'arc*, archery.

tirage *m* pull(ing), drawing / [cheminée] draught ‖ TECHN. print(ing) ‖ PHOT. print ‖ FIG. ~ *au sort*, drawing of lots.

tire-bouchon *m* cork-screw.

tirelire [-lir] *f* money-box.

tirer *v* (1) pull ‖ [cheminée] draw ‖ draw (ligne, rideau, vin) ‖ [avec arme à feu] fire (coup de feu) ; shoot (*sur*, at) ‖ ~ *sur*, pull at ; puff at (cigarette) ‖ TECHN. print (imprimer) ; run off (polycopier) ‖ PHOT. print (négatif) ‖ FIN. draw (argent) ; ~ *un chèque de £ 10 sur la Banque X*, make out a cheque for £ 10 on the X Bank ; ~ *à découvert*, overdraw ‖ FIG. ~ *les cartes à qqn*, read sb's cards ; ~ *le meil-*

leur parti de qqch, make the best/most of sth ‖ *se* ~, extricate o.s. (*de*, from); *se d'affaire*, get out of a difficulty; *s'en* ~, manage, pull through; get off.

tiret [-ɛ] *m* dash.

tireur *m* [chèque] drawer.

tireuse *f* : ~ *de cartes*, fortune-teller.

tiroir *m* drawer.

tisane [tizan] *f* infusion.

tisonnier [-ɔnje] *m* poker.

tissage [tisaʒ] *m* weaving.

tisser *v* (1) weave.

tisserand [-rɑ̃] *m* weaver.

tissu *m* material; fabric, cloth.

titre 1 [titr] *m* title; [journal] headline.

titre 2 *m* title (dignité) ‖ *Pl* qualifications.

tituber [titybe] *v* (1) stagger.

titulaire [-lɛr] *n* [passeport] bearer.

toast [tost] *m* : CULIN. *un* ~, a piece of toast ‖ *Pl* toast ‖ FIG. *porter un* ~ *à qqn*, drink (a toast) to sb.

toboggan [tɔbɔgɑ̃] *m* [jeu] slide.

toi [twa] *pr pers* → TU ‖ you; *c'est* ~, it's you; *à* ~, yours ‖ *~-même*, yourself.

toile [-l] *f* cloth; linen (fine); canvas (grossière); ~ *à laver*, floor-cloth ‖ ~ *d'araignée*, cobweb.

toilette *f* wash(ing), dressing (action); *faire sa* ~, wash

‖ *Pl* lavatory, toilet (W.-C.); [dames] powder-room.

toit [twa] *m* roof ‖ AUT. ~ *ouvrant*, slide-roof.

tôle [tol] *f* sheet-iron; ~ *ondulée*, corrugated iron.

tolérer [tɔlere] *v* (1) tolerate; put up with (qqn).

tomate [tɔmat] *f* tomato.

tombe [tɔ̃b] *f* tomb, grave.

tombée *f* : *à la* ~ *de la nuit*, at nightfall.

tomber *v* (1) fall (down) ‖ ~ *de fatigue*, be ready to drop ‖ ~ *de*, fall from; ~ *de cheval*, fall off a horse ‖ [bouton] come off (se détacher) ‖ [nuit] close in; *la nuit* ~*e*, it's getting dark ‖ [température, vent] drop ‖ [date] fall ‖ [invitation, etc.] ~ *le même jour que*, clash with ‖ MED. ~ *malade*, fall ill ‖ ~ *sur*, bump/run into ‖ *laisser* ~, let fall, drop ; FIG. fail (qqn) ‖ *faire* ~, knock down.

tombola [-ɔla] *f* raffle.

ton, ta, tes [tɔ̃, ta, te] *a poss* *m*/*f*/*pl* your.

ton *m* tone; shade.

tonalité [tɔnalite] *f* tone ‖ TEL. ~ (*d'appel*), dialling tone.

tondeuse [tɔ̃døz] *f* [cheveux] clipper(s) ‖ ~ (*à gazon*), lawn-mower.

tondre [-dr] *v* (4) crop (cheveux); mow (pelouse).

tonne [tɔn] *f* ton.

tonneau [-o] *m* cask, barrel.

tonner *v* (1) thunder.

tonnerre [-ɛr] *m* thunder; *coup de* ~, clap of thunder.

toqué, e [tɔke] *a* FAM. crazy.

torche [tɔrʃ] *f* torch ‖ ELECTR. (*lampe*) ~, torch.

torchon *m* dish-cloth (à vaisselle).

tordre [-dr] *v* (4) wring, twist ‖ FIG. *se* ~ *de rire*, split one's sides with laughter.

torréfier [tɔrefje] *v* (1) roast.

torrent *m* torrent.

tort [tɔr] *m* fault, error; *avoir* ~, be wrong; *être dans son* ~, be in the wrong; *donner* ~ *à qqn*, put the blame on, blame sb; *à* ~, unduly ‖ [*dommage*] wrong, damage; *faire (du)* ~ *à*, do sb harm, prejudice upon.

torticolis [-tikɔli] *m* stiff neck; *avoir le* ~, have a crick in the neck.

tortiller [-tije] *v* (1) : *se* ~, [*ventre*] wriggle.

tortue *f* tortoise; ~ *de mer*, turtle.

tortueux, euse [-tɥø] *a* winding, twisting (*rue*).

torture *f* torture.

torturer *v* (1) torture.

tôt [to] *av* early (de bonne heure); soon (bientôt); *le plus* ~ *possible*, as soon as possible; ~ *ou tard*, sooner or later.

total, e, aux [tɔtal, o] *a* total, whole ● *m* total; sum total; *au* ~, on the whole.

totalement *av* totally, utterly, entirely.

totalité *f* : *la* ~ *de*, the whole of.

touche [tuʃ] *f* [clavier] key ‖ SP. (*ligne de*) ~, touch-line; [*pêche*] bite ‖ FAM. *faire une* ~, click, make a hit (*avec*, with).

toucher *v* (1) touch, feel (tâter) ‖ [*hit* (atteindre) ‖ reach, contact (qqn) [*communiquer avec*] ‖ FIN. cash (chèque); draw (argent) ‖ FIG. touch, affect (émouvoir) ‖ ~ *à*, touch (qqch); be nearing (approcher de) ‖ *se* ~, touch; [maisons] adjoin ● *m* (sense of) touch.

touffu, e *a* thick (bois); leafy (arbre); bushy (barbe, sourcil).

toujours [-ʒur] *av* always; *pour* ~, for ever ‖ still (encore).

toupet [-pɛ] *m* FAM. cheek; *quel* ~ !, what a nerve !

toupie [-pi] *f* top.

tour 1 [tur] *f* tower ‖ [échecs] castle, rook ‖ AV. ~ *de contrôle*, control tower.

tour 2 *m* : *faire le* ~ *de*, go round ‖ *outing*, walk (à pied); *aller faire un* ~, go for a stroll/ride ‖ *turn* (de clef) ; ~ *de taille*, waist measurement ‖ [disque] 33 ~ *s* (*m sing*), L.P.; 45 ~ *s* (*m sing*), E.P., single.

tour 3 *m* ~ (d'adresse) trick; ~ *de cartes*, card trick ; *jouer un* ~ *à qqn*, play a trick on sb ; *un sale* ~, a mean trick.

tour 4 *m* turn ; *c'est à votre* ~, it's your turn ‖ [échecs] move.

tourbe [-b] *f* peat.

tourbillon [-bijɔ̃] *m* [eau] eddy.

tourbillonner *v* (1) whirl round.

tourisme *m* touring, tourism.

touriste *n* tourist, sightseer.

touristique *a* tourist; scenic (route).

tourmenter [-mɑ̃te] *v* (1): **se ~**, worry.

tournage [-naʒ] *m* CIN. shooting.

tournant *m* AUT. corner, bend; *prendre un ~*, take a corner.

tourné, e *a* off (lait).

tourne-disque [-nədisk] *m* record-player.

tournée *f* round ‖ FAM. *payer une ~*, stand a round (of drinks); *faire la ~ des bistrots*, go on a pub crawl.

tourner *v* (1) turn; *~ le dos*, turn one's back; *~ la tête*, look round; turn over (pages); *~ à gauche*, turn to the left; (circulation) *~ à la flèche*, filter ‖ [lait] sour, turn sour ‖ [vent] shift ‖ [moteur] *~ au ralenti*, tick over ‖ CIN. shoot (film) ‖ FIG. [chose] *~ mal*, come to grief; *la tête me ~e*, I feel giddy/dizzy ‖ **se ~**, turn (*vers*, to).

tournesol [-nəsɔl] *m* BOT. sunflower.

tournevis [-nəvis] *m* screwdriver.

tourte [-t] *f* pie.

tourterelle [-tərɛl] *f* turtle-dove.

tous [tu(s)] → TOUT.

Toussaint [tusɛ̃] *f* All Saints' Day.

tousser *v* (1) cough.

tout, e [tu, -t] (*Pl* **tous** [tu(s)], **toutes** [tut]) *a* all, whole; the whole of; everything; *~e l'Angleterre*, all England; *~e la journée*, the whole day, all day (long) ‖ any (n'importe lequel); *à ~e heure*, at any hour ‖ every (chaque); *~ le monde*, everybody ‖ *Pl* all, every; *de ~s côtés*, on all sides; *~s les hommes*, all men; *~s les jours*, everyday; *nous ~s*, all of us; *~s les deux jours*, every other day; *~s les trois jours*, every third day/three days; *~s les deux*, both • *pr* all, everything, anything; *c'est ~*, that's all; *après ~*, after all; *~ ce qui/que*, all that ‖ *Pl* all, everybody, everyone; *vous ~s*, all of you; *~ ensemble*, all together • *av* [complètement] quite, completely, altogether; *~ seul*, all alone; *~ près*, hard by; *~ contre le mur*, right against the wall ‖ *~ de suite*, right/straight away, at once ‖ *~ à coup*, suddenly ‖ *~ à fait*, quite, altogether ‖ *~ à l'heure*, presently (futur); just now (passé); *~ au plus*, at most • *m* : *le ~*, the whole, everything • *loc av* : **pas du ~**, not at all, not a bit; *rien du ~*, nothing at all ‖ *en ~*, altogether.

toutefois av yet, however.

toux [tu] f cough.

toxicomane [tɔksikɔman] n drug-addict.

toxique a/m toxic.

trac [trak] m nerves ; *avoir le ~*, feel nervous ‖ TH. stage fright.

tracas [-ka] m bother, worry.

tracasser [-se] v (1) : *se ~*, worry, bother.

trace [-s] f [pneu] track ; [gibier] scent, trail ; *être sur la ~ de qqn*, be on sb's track/trail ‖ [brûlure] mark, scar ; *laisser une ~*, leave a mark (sur, on).

tracer v (6) draw (dessiner).

tracteur [-ktœr] m tractor.

traction f : AUT. *~ avant*, front wheel drive.

tradition [tradisjɔ̃] f tradition.

traditionnel, le [-ɔnɛl] a traditional.

traducteur, trice [-dyktœr] n translator.

traduction f translation.

traduire [-dɥir] v (85) translate, turn (en, into).

trafic [-fik] m AUT. RAIL. traffic ‖ COMM. traffic.

trafiquant, e [-kɑ̃] n PEJ. trafficker.

trafiquer [-ke] v (1) traffic (de, in).

tragédie [-ʒedi] f tragedy.

tragique a tragic.

trahir [trair] v (2) betray (qqn) ‖ give away (secret).

train 1 [trɛ̃] m RAIL. train ; *~ couchettes*, sleeper ;

autos (couchettes), car-sleeper (train) ; *~ direct*, non-stop train ; *~ de marchandises*, goods train ; *~ omnibus*, slow train ; *~ de voyageurs*, passenger train.

train 2 m [allure] pace ; *à fond de ~*, at full speed ‖ *en ~ de*, in the act/process of ; *être en ~ de lire*, be reading.

traineau [trɛno] m sledge, sleigh.

trainer v (1) pull, drag ; haul (fardeau) ; trail (remorque) ‖ *~ les pieds*, shuffle ‖ [personne] lag (behind) ‖ [objets] lie about.

traire [trɛr] v (11) milk.

trait [trɛ] m line (pour souligner) ‖ *~ d'union*, hyphen ‖ [dessin] stroke ‖ Pl FIG. features (visage).

traite [-t] f FIN. draft.

traitement 1 m salary ; *toucher un ~*, draw a salary.

traitement 2 m treatment ‖ PHOT. processing ‖ MED. treatment ; *un ~*, a course of medicine ; *suivre un ~*, take a cure.

traiter v (1) : *~ (qqn)*, treat, deal with ; *bien/mal ~ qqn*, treat sb well/badly ‖ MED. treat (maladie, malade) ‖ *~ de*, treat of, deal with (qqch).

traiteur m caterer.

trajet [traʒɛ] m journey ; [auto] drive ; *pendant le ~*, on the way ‖ [autobus] ride, run.

tramway [tramwɛ] m tram (-car), US streetcar.

tranchant, e [trɑ̃ʃɑ̃] a sharp ● m (cutting) edge.

tranche f slice ; [viande] cut ; [bacon] rasher.

trancher v (1) cut (off) ; chop (off) || FIG. settle (difficulté).

tranquille [trãkil] a quiet, peaceful ; *laissez-moi ~*, leave me alone.

tranquillement av quietly.

tranquillisant [-izã] m MED. tranquillizer.

tranquilliser v (1) reassure, set sb's mind at rest (qqn).

trans- [trãs/z] préf trans-.

transat [-at] m FAM. deck-chair.

transatlantique a transatlantic • m liner.

transférer v (5) [-fere] transfer.

transformateur m ELECTR. transformer.

transformation f transformation || Pl [maison, vêtement] alteration.

transformer v (1) alter, transform ; convert, turn (en, into) || *se ~*, transform o.s. ; be converted, turn (en, into).

transi, e a : *~ (de froid)*, chilled (to the bone).

transistor [-istɔr] m transistor || RAD., FAM. transistor (radio).

transitif, ive [-itif, v] a transitive.

transition f transition.

translucide a translucent.

transmetteur [-mɛtœr] m RAD. transmitter.

transmettre v (64) forward (lettre) ; transmit (maladie, message) ; convey (ordre) || TEL. transmit || RAD. broadcast.

transmission f forwarding, conveying || RAD., AUT. transmission.

transparent, e [-parã] a transparent ; see-through (coll.).

transpiration [-pirasjõ] f perspiration ; *en ~*, in a sweat.

transpirer v (1) perspire, sweat.

transplanter v (1) transplant.

transport m transport(ation), conveyance || *moyen de ~*, (means of) transport.

transporter v (1) transport, convey, carry (qqch) || *~ d'urgence*, rush (qqn).

transporteur m carrier (entreprise).

trapu, e [trapy] a squat.

travail, aux [-vaj, o] m work, labour ; *au ~*, at work ; *de ~*, working (habits) || occupation, job ; *sans ~*, out of work || [école] *~ à la maison*, homework ; Pl : *~ aux pratiques*, practical exercises || Pl : *petits ~aux*, odd jobs.

travailler v (1) work ; *bien/mal ~*, make a good/bad job of it ; *aller ~*, go to work.

travailleur, euse a hardworking • n worker.

travailliste a labour ; *parti ~*, Labour Party.

travelling [-vliŋ] m CIN. tracking shot.

travers [travɛr] loc av : *au ~*,

through ; **de** ~ : avaler de ~, swallow the wrong way ; **en** ~, across, crosswise • **loc** p : à ~, through ; **au** ~ **de**, through.

traversée [-se] f NAUT. crossing.

traverser v (1) cross, go across ‖ go through (ville) ‖ faire ~ qqn, get sb across.

traversin m bolster.

trébucher [trebyʃe] v (1) stumble ; faire ~ qqn, trip sb up.

trèfle [trɛfl] m BOT. clover ‖ [Irlande] shamrock ‖ [cartes] club(s).

treize [trɛz] a/m thirteen.

treizième [-jɛm] a/n thirteenth.

tréma [trema] m dieresis.

tremblement [trãbləmã] m trembling, shaking ‖ ~ **de terre**, earthquake.

trembler v (1) tremble ‖ shake (violemment) ; ~ **de froid**, shiver with cold.

trempé, e [-pe] a : ~ jusqu'aux os, soaked to the skin.

tremper v (1) drench, soak ‖ faire ~, soak (linge) ‖ dip (plonger).

trempette f : FAM. faire ~, have a dip.

tremplin [-plɛ̃] m springboard.

trente [trãt] a/m thirty.

trépied [trepje] m tripod.

très [trɛ] av very, most [+ a.] ‖ very much, greatly, highly [+ p.p.] ‖ ~ bien !, very well !

trésor [trezɔr] m treasure.

trésorier, ère n treasurer.

tresse [trɛs] f [cheveux] plait.

tresser v (1) plait.

tréteau [treto] m trestle.

tri [tri], **triage** [-jaʒ] m sorting (out).

triangle [-jãgl] m triangle.

tribunal, aux [-bynal, o] m court.

tribune f SP. grandstand.

tricher [-ʃe] v (1) cheat.

tricheur, euse n cheat.

tricoter [-kɔte] v (1) knit.

trier [-je] v (1) sort (out).

trimaran [-marã] m trimaran.

trimer [-me] v (1) FAM. slave away.

trimestre [-mɛstr] m quarter ‖ [école] term.

trimestriel, le [-ijɛl] a quarterly ‖ [école] terminal.

trinquer [trɛ̃ke] v (1) clink glasses.

trio [trijo] m trio.

triomphal, e, aux [-jɔ̃fal, o] a triumphal.

triomphe m triumph.

triompher v (1) triumph ; ~ de, overcome.

tripes [-p] fpl tripe.

triphasé, e [-faze] a ELECTR. three-phase.

triste [-st] a sad, gloomy.

tristement av sadly.

tristesse f sadness.

troc [trɔk] m barter, swap.

trognon [trɔɲɔ̃] m [pomme] core.

trois [trwa] a/m three ; le ~ mai, the third of May.

troisième [-zjɛm] a/n third ‖ *gens du ~ âge*, senior citizens.

trolleybus [trɔlɛbys] m trolley-bus.

trombone [trɔ̃bɔn] m MUS. trombone ‖ FIG. paper-clip (agrafe).

trompe [trɔ̃p] f (éléphant) trunk.

tromper v (1) deceive ; *~ qqn*, play sb false ‖ betray, be unfaithful to ; cheat on (coll.) [sa femme] ‖ *se ~*, be mistaken, make a mistake ; *se ~ de chemin/train*, take the wrong way/train.

trompette f trumpet.

trompettiste n trumpeter.

trompeur, euse a misleading, deceitful.

tronc [trɔ̃] m ANAT., BOT. trunk.

tronçonneuse [-sɔnøz] f chain-saw.

trop [tro] av too, over- [+ a.] ‖ too [+ av.] ; *~ peu*, too little/few ; *~ loin*, too far ‖ too much [+ p.p.] ; *~ admiré*, too much admired ‖ too much [+ v.] ; *~ parler, parler ~*, talk too much ‖ *~ de* [+ n.], too much/many ; *~ d'eau*, too much water ; *~ de voitures*, too many cars ● *loc* : *de ~*, too much/many ; *un de ~*, one too many.

tropical, e, aux [trɔpikal, o] a tropical.

tropique [-ik] m tropic.

trop-plein m overflow.

troquer [trɔke] v (1) barter ; swap (coll.).

trot [tro] m trot.

trotter [-te] v (1) trot.

trotteuse f second hand (aiguille).

trottinette [-inɛt] f scooter.

trottoir m pavement, US sidewalk ‖ FAM. [prostituée] *faire le ~*, walk the streets.

trou [tru] m hole ; *faire un ~*, cut/wear a hole ‖ AV. *~ d'air*, air-pocket ‖ TECHN. *~ de la serrure*, keyhole ‖ FIG. hole (village) ; *~ de mémoire*, lapse of memory ; [emploi du temps] gap.

trouble [-bl] a cloudy (liquide) ; dim (vue) ● m confusion ‖ Pl POL. disturbances, troubles ; riots (émeutes).

troublé, e a upset, embarrassed, put out.

troubler v (1) cloud (up) [liquide] ‖ embarrass, upset, fluster (qqn) ‖ *se ~*, [liquide] become cloudy ; [vue] grow dim ; [personne] become flustered.

troué, e a in holes (chaussettes).

trouer v (1) make holes/a hole in ; wear holes in (vêtement).

troupe [-p] f troop.

troupeau [-po] m [moutons] flock ; [vaches] herd.

trousse [-s] f case ; pencil-case (d'écolier) ; *~ de toilette*, dressing-case.

trousseau [-so] m : *~ de clefs*, bunch of keys.

trouver [-ve] v (1) find ; ∼ *par hasard,* come upon ‖ **se** ∼, [personne] find o.s. (dans une situation) ; [chose] be found ; feel (se sentir) ; *se* ∼ *mal,* faint ● *impers* : *il se* ∼*e que,* it happens that.

truc [tryk] m trick, knack (tour de main).

trucage m CIN. (special) effects.

truffe [tryf] f BOT. truffle.

truite [tryit] f trout.

truquage [tryka3] = TRUCAGE.

tu [ty] pr [sujet] ; **te** [tə], **toi** [twa] pr [obj.] you.

tube [-b] m [verre] tube ; [métal] pipe ‖ ELECTR. ∼ *au néon,* (fluorescent) strip light ‖ FAM. hit (song), top of the pops.

tuer [tɥe] v (1) kill ‖ [chasseur] shoot ‖ **se** ∼, [accident] be killed ‖ [suicide] kill o.s.

tue-tête (à) [atytɛt] *loc av* at the top of one's voice.

tuile [tɥil] f tile.

tulipe [tylip] f tulip.

tumulte [tymylt] m uproar.

Tunisie [tynizi] f Tunisia.

tunisien, ne a/n Tunisian.

tunnel [tynɛl] m tunnel.

turbine [tyrbin] f turbine.

turboréacteur [-boreaktœr] m turbo-jet.

turbulent, e [-bylɑ̃] a boisterous (enfant).

turf [-f] m SP. turf.

turfiste n race-goer.

tuteur, trice [tytœr] n JUR. guardian.

tuyau [tɥijo] m pipe ‖ [pipe] stem ‖ ∼ *d'arrosage,* hose (-pipe) ; ∼ *d'écoulement,* drain-pipe (gouttière) ‖ FAM. [courses] tip.

type [tip] m type ‖ FAM. fellow, chap, US guy ; *un chic* ∼, a good sort.

typhon [tifɔ̃] m typhoon.

typique [tipik] a typical.

u

u [y] m.

ultraviolet [yltra-] a ultraviolet.

un, une [œ̃, yn] *art indéf* a (devant consonne, h aspiré), an (devant voyelle) ; ∼ *certain M. X.,* one Mr. X ● *a numéral/ordinal* one ● *pr indéf* one ; ∼ *à* ∼, one by one, singly ; *encore* ∼, another ; ∼ *de vos*

amis, a friend of yours ; *l'*∼ *ou l'autre,* either ; *l'*∼ *et l'autre,* both ; *l'*∼ *après l'autre,* one after the other ; *l'*∼ *l'autre,* ∼ *les* ∼*s les autres,* one another, each other.

unanime [ynanim] a unanimous.

unanimement *av* unanimously.

uni, e [yni] a united ‖ plain (couleur) ‖ level, even (plat).

uniforme a/m uniform.

union [ynjɔ̃] f union ‖ marriage ‖ association (société).

unique [ynik] a only (enfant) ‖ unique (exceptionnel).

uniquement av only, solely.

unir v (2) unite ‖ combine (forces) ‖ [priest] marry, unite ‖ s'∼, unite, join forces (avec, with) ; marry (se marier).

unisexe a unisex.

unité f unity ‖ MATH. unit.

univers [-vɛr] m universe.

universel, le [-sɛl] a universal.

université [-site] f university.

uranium [yranjɔm] m uranium.

urbanisme [yrbanism] m town planning.

urgence [yrʒɑ̃s] f urgency ; d'∼, urgently ; cas d'∼, case of emergency.

urgent, e a urgent ‖ pressing (affaire).

uriner [yrine] v (1) pass water.

urticaire [yrtikɛr] f MED. hives.

usage [yzaʒ] m use ; à l'∼, with use ; d'un ∼ courant, in common use ‖ hors d'∼, worn out, useless ‖ [vêtement] faire de l'∼, wear well ‖ usage, custom (coutume) ‖ [langue] usage.

usagé, e a worn ‖ used, second-hand (d'occasion).

usager m user.

usé, e a worn out.

user v (1) wear away ‖ wear (out) [habits] ‖ ∼ de, make use of ‖ s'∼, [vêtement] wear out.

usine [-in] f factory, works, plant.

usité, e [-ite] a in common/current use.

ustensile [ystɑ̃sil] m : ∼ de cuisine, utensil.

usuel, le [yzɥɛl] a usual, in common use ; everyday (mot).

usure f wear (and tear).

ut [yt] m MUS. C.

utile [-il] a useful, handy ; être ∼ à qqch, serve (one's purpose), be of use for sth ; se rendre ∼, make o.s. useful.

utilisation f use.

utiliser v (1) use.

utilité f usefulness ; d'aucune ∼, of no use.

V

v [ve] m.

va [va] → ALLER ● interj : ça ∼!, all right! ‖ vas-y!, come on!

vacances [vakɑ̃s] fpl holidays, US vacation ; partir en ∼, go away on holiday ; prendre un mois de ∼, take a month's holiday ‖ [école] grandes ∼, summer holidays.

vacancier, ère n holiday-maker.

vacarme [-karm] m uproar, racket.

vaccin [-ksɛ̃] m vaccine.

vaccination [-ksinasjɔ̃] f vaccination.

vacciner v (1) vaccinate; se faire ~, get vaccinated (contre, against).

vache [-ʃ] f cow.

vague 1 [-g] f wave; surf (déferlante) ‖ FIG. ~ **de chaleur**, heat-wave; ~ **de froid**, cold spell.

vague 2 a vague, hazy (imprécis).

vaguement av vaguely.

vain, e [vɛ̃, ɛn] a vain (espoir); en ~, in vain.

vaincre [-kr] v (102) defeat; overcome (peur); surmount (obstacle).

vaincu, e [-ky] a defeated; s'avouer ~, admit defeat.

vainement av vainly, in vain.

vainqueur [-kœr] a victorious • m SP. winner.

vaisseau [vɛso] m NAUT. ship ‖ ASTR. ~ **spatial**, spaceship.

vaisselle [-sɛl] f dishes (à laver); washing-up (action); **laver/ faire la** ~, wash up.

valable [valabl] a valid (ticket, excuse).

valet [-ɛ] m [cartes] jack, knave.

valeur f value, worth; **de** ~, valuable; sans ~, worthless.

valide [-id] a fit (en bonne santé) ‖ valid (billet).

valise f (suit-)case; faire sa ~, pack (up).

vallée [vale] f valley.

valoir v (103) be worth (un prix); combien cela vaut-il ?, how much is it worth ? ‖ cela en vaut-il la peine ?, is it worth while ?; ce livre vaut-il la peine d'être lu ?, is this book worth reading ?; ça ne vaut rien, it's no good • impers : il vaut mieux, it is better to; il vaut/vaudrait mieux que nous restions, we had better stay ‖ **se** ~, be as good/bad as the other.

valse [-s] f waltz.

vanité [vanite] f vanity, conceit.

vaniteux, euse a vain, conceited.

vanter, e [vɑ̃te] v (1) praise ‖ **se** ~, boast, brag (de, of/about).

vapeur [vapœr] f steam.

vaporisateur [-porizatœr] m atomizer.

vaporiser v (1) spray.

varappe [-rap] f rock-climbing.

variable [-rjabl] a variable ‖ changeable, unsettled (temps).

varié, e a varied.

varier v (1) vary.

variété f variety ‖ Pl TH. variety show.

vase 1 [vaz] m vase (à fleurs).

vase 2 f slime (boue).

vaseline [vazlin] f vaseline.

vaste [vast] a vast, large.

vautrer (se) [savotre] v (1) sprawl; loll (dans un fauteuil).

va-vite (à la) *loc av* hurriedly.

veau [vo] *m* ZOOL. calf ‖ CULIN. veal.

vécu, e [veky] → VIVRE.

vedette 1 [vədɛt] *f* : CIN. ~ de cinéma, (film) star.

vedette 2 *f* NAUT. patrol-boat.

végétal, e, aux [veʒetal, o] *a* vegetable ● *m* plant.

végétarien, ne [-arjɛ̃, ɛn] *a/n* vegetarian.

végétation *f* vegetation.

véhicule [veikyl] *m* vehicle.

veille [vɛj] *f* eve, day before (jour précédent); la ~ au soir, the evening before; la ~ de Noël, Christmas Eve.

veiller *v* (1) be awake; sit/stay up (volontairement); faire ~ qqn, keep sb up ‖ ~ **à**, see to; ~ à ce que, take care that ‖ ~ **sur**, watch over, look after, mind.

veilleur *m* watchman.

veilleuse *f* night-light (lampe); pilot-light (flamme).

veine 1 *f* FAM. good luck; coup de ~, stroke of luck; avoir de la ~, be lucky; pas de ~!, hard luck/lines!

veine 2 *f* ANAT. vein.

vélo [velo] *m* FAM. (push-)bike.

vélomoteur *m* moped.

velours [vəlur] *m* velvet; ~ côtelé, corduroy.

vendange [vɑ̃dɑ̃ʒ] *f* grape-harvest.

vendanger *v* (7) gather (the) grapes.

vendeur, euse *n* shop-assistant; salesman, -woman, -girl.

vendre [-dr] *v* (4) sell (qqch à qqn, sb sth); **à** ~, for sale, to be sold; ~ *au détail*, retail ‖ **se** ~, [marchandises] sell, be sold.

vendredi [-drədi] *m* Friday; ~ *saint*, Good Friday.

vénéneux, euse [venenø] *a* poisonous.

vengeance [vɑ̃ʒɑ̃s] *f* vengeance, revenge.

venger *v* (7) avenge (qqn, affront) ‖ **se** ~, avenge o.s., be revenged (sur, on).

venimeux, euse [vənimø] *a* venomous (serpent).

venin *m* venom.

venir *v* (101) come ‖ ~ez me voir, come and see me; ~ez avec moi, come along with me ‖ ~ **à l'esprit**, cross one's mind; occur to (+ pr.) ‖ faire ~, send for (qqn), call in (médecin) ‖ **en** ~ **à** : où voulez-vous en ~?, what are you getting at? ‖ ~ **de**, come from; [passé récent] have just.

vent [vɑ̃] *m* wind; il fait du ~, it is windy; le ~ se lève, the wind is rising ‖ FIG. dans le ~, in; with it (sl.); trendy (robe) [coll.].

vente [-t] *f* sale; en ~, on sale; ~ **aux enchères**, auction-sale.

ventilateur [-tilatœr] *m* (electric) fan.

ventre [-tr] *m* stomach ; belly (coll.).

ver [vɛr] *m* worm ; ～ *luisant*, glow-worm ‖ *mangé aux* ～*s*, worm-eaten ‖ MED. ～ *solitaire*, tapeworm.

verbal, e, aux [-bal, o] *a* verbal.

verbe *m* GRAMM. verb.

verdâtre [-dɑtr] *a* greenish.

verdir *v* (2) turn green.

verdure *f* greenery (plantes).

véreux, euse [verø] *a* wormy (fruit).

verger [vɛrʒe] *m* orchard.

verglacé, e [-glase] *a* icy, frozen.

verglas [-glɑ] *m* black frost.

vérification [verifikasjɔ̃] *f* verification, check(ing).

vérifier *v* (1) verify ; check (upon) ‖ AUT. ～ *la pression*, check the air/pressure.

véritable [-tabl] *a* true (ami) ; real, genuine (authentique).

vérité *f* truth ; *dire la* ～, tell the truth.

verni, e [vɛrni] *a* : *souliers* ～*s*, patent-leather shoes.

vernir *v* (2) varnish (ongles, tableau).

vernis [-i] *m* varnish ; ～ *à ongles*, nail-varnish.

vernissage [-saʒ] *m* ARTS. preview.

verre [vɛr] *m* glass (matière) ; ～ *dépoli*, frosted glass ‖ glass (à boire) ; *offrir un* ～ *à qqn*, stand sb a drink ; *prendre un* ～, have a drink ‖ Pl : *porter*

des ～*s*, wear glasses ; ～*s de contact*, contact lenses.

verrou [-u] *m* bolt.

verrouiller [-uje] *v* (1) bolt.

verrue [-y] *f* wart.

vers 1 [vɛr] *m* [poésie] line ‖ Pl verse ; *en* ～, in verse.

vers 2 *p* [direction] toward(s), to ‖ [temps] towards, about ; ～ *deux heures*, about two.

verse (à) [avɛrs] *loc av* in torrents ; *il pleut à* ～, it's pouring.

versé, e *a* versed (dans, in).

versement [-əmɑ̃] *m* FIN. payment.

verser 1 *v* (1) FIN. pay.

verser 2 *v* (1) pour (out) (liquide) ; shed (larmes).

version *f* (traduction) translation ‖ CIN. version.

verso [-o] *m* back ; *voir au* ～, see overleaf.

vert, e [vɛr, t] *a* green ; unripe, green (fruit) ‖ FAM. *donner le feu* ～ *à qqn*, give sb the green light ● *m* green.

vertical, e, aux [-tikal, o] *a* vertical.

vertige [-tiʒ] *m* vertigo ; dizziness ; *avoir le* ～, feel giddy ; *donner le* ～, make giddy.

vertu [-ty] *f* virtue.

veste [vɛst] *f* jacket ; ～ *de sport*, sports-jacket.

vestiaire [-jɛr] *m* : SP. *individuel*, locker (armoire) ‖ TH. cloak-room ; *mettre au* ～, leave in the cloakroom, US check.

vestibule [-ibyl] *m* hall.

veston m jacket.

vêtement [vɛtmã] m garment ‖ Pl clothes, clothing ; **~s** de travail, working clothes.

vétérinaire [veterinɛr] n vet.

vêtu, e [vɛty] a dressed.

veuf, veuve [vœf, -œv] a widowed ● n widower, widow.

vexer [vɛkse] v (1) offend, hurt ‖ se **~**, take offence, be hurt.

via [vja] p via.

viaduc [-dyk] m viaduct.

viande [vjãd] f meat.

vibraphone [vibrafɔn] m vibes (coll.).

vicaire [vikɛr] m curate.

vice [vis] m vice.

vice versa [-s(e)vɛrsa] loc av vice versa.

victime [viktim] f victim ‖ [accident] casualty.

victoire f victory ; remporter la **~**, win a victory.

victorieux, euse [-ɔrjø] a victorious.

vide [vid] a empty ‖ vacant (maison) ● m TECHN. vacuum ● loc : à **~**, empty.

vidéo [-eo] a/f video.

vide-ordures m inv refuse chute.

vider v (1) empty ; drain (récipient, verre) ; knock out (pipe) ‖ se **~**, empty.

vie [vi] f life ; en **~**, alive, living ; à **~**, pour la **~**, for life ‖ living (moyens d'existence) ; gagner sa **~**, earn one's living ; genre de **~**, way of life ; niveau de **~**, standard of living.

vieil [vjɛj] a → VIEUX.

vieillard [-ar] m old man.

vieille → VIEUX.

vieillesse f old age.

vieillir v (2) grow/get old.

vierge [vjɛrʒ] a/f virgin ‖ REL. la (Sainte) V**~**, the (Blessed) Virgin.

Viêt-nam [vjɛtnam] m Viet-Nam.

viet-namien, ne a/n Viet-Namese.

vieux, vieil, vieille [vjø, vjɛj] a old ; se faire **~**, grow old ; **~**le fille, old maid, spinster ; **~** jeu, old-fashioned ● n old person, old man/woman ; les **~**, old people ‖ FAM. mon **~**, old chap.

vif 1, vive [vif, viv] a alive (vivant) ● m : à **~**, raw (blessure).

vif 2, vive a lively (alerte) ‖ keen (désir, esprit) ‖ deep (intérêt) ‖ sharp, acute (douleur) ‖ bright, vivid (couleurs) ‖ biting (air) ‖ à **~**e allure, at a brisk pace, briskly.

vigne [viɲ] f vine.

vigneron, ne [-rõ, ɔn] n vine-grower.

vignette f AUT. car-licence.

vignoble [-ɔbl] m vineyard.

vigoureux, euse [vigurø] a vigorous ; sturdy, robust.

vil, e [vil] a vile (action) ; mean (personne) ‖ COMM. cheap (marchandises).

vilain, e [-ɛ̃, ɛn] a ugly (laid) ‖ naughty, bad (enfant) ‖ nasty (temps).

villa [vila] f villa ; cottage.

village m village.

ville f town; (grande) ~, city ; *en* ~, in town, US down-town.

vin [vɛ̃] m wine; ~ *blanc/mousseux/rosé/rouge*, white/sparkling/rosé/red wine.

vinaigre [vinɛgr] m vinegar.

vinaigrette f French dressing.

vingt [vɛ̃, t devant voyelle] a/m twenty.

vingtaine [-tɛn] f : *une* ~, about twenty, twenty or so ; *une* ~ *de*, a score of.

vingtième [-tjɛm] a/n twentieth.

viol [vjɔl] m rape.

violemment [-amɑ̃] av violently.

violence f violence; *acte de* ~, outrage.

violent, e a violent.

violer v (1) rape (femme).

violet, te [vjɔlɛ, t] a/m purple, violet • BOT. violet.

violon m violin; *jouer du* ~, play the violin; [orchestre] *premier* ~, leader ‖ FIG. ~ *d'Ingres*, hobby.

violoncelle [-ɔ̃sɛl] m cello.

violoncelliste m cellist.

violoniste [-ɔnist] n violinist.

vipère [vipɛr] f adder.

virage [viraʒ] m bend, curve ; ~ *en épingle à cheveux*, hairpin bend ‖ AUT. *prendre un* ~, (take a) corner.

virée f FAM. trip, run.

virement m FIN. transfer.

virer v (1) [véhicule] turn ‖ FIN. transfer.

virgule [-gyl] f GRAMM. comma ‖ MATH. (decimal) point.

virtuellement [-tɥɛlmɑ̃] av virtually.

virus [-ys] m virus.

vis [vis] f screw.

visa [viza] m [timbre] stamp ‖ [passeport] visa.

visage m face.

viser 1 v (1) [tireur] aim, take sight ‖ FIG. ~ *à*, aim at.

viser 2 v (1) visa (passeport) ‖ RAIL. stamp (billet).

viseur m PHOT. view-finder.

visible a visible.

visière f peak.

vision f vision, (eye-)sight (faculté) ‖ sight (fait de voir).

visionneuse [-jɔnøz] f viewer.

visite [-it] f visit, call (chez, at); *rendre* ~ *à qqn*, pay a visit to/call on sb ‖ [tourisme] ~ *des curiosités*, sightseeing ‖ [douane] inspection ‖ MED. ~ *médicale*, medical (coll.).

visiter v (1) [have a look round (lieu) ; see over (maison) ; *faire* ~ *une maison à qqn*, show sb over/round a house ; ~ *les curiosités*, see the sights, go sightseeing ‖ JUR. [douane] inspect.

visiteur, euse n caller, visitor ‖ sightseer (touriste).

vison m mink; *manteau de* ~, mink coat.

visser [vise] v (1) screw on (écrou).

visuel, le [vizɥɛl] a visual.

vital, e, aux [vital, o] a vital.

vitalité f vitality.

vitamine [-min] f vitamin.

vite av fast, quickly, swiftly ; *faites ~!*, hurry up!, look sharp !

vitesse f speed ; *à toute ~*, at full speed ‖ AUT. gear; *boîte de ~s*, gear-box ; *première ~*, low gear ; *changer de ~*, change gears.

vitrail, aux [-raj, o] m stained-glass window.

vitre f (window-)pane ; *~ de sécurité*, splinter-proof glass.

vitrier [-ije] m glazier.

vitrine [-in] f (boutique) (shop) window.

vivant, e [vivã] a living, alive ‖ FIG. lively.

vivats [-a] mpl cheers.

vive 1 → VIF.

vive 2 excl : *~ la reine !*, long live the Queen!, hurrah for the Queen!

vivement av quickly, sharply ‖ FIG. deeply.

vivifiant, e [-ifjã] a bracing, invigorating (climat).

vivre [-r] v (105) live; *~ à Paris*, live in Paris ; *~ au jour le jour*, live from hand to mouth ‖ *faire ~*, keep, maintain, support (famille) ● mpl provisions.

vlan [vlã] excl wham!, bang!

vocabulaire [vɔkabylɛr] m vocabulary.

vocal, e, aux [-l, o] a vocal.

vocation f vocation, calling.

vœu, x [vø] m vow, pledge (promesse) ‖ wish (souhait) ; *faire un ~*, make a wish ; *meilleurs ~x*, best wishes.

vogue [vɔg] f vogue, fashion ; *en ~*, in vogue, popular ; *c'est la grande ~*, it's all the rage.

voici [vwasi] p here is/are ; *le ~*, here he is ‖ [temps] → *dix ans que je ne l'ai vu*, I haven't seen him for ten years.

voie f way ; *route à quatre ~s*, four-lane highway ; *à ~ unique*, single-lane ‖ RAIL. *~ (ferrée)*, (railway) track.

voilà [-la] p there is/are ; *le ~ qui vient!*, there he comes ‖ [temps] → VOICI.

voile 1 f NAUT. sail ; *mettre à la ~*, set sail ‖ SP. sailing ; *faire de la ~*, go sailing.

voile 2 m veil ‖ PHOT. fog.

voilé, e a buckled (roue) ; warped (planche).

voilé 2, e a hazy (temps) ; dim (regard) ‖ PHOT. fogged.

voiler v (1) veil (visage) ‖ dim (lumière) ‖ PHOT. fog ‖ *se ~*, [ciel] cloud over.

voilier m sailing-boat.

voir [-r] v (106) see (percevoir) ‖ watch (observer) ‖ witness (être témoin de) ‖ examine (examiner) ‖ *aller ~ qqn*, go and see/visit sb ; *passer ~ qqn*, come round and see sb ; *venez me ~*, come and see me ‖ *venir ~*, wait and see ‖ *faire ~*, show ‖ *laisser ~*, reveal, show ‖ FIG. see, imagine (concevoir) ;

façon de ~, outlook ‖ *n'avoir rien à* ~ *avec*, have nothing to do with ‖ FAM. [enfants] *en faire* ~ *à qqn*, play sb up ‖ *se* ~, [réciproque] see each other ; [passif] show.

voisin, e [-zɛ̃, in] *a* neighbouring, next door ● *n* neighbour.

voisinage *m* neighbourhood ; *de bon* ~, neighbourly.

voiture *f* carriage ; ~ *à bras/cheval*, cart ; ~ *d'enfant*, pram ‖ AUT. (motor-)car ; ~ *de sport*, sports-car ; *aller en* ~ *à*, drive to ‖ RAIL. carriage, coach ; ~-*lit*, sleeping-car.

voix [vwa] *f* voice ; *à* ~ *basse/haute*, in a low/loud voice ; *de vive* ~, viva voce, by word of mouth ‖ CIN. ~ *hors-champ/off*, voice over ‖ JUR. vote ; *mettre aux* ~, put to the vote ‖ GRAMM. voice.

vol 1 [vɔl] *m* [oiseau], Av. flight ; ~ *sans escale*, non-stop flight ‖ SP. ~ *libre*, hang-gliding ; ~ *à voile*, gliding ● *loc* : *à* ~ *d'oiseau*, as the crow flies ‖ → VUE.

vol 2 *m* theft, robbery.

volaille [-aj] *f* poultry (collectif) ; *une* ~, a fowl.

volant *m* [badminton] shuttle-cock ‖ AUT. steering wheel.

volcan [-kɑ̃] *m* volcano.

volée [-] *f* [coups] volley ‖ [tennis] volley ; *de* ~, on the volley.

voler 1 *v* (1) [oiseau], Av. ·fly ‖ *faire* ~, fly (cerf-volant).

voler 2 *v* (1) steal (qqch) ; rob (qqn) ; ~ *qqch à qqn*, steal sth from sb, rob sb of sth ‖ FAM. cheat (rouler).

volet [-ɛ] *m* shutter.

voleur, euse *n* thief ; robber (avec agression) ; burglar (cambrioleur) ; *au* ~*!*, stop thief !

volière *f* aviary.

volontaire [-ɔ̃tɛr] *a* voluntary ‖ strongminded (caractère) ● *n* volunteer ; *être* ~, volunteer.

volontairement *av* voluntarily ; wilfully, purposely (exprès).

volonté *f* will(-power) ; *bonne* ~, good will ● *loc av* : *à* ~, at will.

volontiers [-ɔ̃tje] *av* gladly, with pleasure.

volt [-t] *m* volt.

voltage *m* voltage.

voltmètre *m* voltmeter.

volume [-ym] *m* volume (livre, quantité).

volupté [-ypte] *f* sensual delight.

voluptueux, euse [-yptɥø] *a* voluptuous.

vomir [vɔmir] *v* (2) vomit, be sick, bring up ; *avoir envie de* ~, feel sick.

vote [vɔt] *m* vote.

voter *v* (1) vote ; ~ *à main levée*, vote by a show of hand.

votre [vɔtr], **vos** [vo] *a poss* your.

vôtre [votr] *pr poss* : *le/la* ~, *les* ~, yours ‖ FAM. *à la* ~*!*, cheers !

vouloir [vulwar] *v* (107) want ; *je veux le faire*, I want to do it ; *je veux qu'il le fasse*, I want him to do it ‖ (*désirer*) *je veux vous dire un mot*, I wish to say a word to you ; *je voudrais être riche*, I wish I were rich ; *la voiture n'a pas ~u partir*, the car wouldn't start ‖ intend, mean (*avoir l'intention de*) ; *sans le ~*, unwittingly ; *~ dire*, mean (to say) ‖ try (*essayer*) ‖ like (*aimer*) ; *comme vous voudrez*, as you like ‖ *~ du bien/mal à qqn*, wish sb well/ill ‖ *en ~ à qqn*, bear sb a grudge.

vous [vu] *pr* [sujet et obj.] you ; [obj. indir.] *à ~*, to you ; [possession] *à ~*, yours ‖ *~-même(s)*, yourself (-selves).

voyage [vwajaʒ] *m* journey ; trip (*court*) ; *partir en ~*, go on a journey ‖ *faire un ~*, make a journey ; *~ organisé*, package tour ; *~ de noces*, honeymoon ‖ *~ par mer*, voyage ‖ *Pl* travelling ; travel(s) [*à l'étranger*].

voyager *v* (7) travel, journey ‖ RAIL. *~ en 1ʳᵉ (classe)*, travel first class.

voyageur, euse *n* traveller ‖ [bateau, car, train] passenger ‖ COMM. *~ de commerce*, commercial traveller.

voyelle *f* vowel.

voyeur, euse *n* peeping Tom.

voyou [-u] *m* hooligan.

vrai, e [vrɛ] *a* true ‖ real, genuine (*authentique*) ● *m* : *le ~* the truth ● *loc v* : *à ~ dire*, *à dire ~*, as a matter of fact, to tell the truth.

vraiment *av* really, truly.

vue [vy] *f* (eye)sight (*sens*) ; *avoir mauvaise ~*, have poor sight ‖ sight (observation) ; *connaître qqn de ~*, know sb by sight ; *à première ~*, at first sight ‖ view, prospect, vista (perspective) ; *avoir sur*, overlook ; *~ à vol d'oiseau*, bird's eye view ‖ FAM. *à ~ de nez*, at a rough estimate ● *loc* : *en ~ de*, in order to, with a view to.

vulgaire [vylgɛr] *a* vulgar (grossier).

vulgariser [-arize] *v* (1) popularize (rendre accessible).

w [dubləve] *m*.

wagon [vagɔ̃] *m* RAIL. carriage, coach ; *~-lit*, sleeping-car ; *~ de marchandises*, goods truck ; *~ panoramique*, observation-car ; *~-restaurant*, dining-car.

wallon, ne [walɔ̃, ɔn] *a/n* Walloon.

water-closet(s) [watɛrklo-

zet] (FAM. **waters, w.-c.**) m
(pl) toilet, lavatory ; loo (coll.).

watt [wat] m watt.

western [wɛstɛrn] m CIN.
western.

x-y-z

x [iks] m : MED., PHYS.
rayon X, X-ray.

xénophobe [ksenɔfɔb] n
xenophobe.

xénophobie f xenophobia.

Xérès [k(s)erɛs] m sherry.

y 1 [igrɛk] m.

y 2 [i] av : j'~ *suis allé*, I went
there ; *il ~ a* → AVOIR ● *pour*
it ; *pensez-~*, think of it.

yacht [jɔt] m yacht.

yachting [-iŋ] m yachting,
sailing.

yachtman [-man] m yachtsman.

yaourt [jaurt] m yog(h)urt.

yeux [jø] → ŒIL.

yoga [jɔga] m yoga.

yogi [-i] m yogi.

z [zɛd] m.

Zaïre [zair] m Zaïre ; *habitant
du ~*, Zaïrean.

zèbre [zɛbr] m zebra.

zèle [zɛl] m zeal.

zélé, e [zele] a zealous.

zéro [zero] m zero, nought ;
10 degrés au-dessous de ~,
10 degrees of frost/below zero ;
~ heure, zero hour ‖ TEL. O ‖
SP. [football] nil ; [tennis] love
‖ FIG. *partir de ~*, start from
scratch.

zeste [zɛst] m [citron] peel.

zézayer [zezeje] v (9 b) lisp.

zigzag [zigzag] m zigzag.

zigzaguer [-ge] v (1) zigzag
(along).

zinc [zɛ̃g] m zinc ‖ FAM.
counter.

zodiaque [zɔdjak] m zodiac.

zone [zon] f zone ‖ ~ *bleue*,
[Londres] zone.

zoo [zo(o)] m zoo.

zoologie [-lɔʒi] f zoology.

zoom [zum] m PHOT., CIN.
zoom lens ; *faire un ~ avant/
arrière*, zoom in/out.

zut ! [zyt] *excl* FAM. dash it !

Other French conjugations

(see p. VIII for the 4 classes of regular verbs)

Abbreviations for tenses:

1 = present	}	
2 = imperfect	} indicative	
3 = past tense	}	
4 = future	}	
5 = present	} subjunctive	
6 = imperfect	}	
7 = conditional		
8 = imperative		

pr. p. = present participle

p. p. = past participle

5. Verbs, having a mute e or closed é in the last syllable but one of the present infinitive, change the mute e or closed é to open è before a mute syllable (except in 4 and 7) : *espérer, j'espère, il espéra, il espérerait.*

6. Verbs in *cer* take ç before endings in a, o : *perçais, perçons.*

7. Verbs in *ger* add e before endings in a, o : *mangeais, mangeons.*

8. a) Verbs in *eler, eter* double the l or t before a mute e : *j'appelle ; je jette.*
  b) The following verbs do not follow this rule and only take é : *acheter, congeler, déceler, dégeler, geler, haleter, modeler, peler, racheter.*

9. a) Verbs in *yer* change y into i before a mute e. They require a y and an i in the first two persons pl. of 2 and 5 : *ployer, je ploie, vous ployiez.*
  b) Verbs in *ayer* may keep the y or change it to an i before a mute e : *payer, je paie, je paye.*

10. Absoudre. 1 : *absous, absous, absout, absolvons.* 2 : *absolvais, absolvions.* 4 : *absoudrai, absoudrons.* 7 : *absoudrais, absoudrions.* 8 : *absous, absolvons, absolvez.* 5 : *absolve, absolvions.* pr. p. : *absolvant.* p. p. : *absous, absoute.* No 3, no 6.

11. Abstraire. 1 : *abstrais, abstrayons.* 2 : *abstrayais, abstrayions.* 4 : *abstrairai, abstrairons.* 7 : *abstrairais, abstrairions.* 8 : *abstrais, abstrayons, abstrayez.* 5 : *abstraie, abstrayions.* pr. p. : *abstrayant.* p. p. : *abstrait.* No 3, no 6.

13. Acquérir. 1 : *acquiers, acquérons.* 2 : *acquérais, acquérions.* 3 : *acquis, acquîmes.* 4 : *acquerrai, acquerrons.* 5 : *acquière, acquérions.* pr. p. : *acquérant.* p. p. : *acquis.*

15. Aller. 1 : *vais, vas, va, vont.* 2 : *allais, allait, allions, alliez, allaient.* 4 : *irai, iras, ira, irons, irez, iront.* 7 : *irais, irions.* 8 : *va, (vas-y), allons, allez.* 5 : *aille, ailles, aille, allions, alliez, aillent.* 6 : *allasse, allasses, allât, allassions, allassiez, allassent.* pr. p. : *allant.* p. p. : *allé.*

18. Asseoir. 1 : *assieds, asseyons, asseyent.* 2 : *asseyais, asseyions.* 3 : *assis, assîmes.* 4 : *assiérai, assiérons.* 7 : *assiérais, assiérions.* 8 : *assieds, asseyons.* 5 : *asseye, asseyions.* pr. p. : *asseyant.* p. p. : *assis.* In fig., 1 : *assois, assoyons.* 4 : *assoirai, assoirons.* 8 : *assois.* 5 : *assoie, assoyions.*

19. Avoir. 1 : *ai, as, a, avons, avez, ont.* 2 : *avais, avions, avaient.* 3 : *eus,* *eûmes*. 4 : *aurai, aurons*. 7 : *aurais, aurions*. 8 : *aie, ayons, ayez*. 5 : *aie, ayons*. 6 : *eusse, eussions*. pr. p. : *ayant*. p. p. : *eu*.

20. Battre. 1 : *bats, battons*. 2 : *battais, battions*. 3 : *battis, battîmes*. 4 : *battrai, battrons*. 7 : *battrais, battrions*. 8 : *bats, battons, battez*. 5 : *batte, battions*. 6 : *battisse, battît*. pr. p. : *battant*. p. p. : *battu*.

21. Boire. 1 : *bois, buvons, boivent*. 2 : *buvais, buvions*. 3 : *bus, but, bûmes*. 4 : *boirai, boirons*. 7 : *boirais, boirions*. 8 : *bois, buvons, buvez*. 5 : *boive, buvions*. 6 : *busse, bût*. pr. p. : *buvant*. p. p. : *bu*.

22. Bouillir. 1 : *bous, bous, bout, bouillons, bouillez, bouillent*. 2 : *bouillais, bouillions*. 3 : *bouillis, bouillîmes*. 4 : *bouillirai, bouillirons*. 7 : *bouillirais, bouillirions*. 5 : *bouille, bouillions*. 6 : *bouillisse*. pr. p. : *bouillant*. p. p. : *bouilli*.

23. Braire. Only used in the third pers. 1 : *brait, braient*. 4 : *braira, brairont*.

29. Conclure. 1 : *conclus, conclus, conclut, concluons, concluez, concluent*. 2 : *concluais, concluions*. 3 : *conclus, conclûmes*. 4 : *conclurai, conclurons*. 8 : *conclus, concluons, concluez*. 5 : *conclue, concluions*. 6 : *conclusse, conclût*. pr. p. : *concluant*. p. p. : *conclu*.

30. Confire. 1 : *confis, confisons*. 2 : *confisais*. 3 : *confis*. 4 : *confirai, confirons*. 7 : *confirais, confirions*. 8 : *confis, confisons, confisez*. 5 : *confise, confisions*. pr. p. : *confisant*. p. p. : *confit*.

31. Coudre. 1 : *couds, cousons*. 2 : *cousais, cousions*. 4 : *coudrai, coudrons*. 8 : *couds, cousons, cousez*. 5 : *couse, cousions*. pr. p. : *cousant*. p. p. : *cousu*.

32. Courir. 1 : *cours, courons*. 2 : *courais, courions*. 3 : *courus, courûmes*. 4 : *courrai, courrons*. 7 : *courrais, courrions*. 8 : *cours, courons, courez*. 5 : *coure, courions*. 6 : *courusse, courût*. pr. p. : *courant*. p. p. : *couru*.

33. Croire. 1 : *crois, croyons*. 2 : *croyais, croyions*. 3 : *crus, crûmes*. 4 : *croirai, croirons*. 7 : *croirais, croirions*. 8 : *crois, croyez*. 5 : *croie, croyions*. 6 : *crusse, crût*. pr. p. : *croyant*. p. p. : *cru*.

34. Croître. 1 : *crois, croîs, croît, croissons, croissez, croissent*. 2 : *croissais, croissions*. 3 : *crûs, crûmes*. 4 : *croîtrai, croîtrons*. 7 : *croîtrais, croîtrions*. 5 : *croisse, croissions*. 6 : *crûsse, crût, crussions*. pr. p. : *croissant*. p. p. : *crû, crue*.

35. Cueillir. 1 : *cueille, cueillons*. 2 : *cueillais, cueillions*. 3 : *cueillis, cueillîmes*. 4 : *cueillerai, cueillerons*. 7 : *cueillerais, cueillerions*. 8 : *cueille, cueillons, cueillez*. 5 : *cueille, cueillions*. 6 : *cueillisse, cueillît*. pr. p. : *cueillant*. p. p. : *cueilli*.

39. Devoir. 1 : *dois, devons, doivent*. 2 : *devais, devions*. 3 : *dus, dûmes*. 4 : *devrai, devrons*. 7 : *devrais, devrions*. 5 : *doive, devions*. 6 : *dusse, dût, dussions*. pr. p. : *devant*. p. p. : *dû, due, dus*.

40. Dire. 1 : *dis, disons*. 2 : *disais, disions*. 3 : *dis, dîmes, disent*. 4 : *dirai, dirons*. 7 : *dirais, dirions*. 8 : *dis, disons, dites*. 5 : *dise, disions*. 6 : *disse, dît*. pr. p. : *disant*. p. p. : *dit*.

41. Dormir. 1 : *dors, dormons*. 2 : *dormais, dormions*. 3 : *dormis, dormîmes*. 4 : *dormirai, dormirons*. 7 : *dormirais, dormirions*. 8 : *dors, dormons, dormez*. 5 : *dorme, dormions*. 6 : *dormisse, dormît*. pr. p. : *dormant*. p. p. : *dormi*.

43. Éclore. Only used in the third person. 1 : *éclôt, éclosent*. 4 : *éclora, écloront*. 7 : *éclorait, écloraient*. 5 : *éclose, éclosent*. pr. p. : *éclos*.

44. Écrire. 1 : *écris, écrivons.* 2 : *écrivais, écrivions.* 3 : *écrivis, écrivîmes.* 4 : *écrirai, écrirons.* 7 : *écrirais, écririons.* 8 : *écris, écrivons, écrivez.* 5 : *écrive, écrivions.* 6 : *écrivisse, écrivît.* pr. p. : *écrivant.* p. p. : *écrit.*

46. Envoyer. 1 : *envoie, envoyons.* 2 : *envoyais, envoyions.* 4 : *enverrai, enverrons.* 7 : *enverrais, enverrions.* 8 : *envoie, envoyons, envoyez.* 5 : *envoie, envoyions.* pr. p. : *envoyant.* p. p. : *envoyé.*

48. Être. 1 : *suis, es, est, sommes, êtes, sont.* 2 : *étais, étions.* 3 : *fus, fûmes.* 4 : *serai, serons.* 7 : *serais, serions.* 8 : *sois, soyons, soyez.* 5 : *sois, soyons.* 6 : *fusse, fût, fussions.* pr. p. : *étant.* p. p. : *été.* Été is invariable.

49. Faillir. Only used in the following tenses. 3 : *faillis, faillîmes.* 4 : *faudrai* (or) *faillirai.* 7 : *faudrais* (or) *faillirais.* pr. p. : *faillant.* p. p. : *failli.*

50. Faire. 1 : *fais, faisons, faites, font.* 2 : *faisais, faisions.* 3 : *fis, fîmes.* 4 : *ferai.* 7 : *ferais, ferions.* 8 : *fais, faisons, faites.* 5 : *fasse, fassions.* 6 : *fisse, fît, fissions.* pr. p. : *faisant.* p. p. : *fait.*

51. Falloir. Only used in third person. 1 : *faut.* 2 : *fallait.* 3 : *fallut.* 4 : *faudra.* 7 : *faudrait.* 5 : *faille.* 6 : *fallût.* P. p. : *fallu.*

53. Fleurir. 1 : *fleuris, fleurissons.* 2 : *fleurissais, fleurissions.* 3 : *fleuris, fleurîmes.* 4 : *fleurirai.* 7 : *fleurirais, fleuriraient.* 5 : *fleurisse, fleurissions.* 6 : *fleurisse, fleurît.* pr. p. : *fleurissant.* p. p. : *fleuri.* In the figurative meaning, note the 2 : *florissais,* and pr. p. : *florissant.*

55. Frire. Only used in the following tenses. 1 : *fris, fris, frit.* 4 : *frirai, frirons.* The verb *faire* is used with *frire* to supply the persons and tenses that are wanting : as *nous faisons frire.*

56. Fuir. 1 : *fuis, fuyons.* 2 : *fuyais, fuyions.* 3 : *fuis, fuîmes.* 4 : *fuirai.* 7 : *fuirais, fuirions.* 8 : *fuis, fuyons, fuyez.* 5 : *fuie, fuyions.* pr. p. : *fuyant.* p. p. : *fui.*

58. Haïr. 1 : *hais, haïssons.* 2 : *haïssais, haïssions.* 3 : *haïs, haïmes.* 4 : *haïrai, haïrons.* 7 : *haïrais, haïrions.* 5 : *haïsse, haïssions.* pr. p. : *haïssant.* p. p. : *haï.*

59. Joindre. 1 : *joins, joignons.* 2 : *joignais, joignions.* 3 : *joignis.* 4 : *joindrai.* 7 : *joindrais, joindrions.* 5 : *joigne, joignions.* pr. p. : *joignant.* p. p. : *joint.*

60. Lire. 1 : *lis, lisons.* 2 : *lisais, lisions.* 3 : *lus, lûmes.* 4 : *lirai, lirons.* 7 : *lirais, lirions.* 8 : *lis, lisons, lisez.* 5 : *lise, lisions.* 6 : *lusse, lût, lussions.* pr. p. : *lisant.* p. p. : *lu.*

61. Luire. 1 : *lui, luisons.* 2 : *luisais, luisions.* 4 : *luirai, luirons.* 7 : *luirais, luirions.* 5 : *luise, luisions.* pr. p. : *luisant.* p.p. : *lui.* No 3, no 6. The p. p. *lui* has no feminine.

62. Maudire. 1 : *maudis, maudit, maudissons, maudissez, maudissent.* 2 : *maudissais, maudissions.* 3 : *maudis, maudîmes.* 4 : *maudirai, maudirons.* 7 : *maudirais, maudirions.* 5 : *maudisse, maudissions.* 8 : *maudis, maudissons, maudissez.* pr. p. : *maudissant.* p. p. : *maudit.*

63. Médire is conjugated like *dire,* except 1 and 8 : *médisez.*

64. Mettre. 1 : *mets, mettons.* 2 : *mettais, mettions.* 3 : *mis, mîmes.* 4 : *mettrai.* 7 : *mettrais, mettrions.* 8 : *mets, mettons, mettez.* 5 : *mette.* 6 : *misse, mît, missions.* pr. p. : *mettant.* p. p. : *mis.*

65. Moudre. 1 : *mouds, moulons, moulez, moulent.* 2 : *moulais, moulions.* 3 : *moulus, moulûmes.* 4 : *moudrai, moudrons.* 7 : *moudrais, moudrions.* 8 :

mouds, moulons, moulez. 5 : moule, moulions. 6 : moulusse, moulût. pr. p. :
moulant. p. p. : moulu.

66. **Mourir**. 1 : meurs, meurs, meurt, mourons, mourez, meurent. 2 : mourais,
mourions. 3 : mourus, mourûmes. 4 : mourrai, mourrons. 7 : mourrais,
mourrions. 8 : meurs, mourons, mourez. 5 : meure, mourions. 6 : mourusse,
mourût. pr. p. : mourant. p. p. : mort.

67. **Mouvoir**. 1 : meus, meus, meut, mouvons, mouvez, meuvent. 2 : mouvais,
mouvions. 3 : mûs, mûmes. 4 : mouvrai, mouvrons. 7 : mouvrais, mouvrions.
8 : meus, mouvons, mouvez. 5 : meuve, mouvions. 6 : musse, mût. pr. p. :
mouvant. p. p. : mû (f. mue).

68. **Naître**. 1 : nais, nais, naît, naissons, naissez, naissent. 2 : naissais,
naissions. 3 : naquis, naquîmes. 4 : naîtrai, naîtrons. 7 : naîtrais,
naîtrions. 8 : nais, naissons, naissez. 5 : naisse, naissions. 6 : naquisse,
naquît. pr. p. : naissant. p. p. : né. The auxiliary is être.

69. **Nuire** is conjugated like luire. Note the 3 : nuisis, nuisîmes. 6 :
nuisisse, nuisît, nuisissions.

72. **Ouvrir**. 1 : outre, ouvrons. 2 : ouvrais, ouvrions. 3 : ouvris, ouvrîmes.
4 : ouvrirai, ouvrirons. 7 : ouvrirais, ouvririons. 8 : outre, ouvrons, ouvrez. 5 : outre,
ouvrions. 6 : ouvrisse, ouvrît. pr. p. : ouvrant. p. p. : ouvert.

74. **Paraître**. 1 : parais, paraissons. 2 : paraissais, paraissions. 3 : parus,
parûmes. 4 : paraîtrai, paraîtrons. 7 : paraîtrais, paraîtrions. 8 : parais,
paraissons, paraissez. 5 : paraisse, paraissions. 6 : parusse, parût,
parussions. pr. p. : paraissant. p. p. : paru.

75. **Plaire**. 1 : plais, plaisons. 2 : plaisais, plaisions. 3 : plus, plûmes. 4 :
plairai. 7 : plairais, plairions. 8 : plais, plaisons, plaisez. 5 : plaise,
plaisions. 6 : plusse, plût, plussions. pr. p. : plaisant. p. p. : plu.

76. **Pleuvoir**. Only used in the third person sg. 1 : pleut. 2 : pleuvait. 3 :
plut. 4 : pleuvra. 7 : pleuvrait. 5 : pleuve. 6 : plût. pr. p. : plu.

78. **Pourvoir**. 1 : pourvois, pourvoyons. 2 : pourvoyais, pourvoyions. 3 :
pourvus, pourvûmes. 4 : pourvoirai. 7 : pourvoirais, pourvoirions. 8 :
pourvois, pourvoyons, pourvoyez. 5 : pourvoie, pourvoyions. 6 : pourvusse,
pourvût, pourvussions. pr. p. : pourvoyant. p. p. : pourvu.

79. **Pouvoir**. 1 : peux (or) puis, peux, peut, pouvons, pouvez, peuvent. 2 :
pouvais, pouvions. 3 : pus, pûmes. 4 : pourrai, pourrons. 7 : pourrais,
pourrions. 5 : puisse, puissions. 6 : pusse, pût, pussions. pr. p. : pouvant.
p. p. : pu. No 8.

80. **Prendre**. 1 : prends, prenons. 2 : prenais, prenions. 3 : pris, prîmes. 4 :
prendrai, prendrons. 7 : prendrais, prendrions. 8 : prends, prenons, prenez.
5 : prenne, prenions. 6 : prise, prît, prissions. pr. p. : prenant. p. p. : pris.

82. **Prévoir** is conjugated like voir, except in 4 : prévoirai, prévoirons, and
7 : prévoirais, prévoirions.

83. **Promouvoir** is conjugated like mouvoir, but used especially in infinitive, compound tenses. p. p. promu and occasionally in 3 : promut,
promurent.

85. **Réduire**. 1 : réduis, réduisons. 2 : réduisais, réduisions. 3 : réduisis,
réduisîmes. 4 : réduirai, réduirons. 7 : réduirais, réduirions. 8 : réduis,
réduisons, réduisez. 5 : réduise, réduisions. 6 : réduisisse, réduisît. pr. p. :
réduisant. p. p. : réduit.

86. Repaître is conjugated like *paraître.*

87. Résoudre. 1 : *résous, résolvons.* 2 : *résolvais, résolvions.* 3 : *résolus, résolûmes.* 4 : *résoudrai, résoudrons.* 7 : *résoudrais, résoudrions.* 8 : *résous, résolvons, résolvez.* 5 : *résolve, résolvions.* 6 : *résolusse, résolût, résolussions.* pr. p. : *résolvant.* p. p. : *résolu.*

89. Rire. 1 : *ris, rions.* 2 : *riais, riions.* 3 : *ris, rîmes.* 4 : *rirai, rirons.* 7 : *rirais, ririons.* 8 : *ris, rions, riez.* 5 : *rie, riions.* 6 : *risse, rît, rissions.* pr. p. : *riant.* p. p. : *ri.*

90. Rompre : fourth conjugation, p. VIII.

92. Savoir. 1 : *sais, savons.* 2 : *savais, savions.* 3 : *sus, sûmes.* 4 : *saurai, saurons.* 7 : *saurais, saurions.* 8 : *sache, sachons, sachez.* 5 : *sache, sachions.* 6 : *susse, sût, sussions.* pr. p. : *sachant.* p. p. : *su.*

93. Sentir. 1 : *sens, sentons.* 2 : *sentais, sentions.* 3 : *sentis, sentîmes.* 4 : *sentirai, sentirons.* 7 : *sentirais, sentirions.* 8 : *sens, sentons, sentez.* 5 : *sente, sentions.* 6 : *sentisse, sentît, sent. pr. p. : *sentant.* p. p. : *senti.*

95. Servir. 1 : *sers, servons.* 2 : *servais, servions.* 3 : *servis, servîmes.* 4 : *servirai, servirons.* 7 : *servirais, servirions.* 8 : *sers, servons, servez.* 5 : *serve, servions.* 6 : *servisse, servît.* pr. p. : *servant.* p. p. : *servi.*

97. Suffire. 1 : *suffis, suffisons.* 2 : *suffisais, suffisions.* 3 : *suffis, suffîmes.* 4 : *suffirai, suffirons.* 7 : *suffirais, suffirions.* 8 : *suffis, suffisons, suffisez.* 5 : *suffise, suffisions.* 6 : *suffisse, suffit.* pr. p. : *suffisant.* p. p. : *suffi.*

98. Suivre. 1 : *suis, suivons.* 2 : *suivais, suivions.* 3 : *suivis, suivîmes.* 4 : *suivrai, suivrons.* 7 : *suivrais, suivrions.* 8 : *suis, suivons, suivez.* 5 : *suive, suivions.* 6 : *suivisse, suivît.* pr. p. : *suivant.* p. p. : *suivi.*

101. Tenir. 1 : *tiens, tenons.* 2 : *tenais, tenions.* 3 : *tins, tînmes.* 4 : *tiendrai, tiendrons.* 7 : *tiendrais, tiendrions.* 8 : *tiens, tenons, tenez.* 5 : *tienne, tenions.* 6 : *tinsse, tînt, tinssions.* pr. p. : *tenant.* p. p. : *tenu.*

102. Vaincre. 1 : *vaincs, vaincs, vainc, vainquons, vainquez, vainquent.* 2 : *vainquais, vainquions.* 3 : *vainquis, vainquîmes.* 4 : *vaincrai, vaincrons.* 7 : *vaincrais, vaincrions.* 8 : *vaincs, vainquons, vainquez.* 5 : *vainque, vainquions.* 6 : *vainquisse, vainquît.* pr. p. : *vainquant.* p. p. : *vaincu.*

103. Valoir. 1 : *vaux, vaux, vaut, valons, valez, valent.* 2 : *valais, valions.* 3 : *valus, valûmes.* 4 : *vaudrai, vaudrons.* 7 : *vaudrais, vaudrions.* 8 : *vaux, valons, valez.* 5 : *vaille, valions.* 6 : *valusse, valût, valussions.* pr. p. : *valant.* p. p. : *valu.*

104. Vêtir. 1 : *vêts, vêts, vêt, vêtons, vêtez, vêtent.* 2 : *vêtais, vêtions.* 3 : *vêtis, vêtîmes.* 4 : *vêtirai, vêtirons.* 7 : *vêtirais, vêtirions.* 8 : *vêts, vêtons, vêtez.* 5 : *vête, vêtions.* 6 : *vêtisse, vêtît.* pr. p. : *vêtant.* p. p. : *vêtu.*

105. Vivre. 1 : *vis, vis, vit, vivons, vivez, vivent.* 2 : *vivais, vivions.* 3 : *vécus, vécûmes.* 4 : *vivrai, vivrons.* 7 : *vivrais, vivrions.* 8 : *vis, vivons, vivez.* 5 : *vive, vivions.* 6 : *vécusse, vécût.* pr. p. : *vivant.* p. p. : *vécu.*

106. Voir. 1 : *vois, vois, voit, voyons, voyez, voient.* 2 : *voyais, voyions.* 3 : *vis, vîmes.* 4 : *verrai, verrons.* 7 : *verrais, verrions.* 8 : *vois, voyons, voyez.* 5 : *voie, voyions.* 6 : *visse, vît.* pr. p. : *voyant.* p. p. : *vu.*

107. Vouloir. 1 : *veux, veux, veut, voulons, voulez, veulent.* 2 : *voulais, voulions.* 3 : *voulus, voulûmes.* 4 : *voudrai, voudrons.* 7 : *voudrais, voudrions.* 8 : *veux, voulons, voulez* (or) *veuille, veuillons, veuillez.* 5 : *veuille, voulions.* 6 : *voulusse, voulût.* pr. p. : *voulant.* p. p. : *voulu.*

collection Adonis

english
french
dictionary

by Jean Mergault

Agrégé de l'Université
Maître-assistant
à l'université de Paris VII

completely
new version

Librairie Larousse
17, rue du Montparnasse
75006 Paris

Abréviations/Abbreviations

abbr.	abbreviation	*neg*, neg.	negative
a	adjective	obj.	object
art	article	*onom*	onomatopœia
aux	auxiliary	o.s.	oneself
av	adverb	*p*, p.	préposition
coll.	colloquial (familier, fam.)	p.	past
		pej.	pejorative
comp.	comparative	*pers*	personal
cond.	conditional	*pl*, pl.	plural
c	conjunction	*poss*	possessive
def	definite	p. p.	past participle
dem	demonstrative	pr. p.	present ''
dim.	diminutive	pr. t.	present tense
dir.	direct	*pref*	prefix
emph, emph.	emphatic	pr	pronoun
excl	exclamation/ive	pret.	preterite
f	feminine	p.t.	past tense
fig, fig.	figurative(ly)	[R]	registered trademark (marque déposée)
imp.	imperative		
impers, impers.	impersonal		
indef	indefinite	*reflex*	reflexive
indir.	indirect	*rel*, rel.	relative
infin.	infinitive	*s b*	somebody
interj.	interjection	*Sg, sing*, sing.	singular
interr.	interrogative	sl.	slang
inv	invariable	*sth*	something
lit, lit.	literally	subj.	subject
liter.	literary	*suff*	suffix
m	masculine	sup.	superlative
mod	modal	TV	television
n	noun (masculine or feminine)	*usu*	usually
		v, v.	verb

Transcription phonétique

æ	cat	ə	*a*gain	j	yes
ɑ:	far	ə:	bird	g	get
e	pen	ai	ice	w	war
i	sit	au	down	ʃ	show
i:	tea	ei	say	ʒ	pleasure
ɔ	box	ɛə	pair	ŋ	bring
ɔ:	call	iə	dear	θ	thin
u	book	ɔi	boy	ð	that
u:	blue	əu	no	tʃ	chip
ʌ	duck	uə	poor	dʒ	jam

● Les autres symboles ont la même valeur que dans l'écriture orthographique (le *h* dit aspiré étant soufflé). ● En anglais britannique, la lettre r ne se prononce que devant voyelle. La prononciation américaine fait entendre un r « rétroflexe ».

Prononciation des terminaisons anglaises courantes

-able	[-əbl]	-ess	[-is]	-like	[-laik]
-al	[-əl]	-est	[-əst]	-ly	[-li]
-an	[-ən]	-ful	[-f(u)l][1]	-man	[-mən]
-ance	[-əns]	-hood	[-hud]	-ment	[-mnt][2]
-ant	[-ənt]	-ian	[-iən]	-ness	[-nis]
-ary	[-əri]	-ible	[-ibl][2]	-our	[-ə]
-atic	[-'ætik]	-ic	[-ik][3]	-ous	[-əs]
-ation	[-'ei ʃn]	-ing	[-iŋ][4]	-ship	[-ʃip]
-cy	[-si]	-ish	[-i ʃ]	-some	[-səm]
-e	muet	-ism	[-izm][2]	-ster	[-stə]
-en	[-ən]	-ist	[-ist]	-tal	[-tl][2]
-ence	[-əns]	-ity	[-iti]	-tion	[- ʃn]
-ency	[-ənsi]	-ive	[-iv]	-ty	[-ti]
-ent	[-ənt]	-ize	[-aiz]	-ward(s)	[-wəd(z)]
-er	[-ə]	-less	[-lis]	-y	[-i][4]

1. Ou, le plus souvent, [-fl] ([l] syllabique). — 2. [l], [m], [n] syllabiques. — 3. Accent sur la pénultième. — 4. Précédé ou non d'une consonne redoublée.

Rubriques/Labels

AGR.	agriculture	LIT.	littéraire/literary
ANAT.	anatomie/anatomy	MATH.	mathématiques/-tics
ARCH.	architecture	MED.	médecine/medicine
ARG.	argot/slang	MIL.	militaire/military
ARTS	arts/arts	MUS.	musique/music
ASTR.	astronautique/-tics astronomie/-my	NAUT.	nautique/-tical, navy
AUT.	automobile/car	OPT.	optique/-tics
AV.	aviation	PEJ.	péjoratif/pejorative
BOT.	botanique/botany	PHOT.	photographie/-phy
CH.	chimie/chemistry	PHYS.	physique/physics
CIN.	cinéma/cinema	POL.	politique/politics
COLL.	colloquial/familier	RAD.	radio
COMM.	commerce/trade	RAIL.	chemin de fer/railway
CULIN.	art culinaire/cooking	REL.	religion
ELECTR.	électricité/-city électronique/-nics	SL.	argot/slang
		SP.	sports (games)
FAM.	familier/colloquial	TECHN.	technique/-ology
FIG.	figuré/figuratively	TEL.	télécommunications
FIN.	finances/finance	TH.	théâtre/theatre
FR.	France	TV	télévision
GB	Gde-Bretagne/Britain	US	usage américain/ chiefly American
GEOGR.	géographie/geography		
GRAMM.	grammaire/grammar	VULG.	vulgaire/vulgar
JUR.	jurisprudence, etc.	ZOOL.	zoologie/zoology

Verbes irréguliers anglais

[R = forme régulière].

arise	arose	arisen	eat	ate	eaten
awake	awoke, R	R, awoken	fall	fell	fallen
be	was	been	feed	fed	fed
bear	bore	borne	feel	felt	felt
beat	beat	beaten	fight	fought	fought
become	became	become	find	found	found
begin	began	begun	flee	fled	fled
behold	beheld	beheld	fling	flung	flung
bend	bent	bent	fly	flew	flown
bet	bet, R	bet, R	forbid	forbade	forbidden
bid	bid	bidden	forecast	forecast, R	forecast, R
bind	bound	bound	forget	forgot	forgotten
bite	bit	bitten	forgive	forgave	forgiven
bleed	bled	bled	freeze	froze	frozen
bless	R, blest	R, blest	get	got	got
U S gotten
blow	blew	blown			
break	broke	broken	gild	gilded	R, gilt
breed	bred	bred	gird	R, girt	R, girt
bring	brought	brought	give	gave	given
broadcast	broadcast	broadcast	go	went	gone
build	built	built	grind	ground	ground
burn	burnt, R	burnt, R	grow	grew	grown
burst	burst	burst	hang	hung, R	hung, R
buy	bought	bought	have	had	had
cast	cast	cast	hear	heard	heard
catch	caught	caught	hide	hid	hidden, hid
choose	chose	chosen	hit	hit	hit
cling	clung	clung	hold	held	held
come	came	come	hurt	hurt	hurt
cost	cost	cost	keep	kept	kept
creep	crept	crept	kneel	knelt	knelt
cut	cut	cut	knit	R, knit	R, knit
deal	dealt	dealt	know	knew	known
dig	dug	dug	lay	laid	laid
do	did	done	lead	led	led
draw	drew	drawn	lean	leant, R	leant, R
dream	dreamt, R	dreamt, R	leap	leapt, R	leapt, R
drink	drank	drunk	learn	learnt, R	learnt, R
drive	drove	driven	leave	left	left
dwell	dwelt, R	dwelt, R	lend	lent	lent

let	*let*	*let*	*spell*	*spelt, R*	*spelt, R*
lie	*lay*	*lain*	*spend*	*spent*	*spent*
light	*lit, R*	*lit, R*	*spill*	*spilt, R*	*spilt, R*
lose	*lost*	*lost*	*spin*	*spun, span*	*spun*
make	*made*	*made*	*spit*	*spat, spit*	*spat, spit*
mean	*meant*	*meant*	*split*	*split*	*split*
meet	*met*	*met*	*spoil*	*spoilt, R*	*spoilt, R*
mistake	*mistook*	*mistaken*	*spread*	*spread*	*spread*
mow	*mowed*	*mown, R*	*spring*	*sprang*	*sprung*
pay	*paid*	*paid*	*stand*	*stood*	*stood*
put	*put*	*put*	*steal*	*stole*	*stolen*
quit	*R, quit*	*R, quit*	*stick*	*stuck*	*stuck*
read	*read*	*read*	*sting*	*stung*	*stung*
rid	*rid, R*	*rid, R*	*stink*	*stank, stunk*	*stunk*
ride	*rode*	*ridden*	*strew*	*strewed*	*strewn, R*
ring	*rang*	*rung*	*stride*	*strode*	*stridden*
rise	*rose*	*risen*	*strike*	*struck*	*struck,*
run	*ran*	*run*			*(stricken)*
saw	*sawed*	*sawn, R*	*strive*	*strove*	*striven*
say	*said*	*said*	*swear*	*swore*	*sworn*
see	*saw*	*seen*	*sweep*	*swept*	*swept*
seek	*sought*	*sought*	*swell*	*swelled*	*swollen, R*
sell	*sold*	*sold*	*swim*	*swam*	*swum*
send	*sent*	*sent*	*swing*	*swung*	*swung*
set	*set*	*set*	*take*	*took*	*taken*
sew	*sewed*	*sewn, R*	*teach*	*taught*	*taught*
shake	*shook*	*shaken*	*tear*	*tore*	*torn*
shed	*shed*	*shed*	*tell*	*told*	*told*
shine	*shone, R*	*shone, R*	*think*	*thought*	*thought*
shoot	*shot*	*shot*	*thrive*	*throve, R*	*thriven, R*
show	*showed*	*shown*	*throw*	*threw*	*thrown*
shrink	*shrank,*	*shrunk,*	*tread*	*trod*	*trodden*
	shrunk	*(shrunken)*	*understand*	*understood*	*understood*
shut	*shut*	*shut*	*undo*	*undid*	*undone*
sing	*sang*	*sung*	*upset*	*upset*	*upset*
sink	*sank*	*sunk*	*wake*	*woke, R*	*woken, R*
sit	*sat*	*sat*	*wear*	*wore*	*worn*
sleep	*slept*	*slept*	*weave*	*wove*	*woven*
slide	*slid*	*slid*	*weep*	*wept*	*wept*
slit	*slit*	*slit*	*win*	*won*	*won*
smell	*smelt, R*	*smelt, R*	*wind*	*wound*	*wound*
sow	*sowed*	*sown, R*	*withdraw*	*withdrew*	*withdrawn*
speak	*spoke*	*spoken*	*wring*	*wrung*	*wrung*
speed	*sped, R*	*sped, R*	*write*	*wrote*	*written*

a

a [ei] *n* MUS. la *m* || A-1, de
première qualité || A-bomb,
bombe *f* atomique.

a [ei, ə], **an** [æn, ən] *indef art*
un, une; || *Mr. Smith*, un
certain M. Smith ● *p : twice a
day*, deux fois par jour; *50 p
an hour*, 50 pence l'heure.

aback [ə'bæk] *av : be taken
~*, être pris au dépourvu.

abbreviate [ə'brivieit] *v* abréger.

abbreviation *n* abréviation *f*.

abeyance [ə'beiəns] *n : in ~*,
en suspens/souffrance.

ability [ə'biliti] *n* aptitude *f*;
to the best of my ~, de mon
mieux.

ablaze [ə'bleiz] *a/av* en feu; *
set ~*, embraser.

able ['eibl] *a* capable; *be ~*,
pouvoir.

aboard [ə'bɔːd] *av* à bord; *
all ~!*, en voiture!

abort [ə'bɔːt] *v* (faire) avorter.

abortion *n* avortement *m*;
have an ~, avorter.

abound [ə'baund] *v* abonder.

about [ə'baut] *p* ici et là; *
walk ~ the town*, se promener
dans la ville; *près de; ~ here*,
par ici; *I haven't any money
~ me*, je n'ai pas d'argent sur
moi || au sujet de; *what is it
~?*, de quoi s'agit-il? || [sug-
gestion] *how/what ~ going to*

the pictures?, si on allait au
cinéma?; [inquiry] *what ~
you?*, et vous? || [busy] *what
are you ~?*, que faites-vous?;
~ to do, sur le point de faire
⟶ GO, SET ● *av* çà et là;
dans le voisinage; environ; *~
4 o'clock*, vers 4 heures || US =
AROUND; || BRING, COME ●
a : [active] is he ~ yet?, est-il
levé?; ⟶ UP.

above [ə'bʌv] *p* au-dessus de ||
~ all, surtout || au-delà de; en
amont de (river) ● *av* au-dessus.

abreast [ə'brest] *av* de front ||
keep ~ of, se tenir au courant
de.

abroad [ə'brɔːd] *av* à l'étran-
ger || de tous côtés.

abrupt [ə'brʌpt] *a* abrupt,
escarpé (steep) || brusque (sud-
den).

absent ['æbsnt] *a* absent
(*from*, de) ● [æb'sent] *v : ~
o.s.*, s'absenter (*from*, de).

absent-minded [-'maindid]
a distrait.

absent-mindedness *n* distraction *f*.

absolute ['æbsəluːt] *a* absolu,
total.

absolutely *av* absolument.

absorb [əb'sɔːb] *v* absorber ||
amortir (bump).

abstain [əbs'tein] *v* s'abstenir
(*from*, de).

abstemious [æb'sti:miəs] *a* sobre, abstinent.

abstract ['æbstrækt] *a* abstrait • *n* abrégé, résumé *m* ‖ [-'-] *v* extraire ‖ voler ‖ ~ed, distrait.

absurd [əb'sə:d] *a* absurde.

abuse [ə'bju:s] *n* abus *m* ‖ insultes, injures *fpl* • [ə'bju:z] *v* abuser de (misuse): insulter.

accelerate [æk'seləreit] *v* accélérer.

ac,cele'ration *n* accélération *f.*

ac'celerator *n* accélérateur *m.*

accent ['æksnt] *n* accent *m.*

accept [ək'sept] *v* accepter.

access ['ækses] *n* accès *m,* admission *f.*

accessory [ək'sesəri] *n* accessoire *m.*

accident ['æksidnt] *n* accident *m*; *meet with an* ~, avoir un accident ‖ *hasard m*; *by* ~, accidentellement.

accommodate [ə'kɔmədeit] *v* loger.

accommodating *a* obligeant.

a,ccommo'dation *n* logement *m,* place *f.*

accomplice [ə'kɔmplis] *n* complice *n.*

accomplish [ə'kɔmpliʃ] *v* accomplir • *a* : ~ed [-t] doué.

accomplishment *n* réalisation *f.*

according [ə'kɔ:diŋ] *av* : ~ **as,** selon que ; ~ **to,** selon.

accordingly *av* en conséquence.

accost [ə'kɔst] *v* accoster ‖ [prostitute] racoler (fam.).

account [ə'kaunt] *v* estimer, considérer ‖ ~ **for,** rendre compte de ; expliquer • *n* récit *m* ‖ *motif m*; **on** ~ **of,** à cause de ; *on no* ~, en aucun cas ‖ *take into* ~, tenir compte de ‖ profit *m* ‖ importance *f* ‖ FIN. compte *m.*

accountant *n* comptable *n.*

accuracy ['ækjurəsi] *n* précision, exactitude *f.*

accurate [-it] *a* précis, exact.

accustom [ə'kʌstəm] *v* habituer (*to*, à) ; *get* ~ed *to doing,* s'habituer à faire.

ace [eis] *n* as *m.*

ache [eik] *n* douleur *f*; courbature *f*; *mal m* • *v* faire mal.

achieve [ə'tʃi:v] *v* réaliser ‖ atteindre.

achievement *n* réalisation *f* ‖ exploit *m.*

acid ['æsid] *a/n* acide (*m*) ‖ SL. LSD *m* (drug).

acknowledge [ək'nɔlidʒ] *v* reconnaître, avouer ‖ accuser réception de.

acknowledgement *n* : ~ *of receipt,* accusé *m* de réception.

acorn ['eikɔ:n] *n* gland *m.*

acquaint [ə'kweint] *v* faire savoir ‖ ~ *o.s.,* se mettre au courant ‖ [persons] *be* ~ed, se connaître.

acquaintance *n* connaissance *f*; *make sb's* ~, faire la connaissance de qqn ‖ relation *f.*

acquire [ə'kwaiə] v acquérir.

across [ə'krɔs] p à travers ; de l'autre côté (on the other side) ; en travers de (crosswise) ● av : [wide] 3 feet ~, 1 mètre de large ‖ run ~, traverser en courant.

act [ækt] n acte m, action f ; in the ~, sur le fait ‖ JUR. loi f ‖ TH. acte m ● v agir (on, sur) ‖ faire fonction (as, de) ‖ TH. jouer (part).

acting a suppléant.

action n action f ‖ geste m (gesture).

actual ['æktjuəl] a réel.

actually av en réalité.

acute [ə'kju:t] a aigu ‖ FIG. pénétrant, vif.

acutely av intensément.

ad [æd] n COLL. annonce f.

adapter [ə'dæptə] n ELECTR. prise f multiple.

add [æd] v ajouter (to, à) ; additionner.

adder ['ædə] n vipère f.

addict [ə'dikt] v : be ~ed to, s'adonner à ● ['ædikt] n drogué n.

addiction [ə'dikʃn] n intoxication f.

addition [ə'diʃn] n addition f ‖ augmentation f (increase).

additional a supplémentaire.

address [ə'dres] n adresse f ● v mettre l'adresse sur ‖ adresser la parole (to, à).

addressee [ˌædreˈsi:] n destinataire n.

adept ['ædept] a expert (in, en), habile (in, à).

adequate ['ædikwit] a suffisant (to, à).

adhesive [ədˈhi:siv] a adhésif, gommé ‖ MED. ~ plaster/tape, sparadrap m.

adjust [ə'dʒʌst] v adapter ; régler, mettre au point.

adjustable a réglable.

admission [əd'miʃn] n admission f.

admit [əd'mit] v admettre ; laisser entrer ‖ contenir (have room for) ‖ concéder ; ~ to, avouer.

admittance n entrée f, accès m ; no ~, défense d'entrer.

adopt [ə'dɔpt] v adopter.

adoptive a adoptif.

adorn [ə'dɔ:n] v orner, parer (with, de).

ads [ædz] npl : small ~, petites annonces.

adult ['ædʌlt] a/n adulte (n).

adulterate [ə'dʌltəreit] v adultérer ; dénaturer.

a_dulte'ration n altération f.

advance [əd'va:ns] n avance, progression f ; in ~, en avance ● v avancer, progresser ‖ (prices) augmenter.

advanced [-t] a avancé (ideas) ‖ supérieur (studies).

advancement n avancement, progrès m.

advantage [əd'va:ntidʒ] n avantage m ; take ~ of, profiter de ‖ [tennis] avantage m.

adventurous [əd'ventʃrəs] a aventureux, dangereux.

adverse ['ædvəs] a adverse, hostile ‖ contraire (wind).

advertise ['ædvətaiz] v faire de la publicité pour ‖ insérer une annonce.

advertisement [əd'və:tismənt] n publicité f; annonce, réclame f.

advertiser ['ædvətaizə] n annonceur m.

advice [əd'vais] n avis m, conseils mpl; a piece of ~, un conseil; take medical ~, consulter un médecin.

advisable [-zəbl] a judicieux, opportun, recommandable.

advise [-z] v conseiller; ~ sb against sth, déconseiller qqch à qqn ‖ informer, aviser.

advisory [əd'vaizəri] a consultatif.

aerial ['ɛəriəl] a aérien • n antenne f.

aerobatics [ˌɛərə'bætiks] n acrobaties aériennes.

aeroplane ['ɛərəplein] n avion m.

aerosol ['-sɔl] n aérosol m.

afar [ə'fɑ:] av loin; from ~, de loin.

affair [ə'fɛə] n affaire f ‖ liaison f (sexual).

affect 1 [ə'fekt] v affecter, influer sur ‖ toucher, émouvoir (move the feelings).

affect 2 v affecter, feindre.

affectation [ˌæfek'teiʃn] n affectation f, maniérisme m (pose).

affection [ə'fekʃn] n affection, tendresse f.

afflict [ə'flikt] v affliger (with, de).

affluence ['æfluəns] n opulence f.

affluent a opulent ‖ n affluent m (river).

afford [ə'fɔ:d] v avoir les moyens/le temps de ‖ FIG. fournir.

affront [ə'frʌnt] v insulter (slight).

afraid [ə'freid] a effrayé (of, de) ‖ I am ~ that, je crains que.

Africa ['æfrikə] n Afrique f.

African a/n africain (n).

after ['ɑ:ftə(r)] p après (later than); the day ~ tomorrow, après-demain ‖ derrière (behind) ‖ ~ all, malgré tout ‖ d'après (according to) • c après que • av : the day ~, le lendemain.

after-effect n répercussion f ‖ MED. séquelles fpl.

aftermath [-mæθ] n séquelles fpl.

afternoon [ɑ:ftə'nu:n] n après-midi m/f; good ~!, bonjour!

after-sales service n service m après-vente.

afterthought n réflexion f après coup.

afterwards av après, ensuite.

again [ə'ge(i)n] av de nouveau, encore ‖ autant.

against [ə'ge(i)nst] p contre, sur ‖ en cas de (anticipation).

age [eidʒ] n âge m; under ~, mineur ‖ FIG. majeur; come of ~, atteindre sa majorité.

agency ['eidʒnsi] n entremise f ‖ COMM. succursale f.

agent [ˈeidʒnt] *n* agent *m* ; impresario *m* ‖ COMM. représentant *m*.

aggravating [ˈægrəveitiŋ] *a* exaspérant.

aghast [əˈgɑːst] *a* (fear) épouvanté ‖ (surprise) sidéré.

agitation [ˌædʒiˈteiʃn] *n* agitation, émotion *f* ‖ débat *m* ‖ POL. campagne *f*.

ago [əˈgəu] *a* : *two years ~*, il y a deux ans ; *a little while ~*, tout à l'heure • *av* : *long ~*, il y a longtemps ; *not long ~*, depuis peu ; *how long ~ is it since ?*, combien de temps y a-t-il que ?

agonizing [ˈægənaiziŋ] *a* atroce.

agony *n* angoisse, détresse *f*.

agree [əˈgriː] *v* consentir (*to*, à) ‖ être d'accord (*with*, avec) ‖ s'entendre (*about*, sur) ‖ convenir (*that*, que) ‖ *~ with*, (*climate*) convenir à ; (*food*) réussir (à).

agreeable [əˈgriəbl] *a* agréable ‖ d'accord (*to*, pour).

agreement [əˈgriːmənt] *n* entente *f*, accord *m*.

agricultural [ˌægriˈkʌltʃərl] *a* agricole.

ague [ˈeigjuː] *n* fièvre paludéenne.

ahead [əˈhed] *av* (place) en avant ; *straight ~*, tout droit ‖ (time) en avance ; *look ~*, prévoir.

aid [eid] *v* aider (*to*, à) ; secourir ; *~ one another*, s'entraider • *n* aide *f*, secours *m*.

AIDS [eidz] *n* MED. sida *m*.

ailing [ˈeiliŋ] *a* souffrant, malade.

aim [eim] *v* pointer (weapon) (*at*, sur) ; viser (*at*, viser ‖ FIG. viser ; tendre (*at*, à) • *n* visée *f* ‖ FIG. but *m*.

aimlessly *av* sans but, à l'aventure.

ain't [eint] VULG. = *am*/*is*/*are not*.

air [ɛə] *n* air *m* ‖ RAD. *on the ~*, radiodiffusé ‖ MUS. air *m* (tune) ‖ FIG. air, aspect *m* • *v* aérer (room) ; sécher (linen) ‖ FIG. afficher (one's opinion).

air-bed *n* matelas *m* pneumatique.

airborne *a* aéroporté.

air-conditioned *a* climatisé.

air-cooled *a* AUT. à refroidissement par air.

aircraft *n* appareil, avion *m* ; *~ carrier*, porte-avions *m*.

air force *n* armée *f* de l'air.

air-hostess *n* hôtesse *f* de l'air.

air-lift *n* pont aérien.

airline *n* ligne aérienne.

airmail *n* poste aérienne ; *by ~*, par avion.

air-man [-mən] *n* aviateur *m*.

air pirate *n* pirate *m* de l'air.

airplane *n* US avion *m*.

airport *n* aéroport *m*.

air-sickness *n* mal *m* de l'air.

air terminal *n* aérogare *f*.

air traffic controller *n* contrôleur aérien.

airway *n* route aérienne.

airy ['ɛəri] a aéré ; ventilé.

aisle [ail] n RAIL. AV. couloir central, TH. allée f.

akin [ə'kin] a apparenté (to, à).

alarm [ə'lɑːm] n alarme, alerte f • v alarmer, effrayer.

alarm-clock n réveille-matin m.

ale [eil] n bière f.

alert [ə'ləːt] a éveillé, vigilant ; on the ~, sur le qui-vive • n alerte f.

Algeria [æl'dʒiəriə] n Algérie f.

Algerian a/n algérien (n).

Algiers [-iəz] n Alger.

alien ['eiljən] a/n étranger (n) (from, à) ; contraire (to, à).

alight 1 [ə'lait] v descendre (from horse, bus) ‖ Av. amerrir ; atterrir.

alight 2 a/av allumé (kindled) ; éclairé (lighted up).

alike [ə'laik] a semblable.

alive [ə'laiv] a vivant, en vie ‖ ~ to, conscient de.

all [ɔːl] a tout, toute ; tous, toutes • pr tout le monde, tous ; ~ that, tout ce qui/que ; ~ together, tous ensemble ‖ at ~, tant soit peu, vraiment ; not at ~, pas du tout ‖ for ~, malgré ‖ SP. five ~, cinq à cinq ‖ at once, tout d'un coup ‖ COMM. ~ in, global ; JUR. tous risques (policy) ‖ SP. ~ in (wrestling), catch m ‖ ~ over, entièrement ‖ ~ right, [assent] ça va !, très bien ! ; (a) en bonne santé ‖ the same, malgré tout ‖ ~ that, tellement, si.

alley ['æli] n ruelle f ; blind ~, impasse f.

allow [ə'lau] v permettre ; admettre, accepter ‖ ~ for, tenir compte de.

allowance n permission f ; allocation, indemnité f ‖ tolérance f ‖ make ~ for, tenir compte de.

alloy ['ælɔi] n alliage m.

allude [ə'l(j)uːd] v faire allusion (to, à).

allure [ə'ljuə] v séduire.

allusion [ə'luːʒn] n allusion f.

ally [ə'lai] n allié • v (s') allier à.

almond ['ɑːmənd] n amande f.

almost ['ɔːlməust] av presque.

alms [ɑːmz] n aumône f.

alone [ə'ləun] a seul.

along [ə'lɔŋ] av en avant.

aloof [ə'luːf] av à l'écart.

aloud [ə'laud] av à haute voix, (tout) haut.

alphabet ['ælfəbit] n alphabet m.

alphabetical [ˌælfə'betikl] a alphabétique.

already [ɔːl'redi] av déjà.

also ['ɔːlsəu] av aussi.

altar ['ɔːltə] n [church] autel m ; ~ boy, enfant m de chœur.

alter ['ɔːltə] v modifier ; retoucher (garment).

ˌalteˈration n modification f ; retouche f (to, à).

alternate ['ɔːltəneit] v alterner.

alternately [ɔːl'təːnitli] av alternativement.

alternating ['ɔːltəneitiŋ] *a* ELECTR. alternatif.

alternative [-nativ] *a* alternatif ● *n* choix *m*, solution *f* de rechange.

although [ɔːl'ðəu] *c* quoique.

altimeter ['æltimitə] *n* altimètre *m*.

altitude [-tjuːd] *n* altitude *f*.

altogether [ˌɔːltə'geðə] *av* complètement.

aluminium [ˌæljuˈminjəm] *n* aluminium *m*.

always ['ɔːlweiz] *av* toujours.

am [æm] → BE*.

a. m. [ˌei'em] *av* two ~, deux heures du matin.

amateur ['æmətə:] *n* amateur *n*.

amaze [ə:'meiz] *v* stupéfier.

amazing *a* stupéfiant.

ambassador [æm'bæsədə] *n* ambassadeur *m*.

ambassadress [-dris] *f* ambassadrice *f*.

amber ['æmbə] *n* : AUT. ~ **light**, feu *m* orange.

ambition [æm'biʃn] *n* ambition *f*.

ambitious [-əs] *a* ambitieux.

ambulance ['æmbjuləns] *n* ambulance *f*.

ameliorate [ə'miːljəreit] *v* (s') améliorer.

amenity [ə'miːniti] *n* agrément *m* ‖ *Pl* commodités *fpl*.

America [ə'merikə] *n* Amérique *f*.

American *a/n* américain (*n*).

amiss [ə'mis] *av* : take (sth) ~, mal prendre (qqch).

ammeter ['æmitə] *n* ampère-mètre *m*.

ammunition [ˌæmjuˈniʃn] *n* munitions *fpl*.

among(st) [ə'mʌŋ(kst)] *p* parmi.

amount [ə'maunt] *n* montant, total *m* ● *v* s'élever, revenir (*to*, à).

ample ['æmpl] *a* suffisant; ample.

amplifier [-ifaiə] *n* amplificateur *m*.

amplify [-ifai] *v* amplifier.

amputate ['æmpjuteit] *v* amputer.

amuse [ə'mjuːz] *v* amuser ; ~ *o. s.*, s'amuser.

amusement *n* amusement *m*.

an [æn] → A.

anaemia [ə'niːmjə] *n* anémie *f*.

anaemic [-ik] *a* anémique.

anaesthesia [ˌænisˈθiːzjə] *n* anesthésie *f*.

anaesthetic [-'etik] *a/n* anesthésique (*m*).

anaesthetist [æ'niːsθitist] *n* anesthésiste *f*.

anaesthetize [æ'niːsθitaiz] *v* anesthésier.

analyse ['ænəlaiz] *v* analyser.

analysis [ə'næləsis] *n* analyse *f*.

analyst ['ænəlist] *n* US psychanalyste *n*.

anarchist ['ænəkist] *a/n* anarchiste (*n*).

anarchy *n* anarchie *f*.

anatomic [ˌænə'tɔmik] *a* anatomique.

anatomy [ə'nætəmi] n anatomie f.

ancestor ['ænsistə] n ancêtre m.

anchor ['æŋkə] n ancre f; cast ~, jeter l'ancre, mouiller weigh ~, lever l'ancre.

anchorage [-ridʒ] n mouillage m.

anchovy ['æntʃəvi] n anchois m.

ancient ['einʃnt] a antique.

and [ænd, ənd] c et.

angel ['eindʒl] n ange m.

anger ['æŋgə] n colère f • v mettre en colère.

angle 1 ['æŋgl] n angle m ‖ PHOT. wide ~ lens, grand angle.

angle 2 v pêcher à la ligne.

anglican ['æŋglikən] a/n anglican (n).

angry ['æŋgri] a en colère; get ~, se fâcher.

anguish ['æŋgwiʃ] n angoisse f.

anguished [-t] a angoissé.

animal ['æniml] a/n animal (m).

animated [-eitid] a animé; ~ cartoon, dessin animé.

ankle ['æŋkl] n cheville f.

ankle-socks npl Socquettes fpl.

announce [ə'nauns] v annoncer; ~ sth to sb, faire part de qqch à qqn ‖ publier.

announcement n annonce f.

announcer n RAD. speaker m; woman ~, speakerine f.

annoy [ə'nɔi] v contrarier; agacer, énerver (irritate).

annoyance n contrariété f, désagrément m.

annoying a agaçant, contrariant.

annual ['ænjuəl] a annuel.

annul [ə'nʌl] v annuler; abroger.

anonymous [ə'nɔniməs] a anonyme.

anorak ['ænəræk] n anorak m.

another [ə'nʌðə] a/pr un(e) autre; nouveau, encore un(e).

answer ['aːnsə] n réponse f • v répondre; ~ sb, répondre à qqn; ~ a question, répondre à une question; ~ the door/bell, aller ouvrir ‖ ~ back, répliquer.

answerable ['aːnsrəbl] a responsable.

answering machine n répondeur m téléphonique.

ant [ænt] n fourmi f.

antecedent [,ænti'siːdnt] a/n antécédent (m).

ant-hill n fourmilière f.

antiaircraft [,ænti'ɛəkraːft] a antiaérien.

antibiotic [-bai'ɔtik] n antibiotique m.

anticipate [æn'tisipeit] v devancer, prévenir (desires) ‖ prévoir (foresee) ‖ savourer à l'avance (pleasure).

antidote ['æntidəut] n antidote, contrepoison m.

anti-freeze n antigel m.

antipathetic [,æntipə'θetik] a antipathique.

antipathy [æn'tipəθi] n antipathie f.

antique [æn'ti:k] a ancien, antique • n objet m d'art (ancien) ; ~ dealer, antiquaire n.

antiseptic [,ænti'septik] a/n antiseptique m.

antitheft a : ~ device, antivol m.

anxiety [æŋ'zaiəti] n anxiété f.

anxious ['æŋʃəs] a inquiet ; désireux, (for, de) ; be ~ to, attendre avec impatience de.

anxiously av avec inquiétude ; avec impatience.

any ['eni] a n'importe quel, tout ‖ [interr. or neg. sentences] quelque(s) ; du, de la, des ; not ~, aucun • pr n'importe lequel ; quiconque ; en ; I haven't ~, je n'en ai pas • av [interr. sentences] un peu ; is he ~ better ?, va-t-il un peu mieux ? ~ more tea ?, encore du thé ?

'any,body pr n'importe qui ; quelqu'un.

anyhow av n'importe comment ‖ de toute façon.

anyone pr → ANYBODY.

anything pr n'importe quoi ; tout.

anyway av → ANYHOW.

anywhere av n'importe où ; quelque part.

apart [ə'pɑːt] av à l'écart ; séparément ; come ~, se détacher ‖ take ~, démonter ‖ ~ from, en dehors de.

apartment [ə'pɑːtmənt] n pièce f ‖ US appartement m ‖ Pl appartement meublé.

ape [eip] n grand singe.

aperture ['æpətjuə] n PHOT. ouverture f.

apiece [ə'piːs] av (la) pièce ; chacun.

apologize [ə'pɔlədʒaiz] v s'excuser (to, auprès de ; for, de).

apology [ə'pɔlədʒi] n excuse f (for, de).

apostle [ə'pɔsl] n apôtre m.

apostrophe [ə'pɔstrəfi] n apostrophe f.

appalling [ə'pɔːliŋ] a effroyable.

apparatus [,æpə'reitəs] n appareil m.

apparent [ə'pærnt] a apparent ; évident (obvious).

apparently av apparemment.

appeal [ə'piːl] v avoir recours (to, à) ‖ FIG. séduire, attirer • n appel m ‖ attrait m.

appear [ə'piə] v apparaître (become visible) ; paraître (seem).

appearance [-rns] n [active] apparition f ‖ [passive] apparence f.

appease [ə'piːz] v apaiser, calmer.

appendicitis [ə,pendi'saitis] n appendicite f.

appetite ['æpitait] n appétit m.

appetizing [-aiziŋ] a appétissant.

applaud [ə'plɔːd] v applaudir.

applause [-ɔːz] n applaudissements mpl.

apple ['æpl] n pomme f.

apple-fritter n beignet m aux pommes.

apple-sauce n compote f de pommes.

apple-tree n pommier m.

appliance [ə'plaiəns] n appareil m ; accessoire m ; domestic ~, appareil électroménager.

applicant ['æplikənt] n postulant, candidat m.

,appli'cation n candidature f ; demande f (for a job) ; **make an** ~, faire une demande.

apply [ə'plai] v s'adresser (to sb, à qqn) ; ~ **for a job**, faire une demande d'emploi.

appoint [ə'pɔint] v nommer (to, à) ∥ fixer (date) ∥ équiper, aménager.

appointment n rendez-vous m ; **make an** ~ **with**, fixer un rendez-vous à ∥ nomination f.

appraise [ə'preiz] v évaluer, estimer.

appreciate [ə'priːʃieit] v évaluer ∥ apprécier (esteem).

appreciation [ə,priːʃi'eiʃn] n appréciation f.

apprehend [,æpri'hend] v appréhender.

apprehension [-ʃn] n appréhension f.

apprehensive [-siv] a craintif ; inquiet (for, pour).

apprentice [ə'prentis] n apprenti n • v mettre en apprentissage (to, chez).

approach [ə'prəutʃ] v s'ap-

procher de • n approche f (action) ∥ voie f d'accès (to, à).

appropriate [ə'prəuprieit] a approprié.

approval [ə'pruːvl] n approbation f.

approve [ə'pruːv] v : ~ (of), approuver.

approximate [ə'prɔksimit] a approximatif.

approximately av approximativement.

apricot ['eiprikɔt] n abricot m.

April ['eiprl] n avril m.

apron ['eiprn] n tablier m.

apt [æpt] a juste (remark) ∥ enclin (to, à) ∥ doué (at, pour).

aptitude ['æptitjuːd] n aptitude f (for, pour).

aqualung ['ækwəlʌŋ] n scaphandre m autonome.

aquarium [ə'kwɛəriəm] n aquarium m.

aquatic [ə'kwætik] a aquatique.

aqueduct ['ækwidʌkt] n aqueduc m.

Arab ['ærəb] n Arabe m.

Arabian [ə'reibjən] a arabe.

Arabic ['ærəbik] a arabe • n (language) arabe m.

arbitrary ['ɑːbitrəri] a arbitraire.

arbitrate [-eit] v arbitrer.

arc [ɑːk] n ELECTR. arc m.

arch [ɑːtʃ] n ARCH. arc, cintre m • v arquer, voûter.

archaeology [,ɑːki'ɔlədʒi] n archéologie f.

archbishop [ˈɑːtʃˈbiʃəp] n archevêque m.

archery [ˈɑːtʃəri] n tir m à l'arc.

architect [ˈɑːkitekt] n architecte n.

architecture [-ʃə] n architecture f.

arc-light n lampe f à arc.

are → BE*.

area [ˈtɛəriə] n superficie f ‖ région f ; quartier m (district) ‖ courette f (yard).

aren't [ɑːnt] = are not or am not → BE*.

argue [ˈɑːgjuː] v discuter ‖ se disputer ‖ soutenir ‖ persuader.

argument [ˈɑːgjumənt] n argument m (reason) ‖ discussion f ; dispute f.

arid [ˈærid] a aride, sec.

arise* [əˈraiz] v (difficulties) survenir ‖ provenir, résulter (from, de).

aristocracy [ˌæristˈɔkrəsi] n aristocratie f.

aristocrat [ˈæristəkræt] n aristocrate n.

‚aristo'cratic a aristocratique.

arithmetic [əˈriθmetik] n arithmétique f.

arm 1 [ɑːm] n bras m.

arm 2 n arme f (weapon) • v (s') armer.

arm-chair n fauteuil m.

armistice [-istis] n armistice m.

armlet [-lit] n brassard m.

armour n blindage m ‖ blindés mpl (units).

army [ˈɑːmi] n armée f.

arose → ARISE*.

around [əˈraund] av autour ; çà et là • p autour de.

arouse [əˈrauz] v éveiller, réveiller ‖ exciter (sexually).

arrange [əˈreinʒ] v (s') arranger ‖ organiser ‖ MUS. adapter.

arrangement n arrangement, aménagement, disposition f.

arrears [əˈriəz] npl arriéré m.

arrest [əˈrest] v arrêter.

arrival [əˈraivl] n arrivée f.

arrive [əˈraiv] v arriver.

arrogant [ˈærəgənt] a arrogant.

arrow [ˈærəu] n flèche f.

arson [ˈɑːsn] n incendie m volontaire.

art [ɑːt] n art m ; fine ∼s, Beaux-Arts. ‖ Pl (university) Lettres fpl.

artery [ˈɑːtəri] n artère f.

artful [ˈɑːtful] a rusé.

arthritic [ɑːˈθritik] a arthritique.

artichoke [ˈɑːtitʃəuk] n artichaut m.

article [ˈɑːtikl] n article m.

articulate [ɑːˈtikjuleit] v articuler.

artifice [ˈɑːtifis] n artifice, stratagème m.

artificial [ˌɑːtiˈfiʃl] a artificiel ; simulé, factice.

artillery [ɑːˈtiləri] n artillerie f.

artist [ˈɑːtist] n artiste n.

ar'tistic a artistique.

artless a naturel (simple).

as [æz, əz] av autant, aussi ;

as ... as, aussi ... que ; ~ *much/many ... ~,* autant ... que ; ~ *soon~,* aussitôt que ● *c* puisque, comme, étant donné que || lorsque, au moment où ; (au fur et) à mesure que || comme ; *do ~ you like,* faites comme vous voulez || ~ *from,* à partir de/du || ~ *if/though,* comme si ; ~ *it were,* pour ainsi dire || ~ *for/to,* quant à || ~ *long ~,* tant que || ~ *yet,* jusqu'à présent ● *p* comme, en tant que.

ascend [ə'send] *v* gravir, monter, s'élever.

ascension [-ʃn] *n* ascension *f.*

ascent [-t] *n* montée *f* ; ascension *f.*

ascribe [əs'kraib] *v* attribuer (*to,* à).

aseptic [æ'septik] *a* aseptique.

ash [æʃ] *n* cendre *f.*

ashamed [ə'ʃeimd] *a* honteux ; *be ~,* avoir honte (*of,* de).

ashore [ə'ʃɔ:] *a* à terre.

ash-tray *n* cendrier *m.*

Asia ['eiʃə] *n* Asie *f.*

Asian [-n], **Asiatic** [,eiʃi'ætik] *a/n* asiatique (*n*).

aside [ə'said] *av* de côté, à part.

ask [ɑ:sk] *v* demander ; ~ *sth (for) sth,* ~ *sth of sb,* demander qqch à qqn ; ~ *sb to do sth,* demander à qqn de faire qqch ; ~ *sb round,* inviter qqn ; ~ *sb to dinner,* inviter qqn à dîner || interroger.

asleep [ə'sli:p] *a/av* endormi || *fall ~,* s'endormir.

asparagus [əs'pærəgəs] *n* asperges *fpl.*

aspect ['æspekt] *n* aspect *m* || orientation *f.*

asphyxiate [æs'fiksieit] *v* asphyxier.

aspirin ['æsprin] *n* aspirine *f.*

ass [æs] *n* âne *m* || ~*'s foal,* ânon *m.*

assassin [ə'sæsin] *n* assassin *m.*

assassinate [-eit] *v* assassiner.

a,ssassi'nation *n* assassinat *m.*

assault [ə'sɔ:lt] *n* assaut *m* || agression *f* ; *indecent ~,* attentat *m* à la pudeur ; ~ *and battery,* voies *fpl* de fait ● *v* attaquer.

assemble [ə'sembl] *v* (s')assembler, (se) rassembler || TECHN. monter (parts).

assembly *n* assemblée *f* || TECHN. montage *m.*

assembly-line *n* chaîne *f* de montage.

assent [ə'sent] *n* assentiment *m* ● *v* consentir.

assert [ə'sə:t] *v* revendiquer || affirmer (declare).

assertion *n* revendication *f* || assertion *f.*

assess [ə'ses] *v* estimer, évaluer.

assessment *n* évaluation *f.*

assign [ə'sain] *v* assigner (task) [*to,* à].

assignment n mission f
(duty) ; tâche f (task).

assimilate [ə'simileit] v assimiler.

assist [ə'sist] v aider.

assistant n aide, auxiliaire
n ; adjoint n ‖ (school) assistant n ‖ ~ manager, sousdirecteur m.

associate [ə'səuʃieit] v
(s')associer ; ~ with, fréquenter ● n collègue n ● a associé.

association [ə,səusi'eiʃn] n
association f ; ~ football,
football m.

assorted [ə'sɔːtid] a assorti.

assortment n assortiment m.

assume [ə'sjuːm] v présumer,
supposer ‖ assumer (responsabilities).

assumption [ə'sʌmpʃn] n
supposition f.

assurance [ə'ʃuərns] n assurance f.

assure [ə'ʃuə] v assurer.

asterisk [æstərisk] n astérisque m.

asthma ['æsmə] n asthme m.

astonish [əs'tɔniʃ] v étonner,
surprendre.

astonishing a étonnant.

astonishment n étonnement
m.

astound [əs'taund] v stupéfier.

astray [əs'trei] av : go ~,
s'égarer.

astride [əs'traid] a/av à cheval, à califourchon (sur).

astrology [əs'trɔlədʒi] n
astrologie f.

astronaut [æstrə'nɔːt] n
astronaute n.

astronomer [əs'trɔnəmə] n
astronome n.

astronomic(al) [æstrə'nɔmik(l)] a astronomique.

astronomy [əs'trɔnəmi] n
astronomie f.

astute [əs'tjuːt] a astucieux.

asylum [ə'sailəm] n asile m.

at [æt, ət] p (place) à, chez ‖
(direction) après ‖ (time) à.

ate [et] → EAT*.

atheist [ˈeiθiist] n athée n.

athlete ['æθliːt] n athlète n.

athletic [æθ'letik] a athlétique.

athletics [-s] a athlétisme m.

Atlantic [ət'læntik] a/n
Atlantique (m).

atmosphere ['ætməsfiə] n
atmosphère f.

atmospheric [-'ferik] a
atmosphérique.

atmospherics [-s] npl RAD.
parasites mpl.

atom ['ætəm] n atome m ; ~
bomb, bombe f atomique.

atomic [ə'tɔmik] a atomique ;
~ energy, énergie f nucléaire ;
~ pile, pile f atomique.

atomizer ['ætəmaizə] n vaporisateur, atomiseur m.

attach [ə'tætʃ] v attacher.

attachment n affection f ‖
TECHN. accessoire m.

attack [ə'tæk] n attaque f ‖
MED. crise f (of nerves) ; accès
m (of fever) ● v attaquer.

attain [ə'tein] v atteindre.

attempt [ə'temt] n essai m,

tentative *f* ‖ ~ *on sb's life*, attentat *m* • *v* tenter de.

attend [ə'tend] *v* assister à; fréquenter (school, church); ~ *a class*, suivre un cours ‖ ~ *to*, faire attention à; veiller sur, s'occuper de (sb) ‖ ~ *upon*, servir; MED. soigner (sb).

attendance *n* présence *f* ‖ assistance *f* ‖ [hotel] service *m*.

attendant *n* domestique *n*; employé *n*.

attention *n* attention *f*; *pay* ~ *to*, faire attention à.

attentive *a* attentif, prévenant, empressé.

attentively *av* attentivement.

attest [ə'test] *v* attester, certifier.

attic ['ætik] *n* grenier *m*.

attitude [-tju:d] *n* attitude *f*.

attorney [ə'tə:ni] *n* US avoué *m*.

attract [ə'trækt] *v* attirer.

attraction *n* attraction *f*.

attractive *a* attrayant; séduisant (person) ‖ intéressant (prices).

attribution [ˌætri'bju:∫n] *n* attribution *f*.

auburn ['ɔ:bən] *a* châtain roux.

auction ['ɔ:k∫n] *n* (vente *f* aux) enchères *fpl*; ~ *bridge*, bridge *m* aux enchères.

auctioneer [ˌɔ:k∫ə'niə] *n* commissaire-priseur *m*.

audience ['ɔ:djəns] *n* assistance, audience *f*.

audio-visual [ˌɔ:diəu'viʒjuəl] *a* audiovisuel.

August ['ɔ:gəst] *n* août *m*.

aunt [ɑ:nt] *n* tante *f*.

austere [ɔs'tiə] *a* austère.

austerity [ɔs'teriti] *n* austérité *f*, restrictions *fpl*.

Australia [ɔs'treiljə] *n* Australie *f*.

Australian *a/n* australien (*n*).

Austria ['ɔstriə] *n* Autriche *f*.

Austrian *a/n* autrichien (*n*).

authentic [ɔ:'θentik] *a* authentique.

author ['ɔ:θə] *n* auteur *m*.

authority [ɔ:'θɔriti] *n* autorité *f*, pouvoir *m* (power) ‖ autorisation *f*, mandat *m* (right) ‖ *Pl* autorités *fpl*, corps constitués.

authorization [ˌɔ:θərai'zei∫n] *n* autorisation *f*.

authorize ['ɔ:θəraiz] *v* autoriser, donner pouvoir.

autochanger ['ɔ:tə,t∫einʒə] *n* changeur *m* (de disques).

autograph ['-grɑ:f] *n* autographe *m*.

automatic(ally) [ˌɔ:'mætik(li)] *a/av* automatique(ment).

automation [-'mei∫n] *n* automa(tisa)tion *f*.

automaton [ɔ:'tɔmətn] *n* automate *m*.

automobile ['ɔ:təməbi:l] *n* US automobile *f*.

autumn ['ɔ:təm] *n* automne *m*.

auxiliary [ɔ:g'ziljəri] *a/n* auxiliaire *n*.

available [ə'veiləbl] *a* disponible, utilisable ‖ valide (ticket).

avalanche ['ævəlɑ:n∫] *n* avalanche *f*.

avarice ['ævəris] *n* avarice, cupidité *f*.

avenge [ə'vendʒ] *v* venger (*for, de*) ∥ ~ *o. s.*, se venger.

average ['ævəridʒ] *n* moyenne *f*; **on (an) ~**, en moyenne; *take an ~*, faire la moyenne de ~, faire la moyenne de • *a* moyen • *v* faire la moyenne de.

aversion [ə'vəːʃn] *n* aversion, répugnance *f*.

avert [ə'vəːt] *v* détourner.

aviary ['eivjəri] *n* volière *f*.

aviation [ˌeivi'eiʃn] *n* aviation *f*.

avid ['ævid] *a* avide.

avoid [ə'void] *v* éviter.

await [ə'weit] *v* attendre.

awake* [ə'weik] *v* éveiller, réveiller ∥ s'éveiller, se réveiller • *a* éveillé; *keep* ~, empêcher de dormir; *stay* ~, veiller.

awaken [-n] *v* = AWAKE.

award [ə'wɔːd] *n* prix *m*, récompense *f* ∥ [school] bourse *f* • *v* décerner (prize).

aware [ə'wɛə] *a* conscient; *be*

~ *that*, avoir le sentiment que ∥ au courant.

awash [ə'wɔʃ] *a* à fleur d'eau.

away [ə'wei] *av* loin, ~ *from*, à l'écart de; *far* ~, au loin ∥ SP. *play* ~, jouer en déplacement • *a* absent ∥ SP. ~ *match*, match *m* à l'extérieur.

awe [ɔː] *n* crainte, terreur *f*.

awful *a* affreux, atroce.

awfully *av* terriblement.

awkward ['ɔːkwəd] *a* maladroit (person) ∥ peu commode (thing) ∥ délicat (situation).

awkwardly *av* maladroitement.

awkwardness *n* maladresse *f*.

awning ['ɔːniŋ] *n* tente *f*; auvent *m*.

awoke(n) [ə'wəuk(ən)] → AWAKE*.

ax(e) [æks] (*Pl* **axes** [-iz]) *n* hache *f*.

axis ['æksis] (*Pl* **axes** [-iːz]) *n* axe *m*.

axle ['æksl] *n* axe, essieu *m*.

b

b [biː] *n* MUS. si *m*.

baby ['beibi] *n* bébé *m*.

baby-sitter *n* garde *n* d'enfant(s).

bachelor ['bætʃlə] *n* célibataire *n* ∥ [university] B~ *of Arts/Science*, licencié ès Lettres/Sciences.

back [bæk] *n* dos *m* ∥ verso *m*

(of a sheet) ∥ dossier *m* (of a chair) ∥ derrière *m* (of a house); fond *m* (of a room) • *a* (d')arrière; ~ *street*, rue écartée ∥ échu; ~ *number*, ancien numéro • *av* en arrière, *be* ~, être de retour • *v* (faire) reculer ∥ jouer (bet on) ∥ endosser (cheque) ∥ COLL. ~ *down*, se dégonfler (fam.) ‖ **∼ out,** sortir à reculons ; [car] sortir en marche arrière.

back-door n porte f de service.

back-fire n AUT. raté m.

background n fond, arrière-plan m.

bacpay n rappel m.

backwards av en arrière, à reculons.

bacon ['beikn] n lard m.

bad [bæd] a mauvais ; ∼ **luck,** malchance ‖ faux (coin) ‖ CULIN. gâté, pourri (food) ‖ MED. gâté (tooth) ; malade (leg) ‖ FIN. sans provision (cheque) ‖ COLL. not ∼, pas mal • n mal m ; **from ∼ to worse,** de mal en pis.

bade [bæd] → BID*.

badge [bædʒ] n insigne m.

badly av mal ; grièvement (wounded) ‖ **be ∼ off,** être dans la gêne.

badness n mauvais état ; méchanceté f (wickedness).

baffle ['bæfl] v déconcerter.

bag [bæg] n sac m ‖ Pl valises fpl.

baggage ['bægidʒ] n US bagages mpl.

bagpipe ['bægpaip] n cornemuse f.

bagpiper n joueur n de cornemuse.

bait [beit] n appât m.

bake [beik] v (faire) cuire au four.

baker n boulanger m ; ∼'s

shop, boulangerie f ; ∼'s wife, boulangère f.

bakery ['-əri] n boulangerie f.

baking-powder n levure f (chimique).

balance ['bæləns] n équilibre m ; lose one's ∼, perdre l'équilibre f ‖ FIN. solde m • v tenir en équilibre ; compenser.

balcony ['bælkəni] n balcon m.

bald [bɔːld] a chauve.

baldness n calvitie f.

bale 1 [beil] n ballot m.

bale 2 v : ∼ **out,** sauter en parachute.

balk [bɔːk] v gêner (hinder) ; contrarier (thwart).

ball 1 [bɔːl] n bal m (dance).

ball 2 n balle f, ballon m (football) ; boule f (billiards).

balloon [bə'luːn] n AV. ballon, aérostat m ‖ [cartoon] bulle f.

ballot ['bælət] n scrutin, vote m ‖ bulletin m de vote.

ballot-box n urne f.

ballpoint(pen) n stylo m à bille.

balm [bɑːm] n baume m.

ban [bæn] n interdiction f • v interdire ; mettre à l'index.

banana [bə'nɑːnə] n banane f.

banana-tree n bananier m.

band 1 [bænd] n bande f (belt) ‖ ruban m (ribbon) ‖ RAD. bande f.

band 2 n bande f (group) ‖ orchestre m.

bandage ['bændidʒ] n bandeau m ‖ MED. bandage, pansement *m* • *v* mettre un pansement ; bander (wound).

bang [bæŋ] *n* claquement *m* ‖ fracas *m* (loud noise) • *v* frapper (violemment) ; (faire) claquer (door).

banister ['bænistə] *n* [staircase] rampe *f*.

bank 1 [bæŋk] *n* [river] rive *f* ‖ [field] talus *m* • *v* s'amonceler ; ~ (up), remblayer ‖ (s')entasser.

bank 2 *n* banque *f*.

banker *n* banquier *m*.

bank-holiday *n* jour férié.

bank-note *n* billet *m* de banque.

bankrupt ['bæŋkrʌpt] *a* : go ~, faire faillite.

bankruptcy [-rəpsi] *n* faillite *f*.

bantam ['bæntəm] *n* : SP. ~ weight, poids coq *m*.

baptize [bæp'taiz] *v* baptiser.

bar 1 [ba:] *n* [iron] barre *f* ‖ [chocolate] tablette *f* ‖ MUS. mesure *f* • *v* barricader (door).

bar 2 *n* bar *m* (counter, room).

bar 3 *p* = BARRING.

barbecue ['ba:bikju:] *n* gril, barbecue *m*.

barbed [ba:bd] *a* : ~ wire, fil *m* de fer barbelé.

barber ['ba:bə] *n* coiffeur *m*.

barber-shop *n* salon *m* de coiffure.

bare [bɛə] *a* nu, dénudé (tree, landscape) ‖ nu (part of the body) ‖ vide (room).

bareheaded [-'hedid] *a* nu-tête.

barely *av* à peine.

bargain ['ba:gin] *n* marché *m* ; into the ~, par-dessus le marché ‖ COMM. occasion *f* • *v* négocier (with, avec ; for sth, qqch) ; ~ over, marchander.

barge [ba:dʒ] *n* chaland *m*, péniche *f*.

bark 1 [ba:k] *n* écorce *f*.

bark 2 *v* aboyer.

barley ['ba:li] *n* orge *f*.

barmaid *n* serveuse *f*.

barman *n* barman *m*.

barn [ba:n] *n* grange *f*.

barn-yard *n* basse-cour *f*.

barometer [bə'rɔmitə] *n* baromètre *m*.

barrack ['bærək] *n* baraque *f* ‖ Pl MIL. caserne *f*.

barren ['bærən] *a* stérile.

barrier ['bæriə] *n* barrière *f* ‖ RAIL. portillon *m*.

barring ['ba:riŋ] *p* sauf, excepté.

barrister ['bæristə] *n* avocat *n*.

barrow ['bærəu] *n* : (wheel-)~, brouette *f*.

barter ['ba:tə] *n* troc *m* • *v* troquer.

base [beis] *n* base *f* • *v* baser, établir.

basement *n* sous-sol *m*.

basic *a* de base, fondamental.

basin ['beisn] *n* cuvette *f* (wash-bowl).

basis ['beisis] (Pl **bases** [-i:z]) *n* base *f*.

bask [ba:sk] *v* : ~ in the sun, se chauffer au soleil.

basket ['-it] *n* panier *m*.

basket-ball n basket-ball m.

bass [beis] a MUS grave • n basse f ‖ grave m.

bastard [bæstəd] n bâtard m ‖ SL., PEJ. salaud m.

bat 1 [bæt] n SP. crosse f.

bat 2 n chauve-souris f.

batch [bætʃ] n [people] groupe m ; [letters] paquet m ; [loaves] fournée f.

bath [baːθ] n bain m ; have a ~, prendre un bain ; ~(-tub), baignoire f.

bathe [beið] n [sea, etc.] bain m • v (se) baigner ‖ ~ing costume, costume m de bains.

bath-robe n peignoir m de bains.

bath-room n salle f de bains.

bath-salts npl sels mpl de bain.

battery [bætəri] n pile f électrique ‖ AUT. accumulateur m.

battle [bætl] n bataille f, combat m.

battle-ship n cuirassé m.

bay [bei] n baie f.

be* [biː] v être ‖ she is ten years old, elle a dix ans ‖ I am cold, j'ai froid ‖ there is/are..., il y a ‖ se porter ; how are you?, comment allez-vous ? ‖ aller ; have you been to London ?, êtes-vous allé à Londres ? ‖ [impers.] it is 10 miles from here, c'est à 10 miles d'ici ‖ it is cold, il fait froid ‖ as it were, pour ainsi dire ‖ aux [passive] I am told, on me dit ‖ ~ to, devoir ; when am I to come ?, quand dois-je venir ? ; avoir l'intention de ;

we are to be married in May, nous devons nous marier au mois de mai ‖ [film] ~ on, passer ‖ COLL. here you are!, tenez!/tiens !

beach [biːtʃ] n plage f.

beach-umbrella n parasol m.

beacon [biːkn] n fanal m.

beak [biːk] n [bird] bec m.

beam [biːm] n [building] poutre f ‖ [light] rayon m.

bean [biːn] n haricot m ; French ~s, haricots verts.

bear [bɛə] n ours m ; ~'s cub, ourson m.

bear* 2 v porter ; supporter (sth) ‖ FIG. tolérer, souffrir, endurer ; ~ with sb, supporter qqn ‖ se diriger vers ; ~ left, prendre à gauche ‖ ~ out, justifier.

bearable [-rəbl] a supportable.

beard [biəd] n barbe f.

bearded [-id] a barbu.

beardless a imberbe.

bearer [bɛərə] n porteur ‖ titulaire n (of passport).

beast [biːst] n bête f, quadrupède m ‖ FIG. brute f.

beat 1 [biːt] n battement m ‖ MUS. mesure f, temps m • a SL. éreinté ; claqué (fam.).

beat* 2 v battre, frapper ‖ MUS. ~ time, battre la mesure ‖ CULIN. battre, fouetter (cream) ‖ FIG. vaincre ; surpasser ; ~ the record, battre le record.

beaten [biːtn] → BEAT* 2.

beautician [bju:'tiʃn] n esthéticienne f.

beautiful ['bju:təfl] a beau, magnifique.

beautifully av magnifiquement.

beautify [-ifai] v embellir.

beauty ['bju:ti] n beauté f.

beauty-parlour n institut m de beauté.

beauty treatment n soins mpl de beauté.

became [bi'keim] → BECOME*.

because [bi'kɔz] c parce que ; ~ of, à cause de.

beckon ['bekn] v faire signe à.

become* [bi'kʌm] v devenir ‖ what has ~ of him ?, qu'est-il devenu ? ‖ aller (suit).

becoming a seyant (dress) ‖ convenable (attitude).

bed [bed] n lit m ; go to ~, (aller) se coucher ; get out of ~, se lever.

bedclothes npl literie f.

bedroom n chambre f à coucher.

bed-sitter n, **bed-sitting-room** n studio m.

bed-spread n couvre-lit m.

bee [bi] n abeille f.

beef [bi:f] n bœuf m (flesh).

been [bi:n] → BE*.

beer [biə] n bière f ; ~ on draught, bière à la pression.

befit [bi'fit] v convenir à.

before [bi'fɔː] p avant ; the day ~ yesterday, avant-hier ‖ devant (in front of) • av auparavant ; the day ~, la

veille ‖ déjà (earlier) • c avant que/de.

beforehand av d'avance.

beg [beg] v demander ‖ solliciter (of, de) ; prier (to, de) ; I ~ your pardon, je vous demande pardon ‖ ~ for, mendier ‖ ~ off, se faire excuser (of, de).

began [bi'gæn] → BEGIN*.

beggar ['begə] n mendiant n.

begin* [bi'gin] v commencer ; se mettre à ; ~ again, recommencer.

beginner n commençant, débutant n.

beginning n commencement, début m.

begun [bi'gʌn] → BEGIN*.

behalf [bi'hɑːf] n : on ~ of, au nom de, de la part de.

behave [bi'heiv] v se conduire, agir ‖ se bien conduire.

behaviour [-jə] n comportement m, conduite f.

beheld [bi'held] → BEHOLD*.

behind [bi'haind] p derrière • av en arrière ; from ~, par derrière.

behold* [bi'həuld] v apercevoir, contempler.

being → BE* • n existence f ; être m.

belch [beltʃ] v roter • n rot, renvoi m.

Belgian ['beldʒən] a/n belge (n).

Belgium [-əm] n Belgique f.

belie [bi'lai] v démentir.

belief [bi'liːf] n croyance f (in, en) ; foi f.

believable [-vəbl] a croyable.

believe v croire (in, à/en).

believer n croyant n.

bell [bel] n cloche f || [telephone] sonnerie f || [bicycle] timbre m || [door] sonnette f.

bell-boy n US groom m.

belly ['beli] n ventre m.

belly-ache n mal m au ventre.

belong [bi'lɔŋ] v appartenir (to, à).

belongings [-iŋz] npl affaires fpl.

beloved [bi'lʌv(i)d] a/n bien-aimé (n); chéri (n).

below [bi'ləu] p sous, au-dessous de ● av au-dessous.

belt [belt] n ceinture f.

bench [benʃ] n banc m, banquette f.

bend* [bend] v courber, plier || se courber; [road] tourner || ~ **down**, se baisser. || FIG. **bent on**, résolu à ● n courbe f || [road] tournant, virage m.

beneath [bi'ni:θ] p sous, au-dessous de.

benefit ['benifit] n profit, bénéfice m || allocation f ● v : ~ **by/from**, tirer profit de.

benevolent [bi'nevələnt] a bienveillant.

bent 1 [bent] → BEND*.

bent 2 n penchant m, tendance f.

bequeath [bi'kwi:ð] v léguer (to, à).

berry ['beri] n BOT. baie f.

berth [bə:θ] n couchette f.

beset* [bi'set] v assaillir.

beside [bi'said] p à côté de || hors de.

besides [-z] p en plus de, outre ● av en outre, d'ailleurs.

bespoke [bi'spəuk] a fait sur mesure.

best [best] (sup. of good/well) a meilleur ● av mieux; **at** ~, au mieux ● n mieux m; **do one's** ~, faire de son mieux.

best-man n garçon m d'honneur.

bet* [bet] v parier ● n pari m.

betray [bi'trei] v trahir, tromper.

better ['betə] (comp. of good/well) a meilleur (than, que) ● av ~ **off**, plus riche || **get** ~, [things] s'améliorer, [person] se remettre; **be/feel** ~, aller mieux || **it is** ~ **to**, il vaut mieux... ● av mieux; ~ **and** ~, de mieux en mieux; **so much the** ~, tant mieux; **like sth** ~, préférer, aimer mieux qqch || **had** ~ : **you had** ~ **stay**, vous feriez mieux de rester ● n : **get the** ~ **of**, l'emporter sur, surmonter ● v (s') améliorer (improve); surpasser (outdo).

betting ['betiŋ] n pari m.

bettor ['betə] n parieur n.

between [bi'twi:n] p entre.

beware [bi'wɛə] v prendre garde à; ~ **of the dog!**, attention au chien!

bewilder [bi'wildə] v déconcerter, désorienter.

bewildering [-riŋ] a déroutant, ahurissant.

bewilderment n confusion f.

bewitch [bi'witʃ] v ensorceler.

beyond [bi'jɔnd] av au-delà • p au-delà de.

bias ['baiəs] n biais m ‖ FIG. préjugé m (towards, pour/against, contre).

biceps ['baiseps] n biceps m.

bicker ['bikə] v se chamailler.

bicycle ['baisikl] n bicyclette f; on a ~, à bicyclette.

bid* [bid] (p.t. and p.p. bid) v offrir, mettre une enchère (for/on, sur) ‖ [bridge] annoncer • n offre, enchère f ‖ [bridge] annonce f; higher ~, surenchère f ‖ FIG. proposition f; effort m, tentative f.

bidder n enchérisseur f.

bidding n enchères fpl.

bifocals ['bai'fauklz] npl OPT. verres mpl à double foyer.

big [big] a grand, gros, fort (person) ‖ grow ~, grossir ‖ FIG. important.

bike [baik] n COLL. vélo m (fam.).

bill 1 [bil] n [bird] bec m.

bill 2 [bil] n affiche f ‖ ~ of fare, menu m ‖ COMM. facture, note f; [restaurant] addition f ‖ US billet m de banque ‖ FIN. foreign ~s, devises étrangères.

billiards ['biljədz] npl billard m.

billiards-table n billard m.

billion ['biljən] n GB billion m ‖ US milliard m.

bin [bin] n coffre m; (dust-)~, poubelle f.

bind* [baind] v attacher, lier; relier (book).

binder n relieur n.

binding n [book] reliure f ‖ [ski] fixation f.

bingo ['biŋgou] n loto m.

binoculars [bi'nɔkjuləz] n jumelle(s) f(pl).

bird [bəːd] n oiseau m; ~ of prey, rapace m ‖ CULIN. volaille f.

bird's eye view n vue f à vol d'oiseau.

biro ['bairəu] n [R] stylo m à bille, pointe f Bic.

birth [bəːθ] n naissance f.

birth-control n limitation f des naissances.

birthday n anniversaire m.

birth-rate n natalité f.

biscuit ['biskit] n gâteau sec.

bishop ['biʃəp] n évêque m ‖ [chess] fou m.

bit 1 [bit] n morceau, bout m ‖ TECHN. mèche f.

bit 2 → BITE*.

bitch [bitʃ] n chienne f ‖ garce f (woman).

bite* [bait] v mordre; [flea] piquer ‖ ~ one's nails, se ronger les ongles • n morsure f; coup m de dent; piqûre f.

biting a vif (air).

bitten ['bitn] → BITE*.

bitter ['bitə] a amer (food) ‖ glacial (wind) ‖ cruel (remorse).

bitterly av amèrement.

bitterness n amertume f ‖ rigueur f.

black [blæk] a noir ‖ ~ *ice*, verglas m ‖ COMM. ~ *market*, marché noir ● n noir n ● v noircir (blacken) ‖ cirer (shoes).

blackberry n mûre f.

blackbird n merle m.

blackboard n tableau noir.

black-currant n cassis m.

blacken v noircir.

blacking n cirage noir.

blackleg n jaune m, briseur m de grève (strike-breaker).

blackmail n faire du chantage.

black-mailer n maître-chanteur m.

blackness n noirceur f.

blackout n blackout m ‖ panne f d'électricité ‖ trou m de mémoire.

blade [bleid] n [knife] lame f.

blame [bleim] n blâme m, reproches mpl ; *put the ~ on*, donner tort à qqn ● v blâmer ; ~ *sb for sth*, reprocher qqch à qqn.

blameless a irréprochable.

bland [blænd] a doux.

blank [blæŋk] a vide ; nu ‖ en blanc (cheque) ● n blanc, vide m.

blanket ['blæŋkit] n couverture f ; *electric* ~, couverture chauffante.

blast [blɑːst] n rafale f, coup m de vent ● v faire sauter.

blaze [bleiz] n flambée, flamme f ‖ feu m (conflagration) ● v flamber, flamboyer.

bleach [bliːtʃ] v blanchir (whiten) ‖ décolorer (hair) ; *have*

one's hair ~ed, se faire faire une décoloration.

bleak [bliːk] a battu par les vents, désolé (land) ‖ glacial (cold).

bleat [bliːt] v bêler ; chevroter.

bled [bled] → BLEED*.

bleed * [bliːd] v saigner ; ~ *at the nose*, saigner du nez.

bleeding n saignement m.

blemish ['blemiʃ] n défaut m, tare f.

blend * [blend] v mélanger (with, à) ● n mélange m.

bless * [bles] v bénir.

blessed [-id] or **blest** [blest] a béni ; *Blessed Virgin*, Sainte Vierge ‖ bienheureux.

blessing n bénédiction f (of God) ‖ FIG. chance f.

blest → BLESS* et BLESSED.

blew [bluː] → BLOW*.

blind 1 [blaind] a aveugle ; *a* ~ *man/woman*, un/une aveugle ; ~ *in one eye*, borgne ‖ AV. ~ *flying*, vol m sans visibilité ● v aveugler.

blind 2 n [window] store m.

blindfold v bander les yeux ● av les yeux bandés.

blinding a aveuglant.

blindly av à l'aveuglette.

blindman's buff [-bʌf] n colin-maillard m.

blindness n cécité f ‖ FIG. aveuglement m.

blink [bliŋk] v cligner des yeux ‖ [light] clignoter.

blinkers npl œillères fpl ‖ AUT., US clignotant m.

bliss [blis] n′ béatitude, félicité f.

blissful a bienheureux.

blister ['blistə] n ampoule f (on skin) • v cloquer.

blizzard ['blizəd] n tempête f de neige.

bloated [bləutid] a enflé, boursouflé.

bloater n hareng m saur.

block [blɔk] n bloc m (of rock) ‖ pâté m de maison (street) ; ~ of flats, immeuble m ‖ in ~ letters, en caractères d'imprimerie • v obstruer, barrer ‖ se bloquer.

blocked [-t] a TEL. encombré.

blockhead n imbécile, crétin n.

bloke [bləuk] n SL. mec m (arg.).

blood [blʌd] n sang m ‖ in cold ~, de sang-froid.

blood-bank n banque f du sang.

blood-group n groupe sanguin.

bloodless a exsangue.

blood-pressure n tension artérielle.

bloody a SL. sacré ; foutu (vulg.) ‖ emmerdant (vulg.) [annoying].

bloom [blu:m] n fleur, floraison f • v fleurir, s'épanouir.

blooming a fleuri ‖ FIG. florissant.

blossom ['blɔsəm] n fleur f • v fleurir, s'épanouir.

blot [blɔt] n pâté m (of ink) ‖

tache f • v tacher (stain) ; sécher (dry).

blotting-paper n buvard m.

blouse [blauz] n chemisier m.

blow 1 [bləu] n coup m.

blow* 2 v (wind) souffler ‖ ~ one's nose, se moucher ‖ ELECTR. (bulb) griller ; [fuse] sauter ; faire sauter (fuse) ‖ ~ out, souffler (candle) ; [tyre] éclater ; ‖ ~ up, exploser ; faire sauter, dynamiter (tyre) ; gonfler (tyre) ; [photo] agrandir.

blown [bləun] → BLOW*.

blue [blu:] a bleu ‖ FIG. feel ~, avoir le cafard ‖ Pl : have the ~s, broyer du noir.

bluff [blʌf] n bluff m ; chiqué m (fam.) • v bluffer.

blunder ['blʌndə] n gaffe f.

blunt [blʌnt] a émoussé ; épointé (point) • v émousser, épointer.

bluntly av carrément.

blur [blə:] v brouiller, estomper (view).

blush [blʌʃ] v (person) rougir • n rougeur f.

board [bɔ:d] n planche f ‖ table, pension f ‖ comité, conseil m d'administration ; ~ of examiners, jury m ‖ NAUT. bord m ; go on ~, embarquer, monter à bord ‖ ~ monter à bord (ship) ; monter dans (bus) ‖ être en pension (with, chez).

boarder n [school] pensionnaire n.

boarding-house n pension f (de famille).

boarding-school n internat m.

boast [bəust] v se vanter ‖ être fier de posséder • n vantardise f.

boastful a vantard.

boat [bəut] n bateau m ; canot m (small).

boating n SP. canotage m.

bobby ['bɔbi] n COLL. flic m (fam.).

bodily ['bɔdili] a corporel, physique • av corporellement ‖ en personne.

body ['bɔdi] n corps m ‖ [dead] cadavre m ‖ AUT. carrosserie f.

body-builder n culturiste m.

body-guard n garde m du corps.

bog [bɔg] n marais m.

bogus ['bəugəs] a faux.

boil [bɔil] n ébullition f; bring to the ~, porter à l'ébullition • v (faire) bouillir ; ~ing hot, bouillant ‖ ~ over, [milk] se sauver, [water] déborder ‖ faire cuire à l'eau ; ~ed egg, œuf m à la coque.

boiler n chaudière f.

boiler-suit n bleus mpl de chauffe.

boisterous ['bɔistrəs] a bruyant, turbulent.

bold [bəuld] a audacieux, hardi ‖ impudent.

boldly av hardiment ‖ effrontément.

boldness n audace f ‖ effronterie f.

bolster ['bəulstə] n traversin m.

bolt [bəult] n boulon m (pin) ‖ [door] verrou m • v verrouiller (door).

bomb [bɔm] n bombe f • v bombarder.

bomber n AV. bombardier m.

bond [bɔnd] n lien m, attache f.

bone [bəun] n os m • v désosser (meat) ; enlever les arêtes de (fish).

bone idle a COLL. flemmard n (fam.).

bonfire ['bɔn,faiə] n feu m de joie/de jardin.

bonnet ['bɔnit] n AUT. capot m.

boo [bu:] v huer, conspuer.

book [buk] n livre m ; cahier m (copybook) ‖ carnet m (of tickets, stamps) ‖ pochette f (of matches) ‖ keep ~s, tenir la comptabilité • v louer, réserver, retenir (seats) ; ~ed up, complet ‖ ~ through to, prendre un billet direct pour.

book-case n bibliothèque f.

booking n réservation f.

booking-office n guichet m (des billets).

book-keeper n comptable n.

book-keeping n comptabilité f.

bookseller n libraire n ; second-hand ~, bouquiniste n.

book-shelf n rayon m.

book-shop, book-store n librairie f.

book-stall, book-stand n

bibliothèque f de gare, kiosque m à journaux.

boom [buːm] n COMM. prospérité f; forte hausse.

boon [buːn] n avantage m.

boost [buːst] v ELECTR. survolter.

booster n survolteur m ‖ RAD. amplificateur m ‖ MED. (injection f de) rappel m ‖ ASTR. ~(rocket), fusée f auxiliaire.

boot [buːt] n botte, bottine, chaussure (montante) ‖ AUT. coffre m.

booth [buːð] n baraque (foraine) ‖ (polling-)~, isoloir m ‖ cabine f (téléphonique).

boot-maker n bottier m.

booze [buːz] n COLL. boisson (alcoolisée).

border ['bɔːdə] n (lake) bord m; [wood] lisière f ‖ frontière f (limit) ● v border, longer ‖ ~ on, être limitrophe de.

bore 1 [bɔː] → BEAR*.

bore 2 v ennuyer ● n raseur m (person); corvée f (thing).

boredom ['dəm] n ennui m.

boring [-riŋ] a ennuyeux.

born [bɔːn] pp → BEAR* 2 ‖ be ~, naître.

borne → BEAR* 2.

borrow ['bɔrəu] v emprunter (from, à).

boss [bɔs] n patron m ● v régenter, mener.

botanic(al) [bə'tænik(l)] a botanique.

botanize ['bɔtənaiz] v herboriser.

botany [-i] n botanique f.

both [bəuθ] a les deux ● pr tous (les deux, l'un et l'autre; ~ of us, nous deux ● av à la fois, aussi bien.

bother ['bɔðə] n tracas, souci m ● v importuner ‖ embêter; se tracasser; se donner la peine de.

bottle ['bɔtl] n bouteille f, flacon m; carafe f (for water); (feeding) ~, biberon m.

bottom ['bɔtəm] n fond m ‖ [dress, page] bas m ‖ derrière m (fam.) [buttocks].

bough [bau] n rameau m, branche f.

bought [bɔːt] → BUY*.

boulder ['bəuldə] n rocher m.

bounce [bauns] n bond, rebond m ● v [ball] rebondir ‖ faire rebondir.

bound 1 [baund] pp → BIND* ‖ lié; relié ‖ FIG. obligé (compelled).

bound 2 a : ~for, en partance pour; à destination de.

bound 3 n bond m (jump) ● v bondir.

bound 4 n (usu pl) limite(s) f(pl) ● v borner, limiter.

boundary [-ri] n limite f.

boundless a illimité, sans borne.

bout [baut] n accès m ‖ MED. attaque f; (coughing ~, quinte f de toux; ~ of fever, accès m de fièvre.

bow 1 [bəu] n arc m (weapon) ‖ MUS. archet m ‖ [ribbon] nœud m.

bow 2 [bau] n salut m • v s'incliner, saluer.

bowl 1 [bəul] n bol m ‖ [pipe] fourneau m.

bowl 2 n SP. boule f.

bowler ['bəulə] n : ~-(hat), (chapeau) melon m.

bowling ['bəuliŋ] n jeu m de boules.

bow-tie n nœud m papillon.

box 1 [bɔks] n boîte f; coffre m ‖ caisse f ‖ malle f (trunk) ‖ P.O. ~, boîte postale ‖ TH. loge, baignoire f.

box 2 n : ~ on the ear, claque, gifle f • v boxer.

boxer n boxeur m.

boxing n boxe f.

box-office n bureau m de location.

boy [bɔi] n garçon m (lad) ‖ fils m (son) ‖ boy m (servant) ‖ old ~, ancien élève ‖ ~ friend, flirt m.

boycott ['bɔikət] n boycottage m • v boycotter.

boyhood n enfance, adolescence f.

bra [brɑ:] n soutien-gorge m.

brace [breis] n attache, agrafe f (fastener) ‖ Pl bretelles fpl.

bracing a vivifiant.

bracket ['brækit] n console f, bras m (support) ‖ [printing] parenthèse f, crochet m.

brag [bræg] n se vanter (of, de).

braid [breid] n tresse, natte f.

brain [brein] n cerveau m ‖ Pl cervelle f.

brake [breik] n frein m; put

the ~ on, mettre le frein • v freiner.

brake light n AUT. stop m.

bramble [bræmbl] n ronce f.

bran [bræn] n [wheat] son m.

branch [brɑ:nʃ] n branche f ‖ COMM. succursale f.

brand [brænd] n brandon, tison m (fire) ‖ COMM. marque f • v : ~ed goods, produits mpl de marque.

brand-new a flambant neuf.

brandy [brændi] n alcool m, eau-de-vie f.

brass [brɑ:s] n cuivre jaune, laiton m.

brave [breiv] a brave, courageux • v braver, défier.

bravery [-ri] n bravoure f, courage m.

brawl [brɔ:l] n bagarre f.

breach [bri:tʃ] n brèche f ‖ FIG. infraction f.

bread [bred] n pain m; brown ~, pain bis; ~ and butter, tartines fpl de beurre.

breadth [bredθ] n largeur f.

breadthwise av dans le sens de la largeur.

break* [breik] v casser, briser; ~ to pieces, mettre en pièces ‖ ~ open, fracturer (safe); forcer (door) ‖ violer, enfreindre (law); ~ an appointment, faire faux bond ‖ ~ the news to sb, apprendre une nouvelle à qqn; ~ a record, battre un record ‖ se casser, se briser ‖ [day] poindre ‖ ~ down, abattre ‖ [plan] échouer; FIG. tomber malade;

AUT. tomber en panne ‖ ∼ **even**, rentrer dans ses frais ‖ ∼ **in**, entrer par effraction; enfoncer (door) ‖ ∼ *into song*, entonner une chanson ‖ ∼ **out**, (fire, storm, war) éclater; [disease] se déclarer ‖ ∼ **up**, [crowd] se disperser ; [school] entrer en vacances • n rupture *f* ‖ pause *f*, repos m ‖ [school] récréation *f*.

breakable a fragile.

breakage [-idʒ] n casse *f*.

break-down n AUT. panne *f*; MED. dépression nerveuse.

breakfast ['brekfəst] n petit déjeuner • v prendre le petit déjeuner.

breaking n rupture *f*.

breast [brest] n poitrine *f*, sein, m.

breast-feed* v nourrir au sein.

breast-pocket n poche intérieure.

breast-stroke n SP. brasse *f*.

breath [breθ] n haleine *f*, souffle m; *out of* ∼, hors d'haleine.

breathalyzer [-əlaizə] n : *take a* ∼ *test*, subir un alcootest.

breathe [bri:ð] v respirer ‖ ∼ *in*, aspirer; ∼ *out*, expirer.

breathless a hors d'haleine; *make* ∼, essouffler.

bred [bred] → BREED*.

breeches ['britʃiz] npl culotte *f*.

breed* [bri:d] v [animals] se reproduire ‖ élever, éduquer

(children) ‖ AGR. faire l'élevage de • n ZOOL. race *f*.

breeding n AGR. élevage m ‖ FIG. éducation *f*.

breeze [bri:z] n brise *f*.

brew [bru:] v brasser (ale) ‖ faire infuser (tea).

brewery ['bruəri] n brasserie *f*.

bribe [braib] n pot de vin m • v corrompre.

brick [brik] n brique *f*.

bricklayer ['-'leə] n maçon m.

bride [braid] n (jeune) mariée.

bridegroom n jeune marié.

bridesmaid ['braidzmeid] n demoiselle *f* d'honneur.

bridge [bridʒ] n pont m ‖ [dentistry] bridge m ‖ [cards] bridge m; *play* ∼, jouer au bridge.

bridle ['braidl] n bride *f* (harness).

brief [bri:f] a bref, court.

briefcase n serviette *f*.

briefly av brièvement.

briefs [bri:fs] npl slip m.

bright [brait] a brillant, lumineux ‖ clair (day) ‖ gai (colours) ‖ intelligent, brillant (mind).

brighten v faire briller ‖ ∼ (up), raviver (colours) ‖ [sky] s'éclaircir ‖ FIG. égayer.

brightly av brillamment.

brightness n éclat m, clarté *f* ‖ FIG. vivacité *f*; intelligence *f*.

brim [brim] n bord m • v : ∼ *over*, déborder.

bring* [briŋ] v amener (sb); apporter (sth) ‖ ∼ *sth to mind*, rappeler à la mémoire ‖ ~ **about**, occasionner, provoquer ‖ ~ **back**, ramener (sb), rapporter (sth) ‖ ~ **down**, abattre (sb, sth) ‖ ~ **forward**, avancer (meeting) ‖ ~ **in**, faire entrer; rapporter (interest) ‖ ~ **on**, provoquer, causer ‖ ~ **out**, mettre en lumière ‖ MED. ~ **round**, ranimer ‖ ~ **up**, élever (animals, children).

brink [brɪŋk] n bord m.

brisk [brisk] a vif, alerte.

briskly av vivement.

bristle [ˈbrisl] n [beard, brush] poil m; [boar] soie f • v se hérisser.

Britain [ˈbritn] n Grande-Bretagne.

British a britannique.

Brittany [ˈbritəni] n Bretagne f.

brittle [ˈbritl] a fragile.

broad [brɔːd] a large, vaste (wide) ‖ prononcé (accent) ‖ grossier (story).

broadcast n radiodiffusion, émission f • v* radiodiffuser ‖ ~**ing station**, poste émetteur, station f de radio.

broaden v élargir.

broadly av largement.

broil [brɔil] n grillade f • v griller.

broke [brəuk] → BREAK* ‖ a SL. fauché (fam.).

broken [ˈbrəukn] → BREAK* • a brisé ‖ entrecoupé (sleep, words) ‖ délabré (health) ‖ mauvais (English).

broken-down a TECHN., AUT. en panne.

broker [ˈbrəukə] n FIN. courtier m.

bronchitis [brɔŋˈkaitis] n bronchite f.

bronze [brɔnz] n bronze m.

brooch [brəutʃ] n broche f.

brook [bruk] n ruisseau m.

broom [brum] n balai m.

broom-stick n manche m à balai.

broth [brɔθ] n bouillon, potage m.

brother [ˈbrʌðə] n frère m.

brother-in-law [-rinlɔː] n beau-frère m.

brotherly a fraternel.

brought [brɔt] → BRING*.

brown [braun] a brun (colour) ‖ marron (leather) ‖ ~ **paper**, papier m d'emballage ‖ CULIN. bis (bread); ~ **sugar**, sucre roux • v brunir ‖ CULIN. faire revenir.

bruise [bruːz] n contusion f • v contusionner, meurtrir.

brush [brʌʃ] n brosse f ‖ coup m de brosse (act) ‖ ARTS pinceau m • v brosser ‖ frôler (touch) ‖ ~ **up**, rafraîchir (one's English).

brush-up n coup m de brosse.

Brussels [ˈbrʌslz] n Bruxelles ‖ ~ **sprouts**, choux mpl de Bruxelles.

brutal [ˈbruːtl] a brutal.

bubble [ˈbʌbl] n bulle f • v bouillonner.

buck [bak] n [deer] mâle m ‖ US, SL. dollar m • v : ~ **up**,

remonter le moral, ragaillardir.

bucket ['bʌkit] n seau m.

buckle ['bʌkl] n boucle f ● v boucler ‖ voiler (wheel).

buckskin ['bʌkskin] n peau f de daim.

bud [bʌd] n bourgeon m ● v bourgeonner.

budding a FIG. en herbe.

budgerigar ['bʌdʒəriga:] n perruche f.

budget ['bʌdʒit] n budget m.

buffer ['bʌfə] n RAIL. tampon m ‖ US pare-chocs m.

buffet ['bufei] n buffet m (counter).

buffet-car n RAIL. voiture-buffet f.

bug [bʌg] n [= bedbug] punaise f ‖ US insecte m ; bestiole f (fam.) ‖ COLL. micro espion m.

bugle ['bju:gl] n clairon m.

build* [bild] v bâtir, construire ● n carrure, taille f.

builder n ARCH. entrepreneur m.

building n ARCH. construction f (act) ‖ édifice, immeuble m.

built [bilt] pp → BUILD* ‖ bâti, well ∼, bien bâti.

built-in a incorporé.

built-up a : ∼ area, agglomération (urbaine).

bulb [bʌlb] n ELECTR. ampoule f.

bulging ['bʌldʒiŋ] a bombé ; gonflé (pocket).

bulk [bʌlk] n masse f, volume m ; in ∼, en gros, en vrac.

bulky a corpulent (person) ; volumineux (thing).

bull [bul] n taureau m ‖ [elephant] mâle m.

bulldozer ['bul,douzə] n bulldozer m.

bullet ['bulit] n balle f.

bulletin ['bulitin] n bulletin, communiqué m.

bulletin-board n panneau m d'affichage.

bullet-proof a pare-balles.

bully ['buli] v persécuter ; malmener.

bum [bʌm] n US, SL. clochard m.

bump [bʌmp] n coup, choc m ‖ bosse f (swelling) ‖ [road] cahot m ● v : ∼ against, heurter ‖ ∼ along, (car) cahoter ‖ COLL. ∼ into, rencontrer (par hasard), tomber sur.

bumper n AUT. pare-chocs m.

bumpy a cahoteux ; défoncé (road).

bun [bʌn] n CULIN. petit pain au lait ‖ [hair] chignon m.

bunch [bʌnʃ] n [flowers] bouquet m ; [grapes] grappe f ; [keys] trousseau m ‖ v mettre en bouquet ‖ ∼ up, se tasser, se serrer.

bundle ['bʌndl] n [clothes] paquet m ; [papers] liasse f ‖ v : ∼ in, entasser ; fourrer.

bungalow ['bʌŋgələu] n bungalow m.

bungle ['bʌŋgl] v bâcler.

bunk [bʌŋk] n RAIL., NAUT. couchette f.

buoy [bɔi] n bouée f.

buoyant a FIG. plein d'entrain.

burden ['bə:dn] n MUS. refrain m.

bureau ['bjuərəu] n bureau m; service m (office).

burglar ['bə:glə] n cambrioleur n.

burglary [-ri] n cambriolage m.

burgundy n [wine] bourgogne m.

burial ['beriəl] n enterrement m.

burly ['bə:li] a corpulent.

burn* ['bə:n] v brûler ‖ ~ **down**, incendier.

burning a brûlant, enflammé ● n CULIN. brûlé m.

burnt [bə:nt] → BURN*.

burrow ['bʌrəu] n terrier m.

bursar ['bə:sə] n économe m (treasurer).

burst* [bə:st] v [bomb] éclater, exploser ‖ [cloud, bubble] crever ‖ [abscess] percer ‖ FIG. ~ **in**, faire irruption; ~ **into** tears, fondre en larmes ‖ ~ **out** [person] s'exclamer; ~ **out** laughing, éclater de rire ● n explosion f.

bury ['beri] v enterrer; ensevelir ‖ enfouir.

bus [bʌs] n autobus m; [long distance] (auto)car m.

bush [buʃ] n buisson m (shrub); [Africa] brousse f.

bushy a broussailleux, touffu.

business ['biznis] n rôle m; mind your own ~, occupez-vous de vos affaires ‖ COMM.

affaires fpl; set up in ~, s'établir ‖ do ~ with sb, faire des affaires avec qqn ‖ ~ hours, heures fpl d'ouverture ‖ affaire, entreprise f (firm).

businessman n homme m d'affaires.

busk [bʌsk] v COLL. faire la manche (fam.).

busman ['bʌsmən] n conducteur m d'autobus.

bust 1 n buste m, poitrine f.

bust 2 a COLL. fichu, foutu (fam.) ● n : have a ~, faire la bringue (fam.) ‖ v COLL. bousiller (fam.) ‖ SL. ~ **up**, s'engueuler (fam.).

bus-stop n arrêt m d'autobus.

bustle ['bʌsl] v s'affairer.

bust-up n SL. engueulade (fam.).

busy ['bizi] a occupé (person) ‖ animé (street) ‖ chargé (day) ‖ TEL. occupé ● v : ~ o.s. with, s'occuper à.

but [bʌt] c/av/p [coordinating] mais; [subordinating] que, si ce n'est que; sans que ‖ seulement, ne...que ‖ sauf, excepté; the last ~ one, l'avant-dernier ‖ ~ for, sans ‖ ~ for me, sans moi, si je n'avais pas été là.

butane ['bju:tein] n butane m.

butcher ['butʃə] n boucher m; ~'s (shop), boucherie f.

butler ['bʌtlə] n maître m d'hôtel; ~'s pantry, office m.

butter ['bʌtə] n beurre m ● v beurrer.

butter-dish n beurrier m.

butterfly n papillon m.

butterfly-stroke n brasse f papillon.

butter-scotch n caramel m.

buttock ['bʌtək] n fesse f.

button ['bʌtn] n bouton m • v (se) boutonner.

buttonhole n boutonnière f.

buxom ['bʌksəm] a potelé.

buy* [bai] v acheter || ~ **back**, racheter • n : a good ~, une (bonne) affaire.

buyer n acheteur m.

buzz [bʌz] n bourdonnement m || SL. give a ~, donner un coup de fil (fam.) • v (insects) bourdonner || TEL., COLL. appeler.

buzzer n vibreur m.

by [bai] p [agency, means] par ; ~ **boat**, par bateau || [manner] à, de, selon ; ~ **your watch**, à votre montre || ~ **o.s.**, seul || [way] par ; ~ **Dover**, par Douvres || [measure] ~ **the pound**, à la livre ; 10 feet ~ 20 feet, 10 pieds sur 20 || [time] pendant ; ~ **night**, de nuit ; avant ; pour (not later than) ; av près || [past] go ~, passer || [store] put some money ~, mettre de l'argent de côté.

bye-bye ['baibai] interj COLL. au revoir !

by-law n arrêté m.

by-pass n AUT. déviation f ; périphérique m • v contourner, éviter.

C

c [si:] n MUS. do, ut m.

cab [kæb] n taxi m.

cabbage ['kæbidʒ] n chou m.

cabin ['kæbin] n cabane f (shed) || NAUT. cabine f || AV. carlingue f.

cabinet ['kæbinit] n meuble m à tiroirs || POL. cabinet m.

cabinet-maker n ébéniste m.

cable ['keibl] n câble m (rope) || TEL. câble m • v TEL. câbler.

cable-car n télébenne f.

cable-railway n funiculaire m.

cable TV n télédistribution f.

cable-way n téléphérique m.

cabman ['kæbmən] n chauffeur m de taxi.

cab-rank, cab-stand n station f de taxis.

caddy ['kædi] n boîte f à thé.

cadet [kə'det] n élève-officier m.

café ['kæfei] n restaurant m.

cafeteria ['kæfi'tiəriə] n cafétéria f, libre-service m.

caffeine ['kæfi:n] n caféine f.

cage [keidʒ] n cage f.

cake [keik] n gâteau m.

calculate ['kælkjuleit] v calculer.

calcu'lation n calcul, compte m.

calculator n calculatrice f.

calendar ['kælɪndə] n calendrier m.

calf 1 [kɑːf] (Pl **calves** [-vz]) n ZOOL. veau m.

calf 2 (Pl **calves**) n mollet m.

call [kɔːl] v appeler ; crier (shout) ‖ appeler, nommer (sb, sth) ‖ réveiller ‖ [cards] annoncer ‖ TEL. appeler ; ~ **at**, passer chez ; ~ **back**, rappeler ; ~ **in**, faire venir (doctor) ; ~ **off**, annuler ; ~ **on**, passer voir (qqn) ; ~ **over**, faire l'appel ; ~ **up**, téléphoner ; évoquer (memory), mobiliser (troops) • n cri m ‖ appel m ‖ TEL. appel m ; *make a phone* ~ *(to sb)*, donner un coup de téléphone (à qqn) ‖ [cards] annonce f ‖ NAUT. escale f ‖ REL. vocation f.

call-box n cabine f téléphonique.

caller n visiteur n ‖ TEL. demandeur n.

calling n vocation f.

calm [kɑːm] v calmer ; ~ *down*, (se) calmer • a/n calme (m).

calorie ['kæləri] n calorie f.

calvary ['kælvəri] n calvaire m.

calves → CALF 1 ET 2.

cam [kæm] n came f.

came [keim] → COME*.

camel ['kæml] n chameau m.

camera ['kæmrə] n appareil (-photo) m ‖ *(film/movie-)*~, caméra f.

cameraman n cameraman, cadreur m.

camp [kæmp] n camp, campement m • v : ~ *(out)*, camper.

campaign [-'pein] n FIG. campagne f • v faire campagne.

camp-bed n lit m de camp.

camping n camping m.

campsite n terrain m de camping.

cam-shaft n arbre m à cames.

can 1 [kæn] n bidon m ‖ boîte f de conserve (tin) • v mettre en conserve.

can* 2 [kæn, kən] neg. **cannot** ['kænɔt], **can't** [kɑːnt] mod aux : [ability] ~ *you lift this box ?*, pouvez-vous soulever cette caisse ? ; ~ *you swim ?*, savez-vous nager ? ‖ [permission] *you* ~ *go now*, vous pouvez partir maintenant ‖ [possibility] *he* ~ *be there now*, il doit y être maintenant ‖ → COULD.

Canada ['kænədə] n Canada m.

Canadian [kə'neidjən] a/n canadien (n).

canal [kə'næl] n canal m.

cancel ['kænsl] v annuler (order) ; décommander (invitation).

cancellation n annulation f.

candidate ['kændidit] n candidat n.

candidature [-it/ə] n candidature f.

candied fruit ['kændi-] n fruits confits.

candle [kændl] n : (wax-), bougie f ‖ (church) cierge m.

candlestick n bougeoir m.

candy ['kændi] n US bonbon m.

cane [kein] n canne f (walking stick).

cane-sugar n sucre m de canne.

cannot → CAN* 2.

canoe [kə'nu:] n canoë m.

can-opener n ouvre-boîtes m.

can't → CAN* 2.

canteen [kæn'ti:n] n cantine f.

canter ['kæntə] n petit galop.

canvas ['kænvəs] n ARTS, [tent] toile f.

cap [kæp] n casquette f (peaked) ‖ [fountain pen] capuchon m ‖ AUT. bouchon m ‖ MED. (Dutch)~, diaphragme m (contraceptive).

capable ['keipəbl] a capable (of, de) ‖ compétent.

capacity [kə'pæsiti] n capacité, contenance f.

cape 1 [keip] n [garment] cape, pèlerine f.

cape 2 n GEOGR. cap m.

capital ['kæpitl] n capitale f (city) ‖ majuscule f (letter) ‖ FIN. capital m.

capitalism ['kæpitəlizm] n capitalisme m.

capitalist [-ist] a/n capitaliste (n).

capsize [kæp'saiz] v (faire) chavirer.

capsule ['kæpsju:l] n MED. capsule, gélule f.

captain ['kæptin] n capitaine m.

caption ['kæp∫n] n titre, sous-titre m ‖ [drawing] légende f.

captivate ['kæptiveit] v captiver.

car [ka:] n voiture, auto f ‖ RAIL. wagon m, voiture f.

caravan ['kærəvæn] n AUT. caravane f ‖ [gipsy] roulotte f.

carbon ['ka:bən] n carbone m ; ~ dioxide, acide m carbonique ; ~ monoxide, oxyde m de carbone ; ‖ ~(paper), papier m carbone ; ~(copy), double m.

carburettor [‚ka:bju'retə] n carburateur m.

card [ka:d] n carte f ‖ (visiting-)~, carte f (de visite) ‖ (playing-)~, carte f à jouer ; play ~s, jouer aux cartes ; have a game of ~s, faire une partie de cartes.

cardboard n carton m.

cardigan ['ka:digən] n cardigan m.

care [kɛə] n attention f ‖ soin m, précaution f ‖ charge, responsabilité f ; [letter] ~ of (abbr. c/o), aux bons soins de, chez ‖ take ~ of, prendre soin de, s'occuper de ; take ~ that, veiller à ce que ‖ [anxiety] ~ (anxiety) ● v se soucier (about, de) ; I don't ~, cela m'est égal ; I couldn't ~ less, je m'en fiche || ∼ **(for)**, aimer (like) ; avoir envie de ; s'occuper de (sb) ; soigner (invalid).

career [kə'riə] n carrière f.

careful a soigneux || prudent || attentif.

carefully av soigneusement ; prudemment.

careless a insouciant || ∼ mistake, faute f d'inattention || négligent.

carelessly av négligemment.

carelessness n insouciance, négligence f || imprudence f.

care-taker n gardien m, concierge n.

cargo ['kɑːgəu] n cargaison f ; fret m.

cargo-boat n cargo m.

caries ['kɛəriːz] n sing carie f.

carnival ['kɑːnivl] n carnaval m.

carpenter ['kɑːpintə] n charpentier m ; US menuisier m.

carpet ['kɑːpit] n tapis m ; (fitted) ∼, moquette f.

carriage ['kærid3] n transport, port m ; ∼ free, franco (de port) ; ∼ paid, port payé || voiture f (vehicle) || RAIL. voiture f, wagon m.

carriage-way n chaussée f.

carrier ['kæriə] n transporteur, camionneur m || [cycle] porte-bagages m.

carrier-pigeon n pigeon voyageur.

carrot ['kærət] n carotte f.

carry ['kæri] v porter || porter sur soi (money, watch, etc.) || transporter (load) || ∼ on,

continuer, poursuivre ; exercer (trade) ; COLL. avoir une liaison (with, avec) || ∼ out, exécuter (plan) ; mettre en pratique (theory).

cart [kɑːt] n charrette f ; voiture f à bras.

carton ['kɑːtən] n boîte f (en carton) ; [cigarettes] cartouche f.

cartoon [kɑː'tuːn] n dessin m humoristique || CIN. (animated) ∼, dessin animé.

cartridge ['kɑːtrid3] n cartouche f || PHOT. cartouche f, chargeur m || [record player] cellule f.

carve [kɑːv] v sculpter || CULIN. découper.

carving n CULIN. découpage m.

carving-knife n couteau m à découper.

case 1 [keis] n caisse f (box) || écrin m (casket) ; [glasses] étui m ; (suit-)∼, valise f || AUT. carter m.

case 2 n cas m ; in ∼, au cas où ; in any ∼, en tout cas ; in no ∼, en aucun cas || problème m || JUR. affaire f, procès m.

cash [kæʃ] n argent m liquide ; espèces fpl (money) ; pay ∼ down, payer comptant ● v toucher, encaisser (cheque).

cash-desk n caisse f.

cashier [kæ'ʃiə] n caissier n.

cask [kɑːsk] n tonneau m.

casket [-'it] n [jewels] coffret m.

cassette ['kæset] n PHOT.

chargeur m ‖ [tape] cassette f; ~ deck/recorder, magnétophone m à cassettes.

cast* [kɑːst] v jeter, lancer ‖ projeter (shadow, etc.) ‖ ~ **anchor**, jeter l'ancre ‖ ~ **away**, rejeter ‖ ~ **off**, se défaire de ● n [dice] coup m ‖ [fishing] lancer m ‖ TH., CIN. distribution f.

castaway n naufragé n.

caster ['kɑːtə] n saupoudreuse f.

caster-sugar n sucre m en poudre.

,cast-'iron fonte f.

castle ['kɑːsl] n château fort ‖ [chess] tour f ● v roquer.

cast-off a de rebut.

castor-oil ['kɑːstərɔil] n huile f de ricin.

casual [ə 'kæʒjuəl] a fortuit, accidentel ‖ à bâtons rompus (conversation) ‖ irrégulier (work) ‖ désinvolte, sans-gêne (manners, person) ‖ clothes for ~ wear, habits pour tout aller.

casually av par hasard ‖ avec désinvolture.

casualty n accident m ‖ MED. accidenté n ‖ Pl morts et blessés npl, victimes fpl.

cat [kæt] n chat n.

catalog(ue) ['kætəlɔg] n catalogue m, liste f.

catamaran [,kætəmə'ræn] n catamaran m.

catapult ['kætəpʌlt] n lance-pierre m inv.

catastrophe [kə'tæstrəfi] n catastrophe f.

catch* [kætʃ] v attraper, saisir (seize) ‖ capturer (trap) ‖ surprendre (sb) ‖ ~ **fire**, prendre feu ‖ MED. attraper; ~ **a cold**, prendre froid, s'enrhumer ‖ ~ **sb up** (~ up with sb), rattraper qqn (overtake) ‖ [fire] prendre ‖ CULIN. attacher ‖ COLL. ~ **on**, prendre (become popular) ● n prise, capture f ‖ [door] entrebâilleur m.

catching a contagieux.

catechism ['kætikizm] n catéchisme m.

cater ['keitə] v fournir des repas ‖ ~ **for**, satisfaire (tastes).

caterer [-rə] n fournisseur m.

caterpillar ['kætə,pilə] n chenille f.

cathedral [kə'θiːdrl] n cathédrale f.

catholic ['kæθəlik] a/n REL. catholique (n).

cat's eye ['kætsai] n [road] Cataphote m.

cattle ['kætl] n bétail m.

caught [kɔːt] → CATCH*.

cauliflower ['kɔliflauə] n chou-fleur m.

cause [kɔːz] n cause f, motif m, raison f ● v causer, provoquer, produire.

causeway n chaussée f.

caution ['kɔːʃn] n précaution, prudence f (wariness) ‖ avertissement m (warning) ● v avertir, mettre en garde.

cautious [-ʃəs] a prudent.

cautiously av prudemment.

cave [keiv] *n* caverne *f*; grotte *f*.

caviar ['kæviɑ:] *n* caviar *m*.

ceiling ['si:liŋ] *n* plafond *m*.

celebrate ['selibreit] *v* célébrer, fêter.

cele'bration *n* fête *f*.

celebrity [si'lebriti] *n* célébrité *f*.

cell [sel] *n* cellule *f*.

cellar ['-ə] *n* cave *f*, cellier *m*.

cellist ['tʃelist] *n* violoncelliste *n*.

cello [-əu] *n* violoncelle *m*.

cellophane ['seləfein] *n* [R] Cellophane *f*.

cement [si'ment] *n* ciment *m*.

cemetery ['semitri] *n* cimetière *m*.

cent [sent] *n* : *per* ~, pour cent.

centenarian [,senti'nεəriən] *n* centenaire *n*.

centenary [sen'ti:nəri] *a/n* centenaire (*m*).

centigrade ['sentigreid] *a* centigrade *m*.

'centi'metre *n* centimètre *m*.

central ['sentrl] *a* central ; ~ *heating*, chauffage central.

centre ['sentə] *n* centre *m* ; *off* ~, décentré • *v* centrer ‖ PHOT. cadrer.

centre-'forward *n* SP. avant-centre *m*.

century ['sentʃəri] *n* siècle *m*.

cereal ['siəriəl] *n* céréale *f*.

ceremony ['seriməni] *n* cérémonie *f*.

certain ['sə:tn] *a* [sure] certain, sûr; *make* ~, s'assurer

de ‖ [some] → EXTENT ‖ [not named] *on a* ~ *day*, un certain jour.

certainly *av* certainement.

certainty *n* certitude *f*.

certificate [sə'tifikit] *n* certificat *m*; *birth* ~, acte *m* de naissance.

certify ['sə:tifai] *v* certifier, déclarer ‖ COMM. garantir ‖ FIN. ~*ied cheque*, chèque certifié.

certitude [-itju:d] *n* certitude *f*.

cesspool ['sespu:l] *n* fosse *f* d'aisance.

chafe [tʃeif] *v* frotter (body) ‖ irriter, écorcher (skin).

chain [tʃein] *n* chaîne *f* • *v* enchaîner.

chain-saw *n* tronçonneuse *f*.

chain-store *n* magasin *m* à succursales multiples.

chair [tʃεə] *n* chaise *f*; (*arm-*)~, fauteuil *m*.

chair-lift *n* télésiège *m*.

chalet ['ʃælei] *n* chalet *m* ‖ [camp] bungalow *m*.

chalk [tʃɔ:k] *n* craie *f* • *v* marquer à la craie.

challenge ['tʃælinʒ] *n* défi *m* • *v* défier ‖ contester (question).

challenger *n* SP. challenger *m*.

chamber ['tʃeimbə] *n* POL. chambre *f* (parliament) ‖ JUR. ~ *of commerce*, chambre *f* de commerce.

chambermaid *n* femme *f* de chambre.

chamber-music n musique f de chambre.

champion [ˈtʃæmpjən] n champion n.

championship n championnat m.

chance [tʃɑːns] n hasard m; **by** ~, par hasard ‖ occasion f ‖ risque m • a fortuit, accidentel • v risquer ‖ arriver par hasard ‖ ~ **upon**, rencontrer par hasard.

change [tʃeinʒ] n changement m ‖ linge m de rechange ‖ FIN. monnaie f; **make** ~, faire de la monnaie (smaller units); **give** ~ **for**, rendre la monnaie (difference) • v changer de (clothes, places); ~ (**clothes**), se changer ‖ ~ **one's mind**, changer d'avis ‖ RAIL. changer de train ‖ MIL. relever (the guard) ‖ AUT. ~ **gear**, changer de vitesse.

changeable a variable (weather).

changing [ˈtʃeinʒiŋ] n MIL. relève f.

channel [ˈtʃænl] n canal m ‖ the (English) ~, la Manche f; ~ **Islands**, îles anglo-normandes ‖ TV chaîne f.

chap 1 [tʃæp] n gerçure, crevasse f.

chap 2 n COLL. type m; **old** ~!, mon vieux!

chapel [ˈtʃæpl] n chapelle f.

chaplain [ˈtʃæplin] n aumônier m.

chapter [ˈ-tə] n chapitre m.

char 1 [tʃɑː] v (se) carboniser, calciner.

char 2 n → CHARWOMAN.

character [ˈkæriktə] n caractère m ‖ réputation f ‖ certificat m, attestation f ‖ TH. personnage m ‖ [print] caractère m, lettre f.

characteristic a/n caractéristique (f).

charcoal [ˈtʃɑːkəul] n charbon m de bois.

charge [tʃɑːdʒ] n charge, responsabilité f; **put sb in** ~ **of**, charger qqn de ‖ FIN. prix m; **free of** ~, gratuit; **bank** ~s, agios mpl ‖ JUR. accusation f ‖ ELECTR. charge f • v charger (**with**, de) [entrust] ‖ [payment] demander un prix, faire payer ‖ ELECTR. charger.

charger n TECHN. chargeur m.

charity [ˈtʃæriti] n charité f.

charm [tʃɑːm] n charme m • v charmer.

charming a charmant.

chart [tʃɑːt] n carte marine ‖ graphique m ‖ diagramme m.

charter [ˈtʃɑːtə] n charte f ‖ AV. ~ **flight**, charter m • v AV. affréter.

chartered [ˈ-əd] a : ~ **accountant**, expert-comptable m.

charwoman [ˈtʃɑːˌwumən] n femme f de ménage.

chase [tʃeis] v chasser, poursuivre • n chasse, poursuite f.

chassis [ˈʃæsi] n châssis m.

chaste [tʃeist] a chaste, pur.

chastity ['tʃæstiti] n chasteté f.

chat [tʃæt] n : have a ~, faire un brin de causette • v causer, bavarder || COLL. ~ up, baratiner (girl) [arg.].

chatter n bavardage m • v [persons] papoter ; [teeth] claquer.

cheap [tʃi:p] a bon marché ; à prix réduit (ticket).

cheapen v baisser le prix de.

cheat [tʃi:t] v escroquer (swindle) ; frauder (customs) ; [cards] tricher ; [sex] ~ on, tromper • n escroc m (swindler) || [cards] tricheur n.

check 1 [tʃek] v vérifier || [chess] faire échec à || US mettre (coat, etc.) au vestiaire • ~ in, [hotel] arriver, s'inscrire à ; Av. se présenter à (l'enregistrement) || ~ out, [hotel] partir, régler sa note ; US retirer (baggage) || ~ up on, vérifier (sth) ; se renseigner sur (sb) • n contrôle m ; [chess] échec m || US bulletin m de consigne ; [restaurant] addition f.

check 2 n US → CHEQUE.

checkers ['tʃekəz] npl US jeu m de dames.

check-list n liste f de pointage.

checkmate v/n (faire) échec m et mat.

checkout n [self service] caisse f.

checkroom n US vestiaire m ; RAIL. consigne f.

check-up n contrôle m || MED. bilan m de santé.

cheek [tʃi:k] n joue f || FIG. toupet m.

cheeky a effronté.

cheer [tʃiə] v : ~ (up), réconforter, encourager ; acclamer, pousser des vivats ; ~ up, se réjouir ; reprendre courage.

cheerful a gai, de bonne humeur (person).

cheerfulness n gaieté f ; entrain m.

cheerless a morne, triste.

cheers [-z] npl acclamations fpl, vivats mpl || ~!, à la vôtre !

cheese [tʃi:z] n fromage m.

chemical ['kemikl] a chimique • n produit m chimique.

chemist n chimiste n ; pharmacien n ; ~'s shop, pharmacie f.

chemistry [-istri] n chimie f.

cheque [tʃek] n chèque m ; write a ~ for £ 50, faire un chèque de 50 livres.

cheque-book n carnet m de chèques.

cherry ['tʃeri] n cerise f.

cherry-tree n cerisier m.

chess [tʃes] n échecs mpl ; play ~, jouer aux échecs.

chess-board n échiquier m.

chess-man n pièce f ; pion m.

chest [tʃest] n poitrine f ; coffre m || ~ of drawers, commode f.

chestnut ['tʃesnʌt] n marron m ; châtaigne f • a châtain (hair).

chew [tʃuː] v mâcher.

chick [tʃik] n poussin m.

chicken [-in] n poulet m.

chicken-pox n varicelle f.

chicory [ˌtʃikəri] n [coffee] chicorée f ‖ [salad] endive f.

chief [tʃiːf] n chef m • a principal, essentiel.

chiefly av principalement.

chilblain [ˈtʃilblein] n engelure f.

child [tʃaild] (Pl **children** [ˈtʃildrən]) n enfant m ‖ **with ∼**, enceinte.

child-birth n accouchement m.

childhood n enfance f.

childish a enfantin, puéril.

chill [tʃil] n froid m ‖ MED. refroidissement m • v (se) refroidir.

chilly a froid ; frileux (person).

chime [tʃaim] n carillon m • v carillonner ; sonner.

chimney [ˈtʃimni] n cheminée f.

chimney-sweep n ramoneur m.

chin [tʃin] n menton m.

china 1 [ˈtʃainə] n porcelaine f.

China 2 n Chine f.

Chinese [ˌtʃaiˈniːz] a chinois • n Chinois n ‖ [language] chinois m.

chip [tʃip] n fragment m ‖ [poker] jeton m ‖ [computer] puce f ‖ Pl frites fpl • v ébrécher.

chiropodist [kiˈrɔpədist] n pédicure n.

chlorinate [ˈklɔrineit] v javelliser.

chlorophyll [ˈklɔrəfil] n chlorophylle f.

chock [tʃɔk] n cale f • v caler.

chocolate [ˈtʃɔklit] n chocolat m ; a **∼**, une crotte de chocolat.

choice [tʃɔis] n choix m • a de choix ; **∼est**, de premier choix.

choir [ˈkwaiə] n MUS., ARCH. chœur m.

choke [tʃəuk] v étouffer ; suffoquer ‖ obstruer • n AUT. starter m.

choose [tʃuːz] v choisir ; as you **∼**, à votre gré.

chop [tʃɔp] v couper, trancher • n CULIN. côtelette f.

choppy a agité, clapoteux (sea).

chopsticks [ˈtʃɔpstiks] npl baguettes fpl (for eating).

choral [ˈkɔːrl] a : **∼** society, chorale f.

chore [tʃɔː] n besogne quotidienne ‖ corvée f.

chorus [ˈkɔːrəs] n chœur m.

chorus-girl n TH. girl f.

chose(n) [ˈtʃəuz(n)] → CHOOSE *.

Christ [kraist] n Christ m.

christen [ˈkrisn] v baptiser.

christening n baptême m.

Christian [ˈkristʃən] a chrétien ‖ **∼** name, prénom m.

Christmas [ˈ-məs] n Noël m.

Christmas-tree n arbre m de Noël.

chronic ['krɔnik] *a* chronique.

chuckle ['tʃʌkl] *v* glousser, rire.

chunk [tʃʌŋk] *n* quignon *m* (of bread).

church [tʃɜːtʃ] *n* église *f*.

church-goer *n* pratiquant *n*.

churchman *n* ecclésiastique *m*.

church-tower *n* clocher *m*.

churchyard *n* cimetière *m*.

cicada [si'kɑːdə] *n* cigale *f*.

cider ['saidə] *n* cidre *m*.

cigar [si'gɑː] *n* cigare *m*.

cigarette [ˌsigə'ret] *n* cigarette *f*.

cigarette-case *n* étui *m* à cigarettes.

cigarette-holder *n* fume-cigarette *m*.

cinder ['sində] *n* cendre; *burnt to a* ~, carbonisé.

cinder-track *n* piste cendrée.

cine-camera ['sini'kæmrə] *n* caméra *f*.

cine-film *n* film *m*.

cinema [-mə] *n* cinéma *m* (art, theatre).

cine-projector *n* projecteur *m* de cinéma.

circle ['sɜːkl] *n* cercle *m* ● *v* encercler.

circuit ['sɜːkit] *n* circuit *m* ‖ SP. parcours *m*.

circuit-breaker *n* disjoncteur *m*.

circular ['sɜːkjulə] *a* circulaire.

circulate [-eit] *v* (faire) circuler.

circumference [sə'kʌmfrəns] *n* circonférence *f*.

circumstances ['sɜːkəmstænsiz] *npl* moyens *mpl*; *in bad/easy* ~, gêné/à l'aise ‖ circonstances *fpl*.

circus ['sɜːkəs] *n* cirque *m* ‖ [town] rond-point *m*.

cistern ['sistən] *n* réservoir *m*; *underground* ~, citerne *f*.

cite [sait] *v* citer.

citizen ['sitizn] *n* citadin *n* ‖ JUR. ressortissant, citoyen *n*.

city ['siti] *n* (grande) ville.

civics ['siviks] *npl* instruction *f* civique.

civil ['sivl] *a* civil, civique (rights); ~ *defence*, défense passive; ~ *service*, fonction publique; ~ *servant*, fonctionnaire *n*.

civilization [ˌsivilai'zeiʃn] *n* civilisation *f*.

civilize *v* civiliser.

clad [klæd] *a* vêtu.

claim [kleim] *n* réclamation *f*; *put in a* ~, faire une réclamation ● *v* réclamer, revendiquer.

clam [klæm] *n* palourde *f*.

clamber ['klæmbə] *v* grimper; ~ *over*, escalader.

clammy ['klæmi] *a* humide, moite.

clang [klæŋ] *v* retentir, résonner.

clap [klæp] *n* claquement *m* ● *v* applaudir.

claptrap *n* boniment, bobard *m*.

claret ['klærət] *n* [wine] bordeaux *m*.

clarinet [ˌklæri'net] n clarinette f.

clash [klæʃ] v (se) heurter ‖ FIG. être en désaccord ‖ [colours] jurer ‖ [invitations] ~ with, tomber le même jour que ● n choc, heurt m (métallique) ‖ FIG. conflit m.

clasp [klɑ:sp] n fermoir m ; boucle f ‖ étreinte f (with hands) ● v éteindre, serrer (sb's hand).

class [klɑ:s] n classe f ‖ RAIL. classe f ‖ [school] classe f, cours m ● v classer.

classification [ˌklæsifi'kei-ʃn] n classification f.

classify ['-fai] v classer, classifier.

class-mate n camarade n de classe.

class-room n salle f de classe.

claw [klɔ:] n griffe f.

clay [klei] n argile, glaise f.

clean [kli:n] a propre, net ‖ FIG. pur ● av complètement ● v nettoyer ; éplucher (salad) ‖ ~ one's shoes, faire ses chaussures ‖ ~ up, nettoyer à fond.

cleaner n teinturier n ; ~'s (shop), teinturerie f.

cleaning n nettoyage m ; dégraissage m ‖ ~ woman, femme f de ménage.

cleanliness ['klenlinis] n propreté, netteté f.

cleanly 1 ['klenli] a propre.

cleanly 2 ['kli:nli] av proprement.

clean-shaven a sans barbe (ni moustache).

clear [kliə] a clair, lumineux (bright) ‖ clair (easily heard/understood) ‖ transparent, limpide ‖ libre, dégagé (way) ‖ entier ; for two ~ days, pendant deux journées entières ● av distinctement ‖ à l'écart de ; keep ~ of, éviter ● v débarrasser ; ~ the table, débarrasser la table ‖ dégager, déblayer (way) ‖ franchir (leap over) ‖ [sky] se dégager ‖ [weather] s'éclaircir ‖ dédouaner (goods).

clearance ['-rns] n dégagement m (clear space) ‖ [customs] dédouanement m ‖ COMM. ~ sale, soldes mpl.

clearing ['-riŋ] n déblaiement m ‖ [weather] éclaircie f ‖ FIN. compensation f ; ~ house, chambre f de compensation.

clearly ['-li] av clairement.

clef [klef] n MUS. clef f.

clench [klenʃ] v serrer (one's fists).

clergyman ['klə:dʒimən] n ecclésiastique m ‖ pasteur m.

clerk [klɑːk] n employé n, commis m.

clever ['klevə] a intelligent ‖ habile (skilful).

cleverly av habilement ‖ intelligemment.

cliff [klif] n falaise f.

cliffroad n corniche f.

climate ['klaimit] n climat m.

climb [klaim] v : ~ (up), monter, grimper (stairs) ; gravir (slope) ; escalader (mountain) ‖ **~** *down*, descendre de ‖ COLL. **~** *down*, se dégonfler (fam.).

climber *n* grimpeur *m* ; alpiniste *m*.

climbing *n* ascension, escalade *f* ‖ SP. alpinisme *m*.

clinic ['klinik] *n* clinique *f*.

clip [klip] *n* attache *f* ‖ trombone *m* (for papers) ● *v* couper (hair).

clipper *n* tondeuse *f*.

clipping *n* US coupure *f* de journal.

cloak [kləuk] *n* cape *f*.

cloakroom *n* vestiaire *m* ‖ RAIL. consigne *f*.

clock [klɔk] *n* horloge, pendule *f* ● *v* chronométrer ‖ **~** *in/out*, pointer à l'arrivée/à la sortie.

clock-radio *n* radio-réveil *m*.

clock-wise *av* dans le sens des aiguilles d'une montre.

clockwork *n* mouvement d'horlogerie ‖ **~** *toy*, jouet *m* mécanique.

clog [klɔg] *v* boucher, engorger, obstruer (pipe).

close 1 [kləuz] *v* fermer, clore ‖ **~***ed circuit TV*, télévision *f* en circuit fermé ‖ RAD. **~** *down*, terminer l'émission ‖ **~** *in*, (days) raccourcir.

close 2 [kləus] *a* clos, fermé (shut) ‖ renfermé (air) ‖ lourd (weather) ‖ SP. **~** *season*, chasse/pêche fermée ‖ FIG. intime (friend) ● *av* étroitement

(tightly) ‖ **~** *by/to*, tout près de, à proximité de.

closely *av* étroitement, de près ; attentivement.

close-up *n* PHOT. gros plan.

cloth [klɔθ] *n* toile, étoffe *f* (fabric) ‖ torchon *m* (for cleaning).

clothe [kləuð] *v* habiller, vêtir.

clothes [kləuðz] *npl* habits, vêtements *mpl*.

clothes-peg, clothes-pin *n* pince *f* à linge.

cloud [klaud] *n* nuage *m* ‖ [mirror] buée *f* ● *v* couvrir (de nuages), voiler, assombrir ‖ embuer (with tears, de larmes) ‖ **~** *over*, se couvrir de nuages, se voiler.

cloudy *a* nuageux, couvert ‖ FIG. trouble (water).

clove [kləuv] *n* [garlic] gousse *f*.

clover ['kləuvə] *n* trèfle *m*.

clover-leaf *n* AUT. échangeur (tréflé).

club 1 [klʌb] *n* trèfle *m* (card).

club 2 *n* club *m* (society) ● *v* : **~** *together*, se cotiser.

clue [klu:] *n* FIG. fil conducteur ‖ [crosswords] définition *f*.

clumsy ['klʌmzi] *a* gauche, maladroit.

clung [klʌŋ] → CLING*.

cluster ['klʌstə] *n* [flowers] bouquet *m* ‖ [fruit] grappe *f*.

clutch [klʌtʃ] *n* étreinte *f* ‖ SP. prise *f* ‖ AUT. embrayage *m* ; *let in/out the* **~**, embrayer/débrayer ● *v* empoigner, saisir.

coach [kəutʃ] n RAIL. wagon m, voiture f ‖ AUT. autocar m ‖ SP. entraîneur m ‖ [school] répétiteur n • v SP. entraîner ‖ [school] donner des leçons particulières.

coal [kəul] n charbon m, houille f ‖ white ~, houille blanche.

coal-cellar n cave f à charbon.

coalman n charbonnier m.

coal-scuttle n seau m à charbon.

coarse [kɔːs] a grossier, rude (rough) ‖ grossier, vulgaire (crude).

coast [kəust] n côte f • v [cycling] descendre en roue libre.

coat [kəut] n manteau m ‖ couche f (of paint) • v couvrir, enduire.

coat-hanger n cintre m.

coax [kəuks] v cajoler ; amadouer.

cob [kɔb] n épi m (de maïs).

cobbler ['-] n cordonnier m.

cobweb ['kɔbweb] n toile f d'araignée.

cocaine [kə'kein] n cocaïne f.

cocaine-addict n cocaïnomane n.

cock [kɔk] n coq m ‖ [bird] mâle m ‖ TECHN. robinet m.

cockney ['kɔkni] a/n Londonien populaire ; cockney (m).

cockpit ['kɔkpit] n AV. habitacle, poste m de pilotage.

coco ['kəukəu] n : ~(-palm), cotiier m.

cocoa ['kəukəu] n cacao m.

coco-nut n noix f de coco.

cod [kɔd] n morue f.

code [kəud] n code m.

cod-liver n : ~ oil, huile f de foie de morue.

co-ed ['kəu'ed] n US, COLL. lycéenne (d'un lycée mixte).

co-educational ['kəu,-] a mixte (school).

coffee ['kɔfi] n café m ; black ~, café noir ; white ~, café crème.

coffee-bean n grain m de café.

coffee-mill n moulin m à café.

coffee-pot n cafetière f.

coffin ['kɔfin] n cercueil m.

coil [kɔil] n rouleau m (rope) ‖ MED. stérilet m • v (s') enrouler.

coin [kɔin] n pièce f de monnaie.

coincide [,kəin'said] v coïncider.

coincidence [kə'insidns] n coïncidence f.

coke [kəuk] n coke m.

col [kɔl] n GEOGR. col m.

colander ['kʌləndə] n passoire f.

cold [kəuld] a froid ; it is ~, il fait froid ‖ get ~, se refroidir ; be ~, avoir froid • n froid m ‖ MED. ~ in the head/on the chest, rhume m de cerveau/poitrine.

coldly av froidement.

collaborate [kə'læbəreit] v collaborer (to, à ; with, avec).

collapse [kə'læps] v s'effondrer, s'écrouler.

collapsible a pliant (table).

collar ['kɔlə] n col m ‖ [dog] collier m.

colleague ['kɔli:g] n collègue n ; confrère m.

collect [kə'lekt] v (se) rassembler (gather) ; ramasser (books) ‖ collectionner (stamps) ‖ percevoir (taxes) ‖ aller chercher, passer prendre (qqn) ‖ RAIL. prendre à domicile (luggage) ; ramasser (tickets) ● av : US, TEL. call ~, appeler en P.C.V.

co'llection n collection f (gathering) ‖ [mail] levée f ‖ REL. quête f.

collective a collectif.

collector n collectionneur n ‖ [taxes] percepteur m ‖ RAIL. contrôleur m.

college ['kɔlidʒ] n collège m universitaire.

collide [kə'laid] v se heurter, entrer en collision (with, avec).

collision [-iʒn] n collision f.

colloquial [kə'ləukwiəl] a familier, de la conversation.

colon ['kəulən] n GRAMM. deux-points mpl.

colonel ['kə:nl] n colonel m.

colony ['kɔləni] n colonie f.

colour ['kʌlə] n couleur f, teint m ; **lose**, pâlir ● v colorer ; colorier (paint).

colour-blind n daltonien.

coloured [-d] a de/en couleurs.

colourless a incolore, terne.

colour-slide n diapositive f (en couleurs).

colt [kəult] n poulain m.

column ['kɔləm] n colonne f ‖ [newspaper] chronique f.

coma ['kəumə] n coma m ; in a ~, dans le coma.

comb [kəum] n peigne m ‖ [cock] crête f ● v peigner ; ~ one's hair, se peigner.

combination [,kɔmbi'neiʃn] n combinaison f ‖ association f.

combine [kəm'bain] v combiner, s'unir, s'associer (with, à).

come* [kʌm] v venir, arriver ; ~ and see me, venez me voir ‖ ~ to, parvenir à, atteindre ‖ [bill] s'élever à ‖ [laces] ~ undone, se défaire ‖ COLL. how ~s (that) you...?, comment se fait-il que vous...? ‖ SL. [sex] jouir ‖ ~ **about**, arriver, se produire ‖ ~ **across**, rencontrer par hasard ; traverser ‖ ~ **along**, suivre ; faire des progrès [person] se rétablir ‖ COLL. ~ **along!** = ~ **on!** ‖ ~ **at**, atteindre ; attaquer ‖ ~ **away**, se détacher ‖ ~ **back**, revenir, retourner ‖ ~ **by**, obtenir, se procurer ‖ ~ **down**, descendre ; [person] se rétablir ‖ ~ **down to**, se réduire à ‖ ~ **from**, provenir de ‖ ~ **in**, entrer ‖ COLL. intervenir ‖ [tide] monter ; [season] commencer ‖ SP. [horse] arriver ‖ ~ **off**, [button] se détacher ; [colour] déteindre ; tomber de (fall) ; [events] avoir lieu ; [plans] se réaliser, réussir ‖ ~ **on**, progresser, avancer ‖ COLL. ~!, allons ! ‖ **~ out**, sortir ; [workmen] faire grève ; PHOT. he always **~s out well**, il est photogénique ‖ **~ round**, faire un détour ; [feast] revenir périodiquement ; MED. reprendre connaissance ‖ **~ through**, s'en tirer ‖ MED. **~ to =** round ‖ **~ up**, [plant] pousser, germer ‖ **~ up against**, se heurter à (difficulties) ‖ **~ upon**, rencontrer par hasard.

come-back n retour m ; TH. rentrée f.

comedian [kə'mi:djən] n comédien m.

comedy ['kɔmidi] n comédie f.

comely ['kʌmli] a beau, charmant.

comfort ['kʌmfət] n confort m ‖ consolation f.

comfortable ['kʌmftəbl] a confortable ; commode ‖ à l'aise (person).

comforter n cache-nez m.

comforting a réconfortant, consolant.

comic ['kɔmik] a comique • n [comedian] comique m ‖ Pl dessins mpl humoristiques.

comma ['kɔmə] n virgule f.

command [kə'ma:nd] n ordre m • v commander ; ordonner (order).

commemorate [kə'meməreit] v commémorer, célébrer.

comment ['kɔment] n commentaire m ‖ observation f (remark) • v commenter, faire des observations.

commentary ['-ri] n commentaire m ‖ RAD. reportage m.

commentator [-eitə] n RAD. reporter m.

commerce ['kɔmə:s] n commerce m.

commercial [kɔ'mə:ʃl] a commercial ; **~ traveller**, voyageur m de commerce ‖ TV, télévision privée • n TV publicité f, spot m.

commission [kə'miʃn] n JUR. délégation f de pouvoirs ‖ COMM. commission f.

commit [kə'mit] v [entrust] confier ‖ **~ to memory**, apprendre par cœur ‖ commettre (crime) ; **~ suicide**, se suicider ‖ **~ o.s.**, s'engager ; se compromettre (compromise).

commitment n engagement m.

committee n comité m, commission f.

commodity [kə'mɔditi] n marchandise f, produit m.

common ['kɔmən] a commun ‖ répandu, courant (usual) ‖ commun, ordinaire (average) ‖ vulgaire (low) ‖ **~ sense**, bon sens • n terrain communal ‖ Pl House of C~s, Maison f des Communes.

commonly av communément, ordinairement.

Common Market n Marché commun.

commune [-ju:n] n [hippies] communauté f.

communicant [kə'mju:nikənt] n REL. communiant n.

co,mmuni'cation n communication *f* ‖ RAIL. ~ **cord**, signal *m* d'alarme.

communion [-jən] n REL. communion *f*; *receive* ~, communier.

communism ['kɔmjunizm] n communisme *m*.

communist *a/n* communiste (*n*).

community [kə'mju:niti] n communauté, collectivité *f*.

commute [kə'mju:t] v RAIL. voyager régulièrement (de la banlieue à la ville).

commuter n banlieusard *m*.

compact 1 [kəm'pækt] *a* compact.

compact 2 ['kɔmpækt] n poudrier *m*.

companion [kəm'pænjən] n compagnon *m*, camarade *n* ‖ [object]-pendant *m*.

company ['kʌmpni] n compagnie *f*; *part* ~ *with*, se séparer de ‖ invités *mpl* (guests).

comparable ['kɔmprəbl] *a* comparable.

comparative [kəm'pærətiv] *a/n* GRAMM. comparatif (*m*).

compare [kəm'pɛə] v (se) comparer (*with*, à); être comparable (*with*, à).

comparison [kəm'pærisn] n comparaison *f*; *in* ~ *with*, en comparaison de, par rapport à.

compartment [kəm'pɑːt-mənt] n RAIL. compartiment *m*.

compass ['kʌmpəs] n boussole *f* ‖ *Pl* compas *m*.

compatriot [kəm'pætriət] n compatriote *n*.

compel [kəm'pel] v contraindre, obliger.

compensate ['kɔmpenseit] v compenser, dédommager.

,compen'sation n compensation *f*; dédommagement *m*.

compère ['kɔmpɛə] n RAD. présentateur *n*, meneur *n* de jeu.

compete [kəm'piːt] v concourir, rivaliser (*with*, avec).

competent *a* ['kɔmpitnt] compétent.

competition [,kɔmpi'tiʃn] n concurrence, rivalité *f* ‖ SP. compétition *f*.

competitive [kəm'petitiv] *a* : ~ *examination*, concours *m*.

competitor n concurrent *n* ‖ SP. compétiteur *n*.

complain [kəm'plein] v se plaindre (*about*, de).

complaint [-eint] n plainte, réclamation *f*.

complete [kəm'pliːt] *a* complet ‖ achevé (finished) • v compléter ‖ terminer, achever (finish).

completely *av* complètement.

completion n achèvement *m*.

complexion [kəm'plekʃn] n teint *m*.

complicate ['kɔmplikeit] v compliquer.

,compli'cation n complication *f*.

compliment ['kɔmplimənt] n compliment *m* ‖ *Pl* hommages *mpl* • v complimenter.

comply [kəm'plai] v obéir (with, à).

component [kəm'pəunənt] n composant n.

compose [kəm'pəuz] v composer.

composer n MUS. compositeur n.

compote ['kɔmpəut] n compote f.

comprehensive [ˌkɔmpri'hensiv] a : ~ policy, assurance f tous risques ‖ ~ school, collège m d'enseignement général.

compress [kəm'pres] v comprimer ● ['kɔmpres] n MED. compresse f.

compromise ['kɔmprəmaiz] n compromis m, transaction f ● v transiger ‖ ~ o.s., se compromettre.

compulsory [kəm'pʌlsri] a obligatoire.

computation [ˌkɔmpju'tei∫n] n calcul m, estimation f.

compute [kəm'pju:t] v calculer.

computer n ordinateur m ; ~ science, informatique f; ~ scientist, informaticien n.

computerize [-əraiz] v mettre sur ordinateur.

comrade ['kɔmrid] n camarade n.

concave ['kɔn'keiv] a concave.

conceal [kən'si:l] v cacher, dissimuler (sth from sb, qqch à qqn).

concede [kən'si:d] v admettre (acknowledge)‖concéder (grant).

conceited [kən'si:tid] a vaniteux, suffisant.

conceive [kən'si:v] v concevoir.

concentrate ['kɔnsentreit] v (se) concentrer.

concentration [ˌkɔnsen'trei∫n] n concentration f.

concern [kən'sə:n] n rapport m ‖ relation f ; res- ponsabilité f ‖ souci m, inquié- tude f ‖ COMM. affaire, entre- prise f ● v concerner ; as ~s, en ce qui concerne ; as far as I am ~ed, en ce qui me con- cerne.

concerning p au sujet de, à propos de.

concert [kɔnsət] n concert m.

concert-hall n salle f de concert.

concession [kən'se∫n] n concession f.

conciliate [kən'silieit] v concilier.

conciliation [kənˌsili'ei∫n] n conciliation f.

conclude [kən'klu:d] v conclure (affairs) ; conclure, about- ir à (agreement).

conclusion [-ʒn] n conclu- sion, fin f.

concrete ['kɔŋkri:t] a concret ● n béton m.

condemn [kən'dem] v con- damner (to, à).

condemnation [ˌkɔndemn- 'nei∫n] n condamnation f, blâme m.

condense [kən'dens] v (se)

condenser, concentrer ; ~ *ed milk*, lait condensé.

condition [kən'diʃn] n condition *f* ; *on* ~ *that*, à condition que ‖ état *m* (state) ‖ rang *m* (position) ‖ SP. forme *f* ; *out of* ~, en mauvaise forme • v conditionner, déterminer ‖ SP. mettre en forme.

conditional n conditionnel *m*.

condole [kən'dəul] v offrir ses condoléances (*with*, à).

conduct ['kɔndʌkt] n conduite *f* (behaviour) • [kən'dʌkt] v conduire (lead) ‖ diriger (orchestra).

conductor n chef *m* d'orchestre ‖ [bus] receveur *m*.

conduit ['kɔndit] n conduit *m*, canalisation *f*.

cone [kəun] n cône *m* ‖ BOT. pomme *f* de pin.

confection [kən'fekʃn] n sucrerie *f*.

confectioner n confiseur n.

confectionery [-əri] n confiserie *f* ; pâtisserie *f*.

confederation [kɔn,fedə'reiʃn] n confédération *f*.

conference ['kɔnfrəns] n conférence *f* ; entretien *m* (talk).

confess [kən'fes] v confesser, avouer ‖ REL. se confesser.

confidant [,kɔnfi'dænt] n confident n.

confidence ['kɔnfidns] n confidence *f* (secret) ‖ confiance *f* (trust).

confident a confiant, assuré.

confidential [,kɔnfi'denʃl] a confidentiel.

confine [kən'fain] v enfermer ; limiter ‖ MED. *be* ~*d*, être en couches.

confinement n détention *f* ‖ MED. couches *fpl*.

confirm [kən'fəːm] v confirmer.

confirmation [,kɔnfə'meiʃn] n confirmation *f*.

confiscate ['kɔnfiskeit] v confisquer ; saisir.

conform [kən'fɔːm] v (se) conformer (*to*, à), (s') adapter (*to*, à).

confound [kən'faund] v confondre (*with*, avec).

confuse [kən'fjuːz] v embrouiller, mêler (mingle) ‖ déconcerter, embarrasser (puzzle) ‖ confondre (*with*, avec).

confused [-d] a confus ; *get* ~, se troubler.

confusing a déroutant, troublant.

confusion [-ʒn] n confusion *f*, désordre *m*.

congeal [kən'dʒiːl] v congeler ‖ [oil] (se) figer.

congested [kən'dʒestid] a encombré (street).

congestion [-ʃn] n MED. congestion *f* ‖ [street] encombrement *m*.

congratulate [kən'grætjuleit] v féliciter.

con,gratu'lations [-z] *npl* félicitations *fpl*.

conjugate ['kɔndʒugeit] v conjuguer.

,conju'gation *n* conjugaison *f*.

conjunction [kən'dʒʌŋ∫n] *n* conjonction *f*.

conjure ['kʌnʒə] *v* faire apparaître ; ~ *away/up*, faire disparaître/apparaître *f*.

conjurer [-rə] *n* prestidigitateur, illusionniste *n*.

conjuring *n* prestidigitation *f* ; ~ *trick*, tour *m* de prestidigitation.

connect [kə'nekt] *v* réunir, relier (*to*, à) ‖ TECHN. raccorder ‖ ELECTR. brancher, connecter ‖ TEL. mettre en communication avec ‖ RAIL. assurer la correspondance (*with*, avec) ; desservir.

connected [-id] *a* apparenté (*with*, à).

co'nnection *n* liaison *f* ‖ [family] parenté *f* ; relation *f* (connaissance) ‖ TECHN. raccord *m* ‖ TEL. communication *f* ‖ RAIL. correspondance *f* ‖ AV. liaison *f*.

conquer ['kɔŋkə] *v* vaincre (enemy) ; conquérir (territory).

conquest [-kwest] *n* conquête *f*.

conscience ['kɔn∫ns] *n* conscience (morale) ; *for* ~ *sake*, par acquit de conscience.

conscientious [,kɔn∫i'en-∫əs] *a* consciencieux ; ~ *objector*, objecteur *m* de conscience.

conscientiousness *n* conscience *f*.

conscious ['kɔn∫əs] *a* cons-

cient ; *become* ~, prendre conscience (*of*, de).

consciousness *n* sentiment *m* (awareness) ‖ MED. connaissance *f* ; *lose/regain* ~, perdre/reprendre connaissance ‖ PHIL. conscience *f*.

consent [kən'sent] *v* consentir ● *n* consentement, accord *m*.

consequence ['kɔnsikwəns] *n* conséquence *f* ‖ importance *f*.

consequently *av* par conséquent.

conservatory [kən'sə:vətri] *n* serre *f* (greenhouse) ‖ MUS. conservatoire *m*.

consider [kən'sidə] *v* considérer, examiner (think about) ‖ considérer, tenir pour (regard) ‖ prendre en considération.

considerable [-drəbl] *a* considérable, important.

considerate [-drit] *a* prévenant, attentif.

con,side'ration *n* considération *f* ; *take sth into* ~, tenir compte de qqch ‖ rétribution *f* (payment).

considering [-riŋ] *p* étant donné.

consign [kən'sain] *v* expédier (send).

consignment *n* COMM. envoi *m*, expédition *f*.

consist [kən'sist] *v* : ~ *of*, consister en, être composé de ‖ ~ *in*, consister à/en.

consolation [,kɔnsə'lei∫n] *n* consolation *f* ; ~ *prize*, prix *m* de consolation.

console [kən'səul] *v* consoler.

consonant ['kɔnsənənt] *n* consonne *f*.

conspicuous [kən'spikjuəs] *a* en évidence, visible.

conspicuously *av* visiblement.

constable ['kʌnstəbl] *n* agent *m* de police.

constancy ['kɔnstənsi] *n* (firmness) constance *f*.

constant *a* constant (unchanging); continuel.

constantly *av* constamment.

consternation [,kɔnstə'neiʃn] *n* consternation *f*.

constipation [,kɔnsti'peiʃn] *n* constipation *f*.

constitute ['kɔnstitjuːt] *v* constituer; composer (make up).

consti'tution *n* constitution, composition *f*.

constrain [kən'strein] *v* contraindre.

constraint [-t] *n* contrainte *f* (compulsion) ‖ gêne *f* (uneasiness).

consul ['kɔnsl] *n* consul *m*.

consulate ['kɔnsjulit] *n* consulat *m*.

consult [kən'sʌlt] *v* consulter.

consulting *a* : MED. ~ *room*, cabinet *m* (de consultation).

consume [kən'sjuːm] *v* consommer (food) ‖ consumer (burn up).

consumer *n* consommateur *n*; ~ *goods*, biens *mpl* de consommation.

consumption [kən'sʌmʃn] *n* consommation *f*.

contact ['kɔntækt] *n* contact *m* (touch); ~ *lenses*, lentilles cornéennes ‖ ELECTR. **make/break** ~, établir/couper le contact ‖ [person] relation *f* ● [kən'tækt] *v* entrer en rapport avec.

contagious [kən'teidʒəs] *a* contagieux.

contain [kən'tein] *v* contenir, renfermer ‖ container *n* récipient *m* ‖ TECHN. conteneur *m*.

contemporary [kən'tempəri] *a/n* contemporain *m* [with, de].

contempt [kən'temt] *n* mépris *m*.

contemptible *a* méprisable.

contemptuous [-juəs] *a* méprisant, dédaigneux.

contend [kən'tend] *v* lutter (for, pour; with, contre) ‖ prétendre (claim).

content [kən'tent] *a* content, satisfait (with, de) ● *v* : ~ *o.s.* *with*, se contenter de.

contention [kən'tenʃn] *n* dispute *f*.

contentment [-mənt] *n* contentement *m*, satisfaction *f*.

contents [-s] *npl* contenu *m*.

contest ['kɔntest] *n* lutte *f* [beauty] concours *m* ‖ SP. épreuve, rencontre *f*.

continent ['kɔntinənt] *n* continent *m*.

conti'nental *a* continental.

continual [kən'tinjuəl] *a* continuel.

continually *av* continuellement.
con,tinu'ation *n* continuation *f* ‖ [story] suite *f*.
continue [-ju:] *v* continuer (go
on with) ‖ reprendre (resume) ;
to be ~d, à suivre.
continuity-girl *n* scripte *f*.
continuous [kən'tinjuəs] *a*
continu.
contraception [,kɔntrə'sep-
ʃn] *n* contraception *f*.
contraceptive [-tiv] *a* contraceptif, anti-conceptionnel.
contract ['kɔntrækt] *n* contrat
m ; ~ *bridge*, bridge *m* contrat ‖ [kən'trækt] *n* s'engager
par contrat ‖ contracter (illness,
marriage).
contradict [,kɔntrə'dikt] *v*
contredire (sb).
contra'diction *n* contradiction *f*, démenti *m*.
contraption [kən'træpʃn] *n*
COLL. truc, machin *m*.
contrary ['kɔntrəri] *a* opposé
(to, à) ‖ ~ *to*, (p) contrairement
à • *n* contraire *m* ; *on the ~*,
au contraire.
contrast ['kɔntrɑːst] *n* contraste *m* ‖ [kən'trɑːst] *v* opposer ‖ contraster (with, avec).
contretemps ['kɔntrətɑ̃] *n*
contretemps *m*.
contribute [kən'tribjut] *v*
cotiser (to, à) ; donner, souscrire pour (sum) [to, à] ‖ contribuer (to, à) ‖ apporter sa colla-
boration (to, à).
contribution [,kɔntri'bjuːʃn]
n contribution *f*.

contributor [kən'tribjutə] *n*
[magazine] collaborateur *n*.
contrivance [kən'traivns] *n*
invention *f* ; appareil, dispositif *m* (device).
contrive [-aiv] *v* inventer ‖
trouver moyen de ‖ [house-
wife] s'en sortir (fam.).
control [kən'traul] *n* autorité *f*
‖ maîtrise *f* (restraint) ; *under
~*, bien en main ; *out of
~*, désemparé ‖ contrôle *m*, vérification *f* (check) ‖ TECHN.
[*often pl*] commandes *fpl* ‖ AV.
~ *tower*, tour *f* de contrôle ‖
v commander ‖ vérifier, contrôler (check).
conundrum [kə'nʌndrəm] *n*
devinette *f*.
conurbation [,kɔnəː'beiʃn] *n*
conurbation *f*.
convalesce [,kɔnvə'les] *v*
être en convalescence.
convalescence *n* convalescence *f*.
convalescent *a/n* convalescent (n).
convenience [kən'viːnjəns]
n convenance *f* ‖ commodité *f* ‖
objet *m* de confort ; *modern
~*, confort *m* moderne.
convenient [-t] *a* commode,
pratique ; *be ~*, convenir.
convention [kən'venʃn] *n*
convention *f* (contract).
conventional *a* conventionnel.
converge [kən'vəːdʒ] *v* con-
verger.
conversant [kən'vəːsnt] *a* :
~ *with*, au courant de.

conversation [ˌkɔnvə'seiʃn] n conversation f.

converse ['kɔnvəːs] a/n contraire (m).

conversely [kən'vəːsli] av réciproquement.

convert [kən'vəːt] v convertir ‖ transformer (to, en).

convertible a convertible ● n voiture f décapotable.

convex ['kɔnveks] a convexe.

convey [kən'vei] v transporter (carry) ‖ exprimer (express).

convict ['kɔnvikt] n condamné n ● [kən'vikt] v déclarer coupable.

conviction n JUR. condamnation f ‖ FIG. conviction f (belief).

convince [kən'vins] v convaincre, persuader (of, de).

convincing a convaincant.

coo [kuː] v roucouler.

cook [kuk] n cuisinier n ● v (faire) cuire, cuisiner.

cooker n : (gas) ~, cuisinière f à gaz ‖ CULIN. fruit m à cuire.

cookery [-əri] n art m culinaire ; ~ book, livre m de cuisine.

cooking n cuisson f ; do the ~, faire la cuisine.

cool [kuːl] a frais ; get ~er, [weather] se rafraîchir ‖ FIG. calme (composed) ‖ froid (reception) ● v (se) rafraîchir, refroidir ‖ ~ down, se calmer.

coolness n fraîcheur f ‖ [welcome] froideur f ; [calmness] sang-froid m.

cooperate [kəu'ɔpəreit] v coopérer ; contribuer (to, à).

cooperative [kəu'ɔprətiv] a coopératif ; serviable (person) ● n COMM. coopérative f.

coordination [-ɔːdi'neiʃn] n coordination f.

cop [kɔp] n SL. flic m (fam.).

cope [kəup] v s'en tirer, se débrouiller.

copper 1 ['kɔpə] n cuivre m (rouge).

copper 2 n SL. flic m (fam.).

copy ['kɔpi] n copie f ; reproduction f ‖ [newspaper] numéro m ● v copier, reproduire ; ~ out, recopier.

copybook n cahier m.

copycat n [school] SL. copieur n.

cord [kɔːd] n corde f ‖ ELECTR. fil m.

corduroy ['kɔːdərɔi] n velours côtelé ‖ Pl pantalon m de velours.

core [kɔː] n [apple] trognon m ‖ ELECTR. noyau m.

cork [kɔːk] n liège m ‖ [bottle] bouchon m ● v : ~ (up), boucher.

cork-screw n tire-bouchon m.

cork-tipped [-tipt] a à bout de liège.

corn 1 [kɔːn] n MED. cor m.

corn 2 n grain m (cereals) ‖ GB blé m (wheat) ‖ US [= Indian ~] maïs m.

corner ['kɔːnə] n coin, angle

m ‖ encoignure *f* (nook) ‖ AUT. tournant *m* ; *take a ~*, prendre un tournant • *v* AUT. prendre un virage ‖ FIG. acculer, coincer.

cornet ['kɔ:nit] *n* MUS. cornet *m* à pistons ‖ [ice-cream] cornet *m*.

Cornwall ['kɔ:nwl] *n* Cornouailles *f*.

coronation [,kɔrə'nei∫n] *n* couronnement *m*.

corpse [kɔ:ps] *n* cadavre, corps *m*.

correct [kə'rekt] *v* corriger (amend) • *a* correct, exact, juste (answer) ‖ juste (weight).

correction *n* correction *f*.

correctly *av* correctement.

correspond [,kɔris'pɔnd] *v* correspondre (with/to, à) ‖ [write] correspondre (with, avec).

correspondence *n* correspondance *f*.

correspondent *n* correspondant *n*.

corresponding *a* correspondant (to/with, à).

corridor ['kɔridɔ:] *n* couloir *m*.

corrugate ['kɔrugeit] *v* plisser ; *~ed iron*, tôle ondulée.

corrupt [kə'rʌpt] *v* (se) corrompre • *a* corrompu.

corruption *n* corruption *f*.

Corsica ['kɔ:sikə] *n* Corse *f*.

Corsican *a/n* Corse (*n*).

cosmetics [kɔz'metiks] *npl* produits *mpl* de beauté.

cosmonaut ['kɔzmənɔ:t] *n* cosmonaute *n*.

cost [kɔst] *n* coût *m* ; *~ price*, prix *m* de revient ; *~ of living*, coût de la vie ‖ FIG. *at all ~s*, à tout prix • *v** coûter.

coster(monger) ['kɔstə-(,mʌ,ŋgə)] *n* marchand *n* des quatre-saisons.

costly ['kɔstli] *a* précieux.

costume ['kɔstju:m] *n* costume *m* ‖ [lady's] costume-tailleur *m*.

cosy ['kəuzi] *a* douillet, confortable • *n* : (tea) couvre-théière *s*.

cot [kɔt] *n* lit *m* d'enfant.

cottage ['kɔtidʒ] *n* maisonnette *f* ‖ [thatched] chaumière *f* ‖ [summer resort] villa *f* ‖ *~ cheese*, fromage blanc ‖ *~ piano*, piano droit.

cotton ['kɔtn] *n* coton *m*.

cotton-wool *n* coton *m* hydrophile.

couch [kaut∫] *n* sofa, canapé *m*.

cough [kɔf] *n* toux *f* • *v* tousser.

cough-drop *n* pastille *f* contre la toux.

could [kud] → CAN* ‖ [cond.] *I ~ do it if...*, je pourrais le faire si... ‖ [habit] *I ~ do it*, je pouvais le faire ‖ [past tense, neg.] *I ~n't do it*, je n'ai pas pu le faire ‖ [past tense, ABLE)] ‖ [politeness] *~ you please...* ?, pourriez-vous s'il vous plaît... ?

council ['kaunsl] *n* conseil *m*.

counsel ['kaunsl] n conseil m ‖ avocat n.

count n compte m (reckoning) • v compter, dénombrer ‖ [consider] compter ‖ [trust] ~ **on sb**, compter sur qqn ‖ ~ **down**, compter à rebours ‖ ~ **in**, inclure ‖ SP. ~ **out**, déclarer K.O.

count-down n compte m à rebours.

counter 1 ['kauntə] n COMM. comptoir m.

counter 2 n jeton m (token) ‖ TECHN. compteur m.

counter 3 av : ~ **to**, à l'encontre de.

counter- 4 ['kauntə(r)] pref.

counter-clockwise av en sens inverse des aiguilles d'une montre.

counterfeit [-'fit] n contrefaçon f • a faux (money) • v contrefaire, imiter.

counterfoil [-'fɔil] n [cheque] talon m.

countermand [,-'maːnd] v décommander.

counterpart n contrepartie f.

countersign v contresigner.

countless a incalculable.

country ['kʌntri] n pays m ‖ pays natal, patrie f ‖ [outside towns] campagne f.

countryman n paysan m ‖ compatriote m.

country-seat n château m.

country-side n campagne f.

countrywoman n paysanne f ‖ compatriote f.

county ['kaunti] n comté m.

coupé ['kupei] n AUT. coupé m.

couple ['kʌpl] n [animals, persons] couple m ‖ [things] paire f ; a ~ **of days**, deux ou trois jours.

coupon ['kuːpɔn] n COMM. bon m ‖ *international reply* ~, coupon-réponse international.

courage ['kʌridʒ] n courage m.

courageous [kə'reidʒəs] a courageux.

courier ['kuriə] n [touring] guide n.

course [kɔːs] n [time] cours m ; *in the* ~ *of*, au cours de ‖ *of* ~, naturellement ‖ [school] cours m ‖ *in* ~ *of time*, à la longue ‖ MED. a ~ *of medicine*, un traitement ‖ CULIN. plat, service m.

court [kɔːt] n : ~ (yard), cour f ‖ SP. terrain m (tennis) ~, court m ‖ JUR. tribunal m.

courteous ['kəːtjəs] a courtois.

courtesy [-isi] n courtoisie f.

courtyard ['kɔːtjɑːd] n cour f.

cousin ['kʌzn] n cousin n ; *first* ~, cousin n germain.

cover ['kʌvə] n couverture f ‖ couvercle m (lid) ‖ [restaurant] ~ **charge**, couvert m • v couvrir ‖ [travel] parcourir (distance) ‖ [journalist] faire le reportage de, couvrir.

coverage [-ridʒ] n RAD. [press] reportage m, couverture f ‖ [insurance] couverture f.

cow [kau] *n* vache *f* ‖ [elephant] femelle *f*.

coward ['kauəd] *n* lâche *n*.

cowardice [-is] *n* lâcheté *f*.

cowshed *n* étable *f*.

coxswain ['kɔksn] *n* SP. barreur *m*.

crab [kræb] *n* ZOOL. crabe *m*.

crab-louse *n* MED. morpion *m* (fam.).

crack [kræk] *n* fêlure *f* ‖ [wall] fente, fissure *f* ‖ [skin] crevasse *f* ‖ [noise] craquement *m* • *v* fendre ‖ (se) fêler ‖ casser (nut) ‖ FIG. craquer, claquer ‖ [skin] se gercer ‖ [voice] muer.

cracker *n* gâteau sec ‖ [firework] pétard *m*.

crackle ['krækl] *v* pétiller, crépiter.

cradle ['kreidl] *n* berceau *m*.

cradlesong *n* berceuse *f*.

craft 1 [krɑːft] *n* métier *m* (trade) ‖ FIG. ruse *f*.

craft 2 *n* NAUT. embarcation *f* ‖ AV. appareil *m*.

craftsman *n* artisan *m*.

cram [kræm] *v* bourrer ‖ fourrer (*into*, dans).

cram-full *n* bondé.

cramp [kræmp] *n* crampe *f* ‖ ∼(-*iron*), crampon *m*.

cramped [-t] *a* comprimé ; *be* ∼ *for room*, être à l'étroit.

crane [krein] *n* ZOOL., TECHN. grue *f*.

crank 1 [kræŋk] *n* manivelle *f*.

crank 2 *n* excentrique *n*.

cranky *a* farfelu (fam.).

craps [kræps] *npl* US jeu *m* de dés.

crash [kræ∫] *v* : AUT. ∼ *into*, percuter ; rentrer dans (fam.) ‖ AV. s'écraser • *n* collision *f*, accident *m*.

crash-helmet *n* casque *m* de motocycliste.

crash-landing *n* AV. atterrissage forcé.

crate [kreit] *n* cageot *m*.

crater ['kreitə] *n* cratère *m*.

crave [kreiv] *v* désirer intensément.

crawfish *n* = CRAYFISH.

crawl [krɔːl] *v* [animal] ramper ‖ [person] se traîner ‖ [worms] grouiller ‖ [cars] avancer au pas • *n* [traffic] marche lente ‖ SP. crawl *m* ; *do the* ∼, nager le crawl.

crayfish ['kreifi∫] *n* [fresh water] écrevisse *f* ‖ [salt water] langouste *f*.

crayon ['kreiən] *n* crayon *m* de couleur.

craze [kreiz] *n* manie, toquade *f*.

crazy *a* fou ; dingue (fam.) ‖ fana (*about*, de) [fam.].

creak [kriːk] *v* grincer.

cream [kriːm] *n* crème *f* ; ∼ *cheese*, fromage *m* à la crème ‖ crème *f* de beauté.

creamy *a* crémeux.

crease [kriːs] *n* (faux) pli • *v* (se) froisser ‖ plisser, faire des plis à ‖ ∼ *the trousers*, faire le pli du pantalon (press).

create [kri'eit] *v* créer.

creation *n* création *f*.

creature ['kri:tʃə] *n* créature *f* ‖ animal *m*.

credible ['kredəbl] *a* croyable (story) ; digne de foi (person).

credit ['kredit] *n* crédit *m*, foi *f* (trust) ‖ honneur *m* (good name) ; *do sb* ~, faire honneur à qqn ‖ COMM. crédit *m* ; *on* ~, à crédit ; ~ *card*, carte *f* de crédit ● *v* ajouter foi à ‖ attribuer, prêter (quality).

credit-titles *npl* CIN. générique *m*.

credulous ['-juləs] *a* crédule.

creep* [kri:p] *v* ramper (crawl) ‖ [plant] grimper (flesh) *make sb's flesh* ~, donner la chair de poule à qqn.

creeper *n* plante grimpante.

creole ['kri:əul] *a/n* créole (n).

crepe [kreip] *n* crêpe *m* (cloth) ‖ ~ *bandage*, bande *f* Velpeau ; [shoe] ~ *rubber*, crêpe *m*.

crept [krept] → CREEP*.

crescent ['kresnt] *n* [moon] croissant *m*.

cress [kres] *n* cresson *m*.

crest [krest] *n* crête *f*.

crevasse [kri'væs] *n* [glacier] crevasse *f*.

crew 1 [kru:] → CROW*.

crew 2 *n* NAUT., AV. équipage *m* ‖ SP. équipe *f*.

crew-cut *n* coupe *f* de cheveux en brosse.

crib 1 [krib] *n* US berceau *m* (cradle) ‖ REL. crèche *f*.

crib 2 *n* traduction *f* juxtalinéaire ‖ COLL. [school] copiage *m* ● *v* copier (off sb, sur qqn).

crick [krik] *n* : ~ *in the neck*, torticolis *m*.

cricket 1 ['krikit] *n* SP. cricket *m*.

cricket 2 *n* ZOOL. grillon *m*.

crime [kraim] *n* crime *m*.

criminal ['kriminl] *a/n* criminel (n).

cripple ['kripl] *n* infirme n.

crisis ['kraisis] (*Pl* **crises** [-izz]) *n* crise *f*.

crisp [krisp] *a* croustillant (pastry) ‖ crépu (hair) ‖ sec, vif (air) ‖ *Pl* : *potato* ~*s*, (pommes) chips *fpl*.

critic ['kritik] *n* critique *n* (person).

criticize [-saiz] *v* critiquer, blâmer.

crochet ['krəuʃei] *v* faire du crochet ● *n* [crochet-hook] crochet *m*.

crockery ['krɔkəri] *n* faïence *f*.

crooked ['krukid] *a* courbé, crochu (nose) FIG. malhonnête.

crooner ['kru:nə] *n* chanteur *m* de charme.

crop [krɔp] *n* AGR. moisson, récolte *f* ‖ *second* ~, regain *m* ‖ coupe *f* (of hair) ● *v* tondre ras (hair) ‖ AGR. produire, donner une récolte.

cross [krɔs] *n* croix *f* ‖ [material] biais *m* ● *v* traverser (sea) ‖ [letters] se croiser ‖ ~ *one's arms*, croiser les bras ‖ FIN. barrer (cheque) ‖ REL. *o.s.*, se signer ‖ ~ *off/out*, biffer ● *a* fâché (with sb, avec qqn) ; de mauvaise humeur (bad-tempered).

crossbred a métis.

crosseyed [-aid] a bigle.

crossing n [road] croisement m || (pedestrian) ~, passage clouté || NAUT. traversée f.

crossroads n sing carrefour m.

crossword n : ~ (puzzle), mots croisés.

crotchet ['krɔtʃit] n MUS. noire f.

crotchet-rest n MUS. soupir m.

crouch [krautʃ] v [dog] s'accroupir ; se tapir.

crow 1 [krəu] n corneille f.

crow* 2 v [cock] chanter.

crowd [kraud] n foule f ● v s'assembler.

crowded [-id] a bondé, encombré.

crown [kraun] n couronne f || [road] milieu m || [tooth] couronne f ● v couronner.

crucifix ['kru:sifiks] n REL. crucifix m.

crude [kru:d] a brut ; ~ oil, pétrole brut || cru, vif (light) || FIG. grossier (manners).

cruel [kruəl] a cruel.

cruelty n cruauté f.

cruet ['kruit] n huilier m.

cruise [kru:z] n croisière f; go on a ~, partir en croisière ● v [ship] croiser || [taxi] marauder.

cruiser n croiseur m.

crumb [krʌm] n miette f (bit) ; mie f (soft part of bread).

crumble ['krʌmbl] v (s') émietter || [stone] s'effriter.

crumbly a friable.

crumple ['krʌmpl] v (se) froisser, (se) friper.

crunch [krʌnʃ] v croquer || broyer.

crush [krʌʃ] v écraser (press) ; ~ (up), broyer || froisser (crumple) ● n cohue, bousculade f (crowd) || COLL. have a ~ on, avoir le béguin pour (fam.).

crust [krʌst] n croûte f.

crusty a croustillant (loaf).

crutch [krʌtʃ] n béquille f.

cry [krai] n cri m, give a ~, pousser un cri ● v crier (shout) || s'écrier (exclaim) || pleurer (weep) || ~ off, se retirer, abandonner (withdraw).

crystal ['kristl] n cristal m.

cub [kʌb] n [lion] petit m.

cube [kju:b] n cube m.

cubic a cubique.

cubicle [-ikl] n box m; [swimming pool] cabine f.

cucumber ['kju:kʌmbə] n concombre m.

cuddle ['kʌdl] v serrer (dans ses bras) || se blottir.

cudgel ['kʌdʒəl] n gourdin m, trique f.

cue [kju:] n [billiards] queue f de billard || TH. réplique f.

cuff [kʌf] n manchette f; [shirt] poignet m || US revers m de pantalon.

cuff-links npl boutons mpl de manchettes.

cul-de-sac ['kʌldə'sæk] n impasse f.

cult [kʌlt] n culte m.

cultivate ['kʌltiveit] v cultiver.

cultivated [-id] a FIG. cultivé, éduqué.

cultivator n [machine] motoculteur m.

culture ['kʌltʃə] n culture, civilisation f.

cultured [-əd] a cultivé ‖ ~ pearl, perle f de culture.

cumbersome ['kʌmbəsəm] a encombrant.

cunning ['kʌniŋ] n astuce f ‖ PEJ. ruse f • a astucieux ‖ PEJ. rusé.

cup [kʌp] n tasse f; a ~ of tea, une tasse de thé ‖ SP. coupe f.

cupboard ['kʌbəd] n placard m.

cuppa ['kʌpə] n SL. tasse f de thé.

curate ['kjuərit] n vicaire m.

curd [kə:d] n lait caillé.

cure [kjuə] n remède m (remedy) ‖ cure f (treatment) • v guérir.

curiosity [,kjuəri'ɔsəti] n curiosité f.

curious ['kjuəriəs] a curieux (eager, inquisitive); étrange (strange).

curl [kə:l] n [hair] boucle f • v boucler, friser ‖ ~ up, se blottir.

curling-pin n bigoudi m, épingle f à friser.

curly a bouclé, frisé.

currant ['kʌrnt] n groseille f; ~ (bush), groseillier m ‖ Pl raisins de Corinthe.

currency ['kʌrnsi] n monnaie, devise f.

current ['kʌrnt] n courant m • a courant, commun (usual) ‖ en cours (of the present time); ~ events, actualité f; ~ issue, dernier numéro ‖ FIN. ~ account, compte courant.

currently av couramment ‖ actuellement.

curriculum [kə'rikjuləm] n programme m scolaire.

curry ['kʌri] n CULIN. curry, cari m.

curse [kə:s] n malédiction f ‖ [swearword] juron m ‖ MED., COLL. the ~, les règles ‖ FIG. fléau m • v maudire; jurer (swear).

cursed [-t] a COLL. maudit, sacré.

curtain ['kə:tn] n rideau m ‖ TH. ~ call, rappel m.

curve [kə:v] n courbe f • v se courber ‖ décrire une courbe.

cushion ['kuʃn] n coussin m.

cuss [kʌs] n SL. juron m (curse).

cussed [-id] a COLL. têtu.

custard ['kʌstəd] n crème anglaise.

custodian [kʌs'təudjən] n gardien n ‖ [museum] conservateur m.

custody ['kʌstədi] n garde, surveillance f.

custom ['kʌstəm] n coutume f, usage m ‖ Pl droits mpl de douane; the C~s, la douane; go through (the) ~s, passer la douane; ~s officer, douanier

customer n client n.

custom-made a (fait) sur mesure.

cut* [kʌt] v couper; ~ one's nails, se couper les ongles ‖ couper (gas, etc.) ‖ [material] se couper ‖ [cards] couper SP. couper (ball) ‖ COMM. ~ pri-ces, vendre à prix réduit ‖ FIG. réduire (wages); sécher (school) ‖ ~ one's losses, limiter les dégâts; ~ short, écourter ‖ ~ back, revenir en arrière ‖ ~ down, abattre (tree), raccourcir (dress) ‖ ~ in, se mêler à la conversation; AUT. faire une queue de poisson (on sb, à qqn) ‖ ~ off, trancher; TEL. couper ‖ ~ out, découper; AUT. déboîter (brusquement) ‖ COLL., AUT. ~ up, faire une queue de poisson ‖ COLL. supprimer (smoking); AUT. déboîter (brusquement) ‖ COLL., AUT. ~ up, faire une queue de poisson • n coupe, coupure f (cutting) ‖ short ~, raccourci m ‖ [clothes] coupe f ‖ ELECTR. power ~, coupure de courant ‖ CULIN. tranche f ‖ FIN. réduction f.

d [di:] n MUS. ré m.

dab [dæb] v tapoter; tamponner.

dad(dy) ['dæd(i)] n COLL. papa m.

daffodil ['dæfədil] n [white] narcisse m; [yellow] jonquille f.

cut-back n CIN. flashback m.

cute [kju:t] a mignon, gentil.

cutlet ['kʌtlit] n [mutton, veal] côtelette f ‖ [veal] escalope f.

cut-price a à prix réduit (shop).

cutter ['kʌtə] n coupeur m (person) CIN. (film) ~, monteur n.

cutting n coupe f (action) ‖ [newspaper] coupure f ‖ RAIL. tranchée f ‖ CIN. montage m • a coupant ‖ FIG. cinglant.

cybernetics [,saibə:'netiks] n cybernétique f.

cycle ['saikl] n bicyclette f • v aller à bicyclette.

cycle-path n piste f cyclable.

cycling n cyclisme m.

cyclist n cycliste n.

cyclone [-əun] n cyclone m.

cyclotron ['saiklətrɔn] n cyclotron m.

cylinder ['silində] n cylindre m.

cymbal ['simbl] n cymbale f.

cypress ['saipris] n cyprès m.

d

daft [dɑ:ft] a COLL. cinglé.

daily ['deili] a quotidien • av tous les jours • n quotidien m (newspaper) ‖ COLL. ~ help, femme f de ménage.

dainty ['deinti] a délicat.

dairy ['dɛəri] n laiterie f; crémerie f (shop).

daisy ['deizi] n marguerite, pâquerette f.

dam [dæm] n barrage m; digue f.

damage ['dæmidʒ] n dommage m, dégâts mpl ‖ Pl : claim ∼s, réclamer des dommages et intérêts • v endommager, abimer.

damn [dæm] v maudire.

damned [-d] a SL. satané, sacré (fam.).

damp [dæmp] a humide; moite • n humidité f • v humecter.

dance [dɑːns] v danser • n danse f; bal m (party).

dance-hall n dancing m.

dancer n danseur m.

dandruff ['dændrəf] n pellicules fpl (in hair).

Dane [dein] n Danois m.

danger ['deinʒə] n danger m.

dangerous [-rəs] a dangereux.

Danish a danois • n [language] danois m.

dank [dæŋk] a humide.

dare [dɛə] v défier ‖ braver, affronter ∼ aux* ‖ : he ∼ not come, il n'ose/n'osa(it) pas venir ‖ I ∼ say, je crois bien que.

daring ['-riŋ] a audacieux, hardi.

dark [dɑːk] a sombre, obscur; grow ∼, s'assombrir ‖ foncé (colour) ‖ bronzé (complexion) ‖ brun (hair) • n obscurité f; before ∼, avant la nuit; after ∼, à la nuit tombée.

darken v obscurcir; (s') assombrir ‖ [skin] bronzer, brunir ‖ [colour] foncer.

darkness n obscurité f.

darling ['dɑːliŋ] a/n chéri, bien-aimé m/f.

dart 1 [dɑːt] v s'élancer (at, sur).

dart 2 n fléchette f.

dash [dæʃ] n ruée f; make a ∼, s'élancer ‖ CULIN. [liquid] goutte f; [salt] pointe f; [vinegar] filet m ‖ SP. sprint m • v lancer (violemment) ‖ ∼ to pieces, fracasser ‖ se ruer.

dash-board n AUT. tableau m de bord.

data ['deitə] npl données fpl, information f; ∼ processing, informatique f.

date 1 [deit] n date f; up to ∼, moderne, à jour; out of ∼, périmé, démodé ‖ US, COLL. rendez-vous m (appointment); make a ∼ with, donner rendez-vous à; flirt m (person) • v dater ‖ US donner rendez-vous à; fréquenter (sb).

date 2 n BOT. datte f.

daub [dɔːb] v enduire; barbouiller (smear).

daughter ['dɔːtə] n fille f.

daughter-in-law [-rinlɔː] n belle-fille, bru f.

dawn [dɔːn] n aube, aurore f • v poindre, se lever.

day [dei] n jour m; the ∼ before, la veille; the next ∼, le lendemain; the ∼ after tomorrow, après-demain; the ∼ before yesterday, avant-hier;

this ~ *week/fortnight*, d'aujourd'hui en huit/en quinze ‖ journée *f* (day-time) ; *all* ~ (long), toute la journée ‖ ~ *off*, jour *m* de congé ‖ jour *m* (daylight) ; *by* ~, au jour.

day-boarder *n* demi-pensionnaire *n*.

day-boy *n* externe *m* (pupil).

daybreak *n* point du jour, aube *f*.

daydream *n* rêverie *f*.

day-girl *n* externe *f* (pupil).

daylight *n* (lumière *f* du) jour *m* ; *it is* ~, il fait jour.

day-nursery *n* crèche, garderie *f*.

day-school *n* externat *m*.

dazed [deizd] *a* stupéfié, hébété.

dazzle ['dæzl] *v* éblouir.

dazzling *a* éblouissant.

D-day *n* jour J *m*.

dead [ded] *a* mort ; *the* ~, les morts ● *av* absolument ; ~ *drunk*, ivre mort.

deaden *v* amortir ; atténuer.

dead'end *n* cul-de-sac *m*, impasse *f*.

deadline *n* dernière limite.

deadly *a* mortel ● *av* mortellement.

dead-tired *a* éreinté.

deaf [def] *a* sourd.

deaf-aid *n* appareil *m* de prothèse auditive.

deaf-and-dumb *a* sourd-muet.

deafen *v* assourdir.

deaf-mute *n* sourd-muet *n*.

deafness *n* surdité *f*.

deal 1 [di:l] *n* quantité *f*; *a great* ~ *of*, beaucoup de.

deal* 2 *v* : ~ (*out*), distribuer ; ~ *a blow*, donner un coup ‖ ~ *in*, faire le commerce de ‖ ~ *with*, se fournir chez (tradesman) ; traiter (person) ; résoudre (difficulty) ; s'occuper de (task) ● *n* distribution *f* ‖ [cards] donne *f* ‖ COMM. affaire, transaction *f* ‖ FIG. *a great* ~ *of*, une quantité de.

dealer *n* négociant, marchand *n* ‖ [cards] donneur *n*.

dealing *n* distribution *f* ‖ *Pl* relations *fpl*.

dealt [delt] → DEAL* 2.

dear [diə] *a* cher (person, price).

dearly *av* tendrement.

death [deθ] *n* mort *f* ‖ ~'s *head*, tête *f* de mort.

debatable [di'beitəbl] *a* discutable, contestable.

debate [di'beit] *n* débat *m*, discussion *f* ● *v* discuter, délibérer (*with*, avec ; *on*, de ; *about*, sur).

debit ['debit] *n* FIN. débit *m* ‖ ~ *balance*, solde débiteur ● *v* débiter, porter au débit de.

debt [det] *n* dette *f*; *in* ~, endetté.

decade ['dekeid] *n* décennie *f*.

decaffeinated [,di:'kæfi:nei-tid] *a* décaféiné.

decant [di'kænt] *v* transvaser.

decay [di'kei] *v* pourrir ‖ [fruit] se gâter ‖ [tooth] se carier ‖ [building] tomber en ruine ● *n* pourriture *f* ‖ [tooth]

carie *f* ‖ [building] délabrement *m* ‖ FIG. déclin *m*.

deceit [di'si:t] *n* tromperie, supercherie *f*.

deceitful *a* faux (person) ‖ trompeur, mensonger (words).

deceive [-v] *v* tromper, duper.

December [di'sembə] *n* décembre *m*.

decency ['di:snsi] *n* décence, pudeur *f* (modesty).

decent [-t] *a* convenable (suitable) ‖ décent (modest) ‖ COLL. bon ; brave, chic (fam.).

decently *av* décemment ‖ convenablement.

deception [di'sepʃn] *n* tromperie, supercherie *f*.

decibel ['desibel] *n* décibel *m*.

decide [di'said] *v* (se) décider ; ∼ *against* sb, donner tort à qqn.

decimal ['desiml] *a* décimal.

decipher [di'saifə] *v* déchiffrer.

decision [di'siʒn] *n* décision *f* (deciding) ‖ résolution *f* (quality).

decisive [di'saisiv] *a* décisif (action) ‖ catégorique (answer).

deck 1 [dek] *n* NAUT. pont *m* ‖ [bus] upper ∼, impériale *f* ‖ US jeu *m* de cartes.

deck 2 ELECTR. platine *f* de magnétophone.

deck-chair *n* chaise longue ; transat *m* (fam.).

declare [di'klɛə] *v* déclarer ; *have you anything to* ∼ ?, avez-vous qqch à déclarer ?

decline [di'klain] *v* décliner,

refuser ‖ [health] décliner ● *n* déclin *m*.

declutch ['di:'klʌtʃ] *v* débrayer.

decorate ['dekəreit] *v* décorer.

deco'ration *n* décoration *f*.

decorative *a* décoratif.

decrease [di:'kri:s] *v* diminuer ● ['--] *n* diminution *f*.

dedicate ['dedikeit] *v* consacrer ‖ dédier (book).

dedi'cation *n* [book] dédicace *f*.

deduct [di'dʌkt] *v* déduire (from, de).

deduction *n* déduction *f*.

deed [di:d] *n* action *f* ‖ exploit *m* (brave act) ‖ JUR. acte notarié.

deep [di:p] *a* profond ; *3 feet* ∼, un mètre de profondeur ; *how* ∼ *is...* ?, quelle est la profondeur de... ? ‖ foncé (colour) ‖ grave (voice, sound) ‖ ∼ *in*, plongé dans (thought) ● *av* profondément.

deepen [-n] *v* approfondir ‖ [colour] foncer.

deep-freeze *n* congélateur *m*.

deep-frozen *a* CULIN. surgelé, congelé.

deeply *av* profondément.

deer [diə] *n* cerf *m*.

defeat [di'fi:t] *n* défaite *f* ● *v* vaincre.

defect [di'fekt] *n* défaut *m*, imperfection *f*.

defective *a* défectueux.

defend [di'fend] *v* défendre,

protéger (*against*, contre) ‖ soutenir, défendre (support).

defense [di'fens] *n* défense *f*.

defer [di'fə:] *v* différer, remettre.

defiant [di'faiant] *a* provocant.

deficiency [di'fi∫nsi] *n* insuffisance *f*, défaut *m* (*of*, de).

deficient [-nt] *a* insuffisant.

deficit ['defisit] *n* déficit *m*.

define [di'fain] *v* définir.

definite ['definit] *a* précis.

definitely *av* nettement.

definition *n* définition *f*.

deflate [di'fleit] *v* dégonfler.

deflect [di'flekt] *v* (faire) dévier.

deform [di'fɔ:m] *v* déformer ‖ enlaidir.

deformed [-d] *a* difforme.

defraud [di'frɔ:d] *v* frauder.

defrost [di:'frɔst] *v* dégivrer ‖ décongeler (food).

defroster *n* dégivreur *m*.

deft [deft] *a* adroit, habile.

defuse ['di'fju:z] *v* désamorcer (bomb).

defy [di'fai] *v* défier.

degradable [di'greidəbl] *a* dégradable.

degree [di'gri:] *n* degré *m* ‖ diplôme, grade *m* universitaire.

dehydrate [di:'haidreit] *v* déshydrater.

deign [dein] *v* daigner.

delay [di'lei] *n* retard *m*; *without* ∼, sans délai ● *v* différer, retarder.

delegate ['deligeit] *v* déléguer ● ['deligit] *n* délégué *n*.

delegation *n* délégation *f*.

delete [di'li:t] *v* barrer, biffer.

deliberate 1 [di'libereit] *v* délibérer (*on*, sur).

deliberate 2 [di'librit] *a* délibéré, voulu (intentional) ‖ circonspect, réfléchi (cautious) ‖ lent (slow).

deliberately *av* exprès (voluntarily) ‖ posément (slowly).

deliberation *n* réflexion *f* ‖ débat *m* (debate) ‖ lenteur *f* (slowness).

delicate ['delikit] *a* délicat, fin ‖ MED. fragile, délicat (health).

delicately *av* délicatement.

delicatessen [,delikə'tesn] *n* plats cuisinés (food).

delicious [di'li∫əs] *a* délicieux.

delight [di'lait] *n* délice, plaisir *m* ● *v* charmer, ravir ‖ prendre plaisir à, se délecter.

delightful *a* charmant, ravissant.

delinquency [di'li∫kwənsi] *n* délinquance *f*.

delinquent *a/n* délinquant (*n*).

deliver [di'livə] *v* distribuer (mail) ‖ COMM. livrer (goods); *we* ∼ livraison *f* à domicile ‖ MED. accoucher ‖ FIG. prononcer (speech); délivrer, libérer (free).

delivery [-ri] *n* [letters] distribution *f* ‖ COMM. livraison *f* ‖

MED. accouchement *m* ‖ FIG. [speaker] élocution, diction *f*.

delivery-man *n* livreur *m*.

delude [di'lu:d] *v* tromper, duper.

delusion [-ʒn] *n* illusion *f*.

demand [di'mɑ:nd] *v* exiger, réclamer ● *n* exigence, revendication *f* ‖ COMM. demande *f*.

demanding *a* exigeant.

demerara [,deməˈrɛərə] *n* sucre roux.

demijohn ['demidʒɔn] *n* bonbonne *f*.

demist [di:'mist] *v* désembuer.

demister *n* AUT. désembueur *m*.

demo ['deməu] *n* COLL. manif *f* (fam.).

democracy [di'mɔkrəsi] *n* démocratie *f*.

democrat ['deməkræt] *n* démocrate *n*.

democratic *a* démocratique.

demolish [di'mɔliʃ] *v* démolir, détruire.

demolition [,deməˈliʃn] *n* démolition *f*.

demonstrate ['demənstreit] *v* démontrer ‖ POL. manifester.

demonstration *n* démonstration *f* ‖ POL. manifestation *f*.

demonstrator *n* POL. manifestant *n*.

den [den] *n* [animal] antre *m*, tanière *f* ‖ [thieves] repaire *m*.

denial [di'naiəl] *n* dénégation *f*, démenti *m* (negation).

denicotinize [di:'nikətinaiz] *v* dénicotiniser.

denim ['denim] *n* coutil, jean *m*.

Denmark ['denmɑ:k] *n* Danemark *m*.

denominational [di,nɔmi'neiʃnəl] *a* confessionnel ; ~ **school**, école religieuse.

denounce [di'nauns] *v* dénoncer.

dense [dens] *a* dense, épais.

density *n* densité *f*.

dent [dent] *v* bosseler, cabosser ● *n* bosse *f*.

dental ['dentl] *a* MED. dentaire ; ~ **mechanic/surgeon**, mécanicien/chirurgien *m* dentiste.

dentist *n* dentiste *n*.

denture ['-ʃə] *n* prothèse *f* (dentaire).

denunciation [di,nʌnsi'eiʃn] *n* dénonciation *f*.

deny [di'nai] *v* nier ‖ ~ **sb sth**, refuser qqch à qqn ; ~ **o.s. sth**, se priver de qqch.

deodorant [di:'əudərnt] *n* désodorisant *m*.

deodorize *v* désodoriser.

department [di'pɑ:tmənt] *n* [administration] service *m* ‖ [Government] ministère *m* ‖ [university] section *f* ; institut *m* ‖ COMM. rayon *m* ; ~ **store**, grand magasin.

departure *n* départ *m*.

depend [di'pend] *v* : ~ (**on**, **upon**), dépendre (rely) ; **that** ~**s**, **it all** ~**s**, cela dépend ‖ compter sur (trust).

dependence, dependency *n* dépendance *f*.

dependent *a* dépendant, à la charge (*on*, de) ‖ GRAMM. subordonné (clause).

depilatory [di'pilətri] *a* dépilatoire.

deplete [di'pli:t] *v* épuiser.

deplorable [di'plɔ:rəbl] *a* déplorable, lamentable.

deplore [di'plɔ:] *v* déplorer, se lamenter sur.

deport [di'pɔ:t] *v* expulser ‖ ~ *o.s.*, se conduire.

deposit [di'pɔzit] *n* FIN. acompte *m*, arrhes *fpl* ● *v* déposer ‖ FIN. mettre en dépôt.

depositor *n* déposant *n*.

depot ['di:pəu] *n* US, RAIL. gare *f*.

depreciate [di'pri:ʃieit] *v* (se) déprécier.

de,preci'ation *n* dépréciation *f*.

depress [di'pres] *v* FIN. faire baisser (prices) ‖ FIG. déprimer.

depression [-ʃn] *n* [weather] dépression *f* ‖ FIN. crise, dépression *f* ‖ FIG. découragement *m*, dépression *f*.

deprive [di'praiv] *v* priver (*of*, de).

depth [depθ] *n* profondeur *f* ; *in* ~, de profondeur ; *at a* ~ *of 30 feet*, par 10 mètres de fond ; *get out of one's* ~, perdre pied ‖ PHOT. ~ *of field*, profondeur *f* de champ.

deputy ['depjuti] *n* suppléant, adjoint *n*.

deputy-mayor *n* adjoint *m* au maire.

derail [di'reil] *v* (faire) dérailler ; *be* ~*ed*, dérailler.

derailment [-mənt] *n* déraillement *m*.

derange [di'reinʒ] *v* MED. déranger (mentally).

derive [di'raiv] *v* tirer (*from*, de) ‖ provenir, dériver (*from*, de).

dermatologist [,də:mə'tɔlədʒist] *n* dermatologiste *n*.

descent [di'sent] *n* descente *f* (action, slope) ‖ descendance *f* (lineage) ; *of French* ~, d'origine française.

describe [dis'kraib] *v* décrire.

description [dis'kripʃn] *n* description *f* ‖ COLL. genre *m*, sorte *f*.

desert 1 ['dezət] *n* désert *m*.

desert 2 [di'zə:t] *v* abandonner, déserter.

deserted [-id] *a* désert.

deserter *n* MIL. déserteur *m*.

deserve [di'zə:v] *v* mériter.

deservedly [-idli] *av* à juste titre ; justement.

deserving *a* méritant (person) ‖ méritoire (action).

design [di'zain] *n* dessein *m* (purpose) ; intention *f* ‖ TECHN. conception *f* (scheme) ‖ [dress, etc.] modèle, style *m* ; dessin, motif *m* (pattern) ‖ ARCH. plan *m* ● *v* concevoir, imaginer (contrive) ‖ dessiner (plan, model).

designer *n* dessinateur, créateur n ‖ TH., CIN. décorateur n.

desirable [di'zaiərəbl] a désirable (woman) ‖ souhaitable (action).

desire [di'zaiə] n désir m • v désirer.

desk [desk] n [pupil] pupitre m ; [teacher] bureau m ‖ [office] bureau m ‖ COMM. caisse f.

desolate ['desəlit] a ravagé (waste) ‖ désert, désolé (barren, unlived in) ‖ affligé (person) • ['desəleit] v ravager (devastate) ‖ affliger (person).

despair [dis'pɛə] n désespoir m • v désespérer (of, de).

desperate ['desprit] a désespéré.

desperately av désespérément ‖ éperdument (in love).

despicable ['despikəbl] a méprisable.

despise [dis'paiz] v mépriser.

dessert [di'zə:t] n dessert m.

dessert-plate n assiette f à dessert.

dessert-spoon n cuiller f à dessert.

destination [,desti'neiʃn] n destination f.

destine ['destin] v destiner.

destiny n destin m, destinée f, sort m.

destitute ['destitju:t] a dénué (of, de) ; sans ressources.

destroy [dis'trɔi] v détruire, démolir (demolish).

detach [di'tætʃ] v détacher, séparer (from, de).

detached [-t] a : ~ house, pavillon m.

detail ['di:teil] n détail m, particularité f ; go into ~s, entrer dans les détails.

detain [di'tein] v retenir, retarder (delay).

detect [di'tekt] v détecter, déceler.

detective n : ~ story, roman policier.

detention [di'tenʃn] n détention f ‖ [school] retenue f.

deter [di'tə:] v détourner, dissuader (from, de).

detergent [di'tə:dʒnt] a/n détersif, détergent (m).

deteriorate [di'tiəriəreit] v (se) détériorer.

de‚terio'ration n détérioration f.

determination [di‚tə:mi'neiʃn] n détermination, résolution f (firmness).

determine [di'tə:min] v déterminer, fixer (date, etc.) ‖ décider.

determined [-d] a déterminé (settled) ; résolu (resolute).

deterrent [di'ternt] a dissuasif • n → NUCLEAR.

detour ['di:tuə] n détour m ‖ [road] déviation f.

detoxicate [di'tɔksi‚keit] v désintoxiquer.

detriment ['detrimənt] n détriment m ; to the ~ of, au détriment de.

detrimental a nuisible, préjudiciable (to, à).

deuce [dju:s] n (cards, dice) deux m ‖ (tennis) égalité f.

,deva'luation n dévaluation f.

devalue ['di:'vælju:] v dévaluer.

devastate ['devəsteit] v dévaster, ravager.

,devast'ation n dévastation f.

develop [di'veləp] v se développer, aménager, mettre en valeur; ~ing country, pays m en voie de développement ‖ PHOT. développer ‖ TECHN. MED. contracter (cold) ‖ FIG. se révéler, se manifester (become apparent).

developer n PHOT. révélateur m; property ~, promoteur m.

development n évolution f, progrès m ‖ PHOT. développement m ‖ [town-planning] aménagement m; lotissement m ‖ FIG. événement m.

device [di'vais] n mécanisme, appareil m; procédé m.

devil ['devl] n diable, démon m.

devilish a diabolique.

devise [di'vaiz] v inventer.

devote [di'vəut] v : ~ o.s., se consacrer à, s'adonner à.

devoted [-id] a dévoué.

devotee [,devə'ti:] n fervent, adepte n.

devotion [di'vəuʃn] n dévouement m ‖ REL. dévotion f.

devour [di'vauə] v dévorer.

dew [dju:] n rosée f; ~-drop, goutte f de rosée.

dexterity [deks'teriti] n dextérité, habileté f.

diabetes [,daiə'bi:ti:z] n diabète m.

diabetic [,daiə'betik] a/n diabétique (n).

dial ['daiəl] n cadran m • v TEL. composer (le numéro), faire.

dialect ['daiəlekt] n dialecte m.

dialling n : TEL. ~ code, indicatif m; ~ tone, tonalité f.

diameter [dai'æmitə] n diamètre m.

diamond ['daiəmənd] n [jewel] diamant m ‖ [cards] carreau m.

diaphragm ['daiəfræm] n diaphragme m.

diary ['daiəri] n journal m.

dice [dais] npl → DIE 1.

Dictaphone ['diktəfəun] n [R] Dictaphone m.

dictate [dik'teit] v dicter.

dictation n dictée f.

dictator n dictateur m.

dictionary ['dikʃənri] n dictionnaire m.

did [did] → DO*.

die 1 [dai] (Pl dice [dais]) n dé m; play dice, jouer aux dés.

die 2 v [person] mourir ‖ [animal] crever ‖ COLL. be dying to, mourir d'envie de.

diesel ['di:zl] n : ~ engine, moteur m Diesel; ~ oil, gas-oil m.

diet ['daiət] n alimentation f ‖ MED. régime m; go on a ~, se mettre au régime.

dietetics [‚daiə'tetiks] n diététique f.

dietician [-'tiʃn] n diététicien n.

differ ['difə] v différer, être différent (*from,* de) [be unlike] ‖ être en désaccord (disagree).

difference ['difrəns] n différence f (*between,* entre); *that makes no* ~, cela ne fait rien; *split the* ~, couper la poire en deux.

different ['difrnt] a différent (*from,* de) [dissimilar] ‖ différent, divers (various).

differently av différemment.

difficult ['difiklt] a difficile.

difficulty n difficulté f; *with* ~, difficilement.

dig* [dig] v creuser (hole) ‖ bêcher (garden) ‖ SL. piger (fam.).

digest [dai'dʒest] v digérer (food) ● n ['--] sommaire, abrégé m.

digestion [di'dʒestʃn] n digestion f.

digit ['didʒit] n chiffre m.

dignified ['dignifaid] a solennel, grave.

dignity n dignité f ‖ rang m.

digs [digz] npl COLL. logement m, chambre meublée.

dike [daik] n fossé m (ditch) ‖ digue f (dam).

dilapidated [di'læpideitid] a délabré.

dilute [dai'lju:t] v diluer (liquid) ‖ couper (wine).

dim [dim] a faible (light) ‖ indistinct (outline) ‖ sombre

(room) ‖ brouillé, voilé (eyes) ● v obscurcir (room) ‖ baisser (light) ‖ voiler (sight).

dime [daim] n US pièce f de 10 cents.

dimension [di'menʃn] n dimension f.

diminish [di'miniʃ] v diminuer.

diminution [‚dimi'nju:ʃn] n diminution f.

dine [dain] v dîner; ~ *out,* dîner en ville.

diner n [person] dîneur n ‖ US. RAIL. voiture-restaurant f.

dining-car ['dainiŋkα:] n voiture-restaurant f.

dining-hall n réfectoire m.

dining-room n salle f à manger.

dinner ['dinə] n dîner m; *have* ~, dîner.

dinner jacket n smoking m.

dint [dint] n : *by* ~ *of,* à force de.

dip [dip] v plonger, tremper ‖ AUT. ~ *the headlights,* mettre les phares en code.

diplomat ['dipləmæt] n diplomate n.

diplo‖**matic** a diplomatique.

dipstick n AUT. jauge f.

direct [di'rekt] a direct ● av directement ● v diriger ‖ indiquer le chemin à ‖ adresser (letter) ‖ TH. mettre en scène.

direction [-ʃn] n direction f, sens m (way); *sense of* ~, sens m de l'orientation ‖ direction f (management) ‖ Pl instructions fpl; ~*s for use,* mode m d'emploi || CIN, TH. mise *f* en scène.

direction-indicator *n* AUT. clignotant *m*.

directly *av* directement, tout droit || aussitôt, immédiatement • *c* COLL. dès que.

director *n* directeur *n* || CIN. réalisateur *n*.

directory [-tri] *n* TEL. annuaire *m*.

dirt [dəːt] *n* saleté, crasse *f* || boue *f* (mud).

dirt-track *n* SP. piste cendrée.

dirty *a* sale || crotté (muddy) || salissant (work).

disable [dis'eibl] *v* estropier, rendre infirme.

disadvantage [ˌdisədˈvɑːntidʒ] *n* désavantage *m*; *be at a* ~, être désavantagé.

disagree [ˌdisəˈgriː] *v* (person) être en désaccord (*with*, avec) || (food, climate) ne pas convenir, être contraire (*with*, à).

disagreeable *a* désagréable.

disagreement *n* désaccord *m*.

disappear [ˌdisəˈpiə] *v* disparaître.

disappearance [-rns] *n* disparition *f*.

disappoint [ˌdisəˈpɔint] *v* décevoir (hope, sb) || contrecarrer (plans).

disappointed [-id] *a* déçu; contrarié.

disappointment *n* déception *f* || contretemps *m*.

disapproval [ˌdisəˈpruːvl] *n* désapprobation *f*.

disapprove *v* désapprouver; trouver à redire à.

disaster [diˈzɑːstə] *n* désastre *m*, calamité *f*.

disastrous [-rəs] *a* désastreux ; funeste.

disc [disk] *n* disque *m* || ~ *brake*, frein *m* à disque || ~ *drive*, lecteur *m* de disquette ; ~ *jockey*, animateur *n*.

discard [disˈkɑːd] *v* écarter [cards] se défausser de.

discern [diˈsəːn] *v* discerner, distinguer.

discharge [disˈtʃɑːdʒ] *v* décharger || renvoyer, congédier (sb) || ELECTR. décharger (battery) || FIN. payer (bill) ; régler (debt) || MED. renvoyer (guéri) [a patient from hospital] || [wound] suppurer || FIG. s'acquitter de, accomplir (duty) • *n* ELECTR. décharge *f* || FIG. [duty] accomplissement *m*.

disciple [diˈsaipl] *n* disciple *n*.

discipline [ˈdisiplin] *n* discipline *f*.

disclose [disˈkləuz] *v* dévoiler, révéler.

disclosure [-ʒə] *n* révélation *f*.

disco [ˈdiskəu] *n* COLL. disco *m* ; discothèque *f*.

discolour [disˈkʌlə] *v* décolorer.

discomfort [disˈkʌmfət] *n* inconfort *m* || malaise *m* (anxiety).

disconcert [ˌdiskənˈsəːt] *v* déconcerter.

disconnect ['diskə'nekt] v
ELECTR. couper, débrancher.

discord ['diskɔːd] n discorde f
|| MUS. dissonance f.

dis'cordant a discordant ||
MUS. dissonant.

discount ['diskaunt] n COMM.
rabais m, remise f; 10 % ~,
10 % de remise • v COMM.
faire une remise.

discourage [dis'kʌridʒ] v
décourager || dissuader, faire
renoncer à.

discouragement n découragement m.

discover [dis'kʌvə] v découvrir.

discovery [-ri] n découverte f.

discredit [dis'kredit] n discrédit m • v discréditer,
déconsidérer.

discreet [dis'kriːt] a discret.

discreetly av discrètement.

discretion [dis'kreʃn] n dis-
crétion f, réserve f (tact) || dis-
crétion f (freedom) || [wisdom]
years of ~, âge m de raison.

discriminate [dis'krimineit]
v distinguer (between, entre).

discriminating a judicieux.

discus ['diskəs] n SP. disque
m.

discuss [dis'kʌs] v discuter,
débattre.

discussion [-ʃn] n discussion
f, débat m.

discus-thrower n discobole
m.

disdain [dis'dein] n dédain m
• v dédaigner.

disease [di'ziːz] n maladie f.

diseased [-d] a malade.

disembark ['disim'baːk] v
débarquer (from, de).

,disembar'kation n débarquement m.

disengage ['disin'geidʒ] v
dégager || AUT. ~ the clutch,
mettre au point mort.

disentangle ['disin'tængl] v
démêler, débrouiller.

disgrace [dis'greis] n honte f;
déshonneur m • v déshonorer.

disgraceful a honteux,
déshonorant.

disguise [dis'gaiz] n déguisement m • v déguiser (as, en).

disgust [dis'gʌst] n dégoût m.

disgusting a dégoûtant,
écœurant, répugnant.

dish [diʃ] n [container] plat m
|| [food] mets m || Pl vaisselle f.

dishcloth n torchon m.

dishearten [dis'haːtn] v
décourager.

dishevelled [di'ʃevld] a
ébouriffé, échevelé.

dishonest [dis'ɔnist] a malhonnête.

dishonour [dis'ɔnə] n déshon-
neur m • v déshonorer || ~ed
cheque, chèque impayé.

dishwasher n lave-vaisselle
m.

disinterested [dis'intristid]
a désintéressé.

dislike [dis'laik] n antipathie
f (for, envers); aversion f (for,
pour); *take a* ~ *to sb*, prendre
qqn en grippe • v ne pas
aimer, détester.

dislocate ['disləkeit] v disloquer (bone) ; luxer, démettre (limb).

disloyal ['dis'lɔiəl] a déloyal, infidèle (to, à).

dismal ['dizməl] a lugubre, sinistre, sombre.

dismay [dis'mei] n effroi m, consternation f • v effrayer, consterner.

dismiss [dis'mis] v congédier, renvoyer.

dismissal n renvoi m.

disobedient [ˌdisə'bi:djənt] a désobéissant.

disobey ['disə'bei] v désobéir (à qqn).

disorder [dis'ɔ:də] n désordre m (confusion) || désordres mpl (public disturbance) • v mettre en désordre ; déranger.

disorderly a en désordre (untidy) || tumultueux (mob).

disorganize [dis'ɔ:gənaiz] v désorganiser.

disparage [dis'pæridʒ] v discréditer, dénigrer.

disparaging a désobligeant.

dispatch [dis'pætʃ] n (letter) expédition f • v expédier (letter).

dispel [dis'pel] v dissiper.

dispensable [dis'pensəbl] a dont on peut se passer.

dispense [dis'pens] v distribuer || préparer, exécuter (prescription) || ~ing chemist, pharmacien n || ~ with, se passer de.

dispenser n distributeur m (automatique).

disperse [dis'pə:s] v disperser.

displace [dis'pleis] v déplacer.

display [dis'plei] v étaler, exposer (spread out) • n étalage m, exposition f.

displease [dis'pli:z] v déplaire, mécontenter, contrarier.

displeasure [-pleʒə] n mécontentement m.

disposable [dis'pəuzəbl] a à jeter ; ~ wrapping, emballage perdu.

disposal n [rubbish] enlèvement m || [right] at one's ~, à sa disposition.

dispose [dis'pəuz] v disposer, arranger (place) || ~ of, se débarrasser de.

disposition [ˌdispə'ziʃn] n [temper] caractère, naturel m || [feeling] inclination f.

dispute [dis'pju:t] n discussion f, débat m (debate) || dispute f (quarreling).

disqualify [dis'kwɔlifai] v SP. disqualifier || AUT. retirer le permis de conduire.

disregard ['disri'gɑ:d] v ne pas attacher d'importance à, négliger • n négligence f (neglect) || manque m d'égards envers (lack of respect).

disreputable [dis'repjutəbl] a mal famé (place) || de mauvaise réputation (person).

disrepute ['disri'pju:t] n discrédit m.

dissatisfaction ['dis,sætis-'fækʃn] n mécontentement m.

dissatisfy ['dis'sætisfai] *v* mécontenter.

dissent [di'sent] *v* être en désaccord (*from*, avec); différer d'opinion ● *n* désaccord *m*, divergence *f*.

disservice ['dis'sə:vis] *n* : *do sb a* ~, rendre un mauvais service à qqn.

dissociate [di'səu͵ʃieit] *v* dissocier.

dissolute ['disəlu:t] *a* dissolu, débauché.

dissolve [di'zɔlv] *v* (se) dissoudre ‖ faire fondre ● *n* CIN. fondu *m*.

dissuade [di'sweid] *v* dissuader.

distance ['distns] *n* distance *f*; *in the* ~, au loin.

distant *a* éloigné, lointain ‖ FIG. distant, froid (person).

distaste [dis'teist] *n* dégoût *m*, aversion *f* (*for*, pour).

distil [dis'til] *v* distiller.

distinct [dis'tiŋt] *a* distinct, différent (*from*, de).

distinction *n* distinction *f*.

distinctly *av* distinctement; clairement.

distinguish [dis'tiŋgwiʃ] *v* distinguer, discerner (discern) ‖ distinguer, différencier (*from*, de).

distinguished [-t] *a* distingué.

distort [dis'tɔ:t] *v* déformer.

distract [dis'trækt] *v* détourner (sb's attention).

distracted [-tid] *a* affolé, bouleversé.

distraction *n* distraction, inattention *f* ‖ distraction *f*, amusement *m* ‖ confusion *f*, affolement *m*; *love to* ~, aimer à la folie.

distress [dis'tres] *n* douleur *f*.

distribute [dis'tribjut] *v* distribuer (allot).

distri·bution *n* distribution *f*.

dis'tributor *n* COMM. concessionnaire *n* ‖ CIN. distributeur *n* ‖ AUT. Delco, distributeur *m*.

district ['distrikt] *n* région *f* ‖ [town] quartier *m*.

distrust [dis'trʌst] *n* méfiance *f* ● *v* se méfier de.

disturb [dis'tə:b] *v* troubler (sb's peace of mind) ‖ déranger (sb working).

disturbance *n* dérangement *m* (trouble) ‖ troubles, désordres *mpl* (riot) ‖ vacarme, tapage *m* (noise).

ditch [ditʃ] *n* fossé *m*.

divan [di'væn] *n* divan *m*.

divan-bed *n* divan-lit *m*.

dive [daiv] *v* plonger ● *n* SP. plongeon *m*.

diver *n* plongeur *n* ‖ TECHN. scaphandrier *m*.

diverse [dai'və:s] *a* différent, divers.

diversion [-ʃn] *n* diversion *f* (*from*, à) ‖ [traffic] déviation *f*.

diversity [-siti] *n* diversité *f*.

divert [-t] *v* détourner, (*from*, de).

divide [di'vaid] *v* séparer (separate) ‖ diviser (*into*, en) ‖

partager ‖ ~ *sth* (*up*) *between*, partager qqch entre.

diving ['daiviŋ] *n* SP. plongée *f*.

diving-board *n* plongeoir *m*.

divingsuit *n* scaphandre *m*.

division [di'viʒn] *n* division *f* ‖ partage *m* (*sharing*).

divorce [di'vɔːs] *n* divorce *m* ● *v* divorcer d'avec.

dizzy ['dizi] *a* étourdi ; *feel* ~, avoir le vertige.

do* [duː] *v* faire ‖ accomplir ; ~ *one's best*, faire de son mieux ; ~ *business*, faire des affaires ; ~ *sport*, faire du sport ; ~ *parcourir*, faire (distance) ‖ ~ (*sb*) *good/harm*, faire du bien/mal (à qqn) ‖ finir ; *have you done eating*?, avez-vous fini de manger ? ‖ arranger (*tidy up*) ; ~ *one's hair*, se coiffer ; ~ *one's nails*, se faire les ongles ‖ nettoyer (*clean*) ; ~ *the bedroom*, faire la chambre ‖ [*school*] faire, étudier ; traduire ‖ [*touring*] faire, visiter (town, etc.) ‖ AUT. ~ *60 miles an hour*, faire du 100 à l'heure ‖ ~ *again*, refaire ‖ ~ *by*, traiter (qqn) ‖ ~ *over*, repeindre, refaire (room) ; ~ *over one's face*, se refaire une beauté ‖ ~ *up*, boutonner (dress) ; empaqueter (books, etc.) ; ~ *o.s. up*, [woman] se faire belle ‖ → DONE ‖ agir ; *he did right*, il a bien fait ; ~ *better*, faire mieux de ; ~ *well*, réussir ‖ convenir, faire l'affaire ‖ aller, se porter ; *he is* ~*ing well*, il se

porte bien ; *how* ~ *you* ~?, [greeting] enchanté de faire votre connaissance ‖ [suit] convenir ; *that will* ~, ça ira ‖ [be enough] *will £ 5* ~ *you* ? est-ce que 5 livres vous suffiront ? ‖ COLL. ~ *for*, faire le ménage (tidy up) ; ~ *with*, se contenter de (be content with) ; avoir besoin ; *I could* ~ *with a cup of tea*, je prendrais bien une tasse de thé ‖ ~ *without*, se passer de.

dock [dɔk] *n* NAUT. bassin *m* (harbour).

docker *n* docker, débardeur *m*.

dockyard *n* chantier naval.

doctor ['dɔktə] *n* docteur *m* ‖ MED. médecin, docteur *m* ; *woman* ~, femme *f* médecin, doctoresse *f* ● *v* soigner.

document ['dɔkjumənt] *n* document *m*.

docu'mentary *a/n* documentaire (*m*) [film].

dodge [dɔdʒ] *v* esquiver (blow).

dodgems [-mz] *npl* [funfair] autos tamponneuses.

does [dʌz, dəz] → DO*.

dog [dɔg] *n* chien *m*.

dog-days *npl* canicule *f*.

dog-house *n* niche *f* (à chien).

dog-'tired *a* fourbu.

doily ['dɔili] *n* napperon *m*.

'do-it-your'self *n* bricolage *m*.

'do-it-your'selfer *n* bricoleur *n*.

dole [dəul] *n* allocation *f* de chômage ; COLL. go on the ~, s'inscrire au chômage.

doll [dɔl] *n* poupée *f* ; play with ~s, jouer à la poupée.

dollar ['dɔlə] *n* dollar *m*.

dolly ['dɔli] *n* poupée *f* ∥ CIN. chariot *m* (for camera) ; ~ shot, travelling *m* ● *v* CIN. faire un travelling.

dolphin ['dɔlfin] *n* dauphin *m*.

dome [dəum] *n* dôme *m*.

dominate ['dɔmineit] *v* dominer.

domino [-əu] *n* domino *m* (game) ; play ~es, jouer aux dominos.

done [dʌn] → DO* ● *a* : CULIN. well ~, bien cuit.

donkey ['dɔŋki] *n* âne *m*.

doom [du:m] *n* destin *m* tragique ∥ mort *f* ● *v* condamner.

door [dɔ:] *n* porte *f*.

door-bell *n* sonnette *f*.

door-keeper *n* portier *m*.

door-mat *n* paillasson *m*.

dope [dəup] *n* COLL. stupéfiant *m*, drogue *f* ∥ SL. [horse-racing] tuyau *m* (fam.) ● *v* SP. doper.

dormitory ['dɔ:mitri] *n* dortoir *m*.

dose [dəus] *n* dose *f*.

dot [dɔt] *n* point *m* ∥ COLL. on the ~, (à l'heure) pile.

dotted line *n* pointillé *m*.

double ['dʌbl] *n* a double ● *n* double *m* ∥ ~ or quits, quitte ou double ∥ sosie *m* (person) ● pendant *m* (things) ∥ [bridge] contre *m* ● *v*

doubler ∥ [bridge] contrer ∥ ~ back, revenir sur ses pas ∥ ~ up, se plier en deux.

double-barrelled *a* à deux coups (gun).

double-bass *n* contrebasse *f*.

double-bed *n* lit *m* pour deux personnes.

double-bedded *a* à deux lits (room).

double-breasted *a* croisé (coat).

double-decker *n* AV. deux-ponts *m* ∥ AUT. autobus *m* à impériale.

double-lock *v* fermer à double tour.

double-park *v* AUT. parquer en double file.

double room *n* chambre *f* pour deux personnes.

doubt [daut] *n* doute *m* ; without ~, sans aucun doute ; no ~, certainement ● *v* douter ; I ~ it, j'en doute.

doubtful *a* indécis (feeling doubt) ∥ douteux, incertain (causing doubt).

doubtless *av* très probablement.

douche [du:ʃ] *n* MED. injection *f*.

dough [dəu] *n* pâte *f* ∥ SL. fric, pognon *m* (fam.).

doughnut *n* beignet *m*.

dove [dʌv] *n* colombe *f*.

dove-cote ['-kəut] *n* pigeonnier *m*.

down 1 [daun] *n* duvet *m*.

down 2 *av* vers le bas, en bas ; ~ below, en bas ∥ put ~,

noter, inscrire • *a* : RAIL. ∼
train, train descendant (from
London) ‖ COMM. ∼ *payment*,
paiement comptant ‖ MED. ∼
with flu, au lit avec la grippe
• *interj* : ∼ **with X!**, à bas X!
‖ [to a dog] ∼!, couché! • *p*
au bas de ; ∼ *the hill*, au pied
de la colline ‖ [along] *walk* ∼
the street, descendre la rue.

downstairs *a* du bas • *av* en
bas ; *go* ∼, descendre l'escalier.

down'stream *a/av* en aval.

downtown *av* US en ville.

downward(s) *av* vers le bas.

downy ['dauni] *a* duveteux.

dowser ['dauzə] *n* sourcier,
radiesthésiste *n*.

dowsing *n* radiesthésie *f*.

doze [dəuz] *n* somme *m* • *v*
sommeiller ‖ ∼ *off*, s'assoupir.

dozen ['dʌzn] *n* douzaine ;
half a ∼, demi-douzaine.

draft [drɑːft] *n* brouillon, projet *m* ‖ FIN. traite *f* (bill) ‖
US → DRAUGHT • *v* faire le
brouillon de ‖ US, MIL. appeler (sous les drapeaux), mobiliser.

draftsman = DRAUGHTSMAN.

drag [dræg] *v* traîner, tirer ; se
traîner (lag behind) • *n* entrave
f ; COLL. [person] raseur *n* ;
[thing] corvée *f* ; *what a* ∼!,
quelle barbe! ‖ SL. [cigarette]
bouffée *f*.

drain [drein] *v* vider entièrement (cup, etc.).

drainpipe *n* [house] tuyau *m*
d'écoulement, gouttière *f*.

drake [dreik] *n* canard *m*.

drama ['drɑːmə] *n* drame *m*
(play).

dramatic [drə'mætik] *a* dramatique.

drank [dræŋk] → DRINK*.

draper ['dreipə] *n* marchand *n*
de nouveautés.

draught 1 [drɑːft] *n* courant
m d'air ‖ *beer on* ∼, bière *f*
à la pression ; *at a* ∼, d'un
trait.

draught 2 *n* : (*game of*) ∼*s*,
(jeu *m* de) dames *fpl*.

draughtboard *n* damier *m*.

draughtsman ['-smən] *n* dessinateur *m* ‖ [game] pion *m*.

draw* [drɔː] *v* tirer, traîner ‖
baisser (a blind) ‖ ARTS dessiner ‖ FIN. tirer (cheque) ; retirer (money) ‖ SP. faire match
nul ‖ FIG. tirer au sort ; ∼ *lots
for sth*, tirer qqch au sort ‖
[chimney] tirer ‖ [tea] infuser
‖ [days] ∼ *in*, raccourcir ; ∼
out, rallonger ‖ ∼ *up*, [car]
s'arrêter ; ∼ *o.s. up*, se dresser
• *n* partie nulle, match nul.

drawback *n* inconvénient *m*.

drawee [drɔː'iː] *n* FIN. tiré *m*.

drawer ['drɔːə] *n* [furniture]
tiroir *m* ‖ ARTS dessinateur *n*
‖ FIN. tireur *m*.

drawing *n* ARTS dessin *m*.

drawing-board *n* planche *f* à
dessin.

drawing-pin *n* punaise *f* (à
dessin).

drawing-room *n* salon *m*.

drawl [drɔːl] *v* parler d'une

voix traînante • *n* voix traînante.

drawn [drɔːn] → DRAW* • *a* : SP. ~ *game*, match nul.

dread [dred] *n* terreur, épouvante *f* • *v* redouter, craindre.

dreadful *a* redoutable (terrible) ‖ affreux (unpleasant).

dream [driːm] *n* rêve, songe *m*; *have a* ~, faire un rêve • *v** rêver (*of*, de).

dreamy *a* rêveur (person).

dress [dres] *v* (s')habiller ‖ CULIN. accommoder (food); assaisonner (salad) ‖ MED. ~ *a wound*, faire un pansement • *n* habillement *m*; vêtements *mpl* ‖ [woman's] robe *f*.

dress-designer *n* modéliste *n*.

dresser *n* [furniture] buffet *m*.

dressing ['dresiŋ] *n* toilette *f* (process) ‖ MED. pansement *m* ‖ CULIN. assaisonnement *m*.

dressing-case *n* trousse *f* de toilette.

dressing-gown *n* robe *f* de chambre.

dressing-room *n* cabinet *m* de toilette.

dressmaker *n* couturière *f*.

dressmaking *n* couture *f*.

drew [druː] → DRAW*.

dribble [dribl] *v* baver.

drift [drift] *n* NAUT., AV. dérive *f* • *v* aller à la dérive ‖ être poussé (by the wind) ‖ NAUT., AV. dériver.

drill 1 [dril] *n* TECHN. foret *m*, mèche *f* (bit) ‖ MED. (dentist's)

~, fraise *f* (de dentiste) • *v* percer, forer.

drill 2 *n* MIL. exercice *m* • *v* faire l'exercice ‖ instruire.

drily ['draili] *av* sèchement.

drink* [driŋk] *v* boire; ~ *out of a glass*, boire dans un verre; ~ *from the bottle*, boire à même la bouteille; ~ *to*, boire à la santé de • *n* boisson *f*; *have a* ~, prendre un verre, boire un coup (fam.) ‖ *Pl* rafraîchissements *mpl*.

drinker *n* buveur *n*.

drinking water *n* eau *f* potable.

drip [drip] *n* goutte *f* • *v* tomber goutte à goutte.

drive* [draiv] *v* pousser devant soi (push forward); chasser (*from*, de) ‖ enfoncer (nail) ‖ AUT. [driver] conduire; piloter (racing car); [car] rouler; ~ *to*, aller en voiture à • *n* AUT. promenade *f* (trip); *go for a* ~, faire une promenade en voiture; *two hours'* ~, deux heures de voiture; conduite *f*; *left hand* ~, conduite *f* à gauche ‖ transmission *f*; *front wheel* ~, traction *f* avant ‖ SP. [tennis] coup droit ‖ FIG. dynamisme *m* (energy) ‖ POL. campagne *f*.

driven ['drivn] → DRIVE*.

driver *n* [car] chauffeur *m*; [bus] conducteur *m*.

driving *n* AUT. conduite *f*.

driving-licence *n* permis *m* de conduire.

driving-school *n* auto-école *f*.

driving-test n examen m pour le permis de conduire.

drizzle ['drizl] v bruiner || bruine f.

drop [drɔp] n goutte f; ~ **by** ~, goutte à goutte || baisse f (prices, temperature) • v tomber goutte à goutte (dribble) || tomber, s'écrouler (fall) || laisser tomber (sth, qqn) || écrire (a line, un mot) || [wind] tomber || [temperature, prices] baisser || AV. larguer, parachuter || AUT. déposer, ~ **me at the post-office**, déposez-moi au bureau de poste || ~ **behind**, se laisser distancer || ~ **in**, passer voir (on sb, qqn) || COLL. I'm ready to ~, je ne tiens plus debout (fam.).

dropper n compte-gouttes m.

drove [drəuv] → DRIVE*.

drown [draun] v noyer || submerger (flood) || étouffer, couvrir (sound).

drowning n noyade f.

drowsy ['drauzi] a somnolent.

drudgery ['drʌdʒəri] n corvée f, travail fastidieux.

drug [drʌg] n médicament m || drogue f, stupéfiant m (opium, etc.) ; take ~s, se droguer || droguer.

drug-addict n toxicomane n.

drug-store n US pharmacie f.

drum [drʌm] n MUS. tambour m || Pl batterie f • v tambouriner, battre du tambour.

drum brake n frein m à tambour.

drummer n MUS. batteur m.

drunk [drʌŋk] → DRINK* • a ivre, soûl ; get ~, s'enivrer.

drunkard ['-əd] n ivrogne m.

drunken a ivre.

drunkenness n ivresse f; [habitual] ivrognerie f.

dry [drai] a sec || aride (country) || FIG. sec, froid (answer) || sans intérêt (lecture) • v faire sécher, dessécher || essuyer (dishes) || ~ **up**, se dessécher ; assécher.

dry-clean v nettoyer à sec.

drying n séchage, assèchement m.

dryness n [climate] sécheresse f || [soil] aridité f.

dry-shave v se raser au rasoir électrique.

dry-shod a à pied sec.

dub [dʌb] v CIN. doubler.

dubbing n doublage m.

duck [dʌk] n canard m || [female] cane f; → DRAKE || COLL. chou, trésor m (darling).

due [dju] a : ~ **to**, dû à || FIN. sec, froid (answer) || échéance f, échoir || RAIL., AV. attendu ; the train is ~ at 2 o'clock, le train doit arriver à 2 heures • av : ~ **north**, en plein nord • n dû m || Pl droits mpl.

duet [dju'et] n MUS. duo m ; piano ~, morceau m à quatre mains.

dug [dʌg] → DIG*.

dull [dʌl] a terne (colour) || sourd (sound) || obtus (mind) || terne, ennuyeux (boring).

duly ['dju:li] av dûment (properly) ‖ à temps (on time).

dumb [dʌm] a muet.

dumbbell n haltère m.

dumbness n mutisme m.

dumb-waiter n table roulante.

dummy ['dʌmi] n objet m factice ‖ [bridge] mort m ‖ COMM. mannequin m ‖ TECHN. maquette f.

dumping-ground ['dʌmpiŋgraund] n décharge publique.

dune [dju:n] n dune f.

dung [dʌŋ] n fumier m.

dungarees [,dʌŋgə'ri:z] npl bleus mpl de travail.

dunk [dʌŋk] v COLL. tremper (bread into coffee).

duplicate ['dju:plikit] a en double • n double, duplicata m • [-keit] v polycopier.

duplicator n machine f à polycopier.

duration [dju'reiʃn] n durée f.

during ['djuəriŋ] p durant, pendant.

dusk [dʌsk] n crépuscule m; at ~, à la tombée de la nuit.

dusky a sombre, obscur.

dust [dʌst] n poussière f • v épousseter.

dustbin n poubelle f, boîte f à ordures.

duster n chiffon m.

dust-jacket n couvre-lit m, liseuse f.

dustman n éboueur m.

dustpan n pelle f à ordures.

dusty a poussiéreux.

Dutch [dʌtʃ] a hollandais • n [language] néerlandais m.

Dutchman n Hollandais m.

Dutchwoman n Hollandaise f.

dutiable ['dju:tjəbl] a soumis aux droits de douane.

dutiful [-ifl] a obéissant, respectueux.

duty ['dju:ti] n devoir m, obligation f; do one's ~, faire son devoir ‖ fonction f; on ~, de garde (chemist); off ~, libre, pas de service; do ~ for, faire office de ‖ droit m de douane.

duty-free a hors-taxes.

dwarf [dwɔ:f] a/n nain (n).

dwell* [dwɛl] v résider.

dye [dai] v teindre • n teinture f.

dynamic [dai'næmik] a dynamique, énergique.

dynamism n dynamisme m.

dynamite ['dainəmait] n dynamite f • v dynamiter.

dynamo [-əu] n dynamo f.

e

e [i:] n MUS. mi m.

each [i:tʃ] a chaque • pr chacun; ~ other, l'un l'autre, les uns les autres.

eager ['iːgə] a impatient, ardent, brûlant de (*for/to*, de); be ~ *for*, désirer ardemment.

eagerly av avec impatience, ardemment.

eagerness n impatience, ardeur f, empressement m.

eagle ['iːgl] n aigle m.

eaglet [-it] n aiglon m.

ear 1 [iə] n BOT. épi m.

ear 2 n oreille f.

ear-ache n mal n d'oreilles.

ear-drop n pendant m d'oreille.

earlier, earliest ['əːliə, -əst] → EARLY.

early [əːli] av de bonne heure, tôt, en avance ‖ as ~ as possible, dès que possible ‖ *earlier than*, avant... • a : *in* ~ *spring*, au début du printemps; be an ~ *riser*, être matinal; *in the* ~ *morning*, de bon matin ‖ *prochain*; at an ~ *date*, prochainement ‖ **at the earliest**, au plus tôt.

earn [əːn] v gagner (money).

earnest 1 ['əːnist] n FIN. arrhes fpl.

earnest 2 a sérieux (serious).

earphone, earpiece n écouteur m.

ear-plug n boule f Quiès.

ear-ring n boucle f d'oreille.

earshot n : *within* ~, à portée de voix.

earth [əːθ] n [world] terre f, monde m ‖ [land, ground] terre f ‖ ELECTR. masse f • v ELECTR. mettre à la terre.

earthenware [əːθənwɛə] n poterie, faïence f.

earthquake n tremblement m de terre.

ease [iːz] n bien-être m; tranquillité f; at ~, à l'aise ‖ *ill at* ~, mal à l'aise ‖ [lack of difficulty] facilité, aisance f • v calmer, atténuer (anxiety, pain) ‖ desserrer (loosen).

easily ['iːzili] av aisément, facilement.

easiness n facilité f.

east [iːst] n est, orient m • a à/de l'est • av à/vers l'est (*of*, de).

Easter ['iːstə] n Pâques m ‖ ~ *eggs*, œufs mpl de Pâques.

easterly ['iːstəli] a/av d'est.

eastern [-ən] a oriental.

eastward [-wəd] a/av à/vers l'est.

easy a facile, aisé (not difficult); *make easier*, faciliter ‖ confortable; ~ *chair*, fauteuil m • av aisément, facilement ‖ COLL. *take it* ~!, ne vous en faites pas!, ne vous fatiguez pas!

eat* [iːt] v manger ‖ ~ *into*, [acid] ronger ‖ ~ *up*, dévorer; finir (de manger).

eatable a comestible.

eaten ['iːtn] → EAT*.

eater n mangeur m ‖ [fruit] pomme f à couteau.

ebb [eb] n reflux m; *the* ~ *and flow*, le flux et le reflux ‖ ~ *tide*, marée descendante.

eccentric [ik'sentrik] a/n excentrique (n).

echo ['ekəu] *n* écho *m*.

eclipse [i'klips] *n* éclipse *f*.

ecological [ˌiːkə'lɔdʒikl] *a* écologique.

ecology [iː'kɔlədʒi] *n* écologie *f*.

economic [ˌiːkə'nɔmik] *a* économique.

economical *a* économe (thrifty).

economize [i'kɔnəmaiz] *v* économiser.

economy *n* économie *f* • *a* économique.

eddy ['edi] *n* remous, tourbillon *m*.

edge [edʒ] *n* [blade] tranchant, fil *m*; *take the ~ off*, émousser || bord *m* (border); lisière *f* (skirt) || [ski] carre *f*.

edible ['edibl] *a* comestible.

edit ['edit] *v* CIN. monter (film).

editing *n* CIN. montage *m*.

edition [i'diʃn] *n* édition *f*.

editor ['editə] *n* [newspaper] rédacteur *n* (en chef).

educate ['edjukeit] *v* instruire; *be well ~d*, avoir reçu une bonne instruction; *be ~d at*, faire ses études à.

edu'cation *n* éducation *f*; enseignement *m*, instruction *f*.

effect [i'fekt] *n* effet, résultat *m*; action *f*; *have an ~*, produire un effet.

effective [-iv] *a* efficace (efficacious) || saisissant, frappant (impressive).

efficiency [i'fiʃnsi] *n* [method] efficacité *f* ||

[machine] rendement *m* || [person] compétence *f*.

efficient [-nt] *a* compétent, capable (person) || efficace (machine).

effort ['efət] *n* effort *m*.

effortless *a* facile, aisé.

egg [eg] *n* œuf *m*.

egg-beater *n* fouet, batteur *m*.

egg-cup *n* coquetier *m*.

egg-plant *n* aubergine *f*.

egoism ['egəizm] *n* égoïsme *m*.

egoist *n* égoïste *n*.

eight [eit] *a/n* huit (*m*).

eighteen [-'tiːn] *a/n* dix-huit (*m*).

eighth [eitθ] *a/n* huitième (*n*).

eighty [-ti] *a/n* quatre-vingts (*m*).

either ['aiðə] *a/pr* l'un ou l'autre (one or the other) || l'un et l'autre (both) • *c* : *~ ... or ...*, ou bien ... ou bien ... ; *... soit ... soit ...* • *av* : *not ~*, non plus.

elastic [i'læstik] *a* élastique; *~ band*, élastique *m*.

elbow ['elbəu] *n* coude *m*; *lean one's ~s*, s'accouder (on, à, sur) • *v* : *~ one's way*, se frayer un chemin à coups de coude.

elder ['eldə] *a/n* aîné (*n*) [of 2].

elderly *a* âgé, d'un certain âge.

eldest [-ist] *a/n* aîné (*n*) [of 3 or more].

election [i'lekʃn] *n* élection *f*.

elector [-tə] *n* électeur *n*.

electric [i'lektrik] a électrique ; ~ *blanket,* couverture chauffante.

electrical a électrique ; ~ *engineer,* ingénieur électricien.

electrically av électriquement, à l'électricité.

electrician [ilek'tri∫n] n électricien n.

electricity [-siti] n électricité f.

electrify [i'lektrifai] v RAIL. électrifier.

electrocute [i'lektrəkju:t] v électrocuter.

electronic [ilek'trɔnik] a électronique ; ~ *flash,* flash m électronique.

elegant ['eligənt] a élégant.

element ['elimənt] n élément m.

elementary [ˌeli'mentri] a élémentaire.

elephant ['elifənt] n éléphant m.

elevated ['eliveitid] a élevé • n US, RAIL. métro aérien.

elevator n US ascenseur m.

eleven [i'levn] a onze (m).

elevenses [-siz] npl COLL. collation f d'onze heures.

eliminate [i'limineit] v éliminer.

e‚limi'nation n élimination f.

eloquent ['eləkwənt] a éloquent.

else [els] av autre ; *somebody* ~, qqn d'autre ‖ *somewhere* ~, autre part, ailleurs.

'else'where av ailleurs.

elude [i'lu:d] v éluder, éviter (question).

embankment [im'bæŋkmənt] n [road] remblai m ‖ [river] digue f, quai m.

embark [im'bɑ:k] v (s') embarquer.

‚embar'kation n embarquement m.

embarrass [im'bærəs] v embarrasser, troubler.

embassy ['embəsi] n ambassade f.

embed [im'bed] v encastrer.

embellish [im'beli∫] v embellir.

embers ['embəz] npl braise f.

embrace [im'breis] v embrasser, étreindre (hug) ‖ FIG. embrasser (career).

embroider [im'brɔidə] v broder.

embroidery [-ri] n broderie f.

emerald ['emərəld] n émeraude f.

emerge [i'mə:dʒ] v émerger.

emergency [i'mə:dʒnsi] n situation f critique ; *in an* ~, en cas m d'urgence ‖ ~ *exit,* sortie f de secours.

emigrant ['emigrnt] n émigrant n.

emigrate [-eit] v émigrer.

‚emi'gration n émigration f.

emotion [i'məu∫n] n émotion f.

emotional a émotif ; impressionnable.

emphasis ['emfəsis] n GRAMM. accent m (stress) ‖

FIG. mise *f* en relief ; insistance *f*.

emphasize [-saiz] *v* mettre l'accent sur, insister sur, souligner.

emphatic [im'fætik] *a* énergique, formel.

emphatically [-tikli] *av* énergiquement, catégoriquement.

employ [im'plɔi] *v* employer (person).

employee [,emplɔi'iː] *n* employé *n*.

employer *n* patron *n*.

employment *n* emploi *m*, situation *f* ; ~ **agency**, bureau *m* de placement.

empty ['emti] *a* vide ‖ MED. on an ~ **stomach**, à jeun ‖ *npl* emballages *mpl* vides, bouteilles *fpl* vides ● *v* (se) vider (*into*, dans).

emulsion [i'mʌlʃn] *n* émulsion *f*.

enable [i'neibl] *v* : ~ **sb to**, permettre à qqn de.

enamel [i'næml] *n* émail *m* ● *v* émailler (metal).

encamp [in'kæmp] *v* camper.

enchant [in'tʃɑːnt] *v* enchanter, charmer.

enchantment *n* enchantement *m*.

enclose [in'kləuz] *v* enclore, clôturer (shut in) ‖ inclure, joindre (in a letter).

encore [ɔŋ'kɔː] *n* TH. bis *m* ● *v* bisser.

encourage [in'kʌridʒ] *v* encourager.

encouragement *n* encoura-

gement *m* (*from*, de la part de ; *to*, à).

encumber [in'kʌmbə] *v* encombrer, embarrasser (hinder).

end [end] *n* bout *m*, extrémité *f* (farthest part) ‖ fin *f* ; **without** ~, sans fin ; **bring to an** ~, achever, terminer ; **come to an** ~, s'achever, se terminer ‖ fin *f*, but *m* (aim) ; [time] **on** ~, d'affilée ‖ AUT. run a big ~, couler une bielle ● *v* finir ‖ ~ (**off**), achever, terminer ; terminer, s'achever (*in*, dans ; *by*, par) ‖ ~ **up**, finir (*by*, par) ; aboutir (*in*, à).

endanger [in'deindʒə] *v* mettre en danger, exposer.

endless *a* sans fin, interminable.

endlessly *av* continuellement.

endorse [in'dɔːs] *v* FIN. endosser (cheque).

endurance [in'djuərəns] *n* endurance *f* (to pain) ; résistance *f* (to fatigue).

endure [in'djuə] *v* supporter (undergo) ; endurer (bear).

enduring [-riŋ] *a* durable (lasting).

enemy ['enimi] *a/n* ennemi (*n*).

energetic [,enə'dʒetik] *a* énergique ‖ dynamique.

energy ['enədʒi] *n* énergie, vigueur *f*.

enervate ['enəveit] *v* affaiblir.

engage [in'geidʒ] *v* embaucher (employ) ‖ ~ **sb in** conver-

sation, lier conversation avec qqn ‖ TECHN. embrayer.

engaged [-d] *a* [seat] occupé ; [taxi] pas libre ; [person] pris ; [line] occupé ‖ *get* ~, se fiancer ; *the* ~ *couple*, les fiancés.

engagement *n* fiançailles *fpl* ‖ rendez-vous *m* (appointment).

engagement-book *n* agenda *m*.

engaging *a* charmant.

engine [′enʒin] *n* machine *f* ‖ RAIL. locomotive *f* ‖ AUT. moteur *m*.

engineer [‚enʒi′niə] *n* ingénieur *m* (technician) ‖ mécanicien *m* (workman).

engine-failure *n* panne *f* de moteur.

England [′iŋglənd] *n* Angleterre *f*.

English *a* anglais ● *n* [language] anglais *m* ‖ *Pl* Anglais *npl*.

Englishman *n* Anglais *m*.

English-speaking *a* anglophone.

Englishwoman *n* Anglaise *f*.

engraving [in′greiviŋ] *n* gravure *f*.

enigma [i′nigmə] *n* énigme *f*.

enigmatic [‚enig′mætik] *a* énigmatique.

enjoy [in′dʒɔi] *v* prendre plaisir à ; ~ *o.s.*, s'amuser ‖ apprécier, aimer.

enjoyment *n* plaisir *m*.

enlarge [in′lɑːdʒ] *v* agrandir.

enlargement *n* agrandissement *m*.

enlarger *n* agrandisseur *m*.

en′list *v* MIL. enrôler.

enormous [i′nɔːməs] *a* énorme.

enormously *av* énormément.

enough [i′nʌf] *a* assez, suffisant ; ~ *money*, assez d'argent ; *be* ~, suffire (*to*, pour) ● *av* assez, suffisamment ; *warm* ~, assez chaud.

enquire → INQUIRE.

enrich [in′ritʃ] *v* enrichir.

enrol [in′rəul] *v* inscrire (members) ; se faire inscrire.

ensure [in′ʃuə] *v* assurer.

entail [in′teil] *v* occasionner.

entangle [in′tæŋgl] *v* emmêler.

enter [′entə] *v* entrer/pénétrer dans ; inscrire (name) ; s'inscrire à (school, club).

enterprise [′entəpraiz] *n* entreprise *f* ‖ esprit *m* d'initiative.

enterprising *a* entreprenant, hardi.

entertain [‚entə′tein] *v* recevoir (guests) ‖ amuser, distraire.

entertaining *a* amusant.

entertainment *n* divertissement, amusement *m*, distraction *f* ‖ TH. spectacle *m*.

enthusiasm [in′θjuːziæsm] *n* enthousiasme *m*.

enthusiast [-iæst] *n* enthousiaste, partisan *m*, amateur passionné.

en‚thusi′astic *a* enthousiaste.

entire [in′taiə] *a* entier, complet.

entirely *av* entièrement, complètement.

entitle [in'taitl] *v* intituler ‖ JUR. autoriser (*to*, à).

entrance ['entrəns] *n* entrée *f*; ~ *examination*, examen *m* d'entrée.

entrant *n* concurrent *n* ‖ [exam] candidat *n* ‖ SP. participant *n*.

entrust [in'trʌst] *v* confier (*to*, à); charger (*with*, de).

entry ['entri] *n* entrée *f* (entering, way in); *no* ~, entrée interdite ‖ [list] inscription *f* ‖ SP. participant *n* (person); participation *f* (list).

enumerate [i'nju:məreit] *v* énumérer.

envelop [in'veləp] *v* envelopper.

envelope ['envələup] *n* enveloppe *f*.

envious ['enviəs] *a* envieux (*of*, de).

environment [in'vairənmənt] *n* entourage, milieu *m*.

envy ['envi] *n* envie *f*; *be the* ~ *of*, faire envie à • *v* envier, convoiter.

E.P. ['i:'pi:] *n* → EXTENDED-PLAY.

epidemic [,epi'demik] *n* épidémie *f*.

equal ['i:kwəl] *a* égal, équivalent (*to*, à) • *v* égaler.

equality [i'kwɔliti] *n* égalité *f*.

equator [i'kweitə] *n* équateur *m*.

equip [i'kwip] *v* équiper, doter (*with*, de).

equivalent [i'kwivələnt] *a/n* équivalent (*m*) [*to*, à].

erase [i'reiz] *v* effacer, gratter.

erect [i'rekt] *v* dresser (set upright).

erotic [i'rɔtik] *a* érotique.

errand ['erənd] *n* course, commission *f*; *run* ~*s*, faire des courses.

erratic [i'rætik] *a* irrégulier.

error ['erə] *n* erreur *f* (mistake).

escalator ['eskəleitə] *n* escalier *m* mécanique.

escape [is'keip] *v* s'évader, s'échapper (*from*, de) ‖ TECHN. [gas] fuir ‖ FIG. échapper à • *n* fuite, évasion *f* ‖ *have a narrow* ~, l'échapper belle.

escort ['eskɔ:t] *n* cavalier *m* (to a lady) ‖ [touring] hôtesse *f* • [is'kɔ:t] *v* escorter.

essay ['esei] *n* tentative *f* ‖ [school] rédaction *f*.

essential [i'senʃl] *a/n* essentiel (*m*) ‖ ~ *oil*, essence *f*.

establish [is'tæbliʃ] *v* établir, fonder.

establishment *n* établissement *m*.

estate [is'teit] *n* domaine *m*, propriété *f*; *real* ~, biens immobiliers.

estate-agent *n* agent immobilier.

estate-car *n* AUT. break *m*.

esteem [is'ti:m] *v* estimer (respect) • *n* estime *f*.

estimate ['estimit] *n* évaluation *f*, calcul *m* (appraisal); *at a rough* ~, à vue de nez ‖

TECHN. devis *m* ● [-meit] *v* estimer, évaluer.

esti'mation *n* estimation *f*.

estuary ['estjuəri] *n* estuaire *m*.

eternal [i'tə:nl] *a* éternel.

eternity *n* éternité *f*.

Europe ['juərəp] *n* Europe *f*.

European [,juərə'piən] *a/n* européen (*n*).

evade [i'veid] *v* échapper (pursuit) ‖ éviter (difficulty) ; éluder (question).

evaluate [i'væljueit] *v* évaluer.

evaporate [i'væpəreit] *v* faire évaporer ; s'évaporer.

e,vapo'ration *n* évaporation *f*.

evasion [i'veiȝn] *n* échappatoire *f* ‖ dérobade *f* (of, devant).

eve [i:v] *n* veille *f* ; *on the* ~ *of*, à la veille de.

even ['i:vn] *av* même ; ~ *if/though*, même si ; ~ *so*, quand même ‖ encore ; ~ *better*, encore mieux ● *a* plat, uni (flat) ‖ régulier (unchanging) ; égal (equal) ‖ pair (number).

evening ['i:vniȝ] *n* soir *m* ; *in the* ~, le soir, dans la soirée ; *the* ~ *before*, la veille au soir ; *tomorrow* ~, demain soir.

evening-dress *n* [man's] tenue *f* de soirée ; [woman's] robe *f* du soir.

evenly ['i:vnli] *av* uniformément, régulièrement.

event [i'vent] *n* événement *m* ‖ cas *m* ; *in the* ~ *of*, au cas où ‖ SP. épreuve *f*.

eventful *a* mouvementé.

eventually [-juəli] *av* finalement, en fin de compte.

ever ['evə] *av* toujours (always) ; *for* ~, pour toujours, à jamais ; ~ *since*, depuis ; *yours* ~, bien cordialement vôtre ‖ jamais (at any time) ; *hardly* ~, presque jamais ; *if you* ~ *go there*, si jamais vous y allez.

evergreen *a* à feuilles persistantes.

every ['evri] *a* chaque, chacun de, tout ; ~ *day*, tous les jours.

everybody *pr* chacun, tout le monde, tous.

everyone *pr* = EVERYBODY.

everything *pr* tout.

everywhere *av* partout, de tous côtés.

evidence ['evidns] *n* preuve certaine (proof) ‖ témoignage *m* ; *give* ~, témoigner.

evident *a* évident.

evil ['i:vl] *a* mauvais ● *n* mal *m*.

ewe [ju:] *n* brebis *f*.

ex- [eks] *pref* ancien, ex.

exact [ig'zækt] *a* exact, juste (correct) ‖ précis (accurate).

exacting *a* exigeant (person) ; astreignant (work).

exactitude [-itju:d] *n* exactitude, précision *f* (accuracy).

exactly *av* exactement.

exaggerate [ig'zædȝəreit] *v* exagérer.

exaggerated [-id] *a* exagéré.

e,xagge'ration *n* exagération *f*.

exam [ig'zæm] n COLL. examen.

e xami'nation n examen m ‖ [customs] visite f.

examine [-in] v examiner, inspecter ‖ [school] interroger ‖ [customs] visiter, contrôler ‖ MED. examiner (patient).

examiner n examinateur m.

example [ig'zɑːmpl] n exemple m ; for ~, par exemple ‖ set an ~, donner l'exemple.

exceed [ik'siːd] v dépasser (limit) ‖ excéder (quantity) ‖ outrepasser (one's rights) ‖ AUT. ~ the speed limit, dépasser la vitesse permise.

exceedingly av extrêmement.

excellent ['eksələnt] a excellent.

except [ik'sept] p : ~ for, à l'exception de ; ~ that, sauf que.

excepting p à l'exception de.

exception n exception f ‖ objection f.

exceptional a exceptionnel.

excess [ik'ses] n excès m ● a excédentaire ; ~ fare, supplément m ; ~ luggage, excédent m de bagages ; ~ postage, surtaxe f.

excessive a excessif, démesuré.

excessively av excessivement.

exchange [iks't∫einʒ] v échanger (for, contre) ● n échange m ; in ~ for, en échange de ‖ FIN. change m ; ~

control, contrôle m des changes ‖ TEL. central m.

excite [ik'sait] v émouvoir (move) ‖ exciter (agitate).

excited [-id] a énervé, agité ; get ~, s'énerver.

excitement n excitation, agitation f.

exciting a émouvant, passionnant, captivant.

exclaim [iks'kleim] v s'écrier, s'exclamer.

exclamation [,eksklə'mei∫n] n exclamation f ; ~ mark, point m d'exclamation.

exclude [iks'kluːd] v exclure.

exclusive [iks'kluːsiv] a exclusif ‖ fermé, sélect (club).

exclusively av exclusivement.

excruciating [iks'kruː∫ieitiŋ] a atroce.

excursion [iks'kəː∫n] n excursion f.

excuse [iks'kjuːs] n excuse f ‖ [-z] v excuser.

execute ['eksikjuːt] v exécuter.

exe'cution n exécution f.

executive [ig'zekjutiv] n [business] cadre m.

exempt [ig'zemt] v exempter ● a : ~ from, exempt de (tax) ‖ exempté de (service).

exercise ['eksəsaiz] n exercice m ; ~ book, cahier m ‖ take some ~, faire de l'exercice ● v exercer ‖ ~ o.s., s'exercer.

exert [ig'zəːtl] v : ~ o.s., se

dépenser, se donner du mal (*for*, pour).

exertion *n* effort *m*.

exhaust [ig'zɔ:st] *v* épuiser (use up) || épuiser, exténuer (tire out) • *n* : ~ (-pipe), tuyau *m* d'échappement.

exhaustion [-t∫n] *n* épuisement *m*.

exhibit [ig'zibit] *v* exposer.

exhibition [ˌeksi'bi∫n] *n* exposition *f*.

exile ['eksail] *n* exil *m* || exilé *n* (person) • *v* exiler (*from*, de).

exist [ig'zist] *v* exister.

existence *n* existence *f*.

exit ['eksit] *n* sortie *f* (way out).

exotic [ig'zɔtik] *a* exotique.

expand [iks'pænd] *v* (se) dilater || COMM. se développer.

expanse [-s] *n* étendue *f*.

expansive [-siv] *a* étendu, large.

expatriate [eks'pætrieit] *v* (s')expatrier.

expect [iks'pekt] *v* attendre (await) || compter sur (rely) || penser (*that*, que) || attendre à || COLL. supposer || COLL. be ~*ing*, attendre un bébé, être enceinte.

expectant *a* qui attend ; ~ *mother*, future mère.

expectation [ˌekspek'tei∫n] *n* attente *f* ; in ~ of, en prévision de.

expedient [iks'pi:diənt] *a* avantageux, expédient • *a* expédient *m*.

expel [iks'pel] *v* expulser || renvoyer (from school).

expense [iks'pens] *n* dépense *f* || ~ **account**, frais professionnels || Pl frais *mpl* ; *incidental* ~s, faux frais || FIG. *at the* ~ *of*, aux dépens de.

expensive *a* coûteux, cher.

experience [iks'piəriəns] *n* expérience *f* (knowledge) || épreuve, aventure *f* (event) • *v* faire l'expérience de, connaître || éprouver, ressentir (feel).

experienced [-t] *a* expérimenté (*in*, en).

experiment [iks'perimənt] *n* expérience *f* (trial) • *v* expérimenter ; faire une expérience.

experimental [eks,peri'mentl] *a* expérimental.

expert [iks'pə:t] *a/n* expert (*m*), spécialiste (*n*).

explain [iks'plein] *v* expliquer || ~ *away*, justifier.

explanation [ˌeksplə'nei∫n] *n* explication *f*.

explode [iks'pləud] *v* (faire) exploser.

exploration [ˌeksplɔ:'rei∫n] *n* exploration *f*.

explore [iks'plɔ:] *v* explorer.

explorer [-rə] *n* explorateur *n*.

explosion [iks'pləuʒn] *n* explosion *f*.

export ['ekspɔ:t] *n* exportation *f* • *v* [-'-] exporter.

exporter *n* exportateur *m*.

expose [iks'pəuz] *v* exposer.

exposure [-ʒə] *n* exposition *f* || [house] orientation *f* || PHOT.

exposition *f; double* ∼, surimpression *f;* cliché *m* (picture).

express 1 [iks'pres] *v* exprimer (opinion); ∼ *o.s.,* s'exprimer.

express 2 a exprès, formel ‖ ∼ *letter,* lettre exprès ● *n* RAIL. rapide *m*.

expression [-ʃn] *n* expression *f*.

extemporize [iks'tempəraiz] *v* improviser (speech).

extend [iks'tend] *v* (s')étendre ‖ tendre (one's hand) ‖ [space, time] (se) prolonger.

ex'tended-'play *n* [record] 45 tours *m*.

extension [-ʃn] *n* extension *f* ‖ [time] prolongation *f* ‖ ELECTR. ∼ *cord,* prolongateur *m* ‖ TEL. poste *m*.

extensive [-siv] *a* vaste, étendu (spacious) ‖ FIG. considérable.

extensively *av* largement.

extent [-t] *n* étendue *f* ‖ FIG. *to* ǫ *certain* ∼, dans une certaine mesure.

exterior [eks'tiəriə] *a/n* extérieur *(m)*.

external [eks'tənl] *a* extérieur, externe (superficial) ‖ MED. *for* ∼ *use,* usage *m* externe.

extort [iks'tɔːt] *v* extorquer, soutirer *(from,* à).

extra ['ekstrə] *a* supplémentaire, en supplément; ∼ *charge,* supplément *m* ‖ SP. ∼ *time,* prolongation *f;* play ∼ *time,* jouer les prolongations ● *n* supplément *m* ‖ édition spéciale (newspaper) ‖ extra *m* (servant) ‖ CIN. figurant *m;* play ∼*s,* faire de la figuration.

extract ['ekstrækt] *n* extrait *m* (of a book) ‖ CULIN. concentré, extrait *m* ● [iks'trækt] *v* extraire *(from,* de).

extracurricular [ekstrəkə'rikjulə] *a* extra-scolaire (activity).

extraordinary [iks'trɔːdnri] *a* extraordinaire, remarquable.

extravagant [ik'strævəgənt] *a* dépensier, prodigue (wasteful) ‖ exorbitant, prohibitif (price) ‖ extravagant (conduct).

extreme [iks'triːm] *a* extrême.

extremely *av* extrêmement.

eye [ai] *n* œil *m; catch sb's* ∼, attirer l'attention de qqn ‖ [needle] chas *m*.

eye-bath *n* œillère *f*.

eyebrow *n* sourcil *m*.

eyedrops *npl* gouttes *fpl* pour les yeux, collyre *m*.

eyelash *n* cil *m*.

eyelet [-lit] *n* œillet *m*.

eyelid *n* paupière *f*.

eyesight *n* vue *f*.

eye-wash *n* collyre *m*.

f

f [ef] *n* MUS. fa *m*.

fable ['feibl] *n* fable *f*.

fabric ['fæbrik] *n* tissu *m*, étoffe *f* (cloth).

face [feis] *n* figure *f*, visage *m*; *wash one's* ~, se laver le visage ‖ grimace *f*; *make* ~**s**, faire des grimaces • *v* affronter, faire face à ‖ [house] donner sur, être exposé à.

face flannel *n* gant *m* de toilette.

face-powder *n* poudre *f* de riz.

facilitate [fə'siliteit] *v* faciliter.

facilities [-iz] *npl* TECHN. installations *fpl*, équipement *m*.

fact [fækt] *n* fait *m* ‖ réalité *f*; *in* ~, en fait.

factory ['fæktri] *n* usine, fabrique *f*.

fad [fæd] *n* manie *f*.

fade [feid] *v* [colour] passer, pâlir ‖ [plant] se faner, se flétrir ‖ CIN. ~ *in/out*, apparaître/disparaître en fondu.

fade-in *n* CIN. ouverture *f* en fondu.

fade-out *n* CIN. fermeture *f* en fondu.

fag [fæg] *n* corvée *f* (drudgery) ‖ COLL. sèche *f* (cigarette) [arg.]; ~ *end*, mégot *m*.

fail [feil] *v* baisser, décliner, s'affaiblir (weaken) ‖ [candidate] échouer; [examiner] ajourner; recaler (fam.) ‖ laisser tomber (let down) ‖ négliger; *don't* ~ *to*, ne manquez pas de • *n* : *without* ~, sans faute.

failing *n* défaut *m*, imperfection *f* • *p* à défaut de.

failure ['-jə] *n* échec *m* ‖ raté *m* (person) ‖ TECHN. panne *f*.

faint [feint] *a* faible (weak) ‖ défaillant (person); *feel* ~, avoir un malaise • *v* s'évanouir, se trouver mal • *n* évanouissement *m*.

fainting fit *n* évanouissement *m*.

faintly *av* faiblement.

fair 1 [fɛə] *n* foire *f*.

fair 2 *a* moyen, passable (average) ‖ juste, honnête ‖ régulier; ~ *play*, franc jeu ‖ propre, net; ~ *copy*, copie *f* au net; *make a* ~ *copy of*, recopier au propre ‖ clair (complexion) ‖ blond (hair) ‖ [weather] clair; *set* ~, beau fixe • *av* loyalement.

fairly *av* honnêtement (justly) ‖ moyennement, assez (rather).

faith [feiθ] *n* foi, confiance *f* ‖ REL. foi, religion *f*.

faithful *a* fidèle.

faithfully *av* fidèlement, loyalement.

fake [feik] *v* truquer; falsifier • *a*/*n* faux (*m*).

fall* [fɔːl] v tomber (*from*, de) ‖ [temperature, barometer] baisser ‖ [wind] s'apaiser, se calmer ‖ ~ *asleep*, s'endormir ‖ ~ *ill*, tomber malade ‖ ~ *in love*, tomber amoureux ‖ ~ *silent*, se taire ‖ ~ *behind*, se laisser distancer ‖ ~ *for*, COLL. tomber amoureux de ‖ ~ *out*, arriver (happen); se brouiller (*with*, avec) ‖ ~ *through*, [scheme] échouer ‖ ~ *to*, se mettre à • *n* chute *f*; *have a* ~, faire une chute ‖ [temperature] baisse *f* ‖ US automne *m*.

fallen ['fɔːlən] → FALL*.

fall-out *n* retombées radioactives.

false [fɔːls] *a* faux.

falter ['fɔːltə] *v* chanceler (stumble) ‖ hésiter ‖ balbutier (stammer).

fame [feim] *n* renommée *f*.

famed [-d] *a* fameux, célèbre.

familiar [fəˈmiljə] *a* familier (well-known) ‖ *be* ~ *with*, bien connaître (informal, intimate).

fa,**mili'arity** *n* familiarité *f*.

fa'miliarize *v* familiariser (*with*, avec).

family ['fæmili] *n* famille *f*; ~ *name*, nom *m* de famille ‖ ~ *allowance*, allocation familiale ‖ MED. ~ *planning*, planning familial ‖ COLL. *in the* ~ *way*, dans une situation intéressante.

famine ['fæmin] *n* famine *f*.

famous ['feiməs] *a* célèbre, renommé.

fan 1 [fæn] *n* éventail *m* ‖ (*electric*) ~, ventilateur *m* (électrique) • *v* éventer ‖ attiser (fire).

fan 2 *n* fervent, passionné *n* ‖ admirateur *m* ‖ SP. supporter *m*.

fanciful ['fænsifl] *a* imaginatif ‖ capricieux (whimsical) ‖ imaginaire (unreal).

fancy *n* imagination, fantaisie *f* ‖ caprice *m* (whim) ‖ goût *m* (liking); *take a* ~ *to*, s'éprendre de • *a* de fantaisie • *v* (s')imaginer (imagine); croire, penser (think).

fancy-dress *n* déguisement *m*; ~ *ball*, bal costumé.

fang [fæŋ] *n* [dog] croc *m*.

fantastic [fænˈtæstik] *a* fantastique, bizarre ‖ invraisemblable (idea) ‖ COLL. formidable, génial (fam.).

fantasy ['fæntəsi] *n* imagination *f* ‖ [sexual] fantasme *m*.

far [fɑː] *av* loin (*from*, de); *as* ~ *as*, jusque; *how* ~ ?, à quelle distance ?; *how* ~ *did you go* ?, jusqu'où êtes-vous allé ? ; ~ *away/off*, (*a*) lointain, éloigné ; (*av*) au loin ‖ *by* ~, de loin, de beaucoup ‖ *so* ~, résumé *m* des chapitres précédents ‖ FIG. *as* ~ *as*, autant que ; *as* ~ *as I can*, dans la mesure de mes possibilités ‖ ~ *better*, beaucoup mieux.

fare [fɛə] *n* [bus, etc.] prix *m* (du transport) ; *half-*~, demi-

tarif *m* ‖ [taxi] client *m* ‖ [bus]
~ *stage*, section *f*.

farm [fɑːm] *n* ferme *f* ● *v*
cultiver, exploiter.

farmer *n* fermier, cultivateur
m.

farmer's wife *n* fermière *f*.

farm-house *n* ferme *f* (house).

farming *n* culture, exploita-
tion *f*.

farm-yard *n* cour *f* de ferme,
basse-cour *f*.

farther ['fɑːðə] (comp. of *far*)
a plus éloigné ● *av* plus loin.

farthest [-ist] (sup. of *far*) *a* le
plus éloigné ● *av/n* le plus
loin.

fascinate ['fæsineit] *v* fasciner ‖ FIG. séduire.

fascinating *a* fascinant; captivant.

fashion ['fæʃn] *n* mode *f*; *in*
~, à la mode; *out of* ~,
démodé; *go out of* ~, se démoder.

fashionable *a* à la mode,
élégant.

fashion designer *n* (grand)
couturier *m*.

fast 1 [fɑːst] *a* rapide; *my
watch is five minutes* ~, ma
montre avance de cinq minutes ‖ solide (firm); bon teint
(colour) ● *av* vite, rapidement ‖ ~ *asleep*, profondément
endormi.

fast 2 *n* jeûne *m*; ~ *day*, jour
m maigre ● *v* jeûner.

fasten ['fɑːsn] *v* attacher,
fixer.

fastener *n* attache, agrafe *f*.

fastidious [fæs'tidiəs] *a* difficile, exigeant.

fat [fæt] *a* gros; *grow* ~,
engraisser ● *n* graisse *f*; [meat]
gras *m* ‖ *Pl* matières grasses.

fatal ['feitl] *a* mortel (mortal) ‖
fatal (dangerous).

fatality [fə'tæliti] *n* mort acci-
dentelle (death) ‖ fatalité *f*
(destiny).

fate [feit] *n* destin, sort *m* ‖
mort *f* (death).

fated [-id] *a* condamné, des-
tiné à.

fateful *a* fatal.

father ['fɑːðə] *n* père *m* ‖ REL.
F~ *Peter*, l'abbé *m* Pierre ‖
F~ *Christmas*, le Père Noël.

father-in-law *n* beau-père *m*.

fatherland *n* patrie *f*.

fatherly *a* paternel.

fatigue [fə'tiːg] *n* fatigue *f*.

fatten ['fætn] *v* engraisser.

faucet ['fɔːsit] *n* US robinet
m.

fault [fɔːlt] *n* défaut *m*,
imperfection *f* ‖ faute *f*; *find*
~ *with*, critiquer.

faultless *a* sans défaut, irréprochable.

faulty *a* défectueux.

favour ['feivə] *n* faveur *f* ‖
service (help); *do sb a* (*great*)
~, rendre un (grand) service à
qqn ‖ bénéfice *m*; *in* ~ *of*, au
profit de; *in your* ~, à votre
avantage ● *v* favoriser.

favourable ['feivrəbl] *a* favorable.

favourite [-it] *a/n* favori,
préféré (*n*).

fawn [fɔːn] v : [dog] ~ on its master, faire fête à son maître.

fear [fiə] n peur, crainte f ; for ~ of/that, de peur de/que.

fearful a effrayant, affreux (causing fear) ‖ craintif, peureux (timorous).

fearless a intrépide, sans peur.

feast [fiːst] n fête f.

feat [fiːt] n exploit m, prouesse f.

feather ['feðə] n plume f.

feather-weight n SP. poids m plume.

feature ['fiːtʃə] n [face] trait m ‖ Pl physionomie f ‖ CIN. grand film ‖ FIG. caractéristique f.

February ['februəri] n février m.

fed [fed] → FEED* • a : be ~ up with, en avoir marre de.

fee [fiː] n honoraires mpl ‖ [exam] droits mpl ; tuition ~, frais mpl de scolarité.

feeble ['fiːbl] a faible, débile.

feed* [fiːd] v nourrir (persons) ; donner à manger à (animals) ‖ ~ up, suralimenter (give extra food) • n [animals] nourriture f.

feeding bottle n biberon m.

feel* [fiːl] v [objective] toucher, tâter, palper ; ~ one's way, aller à tâtons ; ~ for, chercher à tâtons ‖ éprouver, ressentir (experience) ; ~ the cold, être frileux ‖ [subjective] se sentir ; ~ tired, se sentir fatigué ; ~ cold, avoir froid ;

~ much better, se sentir beaucoup mieux ‖ ~ as if, avoir l'impression de ‖ ~ like, [person] avoir envie de (drinking, boire) ; [thing] donner la sensation de, faire l'effet de.

feeling n [physical] sensation f ‖ [mental] sentiment m, impression f ‖ Pl sentiments mpl, sensibilité, susceptibilité f ; hurt sb's ~s, froisser qqn ‖ ill ~, ressentiment m ; no hard ~s !, sans rancune !

feet [fiːt] npl → FOOT.

fell [fel] → FALL*.

fellow ['feləu] n individu m ; type m (fam.) ‖ camarade n.

fellow-country(wo)man n compatriote n.

fellow-feeling n sympathie f.

fellow-traveller n compagnon m de voyage ‖ POL. communisant n.

felt 1 [felt] → FEEL*.

felt 2 n feutre m.

felt-tip pen n crayon-feutre m.

female ['fiːmeil] a (du sexe) féminin ; [animal] femelle f.

fence 1 [fens] n clôture f (enclosure) ‖ palissade f (paling).

fence 2 v faire de l'escrime.

fencing n escrime f.

fend [fend] v : ~ for o.s., se débrouiller seul.

fender n garde-feu m inv (fire-screen) ‖ AUT. US garde-boue m inv.

ferry ['feri] n : ~(-boat), bac, ferry m • v : ~ over,

faire passer (car, voiture) par ferry/avion.

fertile ['fəːtail] a fertile.

fertilizer ['fəːtilaizə] n engrais m.

fervent ['fəːvnt] a fervent.

fervour n ferveur f.

fester ['festə] v suppurer; s'envenimer.

festival ['festəvl] n festival m.

fetch [fetʃ] v aller chercher ‖ FIN. atteindre (price).

fetching a séduisant.

fetish ['fiːtiʃ] n fétiche m.

fever ['fiːvə] n fièvre f.

feverish a fiévreux.

few [fjuː] a peu de ‖ **a** ~, quelques • pr peu, quelques-uns ‖ COLL. quite a ~, pas mal.

fewer a moins de.

fiancé(e) [fi'ɑːnsei] n fiancé n.

fib [fib] n COLL. petit mensonge.

fibre ['faibə] n fibre f.

fibreboard n aggloméré m.

fibre-glass n laine f de verre.

fickle ['fikl] a inconstant; instable.

fiction ['fikʃn] n fiction f ‖ littérature f d'imagination, romans mpl.

fiddle ['fidl] n COLL. violon m.

fidelity [fi'deliti] n fidélité (conjugale).

fidget ['fidʒit] v s'agiter; gigoter (fam.); ~ about, se trémousser.

fidgety a agité.

field [fiːld] n champ m; terrain m ‖ SP. terrain m.

fierce [fiəs] a féroce; furieux.

fifteen ['fif'tiːn] a/n quinze (m).

fifth ['fifθ] a/n cinquième (n).

fiftieth ['fiftiiθ] a/n cinquantième.

fifty ['fifti] a/n cinquante (m).

fifty-fifty a/av : go ~, partager moitié-moitié.

fig [fig] n figue f ‖ figuier m.

fight* [fait] n se battre, combattre ‖ combattre • n bataille f, combat m.

figurative ['figjurətiv] a figuratif.

figuratively av au figuré.

figure ['figə] n forme, silhouette f ‖ keep one's ~, garder la ligne ‖ MATH. chiffre m • v : ~ out, calculer; comprendre.

file 1 [fail] n TECHN. lime f • v limer.

file 2 n file f.

file 3 n [papers] dossier m ‖ [device] classeur m.

fill [fil] v (r)emplir, bourrer ‖ se remplir ‖ plomber (tooth) ‖ ~ in, remplir (form) ‖ AUT. ~ up, faire le plein; ~ her up!, (faites) le plein!

fillet ['filit] n [fish, meat] filet m.

filling ['filiŋ] n MED. plombage m ‖ AUT. ~ station, poste m d'essence.

film [film] n PHOT. pellicule f ‖ CIN. film m; ~ camera, caméra f; ~ library, cinémathèque f; ~ society, ciné-club *m*; ~ *star*, vedette *f* de cinéma, star *f* • *v* filmer.

filter ['filtə] *n* filtre *m* • *v* filtrer || AUT., GB [traffic] tourner à la flèche.

filter-tip *n* bout-filtre *m*.

filth [filθ] *n* crasse *f*.

filthy *a* sale, dégoûtant, obscène.

fin [fin] *n* nageoire *f*.

final ['fainl] *a* final || définitif (answer) || [newspaper] dernière *f* (edition) • *npl* SP. finale *f*.

finalist *n* finaliste *n*.

find* [faind] *v* trouver || ~ (again), retrouver || FIG. trouver || ~ *out*, découvrir || → FOUND 1 • *n* trouvaille *f*.

fine 1 [fain] *n* amende *f* • *v* infliger une amende à.

fine 2 *a* beau || fin (dust) || mince, ténu (thread) • *av* très bien.

fine-grained *a* PHOT. à grain fin.

finesse [fi'nes] *n* [cards] impasse *f* • *v* faire une impasse.

finger ['fiŋgə] *n* doigt *m*; *first* ~, index *m*; *middle* ~, médius *m*; *ring* ~, annulaire *m*; *little* ~, auriculaire *m*, petit doigt.

finger-print *n* empreinte digitale.

finish ['finiʃ] *v* finir; achever, terminer || ~ *off/up*, finir (eat up) • *n* fin *f* || SP. arrivée *f* || TECHN. finition *f*.

fir [fə:] *n* sapin *m*.

fir-cone *n* pomme *f* de pin.

fire [faiə] *n* feu *m*; *on* ~, en

feu; *catch* ~, prendre feu, s'enflammer; *light a* ~, allumer du feu; *set sth on* ~/*set* ~ *to sth*, mettre le feu à qqch || (house~) incendie *m*; ~!, au feu! || MIL. tir *m* • *v* tirer (shoot).

fire-alarm *n* avertisseur *m* d'incendie.

fire-arm *n* arme *f* à feu.

firecracker *n* pétard *m*.

fire-escape *n* escalier *m* de secours.

fire-extinguisher *n* extincteur *m*.

fire-insurance *n* assurance-incendie *f*.

fireman *n* pompier *m*.

fire-place *n* cheminée *f*, foyer *m*.

firewood *n* bois *m* de chauffage.

fireworks *npl* feu d'artifice.

firm 1 [fə:m] *n* maison *f* de commerce, firme *f*.

firm 2 *a* ferme, solide || FIG. résolu.

firmly *av* fermement.

first [fə:st] *a* premier; ~ *cousin*, cousin *n* germain; ~ *name*, prénom *m*; *in the* ~ *place*, d'abord • *av* premièrement • *n* premier *m*; *at* ~, d'abord.

first-'aid *n* soins *mpl* d'urgence || secourisme *m*.

firstly *av* premièrement.

first-'rate *a* de premier ordre, excellent.

fish [fiʃ] *n* poisson *m* • *v* : ~

for, pêcher ‖ *go* ~*ing*, aller à la pêche.

fishbone n arête f.

fisherman ['fiʃəmən] n pêcheur m.

fishing n pêche f.

fishing-boat n bateau m de pêche.

fishing-rod n canne f à pêche.

fishmonger ['fiʃ,mʌŋgə] n marchand m de poisson.

fist [fist] n poing m.

fit 1 [fit] a approprié, convenable ‖ capable (*for*, de) ‖ valide; COLL. (*health*) en (pleine) forme.

fit 2 n MED. accès m, attaque f; ~ *of coughing*, quinte f de toux ‖ FIG. crise f; ~ *os of laughter*, avoir le fou rire.

fit 3 v [clothes] aller à, être à la taille de ‖ ajuster, adapter; ~*ted carpet*, moquette f ‖ TECHN. ~ (*out*), équiper, garnir, munir (*with*, de).

fitting a approprié, ajusté (garment) • n ajustage m; essayage m (of clothes) ‖ Pl équipement m, installations fpl.

five [faiv] a/n cinq (m).

fix [fiks] v [fasten] ‖ US, COLL. réparer (repair) ‖ préparer (meal) ‖ PHOT. fixer (film) ‖ ~ (*up*), arranger (put in order); organiser ‖ installer (provide for) ‖ fixer, décider (date); choisir (*on sth*, qqch) • n embarras m; mauvais pas ‖ SL. [drug-user] piqûre f.

fixture ['fikstʃə] n accessoire incorporé; installation f.

fizz(le) [fiz(l)] n pétillement m • v pétiller.

flabbergasted ['flæbəgɑːstid] a COLL. sidéré (fam.).

flag [flæg] n drapeau m ‖ NAUT. pavillon m ‖ ~(*stone*), dalle f.

flair [flɛə] n aptitude f; have a ~ *for languages*, avoir le don des langues.

flake [fleik] n flocon m ‖ [soap] paillette f.

flame [fleim] n flamme f • v flamber.

flan [flæn] n tarte f.

Flanders ['flɑːndəz] n Flandre(s) f(pl).

flank [flæŋk] n flanc m.

flannel ['flænl] n flanelle f ‖ (face) ~, gant m de toilette.

flash [flæʃ] n éclat m ‖ ~ *of lightning*, éclair m ‖ (*news-*) ~, flash m • v étinceler.

flashbulb n ampoule f de flash.

flasher n AUT. clignotant m.

flash-light n lampe f électrique ‖ PHOT. flash m.

flask [flɑːsk] n flacon m ‖ (Thermos) ~, Thermos m/f.

flat 1 [flæt] n appartement m.

flat 2 a plat (land) ‖ *fall* ~ *on one's face*, tomber à plat ventre ‖ éventé (beer) ‖ à plat (tyre) ‖ mat (colour) ‖ [battery] à plat ‖ MUS. bémol (note) ‖ FIG. catégorique (refusal) • av : MUS. *sing* ~, chanter faux ‖ COLL. ~ *out*, à fond de train ‖ n AUT. crevaison f ‖ MUS. bémol m.

flatten [-n] v (s')aplatir.

flatter ['flætə] v flatter.

flattering [-riŋ] a flatteur.

flattery [-ri] n flatterie f.

flaunt [flɔːnt] v faire étalage de.

flautist ['flɔːtist] n flûtiste n.

flavour ['fleivə] n saveur f, arôme m ‖ [ice-cream] parfum m.

flavouring [-riŋ] n assaisonnement m; parfum m.

flea [fliː] n puce f ‖ ~ market, marché m aux puces.

fled [fled] → FLEE*.

flee* [fliː] v fuir; s'enfuir de.

fleet [-t] n NAUT., AV. flotte f.

Fleming ['flemiŋ] n Flamand n.

Flemish [-iʃ] a flamand ● n [language] flamand m.

flesh [fleʃ] n chair f; ~ colour, couleur chair.

fleshy a charnu.

flew [fluː] → FLY*.

flex 1 [fleks] n ELECTR. fil m souple.

flex 2 v fléchir, plier.

flexible [fleksibl] a flexible ‖ FIG. souple.

flies [flaiz] npl braguette f.

flight 1 [flait] n vol m ‖ AV. vol m; first ~, baptême m de l'air.

flight 2 n fuite f.

fling* [fliŋ] v lancer, jeter; ~ the door open, ouvrir brusquement la porte.

flint [flint] n silex m; pierre f à briquet.

flippers ['flipəz] npl [swimming] palmes fpl.

flirt [fləːt] v flirter.

flir'tation n flirt m.

float [fləut] v flotter ‖ SP. faire la planche ● n [fishing] flotteur m.

flock [flɔk] n troupeau m.

flog [flɔg] v fouetter.

flood [flʌd] v [river] inonder ‖ AUT. noyer (carburettor) ● n inondation f; **in** ~, en crue ‖ ~ tide, flux m.

floodlight v illuminer.

floor [flɔː] n plancher m; parquet m ‖ étage m; first ~, GB premier étage, US [= ground-~] rez-de-chaussée m ● v [boxing] envoyer au tapis.

floorcloth n serpillière f.

floppy a flasque. ‖ ~ disc, disquette f.

florist [flɔrist] n fleuriste n.

flour [flauə] n farine f.

flourish ['flʌriʃ] v prospérer (thrive) ‖ brandir (stick).

flow [fləu] n [river] courant m ‖ [tide] flux m ● v [stream] couler ‖ [river] ~ into, se jeter dans ‖ [blood] circuler ‖ [tide] monter ‖ ~ out, s'écouler.

flower ['flauə] n fleur f; in ~, en fleur; wild ~, fleur des champs ● v fleurir.

flower-market n marché m aux fleurs.

flower-pot n pot m à fleurs.

flower-shop n boutique f de fleuriste.

flown [fləun] → FLY*.

flu [fluː] n COLL. grippe f.

fluent ['fluənt] *a* coulant (style); *speak* ~ *English*, parler couramment l'anglais.

fluently *av* couramment.

fluid ['fluid] *a/n* fluide, liquide (*m*).

fluke [flu:k] *n* coup *m* de veine.

flung [flʌŋ] → FLING*.

fluorescent [fluə'resnt] *a* fluorescent.

flush 1 [flʌʃ] *a* : ~ *with*, au ras de.

flush 2 *v* nettoyer à grande eau; ~ *the W.-C.*, tirer la chasse d'eau.

fluster ['flʌstə] *v* troubler.

flute [flu:t] *n* flûte *f*.

fly 1 [flai] *n* mouche *f*.

fly* 2 *v* voler: fuir, s'enfuir (flee) ‖ piloter (plane); transporter *v* avion ‖ faire voler (kite) ‖ AV. [passenger] prendre l'avion ‖ ~ *to London*, aller à Londres en avion ‖ ~ *over*, survoler • *n* [tent] auvent *m* ‖ → FLIES.

flying [flaiŋ] *a* volant ‖ ~ *saucer*, soucoupe volante • *n* vol *m*; aviation *f*; ~ *club*, aéroclub *m*.

flying-boat *n* hydravion *m*.

fly-weight *n* SP. poids *m* mouche.

foal [fəul] *n* poulain *m*.

foam [fəum] *n* écume *f* • *v* écumer ‖ [beer] mousser.

foam-rubber *n* caoutchouc *m* mousse.

foamy *a* écumeux; mousseux (beer).

focal ['fəukl] *a* focal.

focus [-əs] *n* PHOT. foyer *m*; *in* ~, au point; *out of* ~, flou; *bring into* ~, mettre au point.

fog [fɔg] *n* brouillard *m* ‖ PHOT. voile *m* • *v* (s')embuer ‖ PHOT. (se) voiler.

foggy *a* brumeux.

fog-light *n* AUT. phare *m* antibrouillard.

foil [fɔil] *n* SP. fleuret *m*.

fold [fəuld] *n* pli *m* • *v* plier; ~ *in half*, plier en deux ‖ ~ *up*, replier.

folding *a* pliant (chair) ‖ ~ *screen*, paravent *m*.

foliage ['fəuliidʒ] *n* feuillage *m*.

folk [fəuk] *n* gens *mpl*.

folklore [-lɔ:] *n* folklore *m*.

follow ['fɔləu] *v* suivre (go/come after) ‖ suivre, comprendre (understand) ‖ ~ *suit*, [cards] fournir (in spades, à pique); FIG. faire de même.

follower *n* partisan *m*.

fond [fɔnd] *a* : *be* ~ *of*, aimer; raffoler de.

fondle [-l] *v* caresser, choyer.

fondly *av* tendrement.

fondness *n* tendresse *f*.

food [fu:d] *n* nourriture *f*, aliments *mpl*; *take* ~, s'alimenter.

food-poisoning *n* intoxication *f* alimentaire.

fool [fu:l] *n* sot, imbécile *n*; *play the* ~, faire l'idiot ‖ *make a* ~ *of sb*, se payer la tête de qqn • v duper, avoir (fam.) || faire l'idiot.

foolish a bête.

foolishness n sottise, bêtise ||

fool-proof a indétraquable (machine).

foot [fut] (Pl **feet** [fi:t]) n [person] pied m ; **on** ∼, à pied || [animal] patte f || [things] pied m || [page] bas m || [measure] pied m • v : COLL. ∼ **it**, y aller à pied (walk) ; ∼ **the bill**, supporter la dépense ; casquer (fam.).

footage n CIN. métrage m.

football n [game] football m ; ∼ **ground**, terrain m de football ; **play** ∼, jouer au football || [ball] ballon m.

footing n : **lose one's** ∼, perdre pied/l'équilibre.

foot-pump n gonfleur m.

footstep n pas m.

footwear n COMM. chaussures fpl.

for [fɔ:] p [destination, intention, purpose] pour ; **what** ∼ ?, pourquoi ? || [instead of] pour ; **do it** ∼ **me**, faites-le pour moi || [in favour of] ∼ **or against** ?, pour ou contre ? || [because of] **cry** ∼ **joy**, pleurer de joie || [in spite of] ∼ **all his wealth**, malgré toute sa fortune ; ∼ **all that**, malgré tout || [worth, price] **a cheque** ∼ **£5**, un chèque de 5 livres ; **I paid 50 p** ∼ **the book**, j'ai payé ce livre 50 pence || [distance] **we walked** ∼ **3 miles**, nous avons fait 5 km (à pied) || [time] pour,

pendant ; ∼ **a few days**, pour quelques jours ; depuis, il y a ; **I have been here** ∼ **two weeks**, je suis ici depuis deux semaines || pour... que ; **it is** ∼ **you to decide**, c'est à vous de décider || **as** ∼ **me**, pour ma part • c car.

forbade [fə'beid/-bæd] → FORBID*.

forbid* [fə'bid] v défendre, interdire.

forbidding a rebutant, rébarbatif.

force [fɔ:s] n force f • v forcer, contraindre || ∼ **(open)**, forcer (door) || ∼ **back**, refouler.

forced [-t] a forcé ; ∼ **landing**, atterrissage forcé.

ford [fɔ:d] n gué m • v passer à gué.

fore [fɔ:] a antérieur, de devant ; **at** ∼ **l'avant**.

forearm ['fɔ:rɑ:m] n avant-bras m.

forecast* ['-kɑ:st] v prévoir • n prévision f.

forecourt n [railway station] avant-cour f || [service station] ∼ **attendant**, pompiste m.

forefinger n index m.

foreground n : **in the** ∼, au premier plan.

forehead ['fɔrid] n front m.

foreign ['fɔrin] a étranger.

foreigner n étranger n.

foreman ['fɔ:mən] n contremaître m.

fore'see v prévoir.

fore'seeable a prévisible.

foresight n prévision f ; prévoyance f.

forest ['fɔrist] n forêt f.

foretell* [fɔːˈtel] v prédire.

forethought n prévoyance f.

forever [fəˈrevə] av (pour) toujours, à jamais.

forewarn [fɔːˈwɔːn] v prévenir, avertir.

forfeit ['fɔːfit] n pénalité f ‖ [games] gage m.

forgave ['geiv] → FORGIVE*.

forge [fɔːdʒ] n TECHN. forge f ● v TECHN. forger ‖ JUR. falsifier, contrefaire.

forger n JUR. faussaire m.

forgery [-ri] n [document] falsification f ‖ [money] contrefaçon f.

forget* [fəˈget] v oublier (to, de) ‖ ~ it!, n'y pensez plus !

forgive* [fəˈgiv] v pardonner (sth, qqch ; sb, à qqn).

forgiveness n pardon m.

forgot(ten) [fəˈgɔt(n)] → FORGET*.

fork [fɔːk] n [for food] fourchette f ‖ [tool] fourche f ‖ [roads] bifurcation f ● v [road] bifurquer.

form [fɔːm] n forme f (shape) ‖ [school] banc (bench) ‖ classe f (class) ‖ formule f, formulaire m ‖ [etiquette] formalité f, convenance f ; for ~'s sake, pour la forme ‖ SP. forme, condition f ; be in/out of ~, être/ne pas être en forme ● v former, façonner (shape).

formal a compassé (stiff) ‖ de cérémonie.

formality [fɔːˈmæliti] n formalité f ; comply with a ~, remplir une formalité.

former ['fɔːmə] a antérieur, précédent (earlier) ● pr : the ~, le premier ; the ~... the latter, celui-là... celui-ci.

formerly av autrefois, jadis, anciennement.

forthcoming [fɔːθˈkʌmiŋ] a prochain, à venir.

fortieth ['fɔːtiiθ] a quarantième.

fortnight ['fɔːtnait] n quinzaine f (de jours) ; a ~ today, d'aujourd'hui en quinze.

fortunate ['fɔːtʃnit] a heureux (lucky).

fortunately av heureusement, par bonheur.

fortune ['fɔːtʃn] n fortune, chance f (luck) ; tell sb's ~, dire la bonne aventure à qqn, tirer les cartes f ‖ fortune, richesse f ; make a ~, faire fortune.

forty ['fɔːti] a/n quarante (m).

forward ['fɔːwəd] a en avant ‖ COMM. carriage ~, (en) port dû ● ~(s) [-z] av en avant ● n SP. avant m ● v expédier ; please ~, prière de faire suivre.

fought [fɔːt] → FIGHT*.

foul [faul] a nauséabond, infect (odour) ‖ répugnant, immonde (sight) ‖ vicié (air) ‖ ~ weather, sale temps ‖ ordurier (language) ‖ SP. bas (blow) ; ~ play, jeu déloyal ● n SP. faute f, coup bas ● v souiller, polluer (make dirty) ‖ (s')emmêler (rope) ‖ SP. violer la règle.

found 1 [faund] → FIND* ‖ *not to be* ~, introuvable.

found 2 v fonder, créer.

foun'**dation** n fondation f ‖ [cosmetics] fond m de teint.

foundation-garment n gaine f.

fountain ['fauntin] n fontaine ; ~ *of water*, jet m d'eau.

fountain-pen n stylo m.

four [fɔː] a/pronne quatre (m) ; *on all* ~s, à quatre pattes ‖ ~ *letter word*, mot m obscène.

fourteen [-'tiːn] a/n quatorze (m).

fourth [-θ] a quatrième ● n quatrième n ‖ quart m.

fowl [faul] n volaille f (poultry).

fox [fɔks] n renard m.

fraction ['frækʃn] n fraction f.

fragile ['frædʒail] a fragile.

frail [freil] a frêle (body) ; délicat, fragile (health).

frame [freim] n structure, charpente f ‖ [bicycle, picture] cadre m ‖ [spectacles] monture f ● v former, façonner (shape) ‖ encadrer (picture).

franc [fræŋk] n franc m.

France [frɑːns] n France f.

frank [fræŋk] a franc.

frankly av franchement.

frantic ['fræntik] a frénétique.

fraud [frɔːd] n fraude, supercherie f.

freak [friːk] n lubie f, caprice m ‖ monstre m (animal, person) ‖ COLL. excentrique n (person)

‖ SL. fana n (fam.) ● v : ~ *out*, [drug-addict] se défoncer (arg.).

freakish a anormal.

freckle ['frekl] n tache f de rousseur.

free [friː] a libre ‖ ~ *from*, exempt de ‖ gratuit (costing nothing) ‖ SP. ~ *kick*, coup franc ● v (p.t. and p.p. *freed* [friːd]) libérer (prisoner) ; détacher (animal).

freedom ['-dəm] n liberté f.

freely av librement ; franchement (frankly) ‖ largement (generously).

free-thinker n libre-penseur m.

free-wheel n roue f libre.

freeze* [friːz] v geler, glacer ‖ CULIN. congeler.

freezer n congélateur m.

French [frenʃ] a français ; ~ *beans*, haricots mpl (verts) ‖ CULIN. ~ *dressing*, vinaigrette f ‖ ~ *fried*/US *fries*, (pommes de terre) frites fpl ‖ COLL. *take* ~ *leave*, filer à l'anglaise ● n ‖ [language] français m ‖ Pl. Français npl.

Frenchman n Français m.

Frenchwoman n Française f.

frequency ['friːkwənsi] n fréquence f ‖ RAD. ~ *modulation*, modulation f de fréquence.

frequent a fréquent.

frequently av fréquemment.

fresh [freʃ] a frais (new) ‖ ~ *paint*, peinture fraîche ‖ CULIN. frais (butter, fish, etc.).

‖ **~ water**, eau douce ‖ COLL. trop familier, entreprenant.

freshly av fraîchement, récemment.

freshness n fraîcheur f.

fret [fret] v se tracasser.

Friday ['fraidi] n vendredi m.

fridge [fridʒ] n COLL. Frigidaire m ; frigo m (fam.).

fried [fraid] → FRY*.

friend [frend] n ami m ; **make ~s with**, se lier avec (qqn).

friendly a amical.

friendship n amitié f.

fright [frait] n frayeur f.

frighten v effrayer, faire peur à.

fritter ['fritə] n beignet m.

frock [frɔk] n robe f.

frog [frɔg] n grenouille f.

frogman [-mən] n homme-grenouille m.

from [frɔm] p [place] de ; come **~**, venir de ; ‖ [sender] expéditeur (on letter) ‖ tell him ~ me that, dites-lui de ma part que ‖ [time] depuis ; (as) ~ the first of May, à partir du 1ᵉʳ mai ‖ [prices] à partir de, depuis ‖ MATH. 2 ~ 5 is 3, 5 moins 2 égale 3.

front [frʌnt] n devant m ; in ~ of, en face de ; (sea~), bord m de mer ● a antérieur ; de devant ‖ AUT. ~ wheel drive, traction f avant ● v donner sur ; hotel ~ing the sea, hôtel face à la mer.

frontier [-jə] n frontière f.

frost [frɔst] n gelée f ; black **~**, verglas m ; hoar ~, gelée

blanche ; ten degrees of ~, 10 degrés au-dessous de zéro ● v geler (freeze).

frosted a dépoli (glass).

froth [frɔθ] n mousse f (on beer, soap).

frown [fraun] v froncer les sourcils.

froze(n) ['frəuz(n)] → FREEZE* ‖ ~n food, aliments congelés, surgelés.

fruit [fruːt] n fruit m.

fruit-cake n cake m.

fruit juice n jus m de fruit.

fruit-machine n machine f à sous.

fruit-tree n arbre fruitier m.

fry* v (faire) frire.

frying-pan n poêle f à frire.

fuel [fjuəl] n combustible m ‖ AUT. carburant m.

fuel-oil n mazout m.

fulfil [ful'fil] v accomplir, réaliser (task) ‖ remplir (obligation).

fulfilment n accomplissement m.

full [ful] a plein, rempli ; **~ up!**, complet ! ‖ ASTR. ~ moon, pleine lune ‖ AV., RAIL. ~ fare, plein tarif ● n plein m ; in ~, en toutes lettres.

full-grown a adulte.

full-time a à temps plein.

fully av pleinement, entièrement.

fun [fʌn] n amusement m ; have **~**, s'amuser ; for/in ~, pour rire ; make ~ of sb, se moquer de qqn ‖ ~ fair, fête foraine.

fundamental [ˌfʌndəˈmentl] *a* fondamental.

funicular [fjuˈnikjulə] *a/n* funiculaire (*m*).

funk [fʌŋk] *n* COLL. frousse *f* (fear).

funnel [ˈfʌnl] *n* entonnoir *m* ‖ (ship) cheminée *f*.

funny [ˈfʌni] *a* drôle, comique, amusant (amusing); bizarre (peculiar).

fur [fəː] *n* fourrure *f*, pelage *m* ‖ ∼ *coat*, manteau de fourrure.

furious [ˈfjuəriəs] *a* furieux, violent.

fur-lined *a* fourré.

furnish [ˈfəːniʃ] *v* meubler (room).

furnishings [-iŋz] *npl* équipement *m* (fixtures).

furniture [-tʃə] *n* ameu-

blement *m*, meubles *mpl*; *a piece of* ∼, un meuble.

furrier [ˈfʌriə] *n* fourreur *m*.

further [ˈfəːðə] *a* [additional] supplémentaire, nouveau ● *av* davantage ‖ → FARTHER.

furthermore *av* de plus; en outre.

furthest → FARTHEST.

fury [ˈfjuəri] *n* furie, rage *f*.

fuse [fjuːz] *v* ELECTR. faire sauter (*the lights*, les plombs) ● *n* ELECTR. fusible, plomb *m*.

fuss [fʌs] *n* embarras *m*, histoires *fpl*; *make a* ∼, faire des embarras ● *v* s'agiter (be restless); s'en faire (worry); troubler (sb).

fussy *a* tâtillon.

future [ˈfjuːtʃə] *n* avenir *m*; *in* ∼, à l'avenir ‖ GRAMM. futur *m* ● *a* futur, à venir.

g

g [dʒiː] *n* MUS. sol *m*.

gadget [ˈgædʒit] *n* COLL. truc, machin, bidule, gadget *m*.

gain [gein] *n* gain, profit *m* ● *v* acquérir (experience) ‖ prendre (weight) ‖ (clock) avancer.

gainsay [geinˈsei] *v* contredire.

gait [geit] *n* allure, démarche *f*.

gale [geil] *n* coup de vent *m*, tempête *f*.

gallant [gəˈlænt] *a* galant (attentive to women).

gallery [ˈgæləri] *n* ARTS galerie *f*, musée *m*.

gallicism [ˈgælisizm] *n* gallicisme *m*.

gallon [ˈgælən] *n* gallon *m*.

gallop [ˈgæləp] *n* galop *m* ● *v* faire galoper.

galore [gəˈlɔː] *a* en quantité, à profusion; à gogo (fam.).

gamble [ˈgæmbl] *v* jouer (pour de l'argent) ‖ ∼ *away*, perdre au jeu ● *n* FIG. entreprise risquée; pari *m*.

gambler *n* joueur *n*.

game 1 [geim] *n* jeu *m* || *play a good ~*, bien jouer; *have/play a ~ of*, faire une partie de || *~ of chance*, jeu *m* de hasard || SP. *match m*; *a ~ of tennis*, une partie de tennis.

game 2 *n* gibier *m*.

game 3 *a* COLL. estropié; *have a ~ leg*, être boiteux.

game-bag *n* gibecière *f*.

gang [gæŋ] *n* bande *f* || [criminals] gang *m* || [workers] équipe *f*.

gangster [-stə] *n* bandit.

gangway *n* couloir *m*.

gaol [dʒeil] → JAIL.

gap [gæp] *n* trou *m*, brèche *f* || FIG. lacune *f*.

garage ['gæra:ʒ] *n* garage *m*.

garage-man *n* garagiste *m*.

garbage ['ga:bidʒ] *n* ordures *fpl*.

garden ['ga:dn] *n* jardin *m*.

gardener *n* jardinier *n*.

gardening *n* jardinage *m*.

gargle ['ga:gl] *v* (se) gargariser • *n* gargarisme *m*.

garlic ['ga:lik] *n* ail *m*.

garment ['ga:mənt] *n* vêtement *m*.

garret ['gærət] *n* mansarde *f*.

garter ['ga:tə] *n* jarretière *f*.

gas [gæs] *n* gaz *m* || US, COLL. → GASOLENE.

gas-cooker *n* réchaud *m* à gaz.

gas-fire *n* radiateur *m* à gaz.

gas-lighter *n* allume-gaz *m*.

gas-meter *n* compteur *m* à gaz.

gas-oil *n* gas-oil *m*.

gasolene ['gæsəli:n] *n* US essence *f*.

gasp [ga:sp] *v* haleter; *~ for breath*, suffoquer.

gas-range *n* fourneau *m* à gaz.

gate [geit] *n* [garden] portail *m*, barrière, grille *f* || [level-crossing] barrière *f* || AV. [airport] porte *f*.

gate-crash *v* resquiller.

gate-crasher *n* resquilleur *n*.

gather ['gæðə] *v* (se) rassembler; réunir || *~ speed*, prendre de la vitesse || FIG. comprendre, déduire.

gathering [-riŋ] *n* assemblée, réunion *f*.

gauge [geidʒ] *n* TECHN. jauge *f*, calibre *m*; gabarit *m* • *v* jauger, mesurer.

gauze [gɔ:z] *n* gaze *f*.

gave [geiv] → GIVE*.

gay [gei] *a* gai || COLL. homo (fam.).

gaze [geiz] *v* regarder || contempler • *n* regard *m* (fixe).

gear [giə] *n* équipement, matériel *m*; appareil, mécanisme *m* || engrenage *m* || AUT. vitesse *f*; *low/second/top ~*, première / deuxième / quatrième; *change ~s*, changer de vitesse.

gear-box *n* boîte *f* de vitesses.

gear-lever *n* levier *m* des vitesses.

geese [gi:s] → GOOSE.

gem [dʒem] *n* pierre précieuse.

gender ['dʒendə] *n* GRAMM. genre *m*.

general ['dʒenrəl] *a* général.

generally av généralement, en général.

generation [ˌdʒenəˈreiʃn] n génération f.

'generator n ELECTR. génératrice f.

generosity [ˌdʒenəˈrɔsiti] n générosité f.

'generous a généreux.

genius ['dʒi:njəs] n génie m (person) ‖ génie, talent m (ability).

genteel [dʒen'ti:l] a distingué.

gentle ['dʒentl] a doux (person, voice) ‖ léger (tap, breeze, slope).

gentleman ['dʒentlmən] (Pl **gentlemen** [-mən] n homme distingué/bien élevé ‖ monsieur m; Pl messieurs.

gentleness n douceur f.

gently av doucement.

genuine ['dʒenjuin] a authentique, véritable ‖ FIG. sincère.

geography [dʒi'ɔgrəfi] n géographie f.

geology [dʒi'ɔlədʒi] n géologie f.

geometry [dʒi'ɔmitri] n géométrie f.

germ [dʒə:m] n germe m ‖ MED. microbe m.

German a allemand ● n Allemand n ‖ [language] allemand m.

Germany n Allemagne f.

gesture ['dʒestʃə] n geste m.

get* [get] v obtenir, se procurer (obtain) ‖ recevoir (receive) ‖ attraper (catch) ‖ (go and) ~,

aller chercher (fetch) ‖ arriver (arrive) ‖ [become] ~ dressed, s'habiller ; ~ ready, se préparer ‖ [causative] ~ sth done, faire faire qqch ; ~ the car to start, faire partir la voiture ; ~ the car away, préparer la voiture ‖ COLL. comprendre (understand) ‖ ~ tir ; (bien) s'entendre (with, avec) ‖ ~ back, revenir, retourner ; retrouver, récupérer ‖ ~ in, (r)entrer ; [train, etc.] arriver ‖ ~ off, descendre de (bus, etc.) ‖ ~ on, monter dans (bus, etc.) ; monter sur (bicycle) ; continuer (with) ; s'entendre (with) ‖ ~ out (of), sortir ; se lever (bed) ; descendre de (train, etc.) ‖ ~ through, réussir (exam) ; TEL. obtenir la communication ‖ ~ up, se lever.

geyser ['gi:zə] n chauffe-eau m (à gaz).

gherkin ['gə:kin] n cornichon m.

ghost [gəust] n fantôme, revenant m.

giant ['dʒaiənt] a/n géant (n).

gibberish ['dʒibəriʃ] n jargon m.

giddy ['gidi] a étourdi ; feel ~, avoir le vertige ; make ~, donner le vertige.

gift [gift] n don m ; give sth as a ~, faire cadeau de qqch ‖ FIG. talent, don m (for, pour).

gifted [-id] a doué.

gigantic [dʒai'gæntik] a gigantesque.

giggle ['gigl] v ricaner (bêtement).

gild* [gild] v dorer.

gilt [-t] → GILD* • n dorure f.

gimmick ['gimik] n COLL. truc, gadget m.

ginger ['dʒindʒə] n gingembre m.

gingerbread n pain m d'épice.

gipsy ['dʒipsi] n gitan n.

girdle ['gə:dl] n gaine f.

girl [gə:l] n (jeune) fille f.

girlfriend n (petite) amie.

giro ['dʒairəu] n : GB *National G~*, Comptes Chèques Postaux.

give* [giv] v donner ; ~ sb sth, ~ sth to sb, donner qqch à qqn ‖ ~ **way**, céder ‖ ~ **away**, distribuer ; dénoncer (reveal) ‖ ~ **back**, rendre ‖ ~ **in**, se rendre, céder (yield) ; remettre (hand in) ‖ ~ **out**, distribuer ; divulguer (make public) ‖ ~ **up**, abandonner, céder (resign).

glad [glæd] a content, heureux.

gladden v réjouir.

glamour ['glæmə] n (girl) séduction f.

glamourous a superbe.

glance [glɑːns] n coup m d'œil ; *at first ~*, à première vue • v jeter un coup d'œil (at, sur) ; ~ *through a book*, feuilleter un livre.

glare [glɛə] n éclat éblouissant ‖ regard furieux • v briller (d'un éclat éblouissant) ‖ jeter un regard furieux (at, à).

glaring a éblouissant ‖ FIG. qui saute aux yeux, grossier.

glass [glɑːs] n (substance, vessel) verre m ‖ (looking-)~, glace f, miroir m ‖ (weather-)~, baromètre m ‖ (hour-)~, sablier m ‖ Pl lunettes fpl (spectacles).

glazier ['gleizjə] n vitrier m.

gleam [gliːm] n lueur f • v luire ; briller.

glee [gliː] n allégresse f ; joie f.

glide [glaid] v glisser ‖ AV. planer ; faire du vol à voile.

glider n AV. planeur m.

gliding n vol m à voile.

glimmer ['glimə] v luire faiblement ‖ (water) miroiter • n lueur f, miroitement m.

glimpse [glims] n aperçu m, coup m d'œil ; *catch a ~ of*, entrevoir.

glisten ['glisn] v miroiter.

glitter ['glitə] v scintiller.

glittering [-riŋ] a étincelant.

globe [gləub] n globe m.

gloom [gluːm] n obscurité f.

gloomy a sombre, mélancolique.

glorious ['glɔːriəs] a glorieux ‖ resplendissant (sky, day), magnifique (weather).

glory n gloire f (fame) ‖ splendeur f (beauty).

gloss [glɔs] n lustre, brillant m • v lustrer.

glossy a lustré, luisant ‖ PHOT. glacé.

glove [glʌv] n gant m.

glow [gləu] n rougeoiement m ;

lueur *f* • *v* rougeoyer, être incandescent.

glowing *a* rougeoyant, incandescent.

glow-worm *n* ver luisant.

glue [glu:] *n* colle *f* • *v* coller.

glycerin(e) [ˌglisəˈriːn] *n* glycérine *f*.

gnat [næt] *n* moustique *m*.

gnaw [nɔː] *v* ronger.

go* [gəu] *v* aller (to, à) ‖ partir, s'en aller ‖ ~ *and see*, aller voir ; ~ *by train*, aller en train ‖ [become] ~ *red*, rougir ‖ [machine] marcher ‖ *let* ~, lâcher prise ; *let o.s.* ~, se laisser aller ‖ [fuse] sauter ‖ GRAMM. [near future] *be* ~*ing to*, aller (do, faire) ‖ COLL. ~ *to bed with*, coucher avec (fam.) ‖ ~ *about*, circuler ; ~ *about it*, s'y prendre ‖ ~ *across*, traverser ‖ ~ *back*, retourner ‖ ~ *by*, [time] passer ‖ ~ *down*, descendre ; [sun] se coucher ‖ ~ *in*, entrer ; ~ *in for*, se présenter à (exam) ; pratiquer, faire (sport) ‖ ~ *off*, [alarm] se déclencher ; [person] s'endormir ; [train] ~ *off the rails*, dérailler ‖ ~ *on*, continuer ‖ ~ *out*, sortir ; [fire] s'éteindre ; [tide] descendre ‖ ~ *over*, vérifier (account) ; repasser (lesson) ‖ ~ *round*, faire le tour ; faire un détour ‖ FIG. ~ *round to see sb*, passer voir qqn ‖ ~ *under*, [ship] couler ‖ ~ *up*, monter ‖ ~ *with*, accompagner ‖ ~ *without*, se passer de • *n* allant, dynamisme *m* ‖

coup, essai *m*; *have a* ~ *at sth*, essayer de faire qqch ; *at one* ~, d'un seul coup.

goal [gəul] *n* but *m* (aim) ‖ SP. but *m*; *score a* ~, marquer un but.

goal-keeper *n* gardien *m* de but.

goat [gəut] *n* chèvre *f* (she-goat) ‖ ~*'s milk cheese*, fromage *m* de chèvre.

goatee [ˈgəutiː] *n* bouc *m*.

God [gɔd] *n* Dieu *m*.

goddaughter *n* filleule *f*.

godfather *n* parrain *m*.

godmother *n* marraine *f*.

godson *n* filleul *m*.

goggle [ˈgɔgl] *v* rouler de gros yeux.

goggles [-z] *npl* lunettes *fpl* de motocycliste ; lunettes de plongée.

gokart [ˈkɑːt] *n* kart *m*.

gold [gəuld] *n* or *m*.

golden *a* doré.

goldfish *n* poisson *m* rouge.

golf [gɔlf] *n* golf *m*.

golf course *n* terrain *m* de golf.

golfer *n* joueur *m* de golf.

golflinks *npl* = GOLF COURSE.

gone [gɔn] → GO*.

good [gud] *a* bon ‖ gentil, sage (child) ‖ *make* ~, réussir ; réparer (damages) ; indemniser (qqn) • *n* bien *m*; *do* ~, faire le bien ‖ avantage *m*; *what's the* ~?, à quoi bon? ; *it's no* ~, cela ne sert à rien ; *for* ~, pour de bon ‖ [greetings] *afternoon/morning!*, bonjour! ;

~ *bye!*, au revoir!; ~ *evening!*, bonsoir!; ~ *night!*, bonne nuit!

,good-'looking a beau (boy); jolie (girl).

,good-'natured a d'un bon naturel, gentil.

goodness n bonté f; for ~ sake!, pour l'amour de Dieu!.

goods [-z] npl marchandises fpl ‖ ~ train, train m de marchandises.

goose [guːs] n (Pl geese [giːs]) n oie f.

gooseberry ['guzbri] n groseille f à maquereau.

gorgeous ['gɔːdʒəs] a magnifique, splendide.

go-slow ['gəu'sləu] n grève perlée.

gospel ['gɔspəl] n évangile m.

gossip ['gɔsip] n bavardage m; commérage m; potins mpl • v bavarder.

got(ten) ['gɔt(n)] → GET*.

govern ['gʌvn] v gouverner.

government n gouvernement m.

gown [gaun] n robe f.

grab [græb] v empoigner; saisir.

grace [greis] n grâce f ‖ REL. bénédicité m.

graceful a gracieux; élégant.

grade [greid] n degré m ‖ qualité f ‖ US [school] classe f.

grade crossing n US passage m à niveau.

gradual ['grædjuəl] a graduel, progressif.

gradually av graduellement.

graduate [-eit] v graduer (mark) ‖ US [school] obtenir son diplôme; décerner un diplôme.

grain [grein] n grain m.

grammar ['græmə] n grammaire f.

grammar-school n lycée m.

grammatical [grə'mætikl] a grammatical.

grand 1 [grænd] a magnifique.

grand- 2 [græn-] pref.

granddaughter n petite-fille f.

grandfather n grand-père m.

grandma [-maː] n mémé, grand-maman f.

grandmother n grand-mère f.

grandpa [-paː] n pépé, grand-papa m.

grandparents npl grands-parents mpl.

,grand'piano n piano m à queue.

grandson n petit-fils m.

granny ['græni] n grand-maman f.

grant [graːnt] v accorder, concéder, octroyer; take sth for ~ed, admettre par principe • n subvention f (money) ‖ [school] bourse f.

grape [greip] n grain m de raisin f ‖ Pl raisin ms.

grapefruit n pamplemousse m.

grasp [graːsp] v saisir, empoigner • n étreinte, prise f.

grass [graːs] n herbe f.

grass-snake n couleuvre f.

grate 1 [greit] n grille f ‖ foyer m.

grate 2 v grincer ‖ râper (cheese).

grateful ['greitfl] a reconnaissant.

gratis ['greitis] av gratis.

gratitude ['grætitju:d] n gratitude f.

grave 1 [greiv] a grave, sérieux.

grave 2 n tombe f.

grave-yard n cimetière m.

gravy n jus m, sauce f.

gravy-boat n saucière f.

gray US → GREY.

graze [greiz] v écorcher • n écorchure f.

grease [gri:s] n graisse f.

greasy a graisseux.

great [greit] a grand ‖ COLL. sensationnel, génial (fam.).

greatly av grandement.

Grecian ['gri:ʃn] a ARTS. grec.

Greece [gri:s] n Grèce f.

greedy ['gri:di] a avide, gourmand (for food).

Greek a grec • n Grec n ‖ [language] grec m.

green [gri:n] a vert ; turn ~, verdir • n vert n ‖ pelouse f ‖ Pl CULIN. légumes mpl.

green-grocer n marchand de légumes, fruitier n. •

greenish a verdâtre.

greet [gri:t] v saluer, accueillir.

greeting n salutation f ‖ Pl compliments mpl ; ~s card, carte f de vœux.

grew [gru:] → GROW*.

grey [grei] a/n gris (m) ; go ~, grisonner.

grid [grid] n AUT. galerie f porte-bagages.

'grid iron n gril m.

grief [gri:f] n chagrin m, douleur f ‖ come to ~, avoir des ennuis ; finir mal.

grieve [gri:v] v s'affliger, avoir du chagrin.

grievously av douloureusement, grièvement.

grill [gril] n gril m (gridiron) • v (faire) griller.

grille [gril] n AUT. calandre f.

grim [grim] a farouche, lugubre, sinistre.

grin [grin] n large sourire m (smile) ‖ grimace f, rictus m (in pain) • v grimacer un sourire.

grind [graind] v broyer (crush) ; moudre (into flour) ‖ meuler, aiguiser (knife) ; ~ one's teeth, grincer des dents.

grindstone ['graindstəun] n meule f à aiguiser.

grip [grip] n étreinte, prise f.

groan [grəun] v gémir • n gémissement m.

grocer ['grəusə] n épicier n ; at the ~'s, chez l'épicier.

grog [grog] n grog m.

groom [grum] n valet m d'écurie ‖ (jeune) marié • v panser (horse).

groove [gru:v] n rainure f ‖ [record] sillon m.

grope [grəup] v tâtonner ; ~ for, chercher à tâtons.

grouch [grautʃ] n COLL. rouspéter, râler (fam.).

ground 1 [graund] → GRIND*.

ground 2 n sol m, terre f (soil);
fall on the ~, tomber par terre ‖
SP. terrain m ‖ ELECTR. terre
f ‖ Pl parc m ‖ FIG. motif m.

ground-floor n rez-de-
chaussée m.

ground-sheet n tapis m de
sol.

group [gru:p] n groupe m • v
(se) grouper.

grouse [graus] v COLL. râler
(fam.).

grove [grəuv] n bosquet m.

grow* [grəu] v croître, pousser ‖ [seeds] germer ‖ [per-
son] grandir ‖ cultiver (crops) ‖
laisser pousser (beard) ‖ FIG.
augmenter (increase); devenir;
~ old, vieillir ‖ *~ in,* [nail]
s'incarner ‖ *~ out of,* devenir
trop grand pour (one's clothes)
‖ *~ up,* devenir adulte.

growl [graul] v grogner,
gronder.

grown [grəun] → GROW*.

grown-up [,-'-] a/n adulte (n).

growth [grəuθ] n croissance f
‖ FIG. augmentation f, accroissement m.

grudge [grʌdʒ] v donner à
contrecœur • n rancune f; *bear
sb a ~,* en vouloir à qqn.

grudgingly av à contrecœur.

grumble [ˈgrʌmbl] v grogner,
grommeler • n grognement m.

guarantee [ˌgærən'tiː] n
garantie f ‖ caution f (security)
• v garantir, cautionner.

guard [gɑːd] n garde f; protection f (safeguard) ‖ mount

~, monter la garde • v garder,
protéger (*against,* contre).

guardian [-jən] n gardien n ‖
JUR. tuteur n.

guess [ges] v deviner • n
supposition f; *at a ~,* au jugé.

guest [gest] n invité, hôte n;
paying ~, pensionnaire n ‖
[hotel] client n.

guesthouse n pension f de
famille.

guestroom n chambre f
d'amis.

guide [gaid] n guide m (book,
person) • v guider, conduire.

guile [gail] n ruse f.

guilt [gilt] n culpabilité f.

guiltless a innocent.

guilty a coupable.

guitar [gi'tɑː] n guitare f.

gulf [gʌlf] n golfe m.

gull [gʌl] n mouette f.

gullible [ˈgʌləbl] a crédule,
naïf.

gulp [gʌlp] v : *~ down,*
engloutir • n bouchée f (food);
gorgée f (drink); *at one ~,*
d'un trait.

gum [gʌm] n gencive f.

gun [gʌn] n- (hand-)*~,* pistolet, revolver m ‖ [rifle] fusil m
‖ MIL. canon m.

gush [gʌʃ] v : *~ (out),* jaillir,
gicler.

gust [gʌst] n coup m de vent,
rafale f.

gutter [ˈgʌtə] n [road] ruisseau, caniveau m ‖ [roof] gouttière f.

guy 1 [gai] n : *~(-rope),* tendeur m.

guy 2 *n* US, COLL. type, gars *m* ; mec *m* (fam.).

gymnasium ['dʒimneizjəm] *n* gymnase *m*.

gymnastics [-'næstiks] *n* gymnastique *f*.

gynaecologist [,gaini'kɔlə-dʒist] *n* gynécologue *n*.

h

h [eitʃ] *n* : H-*bomb*, bombe *f* H.

habit ['hæbit] *n* habitude *f* ; *get into/out of the* ~, prendre/perdre l'habitude de.

had [hæd] → HAVE* ‖ COLL. *be* ~, se faire avoir ‖ *I* ~ *rather...*, j'aimerais mieux...

haddock ['hædək] *n* aiglefin *m*.

haggle ['hægl] *v* marchander.

hail *n* grêle *f* ⚫ *v* grêler.

hailstone *n* grêlon *m*.

hair *n sing* cheveux *mpl* ; chevelure *f*; do one's ~, se coiffer; *comb one's* ~, se peigner ‖ *Pl* poil *m*.

hairbrush *n* brosse *f* à cheveux.

hair-curler *n* bigoudi *m*.

haircut *n* coupe *f* de cheveux ; *have a* ~, se faire couper les cheveux.

hair-do *n* coiffure *f*.

hairdresser *n* coiffeur *n* pour dames.

hair-dryer *n* : (*electric*) ~, séchoir *m* (électrique).

hair-dye *n* teinture *f* (pour cheveux).

hair-oil *n* brillantine *f*.

hairpin *n* épingle *f* à cheveux.

hair-set *n* mise *f* en plis.

hair-spray *n* bombe *f* de laque.

hair-style *n* coiffure *f*.

hairy *a* poilu ‖ chevelu.

Haiti ['heiti] *n* Haïti.

Haitian [-ʃjən] *a/n* haïtien.

half [hɑːf] *a/av*; (*Pl* **halves** [-vz]) *n* moitié *f*/demi/à moitié ‖ *cut in* ~, couper en deux ; *two and a* ~, deux et demi ‖ ~ *a dozen*, une demi-douzaine ; ~ *an hour*, une demi-heure ‖ *past two*, deux heures et demie ; ~ *and* ~, moitié-moitié ‖ SP. mi-temps *f* ‖ → HALVES.

half-back *n* SP. demi *m*.

half-board *n* demi-pension *f*.

half-fare *av/n* (à) demi-tarif (*m*).

half-left *av* : *bear* ~, obliquer à gauche.

half-size *n* demi-taille/poin-ture *f*.

half-time *n* SP. mi-temps *f*.

half-way *a* à moitié chemin ; ~ *down/up*, à mi-pente.

hall [hɔːl] *n* [*hotel*] hall *m* ; [*house*] vestibule *m*, entrée *f* ‖ château *m* (mansion).

hall-mark *n* poinçon *m* (de garantie).

hallo! [hə'ləu] *interj* salut! bonjour! ‖ TEL. allô!

halt [hɔːlt] *n* halte, pause *f*; *come to a* ~, s'arrêter.

halves [haːvz] *npl* : *go* ~, partager de moitié ‖ → HALF.

ham [hæm] *n* jambon *m*; ~ *sandwich*, sandwich *m* au jambon.

hammer ['-ə] *n* marteau *m*.

hammock ['-ək] *n* hamac *m*.

hamper *v* gêner.

hand [hænd] *n* main *f*; ~ *in* ~, main dans la main ‖ *put up one's* ~, lever la main ‖ [cards] jeu *m*; *a good* ~, un beau jeu ‖ [clock] aiguille *f* ‖ FIG. côté *m*; → LEFT, RIGHT ‖ FIG. aide *f*; *give sb a* ~, donner un coup de main à qqn; *at* ~, sous la main ● *v* passer, donner; ~ *in*, remettre; ~ *out*, distribuer; ~ *round*, faire circuler.

hand-bag *n* sac *m* à main.

handball *n* handball *m*.

handbill *n* prospectus *m*.

handbook *n* manuel *m*.

hand-brake *n* AUT. frein *m* à main.

handful *n* poignée *f*.

handicap ['hændikæp] *n* handicap *m* ● *v* handicaper.

handkerchief ['hæŋkətʃif] *n* mouchoir *m*; foulard *m* (round the neck).

handle ['hændl] *n* poignée *f* ‖ [basket] anse *f* ‖ AUT. manivelle *f* ● *v* manipuler, manier.

handle-bar *n* guidon *m*.

hand-made ['hæn'meid] *a* fait à la main.

handrail *n* [stairs] *f* rampe *f*.

handshake *n* poignée *f* de main.

handsome ['hænsəm] *a* beau, bel ‖ FIG. considérable, généreux.

'hand,writing *n* écriture *f*.

handy ['hændi] *a* adroit, habile (person); pratique (tool) ‖ prêt, sous la main (close at hand) ‖ utile; *it may come in* ~, cela peut toujours servir.

handyman *n* bricoleur *m*.

hang 1 [hæŋ] *v* pendre (criminal); ~ *o. s.*, se pendre.

hang* 2 suspendre, accrocher ‖ [hair] pendre ‖ ~ *on*, se cramponner; attendre; TEL. ~ *on!*, ne quittez pas! ‖ ~ *out*, étendre (the washing) ‖ ~ *up*, TEL. raccrocher.

hang-glider *n* aile volante.

hang-gliding *n* SP. vol *m* libre.

hangover *n* SL. gueule *f* de bois (fam.).

happen ['hæpn] *v* arriver, se passer, se produire (occur); *what has* ~*ed to him* ?, que lui est-il arrivé ? ‖ *I* ~*ed to be away*, se trouvait que j'étais absent; *how does it* ~ *that*, comment se fait-il que.

happily ['hæpili] *av* heureusement (luckily).

happiness *n* bonheur *m*.

happy *a* heureux; ~ *new year!*, bonne (et heureuse) année! ‖ satisfait (*with*, de).

,happy-go-'lucky a insouciant.

harbour ['hɑːbə] n port m.

hard ['hɑːd] a dur (firm, solid) || FIG. difficile (task); ~ lines/luck!, pas de chance! • av ferme (firmly) || fort, ferme, dur (freezing, raining) || ~ by, tout contre, tout près.

hard-boiled a : ~ eggs, œufs durs.

hardly av à peine, ne ... guère.

hard-up a fauché (fam.).

hardware n quincaillerie f; ~ dealer, quincaillier n.

,hard-'wearing a résistant, solide (clothes).

hard-working a travailleur.

hardy a vigoureux, robuste (person) || vivace (plant).

hare [hɛə] n lièvre m.

haricot ['hærikəu] n : ~ (-bean), haricot blanc.

harm [hɑːm] n mal, tort, préjudice m; do sb ~, faire du tort à qqn.

harmful a malfaisant; nuisible (person) || nocif (thing).

harmless a inoffensif (animal) || sans méchanceté (person) || innocent (pastime).

harmonious [hɑːˈməunjəs] a harmonieux.

harmony ['hɑːmni] n harmonie f.

harp [hɑːp] n harpe f.

harpoon [hɑːˈpuːn] n harpon m • v harponner.

harsh [hɑːʃ] a discordant (sound), criard (voice) || âpre (taste) || rugueux (touch) || dur (light).

harvest ['hɑːvist] n moisson, récolte f (crop) • v moissonner.

hash [hæʃ] n hachis m.

haste [heist] n hâte f; in ~, à la/en hâte; **make ~**, se hâter.

hasten ['heisn] v (se) hâter, (se) presser.

hastily ['heistili] av précipitamment, à la hâte.

hasty a hâtif, rapide || précipité (departure).

hat [hæt] n chapeau m; **put on/take off one's ~**, mettre/enlever son chapeau.

hatch 1 [hætʃ] v (faire) éclore.

hatch 2 n AUT. hayon m.

hate [heit] n haine f • v haïr || COLL. détester, avoir horreur de.

hatred ['heitrid] n haine f.

haul [hɔːl] v tirer, remorquer.

haunch [hɔːnʃ] n hanche f || Pl [animal] derrière m.

haunt [hɔːnt] v hanter || [memory] obséder.

haunting a obsédant.

have* [hæv] v avoir, posséder; she has (got) blue eyes, elle a les yeux bleus || [~ + (a) + noun] prendre; ~ lunch, déjeuner; ~ a swim, se baigner || ~ in, faire entrer; ~ on, porter sur soi || ~ sex, faire l'amour ||

just : I ~ just seen him, je viens de le voir || [causative] sth done, faire faire qqch; ~ one's hair cut, se faire couper les cheveux || [obligation] ~

(got) to : ~ you (got) to do it ?, êtes-vous obligé de le faire ? ; do we ~ to go now ?, sommes-nous obligés de partir maintenant ? || → BETTER, RATHER, SOONER.

hawker [ˈhɔːkə] n démarcheur n.

hay [hei] n foin m.

hay-fever n rhume m des foins.

hayrick, haystack [-rik, -stæk] n meule f de foin.

hazard [ˈhæzəd] n risque m || danger m || AUT. ~ *warning lights*, feux mpl de détresse || v risquer (risk) || hasarder (venture).

hazardous a risqué, incertain, hasardeux.

haze [heiz] n brume (légère).

hazelnut [ˈ-lnʌt] n noisette f.

hazy [ˈheizi] a brumeux.

he [hiː] pr il m ; lui m ; *she is older than ~ (is)*, elle est plus âgée que lui.

head [hed] n tête f || bout m (of table, lake) || haut m (of a page) || face f (of coin) || *toss ~s or tails*, jouer à pile ou face || FIG. tête f ; chef, directeur m • v : ~ *for*, se diriger vers.

headache [ˈhedeik] n mal m de tête, migraine f.

headfirst a/av la tête la première.

headlight n AUT. phare m.

headline n [newspaper] manchette f, titre m || Pl RAD. résumé m des nouvelles.

headlong → HEADFIRST.

head master n [school] directeur m.

headmistress [-ˈmistris] n directrice f.

headphone n RAD. écouteur m.

headrest n appuie-tête m inv.

headwaiter n maître m d'hôtel.

heal [hiːl] v guérir (patient) || [wound] se cicatriser.

healer n guérisseur n.

health [helθ] n santé f || GB H~ *Service*, Sécurité sociale || COMM. ~ *food(s)*, produits mpl diététiques.

healthy a bien portant || salubre (air) ; sain (climate).

heap [hiːp] n tas, amas m • v : ~ *up*, entasser, amasser.

hear* [hiə] v entendre || assister à (lectures, mass) || faire réciter (lessons) || entendre dire ; apprendre (news) || ~ *from sb*, recevoir des nouvelles de qqn || ~ *about/of*, entendre parler de.

hearing [-riŋ] n ouïe f ; *within ~*, à portée de voix ; *hard of ~*, dur d'oreille ; ~*-aid*, prothèse auditive.

heart [hɑːt] n cœur m ; ~ *attack*, crise f cardiaque || [cards] cœur m || FIG. *by ~*, par cœur.

heartburn n brûlure f d'estomac.

hearth [hɑːθ] n âtre, foyer m.

heartily [ˈhɑːtili] av cordialement, de bon cœur.

heartless *a* sans cœur.

heart transplant *n* greffe *f* du cœur, transplantation *f* cardiaque.

hearty *a* cordial, sincère ‖ copieux (meal).

heat [hiːt] *n* chaleur *f*; ~ *wave*, vague *f* de chaleur ● *v* chauffer; ~ *up*, réchauffer.

heater *n* appareil *m* de chauffage.

heath [hiːθ] *n* lande *f*.

heating *n* chauffage *m*.

heaven ['hevn] *n* ciel, paradis *m*.

heavenly *a* céleste, divin.

heavily ['-ili] *av* lourdement.

heavy *a* lourd.

heavy-weight *n* SP. poids lourd.

Hebrew ['hiːbruː] *a* hébreu, hébraïque ● *n* [language] hébreu *m*.

hedge [hedʒ] *n* haie *f*.

heel [hiːl] *n* talon *m*.

hefty ['hefti] *a* COLL. costaud.

he-goat *n* bouc *m*.

height [hait] *n* hauteur *f* ‖ taille *f*; *what* ~ *are you ?*, combien mesurez-vous ?; *six feet in* ~, six pieds de haut.

heir [ɛə] *n* héritier *m*.

heiress [-ris] *n* héritière *f*.

heist [haist] *n* SL. cambriolage ; casse *m* (USA).

held [held] → HOLD* 2.

helicopter ['helikɔptə] *n* hélicoptère *m*.

heliport *n* héliport *m*.

hell [hel] *n* enfer *m* ‖ *a* ~ *of a noise*, un bruit infernal.

hello ! ['he'ləu] → HALLO !

helmet ['helmit] *n* casque *m*.

help [help] *n* aide, assistance *f*, secours *m* ‖ aide *n* (person) ‖ US domestique *n* ● *v* aider; ~ *sb (to) do sth*, aider qqn à faire qqch ‖ ~ *sb across*, aider qqn à traverser ; servir (at table) ; ~ *sb to sth*, servir qqch à qqn ; ~ *yourself!*, servez-vous ! ‖ *can't* ~ *: I can't laughing*, je ne peux m'empêcher de rire ; *it can't be* ~*ed*, on n'y peut rien ● *interj* : ~*!*, au secours !

helpful *a* serviable (person) ; utile (thing).

helping *n* portion *f* (food).

helpless *a* désemparé, impuissant.

hem [hem] *n* ourlet *m* ● *v* border, ourler.

hen [hen] *n* poule *f* ‖ [bird] femelle *f*.

hence [hens] *av* d'où, par conséquent (therefore).

her [həː] *pers pr* [dir. obj.] la ; *its'* ~, c'est elle ‖ [indir. obj.] lui ; [after p. and *than*] elle ● *poss a* son, sa, ses (feminine possessor).

herb [həːb] *n* MED. herbe médicinale ‖ CULIN. *sweet* ~*s*, fines herbes.

herd [həːd] *n* troupeau *m*.

here [hiə] *av* ici ; *around* ~, par ici ; ~ *and there*, çà et là ‖ *voici* ; ~ *is Mr. S.*, voici M. S. ; ~ *he is*, le voici ; ~ *you are!*, tenez ! ; ~'*s to you!*

à la vôtre ! ∥ ～ **lies**, ci-gît ● **interj** [roll call] présent !

'here'with av ci-joint.

herring ['heriŋ] n hareng m.

hers [hə:z] poss pr le sien, la sienne ; les siens, les siennes.

herself [hə:'self] reflex/emph pr se/elle-même.

hesitant [hezitənt] a hésitant.

hesitate ['heziteit] v hésiter.

hesi'tation n hésitation f.

hi ! [hai] interj salut !

hiccough, hiccup ['hikʌp] n hoquet m ; have the ～s, avoir le hoquet ● v hoqueter.

hid(den) [hid(n)] → HIDE*.

hide* [haid] v (se) cacher.

hide-and-seek n : play ～, jouer à cache-cache.

hiding 1 n : go into ～, se cacher.

hiding 2 n COLL. correction, volée f (fam.).

hiding place n cachette f.

hi-fi ['hai'fai] a RAD. [= high fidelity] (de) haute fidélité.

high [hai] a haut, grand ; how ～ is... ?, quelle est la hauteur de... ? ; 6 feet ～, 2 mètres de haut ∥ FIG. [price, temperature] élevé ; [time] it is ～ time, il est grand temps ● av haut.

highbrow [-brau] n PEJ. intellectuel n.

high fi'delity a RAD. de haute fidélité.

high-heeled a à talons hauts (shoes).

high-jack → HIJACK.

highly av extrêmement, très, largement ; think ～ of sb, avoir une haute opinion de qqn.

highnecked [-'nekt] a à col montant (dress).

high-octane a à indice d'octane élevé.

highroad n route nationale.

high school n US lycée m.

high-tea n goûter-dîner m.

highway n route nationale ; H～ Code, code m de la route.

hijack ['haidʒæk] v [pirate] détourner (un avion).

hijacker n pirate m de l'air.

hijacking n détournement m (d'avion).

hike [haik] v faire une randonnée (à pied).

hill [hil] n colline f, coteau m ∥ [road] côte f.

hilly a montagneux (country) ; accidenté (ground).

him [him] pers pr [dir. obj.] le, l' ; it's ～, c'est lui ∥ [indir. obj. ; after p. and than] lui.

himself [-'-] reflex/emph pr, se/lui-même.

hinder ['hində] v gêner, empêcher, retarder.

hinge [hindʒ] n [door] gond m ; [lid] charnière f ● v pivoter (on, sur).

hint [hint] n allusion, insinuation f ; take a ～, comprendre à demi-mot ; give a ～, insinuer ∥ Pl FIG. conseils mpl.

hip 1 [hip] a SL. dans le vent (fam.).

hip 2 n hanche f.

hip-pocket n poche f revolver.

hire ['haiə] v louer (boat, car); engager (person) || ~ *out*, louer, donner en location • n location f; *for* ~, à louer.

hire-purchase n location-vente f; *buy on* ~, acheter à crédit.

his [hiz] poss a son m, sa f, ses pl (masculine possessor) • poss pr le sien, la sienne; les siens, les siennes.

hiss [his] v siffler, huer.

historic(al) [his'tɔrik(l)] a historique.

history ['histri] n histoire f.

hit* [hit] v frapper; ~ *one's head*, se cogner la tête || *heur-*ter, se cogner (*against*, à) || atteindre (reach) • n coup m || FIG. succès m.

hit-and-run [,hitən'rʌn] a: ~ *driver*, chauffard m.

hitch [hitʃ] n contretemps m; *without a* ~, sans accroc.

hitch-hike v faire de l'auto-stop/du stop (fam.).

hitch-hiker n auto-stoppeur n.

hive [haiv] n ruche f.

hives [-z] n MED. urticaire f.

hoard [hɔːd] n trésor m (money) • v : ~ (*up*), amasser.

hoarfrost ['hɔːfrɔst] n gelée blanche.

hoarse [hɔːs] a enroué (person) || rauque (voice).

hoax [həuks] n canular m, blague f.

hobby ['hɔbi] n passe-temps favori, distraction f.

hobnailed ['hɔbneild] a ferré (shoes).

hockey ['hɔki] n hockey m.

hockey-stick n crosse f de hockey.

hoist [hɔist] v hisser.

hold [həuld] n prise f; *catch* ~ *of*, saisir; *lose* (*one's*) ~, lâcher prise.

hold* 2 v tenir || retenir (one's breath) || contenir (contain) || ~ *one's own*, tenir bon || SP. détenir (record) || FIG. durer || ~ *back*, contenir (tears) || TEL. ~ *on!*, ne quittez pas! || ~ *on to*, se tenir à. || ~ *up*, retenir, retarder; bloquer (traffic).

hold-all n fourre-tout m.

holder n [passport] titulaire n || [card, record] détenteur n.

hold-up n agression f à main armée || [traffic] embouteillage m; bouchon m (fam.).

hole [həul] n trou m; *dig a* ~, creuser un trou; *wear* (*one's socks*) *into* ~s, trouer (ses chaussettes).

holiday ['hɔlidi] n (jour m de) congé m || (*often pl*) vacances fpl; *go away on* ~, partir en vacances; *take a month's* ~, prendre un mois de vacances; ~ *camp*, colonie f de vacances (for children).

holiday-makers npl esti-vants, vacanciers mpl.

Holland [-ənd] n Hollande f.

hollow ['hɔləu] a creux.

holly ['hɔli] n houx m.

holy ['həuli] a saint ‖ béni (bread, water).

home [həum] n foyer, chez-soi, domicile m (house) ; at ~, chez soi, à la maison ; away from ~, absent ; make yourself at ~, faites comme chez vous ‖ maison f de santé, clinique f ‖ pays natal, patrie f • a familial, domestique ‖ ~ address, adresse personnelle f ‖ ~ match, match m à domicile • av : go ~, rentrer chez soi ; be ~, être de retour ; see sb ~, accompagner qqn jusque chez lui ‖ send ~, rapatrier ‖ TECHN. à fond.

homeless a sans abri ; sinistré.

homely a simple, sans façons.

home-made a fait à la maison.

homesick a nostalgique ; be ~, avoir le mal du pays.

homework n sing devoirs mpl du soir ; do one's ~, faire ses devoirs.

homonym ['hɔmənim] n homonyme m.

homosexual ['həumə'seksjual] a/n homosexuel (n).

honest ['ɔnist] a honnête, intègre.

honestly av honnêtement.

honesty n honnêteté f.

honey ['hʌni] n miel m.

honeymoon n lune f de miel ; ~ trip, voyage m de noces • v passer sa lune de miel.

honour ['ɔnə] n honneur m.

honourable ['ɔnrəbl] a honorable, respectable.

hood [hud] n capuchon m ‖ AUT. capote f ; US capot m (bonnet) ‖ PHOT. parasoleil m.

hook [huk] n crochet m ‖ agrafe f (on dress) ‖ [fishing] hameçon m • v accrocher ; agrafer (dress) ‖ ferrer (fish).

hooligan ['huːligən] n voyou m.

hoot [huːt] v AUT. klaxonner.

hooter n AUT. avertisseur m.

hoover ['huːvə] n ÉL aspirateur m • v COLL. passer l'aspirateur dans.

hop [hɔp] v sauter à cloche-pied ; [bird] sautiller.

hop(s) n(pl) houblon m.

hope [həup] n espoir m, espérance f • v espérer ; I ~ so, je l'espère ; I ~ not, j'espère que non.

hopeful a plein d'espoir.

hopeless a sans espoir ; désespéré ‖ COLL. nul.

hopscotch n marelle f.

horizon [hə'raizn] n horizon m ; on the ~, à l'horizon.

horizontal [ˌhɔri'zɔntl] a horizontal.

horn [hɔːn] n corne f ‖ MUS. cor m.

hornet ['hɔːnit] n frelon m.

horrible ['hɔrəbl] a horrible ; atroce.

horror n horreur f, épouvante f.

horse [hɔːs] n cheval m.

horseback n : on ~, à cheval.

horseman n cavalier m.

horsepower n cheval-vapeur m.

horsewoman n amazone, cavalière f.

hose [həuz] n tuyau m (d'arrosage/d'incendie).

hospital ['hɔspitl] n hôpital m ; in ~, hospitalisé.

hospitality [ˌhɔspi'tæliti] n hospitalité f.

host 1 [həust] n hôte m || COMM. hôtelier m.

host 2 n COLL. foule f.

host 3 n REL. hostie f.

hostage ['hɔstidʒ] n otage m ; take sb ~, prendre qqn en otage.

hostel ['hɔstəl] n maison f universitaire, foyer m d'étudiants.

hostess ['houstis] n hôtesse f.

hostile ['hɔstail] a ennemi (army) || hostile (unfriendly).

hot [hɔt] a très chaud ; boiling ~, bouillant || (games) be ~, brûler || [food] fort, épicé.

hotel [(h)ə'tel] n hôtel m ; at/in a(n) ~, à l'hôtel.

hot-water-bottle n bouillotte f.

hour ['auə] n heure f ; hire by the ~, louer à l'heure || out of ~s, en dehors des heures ouvrables.

hourly a à chaque heure ● av toutes les heures.

house [haus] n maison f || TH. salle f || COLL. on the ~, aux frais de la maison.

house-agent n agent immobilier.

household n ménage m.

housekeeping n ménage m.

house-warming n pendaison f de crémaillère.

housewife n ménagère, maîtresse f de maison.

housework n : do the ~, faire le ménage.

housing ['hauziŋ] n logement m ; ~ estate, lotissement m.

hover ['hɔvə] v [bird] planer.

hovercraft n aéroglisseur m.

how [hau] av [interr.] comment ; ~ are you ?, comment allez-vous ? ; ~ about going for a walk ?, si on allait faire une promenade ? ; ~ fast does this car go ?, quelle vitesse cette voiture peut-elle faire ? ; ~ long have you been here ?, depuis combien de temps êtes-vous ici ? ; ~ many books ? combien de livres ? ; ~ much milk ?, combien de lait ? ; [money] ~ much ?, combien (est-ce) ? ; ~ often does the bus run ?, le bus passe tous les combien ? ; ~ old is he ?, quel âge a-t-il ? || [exclam.] comme, combien ; ~ beautiful it is !, que c'est beau !

how'ever c cependant, toutefois ● av de quelque manière que ; ~ that may be, quoi qu'il en soit ; quelque/si... que ; ~ little, si peu que ce soit.

howl [haul] v [animal] hurler.

hub [hʌb] n moyeu m.

huckster ['hʌkstə] n colporteur m ; camelot m.

hue [hju:] n teinte, nuance f.

hug [hʌg] v embrasser, étreindre.

huge [hju:dʒ] a énorme, immense.

hullo! ['hʌ'ləu] interj → HALLO.

hum [hʌm] v [insect] bourdonner.

human ['hju:mən] a humain (being).

humane [hju'mein] a humain (kind).

humanity [hju:'mæniti] n humanité f.

humble ['hʌmbl] a humble • v humilier ; ~ o.s., s'humilier.

humbly av humblement.

humid ['hju:mid] a humide.

hu'midity n humidité f.

humility [hju:'militi] n humilité f.

humorist ['hju:mərist] n humoriste n.

humour n humour m ; drôlerie f ; have a sense of ~, avoir de l'humour ; in good/bad ~, de bonne/mauvaise humeur.

hump [hʌmp] n bosse f.

humpbacked [-bækt] a bossu.

hunch [hʌnʃ] n COLL. idée f, pressentiment m.

hunchback n bossu m.

hundred ['hʌndrəd] a/n cent (m) ; about a ~, une centaine.

hundredth [-θ] a centième.

hung [hʌŋ] → HANG*.

hunger ['hʌŋgə] n faim f ; ~ strike, grève f de la faim.

hungry a affamé ; be ~, avoir

faim ; go ~, se passer de manger.

hunt [hʌnt] v chasser à courre.

hunter n chasseur n (of wild animals).

hunting n chasse f (à courre).

hurdle ['hə:dl] n claie f.

hurdle-race n SP. course f de haies.

hurl [hə:l] v lancer (avec force).

hurrah!, hurray! [hu'ra:, -ei] interj hourra!, bravo! ‖ chouette!

hurricane ['hʌrikən] n ouragan, cyclone m.

hurried ['hʌrid] a précipité (departure) ; fait à la va-vite (fam.).

hurriedly av à la hâte.

hurry ['hʌri] n hâte, précipitation f ; be in a ~, être pressé ; there is no ~, rien ne presse • v se hâter, se dépêcher ; don't ~ up!, dépêchez-vous ; don't ~, prenez votre temps ‖ presser, bousculer (sb).

hurt* [hə:t] v blesser, faire mal à ; ~ one's leg, se blesser la jambe ‖ faire mal ; does it ~ ?, cela (vous) fait-il mal ?

husband ['hʌzbənd] n mari m.

hut [hʌt] n hutte, cabane f.

hydro ['haidrəu] n COLL. établissement thermal.

hygiene [-dʒi:n] n hygiène f.

hy'gienic a hygiénique.

hymn [him] n hymne m.

hyphen ['haifn] n trait m d'union.

hypnotic [hip'nɔtik] *a* hypnotique.

hypnotize ['hipnətaiz] *v* hypnotiser.

hypocrisy [hi'pɔkrəsi] *n* hypocrisie *f*.

hypocrite ['hipəkrit] *n* hypocrite *n*.

hypo'critical *a* hypocrite.

hypodermic [₁haipə'də:mik] *a* hypodermique.

hypothesis [hai'pɔθisis] *n* hypothèse *f*.

hysterics [his'teriks] *n* COLL. crise *f* de nerfs ; *go into* ~, piquer une crise (fam.).

i

i [ai]

I *pr* je, j' ; moi.

ice [ais] *n* glace *f*.

ice-box *n* glacière *f* ; US réfrigérateur *m*.

ice-cream *n* glace *f*, crème glacée.

ice-cube *n* glaçon *m*.

ice-hockey *n* hockey *m* sur glace.

ice-pail *n* seau *m* à glace.

ice-tray *n* bac *m* à glace.

icicle ['aisikl] *n* glaçon *m*.

icy *a* glacé (water) ; glacial (air) ; verglacé (road).

idea [ai'diə] *n* idée *f*.

ideal [ai'diəl] *a/n* idéal (*m*).

idealist *n* idéaliste *n*.

identity [ai'dentiti] *n* identité *f* ; ~ *card*, carte *f* d'identité.

idiom ['idiəm] *n* idiome *m* (language) ; idiotisme *m* (phrase).

idio'matic *a* idiomatique.

idiot ['idiət] *n* idiot *n*.

idle ['aidl] *a* [person] inoccupé (doing no work) ; paresseux (lazy) ‖ [machine] au repos ‖ FIG. futile, vain ● *v* [person] fainéanter ‖ [machine] tourner au ralenti ‖ ~ *one's time away*, perdre son temps.

idleness *n* oisiveté *f*, désœuvrement *m* (inaction).

idol ['aidl] *n* idole *f*.

if [if] *c* si (condition, hypothesis) ; ~ *I were you*, si j'étais vous ; ~ *so*, dans ce cas ; ~ *not*, sinon.

ignition [ig'niʃn] *n* AUT. allumage *m* ; ~ *key*, clef *f* de contact ; *advanced* ~, avance *f* à l'allumage.

ignorance ['ignərəns] *n* ignorance *f*.

ignorant *a* ignorant ; *be* ~ *of*, ignorer.

ignore [ig'nɔ:] *v* ne pas prêter attention à ; faire semblant de ne pas reconnaître (sb) ‖ ne pas tenir compte de (sth).

ill [il] *a* [person] ; *speak* ~ *of*, dire du mal de ● *a* mauvais ‖ malade, souffrant (sick) ● *av* mal ; *take sth* ~, prendre mal qqch.

ill-bred a mal élevé.

illegal [i'li:gl] a illégal.

illegible [i'ledʒəbl] a illisible.

ill-luck n malchance f.

illness ['ilnis] n maladie f.

ill-smelling a malodorant.

illusion [i'lu:ʒn] n illusion f.

ill will n rancune f.

image ['imidʒ] n image f.

imaginary [i'mædʒinri] a imaginaire.

i‚magi'nation n imagination f.

imagine [-in] v imaginer, se figurer, concevoir.

imitate ['imiteit] v imiter.

‚imi'tation n imitation f; ~ leather, similicuir m.

'imitator n imitateur n.

immaterial [‚imə'tiəriəl] a insignifiant, peu important.

immediately [i'midiətli] av immédiatement, tout de suite.

immense [i'mens] a immense.

immigrant ['imigrənt] n immigrant n.

immigrate [-eit] v immigrer.

‚immi'gration n immigration f.

imminent a imminent.

i'mmobile a immobile.

immobilize v immobiliser.

immodest [i'mɔdist] a impudique (indecent).

immortal [i'mɔ:tl] a immortel.

immune [i'mju:n] a MED. immunisé (from, contre).

immunize ['imjunaiz] v immuniser.

impact ['impækt] n choc m; impact m ‖ FIG. effet m.

impair [im'pɛə] v détériorer ‖ diminuer, altérer.

im'partial a impartial.

impatience [im'peiʃəns] n impatience f.

impatient [-ʃnt] a impatient; grow ~, s'impatienter.

impel [im'pel] v pousser à, forcer à ; obliger à.

impending [im'pendiŋ] a imminent.

imperative [im'perativ] a/n impératif (m).

imperfect [im'pə:fikt] a imparfait.

imperfectly av imparfaitement.

impersonal [im'pə:snl] a impersonnel.

impertinent [im'pə:tinənt] a impertinent (impudent).

implicit [im'plisit] a implicite.

imply [im'plai] v impliquer, sous-entendre (implicate) ‖ insinuer (hint).

impolite [‚impə'lait] a impoli.

import [im'pɔ:t] v COMM. importer (goods) • ['--] n COMM. importation f.

im'portance [-ns] n importance f.

im'porter n importateur m.

impose [im'pəuz] v imposer ‖ ~ o.s., s'imposer (on sb, à qqn).

imposing a imposant.

impossible [im'pɔsəbl] a impossible.

impress [im'pres] v imprimer ‖ marquer ‖ FIG. impressionner (affect).

impression [-ʃn] *n*
empreinte *f* (mark) ‖ TECHN.
impression *f* (printing) ‖ FIG.
impression *f*; **make an ~,**
faire impression (on, sur); *be
under the ~ that,* avoir l'impression que.
impressive *a* impressionnant,
imposant.
imprison [im'prizn] *v* empri-
sonner.
improper [im'prɔpə] *a* incon-
venant (indecent); déplacé (not
suitable); ‖ GRAMM. incorrect.
improperly *av* incorrec-
tement.
impropriety [,imprə'praiəti]
n inconvenance *f* ‖ GRAMM.
impropriété *f*.
improve [im'pruːv] *v* améliorer ‖ [health] s'améliorer ‖
TECHN. perfectionner.
improvement *n* amélioration
f ‖ TECHN. perfectionnement
m. ‖ MED. mieux *m*.
improvise ['imprəvaiz] *v*
improviser.
imprudent [im'pruːdnt] *a*
imprudent.
imprudently *av* imprudemment.
impudent ['impjudnt] *a*
impudent, effronté, insolent.
impulse ['impʌls] *n* impul-
sion, poussée *f*.
im'pulsive *a* impulsif.
impure [im'pjuə] *a* impur.
in [in] *p* [space] dans, en;
[location] en, à; ~ *London,* à
Londres; ~ *town,* en ville; ~
bed, au lit ‖ [time] en; ~ *the*

evening, le soir; ~ *summer,*
en été; ~ *an hour,* dans une
heure ‖ [state, condition] en;
~ *good health,* en bonne santé
‖ [circumstances] à, au, par;
this heat, par cette chaleur ‖
[means] à; ~ *pencil,* au crayon
‖ ~ **all,** en tout ‖ [ratio] one ~
five, un sur cinq ‖ [measure]
de; *ten feet* ~ *height,* dix
pieds de haut ● *av : walk* ~,
entrer; *be* ~, être à la maison
(at home) ‖ [oysters] être de
saison ‖ COLL. ~ **for :** *we are
~ for a storm,* nous allons
avoir un orage ‖ **be well** ~
with sb, être bien avec qqn ●
a SL. dans le vent (fashionable).
ina'bility *n* incapacité *f*.
inaccessible [,inæk'sesəbl] *a*
inaccessible.
in'accuracy *n* inexactitude *f*.
inaccurate [-it] *a* inexact.
in'action *n* inaction *f*.
inactive [-tiv] *a* inactif.
in'activity *n* inactivité *f*.
in'adequate *a* inadéquat ‖
insuffisant.
inadvertently [,inəd'vəːtənt-
li] *av* par inadvertance/mé-
garde.
inanimate [in'ænimit] *a*
inanimé.
inasmuch [inəz'mʌtʃ] *c* d'autant plus (as, que).
,ina'ttention *n* inattention *f*.
inattentive [-tiv] *a* inattentif.
inaudible [in'ɔːdəbl] *a* inaudible.

inaugurate [i'nɔːɡjureit] *v* inaugurer (building).

in'born *a* inné.

in'capable *a* incapable.

incense ['insens] *n* encens *m*.

incentive [in'sentiv] *n* stimulant, encouragement.

inch [inʃ] *n* pouce *m* (measure) || FIG. *within an* ~ *of*, à deux doigts de.

incidental [,insi'dentl] *a* accessoire ; ~ *expenses*, faux frais *mpl*.

incidentally *a* soit dit en passant, entre parenthèses.

incinerator [in'sinəreitə] *n* incinérateur *m*.

incite [in'sait] *v* inciter (*to*, à).

incitement *n* incitation, instigation *f*.

inclined [in'klaind] *a* enclin (*to*, à).

include [in'kluːd] *v* inclure, comprendre.

inclusive [-siv] *a* inclus, global ; ~ *terms*, prix tout compris.

inclusively *av* inclusivement.

income ['inkʌm] *n* revenu *m* ; ~-*tax*, impôt *m* sur le revenu.

in'comparable *a* incomparable.

incompetent [in'kɔmpitnt] *a* incompétent.

,incom'plete *a* incomplet, inachevé.

incomprehensible [in,kɔmpri'hensəbl] *a* incompréhensible.

,incon'ceivable *a* inconcevable.

inconsistent [,inkən'sistnt] *a* incompatible (at variance) || en désaccord, en contradiction (*with*, avec) ; contradictoire.

,incon'venience *n* inconvénient *m* ; ennui *m* (trouble) || gêne *f* (hindrance) ● *v* incommoder, gêner.

,incon'venient *a* inopportun (time) || malcommode (thing).

,inco'rrect *a* inexact (wrong) || incorrect (behaviour).

increase ['inkriːs] *n* augmentation *f*, accroissement *m* || hausse *f* (of prices) ● *v* [-'-] augmenter ; croître.

in'credible *a* incroyable.

incredulous [in'kredjuləs] *a* incrédule.

incurable [in'kjuərəbl] *a* incurable.

indebted [in'detid] *a* redevable (*to*, à ; *for*, de).

in'decency *n* indécence *f*.

in'decent *a* indécent (obscene) || inconvenant (unseemly).

indeed [in'diːd] *av* en effet ; vraiment || *yes* ~!, mais oui !

indefatigable [,indi'fætigəbl] *a* infatigable.

in'definite *a* indéfini || vague.

indefinitely *av* indéfiniment || vaguement.

indelible [in'delibl] *a* indélébile, ineffaçable.

indemnify [in'demnifai] *v* indemniser, dédommager (*sb for sth*, qqn de qqch).

indemnity *n* indemnité *f*.

independent [,indi'pendənt] *a* indépendant.

India ['indjə] n Inde f ‖ ~ **rubber**, gomme f.

Indian [-ən] a/n indien (n), hindou (n) ; (amér)indien (n) ; Red ~s, Peaux-Rouges mpl ‖ ~ **corn**, maïs m ‖ in ~ **file**, en file indienne ‖ ~ **ink**, encre f de Chine ‖ ~ **summer**, été m de la Saint-Martin.

indicate ['indikeit] v indiquer ‖ dénoter (show).

indi'cation n indication f ; indice m.

indicative [in'dikətiv] n GRAMM. indicatif m.

indicator ['indikeitə] n AUT. clignotant m.

in'difference n indifférence f.

in'different a indifférent (to, à).

in'differently av avec indifférence.

indigestible [,indi'dʒestəbl] a indigeste.

indigestion [-ʃn] n indigestion f ; have an attack of ~, avoir une indigestion.

indignant [in'dignənt] a indigné (at, de) ; be ~, s'indigner (at/with, à/contre).

indig'nation n indignation f.

indi'rect a indirect.

indis'creet a indiscret.

indis'cretion [-eʃn] n indiscrétion f.

indispensable [,indis'pensəbl] a indispensable.

indispo'sition n indisposition f (slight illness).

indis'tinct a indistinct, confus, vague.

indis'tinguishable a indiscernable.

individual [,indi'vidjuəl] n individu m ● a individuel ‖ particulier.

individually av individuellement, un à un ‖ isolément.

indoor ['indɔ:] a d'intérieur (game) ; couvert (tennis).

indoors [-z] av à l'intérieur, à la maison.

induce [in'dju:s] v persuader ‖ provoquer (bring about).

inducement n encouragement m, incitation f.

indulge [in'dʌldʒ] v gâter (child) ‖ se permettre, se donner (in, à) ‖ ~ o.s., ne rien se refuser.

indulgence n complaisance f envers soi-même ‖ indulgence f.

indulgent a indulgent ‖ accommodant.

industrial [in'dʌstriəl] a industriel.

industrialist n industriel m.

industry ['indəstri] n TECHN. industrie f.

inefficient [,ini'fiʃnt] a inefficace ‖ [person] incapable.

in'elegant a inélégant.

inert [i'nə:t] a inerte.

inevitable [in'evitəbl] a inévitable.

inevitably av inévitablement, immanquablement.

inex'pensive a bon marché, peu coûteux.

inexperienced [ˌiniks'piə-riənst] a inexpérimenté, novice.

inexplicable [ˌiniks'plikəbl] a inexplicable.

infancy ['infənsi] n première enfance.

infant n bébé m; petit enfant; ~ **school**, école maternelle.

infantry ['infəntri] n infanterie f.

infantryman n fantassin m.

infatuate [in'fætjueit] v: become ~ed with, avoir le béguin pour (fam.).

in.fatu'ation n engouement m; toquade f || [love] béguin m.

infect [in'fekt] v infecter, contaminer.

infection n infection f.

infectious [-ʃəs] a infectieux (disease); contagieux (person).

infer [in'fə:] v déduire, conclure.

inferior [in'fiəriə] a/n inférieur (n).

in.feri'ority n infériorité f; ~ **complex**, complexe m d'infériorité.

infinite ['infinət] a infini.

infinitely av infiniment.

infinitive [in'finitiv] a GRAMM. infinitif m.

infirm [in'fə:m] a infirme.

infirmary [-əri] n hôpital m || [school] infirmerie f.

infirmity n infirmité f.

inflate [in'fleit] v gonfler.

inflation n gonflement m || FIN. inflation f.

in'flexible a inflexible.

influence ['influəns] n

influence f • v influencer (sb); influer sur (sth).

influenza [ˌinflu'enzə] n grippe f.

inform [in'fɔ:m] v informer.

in'formal a sans cérémonie, familier.

information [ˌinfə'meiʃn] n information(s) f(pl), renseignements mpl; a **piece of** ~, un renseignement; ~ **bureau**, bureau m de renseignements.

ingenious [in'dʒi:njəs] a ingénieux.

ingenuity [ˌindʒi'njuiti] n ingéniosité f.

ingenuous [in'dʒenjuəs] a ingénu, naïf.

ingenuousness n ingénuité, naïveté f.

ingot ['iŋgət] n lingot m.

ingrained [in'greind] a invétéré (habit); enraciné (prejudice).

in'gratitude n ingratitude f.

ingredient [in'gri:djənt] n ingrédient m.

,in'growing, ,in'grown a incarné (toenail).

inhabitant [in'hæbitənt] n habitant n.

inhale [in'heil] v inhaler.

inherit [in'herit] v hériter (from, de).

inheritance n héritage m.

inhibited [in'hibitid] a refoulé.

in'human a inhumain.

initial [i'niʃl] a initial • npl initiales fpl • v parafer.

initiate [-jeit] *v* initier (*into*, à).

i niti'ation *n* initiation *f*.

i'nitiative [-iətiv] *n* initiative *f*.

injection [in'dʒekɲn] *n* MED. injection, piqûre *f* || AUT. ~ **engine**, moteur *m* à injection.

injure ['inʒə] *v* nuire à, faire tort à || blesser (wound) || FIG. offenser.

injury [-ri] *n* tort, dommage, préjudice *m* || MED. blessure *f*.

in'justice *n* injustice *f*.

ink [iŋk] *n* encre *f*; *write in* ~, écrire à l'encre.

'in'laid → INLAY* ● *a* incrusté (*with*, de).

inland *a* intérieur.

in-laws ['in:lɔ:z] *npl* beaux-parents *mpl*.

inlay* ['in'lei] *v* incruster (*with*, de) ● *n* incrustation *f*; marqueterie *f*.

inmost ['inməust] *a* le plus profond/secret.

inn [in] *n* auberge *f*.

innate ['i'neit] *a* inné.

inner ['inə] *a* intérieur || FIG. intime || AUT. ~ **tube**, chambre *f* à air.

innocence ['inəsəns] *n* innocence *f*.

innocent *a* innocent.

innovate ['inəveit] *v* innover.

inno'vation *n* innovation *f*.

innuendo [,inju'endəu] *n* insinuation *f*, sous-entendu *m*.

innumerable [i'nju:mrəbl] *a* innombrable.

inquire [in'kwaiə] *v* : ~ **about**, s'informer de, se renseigner sur || ~ **after**, demander des nouvelles de || ~ **for**, demander à voir qqn.

inquiry [-ri] *n* demande *f* (de renseignements) || *Pl* enquête *f* || *Pl* (bureau *m* de) Renseignements.

inquisitive [in'kwizitiv] *a* (trop) curieux.

in'sane *a* fou.

insect ['insekt] *n* insecte *m*; ~ **spray**, bombe *f* d'insecticide.

in'sensible *a* MED. inconscient (unconscious) || FIG. inconscient (unaware).

insensibly *av* insensiblement.

insensitive *a* insensible.

inseparable [in'seprəbl] *a* inséparable.

inside ['in'said] *av* (à l'intérieur, dedans; *go* ~, rentrer ● *p* à l'intérieur de ● *n* intérieur *m* || ~ **out**, à l'envers.

insignificant [,insig'nifikənt] *a* insignifiant.

insinuate [in'sinjueit] *v* insinuer.

in sinu'ation *n* insinuation *f*.

insist [in'sist] *v* insister || ~ **on**, tenir à.

insistence *n* insistance *f*.

insistent *a* pressant (pressing) || instant (demand).

insolence ['insləns] *n* insolence *f*.

insolent *a* insolent.

insomnia [in'sɔmniə] *n* insomnie *f*.

inspect [in'spekt] v inspecter.

inspection n inspection f.

inspector [in'spektə] n inspecteur n ‖ RAIL. contrôleur m.

inspiration [,inspə'rei∫n] n inspiration f.

install [in'stɔ:l] v installer, poser (set).

instalment [-mənt] n (story) épisode m ‖ COMM. versement (partiel).

instance [instəns] n cas, exemple m; **for ~**, par exemple.

instant ['instənt] n instant m • a immédiat (at once) ‖ urgent, pressant (need) ‖ soluble (coffee).

instantaneous [-teinjəs] a instantané.

instantly av immédiatement.

instead [in'sted] av à la place ‖ **~ of**, au lieu de; plutôt (que).

instinct ['instiŋt] n instinct m.

instinctive a instinctif.

instinctively av instinctivement.

instruction [in'strʌk∫n] n instruction f ‖ Pl directives fpl, mode m d'emploi.

instrument ['instrumənt] n instrument m.

insufficient a insuffisant.

insulate ['insjuleit] v isoler; calorifuger (against cold).

insulin ['insjulin] n insuline f.

insult ['insʌlt] n insulte, injure f • [-'-] v insulter, injurier.

insurance • [in'∫uərəns] n assurance f; **~ policy**, police f d'assurance; take out an **~**, s'assurer; car **~**, assurance f automobile.

insure [in'∫uə] v s'assurer (against, contre) ‖ assurer (one's house).

insurer [-rə] n assureur m.

intact [in'tækt] a intact.

integrate ['intigrit] v intégrer ‖ ELECTR. **~d circuit**, circuit intégré.

intellectual [,inti'lektjuəl] a/n intellectuel (n).

intelligence [in'telidʒəns] n intelligence f.

intelligent a intelligent.

intend [in'tend] v avoir l'intention (to, de) ‖ destiner (for, à).

intense [in'tens] a intense; vif.

intensity n intensité f.

intention [-∫n] n intention f.

intentional a intentionnel, voulu.

intentionally av intentionnellement; délibérément.

interchange ['intə't∫einʒ] n échange m ‖ US, AUT. échangeur m (cross-roads) • [,-'-] v échanger.

interchangeable a interchangeable.

intercom ['-kəm] n interphone m.

intercourse n relations fpl, rapports mpl; sexual **~**, rapports sexuels.

interest ['intrist] n intérêt m

● *v* intéresser ; **be ～ed in,** s'intéresser à.

interesting *a* intéressant.

interfere [ˌintə'fiə] *v* intervenir, s'interposer, s'immiscer (*in*, dans).

interior [in'tiəriə] *a/n* intérieur (*m*).

interjection [ˌintə'dʒekʃ/n] *n* interjection *f*.

intermediate [-ˌ'miːdjət] *a* intermédiaire.

intermittent [-ˌ'mitənt] *a* intermittent.

internal *a* interne.

inter'national *a* international.

interpret [in'tə:prit] *v* interpréter.

in,terpre'tation *n* interprétation *f*.

in'terpreter *n* interprète *m*.

interrogate [in'terəgeit] *v* interroger.

in,terro'gation *n* interrogation *f* ; **～ mark,** point *m* d'interrogation.

interrogative [ˌintə'rɔgətiv] *a* GRAMM. interrogatif.

interrupt [ˌintə'rʌpt] *v* interrompre.

inte'rruption *n* interruption *f*.

intersection [ˌintə'sekʃ/n] *n* croisement, carrefour *m*.

inter'sex *a* unisexe.

interval [in'təvl] *n* intervalle *m* ‖ [weather] *bright* ～s, éclaircies *f* ‖ TH. entracte *m*.

intervene [ˌintə'viːn] *v*

[events] survenir ‖ [person] intervenir ‖ [time] s'écouler.

,inter'vention *n* intervention *f*.

interview ['intəvjuː] *n* entrevue *f* ‖ [media] interview *f* ● *v* avoir un entretien avec, interviewer.

intimacy ['intiməsi] *n* intimité *f*.

intimate [-it] *a* intime.

intimately *av* intimement.

intimidate [in'timideit] *v* intimider.

in,timi'dation *n* intimidation *f*.

into ['intu] *p* [motion] en, dans ; *go* ～, entrer ‖ [change] *translate* ～ *French*, traduire en français ; *turn* ～, (se) transformer en ‖ MATH. *4 ～ 8 goes twice*, 8 divisé par 4 égale 2.

intolerance [in'tɔlərns] *n* intolérance *f*.

intolerant *a* intolérant.

intonation [ˌintə'neiʃ/n] *n* intonation *f*.

intoxicate [in'tɔksikeit] *v* enivrer ; *get* ～ed, s'enivrer ‖ FIG. griser, enivrer.

in,toxi'cation *n* ivresse, ébriété *f*.

intra-muscular [ˌintrə'mʌskjulə] *a* intramusculaire.

intransitive [in'trænsitiv] *a* intransitif.

introduce [ˌintrə'djuːs] *v* présenter (*sb to sb*, qqn à qqn).

,intro'duction *n* présentation *f* (*of sb*).

intrude [in'truːd] *v* s'immiscer

dans, être importun, déranger ‖ ~ on, s'imposer à ; ~ on sb's time, déranger qqn.

intruder n intrus n.

intuition [,intju'i∫n] n intuition f.

intuitive [in'tjuitiv] a intuitif.

invade [in'veid] v envahir.

in'valid a/n invalide, infirme (n) [disabled] ‖ malade n [sick].

invariable [in'vɛəriəbl] a invariable.

invent [in'vent] v inventer.

invention [-∫n] n invention f.

inventor n inventeur n.

inversion [in'və:∫n] n inversion f.

invert [-t] v inverser, intervertir ; ~ed commas, guillemets mpl.

investigate [in'vestigeit] v examiner, étudier ‖ enquêter sur.

in,vesti'gation n examen m ; investigation f ‖ JUR. enquête f.

invigilate [in'vidʒileit] v [school] surveiller.

invigilator n surveillant n de salle.

invigorating [in'vigəreitiŋ] a fortifiant.

in'visible a invisible.

invitation [,invi'tei∫n] n invitation f.

invite [in'vait] v inviter (to, à).

inviting a engageant, tentant ; alléchant (food).

invoice ['invɔis] n COMM. facture f.

involve [in'vɔlv] v impliquer

(imply) ; entraîner (sb) ; get ~ed, se laisser entraîner.

inward ['inwəd] a interne, intérieur.

inwardly av intérieurement.

inwards [-z] av vers l'intérieur, en dedans.

iodin(e) ['aiədi:n] n iode f ; tincture of ~, teinture f d'iode.

I. O. U. [,aiəu'ju:] n [= I owe you] reconnaissance f de dette.

Ireland ['aiələnd] n Irlande f.

Irish ['aiəri∫] a irlandais ● npl Irlandais npl.

Irishman n Irlandais m.

Irishwoman n Irlandaise f.

iron ['aiən] n fer m ‖ (flat) ~, fer m à repasser ● v repasser (linen) ‖ FIG. ~ out, aplanir (difficulty).

ironical [ai'rɔnikl] a ironique.

iron lung ['aiən'lʌŋ] MED. poumon m d'acier.

ironmonger n quincaillier n ; ~'s shop, quincaillerie f.

irony ['airəni] n ironie f.

irregular [i'regjulə] a irrégulier.

irrelevant [i'relivənt] a hors de propos ; sans rapport (to, avec).

irreparable [i'reprəbl] a irréparable.

irresponsible [,iris'pɔnsəbl] a irresponsable.

irritate ['iriteit] v irriter.

irritating a irritant, agaçant.

is [iz] → BE*.

Islam ['izlɑːm] n Islam m.

Islamic [iz'læmik] a islamique.

island [ˈailənd] *n* île *f*.

islander *n* insulaire *n*.

isle [ail] *n* île *f*.

islet [-it] *n* îlot *m*.

Israel [ˈizreil] *n* Israël *m*.

Israeli [izˈreili] *a/n* israélien (*n*).

Israelite [ˈizriəlait] *n* israélite *n*.

issue [ˈisju] *n* [book] parution
f ‖ [newspaper] numéro *m*
‖ [tickets] distribution *f* ‖ [pass-
port] délivrance *f* ‖ FIG. question *f* (problem) ; **take ~ with**,
être en désaccord avec (sb) • *v*
publier (book) ; délivrer (passport).

it [it] *pr* [subj.] il, elle ; ce,
cela ; **~ is easy**, c'est facile ‖
[obj.] le, la, ça ; **I need ~**, j'en
ai besoin ‖ [indir. obj.] en ; **I
am afraid of ~**, j'en ai peur ;

y ; **think of ~**, pensez-y ‖
COLL. **with ~**, dans le vent •
impers : **~ is cold**, il fait
froid ; **that's ~**, c'est cela.

Italian [iˈtæljən] *a* italien • *n*
Italien *n* ‖ [language] italien
m.

italic [iˈtælik] *n* italique *m*.

Italy [ˈitali] *n* Italie *f*.

itch [itʃ] *n* démangeaison *f* •
v démanger.

item [ˈaitəm] *n* [list] point
m, question *f* ‖ [programme]
numéro *m* ‖ [newspaper] article *m* ; **news ~**, nouvelle *f* ‖
COMM. article *m*.

its [its] *poss a* son, sa, ses •
poss pr : **~ own**, le sien, la
sienne ; les siens, les siennes.

itself [itˈself] *reflex/emph pr*
se/lui/elle-même, même.

ivory [ˈaivri] *n* ivoire *m*.

ivy [ˈaivi] *n* lierre *m*.

j

j [dʒei]

jab [dʒæb] *v* enfoncer (knife) •
n COLL. piqûre *f* (injection).

jack [dʒæk] *n* [cards] valet *m*
‖ [bowling] cochonnet *m* ‖ AUT.
cric *m* ; **~ up**, AUT. **~ up**,
soulever (avec un cric).

jacket [ˈdʒækit] *n* veston *m* ‖
CULIN. **potatoes in their ~s**,
pommes de terre *fpl* en robe
des champs/de chambre.

jack-pot [ˈdʒækpɔt] *n* [cards]

cagnotte *f*, pot *m* ; [lottery]
gros lot.

jail [dʒeil] *n* prison *f*.

jam 1 [dʒæm] *n* confiture *f*.

jam 2 *n* cohue, foule *f* (crowd) ;
[traffic] embouteillage *m* ; bouchon *m* (fam.). • *v* serrer, comprimer (crush) ‖ tasser (cram) ‖
bloquer (street) ‖ TECHN. (se)
bloquer, (se) coincer ‖ RAD.
brouiller.

jam-jar *n* pot *m* à confiture.

jamming n RAD. brouillage m.

January ['dʒænjuəri] n janvier m.

Japan [dʒə'pæn] n Japon m.

Japanese [ˌdʒæpə'ni:z] a/n japonais (n).

jar 1 [dʒɑ:] n [earthenware] pot m; [glass] bocal m.

jar 2 n [sound] son discordant • v [sound] grincer ‖ MUS. détonner ‖ FIG. [colours] jurer (with, avec).

jarring [-riŋ] a discordant.

jaw [dʒɔ:] n mâchoire f.

jazz [dʒæz] n jazz m • v jouer en jazz ‖ FIG., COLL. ~ up, animer.

jealous ['dʒeləs] a jaloux.

jealousy n jalousie f.

jeans [dʒi:nz] npl blue-jeans mpl.

jelly ['dʒeli] n gelée f.

jerk [dʒə:k] n saccade, secousse f • v donner une secousse; se mouvoir par saccades.

jerky a à saccade.

jerrycan ['dʒerikæn] n jerrycan m.

jersey ['dʒə:zi] n pull-over m.

jest [dʒest] n plaisanterie f; in ~, pour rire • v plaisanter (with, de).

jet [dʒet] n jet m (water, gas) ‖ AUT. gicleur m; slow running ~, gicleur de ralenti ‖ AV. ~(-plane), avion m à réaction; suffer from ~ lag, souffrir du décalage horaire.

jetty ['dʒeti] n jetée f

(breakwater); embarcadère m (pier).

Jew [dʒu:] n Juif m.

jewel ['dʒu:əl] n bijou m ‖ [watch] rubis m.

jeweller n bijoutier, joaillier.

Jewess ['dʒu:is] n Juive f.

Jewish a juif.

jilt [dʒilt] v plaquer (sb, qqn). [fam.]

jingle ['dʒiŋgl] n tintement m (of bells) • v [bell] tinter; [chains] cliqueter.

job [dʒɔb] n travail, emploi m ‖ out of a ~, en chômage ‖ tâche f (piece of work); paid by the ~, payé à la pièce; odd man, homme m à tout faire; do odd ~s, bricoler; make a good ~ of it, faire du bon travail ‖ SL. [dishonest] combine f; put-up ~, coup monté.

jobless a sans emploi.

jockey ['dʒɔki] n jockey m.

jog [dʒɔg] n secousse f (jerk) ‖ [carriage] cahot m ‖ [horse] petit trot • v secouer ‖ [carriage] cahoter; [horse] aller au petit trot ‖ SP. faire du jogging.

join [dʒɔin] v joindre (things) ‖ unir (persons) ‖ relier (connect) ‖ devenir membre, adhérer à (club) ‖ retrouver, rejoindre (meet) ‖ se joindre à (sb) ‖ ~ the army, s'engager ‖ ~ in, participer, se joindre à.

joiner n menuisier m.

joint 1 [dʒɔint] n SL. [night club] boîte f (de nuit) ‖ SL. [reefer] joint m (arg.).

joint 2 n articulation f ; *out of ~*, disloqué || CULIN rôti m.

joke [dʒəuk] n plaisanterie f ; histoire f drôle || *(practical) ~*, farce, attrape ; *play a ~ on sb*, jouer un tour, faire une farce à qqn • v plaisanter.

joker n farceur n || *(cards)* joker m.

jolly ['dʒɔli] a joyeux ; *~ fellow*, gai luron || COLL. éméché (tipsy) • av drôlement.

jolt [dʒəult] v cahoter, secouer • n secousse f, cahot m.

jostle ['dʒɔsl] v bousculer qqn, jouer des coudes (elbow) • n bousculade f.

jot [dʒɔt] v : *~ down*, prendre (en) note.

journalism ['dʒə:nəlizm] n journalisme m.

journalist n journaliste n.

journey ['dʒə:ni] n voyage m ; *go on a ~*, partir en voyage || *make a ~*, faire un voyage ; trajet, parcours m (distance travelled) || [taxi] course f • v voyager.

joy [dʒɔi] n joie f.

joyful a joyeux.

joyride n AUT., COLL. balade en voiture (volée).

judge [dʒʌdʒ] n JUR. juge m ; arbitre m • v juger (from, d'après).

judo ['dʒu:dəu] n judo m.

jug [dʒʌg] n pot m || [metal] broc m.

juggle ['dʒʌgl] v jongler, faire des tours de passe-passe ; *~ away*, escamoter.

juggler n jongleur n ; prestidigitateur n.

juice [dʒu:s] n jus m || SL., AUT. essence f.

July [dʒu'lai] n juillet m.

jumble ['dʒʌmbl] n fouillis, fatras m.

jump [dʒʌmp] v sauter, bondir || franchir (d'un bond) || RAIL. *~ the rails*, dérailler || COLL. *~ the queue*, resquiller, passer avant son tour • n saut, bond m || SP. *high/long ~*, saut en hauteur/longueur.

jumper n sauteur n || [garment] pull m.

jumpy a nerveux.

junction ['dʒʌŋʃn] n jonction f || [roads] bifurcation f || RAIL. embranchement m.

June [dʒu:n] n juin m.

jungle ['dʒʌŋgl] n jungle f.

junior ['dʒu:njə] n cadet ; *Smith J~*, (abbr. *Jr*) le jeune Smith.

junk [dʒʌŋk] n bric-à-brac m || matériaux mpl de rebut ; *~ dealer*, brocanteur n.

junket ['dʒʌŋkit] n CULIN. lait caillé.

just [dʒʌst] a juste ; bien fondé (fair) || juste, mérité (deserved) || équitable (lawful) • av juste, exactement ; *~ now*, à l'instant (même) || [immediate past] *he's ~ gone*, il vient de sortir ; [book] *~ out*, vient de paraître.

justice [-is] n justice f || *do ~ to*, faire honneur à (meal).

justify [-ifai] v justifier.

k

k [kei]

kayak ['kaiæk] *n* kayak *m*.

keen [ki:n] *a* aiguisé, affilé (sharp) ‖ FIG. vif (appetite, desire) ; ardent, enthousiaste (person) ; ~ **on**, passionné de.

keep 1 [ki:p] *n* donjon *m*.

keep* 2 *v* garder ‖ tenir (promise) ‖ célébrer (feast-day) ‖ entretenir, faire vivre ; ~ **house**, tenir le ménage ‖ posséder ; ~ **a shop**, tenir un commerce ‖ tenir (diary) ‖ retenir ; ~ **waiting**, faire attendre ‖ rester ; ~ **silent**, se taire ‖ continuer ; ~ **smiling**, garder le sourire ‖ [food] se conserver ‖ MED. ~ **one's room**, garder la chambre ‖ COMM. tenir (article) ‖ ~ **back**, retenir, détenir ; taire (secrets) ‖ ~ **from**, (s')empêcher de ‖ ~ **in**, garder en retenue (schoolboy) ‖ ~ **off**, tenir/rester à distance ‖ ~ **on**, continuer de ‖ ~ **out**, empêcher d'entrer ‖ ~ **to** : ~ **to the left**, garder sa gauche ‖ ~ **up**, soutenir ; empêcher de se coucher, faire veiller (sb) ; entretenir (house).

keeper *n* gardien *n*.

keeping *n* garde *f*.

keepsake [-seik] *n* souvenir *m* (object).

kennel ['kenl] *n* niche *f*.

kept [kept] → KEEP*.

kerb [kə:b] *n* bord *m* de trottoir.

kerosene ['kerəsi:n] *n* US pétrole (lampant).

kettle ['ketl] *n* bouilloire *f*.

key [ki:] *n* clef, clé *f* ‖ [piano, typewriter] touche *f* ‖ MUS. ton *m* ‖ FIG. clef, solution *f* ; [exercise] corrigé *m*.

keyboard *n* clavier *m*.

keyhole *n* trou *m* de serrure.

key-ring *n* porte-clefs *m*.

kick [kik] *n* coup *m* de pied ‖ [horse] ruade *f* ‖ COLL. plaisir *m* intense (thrill) ● *v* donner un/des coup(s) de pied à ‖ [horse] ruer ‖ SP. ~ **off**, donner le coup d'envoi.

kick-off *n* coup *m* d'envoi.

kid [kid] *n* chevreau *m* ‖ COLL. gamin, gosse *n* (fam.) ● *v* COLL. faire marcher (qqn) ; *no* ~ *ding!*, sans blague !

kiddy *n* COLL. gosse, mioche *n* (fam.).

kidnap [-næp] *v* enlever, kidnapper.

kidnapping *n* enlèvement, rapt *m*.

kidney ['kidni] *n* rein *m* ‖ CULIN. rognon *m*.

kidney-bean *n* haricot *m* rouge.

kill [kil] *v* tuer (persons) ; abattre (animals).

kilogram(me) ['kiləgræm] *n* kilo(gramme) *m*.

kilometre *n* kilomètre *m*.

kilowatt *n* kilowatt *m*.

kind 1 [kaind] *n* espèce, sorte *f*, genre *m* ● COLL. ~ *of*, *(av)* dans une certaine mesure, comme (qui dirait).

kind 2 *a* bon, bienveillant, aimable ; *be so* ~ *as to*, ayez l'obligeance/l'amabilité de.

kindergarten ['kində‚gɑːtn] *n* jardin *m* d'enfants.

kindle ['kindl] *v* allumer, (s')enflammer.

kindly ['kaindli] *av* avec bonté/gentillesse.

kindness *n* bonté, gentillesse *f* ; *do sb a* ~, rendre service à qqn.

king [kiŋ] *n* roi *m* || [draughts] dame *f*.

kingdom [-dəm] *n* royaume *m*.

kingly *a* royal.

king-size *a* grand format.

kiosk ['kiːɔsk] *n* kiosque *m* || TEL. cabine *f*.

kiss [kis] *n* baiser *m* ● *v* donner un baiser ; (s')embrasser || *give the* ~ *of life*, faire du bouche à bouche.

kit [kit] *n* équipement *m* || TECHN. trousse *f* ; [do-it-yourself] kit *m*.

kitchen ['kitʃin] *n* cuisine *f*.

kitchen-garden *n* jardin potager.

kite [kait] *n* cerf-volant *m*.

kitten ['kitn] *n* chaton *m*.

kitty ['kiti] *n* cagnotte *f* ; COLL. *go* ~, partager les frais.

knack [næk] *n* tour *m* de main || truc, chic *m* (*of*, pour).

knave [neiv] *n* [cards] valet *m*.

knead [niːd] *v* pétrir (dough).

knee [niː] *n* genou *m*.

kneel* [niːl] *v* : ~ *down*, s'agenouiller, se mettre à genoux.

knelt [nelt] → KNEEL*.

knew [njuː] → KNOW*.

knife [naif] (*Pl* **knives** [-vz]) *n* couteau *m*.

knight [nait] *n* chevalier *m* || [chess] cavalier *m*.

knit* [nit] *v* tricoter || FIG. ~ *one's brows*, froncer les sourcils.

knitting *n* tricot *m*.

knives → KNIFE.

knob [nɔb] *n* [door, radio set] bouton *m*.

knock [nɔk] *n* coup, choc *m* ● *v* cogner, heurter ; ~ *at the door*, frapper à la porte || se cogner (*against*, contre) || ~ *down*, renverser ; démolir (building) ; [auction] adjuger || ~ *off*, faire tomber || COMM. déduire (sth from the price) || ~ *out*, [boxing] mettre knock-out.

knocker *n* [door] marteau *m*.

knock-up *n* : [tennis] *have a* ~, faire des balles.

knot [nɔt] *n* nœud *m* ; *tie/untie a* ~, faire/défaire un nœud. ● *v* nouer, former un nœud.

know* [nəu] *v* savoir, connaître ; *not to* ~, ignorer ; *let* *sb* ~, faire savoir à qqn ‖ reconnaître ; distinguer *(from, de)* ‖ ~ *about*, être au courant de ‖ ~ *better than to*, se bien garder de.

know-how n COLL. technique f, savoir-faire m.

knowledge ['nɔlidʒ] n connaissance, science f ; savoir m ‖ *without my* ~, à mon insu.

known [nəun] → KNOW*.

knuckle ['nʌkl] n articulation f du doigt.

l [el]

label ['leibl] n étiquette f.

laboratory [lə'bɔrətri] n laboratoire m.

labour ['leibə] n travail, labeur m (toil) ‖ [workers] main-d'œuvre f ‖ POL. L~ *Party*, parti m travailliste.

labourer n manœuvre m.

labour-saving a qui économise du travail ; ~ *device*, appareil ménager.

lace [leis] n : (shoe) ~, lacet m ‖ [ornament] dentelle f • v : ~ *(up)*, lacer.

lack [læk] n manque m ; *for* ~ *of*, à défaut de, faute de • v manquer de ; faire défaut.

lacquer ['lækə] n laque f • v laquer.

lad [læd] n garçon m.

ladder ['lædə] n échelle f ‖ [stocking] maille filée • v [stocking] filer.

ladder-proof a indémaillable.

ladle ['leidl] n louche f.

lady ['leidi] n dame f ; *young* ~, demoiselle f.

lag [læg] v rester en arrière, traîner • n retard m.

lager ['lɑːgə] n bière légère.

laid [leid] → LAY*.

lain [lein] → LIE*.

lake [leik] n lac m.

lamb [læm] n agneau m.

lame [leim] a boiteux.

lamp [læmp] n lampe f.

lamp-post n réverbère m.

lamp-shade n abat-jour m.

land [lænd] n terre f ‖ pays m (country) ; *native* ~, patrie f • v débarquer ; faire débarquer ; amerrir ; atterrir ; amerrir (on sea).

landing n NAUT. débarquement m ‖ AV. atterrissage m ; amerrissage m (on water) ‖ ARCH. palier m.

landing-net n épuisette f.

landlady ['læn,leidi] n propriétaire, logeuse f.

landlord n propriétaire m.

landmark n repère m.

landscape n paysage m.

lane [lein] n [country] chemin m ‖ [town] ruelle f ‖ [road] file, voie f.

language ['læŋgwidʒ] n

langue *f*; **langage** *m*; *living* **~**, langue vivante.

lanky *a* grand et maigre, efflanqué.

lap *n* giron *m* ‖ genoux *mpl*; *sit on sb's* **~**, s'asseoir sur les genoux de qqn.

lapel [lə'pel] *n* revers *m*.

lapse [læps] *n* : **~** *of memory*, trou *m* de mémoire.

lard [lɑːd] *n* saindoux *m*.

large [lɑːdʒ] *a* grand (spacious) ‖ volumineux, gros (big) ‖ FIG. *at* **~**, en général.

largely *av* en grande partie.

laser ['leizə] *n* laser *m*.

last 1 [lɑːst] *a/pr* dernier; **~** *but one*, avant-dernier; **~** *night*, hier soir; *the evening before* **~**, avant-hier soir; *this day* **~** *week*, il y a aujourd'hui huit jours ‖ *at* **~**, enfin ● *av* en dernier; la dernière fois ● *n* dernier *m*; *to the* **~**, jusqu'au bout.

last 2 *v* durer.

lasting *a* durable.

lastly *av* pour finir.

latch [lætʃ] *n* loquet *m*; *off the* **~**, entrebâillé; *on the* **~**, non fermé à clef; **~** *key*, clef *f* de la porte d'entrée.

late [leit] *a* en retard; *the train is ten minutes* **~**, le train a dix minutes de retard ‖ tard; *in the* **~** *evening*, tard dans la soirée ‖ défunt (deceased) ‖ ancien (former) ● *av* tard, en retard; *sleep* **~**, faire la grasse matinée.

late-comer *n* retardataire *m*.

lately *av* dernièrement, depuis peu.

later ['leitə] (comp.) *a* → LATE ‖ plus tardif ● *av* : **~** *(on)*, plus tard; *sooner or* **~**, tôt ou tard ‖ COLL. *see you* **~**, à tout à l'heure.

latest ['leitist] (sup.) *a* → LATE ‖ *news*, dernières nouvelles; *at the* **~**, au plus tard.

lather ['lɑːðə] *n* mousse *f* (de savon) ● *v* savonner.

latter ['lætə] *a* dernier (second); *the* **~**, ce dernier, celui-ci (of two).

laugh [lɑːf] *n* rire *m* ● *v* rire; **~** *at*, se moquer de.

laughter [-tə] *n* rire *m*.

launder ['lɔːndə] *v* blanchir, laver (clothes).

laundry *n* blanchisserie *f*.

lavatory ['lævətri] *n* toilettes *fpl*, W.-C. *mpl*.

lavender ['-ində] *n* lavande *f*.

lavish ['læviʃ] *a* prodigue ● *v* prodiguer.

lavishly *av* généreusement.

law [lɔː] *n* loi *f*.

'law-breaker *n* malfaiteur *n*.

lawful *a* légal, licite; légitime.

lawn [lɔːn] *n* gazon *m*, pelouse *f*.

lawn-mower *n* tondeuse *f* (à gazon).

lawyer [-jə] *n* avoué *m*; avocat *n*.

lay 1 [lei] → LIE*.

lay* 2 *v* poser à plat, étendre, coucher ‖ poser, placer (object) ‖ recouvrir (surface); **~** *the* *table*, mettre la table ‖ parier (sum) [*on*, sur] ‖ [hen] pondre ‖ **~ on**, installer (gas, water).

lay-by *n* parking *m* (en bord de route).

layer ['leiə] *n* couche *f.*

lazy ['leizi] *a* paresseux.

lead 1 [led] *n* plomb *m.*

lead* **2** [li:d] *v* conduire, mener ; **~ the way**, montrer le chemin • *n* conduite, direction *f* ; exemple *m* ‖ [dog] laisse *f*, en laisse ‖ [cards] tour *m* ; *have the* **~**, avoir la main ‖ ELECTR. cordon *m* d'alimentation ‖ SP. avance *f* ; *take the* **~**, prendre la tête.

leaden ['ledn] *a* de plomb.

leader ['li:də] *n* chef, guide *m* ‖ [newspaper] éditorial *m* ‖ MUS. premier violon.

leadership *n* direction, conduite *f.*

leading *a* principal, premier.

leaf [li:f] (*Pl* **leaves** [-vz]) *n* BOT. feuille *f* ‖ [book] page *f*, feuillet *m* • *v* : **~ *through***, feuilleter (book).

leafy *a* feuillu, touffu.

leak [li:k] *n* fuite *f* • *v* fuir, couler.

lean 1 [li:n] *a* maigre • *n* CULIN. maigre *m.*

lean* **2** *v* (s')appuyer (*against/on*, contre/sur) ; **~ *out of the window***, se pencher par la fenêtre.

leant [lent] → LEAN*.

leap* [li:p] *v* sauter, bondir • *n* saut, bond *m.*

leap-frog *n* saute-mouton *m.*

leap-year *n* année *f* bissextile.

leapt [lept] → LEAP*.

learn* ['lə:n] *v* apprendre ; **~** *French*, apprendre le français ; **~ (*how*) *to do sth***, apprendre à faire qqch.

learner *n* débutant *n.*

learning *n* savoir *m*, science *f.*

learnt ['lə:nt] → LEARN*.

least [li:st] *a/pr* (sup. of *little*) le moindre (in importance) ; le plus petit (in size) ; *at* **~**, au/du moins • *av* le moins.

leather ['leðə] *n* cuir *m.*

leave 1 [li:v] *n* permission, autorisation *f* ‖ congé *m* (holiday) ‖ MIL. permission *f* ; *on* **~**, en permission.

leave* **2** [li:v] *v* laisser ; **~** *sth* *with* *sb*, confier qqch à qqn ‖ quitter, partir ; **~** *for London*, partir pour Londres ‖ **~** *him alone !*, laissez-le tranquille ! ‖ **~** *sth behind*, oublier qqch ‖ MATH. rester ‖ **~** *about*, laisser traîner ‖ **~** *off*, cesser ‖ **~** *out*, omettre ‖ rester 1.

Lebanese [,lebə'ni:z] *a/n* libanais (*n*).

Lebanon [-ən] *n* Liban *m.*

led [led] → LEAD* 2.

leek [li:k] *n* poireau *m.*

left 1 [left] → LEAVE* • *pp* : *be* **~**, rester ‖ **~** *overs*, [food] restes *mpl.*

left 2 *a* (de) gauche ; *on your* **~** (*hand*), à votre gauche • *av* à gauche ; *turn* **~**, prenez à gauche.

left-handed *a* gaucher.

left-luggage office n RAIL. consigne f ‖ → LOCKER.

left-wing n SP. aile f gauche ‖ POL. gauche f.

leg [leg] n [person] jambe f; [animal] patte f; [furniture] pied m ‖ CULIN. gigot m (of mutton), cuisse f (of chicken) ‖ COLL. pull GOD's foot, faire marcher qqn (fam.) ‖ give sb a ~ up, faire la courte échelle à qqn.

legal ['li:gl] a légal ‖ juridique.

leisure ['leʒə] n loisir m; at one's ~, à tête reposée.

leisurely a/av mesuré/sans se presser.

lemon ['lemən] n citron m.

lemonade [ˌleməˈneid] n limonade f.

lemon-squash n citron pressé.

lemon-squeezer n presse-citron m.

lend* [lend] v prêter; ~ a hand, donner un coup de main.

lending library n bibliothèque f de prêt.

length [leŋθ] n longueur f.

lengthen v (s')allonger.

lengthways, lengthwise av en longueur.

lenient ['li:niənt] a indulgent.

lens [lenz] n PHOT. lentille f, objectif m; ~ hood, parasoleil m.

lent [lent] → LEND*.

leotard ['li:ətɑ:d] n justaucorps m.

less [les] (comp. of little) a/pr moins (de); ~ money, moins d'argent ● av moins; no ~, pas moins, ~ and ~, de moins en moins ● suff ~, sans...

lessen ['lesn] v diminuer.

lesson ['lesn] n leçon f; [period] cours m, classe f.

lest [lest] c de peur que.

let* [let] v laisser; ~ fall, laisser tomber; ~ sb know, faire savoir à qqn ‖ ~ alone, (c) sans parler de ‖ [hire out] louer; to ~, à louer ‖ GRAMM. [imp.] ~'s go!, partons! ‖ ~ down, allonger (dress); dénouer (one's hair); COLL. décevoir, faire faux bond à ‖ ~ in, laisser/faire entrer (sb) ‖ ~ on, vendre la mèche ‖ ~ out, laisser fuir (water, gas); élargir (garment); [owner] louer ‖ up, [rain] diminuer.

let-down n COLL. déception f.

letter ['letə] n [alphabet, message] lettre f.

letter-box n boîte f aux lettres.

lettuce ['letis] n laitue f ‖ salade (verte).

let-up n COLL. ralentissement m, cesse f; without (a) ~, sans arrêt.

level ['levl] n niveau m; on a ~ with, au niveau de ● a plat (flat) ‖ horizontal.

levelcrossing n passage m à niveau.

lever ['li:və] n levier m.

liability [ˌlaiə'biliti] *n* responsabilité *f*.

liar ['laiə] *n* menteur *n*.

liberty ['libəti] *n* liberté *f*.

librarian [lai'brɛəriən] *n* bibliothécaire *n*.

library ['laibrəri] *n* bibliothèque *f*.

lice [lais] *npl* → LOUSE.

licence ['laisns] *n* autorisation *f*; permis *m* ‖ *TV* ~, taxe *f* TV.

lick [lik] *v* lécher.

lid [lid] *n* couvercle *m*.

lie 1 [lai] *n* mensonge *m* ● *v* mentir.

lie* 2 *v* être couché ‖ ~ *down*, s'étendre ‖ COLL. ~ *in*, faire la grasse matinée.

lie-in *n* : COLL. *have a* ~, faire la grasse matinée (fam.).

lieutenant [lef'tenənt] *n* lieutenant *m*; *second* ~, sous-lieutenant *m*.

life [laif] *(Pl* **lives** [-vz]) *n* vie, existence *f*.

lifebelt *n* ceinture *f* de sauvetage.

life-boat *n* canot *m* de sauvetage.

life-buoy ['-bɔi] *n* bouée *f* de sauvetage.

life-guard *n* garde-plage *m*; maître nageur.

life-insurance *n* assurance vie *f*.

lifeless *a* inerte.

lifelike *a* vivant, ressemblant.

lift [lift] *n* ascenseur *m*; [for goods] monte-charge *m* ‖ AUT. *give sb a* ~, prendre qqn

dans sa voiture/en stop ● *v* (se) lever, soulever.

lift-boy *n* liftier *m*.

light 1 [lait] *a* léger.

light 2 *n* lumière *f* ‖ jour *m* (daylight); *against the* ~, à contre-jour ‖ feu *m*, flamme *f*; *have you got a* ~?, avez-vous du feu? ● *a* clair; ~ *blue*, bleu clair.

light* 3 *v* : ~ (*up*), éclairer, (s')allumer; ~ *a fire*, faire du feu.

lighten 1 *v* alléger.

lighten 2 *v* éclairer, illuminer (light up).

lighter *n* briquet *m*.

lighthouse *n* NAUT. phare *m*.

lighting *n* éclairage *m*.

lightly *av* légèrement.

lightning *n* : *(flash of)* ~, éclair *m*, foudre *f*.

lightweight *a* léger ‖ SP. poids léger.

like 1 [laik] *v* aimer (bien) ‖ *as you* ~, comme vous voudrez ● *npl* goûts *mpl*, préférences *fpl*.

like 2 *a* pareil, semblable ‖ *what is the weather* ~?, quel temps fait-il? ● *c* comme ● *p* comme; *look* ~, ressembler à ● *n* semblable *m*, pareil *n*.

lik(e)able *a* sympathique.

likely *a* probable ‖ *he is* ~ *to succeed*, il a des chances de réussir ● *av* probablement.

liking *n* penchant *m* ‖ goût *m*, sympathie *f* (*for*, pour).

lily ['lili] *n* lis *m*; ~ *of the valley*, muguet *m*.

limb [lim] *n* membre *m*.

limit ['limit] *n* limite *f* • *v* limiter, restreindre.

limp [limp] *v* boiter.

line 1 [lain] *n* ligne *f* ; ride *f* (wrinkle) || rangée, file *f* (row) ; US *stand in* ∼, faire la queue || [poetry] vers *m* || COLL. *drop me a* ∼, envoyez-moi un mot || corde *f*, fil *m* ; [fishing] ligne *f* || [transport] ligne *f* || TEL. ligne *f* || FIG. [occupation] métier *m*, spécialité, partie *f* ; COLL. *that's not in my* ∼, ce n'est pas dans mes cordes • *v* rayer, régler ; border (*with*, de).

line 2 *v* doubler (coat).

linen ['linin] *n* toile *f* de lin (cloth) ; linge *m* (clothes).

lining ['lainiŋ] *n* doublure *f*.

link [liŋk] *n* anneau, maillon *m* • *v* lier, joindre.

links [liŋks] *npl* terrain *m* de golf.

lion ['laiən] *n* lion *m* ; ∼ *cub*, lionceau *m*.

lioness [-is] *n* lionne *f*.

lip [lip] *n* lèvre *f*.

lipstick *n* rouge *m* à lèvres ; *put on* ∼, mettre du rouge à lèvres.

liquid ['likwid] *a/n* liquide (*m*).

liquor ['likə] *n* alcool, spiritueux *m*.

lisp [lisp] *v* zézayer.

list [list] *n* liste *f* ; *waiting* ∼, liste *f* d'attente.

listen ['lisn] *v* écouter (*to sb*, qqn) ; ∼ *in*, écouter la radio.

listener *n* auditeur *n*.

lit [lit] → LIGHT* 3.

literally ['litrəli] *av* mot à mot, à la lettre.

literature ['litritʃə] *n* littérature *f*.

litre ['li:tə] *n* litre *m*.

litter ['litə] *n* [rubbish] détritus, vieux papiers *mpl* • *v* joncher, couvrir.

little ['litl] *a* petit (small) ; jeune (young) ; *the* ∼ *ones*, les petits || [quantity] peu de ; *a* ∼, un peu (de) • *av* peu, guère.

live 1 [liv] *v* vivre (be alive) ; subsister ; ∼ *on*, vivre de (diet) || habiter, demeurer (reside) ; loger (*with*, chez).

live 2 [laiv] *a* vivant, en vie || ELECTR. sous tension, en charge || RAD. en direct (broadcast).

lively *a* vif, animé, plein d'entrain.

liver ['livə] *n* foie *m*.

living ['liviŋ] *a* vivant, en vie • *n* vie, existence *f* ; *make a* ∼, gagner sa vie.

living room *n* salle *f* de séjour.

load [ləud] *n* charge *f*, fardeau, chargement *m* • *v* charger (vehicle, camera, firearm).

loaf [ləuf] (*Pl* **loaves** [-vz]) *n* pain *m*.

loan [ləun] *n* prêt *m* (money) • *v* US prêter.

loath [ləuθ] *a* peu enclin (*to do*, à faire) ; *nothing* ∼, très volontiers.

loathsome ['ləuðsəm] *a* répugnant.

lobby ['lɔbi] *n* couloir *m*.

lobster ['lɔbstə] *n* homard *m* ; *spiny* ~, langouste *f*.

local ['ləukl] *a* local, régional ● *n* bistrot *m* du coin.

locality [lə'kæliti] *n* localité *f*, endroit *m* ; *sense of* ~, sens *m* de l'orientation.

location [ləu'keiʃn] *n* : CIN. ~ *shots*, extérieurs *mpl*.

lock 1 [lɔk] *n* [hair] mèche *f* ; boucle *f* (curl).

lock 2 *n* serrure *f* ‖ AUT. rayon *m* de braquage ; *this car has a good* ~, cette voiture braque bien ‖ [wrestling] clef *f* ● *v* : ~ (*up*), fermer à clef ‖ ~ *in*, enfermer à clef ; ~ *out*, être à la porte.

locker *n* vestiaire individuel *f*, *Pl left-luggage* ~*s*, consigne *f* automatique.

locksmith *n* serrurier *m*.

locomotive ['ləukə,məutiv] *n* locomotive *f*.

lodge [lɔdʒ] *n* [caretaker's] loge *f* ● *v* habiter, se loger ‖ loger, héberger.

lodger *n* locataire, pensionnaire *n*.

lodging(s) *n* (*pl*) logement *m* ; chambre(s) meublée(s).

loft [lɔft] *n* grenier *m*.

log [lɔg] *n* bûche *f*, rondin *m*.

logic ['lɔdʒik] *n* logique *f*.

logical *a* logique.

loin-cloth [-in-] *n* pagne *m*.

loins [-z] *npl* reins *mpl*.

loiter ['lɔitə] *v* flâner, s'attarder.

loll [lɔl] *v* se prélasser.

London ['lʌndən] *n* Londres *m*.

Londoner *n* Londonien *n*.

lonely ['ləunli], **lonesome** [-səm] *a* solitaire, seul.

long 1 [lɔŋ] *v* désirer ardemment (*for sth*, qqch) ; avoir grande envie (*to do*, de faire).

long 2 *n* [space] long ; *how* ~ *is*...?, quelle est la longueur de...? ‖ [time] long ; *how* ~ ...?, combien de temps...? ; ~ *time*, longtemps ; *be* ~ *in coming*, tarder à venir ● *av* longtemps ; *how* ~, combien de temps ; *how* ~ *have you been here* ?, depuis combien de temps êtes-vous ici ? ; ~ *ago*, il y a longtemps ; *as* ~ *as*, tant que.

long-distance *a* SP. de fond ‖ TEL. interurbain.

longer *a* plus long ; *make* ~, (r)allonger ● *av* plus longtemps, encore ; *no* ~, (ne) plus.

long-haired ['lɔŋ'hɛəd] *a* aux cheveux longs.

longing ['lɔŋiŋ] *n* désir ardent ● *a* impatient, avide.

long-playing *a* : ~ *record*, disque *m* longue durée.

long-sighted *a* hypermétrope, presbyte.

loo [lu:] *n* COLL. waters *mpl* (fam.).

look [luk] *n* regard *m* ; *have a* ~ *at*, jeter un coup d'œil à

‖ FIG. air, aspect *m* ● *v* [see] regarder ; ∼ *out of the window*, regarder par la fenêtre ‖ ∼ *after*, soigner, s'occuper de ‖ ∼ *at*, regarder ‖ ∼ *back*, se retourner ‖ ∼ *for*, chercher ‖ ∼ *down*, baisser les yeux ‖ ∼ *forward to*, attendre avec impatience ‖ COLL. ∼ *in*, passer voir (sb, qqn) ; regarder la télévision ‖ ∼ *out*, [room] donner (on, sur) ; ∼ *out!*, attention! ‖ ∼ *over*, examiner ; visiter (house) ‖ ∼ *round*, se retourner ; visiter (town) ‖ ∼ *up*, lever les yeux ; ∼ *up a word in the dictionary*, chercher un mot dans le dictionnaire ; ∼ *sb up*, passer voir qqn ‖ [seem to be] paraître, sembler ; faire l'effet de ; ∼ *tired*, avoir l'air fatigué ‖ ∼ *like*, ressembler à.

looker-on *n* spectateur *n*.

looking-glass *n* miroir *m*, glace *f*.

looks [-s] *npl* : *(good)* ∼, beauté *f*.

loop [lu:p] *n* boucle *f* ‖ MED., COLL. stérilet *m*.

loose [lu:s] *a* détaché, défait (knot) ‖ délié (lace) ‖ desserré (screw) ‖ détendu (rope) ‖ *come/work* ∼, se desserrer, se détacher ‖ *get* ∼, s'échapper ● *v* délier, dénouer.

loose-leaf *a* à feuillets mobiles.

loosen ['lu:sn] *v* (se) desserrer ; détendre.

loot [lu:t] *v* piller.

lord [lɔ:d] *n* seigneur *m* ‖ maître, chef *m*.

lorry ['lɔri] *n* camion *m* ; ∼ *driver*, camionneur, routier *m*.

lose* [lu:z] *v* perdre ; égarer ; ∼ *one's way*, perdre son chemin ‖ [watch] retarder (de).

loser *n* perdant *n* ; *bad/good* ∼, mauvais/bon joueur.

loss [lɔs] *n* perte *f* ‖ FIG. *be at a* ∼, être bien embarrassé.

lost [lɔst] → LOSE* ● *a* : *get* ∼, se perdre ‖ *property office*, bureau *m* des objets trouvés.

lot 1 [lɔt] *n* sort *m* ; *draw* ∼s *for sth*, tirer qqch au sort ‖ FIG. sort *m* (fate) ‖ COLL. *bad* ∼, mauvais sujet.

lot 2 *n* : *a* ∼ *of*, ∼s *of*, beaucoup de, des tas de (fam.) ‖ ∼s *better*, beaucoup mieux ; COLL. *thanks a* ∼*!*, merci beaucoup!

lotion ['ləu∫n] *n* lotion *f*.

lottery ['lɔtəri] *n* loterie *f*.

loud [laud] *a* fort (sound) ; *in a* ∼ *voice*, à haute voix ● *av* fort, haut.

loudly *av* bruyamment, tout haut.

loud-speaker *n* RAD. haut-parleur *m*, enceinte *f*.

lounge [launʒ] *n* salon *m* ● *v* flâner ‖ s'étaler, se vautrer ; se prélasser (*in*, dans).

louse [laus] *n* (*Pl* **lice** [lais]) *n* pou *m*.

lousy ['lauzi] *a* pouilleux ‖ SL. moche ; sale (trick).

love [lʌv] *n* amour *m* ; *in* ∼, amoureux (*with*, de) ; *fall in* ∼, *with,* tomber amoureux de ; ~ *at first sight,* coup m de foudre ; *make* ~ *to,* faire l'amour à ; ~*-affair,* liaison f || tendresse, affection f ; *my* ~ *to...,* mes amitiés à... || SP. [tennis] 30 ~, 30 à zéro ● v aimer, adorer.

lovely a beau, ravissant ; charmant.

lover n [in love with] amoureux m f [sexual] amant m || FIG. amateur n (of art, etc.).

loving a affectueux.

low [ləu] a bas ; *in a* ~ *voice,* à voix basse || ~ *run* [quality] inférieur || [provisions] baisser || [quality] inférieur || MUS. grave (note) || AUT. ~ *gear,* première vitesse ● *av* bas.

lower a inférieur ● v baisser || abaisser.

low-necked [ˌləu'nekt] a décolleté.

low-priced a à bas prix.

loyal ['lɔiəl] a loyal.

lozenge ['lɔzinʒ] n losange m || MED. pastille f.

LP [ˌel'pi:] n [record] 33 tours m || → LONG PLAYING.

lubricate ['lu:brikeit] v graisser.

luck [lʌk] n hasard m, chance f ; *good* ~, bonne chance ; *ill/bad* ~, malchance f.

luckily av heureusement.

lucky a heureux ; *be* ~, avoir de la chance.

ludicrous ['ludikrəs] a ridicule.

luggage ['lʌgidʒ] n bagages mpl.

luggage-rack n filet m aux bagages.

luggage-ticket n bulletin m de bagages.

lukewarm ['lu:kwɔːm] a tiède.

lumbago [lʌm'beigəu] n lumbago m.

lump [lʌmp] n [sugar] morceau m || MED. bosse f (bump).

lunar ['lunə] a lunaire.

lunatic ['lunətik] a fou, folle ● n fou n.

lunch [lʌnʃ] n déjeuner m ● v déjeuner.

lung [lʌŋ] n poumon m.

lurch [ləːtʃ] n AUT. embardée f || NAUT. coup m de roulis ● v faire une embardée.

luscious ['lʌʃəs] a succulent, délicieux.

lusty ['lʌsti] a fort, robuste.

Luxemburg ['lʌksəmbəːg] n Luxembourg m.

luxuriant [lʌg'zjuəriənt] a luxuriant.

luxurious [-iəs] a luxueux (splendid).

luxury ['lʌkʃri] n luxe m.

lying ['laiiŋ] pr p → LIE 1, LIE* 2.

lynch [linʃ] v lyncher.

lyrics ['liriks] npl [song] paroles fpl.

m

m [em]

macadam [mə'kædəm] n macadam m.

machine [mə'ʃiːn] n machine f • v fabriquer à la machine ; usiner.

machine-made a fait à la machine.

machinery [-ri] n mécanisme m.

mackintosh ['mækintɔʃ] n imperméable m.

mad [mæd] a fou ; go ~, devenir fou ‖ FIG. passionné (about, de) ‖ furieux (at, contre).

madam ['-əm] n madame f.

made [meid] → MAKE* 1.

madness n folie f.

magazine [,mægə'ziːn] n revue f, magazine m.

maggot ['mægət] n asticot m.

magic ['mædʒik] a magique • n magie f.

magician [mə'dʒiʃn] n magicien n.

magnet ['mægnit] n aimant m.

magnetic [mæg'netik] a magnétique, aimanté.

magnify ['mægnifai] v grossir.

magnifying-glass n loupe f.

maid [meid] n : old ~, vieille fille f ‖ ~(servant), bonne f.

mail [meil] n courrier m • v US poster.

main [mein] a principal ; the ~ thing, l'essentiel.

mainly av surtout.

maintain [men'tein] v maintenir ‖ entretenir (keep up) ‖ faire vivre (support) ‖ affirmer, prétendre (assert).

maintenance ['meintinəns] n entretien m.

maize [meiz] n maïs m.

major ['meidʒə] n MIL. commandant m.

majority [mə'dʒɔriti] n majorité f.

make 1* [meik] v fabriquer, faire ‖ ~ the bed, faire le lit ‖ (cards) ~ a trick, faire un pli ; faire, battre (shuffle) ‖ MATH. faire (amount to) ‖ COLL. parcourir (distance) ; faire (speed) ‖ FIG. ~ the best/most of sth, tirer le meilleur parti de qqch ‖ ~ out, remplir, établir, faire ; ~ out a cheque for £15, établir un chèque de 15 livres ‖ ~ up, (se) maquiller, (se) farder ; compenser (difference) ; compléter (sum) ; faire (parcel) ; préparer (medicine) ; (se) composer (of, de) ; se réconcilier (make friends again) ; ~ up for, compenser ; ~ up for lost time, regagner le temps perdu.

make 2 n TECHN. fabrication f ‖ COMM. marque f (brand).

makeshift ['meikʃift] a de fortune • n pis-aller m.

make-up n [cosmetics] maquillage m.

making n fabrication, façon f.

male [meil] a mâle (animal) ‖ masculin (person) • n mâle m.

malice ['mælis] n méchanceté f.

malicious [mə'liʃəs] a méchant.

malnutrition ['mælnju:'triʃn] n sous-alimentation f.

malt [mɔ:lt] n malt m.

mammy ['mæmi] n maman f.

man [mæn] n (Pl **men** [men]) n homme m; old— n, vieillard m ‖ humanité f, espèce humaine ‖ domestique m ‖ [chess] pièce f; [draughts] pion m.

manage ['mænidʒ] v diriger, gérer (business) ‖ mener à bien (piece of work); s'y prendre, arriver (to, à), se débrouiller (to, pour).

management [-mənt] n direction, gérance f.

manager n directeur, gérant n.

managing a : ~ director, directeur général.

manicure ['mænikjuə(r)] v faire les ongles.

manicurist n manucure f.

mankind [mæn'kaind] n humanité f, genre humain.

manly a mâle, viril.

'man-, made a artificiel.

manner ['mænə] n manière, façon f ‖ air m, attitude f.

manners [-z] npl [behaviour] manières fpl ‖ [customs] mœurs fpl.

manor-house n manoir m.

manpower ['mænpauə] n main-d'œuvre f.

manservant ['mæn,sə:vənt] n serviteur m.

mansion ['mænʃn] n [town] hôtel particulier; [country] château, manoir m.

mantelpiece ['mæntlpi:s] n (manteau m de) cheminée f.

manual ['mænjuəl] a manuel.

many ['meni] a/pr beaucoup (de), de nombreux ; how— ?, combien ? ; as ~ as, autant que, jusqu'à ; not so ~, pas autant ; too ~, trop ; be one too ~, être de trop.

many-coloured ['-'kʌləd] a multicolore.

map [mæp] n carte f.

maple ['meipl] n érable m.

marble ['mɑ:bl] n marbre m ‖ bille f (ball) ; play ~s, jouer aux billes.

March 1 [mɑ:tʃ] n mars m.

march 2 n MIL., MUS. marche f.

mare [mɛə] n jument f.

margarine [,mɑːdʒə'riːn], COLL. **marge** [mɑːdʒ] n margarine f.

margin ['mɑːdʒin] n [lake] bord m ‖ [page] marge f.

marijuana [,mæri'hwɑːnə] n marihuana f.

marine [mə'riːn] a marin, maritime ‖ npl infanterie f de marine.

mark [mɑːk] n marque f ‖ [school] (often pl) point m, note f ; good/bad ~, bonne/mauvaise note ‖ [punctuation] signe *m* ‖ TECHN. modèle, type *m* ‖ SP. ligne *f* de départ ; but *m* (target) ; hit/miss the ∼, atteindre/manquer le but ‖ FIG. *beside the* ∼, à côté de la question ● *v* marquer ‖ [school] corriger (papers).

market ['mɑːkit] *n* marché *m*.

marmalade ['mɑːməleid] *n* confiture *f* d'oranges.

marriage ['mæridʒ] *n* mariage *m*.

married ['mærid] *a* marié ; ∼ *life*, vie conjugale ; *get* ∼, se marier.

marry ['mæri] *v* épouser ‖ [priest] unir ‖ se marier (avec).

marsh [mɑːʃ] *n* marais, marécage *m*.

marshy *a* marécageux.

marvellous ['mɑːvləs] *a* merveilleux, extraordinaire.

mash [mæʃ] *v* écraser ; ∼*ed potatoes*, purée *f* de pommes de terre.

masher *n* presse-purée *m* inv.

mask [mɑːsk] *n* masque *m* ● *v* masquer.

mason ['meisn] *n* maçon *m*.

mass [mæs] *n* masse, foule *f* ‖ ∼ *media*, (mass) media *mpl* ‖ ∼ *production*, fabrication *f* en série.

Mass *n* REL. messe *f*.

massage ['mæsɑːʒ] *n* massage *m* ; *have a* ∼, se faire masser ● *v* masser.

mast [mɑːst] *n* mât *m*.

master ['mɑːstə] *n* maître *m* ‖ patron *m* (employer) ‖ [school]

professeur *m* ● *v* maîtriser, surmonter (difficulty).

master-key *n* passe-partout *m*.

masterpiece *n* chef-d'œuvre *m*.

mat [mæt] *n* tapis *m* ‖ (table) ∼, dessous *m* de plat.

match 1 [mætʃ] *n* allumette *f* ; *strike a* ∼, frotter une allumette ; ∼*box*, boîte *f* d'allumettes.

match 2 *n* égal *n* (person) ; *be a* ∼ *for sb*, être de taille à lutter avec qqn ‖ SP. match *m* ● *v* égaler ‖ assortir (colours) ‖ s'harmoniser ; [colours] aller bien ensemble.

matchless *a* sans égal.

mate 1 [meit] *n* mat *m* (checkmate) ● *v* faire échec et mat.

mate 2 *n* camarade *m*.

material [mə'tiəriəl] *a* matériel ‖ important (facts) ● *n* matière *f* ; tissu *m*, étoffe *f* (fabric).

materialize *v* [plans] se réaliser, aboutir.

maternal [mə'təːnl] *a* maternel.

maternity [-iti] *n* maternité *f* ; ∼ *hospital*, maternité *f*.

mathematics [,mæθi'mætiks] *n* mathématiques *fpl*.

maths [mæθs] *n* COLL. maths *fpl* (fam.).

matter ['mætə] *n* matière, substance *f* ‖ sujet *m*, question *f* ; *what is the* ∼?, de quoi s'agit-il ? ; *what is the* ∼ *with* *you ?*, qu'avez-vous ? ‖ importance *f* ; **no ~ how,** n'importe comment ‖ **as a ~ of course,** tout naturellement ; **as a ~ of fact,** à vrai dire, en fait • *v* importer ; *it doesn't ~,* ça ne fait rien, ça n'a pas d'importance.

mattress ['mætris] *n* matelas *m*.

Mauritius [mə'riʃəs] *n* île *f* Maurice.

maximum ['mæksiməm] *a/n* maximum *(m)*.

may* [mei] *mod aux* : [probability] *he ~ come,* il se peut qu'il vienne, peut-être viendra-t-il ‖ [possibility] *that ~ be true,* c'est peut-être vrai ‖ [permission] *if I ~,* si vous le permettez.

May *n* mai *m* ; **~ Day,** le 1er mai.

maybe *av* peut-être.

mayor [mɛə] *n* maire *m*.

maze [meiz] *n* labyrinthe *m*.

me [mi:] *pr* me, moi.

meal 1 [mi:l] *n* repas *m*.

meal 2 *n* farine *f*.

mean 1 [mi:n] *a* moyen ; *Greenwich M~ Time,* heure moyenne de Greenwich.

mean 2 *a* avare, radin (fam.) ‖ *a ~ trick,* un sale tour.

mean* **3** *v* signifier, vouloir dire (signify) ‖ se proposer, avoir l'intention (intend) ; *I didn't ~ to (do it),* je ne l'ai pas fait exprès.

meaning ['mi:niŋ] *n* sens *m*, signification *f* (sense).

means [mi:nz] *npl* moyen(s) *m(pl)* ; **by ~ of,** au moyen de ‖ **~ of transport,** moyen *m* de transport ‖ FIN. moyens *mpl*, ressources *fpl*.

meant [ment] → MEAN* 3.

meantime ['mi:ntaim], **'meanwhile** *n* : *(in the)* **~,** pendant ce temps.

measles ['mi:zlz] *n* rougeole *f*.

measure ['meʒə] *n* mesure, dimension *f* ; *made to ~,* fait sur mesure • *v* mesurer.

measurement *n* mesure *f* ‖ *Pl* mensurations *fpl* (of sb).

meat [mi:t] *n* viande *f*.

mechanic [mi'kænik] *n* mécanicien *m*.

mechanical *a* mécanique.

mechanically *av* mécaniquement ‖ FIG. machinalement.

mechanism ['mekənizm] *n* mécanisme *m*.

meddle ['medl] *v* : **~ with,** se mêler de.

medical ['medikl] *a* médical • *n* COLL. visite médicale.

medicine ['medsn] *n* médecine *f* (art) ‖ médicament *m* (drug).

meditate ['mediteit] *v* méditer *(on, sur)*.

medita'tion *n* méditation *f*.

Mediterranean [,meditə'reinjən] *a* méditerranéen • *n* Méditerranée *f* (sea).

meerschaum ['miəʃəm] *n* (pipe *f* en) écume *f* de mer.

meet* [mi:t] *v* (se) rencontrer (come upon) ‖ rejoindre, aller au-devant de ; *go to ~ sb,* aller

à la rencontre de qqn ‖ **faire la connaissance de** (become acquainted with) ‖ ~ **with an** *accident*, avoir un accident.

meeting, *n* rencontre *f* ‖ assemblée, réunion *f* ‖ ~ *place*, (lieu *m* de) rendez-vous *m* ‖ POL. meeting *m*.

mellow ['meləʊ] *a* doux, moelleux (wine).

melodious [mɪ'ləʊdjəs] *a* mélodieux.

melody ['melədɪ] *n* mélodie *f*.

melon ['melən] *n* melon *m*.

melt [melt] *v* (faire) fondre, se dissoudre ‖ ~ *away*, se dissiper, fondre (snow).

member ['membə] *n* membre *m*; M~ *of Parliament*, député *m*.

memento [mɪ'mentəʊ] *n* souvenir *m*.

memorize ['meməraɪz] *v* apprendre par cœur.

memory *n* [faculty] mémoire *f*; *from* ~, de mémoire ‖ [recollection] souvenir *m*.

men [men] *npl* → MAN.

menace ['menəs] *n* menace *f* • *v* menacer (with, de).

mend [mend] *n* raccommodage *m* • *v* raccommoder ‖ [patient] se rétablir.

mending *n* raccommodage *m*; *invisible* ~, stoppage *m*.

mental ['mentl] *a* mental ‖ ~ *home*, clinique *f* psychiatrique.

mention ['menʃn] *n* mention *f* • *v* mentionner ‖ *don't* ~ *it!*, (il n'y a) pas de quoi! ; *not to* ~, sans parler de.

menu ['menju:] *n* menu *m*, carte *f*.

mercenary ['mɜːsɪnrɪ] *n* mercenaire *n*.

merchandise ['mɜːtʃəndaɪz] *n* marchandise *f*.

merchant *n* négociant *n* ‖ ~ *navy*, marine marchande.

mercury ['mɜːkjurɪ] *n* mercure *m*.

mercy ['mɜːsɪ] *n* grâce *f*.

mere *a* simple, seul.

merely *av* simplement, seulement.

meridian [mə'rɪdɪən] *n* méridien *m*.

merit ['merɪt] *n* mérite *m*.

merrily ['merɪlɪ] *av* gaiement.

merry ['merɪ] *a* gai, joyeux ‖ *make* ~, s'amuser.

merry-go-round *n* manège *m* (de chevaux de bois).

merry-making *n* réjouissances *fpl*.

mesh [meʃ] *n* [net] maille *f*.

mesmerism ['mezmərizm] *n* hypnotisme *m*.

mesmerize *v* hypnotiser.

mess [mes] *n* désordre *m*; gâchis *m*; *what a* ~*!*, quelle pagaille! ; *make a* ~ *of*, gâcher ‖ MIL. mess *m* ‖ FIG. embarras *m*; *be in a* ~, être dans le pétrin ‖ *v* salir ‖ FIG. ~ *up*, embrouiller.

message ['mesidʒ] *n* message *m*.

messenger [-indʒə] *n* messager *n* ; commissionnaire *n*.

messy *a* en désordre (untidy) ‖ sale (dirty).

met [met] → MEET*.

metal ['metl] n métal m.

metallic [mi'tælik] a métallique.

meteorological [ˌmiːtjərə-'lɔdʒikl] a météorologique.

meteorology [ˌmiːtjə'rɔlədʒi] n météorologie f.

meter ['miːtə] n compteur m ‖ US mètre m.

method ['meθəd] n méthode f.

methodical [mi'θɔdikl] a méthodique.

methylated ['meθileitid] a : ~ spirit, alcool m à brûler.

metre ['miːtə] n mètre m.

metric ['metrik] a métrique.

metronome ['metrənəum] n métronome m.

mew [mjuː] v miauler.

mice npl → MOUSE.

microbe ['maikrəub] n microbe m.

microfilm ['maikrəfilm] n microfilm m.

microphone n microphone m.

microscope ['maikrəskəup] n microscope m.

microscopic [ˌ-'kɔpik] a microscopique.

mid- [mid] pref au/du milieu : ~July, mi-juillet.

midday ['middei] n midi m.

middle ['midl] a du milieu ‖ moyen (size) ‖ → **finger**, médius m ‖ M~ Ages, Moyen Âge ‖ GEOGR. M~ East, Moyen-Orient ● n milieu m.

middle-class n classe moyenne, bourgeoisie f.

midge [midʒ] n moucheron m.

midget ['midʒit] n nain n ● a minuscule, mini.

midnight ['midnait] n minuit m.

'mid'way av à mi-chemin.

midwife n sage-femme f.

miffed [mift] a fâché, vexé.

might [mait] → MAY* ‖ he ~ come, il se pourrait qu'il vienne ‖ [polite] ~ I come in ?, puis-je entrer ?

mike [maik] n COLL. micro m.

mild [maild] a doux (person, climate) ‖ léger (beer) ‖ [weather] become ~er, se radoucir.

mildly av doucement.

mildness n douceur f.

mile [mail] n [measure] mile m.

mileage ['-idʒ] n AUT. kilométrage m.

milestone n borne f milliaire/kilométrique.

militant ['militnt] n militant n.

military a militaire.

milk [milk] n lait m ; ~ diet, régime lacté ‖ dried ~, lait en poudre.

milkman n laitier m.

milk-powder n = dried MILK.

milk-tooth n dent f de lait.

milky a laiteux, lacté.

mill [mil] n moulin m ‖ usine, fabrique f ● v moudre.

miller n meunier m.

milliner ['milinə] n modiste f.

million ['miljən] n million m.

mince [mins] v hacher ; ~ed

steak, ˉ bifteck haché ● *n* hachis *m* (de viande).

mind [maind] *n* esprit *m* ‖ raison *f; be out of one's ~,* avoir perdu la raison ‖ avis *m,* opinion *f; change one's ~,* changer d'avis; ***make up one's ~,*** se décider; *know one's ~,* savoir ce qu'on veut ‖ mémoire *f; bear in ~,* se rappeler ● *v* faire attention à ‖ se soucier de; *never ~!,* peu importe!, ça ne fait rien! ‖ veiller sur, surveiller (baby) ‖ [interr. and neg. sentences] trouver à redire; *if you don't ~,* si vous n'y voyez pas d'inconvénient.

mine 1 [main] *poss pr* le mien *m,* la mienne *f,* les miens *mpl,* les miennes *fpl; this is ~,* c'est à moi; *a friend of ~,* un de mes amis.

mine 2 *n* mine *f.*

miner *n* mineur *m.*

mineral ['minərəl] *a/n* minéral (*m*).

mingle ['miŋgl] *v* (se) mêler, (se) mélanger.

miniature ['minjətʃə] *n* miniature *f.*

minim ['minim] *n* MUS. blanche *f.*

minim-rest *n* demi-pause *f.*

minimum [-ɔm] *a/n* minimum (*m*).

miniskirt ['miniskə:t] *n* mini-jupe *f.*

minister ['ministə] *n* ministre *m* ‖ REL. pasteur *m.*

ministry [-tri] *n* ministère *m.*

mink [miŋk] *n* vison *m; ~ coat,* manteau *m* de vison.

minor ['mainə] *n* mineur *n* ● *a* mineur, secondaire.

minority [mai'nɔriti] *n* minorité *f* (number, age).

mint [mint] *n* menthe *f.*

minus ['mainəs] *p* moins.

minute 1 ['minit] *n* minute *f; (at) any ~,* d'un instant à l'autre.

minute 2 [mai'nju:t] *a* minuscule.

mirror ['mirə] *n* miroir *m,* glace *f.*

mirth [mə:θ] *n* joie, gaieté *f.*

mis- [mis] *pref.*

misbehave *v* se conduire mal, se disputer.

miscarriage *n* : MED. *have a ~,* faire une fausse couche.

miscellaneous [misə'leinjəs] *a* divers, varié.

mischievous ['mistʃivəs] *a* espiègle (child).

misdeal *n* [cards] maldonne *f.*

misdeed *n* méfait, délit *m.*

miser ['maizə] *n* avare *n.*

miserable ['mizrəbl] *a* malheureux.

'misfire *n* AUT. raté *m* ● *a* AUT. avoir des ratés.

misfortune *n* malheur *m.*

misgiving *n* appréhension, inquiétude *f,* pressentiment *m.*

mishap ['mishæp] *n* contretemps, accident *m,* mésaventure *f.*

mislay* *v* égarer, perdre.

mislead* *v* induire en erreur.

mis'leading *a* trompeur, déroutant.

misprint *n* faute d'impression.

,mispro'nounce *v* mal prononcer.

miss 1 [mis] (*Pl* **misses** [-iz]) *n* : M~ Smith, Mademoiselle Smith.

miss 2 *v* manquer, rater ; ~ *one's train*, manquer son train ; *she (just) ~ed falling*, elle a failli tomber || ressentir l'absence de ; *I ~ you*, vous me manquez ; *do you ~ me ?*, est-ce que je vous manque ? || ~ **out**, sauter (word).

missing *a/n* disparu (*n*) (person) ; manquant (*n*) [thing].

,mis'spell* *v* mal orthographier.

,mis'spelling *n* faute *f* d'orthographe.

mist [mist] *n* brume *f* • *v* : ~ (over), [mirror] (s')embuer.

mistake* [mis'teik] *v* se méprendre ; ~ *sb for*, prendre qqn pour || *be a ~n*, se tromper (*about, sur*) • *n* erreur *f* ; *by* ~, par erreur, par mégarde || GRAMM. faute *f*.

mistletoe ['misltəu] *n* gui *m*.

mistook [mis'tuk] → MIS-TAKE*.

mistress ['-trəs] *n* maîtresse *f*.

mis'trust *n* méfiance *f* • *v* se méfier de.

,misunder'stand* *v* mal comprendre || mal interpréter.

,misunder'standing *n* malentendu *m* (mistake).

mix [miks] *v* mélanger, mêler

(*with*, à) || FIG. ~ **up**, confondre (*with*, avec) || embrouiller || [people] fréquenter (*with*).

mixed [-t] *a* mixte (school) || ~ **up**, désorienté (person).

mixer *n* : *be a good ~*, être sociable, se lier facilement || CULIN. mixe(u)r *m*.

mixture [-tʃə] *n* mélange *m*, mixture *f*.

moan [məun] *n* gémissement *m*, plainte *f* • *v* gémir.

mob [mɔb] *n* foule *f* (crowd) || cohue *f* (disorderly crowd) || populace *f* (people) || masses *f* (masses).

mobile ['məubail] *a* mobile.

,mobili'zation *n* mobilisation *f*.

'mobilize *v* MIL. mobiliser.

mock [mɔk] *a* faux, simulé • *v* se moquer (*at, de*) || contrefaire || ridiculiser.

mockery [-əri] *n* moquerie *f*.

mod con [,mɔd'kɔn] *n* COLL. → MODERN CONVENIENCE.

model ['mɔdl] *n* modèle *m* || (small scale) modèle réduit, maquette *f* || [dressmaking] mannequin *m* (person) • *v* conformer ; modeler.

moderate ['mɔdrit] *a* modéré, sobre || moyen • *v* modérer.

moderately *av* modérément.

modern ['mɔdən] *a* moderne || ~ *convenience*, confort *m* moderne.

modernize *v* moderniser.

modest ['mɔdist] *a* modeste || pudique (chaste).

modify ['mɔdifai] *v* modifier.

moist [mɔist] *a* humide ‖ moite (skin).

moisten ['mɔisn] *v* humecter.

moisture ['-tʃə(r)] *n* humidité *f*.

moisturizing *a* hydratant.

mole [moul] *n* ZOOL. taupe *f*.

mole-hill *n* taupinière *f*.

moment ['məumənt] *n* moment, instant *m*.

momentary [-ri] *a* momentané.

monarchy ['mɔnəki] *n* monarchie *f*.

monastery ['mɔnəstri] *n* monastère *m*.

Monday ['mʌndi] *n* lundi *m*.

money ['mʌni] *n* argent *m* (coins, notes) ‖ FIN. monnaie *f*; **make ~**, s'enrichir; **get one's ~'s worth**, en avoir pour son argent.

money-box *n* tirelire *f*.

money-changer *n* changeur *m*.

money-order *n* mandat *m*.

mongrel ['mʌŋgrəl] *n* bâtard *n* (dog).

monk [mʌŋk] *n* REL. moine *m*.

monkey ['mʌŋki] *n* singe *m*.

monkey-wrench *n* clef anglaise.

monologue ['mɔnəlɔg] *n* monologue *m*.

monotonous [mə'nɔtnəs] *a* monotone.

monster ['mɔnstə] *n* monstre *m*.

monstrous [-rəs] *a* monstrueux, horrible.

month [mʌnθ] *n* mois *m*.

monthly *a* mensuel.

monument ['mɔnjumənt] *n* monument *m*.

mood [mu:d] *n* humeur, disposition *f*; *be in a good/bad ~*, être de bonne/mauvaise humeur ‖ GRAMM. mode *m*.

moody *a* mal luné (angry) ‖ d'humeur changeante (changeable).

moon [mu:n] *n* lune *f*; *new ~*, nouvelle lune; *full ~*, pleine lune.

moonlight *n* clair *m* de lune.

moor 1 [muə] *n* lande *f*.

moor 2 *v* NAUT. (s')amarrer.

mop [mɔp] *n* balai *m* à franges • *v* : *~ up*, éponger, essuyer.

moped ['məuped] *n* vélomoteur *m*.

moral ['mɔrl] *a* moral • *n* morale, moralité *f* ‖ *Pl* mœurs *fpl*.

morally *av* moralement.

more [mɔ:] (comp. of *many, much*) *a/av/pr* plus de, davantage ‖ en plus; *~... than*, plus... que; *~ and ~*, de plus en plus; *~ or less*, plus ou moins; *once ~*, encore une fois; *not any ~*, ne... plus; *all the ~ as*, d'autant plus que; *I have no ~*, je n'en ai plus.

morning ['mɔ:niŋ] *n* matin *m*; *in the ~*, le matin; *this ~*, ce matin; *good ~!*, bonjour! COLL. *~ after*, lendemain *m* de cuite; *~ after pill*, pilule *f* du lendemain.

Moroccan [mə'rɔkən] *a/n* marocain (*n*).

Morocco [-əu] n Maroc m.

Morse [mɔ:s] n : ~ (code), (alphabet) Morse m.

mortal [ˈmɔ:tl] a/n mortel (n).

Moslem [ˈmɔzləm] a/n musulman (n).

mosque [mɔsk] n mosquée f.

mosquito [məsˈki:təu] n moustique m.

mosquito-net n moustiquaire f.

moss [mɔs] n mousse f.

mossy a mousseux.

most [məust] (sup. of many, much) a/av/pr le plus de ; at (the) ~, tout au plus ; make the ~ of, tirer le meilleur parti de || le plus || très; ~ likely, très probablement || [nearly all] ~ of them, la plupart d'entre eux.

motel [məuˈtel] n motel m.

moth [mɔθ] n papillon m de nuit || (clothes) ~, mite f.

moth-eaten a mité.

mother [ˈmʌðə] n mère f; unmarried ~, mère f célibataire || FIG. ~ country, patrie f; ~ tongue, langue maternelle.

mother-in-law n belle-mère f.

motherly a maternel.

motion [ˈməuʃn] n mouvement m (act); set in ~, mettre en marche || geste m (with the hand) || CIN. slow ~, ralenti m; ~ picture, film m • v faire signe de.

motionless a immobile.

motivation [ˌməutiˈveiʃn] n mobile m, motivation f.

motive [ˈməutiv] n motif m || mobile m.

motor [ˈməutə] n moteur m.

motorbike n COLL. moto (fam.).

motorboat n canot m automobile.

motorcar n automobile, voiture f.

motorcycle n motocyclette f; ~ policeman, motard m (fam.).

motorcyclist n motocycliste n.

motorist [-rist] n automobiliste n.

motor-race n course f d'autos.

motor show n salon m de l'auto.

motorway n autoroute f.

motto [ˈmɔtəu] n devise f.

mould 1 [ˈmauld] n (gardening) terreau m.

mould 2 n moisissure f.

mouldy a moisi.

mount [maunt] n mont m (mountain) • v monter (on, sur) || MIL. monter (guard) || SP. monter (horse).

mountain [ˈmauntin] n montagne f; ~ sickness, mal m des montagnes.

mountaineer [ˌ-ˈniə] n SP. alpiniste n.

mountaineering n alpinisme m.

mountainous a montagneux.

mourn [mɔ:n] v pleurer.

mournful a affligé, mélancolique.

mourning n deuil m, affliction f; in ~, en deuil (for, de).

mouse [maus] (Pl **mice** [mais]) n souris f.

mouse-trap n souricière f.

moustache [məsˈtɑːʃ] n moustache f.

mouth [mauθ] n bouche f; [animal] gueule f ‖ [river] embouchure f.

mouthful n bouchée f; [liquid] gorgée f.

mouth-organ n harmonica m.

move [muːv] v remuer, bouger, se mouvoir ‖ se déplacer (change place) ‖ déplacer (sth) ‖ [chess] jouer ‖ FIG. agir (act); émouvoir (arouse feelings) ‖ ~ *house*, déménager ‖ ~ *in*, emménager ‖ ~ *on*, avancer, circuler ‖ ~ *out*, déménager ‖ ~ *over!*, FAM. poussez-vous! • n mouvement m ‖ [chess] coup m; it's your ~, c'est à vous de jouer ‖ COLL. get a ~ *on!*, grouille-toi! (arg.) ‖ FIG. action, démarche f.

movement [ˈmənt] n mouvement m.

movie [-i] n US, SL. film m ‖ Pl cinéma m.

moving a en mouvement, mobile ‖ ~ *pictures*, npl cinéma m ‖ FIG. émouvant.

mow* [məu] v faucher; tondre (lawn).

mower n faucheur n.

mown [maun] → MOW*.

Mr [ˈmistə] n Monsieur m.

Mrs [ˈmisiz] n Madame f.

much [mʌtʃ] a/av; (Pl **many**) pr beaucoup (de); **as** ~, autant de; *not so* ~, pas autant de; *too* ~, trop de; *as* ~, autant; *not as/so* ~, pas autant que; *twice as* ~, deux fois plus; *so* ~, guère; I thought as ~, je m'en doutais; **as** ~ **as**, autant que; *how* ~ ?, combien ?; ~ *less/more*, beaucoup moins/plus; *not so* ~ *as*, pas autant que; *so* ~ *the* *better*, tant mieux.

mud [mʌd] n boue f.

muddle [ˈmʌdl] n désordre m, confusion f ‖ pagaille f (fam.) • v : ~ *through*, se débrouiller (tant bien que mal).

muddy a boueux, crotté.

mudguard n garde-boue m.

muffle [ˈmʌfl] v emmitoufler; ~ *o.s. up*, s'emmitoufler ‖ assourdir (sound).

muffler n cache-nez m ‖ AUT. pot m d'échappement.

mug 1 [mʌg] n [tea] (grande) tasse f; [beer] chope f ‖ COLL. gogo m, poire f (fam.) [simpleton] ‖ SL. gueule, poire f (fam.).

mug 2 n agresser.

mulberry [ˈmʌlbri] n mûrier m (bush); mûre f (fruit).

mule [mjuːl] n mulet m; (she-)~, mule f.

mulish a têtu.

multiple [ˈmʌltipl] a/n multiple (m) ‖ COMM. ~ *store*, magasin m à succursales multiples ‖ ELECTR. ~ *plug*, prise f multiple.

,multipli'cation n multiplication f.

multiply [-ai] v multiplier.

mum [mʌm] n maman f.

mumble ['mʌmbl] • v marmotter.

mummy n maman f.

mumps [mʌmps] n oreillons mpl.

murder ['mɜːdə] n meurtre m • v assassiner ‖ FIG. massacrer.

murderer [-rə] n meurtrier m.

murmur ['mɜːmə] n murmure m • v murmurer.

muscle ['mʌsl] n muscle m.

muscular [-kjulə] a musculaire ‖ musclé (body).

museum [mju:'ziəm] n ARTS musée m ‖ (science) muséum m.

mushroom ['mʌʃrum] n champignon m.

music ['mju:zik] n musique f; set to ~, mettre en musique.

musical a musical ‖ musicien (person).

musician [mju:'ziʃn] n musicien n.

mussel ['mʌsl] n moule f.

must [mʌst] mod aux : (necessity, obligation) I ~ go, il faut que je parte ‖ [negative = prohibition] you ~ not do that, il ne faut pas/vous ne devez pas faire cela ‖ [probability, deduction] he ~ be ill, il doit être malade ; he ~ have missed his train, il a dû manquer son train = US impératif m, chose f indispensable/à voir absolument.

mustard ['mʌstəd] n moutarde f.

musty ['mʌsti] a moisi.

mute [mju:t] a silencieux, muet • n muet m ‖ MUS. sourdine f.

mutter ['mʌtə] v marmotter (mumble).

mutton ['mʌtn] n CULIN. mouton m.

muzzle ['mʌzl] n museau m (nose) ‖ muselière f (strap) • v museler.

my [mai] poss pr mon m, ma f, mes m/f pl.

my'self pers pr [emphatic] moi-même ; personnellement ; by ~, tout seul ‖ [reflexive] me.

mysterious [mis'tiəriəs] a mystérieux.

mystery ['mistri] n mystère m.

n

n [en]

nail [neil] n ongle m ; TECHN. clou m • v clouer.

nailbrush n brosse f à ongles.

nail clippers n pince f à ongles.

nail file n lime f à ongles.

nail polish, nail varnish n vernis m à ongles.

naked ['neikid] a nu.

name [neim] n nom m ; christian/US first ~, prénom m ;

family ~, nom de famille ;
maiden ~, nom de jeune fille ;
what's your ~ ?, comment vous
appelez-vous ? • *v* nommer.

name-day *n* fête *f*.

namely ['neimli] *av* à savoir,
c'est-à-dire.

nap [næp] *n* (petit) somme ;
take a ~, faire la sieste.

nape [neip] *n* : ~ (*of the neck*),
nuque *f*.

napkin ['næpkin] *n* serviette *f*
(de table).

napkin-ring *n* rond *m* de serviette.

nappy ['næpi] *n* COLL. couche
f (for a baby).

narrow ['nærəu] *a* étroit ‖
have a ~ *escape*, l'échapper
belle.

nasty ['nɑ:sti] *a* désagréable ‖
mauvais (smell) ‖ sale (trick,
weather) ‖ méchant (person).

nation ['neiʃn] *n* nation *f*.

national ['næʃənl] *a* national
‖ GB N~ *Health Service*, Sécurité sociale • *n* ressortissant *n*.

nationalize ['næʃnəlaiz] *v*
nationaliser.

native ['neitiv] *a* indigène
(plant) ‖ natal (land) ‖ ~ *of*, ori-
ginaire de ‖ maternel (tongue).

natural ['nætʃrəl] *a* naturel •
n MUS. bécarre *m*.

naturalize *v* naturaliser.

naturally *av* naturellement.

nature ['neitʃə] *n* nature *f*.

naturist ['neitʃrist] *n* naturiste *n*.

naughty ['nɔ:ti] *a* vilain
(child).

nautical ['nɔ:tikl] *a* nautique,
marin.

naval ['neivl] *a* naval ‖ ~ *officer*, officier *m* de marine.

navigator ['nævigeitə] *n*
NAUT., Av. navigateur *m*.

navy ['neivi] *n* marine de
guerre, flotte *f* ; ~ *blue*, bleu
marine.

near [niə] *av/p* près (de) ; ~
at hand, à portée de la main ;
~ *here*, près d'ici ; *come/go*
~, approcher de • *a* proche
(relative) ‖ AUT. GB ~ *side*,
côté *m* gauche • *v* approcher ;
be ~*ing*, toucher.

nearby *a* proche ; tout près.

nearly *av* presque.

neat [ni:t] *a* net, propre (work,
writing) ‖ soigné (person) ‖ bien
tenu (house) ‖ joli, bien fait
(leg) ‖ pur, sec (drink).

necessary ['nesisri] *a* nécessaire ; *if* ~, s'il y a lieu.

necessity [ni'sesiti] *n* nécessité *f*.

neck [nek] *n* cou *m* ‖ (dress)
encolure *f* ; *low* ~, décolleté *m*
‖ (bottle) goulot *m*.

neckerchief [-ətʃif] *n* foulard *m*.

necking *n* COLL. pelotage *m*.

necklace [-lis] *n* collier *m*.

need [ni:d] *v* avoir besoin de ;
nécessiter, demander ; *my hair*
~*s cutting*, mes cheveux ont
besoin d'être coupés • *mod aux*
[neg./interr.] *you* ~*n't wait*,
inutile d'attendre ; ~ *he go* ?,
est-il obligé d'y aller ? • *n*
besoin *m*, nécessité *f* ; *if* ~ *be*,

si besoin est ‖ **dénuement** m, gêne f (poverty).

needful a nécessaire.

needle ['ni:dl] n aiguille f.

needless a inutile.

needlessly av inutilement.

needy ['ni:di] a nécessiteux.

negation [ni'gei∫n] n négation f.

negative ['negətiv] a négatif ● n négative f ‖ PHOT. négatif m.

neglect [ni'glekt] n négligence f ● v négliger, oublier de.

negligence ['neglidʒəns] n négligence f.

negligent a négligent, oublieux.

negress ['ni:gris] n PEJ. négresse f.

negro [-əu] n PEJ. nègre m.

neigh [nei] v hennir ● n hennissement m.

neighbour ['neibə] n voisin n.

neighbourhood n voisinage m, environs mpl (nearness) ‖ quartier m (district).

neither ['naiðə] a/av/c : ~ ... **nor**, ni ... ni ‖ non plus, pas davantage ● pr ni l'un(e) ni l'autre.

neon ['ni:ən] n néon m; ~ **sign**, enseigne lumineuse au néon.

nephew ['nevju:] n neveu m.

nerve [nə:v] n nerf m ‖ courage m ‖ COLL. get on sb's ~s, taper sur les nerfs de qqn ‖ COLL. toupet m.

nervous a nerveux ‖ inquiet, anxieux, intimidé.

nest [nest] n nid m ● v (se) nicher; go ~ing, aller dénicher les oiseaux.

nestle [nesl] v se nicher, se blottir.

net n filet m ● v prendre au filet.

Netherlands ['neðələndz] npl Pays-Bas mpl.

nettle ['netl] n ortie f.

network ['netwə:k] n RAIL. réseau m ‖ RAD., TV chaîne f.

neuter ['nju:tə] a/n neutre (m).

neutral [-rəl] a/n neutre (n) ‖ AUT. point mort.

neutron [-rɔn] n neutron m.

never ['nevə] av jamais; ~ **more**, jamais plus.

nevertheless av néanmoins.

new [nju:] a nouveau (not existing before); N~ Year's Day, jour de l'an ‖ neuf (recently finished); like ~, comme neuf.

new-born a nouveau-né.

new-laid a : ~ egg, œuf frais pondu/du jour.

newly av nouvellement, récemment.

newly-weds [-wedz] npl jeunes mariés mpl.

news [-z] n sing nouvelles fpl ; a piece of ~, une nouvelle ; break the ~, annoncer une nouvelle ; any ~?, quoi de neuf ? ; latest ~, dernières nouvelles.

newsagent n marchand n de journaux.

newscast n journal télévisé.

newspaper n journal m.

newsstand n kiosque m à journaux.

next [nekst] a [place] le plus proche || [time] prochain; the ~ day, le lendemain; the ~ day but one, le surlendemain • av ensuite, après • p : ~ to, à côté de.

next door a/av à côté; the people ~, les gens d'à côté.

nib [nib] n [pen] bec m.

nice [nais] a agréable; ~ weather, beau temps; a ~ dinner, un bon dîner; ~ and warm, bien chaud || gentil, aimable, sympathique (person).

nicely av agréablement || gentiment, aimablement.

nickel ['nikl] n nickel m || US pièce f de 5 cents.

nickname ['nikneim] n surnom m • v surnommer.

nicotine [-əti:n] n nicotine f.

niece [ni:s] n nièce f.

night [nait] n nuit f; at ~, la nuit; by ~, de nuit; in the ~, la nuit; last ~, cette nuit; hier (au) soir; the ~ before, la veille au soir; good ~!, bonsoir!, bonne nuit!; it is ~, il fait nuit. || TH. first ~, première f.

nightclub n boîte f de nuit.

nightdress n chemise f de nuit.

nightingale ['naitiŋgeil] n rossignol m.

nightlight n veilleuse f.

nightmare [-mɛə] n cauchemar m.

nil [nil] n néant m || SP. zéro m.

nine [nain] a/n neuf (m).

nineteen ['-'ti:n] a/n dix-neuf (m).

ninety n quatre-vingt-dix (m).

ninth [-θ] a/n neuvième (n).

no [nəu] a aucun, nul, pas de || there is ~ getting in, il n'y a pas moyen d'entrer || SP. ~ ball, balle nulle • av non || ne ... pas; ~ farther than, pas plus loin que.

noble ['nəubl] a noble.

nobody ['nəubədi] pr personne.

nod [nɔd] n signe m de tête • v faire un signe de tête || somnoler (doze).

noise [nɔiz] n bruit m; make a ~, faire du bruit.

noiseless a silencieux.

noiselessly av sans bruit.

noisily ['-ili] av bruyamment.

noisy ['-i] a bruyant.

non- [nɔn] pref non-.

non-commissioned a : ~ officer, sous-officier m.

none [nʌn] pr aucun(e); personne.

non-returnable a COMM. perdu (packing).

nonsense ['nɔnsəns] n absurdités, sottises, bêtises fpl.

non-smoker n non-fumeur m.

non-stop a ininterrompu, sans arrêt; direct (train); sans escale (flight) ; permanent (performance).

noodles ['nuːdlz] *npl* nouilles *fpl.*

noon [nuːn] *n* midi *m.*

no one *pr* → NOBODY.

nor [nɔː] *c* ni ; ni ... non plus ‖ → NEITHER.

normal ['nɔːml] *a* normal.

normally *av* normalement.

north [nɔːθ] *n* nord *m.*

northerly ['nɔːðəli] *a* nord (latitude) ; du nord (wind).

northward(s) *av* vers le nord.

Norway ['nɔːwei] *n* Norvège *f.*

Norwegian [nɔːˈwiːdʒn] *a/n* norvégien (*n*).

nose [nəuz] *n* [person] nez *m* ; [animal] museau *m* ; *blow one's* ~, se moucher ; *speak through one's* ~, parler du nez.

nose-bleed *n* saignement *m* de nez.

nostril ['nɔstrl] *n* [person] narine *f* ; [animal] naseau *m.*

not [nɔt] *av* (ne) pas ; ~ *at all*, pas du tout.

notable ['nəutəbl] *a* remarquable.

note [nəut] *n* note *f* ‖ mot *m* (short letter) ; *make a* ~ *of*, prendre note de ; *take* ~*s*, prendre des notes ‖ (*bank*)~, billet *m* (de banque) ‖ MUS. note • *v* : ~ *down*, noter, inscrire.

notebook *n* carnet *m.*

'note,paper *n* papier *m* à lettres.

nothing ['nʌθiŋ] *pr* rien ; ~ *but*, rien que ; ~ *else*, rien

d'autre ; ~ *more*, rien de plus.

notice ['nəutis] *n* avis *m* (warning) ‖ [contract] *give* ~, donner congé ‖ annonce *f*, écriteau *m* • *v* remarquer.

notice-board *n* pancarte *f* ; panneau *m* d'affichage.

notify ['nəutifai] *v* avertir ; aviser.

notion ['nəuʃn] *n* notion, idée *f.*

nought [nɔːt] *n* zéro *m* ; *play at* ~*s and crosses*, jouer au morpion.

noun [naun] *n* GRAMM. nom *m.*

nourish ['nʌriʃ] *v* nourrir, alimenter.

nourishing *a* nourrissant.

novel ['nɔvl] *n* roman *m.*

novelist *n* romancier *n.*

November [nəˈvembə] *n* novembre *m.*

now [nau] *av* maintenant, à présent, actuellement ; *just* ~, en ce moment ; *right* ~, tout de suite ; *until* ~, jusqu'à présent ; ~ *and then*, de temps en temps • *interj* alors ! ; ~ *then!*, allons !, voyons ! ; *well* ~!, eh bien ! • *c* maintenant que ‖ *or* • *c* moment présent ; *from* ~ *on*, dès à présent, désormais ; *in a week from* ~, d'aujourd'hui en huit.

nowadays ['nauədeiz] *av* de nos jours, aujourd'hui.

nowhere ['nəuwɛə] *av* nulle part.

nuclear ['njuːkliə] *a* nucléaire ; ~ *deterrent*, force *f* de dissuasion nucléaire ; ∼ *power station*, centrale f nucléaire.

nudist ['nju:dist] n nudiste n.

nuisance ['nju:səns] n ennui, désagrément m ‖ FIG. poison, fléau m.

null [nʌl] a nul.

numb [nʌm] a engourdi ● v engourdir.

number ['nʌmbə] n nombre m, *without* ∼, innombrable ‖ [periodical, room], TEL. numéro m ‖ GRAMM. nombre m ● v numéroter.

numberless a innombrable.

numeral ['nju:mrəl] a numéral ● n chiffre m.

numerous [-s] a nombreux.

nun [nʌn] n religieuse, sœur f.

nurse [nəːs] n infirmière f; *male* ∼, infirmier m ● v nourrir, allaiter (baby) ‖ soigner (sick person).

nursery [-ri] n crèche, pouponnière f ‖ ∼ *rhyme*, chanson f d'enfants.

nursery-school n école maternelle.

nursing ['-iŋ] n MED. soins mpl.

nursing-home n clinique f.

nut [nʌt] n noisette f (hazelnut) ‖ TECHN. écrou f.

nut-crackers npl casse-noisettes m.

nylon ['nailən] n Nylon m ‖ Pl bas mpl Nylon.

o [əu] n TEL. zéro m.

o' [ə] = OF.

oak [əuk] n chêne m.

oar [ɔː] n rame f, aviron m.

oarsman [-zmən] n rameur m.

oat [əut] n (usu pl) avoine f.

oath [əuθ] n serment m; *take an* ∼, prêter serment ‖ [swearword] juron m.

obedient [ə'biːdiənt] a obéissant.

obey [ə'bei] v obéir à (sb, orders).

object ['ɔbdʒikt] n objet m, chose f ‖ GRAMM. complément, objet m ● [əb'dʒekt] v s'opposer (to, à) ; désapprouver, s'élever contre.

objection [-ʃn] n objection f.

objector [-tə] n contradicteur n ; *conscientious* ∼, objecteur m de conscience.

obligation [,ɔbli'geiʃn] n obligation f.

obligatory [ɔ'bligətri] a obligatoire.

oblige [ə'blaidʒ] v obliger (force) ‖ obliger, rendre service (assist).

obliging a obligeant, serviable.

oblique [ə'bliːk] a oblique.

obscene [əb'siːn] a obscène.

obscenity [əb'seniti] n obscénité f.

observation [,ɔbzə'veiʃn] n observation f.

observatory [əb'zə:vətri] n observatoire m.

observe [əb'zə:v] v observer (watch) ‖ observer, suivre (rules).

observer n observateur n.

obsess [əb'ses] v obséder (with, par).

obsession [-ʃn] n obsession f.

obstacle ['ɔbstəkl] n obstacle m.

obstinate ['ɔbstinit] a obstiné, entêté (stubborn).

obstruct [əb'strʌkt] v obstruer.

obstruction n obstruction f.

obtain [əb'tein] v obtenir, se procurer.

obvious ['ɔbviəs] a évident, manifeste, visible.

occasion [ə'keiʒn] n occasion, circonstance f; **on ~,** à l'occasion ‖ événement m (event) ‖ motif m (reason) • v occasionner, provoquer.

occasional a occasionnel ; de temps à autre.

occasionally av de temps à autre, parfois.

Occident ['ɔksidnt] n occident m.

occidental [,ɔksi'dentl] a occidental.

occupation [,ɔkju'peiʃn] n occupation f ‖ métier m, profession f.

occupy ['ɔkjupai] v occuper.

occur [ə'kə:] v arriver, avoir lieu ; se produire (happen) ‖ venir à l'esprit.

occurrence [ə'kʌrəns] n occurrence f ; événement, fait m (event).

ocean ['əuʃn] n océan m.

Oceania [,əuʃi'einjə] n Océanie f.

o'clock [ə'klɔk] av : 9 ~, 9 heures (juste).

octave ['ɔktiv] n octave f.

October [ɔk'təubə] n octobre m.

octopus [-əpəs] n poulpe m.

oculist ['ɔkjulist] n oculiste n.

odd [ɔd] a impair (number) ‖ dépareillé (glove, etc.) ‖ environ ; *thirty ~ years,* trente et quelques années ‖ occasionnel, inhabituel ; ~ *moments,* moments perdus ; ~ *jobs,* petits travaux, bricolage m ‖ bizarre, étrange (strange).

oddly av bizarrement.

odds [ɔdz] npl chances fpl ; *the ~ are against us/in our favour,* les chances sont contre nous/pour nous ‖ ~ *and ends,* petits bouts mpl, bribes fpl.

of [ɔv/əv] p de ; à ; *think ~,* penser à.

off [ɔf] av au loin (away) ; *two miles ~,* à deux miles de là ‖ [departure] *be ~,* partir, s'en aller ‖ [removal] *take ~,* enlever, ôter ‖ [completion] *pay ~,* rembourser ‖ ~ *and on,* de temps à autre • p de (away) ; *the book fell ~ the table,* le livre tomba de la table ; *keep*

~ *the grass*, défense de marcher sur la pelouse ‖ loin de ; *a house* ~ *the main road*, une maison à l'écart de la grande route ‖ NAUT. au large de ; ~ **the record**, confidentiel ● *a* extérieur ‖ ELECTR., TEL. coupé, interrompu ‖ CULIN. éventé (beer) ; avancé (meat) ; tourné (milk) ; rance (butter) ‖ FIG. [inactive] ~ *season*, morte-saison ‖ FIG. annulé (party).

off-colour *a* patraque.

offence [ə'fens] *n* : *give* ~, blesser, froisser ; **take** ~, se vexer, s'offenser (*at*, de) ; *no* ~ !, soit dit sans vous offenser ‖ JUR. délit *m*.

offend [-d] *v* blesser, froisser, choquer.

offender *n* délinquant *n*.

offensive *a* choquant ; injurieux (insulting) ● *n* MIL. offensive *f*.

offer ['ɔfə] *v* offrir (*sb sth*, qqch à qqn) ● *n* offre *f*.

office ['ɔfis] *n* bureau *m*.

officer ['ɔfisə] *n* fonctionnaire *n* ‖ MIL. officier *m* ‖ [police] ~ !, Monsieur l'agent!

official [ə'fiʃl] *a* officiel, administratif ● *n* fonctionnaire *n*.

officious [-əs] *a* trop empressé, zélé.

‚off‚peak *a* : ~ *hours*, heures creuses.

offset ['ɔːfset] *v* compenser, contrebalancer ● *n* [printing] offset *m*.

offside *a* SP. hors jeu ‖ GB, AUT. côté droit.

often ['ɔːfn] *av* souvent ; *how* ~ ?, combien de fois ?, tous les combien ? ; *as* ~ *as*, chaque fois que.

oh ! [əu] *excl* oh ! ; ~ *dear* !, oh là là !

oil [ɔil] *n* huile *f* ‖ (crude) ~, pétrole brut ● *v* huiler, graisser.

oil-can *n* burette *f*.

oil-colours *npl* couleurs *fpl* à l'huile.

oil-fired *a* chauffé au mazout.

oil-painting *n* ARTS peinture *f* à l'huile.

oily *a* huileux, graisseux.

O.K., **okay** ['əu'kei] *interj* d'accord !, très bien !, entendu ! ● *n* COLL. approbation *f* ● *v* US approuver.

old [əuld] *a* vieux, âgé ; ~ *age*, vieillesse *f* ; ~ *man*, vieillard ; ~ *woman*, femme âgée, vieille ; *grow/get* ~, vieillir ; *how* ~ *is he* ?, quel âge a-t-il ? ; *he is six years* ~, il a six ans ‖ ancien (former) ; ~ *boy*, ancien élève.

old-fashioned *a* démodé, à l'ancienne mode, vieux jeu.

olive ['ɔliv] *n* olive *f* ; ~ *oil*, huile *f* d'olive.

Olympic [ə'limpik] *a* : ~ *Games*, jeux *mpl* Olympiques.

omelet(te) ['ɔmlit] *n* omelette *f*.

omission [ə'miʃn] *n* omission *f*, oubli *m*.

omit [-t] v omettre (leave out) ‖ négliger de (neglect).

on [ɔn] p sur ‖ [direction] à, vers ; ~ *the right*, à droite ‖ [time] ~ *Sundays*, le dimanche ● av sur ; *help me* ~ *with my coat*, aidez-moi à mettre mon manteau ‖ CIN. **be** ~ : *what's* ~ *tonight ?*, quel film passe-t-on ce soir ? ‖ [functioning, flowing] *is the gas* ~ ?, le gaz est-il ouvert ? ‖ [continuation] *go* ~, continuer ; *and so* ~, et ainsi de suite.

once [wʌns] av une fois ; ~ *a week*, tous les huit jours ; ~ *more*, encore une fois ‖ [sometimes (formerly)] ~ *upon a time*, il était une fois ‖ *at* ~, tout de suite ; en même temps (at the same time).

one 1 [wʌn] a l seul, unique, même ● pr un ; ~ *of us*, l'un de nous ; **I for** ~, pour ma part ‖ [indef] on ‖ [dem] the ~ *who*, celui/celle qui.

one- 2 *pref.*

,**one a'nother** pr = EACH OTHER.

one-armed a manchot ; COLL. ~ *bandit*, machine f à sous.

one-eyed a borgne.

one's [-z] a son, sa, ses ‖ ~ **own**, à soi.

one'self *reflex* pr se ; *to* ~, à/pour soi ; *by* ~, seul ‖ *emph* pr soi-même.

one-way a à sens unique.

onion [ʌnjən] n oignon m.

onlooker [ɔn,lukə] n spectateur, badaud n.

only [əunli] a seul, unique ; ~ *child*, enfant unique ● av seulement, ne ... que ‖ ~ *last week*, pas plus tard que la semaine dernière.

onto [ɔntu] p US = on to.

onward(s) a/av en avant ; *from* ~, désormais.

ooze [uz] v suinter.

opaque [ə'peik] a opaque.

open [əupn] a ouvert ; *wide* ~, grand ouvert ‖ *on the* ~ *sea*, en pleine mer ‖ AUT. libre (road) ‖ SP. ouvert (season) ● n : *sleep out in the* ~, coucher à la belle étoile ● v (s')ouvrir.

,**open-'air** a de plein air.

,**open'heart operation** n opération f à cœur ouvert.

opening n ouverture f.

openly av ouvertement.

opera [ɔprə] n opéra m ; *light* ~, opéra-comique m.

operate [ɔpəreit] v actionner, manœuvrer, faire marcher (machine) ‖ MED. opérer.

ope'ration n opération f.

'**operator** n TEL. standardiste n.

opinion [ə'pinjən] n opinion f, avis m ; *in my* ~, à mon avis ‖ ~ *poll*, sondage m (d'opinion).

opium [əupjəm] n opium m.

opponent [ə'pəunənt] n adversaire n.

opportune [ɔpətjuːn] a opportun.

,**oppor'tunity** n occasion f

(favorable); take an ∼, saisir une occasion.

oppose [ə'pəuz] v (s')opposer (to, à).

opposite ['ɔpəzit] a opposé; in the ∼ direction, en sens inverse • p : ∼ to, en face de.

opposition n opposition f.

opt [ɔpt] v opter (for, pour).

optic(al) ['ɔptik(l)] a optique.

optician [ɔp'tiʃn] n opticien n.

optics ['ɔptiks] n optique f.

optimism ['ɔptimizm] n optimisme m.

optimist n optimiste n.

optimistic n optimiste.

option ['ɔpʃn] n choix m, option f.

optional a facultatif.

or [ɔː] c ou, ou bien; ∼ else, ou bien, sinon ∥ ∼ so, environ ∥ → EITHER, WHETHER.

oral ['ɔːrəl] a/n oral (m).

orally av oralement.

orange ['ɔrinʒ] n orange f • a orange, orangé.

orangeade ['-'eid] n orangeade f.

orator ['ɔrətə] n orateur n.

orchard ['ɔːtʃəd] n verger m.

orchestra ['ɔːkistrə] n orchestre m.

order ['ɔːdə] n ordre, rang m (rank); in alphabetical ∼, par ordre alphabétique ∥ ordre m (arrangement); set in ∼, mettre en ordre; out of ∼, en désordre ∥ in ∼ that/to, afin que/de ∥ ordre m, règle f; in ∼, en règle (passport) ∥ ordre,

commandement m; give ∼s, donner des ordres; obey ∼s, obéir aux ordres ∥ COMM. commande f ∥ TECHN. in working ∼, en ordre de marche; out of ∼, en panne, déréglé; TEL. en dérangement • v arranger, mettre en ordre ∥ ordonner (give an order) ∥ COMM. commander.

orderly a ordonné, en ordre.

ordinary ['ɔːdinri] a ordinaire, courant, habituel.

organ ['ɔːgən] n organe m ∥ MUS. orgue m, orgues fpl.

organist n organiste n.

organization [ɔːgənai'zeiʃn] n organisation f.

organize v organiser, arranger.

organ-stop n jeu m d'orgue.

oriental [ɔːri'entl] a oriental.

orientate [-eit] v orienter.

orientation n orientation f.

origin ['ɔridʒin] n origine f.

original [ə'ridʒənl] a original (new) • n original m.

originality [ə,ridʒi'næliti] n originalité f.

originally av à l'origine.

ornament ['ɔːnəmənt] n ornement m.

orphan ['ɔːfən] a/n orphelin n.

other ['ʌðə] a autre ∥ every ∼ day, tous les deux jours; on the ∼ hand, d'autre part • pr autre; some day or ∼, un jour ou l'autre.

otherwise av autrement.

ouch! [autʃ] exclam aïe!

ought [ɔːt] mod aux : [duty,

obligation] you ~ to help him, vous devriez l'aider ‖ [desirability] you ~ to have seen that, vous auriez dû voir cela.

ounce [auns] *n* once *f*.

our ['auə] *poss a* notre; nos.

ours [-z] *poss pr* le/la nôtre; les nôtres.

ourselves [‚auə'selvz] *reflex/ emph ar* nous-mêmes.

out [aut] *av* dehors; *go* ~, sortir (person); *day* ~, jour de sortie ‖ *inside* ~, à l'envers; *sens dessus dessous* ‖ à haute voix (aloud) ‖ éteint (fire, gas, light) ‖ achevé; *before the day is* ~, avant la fin de la journée ‖ *hear* ~, entendre jusqu'au bout ‖ [book] *just* ~, vient de paraître ‖ SP. out ‖ FIG. [wrong] *I was not far* ~, je ne me trompais pas de beaucoup • *p* ~ *of* : hors de; *drink* ~ *of a glass*, boire dans un verre ‖ *sans* ~ *of work*, sans travail ‖ ~ *of ignorance*, par ignorance ‖ *nine times* ~ *of ten*, neuf fois sur dix.

outboard *a* : ~ *motor*, (moteur) hors-bord *m*.

outcome *n* issue *f*, aboutissement, résultat *m*.

outdated *a* démodé, dépassé.

out'distance *v* distancer.

out'door *a* extérieur, de plein air.

out'doors *av* au-dehors, en plein air.

outer ['-ə] *a* extérieur, externe.

outfit ['-fit] *n* équipement *m*.

outgoing *a* sortant, démis-

sionnaire ‖ RAIL., NAUT. en partance.

out'grow* *v* devenir trop grand pour (one's clothes).

outhouse *n* appentis *m*.

outing ['-iŋ] *n* sortie *f*; *go for an* ~, faire une excursion.

outlandish [-'lændiſ] *a* exotique.

outlaw *n* hors-la-loi *m* • *v* mettre hors la loi, proscrire.

outline *n* contour *m*, silhouette *f* ‖ esquisse *f* • *v* : *be* ~*d*, se profiler ‖ esquisser, ébaucher.

outlook *n* point *m* de vue, perspective *f* ‖ FIG. façon *f* de voir; idées *fpl* ‖ prévisions *fpl*.

outlying *a* écarté, isolé.

out-of-'date *a* suranné, démodé.

‚out-of-the-'way *a* isolé, écarté.

output *n* rendement, débit *m*, production *f*.

outrage ['autreidʒ] *n* acte *m* de violence, attentat *m* ‖ [public] scandale *m* • *v* outrager.

out'run* *v* dépasser, distancer.

outset *n* : *at/from the* ~, dès le début.

out'side *av/p* dehors; à l'extérieur (de), devant • *n* dehors, extérieur *m*.

out'sider *n* SP. outsider *m*.

outskirts *npl* [town] faubourgs *mpl* ‖ [wood] lisière *f*.

outstanding *a* saillant, marquant ‖ éminent (person).

outward ['-wəd] *a* en dehors, extérieur.

oval ['ɔuvl] *a/n* ovale (*m*).

oven ['ʌvn] *n* four *m*.

over ['ouvə] *p* au-dessus de (above) ‖ sur (on the surface); *spread a cloth* ~ *the table*, étaler une nappe sur la table ‖ à travers, dans (across) ‖ partout (everywhere); *all* ~ *the world*, dans le monde entier ‖ par-dessus (to the other side); ~ *the wall*, par-dessus le mur ‖ de l'autre côté; ~ *the street*, de l'autre côté de la rue ‖ plus de (more than); *be* ~ *sixty*, avoir dépassé la soixantaine • *av* (par) dessus ‖ [across] *go* ~ *to England*, aller en Angleterre ; RAD. ~ (*to you*)!, à vous! ‖ [finished] *the rain is* ~, la pluie a cessé ‖ [+ *a*] trop (too) ‖ [again] ~ *again*, encore une fois ‖ ~ *against*, en face de ; ~ *here*, ici ; ~ *there*, là-bas.

overall ['-rɔːl] *n* blouse *f* ‖ *Pl* salopette *f*, bleus *mpl*.

overcast *a* nuageux, couvert (weather).

overcoat *n* pardessus *m*.

over'come* *v* vaincre, triompher de, surmonter.

over'do* *v* exagérer.

over'done *a* trop cuit.

overdraft *n* FIN. découvert *m*.

over'draw* *v* FIN. tirer à découvert (one's account).

overdrive *n* AUT. surmultipliée *f*.

over'due *a* AV., RAIL. en retard.

over-ex'pose *v* PHOT. surexposer.

over-ex'posure *n* surexposition *f*.

over'feed* *v* suralimenter.

overflow *v* déborder • *n* trop-plein, débordement *m*.

over'haul *v* TECHN. réviser • *n* TECHN. révision *f*.

over'hear* *v* surprendre (conversation); entendre par hasard.

overload *v* surcharger.

over'look *v* [window] donner sur, avoir vue sur ‖ négliger, laisser échapper (neglect) ‖ fermer les yeux sur (ignore).

over'night *a/av* de nuit ; du jour au lendemain ; *stay* ~, passer la nuit.

over'seas *a/av* outre-mer.

oversight *n* oubli *m*, inattention *f*.

over'sleep *v* dormir au-delà de l'heure voulue; *he* ~*slept himself*, il ne s'est pas réveillé à temps.

over'statement *n* exagération *f*.

over'stay *v* s'attarder.

over'steer *n* AUT. survirage *m*.

over'take* *v* rattraper, dépasser ‖ AUT. doubler.

over'taking *n* AUT. dépassement *m*.

overtime *n* heures *fpl* supplémentaires • *av* : *work* ~, faire des heures supplémentaires.

over'turn v (se) renverser.

over'weight n excédent m de poids.

over'work v (se) surmener ; surcharge de travail ● n surmenage m.

owe [au] v devoir (debt) ; he ~s me £5, il me doit 5 livres.

owing to p à cause de, en raison de, par suite de.

owl [aul] n hibou m, chouette f.

own [əʊn] v posséder ‖ reconnaître acknowledge) ● a à soi, propre ; my ~ brother, mon propre frère.

owner n propriétaire n, possesseur m.

ox [ɔks] (Pl **oxen** [-n]) n bœuf m.

oxygen ['ɔksidʒn] n oxygène m.

oyster ['ɔistə] n huître f.

ozone ['əʊzəʊn] n ozone m.

p

p [pi:] abbrev penny, pence.

pace [peis] n allure f (speed) ; at a walking ~, au pas ● v : ~ up and down, faire les cent pas.

Pacific [pə'sifik] n océan m Pacifique.

pacifist ['pæsifist] n pacifiste n.

pack [pæk] n paquet m ‖ [cards] jeu m ‖ [rugby] mêlée f ● v empaqueter, emballer ; faire les bagages.

package [-idʒ] n emballage m ‖ paquet, colis m ‖ FIG. ~ tour, voyage organisé.

packet [-it] n paquet m.

packing n empaquetage, emballage m.

packing-case n caisse f d'emballage.

paddle ['pædl] n pagaie f ● v pagayer ‖ patauger (wade).

padlock ['pædlɔk] n cadenas m ● v cadenasser.

page 1 [peidʒ] n page f.

page 2 n : ~ (boy), chasseur, groom m.

paid [peid] → PAY*.

pail [peil] n seau m.

pain [pein] n douleur f; take ~s, se donner du mal.

painful a douloureux, pénible.

painless a indolore ; ~ childbirth, accouchement m sans douleur.

painstaking ['peinz,teikiŋ] a soigneux, appliqué (person).

paint [peint] n peinture f ‖ couleurs fpl; box of ~s, boîte f de couleurs ● v peindre.

painter n peintre m.

painting n ARTS peinture f.

pair [pɛə] n paire f; ~ of trousers, pantalon m.

pajamas [pə'dʒɑːməz] mpl US pyjama m.

pal [pæl] n copain m.

palace ['pælis] n palais m.

pale [peil] a pâle, blême.

Palestine ['pælistain] n Palestine f.

Palestinian [,pæləs'tiniən] a/n palestinien (n).

palm 1 [pɑːm] n palme f; ~(-tree), palmier m.

palm 2 n [hand] paume f • v escamoter; COLL. ~ off, refiler (a bad coin, une fausse pièce) [fam.].

pamper ['pæmpə] v choyer, dorloter.

pamphlet ['pæmflit] n brochure f.

pan 1 [pæn] n : (sauce) ~, casserole f.

pan 2 v CIN. faire un panoramique; ~ shot, panoramique m.

pan-cake n crêpe f.

pane [pein] n carreau m, vitre f.

panel ['pænl] n panneau m ‖ MED. ~ doctor, médecin conventionné ‖ RAD. groupe m de discussion.

panic ['pænik] n panique f • v s'affoler.

panic-stricken a pris de panique.

panorama [,pænə'rɑːmə] n panorama m.

panoramic [-'ræmik] a panoramique.

pansy ['pænzi] n BOT. pensée f ‖ SL. tante, tapette f (arg.).

pant [pænt] v [person] haleter; [heart] palpiter.

panther ['pænθə] n panthère f.

panties ['-tiz] npl [women's] slip m.

pantry ['pæntri] n office m.

pants [pænts] npl [men's] caleçon, slip m; [women's] culotte f, slip m ‖ US pantalon m.

paper ['peipə] n papier m ‖ journal m (newspaper) ‖ [school] devoir m; épreuve f, composition f ‖ Pl papiers mpl (documents).

paperback n livre m de poche.

paper-clip n agrafe f, trombone m.

paper-knife n coupe-papier m.

paper-weight n presse-papiers m.

parachute ['pærəʃuːt] n parachute m; ~ drop, parachutage m • v sauter en parachute ‖ parachuter.

parachutist n parachutiste n.

paraffin ['pærəfin] n : ~ (oil), pétrole (lampant); ~(-wax), paraffine f; (liquid) ~, huile f de paraffine.

paragraph ['pærəgrɑːf] n paragraphe f ‖ new ~!, à la ligne!

parallel ['pærəlel] a parallèle; ~ bars, barres parallèles • n parallèle n.

paralyse ['pærəlaiz] v paralyser.

paralysis [pə'rælisis] n paralysie f.

parapet ['pærəpit] n parapet m.

parasol [,pærə'sɔl] n ombrelle f, parasol m.

paratrooper ['pærətru:pə] n MIL. parachutiste m.

parcel ['pɑ:sl] n colis, paquet m; make up a ~, faire un paquet.

pardon ['pɑ:dn] n pardon m; I beg your ~!, excusez-moi, je vous demande pardon! ● v pardonner.

pare [pɛə] v rogner, couper (nails).

parent ['pɛərənt] n père m (father); mère f (mother) ‖ Pl parents mpl.

parenthesis [pə'renθisis] (Pl **parentheses** [-θisiːz]) n parenthèse f.

parish ['pæriʃ] n paroisse f.

parishioner [pə'riʃənə] n paroissien n.

Parisian [pə'rizjən] a/n parisien (n).

park [pɑːk] n parc m ‖ AUT. car ~, parking ● v AUT. garer, parquer.

parking n stationnement m; no ~!, défense de stationner; ~ disc, disque m de stationnement; ~ meter, parcmètre m.

parliament ['pɑːləmənt] n parlement m.

parrot ['pærət] n perroquet m.

parsley ['pɑːsli] n persil m.

parson ['pɑːsn] n pasteur, curé m (priest).

part [pɑːt] n partie, part f;

take ~ in, prendre part à ‖ parti m (side); take sb's ~, prendre parti pour qqn; on the ~ of, de la part de ‖ TH. rôle m ‖ TECHN. pièce f ● v séparer; ~ one's hair, se faire une raie ‖ se séparer, se quitter ‖ ~ with sth, se défaire de qqch.

partial ['pɑːʃl] a partiel (in part) ‖ partial (biased) ‖ COLL. be ~ to, avoir un faible pour.

partially av partiellement, en partie.

participle ['pɑːtsipl] n participe m.

particular [pə'tikjulə] a particulier (special) ‖ difficile (fastidious) ● n détail m, particularité f; full ~s, tous les détails/renseignements.

particularly av particulièrement, en particulier.

parting ['-iŋ] n séparation f ‖ [hair] raie f.

partition [pɑː'tiʃn] n cloison f (wall).

partly av partiellement.

partner ['pɑːtnə] n partenaire n ‖ [dance] cavalier n ‖ JUR. associé n.

partridge ['pɑːtridʒ] n perdrix f.

'part-'time a à mi-temps.

party ['pɑːti] n groupe m (political) ~, parti m ‖ réunion f; réception f; (evening) ~, soirée f; give a ~, donner une réception ‖ third-~ insurance, assurance f au tiers.

pass [pɑːs] n permis, laissez-passer *m* (document) ‖ GEOGR. col *m* ‖ SP. passe *f* ● *v* passer ‖ franchir (cross over) ‖ passer, transmettre (transmit) ‖ [examiner] recevoir (candidates); [candidate] être reçu à (exam) ‖ ~ *water*, uriner ‖ AUT. dépasser; doubler (overtake) ‖ SP. passer (a ball) ‖ [card games] passer, renoncer.

passable *a* praticable (road); passable (quality).

passage ['pæsidʒ] *n* passage *m* ‖ NAUT. traversée *f*.

passenger ['pæsndʒə] *n* RAIL. voyageur *n* ‖ NAUT., AV. passager *n*.

'passer-'by *n* passant *n*.

passion ['pæʃn] *n* passion *f*.

passionate ['-ənit] *a* passionné.

passive ['pæsiv] *a* passif.

passkey ['pɑ:ski:] *n* passepartout *m inv.*

passport ['-pɔ:t] *n* passeport *m*.

password ['-wə:d] *n* mot *m* de passe.

past [pɑ:st] *a* passé ‖ GRAMM. ~ *tense*, passé ● *n* passé *m*; *in the* ~, autrefois ● *p* audelà de; *ten* ~ *two*, deux heures dix ‖ plus de (more than); *he is* ~ *forty*, il a plus de quarante ans ● *av* : *go* ~, passer devant.

pasta ['pæstə] *n* pâtes *fpl*.

paste [peist] *n* colle *f* (glue) ‖ CULIN. pâte *f* ● *v* coller.

pasteboard *n* carton *m*.

pastime ['pɑ:staim] *n* passetemps *m*; distraction *f*.

pastry ['peistri] *n* pâte *f* (dough); pâtisserie *f* (cake).

pastry-cook *n* pâtissier *n*.

pastry-shop *n* pâtisserie *f*.

patch [pætʃ] *n* [material] pièce *f* ‖ [colour] tache *f* ● *v* rapiécer; rafistoler.

patent ['peitnt] *n* brevet *m* ‖ ~ *medicine*, spécialité *f* pharmaceutique.

patent-leather shoes *npl* chaussures vernies.

paternal [pə'tə:nl] *a* paternel.

path [pɑ:θ] *n* [country] sentier, chemin *m* ‖ [garden] allée *f*.

patience ['peiʃns] *n* patience *f*; *out of* ~, à bout de patience; *have* ~, prendre patience.

patient ['-t] *a* patient; *be* ~, prendre patience ● *n* patient, malade *n*.

patiently *av* patiemment; *wait* ~, patienter.

patriot ['peitriət] *n* patriote *n*.

patriotic [,pætri'ɔtik] *a* patriotique.

patron ['peitran] *n* COMM. client *n*.

patronize ['pætrənaiz] *v* COMM. se fournir chez.

pattern ['pætən] *n* motif *m* ‖ [dressmaking] patron *m* ‖ COMM. échantillon *m* (sample) ‖ schéma *m*.

pave [peiv] *v* paver.

pavement *n* trottoir *m* (for pedestrians) ‖ US chaussée *f* (roadway).

paving-stone n pavé m.

paw [pɔ:] n patte f.

pawn [pɔ:n] n gage m, in ~, en gage ‖ [chess] pion m ● v engager, mettre au mont-de-piété.

pawnbroker n prêteur n sur gage.

pawnshop n mont-de-piété m.

pay 1 [pei] n paie/paye f; [workman's] salaire m; [civil servant's] traitement m; [servant's] gages mpl.

pay* 2 v payer (sb, sum, qqn, somme); ~ for sth, payer qqch ‖ ~ back, rembourser; ~ off, acquitter (debt); ~ up, solder, régler.

paying a payant, rémunérateur ‖ ~ guest, pensionnaire n.

payment n paiement m, versement m; rémunération f.

pea [pi:] n pois m; green ~s, petits pois; split ~s, pois cassés.

peace [pi:s] n paix f ‖ ordre public.

peaceful a paisible, pacifique.

peach [pi:tʃ] n pêche f.

peach-tree n pêcher m.

peacock ['pi:kɔk] n paon m.

peak [pi:k] n [mountain] pic m, cime f ‖ [cap] visière f ‖ RAIL., ELECTR. ~ hours, heures fpl de pointe.

peanut ['pi:nʌt] n arachide, cacahouète f.

pear [pɛə] n poire f.

pearl [pə:l] n perle f.

pearly a nacré.

pear-tree n poirier m.

peasant ['peznt] n paysan m.

pea-shooter ['pi:,ʃu:tə] n sarbacane f.

pea-souper n COLL. purée f de pois (fog).

peat [pi:t] n tourbe f.

pebble ['pebl] n caillou m ‖ [beach] galet m.

peculiar [pi'kju:ljə] a particulier, singulier, bizarre.

pedal ['pedl] n pédale f ● v pédaler.

pedestrian [pi'destriən] n piéton m ● a pédestre.

pedigree ['pedigri:] n [animal] pedigree m.

peel [pi:l] n [fruit] pelure f; épluchure f; [orange] peau f; [lemon] zeste m ● v peler, éplucher.

peer 1 [piə] v scruter (at, sth, qqch).

peer 2 n pair m, égal n.

peerless a sans égal, incomparable.

peevish ['pi:viʃ] a irritable, grincheux.

peg [peg] n cheville f (pin) ‖ (hat-)~, patère f ‖ COLL. off the ~, prêt-à-porter (clothes) ‖ [tent] piquet m ‖ [washing] pince f à linge.

pejorative ['pi:dʒrətiv] a péjoratif.

pell-mell ['pel'mel] a/av/n pêle-mêle (m).

pen n plume f ‖ (fountain-)~, stylo m.

penalize ['pi:nəlaiz] v SP. pénaliser.

penalty ['penlti] n pénalité f || SP. pénalisation f, penalty m.

pence npl → PENNY.

pencil ['pensl] n crayon m; in ~, au crayon.

pencil-case n trousse f d'écolier.

pencil-sharpener n taille-crayon m.

pen-friend n correspondant n.

penguin ['pengwin] n pingouin m.

penicillin [,peni'silin] n pénicilline f.

peninsula [pi'ninsjulə] n péninsule, presqu'île f.

pen-knife n canif m.

penniless ['penilis] a sans le sou; indigent.

penny ['peni] (Pl **pence** [pens], **pennies** ['peniz]) n penny m || COLL. spend a ~, aller au petit coin; a ~ for your thoughts, à quoi pensez-tu?

pension ['penʃn] n pension, retraite f • v : ~ off, mettre à la retraite.

pensioner n pensionné, retraité n.

people ['pi:pl] npl [with pl. v.] gens mpl; how many ~?, combien de personnes?; a lot of ~, beaucoup de monde; young ~, jeunes gens • n peuple m, nation f.

pep [pep] n SL. allant m, vitalité f • v : ~ up, ragaillardir.

pepper ['pepə] n [spice]

poivre m || [vegetable] poivron m • v poivrer.

pepper-mill n moulin m à poivre.

peppermint n menthe poivrée.

pepper-pot n poivrière f.

per [pə] p : ~ cent, pour cent; ~ year, par an.

percentage [pə'sentidʒ] n pourcentage m.

perch [pə:tʃ] v se percher, jucher • n perchoir m.

percolator ['pə:kəleitə] n cafetière f électrique; percolateur m.

perfect ['pə:fikt] a parfait, achevé • n GRAMM. parfait m.

perform [pə'fɔ:m] v accomplir (duty, task) || TH. représenter (play).

performance n accomplissement m || TH. représentation f || CIN. séance f || SP. performance f.

performing a : ~ dog, chien savant.

perfume ['pə:fju:m] n parfum m • [pə'fju:m] v parfumer.

perfumery [-əri] n parfumerie f.

perhaps [pə'hæps] av peut-être.

period ['piəriəd] n période f; bright ~, éclaircie f || époque f; ~ furniture, mobilier m de style || [school] cours m || MED. (Pl) règles fpl.

perish ['periʃ] v [person] périr, mourir.

perk 1 [pəːk] n (usu pl.) COLL. avantage, à-côté m.

perk 2 v : ~ up, remonter, ragaillardir.

perm [pəːm] n [hairdressing] permanente f.

permanent ['pəːmənənt] a permanent, stable.

permanently av en permanence ‖ à titre définitif.

permeable ['pəːmjəbl] a perméable.

permissible [pə'misəbl] a permis.

permission [-ʃn] n permission f.

permissive a tolérant ; ~ society, société f permissive.

permit ['pəːmit] n permis, laissez-passer m ● [-'-] v permettre (to, de).

perpendicular [,pəːpn'dikjulə] a perpendiculaire.

perplexed [pə'plekst] a perplexe, embarrassé.

perplexity n embarras m, perplexité f.

persevere [,pəːsi'viə] v persévérer, persister.

person ['pəːsn] n personne f, individu m ‖ TEL. ~ to ~ call, appel m en préavis.

personal a personnel, individuel.

personality [,pəːsə'næliti] n personnalité f ‖ Pl remarques désobligeantes (personal remarks).

perspective [pə'spektiv] n perspective f.

perspex ['pəːspeks] (R) n Plexiglas m.

perspiration [,pəːspə'reiʃn] n transpiration f.

perspire [pəs'paiə] v transpirer.

persuade [pə'sweid] v persuader.

pert [pəːt] a effronté.

perverse [pə'vəːs] a obstiné (person) ‖ contrariant (circumstances).

pervert [pəˈvəːt] v pervertir.

pessimist ['pesimist] n pessimiste n.

pessi'mistic a pessimiste.

pest [pest] n [animal] insecte m nuisible ‖ [person] poison m (fam.).

pet [pet] n animal familier ‖ [school] chouchou n (fam.) ‖ ~ name, diminutif affectueux ● v peloter (fam.).

petting n pelotage m (fam.).

petrol ['petrl] n essence f; ~ bomb, cocktail m Molotov ; ~ gauge, jauge f d'essence; ~ station, poste m d'essence.

petticoat ['petikəut] n jupon m.

petty ['peti] a petit, insignifiant ‖ FIN. ~ cash, menue monnaie.

pew [pjuː] n banc m d'église.

pewter ['pjuːtə] n étain m.

pharmacy n pharmacie f.

phial ['faiəl] n MED. ampoule f.

philately [fi'lætəli] n philatélie f.

philosophy [fi'lɔsəfi] n philosophie f.

phlegmatic [fleg'mætɪk] a flegmatique.

phone [faun] n COLL. téléphone m; be on the ~, avoir le téléphone; ~ book, annuaire m; ~ box, cabine f téléphonique; ~ call, coup m de fil ● v téléphoner.

phoney ['fauni] a SL. faux; bidon (arg.).

photo ['fautau] n COLL. photo f.

photocopy n photocopie f ● v photocopier.

photo-electric a : ~ cell, cellule f photo-électrique.

photograph ['fautagra:f] n photographie f (picture); take a ~, prendre une photo ● v photographier.

photographer [fə'tɔgrəfə] n photographe n.

pho'tography n photographie f (art).

phrase [freiz] n expression, locution f.

physical ['fizɪkl] a physique.

physician [fi'ziʃn] n médecin m.

physicist ['fizisist] n physicien n.

physics [-ks] n physique f.

pianist ['pjænist] n pianiste n.

piano [-au] n piano m; play the ~, jouer du piano; **upright/grand** ~, piano droit/ à queue.

pick [pik] n choix m; take one's ~, faire son choix ● v

choisir (choose); ~ one's nose, se mettre les doigts dans le nez ‖ ~ pockets, faire les poches ‖ ~ one's teeth, se curer les dents ‖ ~ (fruit, flowers) cueillir (fruit, flowers) ‖ ~ up, ramasser (lift); (passer) prendre (sb, qqn) ‖ RAD. capter.

picket ['pikit] n piquet, pieu m ‖ FIG. piquet m de grève ● v entourer de piquets de grève (factory).

picking ['-iŋ] n cueillette f.

pickle ['pikl] n marinade f ‖ pickles mpl ● v conserver dans du vinaigre.

pick-me-up ['pikmiʌp] n cordial, remontant m.

'**pick,pocket** n pickpocket m.

pick-up n [record player] pick-up m; AUT. reprise f.

picnic ['piknik] n piquenique m; go on a ~, aller faire un pique-nique. ● v piqueniquer.

picture ['piktʃə] n image f ‖ photo(graphie) f ‖ ARTS. tableau m (painting) ‖ Pl CIN. cinéma, film m; go to the ~s, aller au cinéma.

picture-gallery n galerie f de tableaux ; musée m.

pie [pai] n tourte f.

piece [pi:s] n morceau m (bit); pull to ~s, déchirer ‖ **take to ~s**, démonter [unit] a ~ of furniture, un meuble; a ~ of advice/news, un conseil/une nouvelle ‖ COLL. go

to ~s, perdre ses moyens, s'effondrer (collapse).

pier [piə] n jetée, jetée-promenade f ‖ [bridge] pile f.

pierce [piəs] v percer, transpercer.

piety ['paiəti] n piété f.

pig [pig] n cochon m ‖ SL. flic m (fam.).

pigeon ['pidʒin] n pigeon m.

pigeon-fancier n colombophile n.

pigeonhole n case f, casier m.

pig-headed [pig'hedid] a entêté, têtu.

piglet [-lit] n porcelet m.

pigskin n peau f de porc.

pile [pail] n pile f, tas, monceau m ‖ ELECTR. pile f • v : ~ (up), empiler, entasser.

pilfer ['pilfə] v marauder.

pilgrim ['pilgrim] n pèlerin m.

pilgrimage [-idʒ] n pèlerinage m; go on (a) ~, aller en pèlerinage.

pill [pil] n MED. pilule f; be on the ~, prendre la pilule.

pillar-box ['piləbɔks] n boîte f aux lettres.

pillion ['piljən] n [motorcycle] siège arrière, tan-sad m.

pillow ['piləu] n oreiller m; ~ case, taie f d'oreiller.

pilot ['pilət] n NAUT., AV. pilote m • v piloter, guider.

pilot-burner n veilleuse f.

pilot-jet n gicleur m de ralenti.

pilot-light n lampe f témoin; veilleuse f.

pimp [pimp] n souteneur m; maquereau m (arg.).

pimple ['pimpl] n MED. bouton m.

pin [pin] n épingle f ‖ ~ money, argent m de poche ‖ TECHN. goupille f • v épingler (papers); fixer (on noticeboard); ~ up, accrocher au mur.

pinafore ['-əfɔː] n tablier m.

pin-ball n : ~ (machine), flipper m.

pincers ['pinsəz] npl tenailles fpl.

pinch [pinʃ] n pincement m; pincée f (of salt) • v pincer ‖ [shoes] serrer ‖ COLL. chiper, piquer, faucher (steal) (fam.).

pine [pain] n BOT. pin m; ~cone, pomme f de pin.

pineapple ['painæpl] n ananas m.

ping-pong ['piŋpɔŋ] n COLL. Ping-Pong m.

pink 1 [piŋk] a/n rose (m).

pink 2 v AUT. [engine] cliqueter.

pint [paint] n pinte f.

pinta ['paintə] n COLL. = pint of milk.

pintable ['pin,teibl] n US flipper m.

pious ['paiəs] a pieux.

pip 1 [pip] n RAD. top m.

pip 2 n BOT. pépin m.

pipe [paip] n tuyau m, conduite f (tube) ‖ pipe f (for smoking).

pipe-cleaner n cure-pipe m.

pirate ['paiərit] n pirate m ‖ FIG. plagiaire m.

pistol ['pistl] n pistolet m.

piston ['pistən] n piston m.

pit [pit] n fosse f (hole) ‖ puits m (coal-mine) ‖ TH. (fauteuils mpl d')orchestre m.

pitch [pitʃ] v NAUT. tanguer ‖ dresser (tent).

pity ['piti] n pitié f; *out of ~*, par pitié; *have/take ~ on*, prendre pitié de ‖ FIG. *what a ~!*, quel dommage!

pivot ['pivət] n pivot m • v pivoter.

placard ['plækɑ:d] n pancarte f.

place [pleis] n endroit, lieu m (spot) ‖ localité f (town) ‖ emploi m (job) ‖ COLL. maison f (building); *at/to my ~*, chez moi ‖ SP. *back a horse for a ~*, jouer un cheval placé ‖ FIG. *take ~*, avoir lieu; *out of ~*, déplacé (remarks) • v placer, mettre ‖ FIG. se rappeler, remettre (sb).

plaid [plæd] n plaid m.

plain 1 [plein] n plaine f.

plain 2 a clair, évident ‖ simple, ordinaire ‖ franc (answer) ‖ uni (colour) ‖ bourgeois, simple (cooking) ‖ simple; au naturel (food) ‖ laid (not pretty).

plainly av clairement, franchement.

plait [plæt] n natte f (hair) • v tresser, natter.

plan [plæn] n plan, projet m; *draw up a ~*, dresser un plan

• v faire le plan de (building) ‖ FIG. projeter.

plane 1 [plein] n [tree] platane m.

plane 2 n avion m.

planet ['plænit] n planète f.

planetarium [ˌplæni'tɛəriəm] n planétarium m.

planning ['plæniŋ] n planification, organisation f.

plant [plɑ:nt] n BOT. plante f ‖ TECHN. matériel m; installation f (apparatus); usine f (factory) • v planter.

plaster ['plɑ:stə] n plâtre m ‖ MED. (sticking) ~, pansement adhésif • v plâtrer.

plastic ['plæstik] a plastique ‖ ~ surgery, chirurgie f esthétique • n (matière f) plastique m.

plasticine [-si:n] n pâte f à modeler.

plate [pleit] n assiette f ‖ CULIN. hot ~, plaque chauffante ‖ PHOT. plaque f ‖ ARTS gravure f (engraving) ‖ AUT. number ~, plaque f d'immatriculation ‖ MED. (dental) ~, prothèse f (dentaire) • v plaquer (with gold).

plate-rack n égouttoir m.

platform ['plætfɔ:m] n plateforme, estrade f ‖ RAIL. quai m ‖ POL. programme électoral.

play [plei] n amusement, jeu m; *child's ~*, jeu d'enfant; *~ on words*, jeu de mots ‖ TH. pièce f ‖ SP. *out of ~*, hors jeu • v jouer; *~ cards*, jouer aux cartes ‖ SP. *~ football*, jouer au football ‖ TH.

jouer (a part) ‖ MUS. ~ the *piano*, jouer du piano ‖ FIG. ~ *a trick on*, faire une farce à ‖ SP. ~ *away*, jouer en déplacement ‖ ~ *back*, écouter, repasser (sth recorded) ‖ SP. ~ *off*, jouer la belle ‖ AUT. (sparking-)~, bougie *f* ● ~ *up*, [children] en faire voir à.

player *n* SP. joueur *m* ‖ MUS. exécutant *m* ‖ TH. acteur *m*.

playfellow *n* camarade *n* de jeu.

playground *n* cour *f* de récréation.

playmate *n* = PLAYFELLOW.

play-off *n* SP. belle, finale *f*.

plea [pli:] *n* excuse *f*, prétexte *m* ‖ appel *m*.

plead [pli:d] *v* plaider, alléguer.

pleasant ['pleznt] *a* agréable ‖ aimable, sympathique.

please 1 [pli:z] *v* plaire, faire plaisir à ; contenter ; *hard to* ~, difficile, exigeant.

please 2 *interj* ~ *!*, s'il vous plaît !

pleased [-d] *a* content.

pleasing *a* agréable ‖ sympathique.

pleasure ['pleʒə] *n* plaisir *m* ; *with* ~, volontiers.

pleat [pli:t] *n* pli *m* ● *v* plisser.

pledge [pledʒ] *n* gage *m* ; promesse *f*, engagement *m* ● *v* mettre en gage (pawn) ‖ promettre.

plenty ['plenti] *n* : ~ *of*, plein de, des tas de (fam.) [books] ; beaucoup de (milk).

pliers ['plaiəz] *npl* pinces *fpl.*

plimsoll ['plimsəl] *n* espadrille *f*.

pluck [plʌk] *v* plumer (bird).

plug [plʌg] *n* tampon, bouchon *m* ; bonde *f* ‖ ELECTR. fiche *f* ‖ AUT. (sparking-)~, bougie *f* ● *v* boucher ‖ ~ *in*, ELECTR. brancher.

plum [plʌm] *n* prune *f.*

plumb [plʌm] *n* plomb *m.*

plumber *n* plombier *m.*

plumbing *n* plomberie, tuyauterie *f* ‖ installation *f* sanitaire.

plump [plʌmp] *a* potelé, dodu, grassouillet.

plum-tree *n* prunier *m.*

plunge [plʌndʒ] *n* plongeon *m* ● *v* plonger.

pluperfect ['plu:'pə:fikt] *n* plus-que-parfait *m.*

plural ['pluərəl] *a/n* pluriel (*m*).

plus [plʌs] *p* plus.

plutonium [plu:'təunjəm] *n* plutonium *m.*

ply [plai] *v* manier ; ~ *the oars*, faire force de rame ‖ harceler ; ~ *sb with questions*, presser qqn de questions ‖ [ship, etc.] faire le service/la navette (between ... and, entre ... et).

plywood ['plaiwud] *n* contreplaqué *m.*

p. m. [,pi:'em] *av* de l'après-midi.

poached [pəut,rt] *pp* : ~ *eggs*, œufs pochés.

pocket ['pɔkit] *n* poche *f* ; *breast* ~, poche intérieure.

pocket-book n calepin m.

pocket-money n argent m de poche.

poem ['pəuim] n poème m.

poet ['pəuit] n poète m.

poetic [pəu'etik] a poétique.

poetry ['pəuitri] n poésie f.

point [pɔint] n point m (dot); decimal ~, virgule f || (unit) point m || (needle) pointe f || ELECTR. (power) ~, prise f de courant || Pl RAIL. aiguillage m || FIG. point, détail m; question f; on that ~, à cet égard; argument m; ~ of view, point de vue; caractéristique, qualité f • v : ~ (at), indiquer || ~ out, montrer, indiquer (du doigt); FIG. faire observer.

pointed [-id] a pointu.

poison ['pɔizn] n poison m • v empoisonner || intoxiquer.

poisonous a vénéneux (plant) || venimeux (snake).

poker 1 ['pəukə] n tisonnier m.

poker 2 n [cards] poker m.

Poland ['pəulənd] n Pologne f.

polar ['pəulə] a polaire.

Pole 1 n Polonais m.

pole 2 [pəul] n GEOGR., ELECTR. pôle m.

pole 3 n poteau m; (telegraph) ~, poteau m télégraphique || SP. perche f.

pole-star n étoile f Polaire.

pole-vault n SP. saut m à la perche.

police [pə'li:s] n police f.

policeman, police-officer n agent m de police.

police-station n commissariat m de police.

policy n police f d'assurance (insurance); take out a ~, contracter une assurance.

polish 1 ['pɔliʃ] n poli m || (shoe) ~, cirage m, crème f à chaussures || (floor) ~, cire, encaustique f || (nail-)~, vernis m à ongles • v polir, cirer (shoes, floor) || vernir (nails) || ~ up, faire reluire.

Polish 2 ['pəuliʃ] a polonais.

polite [pə'lait] a poli.

politely av poliment.

politeness n politesse f.

political [pə'litikl] a politique.

politician [,pɔli'tiʃn] n homme m politique.

politics n politique f.

poll [pəul] n vote, scrutin m; opinion ~, sondage m d'opinion • v obtenir (votes) || voter.

polling ['-iŋ] n élections fpl.

pollute [pə'lu:t] v polluer.

pollution n pollution f.

polo neck ['pəuləunek] a à col roulé (sweater).

Polynesia [,pɔli'ni:zjə] n Polynésie f.

Polynesian a/n polynésien (n).

pond [pɔnd] n étang m; mare f (smaller).

pony ['pəuni] n poney m.

poodle ['pu:dl] n caniche m.

pool 1 [pu:l] n étang m (pond) || [artificial] bassin m; (swimming) ~, piscine f.

pool 2 n [cards] cagnotte f ||

Pl : GB *(football)* ∼s, concours *m* de pronostics sur les matchs de football ● *v* mettre en commun.

poor [puə] *a* pauvre ‖ FIG. médiocre.

poorly *a* patraque ● *av* pauvrement, médiocrement.

pop 1 [pɔp] *a* COLL. = POPULAR ‖ MUS. pop *m/f*.

pop 2 *n* détonation *f*, bruit sec ‖ COLL. boisson gazeuse.

pope [pəup] *n* pape *m*.

poplar ['pɔplə] *n* peuplier *m*.

poppy ['pɔpi] *n* coquelicot *m*.

popular ['pɔpjulə] *a* populaire ‖ en vogue ‖ qui a du succès.

popularize *v* vulgariser.

popu'lation *n* population *f*.

populous *a* populeux.

porcelain ['pɔːslin] *n* porcelaine *f*.

pork [pɔːk] *n* viande *f* de porc *m*.

pork-butcher *n* charcutier *m*.

pornography [pɔːˈnɔɡrəfi] *n* pornographie *f*.

porridge ['pɔridʒ] *n* porridge *m*.

port 1 [pɔːt] *n* port *m*.

port 2 *n* porto *m* (wine).

portable ['pɔːtəbl] *a* portatif.

porter 1 ['pɔːtə] *n* portier *m*, concierge *m* ‖ RAIL. porteur *m*.

porter 2 *n* bière brune.

portfolio [pɔːtˈfəuljəu] *n* carton *m* à dessin.

portion ['pɔːʃn] *n* portion *f*.

portrait ['pɔːtrit] *n* portrait *m*.

Portugal ['pɔːtjuɡl] *n* Portugal *m*.

Portu'guese [-giːz] *a* portugais ● *n* Portugais *n* ‖ (language) portugais *m*.

posh [pɔʃ] *a* COLL. chic, chouette (fam.) ; élégant.

position [pəˈziʃn] *n* position *f* (posture) ‖ emplacement *m*, situation *f* (location) ‖ situation *f* ; poste *m* (post).

positive ['pɔzitiv] *a* certain (convinced) ‖ catégorique (refusal) ‖ positif, authentique (fact) ‖ MATH. positif.

possess [pəˈzes] *v* posséder.

possession [-ʃn] *n* possession *f*.

possessive *a* possessif.

possibility [ˌpɔsəˈbiliti] *n* possibilité *f* ; éventualité *f*.

possible ['pɔsəbl] *a* possible.

possibly *av* peut-être.

post 1 [pəust] *n* poteau *m* ; pieu *m* ‖ SP. *(winning-)*∼, poteau *m* d'arrivée ● *v* afficher, placarder.

post 2 *n* poste *m* (job).

post 3 *n* poste *f*, courrier *m* ; *by return of* ∼, par retour (du courrier) ; *has the* ∼ *come ?*, le courrier est-il passé ? ● *v* poster, mettre à la poste.

postage [-idʒ] *n* affranchissement *m* ; (frais *mpl* de) port *m* ‖ ∼ *stamp*, timbre-poste *m*.

postcard *n* carte postale.

postcode *n* code postal.

poster ['pəustə] *n* affiche *f*.

post-free *a* franco de port.

postman *n* facteur, préposé *m*.

postmark n cachet m de la poste, oblitération f.

postmaster n receveur m des postes.

post-office n bureau m de poste.

post-paid a port payé.

postpone [pəus'pəun] v remettre, différer, ajourner.

postscript ['pausskript] n post-scriptum m.

pot [pɔt] n pot m, marmite f; terrine f.

potato [pə'teitəu] n pomme f de terre; baked ~es, pommes de terre au four.

pot-hole ['pɔthəul] n [road] nid-de-poule m.

pot-holer n spéléologue m.

pot-holing n spéléologie f.

pot luck n : take ~, manger à la fortune du pot.

potter ['pɔtə] n potier m.

pottery ['pɔri] n poterie f.

pouch [pautʃ] n : (tobacco) ~, blague f à tabac.

poultry ['pəultri] n volaille f.

pound [paund] n [weight, money] livre f.

pour [pɔ:] v verser ‖ pleuvoir à verse.

pout [paut] v faire la moue.

poverty ['pɔvəti] n pauvreté f.

powder ['paudə] n poudre f.

powder-puff n houppe f à poudre.

powder-room n US toilettes fpl pour dames.

power ['pauə] n pouvoir m, autorité f ‖ puissance f (strength) ‖ MATH. puissance f

‖ TECHN. énergie f ‖ ELECTR. électricité f; ~ drill, perceuse f électrique; ~ point, prise f de courant; ~ station, centrale f électrique.

powerful a puissant.

powerless a impuissant, inefficace.

practical ['præktikl] a pratique.

practically [-əli] av pratiquement.

practice ['præktis] n pratique f; put into ~, mettre en pratique ‖ entraînement m; be out of ~, être rouillé.

practise ['præktis] v pratiquer; s'exercer à ‖ MUS. étudier ‖ SP. s'entraîner.

practitioner [præk'tiʃnə] n MED. praticien m.

praise [preiz] n louange f, éloge m ● v louer, faire l'éloge de.

pram [præm] n landau m, voiture f d'enfant.

pray [prei] v prier.

prayer [preə] n prière f; say a ~, faire une prière.

preach [pri:tʃ] v prêcher.

preacher n prédicateur m.

precaution [pri'kɔ:ʃn] n précaution f.

precede [pri'si:d] v précéder (go before).

preceding a précédent.

precious ['preʃəs] a précieux.

precipice ['presipis] n précipice m.

precise [pri'sais] a précis, exact.

precision [pri'siʒn] n précision, exactitude f.

precocious [pri'kəuʃəs] a
précoce.

predecessor ['pri:disesə] n
prédécesseur m.

predicative [pri'dikətiv] a
GRAMM. attribut.

predict [pri'dikt] v prédire.

prediction n prédiction f.

prefect ['pri:fekt] n chef m de
classe.

prefer [pri'fə:] v préférer (to,
à).

preferable ['prefrəbl] a pré-
férable.

preferably [-əbli] av de préférence.

preference n préférence f.

prefix ['pri:fiks] n préfixe m.

pregnant ['pregnənt] a
enceinte (woman); pleine (animal).

prejudice ['predʒudis] n préjugé m ● v : be ~ed against sb,
être prévenu contre qqn.

premises ['premisiz] npl
locaux mpl; on the ~, sur
place.

preoccupied [pri'ɔkjupaid] a
préoccupé, inquiet.

prep [prep] n COLL. devoirs
mpl du soir.

prepaid ['pri:'peid] a payé
d'avance.

preparatory [pri'pærətri] a
préparatoire.

prepare [pri'pɛə] v (se) préparer (to, à).

preposition [,prepə'ziʃn] n
préposition f.

prepossessing [,pri:pə'ze-
siŋ] a aimable, sympathique.

prescribe [pris'kraib] v MED.
prescrire, ordonner.

prescription [-'kripʃn] n
MED. ordonnance f.

presence ['prezns] n présence
f ‖ FIG. ~ of mind, présence
f d'esprit.

present 1 [-t] a présent
actuel (existing now) ● n époque actuelle; for the ~, pour
le moment ‖ GRAMM. présent
m.

present 2 n cadeau, présent
m; give sb a ~, faire cadeau
de qqch à qqn ● [pri'zent]
présenter, offrir.

presently ['prezntli] av tout à
l'heure; peu après.

preserve [pri'zə:v] v préserver (from, de) ‖ CULIN. mettre
en conserve ● npl confiture f.

press 1 [pres] n [action] pression f ‖ [machine] presse f ‖
[newspapers] presse f.

press 2 v presser ‖ ~ down on,
appuyer sur (button) ‖ repasser
(iron) ‖ FIG. be ~ed for time,
être pressé.

pressing a pressant, urgent.

pressure ['preʃə] n pression f.

pressure-cooker n autocuiseur m.

pressurize [-raiz] v AV. pressuriser.

presumably [pri'zju:məbli]
av probablement.

presume [pri'zju:m] v présumer, supposer.

presumptuous [pri'zʌmtjuəs] a présomptueux, prétentieux.

pretence [pri'tens] n simulation f, chiqué m (fam.); make a ~ of, faire semblant de || prétention f (claim); under the ~ of, sous prétexte de.

pretend [-d] v simuler, feindre, faire semblant de.

pretentious [-ʃəs] a prétentieux.

preterite ['pretrit] n prétérit m.

pretext ['pri:tekst] n prétexte m.

pretty ['priti] a joli, gentil ● av assez.

prevail [pri'veil] v l'emporter (over, sur).

prevailing a dominant, prédominant.

prevent [pri'vent] v empêcher (from, de).

preview ['pri:'vju:] n CIN. avant-première f || ARTS vernissage m.

previous ['pri:vjəs] a ˌprécédent, antérieur.

previously av précédemment, antérieurement.

prey [prei] n proie f.

price [prais] n prix m.

prick [prik] n piqûre f ● v piquer.

pride [praid] n orgueil m (defect) || fierté f (quality) ● v : ~ o. s., s'enorgueillir (on, de).

priest [pri:st] n prêtre m; ~ worker, prêtre ouvrier.

prime [praim] a principal; ~

minister, Premier ministre ● v amorcer (pump).

primer n manuel m élémentaire.

primitive ['primitiv] a/n primitif (m).

primitively av primitivement.

prince [prins] n prince m.

princess [-'ses] n princesse f.

principality [ˌprinsi'pæliti] n principauté f.

principle ['prinsəpl] n principe m; on ~, par principe.

print [print] n empreinte f (mark) || impression f; out of ~, épuisé || [cloth] imprimé m || PHOT. épreuve f || ARTS estampe f ● v imprimer; ~ed matter, imprimés mpl || PHOT. tirer (negative) || ELECTR. ~ed circuit, circuit imprimé.

printer n imprimeur m.

printing n impression f; tirage m; ~ office, imprimerie f.

prism ['prizm] n prisme m.

prison ['prizn] n prison f.

prisoner n prisonnier, détenu n.

privacy ['pri/'praivəsi] n isolement m, intimité f.

private [-it] a privé (life) ; particulier, personnel (house, car) || intime; in ~, dans l'intimité || [on door] « défense d'entrer ».

privilege ['privilidʒ] n privilège m.

privileged [-d] a privilégié.

prize [praiz] n prix m

(reward); *award a* ∼, décerner un prix.

prize-giving *n* distribution *f* des prix.

probability [,prɔbə'biliti] *n* probabilité *f*.

probably [-əbli] *av* probablement, sans doute.

problem ['prɔbləm] *n* problème *m* ‖ COLL. *that's no* ∼!, y a pas de problème ! (fam.).

proceed [prə'siːd] *v* : ∼ *(with)*, se mettre à, continuer.

process ['prəuses] *v* traiter (film).

processing *n* traitement *m* ‖ PHOT. développement *m*.

produce ['prɔdjuːs] *n* [farming] produit *m* • [prə'djuːs] *v* présenter, montrer ‖ faire sortir *(from, de)* ‖ produire, fabriquer ‖ TH. mettre en scène ‖ CIN. produire (film).

producer *n* producteur *n* ‖ RAD., CIN. producteur *n*.

product ['prɔdəkt] *n* [industry] produit *m*.

production [prə'dʌkʃn] *n* production *f*.

profession [prə'feʃn] *n* profession libérale.

professional [-ʃnəl] *a/n* professionnel (*n*).

professor *n* professeur *m* (d'université).

proficient [prə'fiʃnt] *a* compétent, expert *(in, en)*.

profile ['prəufail] *n* profil *m*.

profit ['prɔfit] *n* profit, bénéfice, gain *m* ; *make a* ∼ *on,*

faire du bénéfice sur • *v* : ∼ *by/from,* tirer profit de.

profitable *a* rentable.

program(me) ['prəugræm] *n* programme *m* ‖ RAD. émission *f* ; *recorded/live* ∼, émission différée/en direct.

progress ['prɔugres] *n* cours *m* (development); *in* ∼, en cours ‖ *make* ∼, avancer; [pupil] faire des progrès ; [patient] aller mieux • *v* avancer, progresser, faire des progrès.

progressive [prə'gresiv] *a* progressif ‖ POL. progressiste.

prohibit [prə'hibit] *v* prohiber, interdire.

prohibition [,prəui'tɪəriən] *n* interdiction, prohibition *f*.

project ['prɔdʒekt] *n* projet *m* • [prə'dʒekt] *v* projeter (film).

projection [prə'dʒekʃn] *n* projection *f*.

projector *n* CIN. appareil *m* de projection.

proletarian [,prəuli'tɛəriən] *n* prolétaire *m*.

prominent ['prɔminənt] *a* proéminent, saillant ‖ FIG. éminent, important.

promiscuous [prə'miskjuəs] *a* confus, mêlé (mass) ‖ de mœurs légères (person).

promise ['prɔmis] *n* promesse *f* • *v* promettre *(to, de)*.

promote [prə'məut] *v* promouvoir ; *be* ∼*d,* être promu ‖ COMM. lancer (goods).

promotion *n* avancement *m,* promotion *f*.

prompt [prɔmt] *a* prompt,

rapide. • *v* inciter, suggérer ‖ TH. souffler.

prompter *n* TH. souffleur *m*.

promptly *av* promptement.

pronoun ['praunaun] *n* pronom *m*.

pronounce [prə'nauns] *v* prononcer ‖ déclarer.

pronunciation [prə,nʌnsi'ei/n] *n* prononciation *f*.

proof [pru:f] *n* preuve *f* ‖ TECHN. épreuve *f* • *a* : ~ *against*, à l'épreuve de.

prop [prɔp] *n* support, étai *m* • *v* : ~ *up*, soutenir, étayer.

propel [prə'pel] *v* propulser.

propeller *n* hélice *f*.

proper ['prɔpə] *a* convenable (suitable) ‖ opportun ; *at the* ~ *time*, en temps voulu ‖ [after the noun] proprement dit ‖ GRAMM. propre (noun).

properly *av* convenablement ; correctement.

property ['prɔpəti] *n* propriété *f* (right) ‖ biens *mpl* (possessions) ‖ domaine *m* (estate) ; *real* ~, biens immobiliers ‖ propriété *f* (house) ; ~ *developer*, promoteur (immobilier).

proportion [prə'pɔ:/n] *n* proportion *f* ; *in* ~ *to*, en proportion de ; *out of* ~, disproportionné.

proportionally [-əli] *av* proportionnellement.

proposal [prə'pəuzl] *n* proposition *f* ‖ demande *f* en mariage.

propose [prə'pəuz] *v* proposer ; faire une demande en mariage (to *sb*, à qqn).

proposition [,prɔpə'zi/n] *n* proposition *f*.

prosaic [prə'zeiik] *a* prosaïque.

prose [prəuz] *n* prose *f* ‖ [school] thème *m*.

prospect ['prɔspekt] *n* perspective, vue *f* (vista).

prosperous ['prɔsprəs] *a* prospère.

prostitute ['prɔstitju:t] *n* prostituée *f*.

protect [prə'tekt] *v* protéger, défendre (*against*, contre).

protection *n* protection, défense *f*.

protective *a* protecteur.

protest ['prəutest] *n* protestation *f* • [prə'test] *v* protester.

Protestant ['prɔtistnt] *a/n* protestant (*n*).

proton ['prəutɔn] *n* proton *m*.

prototype ['prəutətaip] *n* prototype *m*.

protractor [prə'træktə] *n* rapporteur *m*.

proud [praud] *a* [quality] fier ‖ [defect] orgueilleux.

proudly *av* fièrement ‖ orgueilleusement.

prove [pru:v] *v* prouver (sth) ‖ se révéler (be made).

proven ['pru:vn] *pp* US = proved.

proverb ['prɔvəb] *n* proverbe *m*.

provide [prə'vaid] *v* fournir, munir, pourvoir (*with*, de) ‖

pourvoir, subvenir (*for*, aux besoins de).

provided [-id] *c* pourvu que, à condition que.

providence ['prɔvidns] *n* providence, prévoyance *f*.

providing *c* → PROVIDED.

province ['prɔvins] *n* province *f*.

provincial [prə'vinʃl] *a* provincial.

provision [prə'viʒn] *n* fourniture *f* (supply) ‖ *Pl* provisions *fpl* • *v* approvisionner.

provisional [-ənl] *a* provisoire.

provoke [prə'vəuk] *v* provoquer, exciter (cause) ‖ irriter, agacer (annoy).

prowl [praul] *v* : ~ (*about*), rôder.

proximity [prɔk'simiti] *n* proximité *f* (*of*, de).

prudence ['pru:dns] *n* prudence *f* ; sagesse *f*.

prudent *a* prudent ; sage.

prune 1 [pru:n] *n* pruneau *m*.

prune 2 *v* élaguer.

pruning-scissors *npl* sécateur *m*.

pseudonym ['sju:dənim] *n* pseudonyme *m*.

psychological [ˌsaikə'lɔdʒikl] *a* psychologique.

psychology [sai'kɔlədʒi] *n* psychologie *f*.

PT [ˌpi:'ti:] *abbr* [= *physical training*] éducation *f* physique.

pub [pʌb] *n* GB pub *m* ; go on a ~ *crawl*, faire la tournée des bistrots.

public ['pʌblik] *n* public *m* • *a* public ‖ ~ *relations*, relations publiques ‖ ~ *school*, GB école secondaire privée.

publican *n* [pub] patron *n*.

‚publi'cation *n* publication, parution *f*.

publicity [pʌb'lisiti] *n* publicité *f*.

publicly *av* publiquement.

publish *v* publier, éditer.

publisher *n* éditeur *n*.

pudding ['pudiŋ] *n* pudding *m* ‖ *black* ~, boudin *m*.

puddle ['pʌdl] *n* flaque *f* d'eau.

puff [pʌf] *n* bouffée *f*, souffle *m* • *v* souffler ; ~ *at*, tirer sur (cigarette) ‖ CULIN. faire gonfler (rice).

pull [pul] *n* traction *f*, tirage *m* (act) ‖ poignée *f* (of a drawer) • *v* tirer ; traîner (drag) ‖ manier (oar) ‖ COLL. ~ *sb's leg*, se payer la tête de qqn ‖ ~ *down*, démolir (house) ‖ ~ *in*, [car, train] arriver, entrer ‖ ~ *off*, enlever (gloves) ‖ ~ *out*, [car] déboîter ‖ ~ *over*, [car] se ranger ‖ ~ *round*, remettre en forme, ranimer ‖ ~ *up*, [car] s'arrêter.

pulley ['puli] *n* poulie *f*.

pull-in *n* → PULL-UP.

pull-over *n* pullover *m*.

pull-up *n* routier *m* (café).

pulpit ['pulpit] *n* REL. chaire *f*.

pulse [pʌls] *n* pouls *m*.

pumice ['pʌmis] *n* : ~ (*stone*), pierre *f* ponce.

pump [pʌmp] n pompe f • v pomper ‖ AUT. ~ up, gonfler (tyre).

pun [pʌn] n jeu de mots, calembour m.

punch 1 n coup m de poing ; FIG. énergie f • v cogner sur.

punch 2 n punch m (drink).

Punch 3 n Polichinelle m; ~ and Judy show, guignol m.

punctual ['pʌŋtjuəl] a ponctuel.

punctuation [,pʌŋtju'eiʃn] n ponctuation f.

puncture ['pʌŋktʃə] v crever, perforer (tyre) • n perforation f ‖ AUT. crevaison f.

puncture-patch n Rustine f.

pungent ['pʌndʒənt] a âcre (smell) ; piquant (taste).

punish ['pʌniʃ] v punir, châtier.

punishment n punition f, châtiment m.

pupil 1 ['pju:pl] n [school] élève n.

pupil 2 n [eye] pupille f.

puppet ['pʌpit] n marionnette f.

puppy n chiot m.

purchase ['pə:tʃəs] n achat m, acquisition f.

pure [pjuə] a pur.

purely av purement.

purge [pə:dʒ] n MED. purge f • v purger.

purify ['pjuərifai] v purifier.

puritan [-itn] a/n puritain (n).

purple ['pə:pl] a/n violet (m).

purpose ['pə:pəs] n but m ; intention f ; on ~, exprès.

purr [pə:] n ronron m • v ronronner.

purse [pə:s] n porte-monnaie m ‖ US sac m à main.

purser n NAUT. commissaire m de bord.

pursue [pə'sju:] v poursuivre.

pursuit [-t] n poursuite f.

push [puʃ] n poussée f ‖ v COLL. dynamisme m • v pousser ; stop ~ing!, ne poussez pas !

push-bike n vélo m.

pushing a entreprenant, dynamique.

puss(y) [pus(i)] n minet m.

put [put] v mettre ; ~ a question to sb, poser une question à qqn ‖ SP. ~ the shot, lancer le poids ‖ ~ away, ranger ; économiser ‖ ~ back, remettre en place ; retarder (set back) ‖ ~ by, économiser, mettre de côté (money) ‖ ~ down, déposer ; noter (write down) ; AUT. déposer (passenger) ‖ ~ forward, avancer (clock) ‖ NAUT. ~ in, faire escale (at, à) ‖ ~ off, remettre, retarder, repousser (postpone) ; dérouter, démonter (disconcert) ; dégoûter (disgust) ‖ ~ on, mettre, enfiler (clothes) ; avancer (clock) ; TH. jouer (play) ; CIN. passer, projeter (film) ‖ ~ out, éteindre (extinguish) ; FIG. dérouter, démonter, troubler (disconcert) ‖ ~ through, TEL. mettre en communication (to, avec) ‖ ~ up, dresser (tent) ; loger, coucher (sb) ; [person] (se) loger ;

~ **up at a** *hotel*, descendre à l'hôtel || ~ **up with**, supporter, tolérer.

putty ['pʌti] n mastic m.

puzzle ['pʌzl] n énigme f || pyjama m.

casse-tête m • v embarrasser, intriguer || ~ **out**, déchiffrer; résoudre (problem).

pyjamas [pə'dʒɑːməz] npl pyjama m.

q

q [kjuː]

q. t. [kjuː'tiː] abbr [= *quiet*] : COLL. **on the** ~, en douce (fam.).

quake [kweik] v trembler.

qualified ['kwɔlifaid] a qualifié, apte à.

qualify [-ai] v qualifier (*for*, pour) [entitle].

quality [-ti] n qualité f.

quantity ['kwɔntiti] n quantité f.

quarrel ['kwɔrl] n querelle, dispute f • v se disputer (*with sb*, avec qqn).

quarrelsome [-səm] a querelleur.

quart [kwɔːt] n [measure] quart m de gallon.

quarter n quart m; **a** ~ **of an** *hour*, un quart d'heure; **a** ~ **to** *six*, six heures moins le quart; **a** ~ *past six*, six heures et quart || [year] trimestre m || [town] quartier m || [moon] quartier m || US pièce f de 25 cents.

quarter-final n SP. quart m de finale.

quarterly a trimestriel.

quartet [-'tet] n quatuor m.

quaver ['kweivə] n MUS. croche f; ~ *rest*, demi-soupir m.

quay [kiː] n NAUT. quai m.

queen [kwiːn] n reine f.

queer [kwiə] a bizarre, étrange || louche, douteux (suspicious) • n COLL. inverti m.

quench [kwenʃ] v : ~ *one's thirst*, se désaltérer.

question ['kwestʃn] n question f; **ask sb a** ~, poser une question à qqn || doute m; *beyond* ~, hors de doute || sujet m (matter); *the* ~ *is*, il s'agit de • v questionner, interroger (interrogate) || douter de (express doubt.)

questionable a discutable, contestable ; douteux.

question-mark n point m d'interrogation.

queue [kjuː] n queue, file f d'attente; *stand in* ~, faire la queue; *jump the* ~, resquiller, passer avant son tour • v : ~ *up*, faire la queue.

quick [kwik] a vif, rapide, prompt (reply) ; *be* ~ *about it!*, faites vite! • av = QUICKLY.

quicken [-n] v accélérer, hâter.

quickly av vite, rapidement.

quickness n rapidité f.

quiet ['kwaiət] a calme, tranquille (still) ; be ~!, taisez-vous ! ‖ doux (animal) • n calme, silence m ‖ COLL. on the ~, en cachette.

quietly av tranquillement, calmement.

quilt [kwilt] n couvre-pieds m inv • v capitonner.

quince [kwins] n coing m.

quit 1 [kwit] a : ~ of, débarrassé de.

quit* 2 v cesser, s'arrêter de.

quite [kwait] av tout à fait, complètement (completely) ‖ assez, plutôt (moderately).

quits [kwits] a : we are ~, nous sommes quittes.

quiz [kwiz] n test, questionnaire m ‖ RAD., TV jeu-concours m • v questionner.

quotation [kwə'teiʃn] n citation f ‖ enclose in ~ marks, mettre entre guillemets.

quote [kwəut] v citer.

r

r [aː]

rabbi ['ræbai] n rabbin m.

rabbit ['ræbit] n lapin n.

rabies ['reibiːz] n rage f.

race 1 [reis] n race f.

race 2 [reis] n courant m (water) ‖ SP. course f; ~ course, champ m de courses • v SP. faire la course (against, contre) ; ~ against time, courir contre la montre.

race-goer/horse n turfiste n/cheval m de course.

racer n cheval/bateau m de course ‖ [person] coureur n.

racing n courses fpl • a SP. de course.

racism n racisme m.

racist n raciste n.

rack n étagère f ‖ portemanteau m (hat-rack) ‖ RAIL. filet m, porte-bagages m inv.

racket 1 ['rækit] n SP. [tennis] raquette f.

racket 2 n vacarme m ‖ COLL. racket, chantage m.

radar ['reidə] n radar m.

radiator ['reidieitə] n radiateur m.

radio ['reidiəu] n radio f; on the ~, à la radio.

radioac'tivity n radio-activité f.

radiocon'trol v téléguider.

radio-set n poste m de radio.

radio'telescope n radiotélescope m.

radish ['rædiʃ] n radis m.

radius ['reidiəs] n rayon m.

raffle ['ræfl] n loterie, tombola f.

raft [rɑːft] n radeau m.

rag 1 [ræg] n chiffon m ‖ Pl haillons mpl.

rag 2 v COLL. chahuter (play about) ; mettre en boîte (fam.) [tease] ; brimer (pupil).

rage [reidʒ] n rage, fureur f ‖ COLL. vogue f.

ragged [ˈrægid] a en haillons (person).

raid [reid] n hold-up m (on a bank) ‖ [police] descente, rafle f • v [police] faire une rafle.

rail n rampe f (d'escalier) ‖ [balcony] balustrade f ‖ RAIL. rail m.

rail-car n autorail m.

railing n grille f, garde-fou m.

railroad US, **railway** GB n chemin m de fer.

rain [rein] n pluie f ; in the ~, sous la pluie • v pleuvoir.

rainbow [-bəu] n arc-en-ciel m.

raincoat n imperméable m.

rainy a pluvieux.

raise [reiz] n US augmentation, hausse f (de salaire) ‖ [cards] relance f • v lever, relever ‖ soulever (lift up) ‖ FIN. augmenter (prices).

raisin [ˈreizn] n raisin sec.

rake [reik] n râteau m • v ratisser (garden).

rally [ˈræli] n ralliement m ‖ SP. rallye m.

ramble [ˈræmbl] v se promener au hasard ‖ FIG. divaguer ; radoter • n randonnée, balade f (fam.).

ramp [ræmp] n rampe f (slope).

ran [ræn] → RUN*.

ranch [rɑːnʃ] n US ranch m.

rancid [ˈrænsid] a rance ; grow ~, rancir.

random [ˈrændəm] n : at ~, au hasard.

rang [ræŋ] → RING*.

range [reinʒ] n rangée f, rang m ‖ [gun] portée f.

range-finder n télémètre m.

rank [ræŋk] n rang, ordre m • v (se) classer.

rape [reip] n viol m • v violer.

rare 1 [rɛə] a CULIN. saignant.

rare 2 a rare.

rarely av rarement.

rash 1 [ræʃ] n MED. éruption f.

rash 2 a irréfléchi, imprudent (action) ‖ téméraire (person).

rasher [ˈræʃə] n tranche f de bacon.

raspberry [ˈrɑːzbri] n framboise f.

rat [ræt] n rat m ‖ poison, mort-aux-rats f.

rate [reit] n taux m ‖ classe f ; first ~, de premier ordre ‖ FIG. at any ~, en tout cas ‖ Pl contributions fpl (taxes) • v être classé (as, comme).

rate-payer n contribuable m.

rather [ˈrɑːðə] av plutôt (than, que) ; I had rather ~ (go), je préférerais/j'aimerais mieux (partir) ‖ assez (fairly).

ration [ˈræʃn] n ration f • v rationner.

rattle [ˈrætl] n crécelle f (toy) ‖ bruit m de ferraille (noise).

v [machinery] cliqueter ‖ [windows] vibrer.

rat-trap *n* ratière *f.*

rave [reiv] *v* délirer.

raven ['reivn] *n* corbeau *m.*

ravenous ['rævinəs] *a* féroce (appetite) ; affamé (person).

ravishing ['rævi,iŋ] *a* ravissant.

raw [rɔ:] *a* cru (food) ; brut (metal) ; à vif (wound) ‖ ~ **materials**, matières premières.

ray [rei] *n* rayon *m.*

rayon ['reiɔn] *n* rayonne *f.*

razor ['reizə] *n* rasoir *m* ; *electric* ~, rasoir électrique.

razor-blade *n* lame *f* de rasoir.

re- [ri:] *pref* de nouveau, re-.

reach [ri:tʃ] *n* atteinte, portée *f* ; *within* ~ *of*, à portée de ; *out of* ~, hors d'atteinte ● *v* atteindre, parvenir à ‖ ~ **down**, passer, descendre (sth from shelf) ‖ ~ **out**, tendre (hand).

react [ri'ækt] *v* réagir (against, contre ; to, à).

reaction [-ʃn] *n* réaction *f.*

reactor [-tə] *n* réacteur *m.*

read* [ri:d] *v* lire ‖ relever (gas-meter) ‖ ~ *sb's hand*, lire dans les lignes de la main de qqn ; ~ *sb's cards*, tirer/faire les cartes à qqn ‖ ~ **over**, relire.

reader *n* lecteur *n* ‖ livre *m* de lecture.

reading *n* lecture *f* ‖ [meter] relevé *m.*

ready ['redi] *a* prêt ; *get* ~, se

préparer ‖ FIN. comptant (money).

ready-made, ready-to-wear *a* de confection, prêt à porter.

real [riəl] *a* réel, vrai.

realist *n* réaliste *n.*

realistic [-'istik] *a* réaliste.

reality [ri'eliti] *n* réalité *f.*

realize *v* se rendre compte de, comprendre ‖ réaliser (achieve).

really *av* réellement ; ~ ?, vraiment ?

reap [ri:p] *v* moissonner.

reaper *n* [person] moissonneur *n* ; [machine] moissonneuse *f.*

reaping *n* moisson *f.*

reaping-machine *n* moissonneuse *f.*

'rea'ppear *v* réapparaître.

rear 1 [riə] *n* arrière, derrière *m* ‖ AUT. ~ *light*, feu *m* arrière.

rear 2 *v* élever (animals, children).

reason ['ri:zn] *n* raison *f* ; *it stands to* ~ *that*, il va de soi que ● *v* raisonner.

reasonable *a* raisonnable, acceptable ‖ abordable (price).

reasoning *n* raisonnement *m.*

rebus ['ri:bəs] *n* rébus *m.*

receipt [ri'si:t] *n* [letter] réception *f* ; *acknowledge* ~ *of*, accuser réception de ‖ COMM. reçu *m*, quittance *f* ● *v* COMM. acquitter.

receive [ri'si:v] *v* recevoir (sb, sth) ; accueillir (welcome).

receiver *n* [letter] destinataire *n* ‖ TEL. récepteur *m* ; *lift the*

~, décrocher ‖ RAD. (poste)
récepteur m.

recent ['riːsnt] a récent.

recently av récemment.

reception [ri'sep/n] n réception f ‖ [hôtel] ~ desk, réception f, bureau m.

receptionist n réceptionniste n.

recession [ri'se/n] n recul m ‖ [trade] récession f.

recipe ['resipi] n CULIN. recette f.

recital [ri'saitl] n MUS. récital m.

recitation [,resi'tei/n] n récitation f.

recite [ri'sait] v réciter.

reckless ['reklis] a insouciant (heedless) ; téméraire (rash).

recklessly av imprudemment, témérairement.

recklessness n insouciance f (heedlessness) ‖ témérité f (rashness).

reckon ['rekn] v compter, calculer ‖ FIG. estimer, considérer (as, comme) ‖ COLL. supposer.

reckoning n calcul m, compte m.

recline [ri'klain] v (se) reposer ; être étendu.

recognition [,rekəg'ni/n] n reconnaissance f.

recognize ['rekəgnaiz] v reconnaître, identifier (sb).

recollect [,rekə'lekt] v se rappeler.

reco'llection n souvenir m.

recommend [,rekə'mend] v recommander, conseiller.

recommen'dation n recommandation f.

reconcile ['rekənsail] v réconcilier.

reconciliation [,rekənsili-'ei/n] n réconciliation f.

recondition [,riːkən'di/n] v remettre à neuf, réviser.

record ['rekɔːd] n enregistrement m (of a fact) ; procès-verbal m ; keep a ~, consigner (par écrit) ‖ dossier m ‖ have a good ~, être bien noté ‖ Pl archives fpl ‖ JUR. casier m judiciaire ‖ MUS. disque m ‖ SP. record m ; hold a ~, détenir un record ‖ FIG. on/off the ~, officiellement/officieusement ● [ri'kɔːd] v enregistrer.

record-dealer n disquaire n.

recorder [ri'kɔːdə] n MUS. flûte f à bec.

recording n enregistrement m ; prise f de son.

record library n discothèque f.

record-player n tourne-disque, électrophone m.

recourse [ri'kɔːs] n : have ~ to, avoir recours à.

recover [ri'kʌvə] v recouvrer, récupérer ; se rétablir, se remettre (from an illness).

recovery [-ri] n guérison f, rétablissement m.

rectangle ['rek,tæŋgl] n rectangle m.

rectangular [rek'tæŋgulə] a rectangulaire.

recuperate [ri'kjuːpreit] v récupérer.

red [red] n rouge m ‖ FIN. *in the ~*, en déficit ● a rouge; *turn ~*, rougir ‖ rouge (hair) ‖ R~ *Cross*, Croix-Rouge f ‖ AUT. *~ light*, feu m rouge; *go through the ~ light*, brûler un feu rouge.

redcap n US, RAIL. porteur m.

redeem [ri'di:m] v racheter ‖ dégager, retirer (from pawn).

Red 'Indian n Peau-Rouge n.

reduce [ri'dju:s] v réduire, diminuer ‖ COLL. maigrir.

reduction [ri'dʌkʃn] n réduction, diminution f.

redundancy [ri'dʌndənsi] n [workers] licenciement(s) m(pl).

redundant [ri'dʌndənt] a redondant, superflu ‖ en surnombre, mis en chômage.

reed [ri:d] n roseau m ‖ Pl MUS. instruments mpl à anche.

reefer ['ri:fə] n SL. cigarette f à la marijuana.

reek [ri:k] n relent m (bad smell) ● v : *~ of*, puer, empester.

reel [ri:l] n bobine f ● v : *~ in/up*, enrouler, embobiner; *~ off*, dévider (spindle) ‖ tituber, chanceler (stagger).

refectory [ri'fektri] n réfectoire m.

refer [ri'fə:] v se référer, faire allusion (to, à).

referee [,refə'ri:] n SP. arbitre m ● v arbitrer.

reference ['refrəns] n référence f ‖ Pl références fpl.

refill n recharge f ‖ [fountain-pen] cartouche f ‖ [notebook] feuillets mpl de rechange ● v remplir à nouveau; recharger.

refine [ri'fain] v TECHN. raffiner.

reflect [ri'flekt] v PHYS. refléter, réfléchir ‖ FIG. réfléchir (upon, à) ‖ *~ upon*, faire tort à.

reflection n réflexion f; reflet m, image f ‖ FIG. *on ~*, réflexion faite.

reflector n réflecteur m.

reflex ['ri:fleks] a/n réflexe (m) ‖ PHOT. *~ camera*, (appareil m) réflex m.

reflexive c GRAMM. réfléchi.

reform [ri'fɔ:m] n réforme f ● v réformer.

refrain 1 [ri'frein] n MUS. refrain m.

refrain 2 v s'abstenir, se retenir (from, de).

refresh [ri'freʃ] v revigorer, remonter, réconforter ‖ *~ o.s.*, se rafraîchir (with drink); se restaurer (with food) ‖ FIG. rafraîchir (one's memory).

refresher n : *~ course*, recyclage m.

refreshing a rafraîchissant ‖ FIG. réconfortant.

refreshment n repos m (rest) ‖ Pl collation f; *take some ~s*, se restaurer.

refreshment-room n RAIL. buffet m.

refrigerator [ri'fridʒəreitə] n réfrigérateur m.

refugee [ˌrefjuːˈdʒiː] n réfugié n.

refusal [riˈfjuːzl] n refus m.

refuse 1 [riˈfjuːz] v refuser.

refuse 2 [ˈrefjuːs] n ordures fpl, détritus mpl ; ~ chute, vide-ordures m inv.

regard [riˈgaːd] n attention f (concern) ; respect m (esteem) ∥ Pl respects mpl ; amitiés fpl.

regiment [ˈredʒmənt] n régiment m.

region [ˈriːdʒn] n région f.

regional a régional.

register [ˈredʒistə] v enregistrer, inscrire ∥ [post] ~ed letter, lettre recommandée ∥ s'inscrire (at a hotel, university) RAIL. enregistrer (luggage) ∥ COMM. ~ed trade-mark, marque déposée ∥ TECHN. [instrument] indiquer, marquer.

regis'tration n inscription f.

regret [riˈgret] n regret m • v regretter.

regular [ˈregjulə] a régulier, normal, en règle (according to rule) ∥ habituel, attitré.

regularly av régulièrement.

rehearsal [riˈhaːsl] n TH. répétition f ; dress ~, répétition générale.

rehearse v TH. répéter.

reign [rein] n règne m • v régner (over, sur).

rejuvenate [riˈdʒuːvəneit] v rajeunir (vi).

related [riˈleitid] a apparenté.

relating a relatif (to, à).

relation n parent n (person) ; parenté f (between persons) ∥

rapport m, relation f (relationship).

relationship n relation f, rapport m (with, avec) ∥ [families] parenté f.

relative [ˈrelətiv] a relatif • n parent n.

relatively av relativement.

relax [riˈlæks] v se détendre.

relaxation [ˌriːlækˈsei̯ən] n relaxation f, détente f.

release [riˈliːs] n [goods] mise f en vente ; [book] parution f ∥ CIN. sortie f ; nouveau film ∥ PHOT. (shutter) ~, déclencheur m ; cable ~, déclencheur souple • v mettre en circulation, rendre public.

relentless [riˈlentlis] a inflexible (person) ∥ implacable (hatred).

reliable [riˈlaiəbl] a digne de confiance, sûr, sérieux ∥ TECHN. fiable.

relief [riˈliːf] n aide, assistance f ∥ soulagement m (comfort) ∥ [train] supplémentaire ∥ MIL. relève f.

relieve [-iːv] v secourir ∥ soulager.

religion [riˈlidʒən] n religion f.

religious [-əs] a religieux.

relish [ˈreliʃ] n CULIN. goût m, saveur f • v savourer.

reluctance [riˈlʌktəns] n répugnance f.

reluctant a peu disposé, répugnant (to, à) ; be ~ to do sth, faire qqch à contrecœur.

reluctantly av à contrecœur.

rely [riˈlai] v faire confiance

(on sb, à qqn) ; compter (on, sur).

remain [ri'mein] v rester (be left).

remainder [-də] n reste, restant m.

remains [-z] npl restes, débris mpl ; ruines fpl, vestiges mpl.

remark [ri'mɑːk] n remarque, observation f ● v faire remarquer.

remarkable a remarquable.

remedy ['remidi] n remède m.

remember [ri'membə] v se rappeler, se souvenir de ; ~ me to..., rappelez-moi au bon souvenir de... ; ~ to..., n'oubliez pas de...

remembrance [-rəns] n souvenir m.

remind [ri'maind] v faire penser à qqch ; ~ me to do it, rappelez-moi de le faire ; ~ sb of sth/sb, rappeler qqch/qqn à qqn.

reminder n mémento, aide-mémoire m.

remnant ['remnənt] n reste, résidu m.

remorse [ri'mɔːs] n remords m ; feel ~, avoir des remords.

remorseless a sans remords.

remote [ri'məut] a éloigné, reculé (time) ‖ isolé, écarté (place) ‖ TECHN. ~ control, télécommande f.

removal [ri'muːvl] n enlèvement m ‖ [furniture] déménagement m.

remove [ri'muːv] v enlever ‖ déménager (move out).

remover n déménageur m ‖ (nail-varnish) ~, dissolvant m.

renew [ri'njuː] v renouveler ; ~ one's subscription, se réabonner ‖ ~ friendship with sb, renouer avec qqn.

renounce [ri'nauns] v renoncer (à) ‖ renier (friend) ‖ abandonner (right).

renovate ['renəveit] v rénover, restaurer, remettre à neuf.

rent 1 [rent] n accroc m, déchirure f.

rent 2 n loyer m ● v [tenant] louer.

rent-a-car n location f (de voitures) sans chauffeur.

repair n réparation f ‖ état m (condition) ; in bad ~, en mauvais état ; keep in ~, entretenir ● v réparer, raccommoder.

repay [riˈpei] v rembourser.

repeat [ri'piːt] v répéter ‖ [school] redoubler ‖ COMM. suivre (article) ; renouveler (order) ● n répétition f ‖ RAD. rediffusion f ‖ MED. renouvellement m (d'ordonnance).

repeatedly [-idli] av à plusieurs reprises.

repellent [ri'pelənt] a répugnant (person) ● n ; mosquito ~, produit m antimoustiques.

repetition [ˌrepi'tiʃn] n répétition f.

replace [ri'pleis] v remplacer (by, par) ‖ replacer, remettre en place (put back).

replacement n remplacement m ‖ remplaçant n.

replenish [ri'pleni∫] v remplir.

reply [ri'plai] n réponse f ; ~ **paid**, réponse payée ‖ — **coupon**, coupon-réponse m • v répondre (*to*, à).

report [ri'pɔːt] v rapporter ; raconter [Press], RAD., TV faire un reportage ‖ se présenter (*for duty, at a place*) ‖ ~ **sick**, se faire porter malade • n rapport, compte rendu, exposé m ‖ [school] bulletin m ‖ détonation f (*shot*) ‖ [Press], RAD., TV reportage m ‖ FIG. réputation f ‖ FIG. rumeur f.

reporter n reporter m.

represent [,repri'zent] v représenter, figurer.

representative [-ətiv] a représentatif (*typical*) • n représentant n.

repress [ri'pres] v réprimer ‖ FIG. refouler.

repression [ri'pre∫n] n répression f ‖ FIG. refoulement m.

reprimand ['reprima:nd] v réprimander.

reproach [ri'prəut∫] v faire des reproches à ; blâmer ; ~ *sb* **with** *sth*, reprocher qqch à qqn ; ~ *sb for doing sth*, reprocher à qqn d'avoir fait qqch • n reproche m.

repro'duce v (se) reproduire.

reproduction n reproduction, réplique f (*copy*).

republic [ri'pʌblik] n république f.

republican a/n républicain (n).

repugnant [ri'pʌgnənt] a répugnant.

reputation [,repju'tei∫n] n réputation f.

request [ri'kwest] n demande, requête f ; *on* ~, sur demande ‖ [bus] ~ **stop**, arrêt facultatif • v demander (*sth from sb*, qqch à qqn).

require [ri'kwaiə] v avoir besoin de (*need*).

requirement n besoin m.

requisite ['rekwizit] a nécessaire, indispensable • n nécessaire m, chose f nécessaire.

rescue ['reskju:] n sauvetage m ‖ ~ **party**, équipe f de sauvetage ; *go to sb's* ~, aller au secours de qqn • v secourir, porter secours à.

resemble [ri'zembl] v ressembler à.

resent [ri'zent] v s'offenser de, être sensible à.

reservation [,rezə'vei∫n] n réservation, location f.

reserve [ri'zəːv] n réserve f ‖ SP remplaçant n • v réserver (*seat*) ; retenir (*room*).

residential [,rezi'den∫l] a résidentiel.

resign [ri'zain] v démissionner, se démettre de (*give up*).

resignation [,rezig'nei∫n] n démission f ; *hand in one's* ~, remettre sa démission ‖ résignation f.

resist [ri'zist] v résister (à).

resistance n résistance f.

resistant *a* résistant.

resit [riˈsit] *v* : ~ *for an exam*, repasser un examen.

resolute [ˈrezəluːt] *a* résolu, décidé.

,reso'lution *n* résolution, fermeté *f*.

resolve [riˈzɔlv] *v* décider (decide) ‖ résoudre (problem).

resort [riˈzɔːt] *n* lieu *m* de séjour, station *f* (place) ‖ ressource *f*, recours *m* (recourse) ● *v* : ~ *to*, fréquenter, se rendre à ‖ FIG. recourir à.

resource [riˈsɔːs] *n* ressource *f*.

resourceful *a* plein de ressources ‖ débrouillard (fam.).

respect [risˈpekt] *n* respect *m*, estime, considération *f* (esteem) : *out of* ~ *for*, par respect pour ‖ rapport *m* (reference) ; *in this* ~, à cet égard ; *in every* ~, à tous égards ● *v* respecter.

respectable *a* respectable ‖ important (great).

respectful *a* respectueux.

respectively *av* respectivement.

responsibility [risˌpɔnsəˈbiliti] *n* responsabilité *f*.

res'ponsible *a* responsable (*for, de* ; *to s b*, envers qqn).

rest 1 [rest] *n* reste, restant *m* (remainder).

rest 2 *n* repos *m*; *at* ~, au repos ‖ MUS. silence *m* ‖ TECHN. support *m* ● *v* (se) reposer ; (s') appuyer, poser (*on, sur*).

restaurant [ˈrestrɔːŋ] *n* restaurant *m*.

restful *a* paisible, tranquille.

restless *a* agité.

restlessness *n* agitation, nervosité *f*.

restrict [risˈtrikt] *v* restreindre, limiter.

restriction *n* restriction *f*.

rest-room *n* US toilettes *fpl*.

result [riˈzʌlt] *n* résultat *m* ; *as a* ~ *of*, par suite de ● *v* résulter, provenir (*from, de*) ‖ ~ *in*, aboutir à.

retail [ˈriːteil] *n* COMM. (vente *f* au) détail *m* ● *av* : *sell* ~, vendre au détail.

retailer *n* détaillant *n*.

retain [riˈtein] *v* retenir (hold back) ‖ conserver (keep).

retaliate [riˈtælieit] *v* se venger (*against, de*).

re,tali'ation *n* vengeance *f*, représailles *fpl*.

retarded [riˈtɑːdid] *a* : AUT. ~ *ignition*, retard *m* à l'allumage.

retentive [riˈtentiv] *a* fidèle (memory).

retire [riˈtaiə] *v* prendre sa retraite.

retired [-d] *a* retraité, à la retraite.

retirement *n* retraite *f*.

're'touch *n* PHOT. retouche.

retrace [riˈtreis] *v* : ~ *one's step*, revenir sur ses pas.

're'train *v* (se) recycler.

re'training *n* recyclage *m*.

retrieve [riˈtriːv] *v* retrouver, recouvrer ‖ [dog] rapporter.

retriever n chien m de chasse.
return [ri'tə:n] v revenir (come back); retourner (go back); rapporter (bring back); rendre (give back) ‖ COMM. **—ed empties**, consignes fpl (bottles, etc.) ‖ SP. relancer, renvoyer (ball) ● n retour m ‖ *many happy* **—s!**, bon anniversaire! ‖ *by* **—** *of post*, par retour du courrier ‖ déclaration f (statement) ‖ RAIL. **—** *(ticket)*, aller et retour m ‖ SP. **—** *match*, match m retour.
returnable a consigné (bottle).
're'union n réunion f.
rev [rev] v : TECHN., COLL. **—** *(up)*, emballer (engine).
reveal [ri'vi:l] v révéler.
revenge [ri'venʒ] n vengeance f ‖ (games) revanche f ● v : **—** *o.s.*, *be* **—d**, se venger (on, sur).
reverse [ri'və:s] a contraire, opposé ‖ AUT. **—** *gear*, marche f arrière ● n (coin) revers m ‖ AUT. marche f arrière ● v renverser, retourner ‖ AUT. **—** *the car*, faire marche arrière.
reversible a réversible ‖ PHOT. inversible (film).
review [ri'vju:] n revue f ‖ compte rendu m ‖ revue f (periodical) ● v revoir, passer en revue.
revise [ri'vaiz] v réviser.
revision [ri'viʒn] n révision f.
revival [ri'vaivl] n reprise f ‖ réveil, renouveau m.
revive [ri'vaiv] v faire revivre.

revolt [ri'vəult] n révolte f ● v se révolter.
revolution [,revə'lu:ʃn] n révolution f ‖ AUT. **—-counter**, compte-tours m inv.
revolutionary [-əri] a/n révolutionnaire (n).
revolve [ri'vɔlv] v pivoter.
revolver n revolver m.
reward [ri'wɔ:d] n récompense f; *as a* **—** *for*, en récompense de ● v récompenser.
rewarding a rémunérateur.
rhesus ['ri:səs] n : **—** *factor*, facteur m Rhésus.
rheumatism ['ru:mətizm] n rhumatisme m.
rhyme [raim] n rime f ● v (faire) rimer.
rhythm ['riðm] n rythme m.
rib [rib] n ANAT., CULIN. côte f.
ribbon ['ribən] n ruban m.
rice [rais] n riz m.
rice-pudding n riz m au lait.
rich [ritʃ] a riche; *grow* **—**, s'enrichir.
riches [-iz] npl richesse f.
richness n richesse, abondance f.
rid [rid] v débarrasser (of, de); *get* **—** *of*, se débarrasser de.
riddance [-ns] n : COLL. *good* **—!**, bon débarras!
ridden ['ridn] → RIDE*.
riddle ['ridl] n énigme f; devinette f.
ride* [raid] v monter (horse) ‖ *a bicycle*, monter à bicyclette ‖ se promener à cheval, faire du cheval ‖ voyager (in a

vehicle) • n promenade f (à cheval, à bicyclette, en auto) ; **go for a ~**, aller se promener à cheval, etc. ‖ [bus] trajet m.

rider cavalier n.

ridiculous [ri'dikjuləs] a risible, ridicule.

riding n SP. équitation f.

rifle ['raifl] n fusil m, carabine f.

rifle-range n stand m de tir.

right [rait] a droit ; **on the ~-hand side**, à droite, à droite ; **the ~ time**, l'heure exacte ; **the ~ word**, le mot juste ; **you are ~**, vous avez raison ‖ **put sb/sth ~**, rétablir qqn/redresser qqch ‖ MATH. droit (angle) • n bien m ; **~ and wrong**, le bien et le mal ‖ droit m ; **have a ~ to**, avoir le droit de ; **~ of way**, droit m de passage, priorité f ‖ [side] droite f ; **on the ~**, à droite ; **turn to the ~**, tournez à droite • av tout à fait ; **~ against the wall**, tout contre le mur ; **~ here**, ici même ; **~ away/now**, tout de suite ; **~ in the middle**, au beau milieu.

right-handed a droitier.

rim [rim] n bord m ‖ [wheel] jante f ‖ [spectacles] monture f.

rind [raind] n [fruit] pelure f ; [banana] peau f.

ring* 1 [riŋ] v (faire) sonner (bells) ‖ TEL. **~ up**, appeler ; **~ off**, raccrocher • n sonnerie f, coup m de sonnette ‖ TEL. coup m de téléphone.

ring 2 n anneau m ‖ [finger]

bague f ‖ SP. [boxing] ring m ; [circus] piste f.

ring-finger n annulaire m.

ring-road n AUT. périphérique m.

rink [riŋk] n patinoire f.

rinse [rins] v rincer • n rinçage m.

riot ['raiət] n émeute f ‖ Pl troubles mpl.

ripe [raip] a mûr.

ripen v (faire) mûrir.

ripeness n maturité f.

rise 1 [raiz] n [price] hausse f ; [salary] augmentation f ‖ [river] **take its ~**, prendre sa source.

rise* 2 v se lever ‖ s'élever ‖ [river] prendre sa source.

risen ['rizn] → RISE*.

riser n : **early ~**, personne matinale.

risk [risk] n risque, péril m ; **run a ~**, courir un risque ; **at your own ~**, à vos risques et périls • v risquer, hasarder.

risky a risqué.

river ['rivə] n fleuve m, rivière f.

Riviera [,rivi'ɛərə] n FR. Côte f d'Azur.

road [rəud] n route f ; **high/main ~**, route nationale.

road-hog n chauffard m.

road-holding n tenue f de route.

road-map n carte routière.

road-side n bord m de la route.

road-sign n panneau m de signalisation routière.

roadway n chaussée f.

roar [rɔː] n hurlement m ‖ [lion] rugissement m • v hurler, vociférer ; ~ **with laughter**, rire aux éclats ‖ [lion] rugir.

roast [rəust] a rôti ; ~ **beef**, rosbif m ■ n rôti m • v (faire) rôtir ‖ torréfier (coffee).

roaster n rôtissoire f.

rob [rɔb] v voler, dérober (sb of sth, qqch à qqn).

robber n voleur n.

robbery [-əri] n vol m.

robot [ˈrəubɔt] n robot m.

robot-pilot n Av. pilote m automatique.

rock 1 [rɔk] n roc m, roche f, rocher m.

rock 2 v bercer (child) ‖ se balancer ‖ vaciller (shake).

rock-climbing n varappe f.

rocket [ˈrɔkit] n fusée f.

rocky a rocheux (mountains) ; rocailleux (road).

rod [rɔd] n baguette f ; tige, tringle f ‖ SP. canne f à pêche ‖ TECHN. bielle f.

rode [rəud] → RIDE*.

roll [rəul] n [paper, film] rouleau m ‖ liste f ; call the ~, faire l'appel ‖ [bread], petit pain ‖ NAUT. [ship] roulis m • v (faire) rouler ‖ se balancer (in walking) ‖ onduler ‖ NAUT. rouler ‖ ~ **up**, retrousser (sleeves).

roll-call n appel m.

roller [ˈrəulə] n rouleau m.

roller-skate n patin m à roulettes.

rolling-pin n rouleau m (à pâtisserie).

roll-neck a à col roulé.

romantic [rəˈmæntik] a romantique.

roof [ruːf] n toit m ; toiture f.

rook 1 [ruk] n corneille f.

rook 2 n [chess] tour f • v roquer.

room [rum] n pièce, salle f ‖ place f (space) ; make ~ **for**, faire de la place à.

room-mate n compagnon m/compagne f de chambre.

roomy a spacieux, vaste.

root [ruːt] n racine f ‖ MATH. square/cubic ~, racine carrée/cubique.

rope [rəup] n corde f ‖ NAUT. cordage m ‖ SP. cordée f • v SP. encorder (climbers).

rope-ladder n échelle f de corde.

rose 1 [rəuz] → RISE*.

rose 2 n rose f ; ~ **tree**, rosier m ; ~ **water**, eau f de rose.

rot [rɔt] n pourriture, putréfaction f • v pourrir, se décomposer.

rotten [ˈrɔtn] a pourri ‖ carié (teeth) ; gâté (fruit) ‖ COLL. sale, moche (fam.).

rouge [ruːʒ] n fard, rouge m • v farder.

rough [rʌf] a raboteux (road) ; rugueux (surface) ‖ brutal (treatment) ‖ agité, gros (sea) ‖ FIG. ~ **copy**, brouillon m.

roughly av brutalement ‖ en gros (on the whole) ‖ ~ **done**, grossier.

round [raund] n rond, cercle m ‖ tour m, tournée f (circuit) ‖ [drinks] tournée f ; [boxing] round m • a rond ; ~ **trip**, voyage m circulaire • av (tout) autour ; go ~ (by), faire le tour (de) ‖ ~ **about**, aux alentours • p autour de ; ~ **the corner**, au tournant de la rue.

roundabout a détourné • n manège m (at a fair) ‖ [road] rond-point m.

round-the-clock a vingt-quatre heures sur vingt-quatre.

rouse [rauz] v (r)éveiller.

route [ru:t] n itinéraire m ‖ [bus] ligne f.

routine [ru:'ti:n] n travail courant, routine.

row 1 [rau] n dispute, altercation f.

row 2 [rəu] n rang m, rangée f ‖ AUT. file f.

row 3 v ramer.

rower ['rəuə] n rameur n.

rowing n canotage m ; ~ **boat**, bateau m à rames ‖ SP. aviron m.

royal ['rɔiəl] a royal.

rub [rʌb] n (se) frotter (against, contre ; on, sur) ‖ ~ **down**, frictionner ‖ ~ **in**, faire pénétrer en frottant, FIG. don't ~ it in !, n'insistez pas ! ‖ ~ **out**, effacer, gommer.

rubber n caoutchouc m ; ~ **band**, élastique m ; ~ **boat**, canot m pneumatique ; ~ **solution**, dissolution f ‖ gomme f (eraser).

rubbish ['rʌbiʃ] n détritus

mpl, ordures fpl (garbage) ‖ FIG. sottises fpl.

rub-down n friction f.

ruby ['ru:bi] n rubis m.

rucksack ['ruksæk] n sac m à dos.

rude [ru:d] a grossier, mal élevé (person, words) ‖ rudimentaire, primitif.

rudely av grossièrement.

rudeness n grossièreté, impolitesse f.

rudiments ['ru:dimənts] npl rudiments mpl, ABC m.

ruffle ['rʌfl] v ébouriffer (hair) ‖ chiffonner (clothes).

rug [rʌg] n tapis m ; (bedside) ~, descente f de lit ‖ couverture f de voyage.

rugby [-bi], COLL. **rugger** [-ə] n rugby m.

ruin [ruin] n ruine f ; fall into ~(s), tomber en ruine • v ruiner ‖ abîmer (clothes).

rule [ru:l] n règle f ; as a ~, en général ‖ TECHN. règle (graduée) • v gouverner (country).

ruler n (instrument) règle f.

rum [rʌm] n rhum m.

rumour ['ru:mə] n rumeur f, bruit m.

run 1 [rʌn] n course f ‖ excursion f, tour m ‖ [bus, etc.] trajet, parcours m ‖ [stocking] maille filée ‖ SP. piste f ‖ FIG. série f ; in the long ~, à la longue.

run* 2 v courir ‖ [liquid] couler ‖ [colour] déteindre ‖ [stocking] filer ‖ ~ **a bath**, faire couler un bain ‖ RAIL. faire le service, passer ‖ TECHN. fonctionner, marcher ‖ FIG. ~ a risk, courir un risque ‖ ~ **away**, s'échapper ‖ ~ **down**, [battery] se décharger ; AUT. renverser (knock over) ‖ ~ **in**, AUT. roder ‖ ~ **into**, rencontrer par hasard ; AUT. rentrer dans ‖ ~ **out**, [supplies] s'épuiser.

rung 1 [rʌŋ] → RING*.

rung 2 n [ladder] échelon m ; [chair] barreau m.

runner n coureur m.

runner-up n SP. second m.

running a courant (water) ; coulant (knot) ‖ SP. ~ **jump**, saut m avec élan • n course f ‖ TECHN. marche f, fonctionnement m.

run-up n : SP. take a ~, prendre son élan.

rupture ['rʌptʃə] n MED. hernie f.

ruse [ru:z] n ruse f.

rush [rʌʃ] n ruée f, course précipitée ‖ ~ **hours**, heures fpl d'affluence • v transporter de toute urgence ‖ se précipiter, se ruer (at, sur).

Russian a russe ■ n Russe m ‖ [language] russe m.

rust [rʌst] n rouille f • v se rouiller.

rusty a [lit. and fig.] rouillé ; get ~, se rouiller.

rut [rʌt] n ornière f.

rye [rai] n seigle m.

S

s [es]

Sabbath ['sæbəθ] n Sabbat m.

saccharin ['sækərin] n saccharine f.

sacred ['seikrid] a sacré.

sacrifice ['sækrifais] n sacrifice m • v sacrifier.

sad [sæd] a triste ; make sb ~, attrister qqn.

sadden v attrister.

saddle ['sædl] n selle f • v seller.

saddle-bag n sacoche f.

sadly av tristement ‖ FIG. fort(ement).

sadness n tristesse f.

safe [seif] a sûr ; sans danger ‖ hors de danger (person) ‖ FIG. to be on the ~ side, pour plus de sécurité • n coffre-fort m.

safely av sain et sauf ‖ sans danger (without risk).

safety n sécurité, sûreté f.

safety-belt n ceinture f de sécurité.

safety-pin n épingle f de sûreté.

said [sed] → SAY*.

sail [seil] n NAUT. voile f • v faire voile ‖ partir (from, de) ; arriver (in, à).

sail-board n planche f à voile.

sailing n navigation f || départ m || SP. voile f.

sailing-boat n voilier m.

sailor n marin, matelot m.

sailplane n planeur m.

saint [seint] a saint || All S~s' Day, la Toussaint.

sake [seik] n : for the ~ of, for ...'s ~, par égards pour, pour l'amour de.

salad ['sæləd] n salade f.

salad-bowl n saladier m.

salad-dressing n vinaigrette f.

salad oil n huile f de table.

salad washer n panier m à salade.

salary ['sæləri] n traitement m ; salaire m.

sale [seil] n vente f ; for ~, à vendre || Pl soldes mpl.

saleroom n salle f des ventes.

salesclerk ['seilzklɑːk] n vendeur m.

salesgirl n vendeuse f.

salesman n représentant m ; vendeur m (in shop).

saliva [sə'laivə] n salive f.

salmon ['sæmən] n saumon m.

saloon [sə'luːn] n : ~ (bar), bar m || NAUT. salon m || AUT. conduite intérieure.

salt [sɔːlt] n sel m à salé ; ~ water, eau salée ● v saler.

salt-cellar n salière f.

salt pan n marais salant.

salt-water fish n poisson m de mer.

salty a salé ; saumâtre.

salvage ['sælvidʒ] n [saving] récupération f.

salve [sɑːv] n MED. pommade f.

same [seim] a même ; the ~ as/that, le/la/les même(s) que ● pr : the ~, le/la/les mêmes.

sample ['sɑːmpl] n spécimen, échantillon m (fabric) ● v goûter.

sand [sænd] n sable m.

sandal ['sændl] n sandale f.

sand-glass n sablier m.

sand-paper n papier m de verre.

sandwich ['sænwidʒ] n sandwich m ● v intercaler (between, entre).

sandy a sablonneux.

sane [sein] a sain d'esprit.

sang [sæŋ] → SING*.

sanitary ['sænitri] a sanitaire ; hygiénique || périodique (towel).

sank [sæŋk] → SINK*.

Santa Claus [sæntə'klɔːz] n Père Noël m.

sapphire ['sæfaiə] n saphir m.

sardine [sɑː'diːn] n sardine f.

sash window n fenêtre f à guillotine.

sat [sæt] → SIT*.

satchel ['sætʃl] n cartable m.

satin ['sætin] n satin m.

satisfaction [sætis'fækʃn] n satisfaction f, contentement m.

satisfactory [-tri] a satisfaisant ; not to be ~, laisser à désirer.

satisfy [ˈsætisfai] v satisfaire, contenter (desire) ∥ persuader.

Saturday [ˈsætədi] n samedi m.

sauce [sɔːs] n CULIN. sauce f.

sauce-boat n saucière f.

saucepan n casserole f.

saucer [ˈsɔːsə] n soucoupe f; flying ~, soucoupe volante.

sauna [ˈsaunə] n sauna m.

saunter [ˈsɔːntə] v flâner.

sausage [ˈsɔsidʒ] n saucisse f; saucisson m (dry).

savage [ˈsævidʒ] a sauvage ● n sauvage n.

savagely av sauvagement.

save [seiv] v sauver (from, de) [rescue] ∥ ~ (up), épargner, économiser; ~ on, faire des économies de ∥ garder (keep).

saving n sauvetage m (rescue) ∥ économie f ∥ Pl FIN. économies fpl, épargne f.

savings-bank n caisse f d'épargne.

savour [ˈseivə] n saveur f.

savoury [-ri] a savoureux, succulent.

saw 1 [sɔː] → SEE*.

saw 2 v scier ● n scie f.

sawdust n sciure f.

sawmill n scierie f.

sawn [sɔːn] → SAW* 2.

saxophone [ˈsæksəfəun] n saxophone m.

say* [sei] v dire ∥ ~ again, répéter ∥ ~ nothing, se taire ∥ that is to ~, c'est-à-dire; so to ~, pour ainsi dire ∥ [school] réciter (lesson).

saying n dicton, proverbe m.

scald [skɔːld] v ébouillanter.

scale [skeil] n échelle f ∥ [thermometer] graduation f ∥ MUS. gamme f ∥ FIG. échelle f; on a large ~, sur une grande échelle.

scale 2 n ZOOL. écaille f.

scale 3 n [balance] plateau m ∥ Pl (pair of) ~s, balance f ● v peser.

scan [skæn] v scruter ∥ [radar] balayer, explorer.

scandal [ˈskændl] n scandale m ∥ médisance f (gossip).

scandalize v scandaliser.

scar [skɑː] n cicatrice f; balafre f.

scarce [skɛəs] a rare.

scarcely av à peine, presque pas.

scare [skɛə] n peur f ● v faire peur.

scarecrow n épouvantail m.

scarf [skɑːf] (Pl **scarfs / scarves** [-s/-vz]) n écharpe f; foulard m.

scarlet [ˈskɑːlit] a écarlate ∥ MED. ~ fever, scarlatine f.

scarves → SCARF.

scatter [ˈskætə] v disperser, éparpiller.

scatter-brain n étourdi n.

scenario [siˈnɑːriəu] n scénario m.

scene [siːn] n endroit m (place); change of ~, changement m d'air ∥ TH. scène f ∥ FIG. make a ~, faire une scène.

scenery [ˈ-əri] n paysage m ∥ TH. décors mpl.

scenic a touristique (road).

scent [sent] n parfum m (fragrance) ; odeur f (smell).

sceptical ['skeptikl] a sceptique.

scepticism [-isizm] n scepticisme m.

schedule ['ʃedjuːl, US 'skedjuːl] n programme, calendrier m ‖ RAIL. horaire m.

scheduled [-d] a établi, prévu ; Av. régulier (flight).

scheme [skiːm] n plan, projet m ● v combiner.

scholar ['skɔlə] n [school] boursier m ‖ savant, érudit .

scholarship n boursier (grant).

school [skuːl] n école f ; go to ~, aller à l'école.

schoolboy n élève, écolier m.

schoolfellow n camarade m de classe.

schoolgirl n élève, écolière f.

schoolmaster n [primary] instituteur m ; [secondary] professeur m.

schoolmistress n institutrice f ; professeur m.

science ['saiəns] n science f.

scientific [ˌsaiən'tifik] a scientifique.

scientist n savant m.

scissors ['sizəz] npl ciseaux mpl.

scold [skəuld] v gronder, réprimander.

scolding n gronderie, réprimande f.

scone [skɔn] n pain m au lait.

scoop ['skuːp] n pelle f à main ‖ COLL. [Press] nouvelle

sensationnelle, scoop m ● v : ~ out, écoper (water).

scooter ['skuːtə] n : (motor) ~, scooter m.

scope [skəup] n portée, capacité f ‖ possibilité f.

scorch [skɔːtʃ] n brûlure superficielle ● v brûler, roussir.

scorching a torride (heat).

score 1 [skɔː] n [cards] marque f ; keep the ~, tenir la marque ‖ SP. score m ‖ MUS. partition f ● v SP. marquer (goal) ; ~ points, marquer des points.

score 2 n vingt m ‖ Pl : ~ of, (des) quantités de.

scorn [skɔːn] n dédain, mépris m ● v dédaigner, mépriser.

scornful a dédaigneux, méprisant.

Scot [skɔt] n Écossais n.

Scotch [-ʃ] a écossais ● n : ~ (whisky), whisky m.

Scotland ['-lənd] n Écosse f.

Scots [-s] a écossais.

Scotsman n Écossais m.

Scotswoman n Écossaise f.

Scottish a écossais.

scout [skaut] n éclaireur, scout m (boy).

scramble ['skræmbl] v : ~ (up), escalader ; ~ for sth, se disputer qqch ‖ CULIN. ~d eggs, œufs brouillés ‖ RAD. brouiller ● n bousculade f ‖ SP. mêlée f ; motocross m.

scrap [skræp] n petit morceau, fragment m ; bout m (of paper) ‖ ~ iron, ferraille f ‖ Pl débris, déchets *mpl* • v mettre au rebut ; envoyer à la ferraille (car).

scrape [skreip] v gratter, racler, frotter (*against*, contre) ‖ ~ *through*, passer de justesse (examinatio).

scratch [skrætʃ] n éraflure, égratignure *f* ‖ SP. ligne *f* de départ ‖ FIG., COLL. *start from* ~, partir de zéro • v rayer ‖ érafler ; égratigner (skin).

scrawl [skrɔːl] v griffonner.

scream [skriːm] n [fright] cri perçant ; [pain] hurlement *m* • v pousser des cris perçants ; ~ *with laughter*, rire aux éclats.

screen [skriːn] n écran *m* ; (folding) paravent *m* ‖ moustiquaire *f* • v masquer ‖ CIN. projeter (film) ; porter à l'écran (book).

screenplay n scénario *m*.

screw [skruː] n vis *f* ‖ NAUT., AV. hélice *f* • v visser ‖ ~ *on/off*, visser/dévisser ‖ ~ *up*, resserrer.

screw-driver n tournevis *m*.

scribble ['skribl] v griffonner.

script [skript] n écriture *f* (hand-writing) ‖ RAD., TH. texte *m* ‖ CIN. scénario *m*.

scriptwriter n scénariste *m*.

scrub [skrʌb] vt laver à la brosse ‖ récurer (pan).

scrum [skrʌm] n [rugby] mêlée *f*.

scruple ['skruːpl] n scrupule *m*.

scrutinize ['skruːtinaiz] v scruter ; examiner.

scuffle ['skʌfl] n bagarre *f*.

scull [skʌl] n aviron *m*.

scullery ['skʌləri] n arrière-cuisine *f*.

sculptor ['skʌlptə] n sculpteur *m*.

sculpture [-tʃə] n sculpture *f* • v sculpter.

scythe [saið] n AGR. faux *f*.

sea [siː] n mer *f* ; *by the* ~, au bord de la mer ; *in the open* ~, en pleine mer.

sea-food n fruits *mpl* de mer.

seafront n front *m* de mer.

sea-gull n mouette *f*.

seal 1 [siːl] n phoque *m*.

seal 2 n sceau *m* (on document) ; cachet *m* (on envelope) • v sceller ; ~ *down*, clore, cacheter (envelope).

seam [siːm] n couture *f*.

seaman ['siːmən] n matelot, marin *m*.

seamless a sans couture.

seamstress [-stris] n couturière *f*.

seaplane n AV. hydravion *m*.

seaport n port *m* de mer.

search [sɔːtʃ] n recherche *f* ‖ *in* ~ *of*, à la recherche de, en quête de • v fouiller ; ~ *after/for*, rechercher.

searching n fouille *f*.

seasick a : *be* ~, avoir le mal de mer.

seasickness n mal *m* de mer.

seaside n bord *m* de la mer ; ~ *resort*, station *f* balnéaire.

season ['siːzn]   n   saison,

époque *f*; late ~, arrière-saison *f*; *in* ~, de saison; *out of* ~, hors de saison ● *v* CULIN. assaisonner (flavour); relever (sauce).

seasoning *n* CULIN. assaisonnement *m*.

season-ticket *n* carte *f* d'abonnement.

seat [si:t] *n* siège *m*; *keep your* ~, restez assis || [bicycle] selle *f* || RAIL. place *f* ● *v* faire asseoir; ~ *o.s.*, *be* ~*ed*, s'asseoir.

seat-belt *n* AV. ceinture *f* de sécurité.

sea-urchin ['si:'ə:tʃin] *n* oursin *m*.

seawards [-wədz] *av* vers le large.

seaweed *n* algue *f*.

second ['seknd] *a* second, deuxième; *on the* ~ *floor*, au deuxième/US premier étage ● *n* second, deuxième *m* || [time] seconde *f*.

second-hand *a* d'occasion; ~ *bookseller*, bouquiniste *n*.

secondly *av* deuxièmement.

second-rate *a* de second ordre.

secret ['si:krit] *a/n* secret (*m*) || confidence *f*.

secretary ['sekrətri] *n* secrétaire *n*.

sect [sekt] *n* secte *f*.

section ['sekʃn] *n* section *f*; partie *f*.

secure [si'kjuə] *a* tranquille || solide (dependable) || en sûreté ● *v* fixer || TECHN. verrouiller.

security [-riti] *n* sécurité *f*.

sedan [si'dæn] *n* US, AUT. conduite intérieure.

sedentary ['sedntri] *a* sédentaire.

seduce [si'dju:s] *v* séduire.

seduction [si'dʌkʃn] *n* séduction *f*; charme *m*.

see* [si:] *v* voir; ~ *again*, revoir || apercevoir, observer || ~ *!*, je vois!, ah bon! || ~ *you!*, à bientôt! || accompagner; ~ *sb home*, reconduire qqn chez lui || ~ *about*, s'occuper de (attend to) || ~ *off*, accompagner (*sb to the station*, qqn à la gare) || ~ *over*, visiter (house).

seedy *a* râpé (shabby); minable (house); patraque (ill).

seek* [si:k] *v* chercher.

seem [si:m] *v* sembler, paraître; *it* ~*s to me that*, il me semble que || *so it* ~*s*, à ce qu'il paraît; *it would* ~ *that*, on dirait que.

seen [si:n] → SEE*.

seesaw [si:so:] *n* balançoire *f*.

seethe [si:ð] *v* bouillonner.

see-through *a* transparent.

segregate ['segrigeit] *v* isoler, mettre à part.

segre'gation *n* ségrégation *f*.

seize [si:z] *v* saisir.

seldom ['seldəm] *av* rarement.

select [si'lekt] *v* choisir (*from*, parmi) || sélectionner ● *a* choisi, de choix.

selection *n* choix *m*, sélection *f*; recueil *m*.

self-confidence n confiance f en soi.

self-conscious a gêné, intimidé.

self-control n sang-froid m.

self-defence n : in ~, en état de légitime défense f.

self-drive a AUT. sans chauffeur.

self-esteem n amour-propre m.

selfish a égoïste.

selfishness n égoïsme m.

self-service n libre-service m.

self-starter n AUT. démarreur m.

self-sticking a autocollant.

sell* [sel] v vendre; ~ off, liquider || [goods] se vendre.

seller n vendeur, marchand m.

Sellotape ['seləteip] n ruban adhésif.

semester [si'mestə] n semestre m.

semi-breve ['semibri:v] n MUS. ronde f; ~ rest, pause f.

semi-colon n point-virgule m.

semi-detached a jumelle (houses).

semi-final n demi-finale f.

semi-quaver n MUS. double croche f; ~ rest, quart m de soupir.

send* [send] v envoyer, expédier (letter) || ~ away, congédier (person); expédier (parcel) || ~ for, envoyer chercher (sb, qqn); ~ off, SEND AWAY; ~

sb off, accompagner qqn à la gare.

sender n expéditeur n.

send-off n fête f d'adieu.

senior ['si:njə] a/n aîné (n) || ~ citizens, gens m/fpl du troisième âge.

sensation [sen'sei∫n] n sensation, impression f.

sensational a sensationnel.

sense [sens] n [body] sens m || [awareness] sentiment m, conscience f || (common) ~, bon sens || sens m (meaning).

senseless a sans connaissance.

sensibility [,sensi'biliti] n sensibilité f.

sensible ['sensəbl] a sensé, raisonnable, judicieux.

sensitive ['sensitiv] a sensible.

sensitiveness n sensibilité f.

sensual ['sensjuəl] a sensuel.

sensuality [,sensju'æliti] n sensualité f.

sent [sent] → SEND*.

sentence ['sentəns] n phrase f • v condamner.

sentimental [,senti'mentl] a sentimental.

separately ['sepritli] av séparément, individuellement.

September [sep'tembə] n septembre m.

septic ['septik] a septique; [wound] become ~, s'infecter.

sequel ['si:kwəl] n suite f (to, de) || conséquence f.

sequence ['si:kwəns] n succession, suite f, ordre m.

serial ['siəriəl] *a* de série ‖ ~ *story,* roman-feuilleton *m.*

series ['siəri:z] *n sing* série, suite *f.*

serious ['siəriəs] *a* sérieux (earnest) ; grave (illness).

seriously *av* sérieusement ; gravement.

servant ['sə:vnt] *n* domestique *n.*

serve [sə:v] *v* servir, être au service de ‖ servir (meal) ‖ servir, rendre service ‖ be useful) ; ~ *as,* servir de ; ~ *the purpose,* faire l'affaire ‖ [tennis] servir • *n* [tennis] service *m.*

service ['sə:vis] *n* service *m* ‖ *civil* ~, fonction publique ‖ assistance, aide *f* ; *do sb a* ~, rendre un service à qqn ‖ utilité *f* ; *of* ~, utile (to, à) ‖ MIL. service *m* ‖ COMM. ~ *charge,* service *m* ‖ AUT. révision *f* ; ~ *station,* station-service *f* ‖ SP. service *m* ‖ REL. office *m* • *v* AUT. réviser.

servicing *n* AUT. révision *f.*

set* [set] *v* poser, placer, mettre (put) ‖ have one's hair ~, se faire faire une mise en plis ‖ régler (clock) ‖ donner (task) ‖ se mettre à (begin) ‖ ~ *fire to,* mettre le feu à ‖ [cement, cream] prendre ‖ [sun] se coucher ‖ [tide] ~ *in/out,* monter/descendre ‖ TECHN. sertir (stone) ‖ ~ *about,* entreprendre ‖ ~ *back,* retarder (clock) ‖ [taxi] déposer (sb) ‖ ~ *forth,* se mettre en route, partir ‖ ~ *out* = ~ FORTH ‖ ~ *to,* s'y mettre ; ~ *to work,* se mettre au travail ‖ COMM. ~ *up :* ~ up in business, s'établir ‖ a fixe (unchanging) ‖ prescrit ; ~ *books,* livres *mpl* au programme ‖ prêt ; *all* ~, fin prêt ‖ ~ *phrase,* expression consacrée • *n* série, collection *f* ; [dishes] service *m* ; [tools] trousse *f* ‖ [people] groupe *m,* classe *f* ‖ [hair] ~, mise *f* en plis ‖ RAD. poste *m* ‖ SP. [tennis] set *m* ‖ MATH. ensemble *m* ‖ TH. décor *m* ‖ CIN. plateau *m.*

set-back *n* revers *m.*

settee [se'ti:] *n* canapé, divan *m.*

setting [jewel] monture *f* ‖ décor *m* ; cadre *m* (surroundings) • *a* couchant (sun).

settle ['setl] *v* (s') établir, (s') installer ‖ décider, déterminer ‖ arrêter, fixer (date) ‖ mettre en ordre (one's affairs) ‖ calmer (nerves) ‖ COMM. payer, régler (account) ‖ [weather] se remettre au beau ‖ ~ *down,* se fixer (in a town) ; s'assagir, se ranger ; s'installer (confortablement) [in armchair] ‖ se fixer à (new job) ‖ ~ *in,* s'installer (in new home).

settlement *n* règlement *m.*

seven ['sevn] *a/n* sept (*m.*).

seventeen [-'ti:n] *a/n* dix-sept (*m.*).

seventy [-ti] *a/n* soixante-dix (*m.*).

several ['sevrəl] *a/pr* plusieurs.

severe [si'viə] *a* sévère (person) ‖ rigoureux (climate).

severely *av* sévèrement ‖ MED. gravement (ill).

sew* [səu] *v* coudre ‖ ~ *on a button,* coudre un bouton.

sewer ['sjuə] *n* égout *m.*

sewing ['səuiŋ] *n* couture *f.*

sewing-machine *n* machine *f* à coudre.

sewn [səun] → SEW*.

sex [seks] *n* sexe *m*; *have* ~ *with,* faire l'amour avec.

sexism *n* sexisme *m.*

sexual [-juəl] *a* sexuel.

sexy *a* COLL. érotique ; sexy ; *be* ~, avoir du sex-appeal.

shabby ['ʃæbi] *a* râpé, élimé (clothes) ‖ délabré (house).

shade [ʃeid] *n* ombre (portée) ; ombrage *m*; *in the* ~, à l'ombre ‖ (lamp-)~ abat-jour *m* ‖ [colour] ton *m,* nuance *f* ‖ US store *m* (blind) ; *Pl* COLL. lunettes *fpl* de soleil • *v* ombrager.

shadow ['ʃædəu] *n* ombre (projetée) • *v* obscurcir ‖ [detective] filer, pister (sb).

shadowy *a* ombragé, sombre ; vague.

shady ['ʃeidi] *a* ombragé (path) ‖ COLL. louche.

shaggy ['ʃægi] *a* hirsute (beard) ‖ à longs poils (animal).

shake* [ʃeik] *v* secouer ‖ ~ *hands with,* serrer la main à ; ~ *one's head,* hocher la tête ‖ trembler.

shall [ʃæl] *mod aux* : [future] *I* ~ *go,* j'irai ‖ [question, 1st pers.] ~ *I do it ?,* voulez-vous que je le fasse ?

shallot [ʃə'lɔt] *n* échalote *f.*

shallow ['ʃæləu] *a* peu profond.

sham [ʃæm] *n* feinte *f,* simulacre *m*; supercherie *f* (action) ‖ COMM. imitation *f* • *a* simulé ; faux (jewellery) • *v* simuler, feindre ; ~ *ill,* faire le malade.

shame [ʃeim] *n* honte *f* ‖ *what a* ~!, quel dommage !

shameful *a* déshonorant, scandaleux.

shameless *a* éhonté, effronté.

shammy-leather ['ʃæmileəə] *n* peau *f* de chamois.

shampoo [ʃæm'pu:] *n* shampooing *m*; *have a* ~, se faire faire un shampooing.

shamrock ['ʃæmrɔk] *n* trèfle *m* (d'Irlande).

shan't [ʃɑ:nt] = *shall not.*

shanty ['ʃænti] *n* cabane, bicoque *f.*

shanty-town *n* bidonville *m.*

shape [ʃeip] *n* forme *f*; *put out of* ~, déformer • *v* former, façonner.

shapeless *a* informe.

shapely *a* beau, bien fait.

share *v* : ~ *(out),* partager • *n* part, portion *f*; *go* ~s *with sb,* partager avec qqn.

shark [ʃɑ:k] *n* requin *m.*

sharp [ʃɑ:p] *a* tranchant (knife) ‖ aigu, pointu (needle) ‖ aigu (angle, sound) ‖ acide (taste) ‖ âcre (odour) ‖ brusque (bend) ‖ net (outline) ● *n* MUS. dièse *m* ● *av* : *at two o'clock* ~, à deux heures précises.

sharpen *v* aiguiser, repasser (blade) ; tailler (pencil).

sharpener [-nə] *n* taille-crayon *m*.

sharply *av* nettement, vivement.

shatter [ˈʃætə] *v* (se) fracasser, (se) briser.

shave [ʃeiv] *v* (se) raser ● *n* : *have a* ~, se raser ; *get a* ~, se faire raser.

shaver *n* rasoir *m* électrique.

shaving *n* rasage *m*.

shaving-brush *n* blaireau *m*.

shaving-cream *n* crème *f* à raser.

shaving-soap *n* savon *m* à barbe.

shawl [ʃɔːl] *n* châle *m*.

she [ʃiː] *pr* [subject] elle *f* ● *n* femelle *f* ; *pref*.

sheaf [ʃiːf] (*Pl* **sheaves** [-vz]) *n* gerbe *f*.

she-ass *n* ânesse *f*.

sheath [ʃiːθ] *n* préservatif *m*.

sheaves → SHEAF.

she-cat *n* chatte *f*.

shed* 1 [ʃed] *v* répandre [tree] perdre (leaves).

shed 2 *n* hangar *m*.

sheep [ʃiːp] *n* mouton *m*.

sheer [ʃiə] *a* pur, absolu ; ultra fin (stocking).

sheet [ʃiːt] *n* drap *m* (bed linen) ‖ [paper] feuille *f*.

shelf [ʃelf] (*Pl* **shelves** [-vz]) *n* étagère *f*, rayon *m*.

shell [ʃel] *n* [egg, nut, snail]

coquille *f* ; [tortoise] écaille *f* ; [lobster] carapace *f* ; [peas] cosse *f* ‖ MIL. obus *m*.

shellfish *n* crustacé *m*.

shelter [ˈʃeltə] *n* abri, refuge *m* ; *under* ~, à l'abri ; *take* ~, s'abriter (*from*, de) ● *v* (s') abriter.

shelves [ʃelvz] → SHELF.

she-monkey *n* guenon *f*.

shepherd [ˈʃepəd] *n* berger *m* ‖ ~'*s pie*, hachis *m* Parmentier.

shepherdess *n* bergère *f*.

sherbet [ˈʃəːbət] *n* sorbet *m*.

sherry [ˈʃeri] *n* xérès *m*.

she-wolf *n* louve *f*.

shift [ʃift] *n* changement *m* ● *v* changer (de place) ; déplacer (transfer) ‖ ~ *gears*, changer de vitesse ‖ ~ *for o.s.*, se débrouiller.

shine* [ʃain] *v* [surface] reluire ‖ [sun] briller ‖ (*pret.* *shined*) faire (reluire) (shoes) ● *n* éclat, brillant *m*.

shingle [ˈʃiŋgl] *n* sing galets *mpl*.

shingly *a* de galets (beach).

shiny [ˈʃaini] *a* brillant, luisant.

ship [ʃip] *n* navire *m* ● *v* embarquer (cargo) ‖ COMM. expédier (by rail or sea).

shipwreck *n* naufrage *m* ● *v* : *be* ~*ed*, faire naufrage.

shipyard *n* chantier *m* de construction navale.

shire [ˈʃaiə] *n* comté *m*.

shirt [ʃəːt] *n* chemise *f*.

shirt-sleeves n : in one's ~, en bras de chemise.

shiver [ˈʃivə] v frissonner, trembler.

shock [ʃɔk] n choc, heurt m ‖ ELECTR. décharge f ‖ FIG. coup, saisissement m ● v choquer, scandaliser, bouleverser.

shock-absorber n AUT. amortisseur m.

shocking a choquant, scandaleux ‖ affreux (spectacle) ‖ exécrable (weather).

shoe [ʃuː] n chaussure f, soulier m ; put on one's ~s, se chausser ; take off one's ~s, se déchausser.

shoeblack n cireur m de chaussures.

shoehorn n corne f à chaussure, chausse-pied m.

shoemaker n cordonnier m.

shoepolish n cirage m.

shoestring n lacet m de chaussures.

shone [ʃɔn] → SHINE*.

shook [ʃuk] → SHAKE*.

shoot* [ʃuːt] v lancer, tirer (bullet) ‖ fusiller (execute) ‖ ~ up, (flames) jaillir ‖ SP. chasser (au fusil) ‖ CIN. tourner (film) ‖ MED. (pain) élancer ‖ SP. (football) shooter.

shooting n chasse f au fusil ‖ ASTR. ~ star, étoile filante ‖ CIN. tournage m.

shooting-gallery n stand m de tir.

shop [ʃɔp] n boutique f, magasin m ; ~ assistant, vendeur n ‖ TECHN. atelier m de

réparations ● v : go ~ping, faire des courses.

shopkeeper n commerçant n.

shopping n achats mpl ; do the ~, faire les courses ; ~ bag/net, sac/filet m à provisions ; ~ centre, centre commercial.

shop-window n vitrine f, étalage m.

shore [ʃɔː] n rivage m ; [sea] côte f ; [lake] bord m.

short [ʃɔːt] a [space] court ‖ [person] petit ‖ [time] bref ‖ grow ~er, [days] raccourcir, diminuer ‖ incomplet, insuffisant ; be ~ of, être à court de ● av brusquement ; stop ~, s'arrêter net ‖ run ~, s'épuiser ‖ ~ of, à l'exception de ● n CIN., COLL. court métrage ‖ Pl short m.

shortage [-idʒ] n manque m, pénurie f.

short-circuit n court-circuit.

shortcoming n défaut m.

short cut n raccourci m.

shorten v raccourcir, écourter.

shortening [-niŋ] n CULIN. matière grasse.

shorthand n sténographie f ; take (down) in ~, prendre en sténo.

shorthand-typist n sténodactylo c.

shortly av brièvement (briefly); bientôt (soon).

short-sighted a myope.

short-sightedness n myopie f.

short-story n nouvelle f.

shot 1 [ʃɔt] → SHOOT*.

shot 2 [ʃɔt] n coup m de feu ‖ projectile m; plombs mpl ‖ [person] tireur n ‖ CIN. prise f de vues; plan m ‖ MED. piqûre f; [drug-addict] give o.s. a ~, se piquer, se shooter (arg.).

should [ʃud] mod aux → SHALL* ‖ [conditional] I ~ go, j'irais ‖ [doubt] if he ~ come, s'il venait ‖ [duty] you ~ do it, vous devr(i)ez le faire.

shoulder ['ʃəuldə] n épaule f ‖ [road] accotement m.

shoulder-strap n [woman's garment] bretelle f.

shout [ʃaut] v crier, pousser des cris ‖ ~ down, conspuer ● n cri m.

shove [ʃʌv] v pousser (brutalement).

shovel ['ʃʌvl] n pelle f.

show* [ʃəu] v montrer, faire voir ‖ paraître (be visible) ‖ [slip] dépasser ‖ exposer ‖ indiquer (the way) ‖ projeter (film) ‖ ~ in, faire entrer (sb) ‖ ~ off, crâner, parader ‖ ~ out, reconduire (sb) ‖ ~ over/round, faire visiter ● n apparence f, simulacre m; make a ~ of, faire semblant de ‖ étalage m (display) ‖ exposition f; concours m; on ~, exposé ‖ TH. spectacle m; attractions fpl (variety).

shower ['ʃauə] n averse f ‖ ~ (-bath), douche f ‖ FIG. grêle f.

show-girl n TH. girl f.

shown [ʃəun] → SHOW*.

show-off n m'as-tu vu, poseur m; frimeur m (fam.).

show-room n salon m d'exposition.

showy a voyant (colour) ‖ tape-à-l'œil (pej.).

shrank [ʃræŋk] → SHRINK*.

shred [ʃred] n lambeau m ‖ fragment m, miette f ● v déchiqueter, mettre en lambeaux.

shrewd [ʃru:d] a astucieux.

shriek [ʃri:k] n cri perçant ● v pousser un cri perçant.

shrill [ʃril] a aigu, strident.

shrimp [ʃrimp] n crevette f.

shrink* [ʃriŋk] v rétrécir.

shrinkage [-idʒ] n rétrécissement m.

Shrove [ʃrəuv] n : ~ Tuesday, Mardi gras.

shrub [ʃrʌb] n arbuste, arbrisseau m.

shrug [ʃrʌg] v hausser (one's shoulders).

shrunk [ʃrʌŋk] → SHRINK*.

shudder ['ʃʌdə] v frissonner ● n frisson, frémissement m.

shuffle ['ʃʌfl] v traîner les pieds ‖ [cards] battre.

shut* [ʃʌt] v (se) fermer (close) ‖ ~ in, enfermer ‖ ~ up, enfermer; SL. ~ up!, la ferme! (fam.).

shutter n volet m ‖ PHOT. obturateur m.

shuttlecock n SP. volant m.

shuttle service n RAIL. navette f.

shy [ʃai] a timide.

shyness n timidité, réserve f.

sick [sik] a malade ; a ~ per-

son, un malade ; *fall* ~, tomber malade ; *report* ~, se faire porter malade || *be* ~, vomir ; *feel* ~, avoir mal au cœur.

sicken v écœurer.

sickening [-niŋ] a écœurant (smell) || FIG. répugnant.

sickle ['sikl] n faucille f.

'sick-leave n congé m de maladie.

sickness n maladie f || nausée f.

side [said] n côté m ; *right/wrong* ~, endroit/envers m || [body] flanc m || *by* ~, côte à côte || FIG. camp m ; *take* ~s, prendre parti (*with*, pour).

side board n buffet m.

sidecar n side-car m.

sideslip n AUT. dérapage m ● v déraper.

sidestroke n (nage f à l') indienne f.

sidewalk n US trottoir m.

sigh [sai] n soupir m ● v soupirer.

sight [sait] n vue, vision f ; *at first* ~, à première vue ; *love at first* ~, coup m de foudre ; *out of/within* ~, hors de/en vue || *take* ~, viser ● spectacle m || Pl [town] curiosités fpl.

sightseeing n visite f des curiosités (d'une ville).

sightseer n touriste m.

sign [sain] n signe m ; *make a* ~ *to*, faire signe à || REL. *make the* ~ *of the cross*, faire le signe de la croix || COMM. enseigne f ●

v signer || ~ *on*, s'engager ; embaucher (employee).

signal ['signəl] n signal m.

signature ['signitʃə] n signature f || RAD. ~ *tune*, indicatif m.

signpost ['sainpəust] n poteau indicateur.

silence ['sailəns] n silence m.

silencer n AUT. silencieux m.

silent [-t] a silencieux, muet ; *fall* ~, se taire.

silently av silencieusement.

silk [silk] n soie f.

silk-screen process n sérigraphie f.

silky a soyeux.

silly ['sili] a sot, bête, idiot.

silver ['silvə] n argent m || *(plate)*, argenterie f.

silver-plated a argenté.

silverware n argenterie f.

silvery [-ri] a argenté.

similar ['similə] a similaire, semblable.

simple ['simpl] a simple || naturel (unaffected).

simplicity [sim'plisiti] n simplicité f.

simplification [ˌsimplifiˈkeiʃn] n simplification f.

simplify ['simplifai] v simplifier.

simply av simplement.

simulate ['simjuleit] v simuler, feindre.

simultaneous [ˌsimlˈteinjəs] a simultané.

sin [sin] n péché m ● v pécher.

since [sins] av depuis || *ever* ~, depuis lors ● p depuis ● c depuis que (after) ‖ puisque (because).

sincere [sin'siə] a sincère.

sincerely av sincèrement.

sing* [siŋ] v chanter.

singe [sinʒ] v roussir ‖ CULIN. flamber.

singeing n [hair] brûlage m.

singer ['siŋə] n chanteur n.

single ['siŋgl] a seul, unique ‖ ~ bed, lit m d'une personne ; ~ room, chambre f pour une personne ‖ célibataire (person) ● n SP. [tennis] simple m ‖ RAIL. aller m (ticket) ‖ [record] 45 tours m ● v : ~ out, choisir, distinguer.

single-breasted a droit (coat).

single-lane a à voie unique (road).

singular ['siŋgjulə] a/n singulier (m).

sink* **1** [siŋk] v (s')enfoncer ‖ NAUT. [ship] sombrer, couler.

sink 2 n évier m.

sip [sip] v siroter, déguster ● n petite gorgée.

sir [sə:] n monsieur m.

sirloin ['sə:lɔin] n aloyau m.

sister ['sistə] n sœur f.

sister-in-law n belle-sœur f.

sit* [sit] v être assis (be sitting) ‖ ~ (down), (s')asseoir ‖ ~ (for) an exam, passer un examen ‖ ~ for a photo, se faire prendre en photo ‖ ~ back, se renverser (in one's chair) ‖ ~ up, se redresser ; ne pas se coucher, veiller (tard).

sit-down strike n grève f sur le tas.

site [sait] n emplacement m.

sitting ['sitiŋ] n séance, session f ‖ [dining-car] service m.

sitting-room n salon m.

situation [sitju'eiʃn] n situation f ; emplacement m (site).

six [siks] a/n six (m).

sixteen ['tiːn] a/n seize (m).

sixty a/n soixante (m).

size [saiz] n dimension f ; grandeur f ‖ COMM. [shoe] pointure f ; [garment] taille f ; [shirt] encolure f ; which ~ do you take ?, quelle taille (etc.) faites-vous ?

skate [skeit] n patin m ● v patiner.

skateboard n planche f à roulettes.

skater n patineur n.

skating n patinage m.

skeleton ['skelitn] n squelette m.

sketch [sketʃ] n esquisse f, croquis m ● v esquisser ; faire des croquis ; ~ out, ébaucher.

skewer [skjuə] n CULIN. brochette f.

ski [ski:] n ski m ● v faire du ski, aller à skis.

skid [skid] v AUT. déraper ; ~ right round, faire un tête-à-queue ● n dérapage m.

skier ['ski:ə] n skieur n.

ski-jump n saut m à skis.

skilful ['skilful] a adroit, habile.

ski-lift n remonte-pente m.

skill [skil] n [physical] habi-

leté, adresse f ‖ [mental] talent
m ‖ FIG. métier m.

skilled [-d] a habile ‖ qualifié
(worker).

skim [skim] v écrémer (milk) ‖
~ *through*, parcourir (book).

skimmer n écumoire f.

skim-milk n lait écrémé.

skin [skin] n peau f ‖ [fruit]
pelure f.

skin-diving n plongée sous-
marine.

skinny a maigrichon

skip [skip] v sauter à la corde
‖ FIG. omettre ; sauter (meal).

skirt [skəːt] n jupe f.

ski-stick n bâton m de ski.

skittle [skitl] n quille f.

sky [skai] n ciel m.

skylark n alouette f.

skyscraper n gratte-ciel m.

slack [slæk] a mou, lâche
(rope) ‖ nonchalant, mou (person) ‖ étale (sea) ‖ FIG. ~
season, morte-saison f • npl
pantalon m.

slacken v (se) relâcher/des-
serrer.

slalom ['sleiləm] n SP. slalom
m.

slam 1 [slæm] v claquer (door).

slam 2 n [cards] chelem m.

slang [slæŋ] n argot m.

slap [slæp] n gifle, claque f •
v : ~ *sb on the face*, gifler qqn.

slate [sleit] n ardoise f.

slave [sleiv] n esclave n • v
trimer (fam.).

sled [sled], **sledge** [-ʒ] n
traîneau m.

sleek [sliːk] a lisse, luisant.

sleep* [sliːp] v dormir ; ~
with, coucher avec ‖ [hotel]
recevoir, loger (so many guests)
‖ ~ *off one's wine*, cuver son
vin • n sommeil m ‖ *go to* ~,
s'endormir ‖ *put to* ~, faire
piquer (animal).

sleeper n dormeur n ; *be a
heavy/light* ~, avoir le sommeil profond/léger.

sleeping a endormi.

sleeping-bag n sac m de
couchage ; duvet m.

sleeping-car n voiture-lit f.

sleeping-pill n somnifère m.

sleepless a : ~ *night*, nuit
blanche.

sleeplessness n insomnie f.

sleep-walker n somnambule.

sleepy a endormi ; *feel* ~,
avoir sommeil.

sleet [sliːt] n grésil m.

sleeve [sliːv] n manche f.

sleeveless a sans manches.

sleigh [slei] n traîneau m.

slender ['slendə] a svelte
(figure) ; mince (waist).

slept [slept] → SLEEP*.

slice [slais] n tranche f ; ~
of bread and butter, tartine
(beurrée) • v couper en tran-
ches.

slid [slid] → SLIDE*.

slide* [slaid] v glisser (over,
sur) • n glissade f, glissement
m ‖ [playground] toboggan m ‖
PHOT. (colour) ~, diapositive
f (en couleurs) ; diapo f (fam.).

sliding a : AUT. ~ *roof*, toit
ouvrant ‖ ~ *scale*, échelle
mobile.

slight [slait] *a* mince, frêle (frail) || [not great] insignifiant; léger || ●*est*, moindre.
slightly *av* légèrement.
slim [slim] *a* svelte, mince ● *v* suivre un régime (pour maigrir).
slime [slaim] *n* vase *f.*
sling [sliŋ] *n* MED. écharpe *f.*
slip [slip] *v* glisser, faire un faux pas || se glisser ● glisser (sth) || ~ *on/off*, enfiler/ôter (dress) ● *n* combinaison *f* (underwear) || ~ *of paper*, bout *m* de papier || FIG. erreur *f*; faux pas; ~ *of the tongue*, lapsus m.
slip-knot *n* nœud coulant.
slipper ['slipə] *n* pantoufle *f.*
slippery ['slipri] *a* glissant (road).
slip-road ['sliprəud] *n* [motorway] bretelle *f* (d'accès).
slit* [slit] *v* fendre; inciser || ~ *open*, ouvrir (envelope) ● *n* fente, fissure *f.*
slogan ['slougən] *n* slogan m.
slop-basin ['slɔp,-] *n* poubelle *f* de table pour le thé.
slope [sloup] *n* pente *f*; *uphill* ~, montée *f.*
slops [-s] *npl* eau *f* sale.
slot [slɔt] *n* fente *f.*
slot-machine *n* distributeur *m* automatique.
slovenly ['slʌvnli] *a* négligé, débraillé.
slow [slou] *a* lent, lourd (mind) || *my watch is five minutes* ~, ma montre retarde de cinq minutes || CIN. ~ *motion*,

ralenti *m* || RAIL. ~ *train*, omnibus *m* ● *av* lentement ● *v* : ~ *down/up*, ralentir.
slowly *av* lentement.
slowness *n* lenteur *f.*
sluice [slu:s] *n* écluse *f.*
slum [slʌm] *n* taudis m.
slump [slʌmp] *n* COMM. crise.
slush [slʌʃ] *n* neige fondue.
sly [slai] *a* rusé, sournois.
small [smɔ:l] *a* petit; ~ *letters*, minuscules *fpl* || COMM. ~ *change*, petite monnaie ● *n* : *the* ~ *of the back*, les reins.
smart [sma:t] *a* éveillé, intelligent (clever); malin (shrewd) || chic, élégant (person, clothes) ● *v* [pain, sore] faire mal.
smash [smæʃ] *v* (se) fracasser; briser en morceaux || SP. [tennis] smasher ● *n* [noise] fracas, choc *m* || SP. smash m.
smashing *a/interj* génial (!), chouette (!).
smear [smiə] *n* tache, souillure *f* ● *v* souiller.
smell* [smel] *v* sentir || [dog] flairer || ~ *of*, avoir une odeur de || [stink] sentir mauvais ● *n* [odour] odeur *f* || [sense] odorat *m*; [dog] flair m.
smelt [smelt] → SMELL*.
smile [smail] *n/v* sourire (m).
smiling *a* souriant.
smog [smɔg] *n* brouillard chargé de fumée, «smog» m.
smoke [sməuk] *n* fumée *f* || COLL. cigarette *f* ● *v* fumer.
smoker *n* fumeur *m* || RAIL. compartiment *m* de fumeurs.
smoky *a* enfumé.

smooth [smu:ð] *a* lisse ‖ calme ; ∼ *sea*, mer *f* d'huile ‖ *v* régulier (movement, ride) • *v* lisser, aplanir ‖ ∼ *out*, défroisser (dress).

smoothly *av* doucement, sans heurt.

smoothness *n* douceur *f*, calme *m*.

smooth-shaven *a* rasé de près.

smuggle ['smʌgl] *v* passer en fraude.

smuggler *n* contrebandier *n*.

smuggling *n* contrebande *f*.

snack [snæk] *n* casse-croûte *m* ; *cold* ∼, repas froid ; *have a quick* ∼, manger sur le pouce.

snag [snæg] *n* FIG. obstacle *m*, écueil (inattendu) ; *the* ∼ *is that...*, le hic c'est que...

snail [sneil] *n* escargot *m*.

snake [sneik] *n* serpent *m*.

snap [snæp] *v* happer ∼ *(shot)*, photo *f*, instantané *m*.

sneak [sni:k] *v* [school] SL. cafarder • *n* cafard *m*.

sneakers [-əz] *npl* US chaussures *fpl* de tennis ; baskets *m/fpl* (fam.).

sneer [sniə] *v* ricaner ‖ ∼ *at*, se moquer de • *n* ricanement *m*.

sneeze [sni:z] *v* éternuer • *n* éternuement *m*.

sniff [snif] *v* renifler.

snob [snɔb] *n* snob *n*.

snobbery [-əri], **snobbishness** [-i/nis] *n* snobisme *m*.

snooze [snu:z] *n* COLL. roupillon *m* (fam.).

snore [snɔ:] *v* ronfler • *n* ronflement *m*.

snorkel ['snɔ:kl] *n* SP. tuba, respirateur *m*.

snow [snəu] *n* neige *f* • *v* neiger.

snowball *n* boule *f* de neige.

snow-bound *a* enneigé ; bloqué par la neige.

snow-drift *n* congère *f*.

snowflake *n* flocon *m* de neige.

snowman *n* bonhomme *m* de neige.

snow-plough *n* chasse-neige *m inv*.

snowy *a* neigeux.

snub [snʌb] *n* rebuffade *f* • *v* snober.

snug [snʌg] *a* douillet (bed) ; confortable (house).

so [səu] *av* ainsi, de cette manière ; ∼ *be it*, ainsi soit-il ; *and* ∼ *on*, et ainsi de suite ; *or* ∼, environ ‖ tellement ; ∼ *happy*, si heureux ‖ [comparison] *not* ∼ *tall as*, pas aussi grand que ‖ [substitute] *I think* ∼, je le pense ; *you speak English and* ∼ *do I*, vous parlez anglais et moi aussi ‖ ∼ *as to*, afin de ‖ ∼ *far*, jusqu'à présent, jusqu'ici ‖ ∼ *long as*, tant que ‖ ∼ *that*, afin que (in order that) ; si bien que (result) • *c* donc, par conséquent.

soak [səuk] *v* (faire) tremper (dirty clothes).

So-and-so *n* COLL. Untel.

soap [səup] *n* savon *m*.

soapy *a* savonneux.

sob [sɔb] n sanglot m ● v sangloter.

sober ['səubə] a à jeun, sobre (temperate) ‖ pas ivre (not drunk) ‖ sensé (judgment) ● v : ~ up, dégriser.

soberly av sobrement.

so-called ['səu'kɔ:ld] a soi-disant, prétendu.

soccer ['sɔkə] n = association football.

social ['səu∫l] a social ; ~ worker, assistante sociale.

socialism n socialisme m.

socialist n socialiste m.

society [sə'saiəti] n société f (community) ‖ association f (club) ‖ (haute) société.

sociology [‚səusi'ɔlədʒi] n sociologie f.

sock [sɔk] n chaussette f.

socket ['sɔkit] n ELECTR. douille, prise f (de courant).

soda-water n eau f de Seltz.

sofa ['səufə] n sofa, divan m.

soft [sɔft] a mou ; moelleux (bed) ‖ (touch) doux ‖ ~ water, eau douce ‖ non alcoolisé (drink).

soft-boiled [-bɔild] a mollet (egg).

soften ['sɔfn] v adoucir, ramollir ‖ FIG. s'attendrir.

softly ['sɔftli] av doucement.

softness n douceur f ‖ FIG. mollesse f.

soil 1 [sɔil] n sol m, terre f.

soil 2 v salir, souiller.

solar ['səulə] a solaire ‖ TECHN. ~ battery, photopile f.

solarium [sə'lɛəriəm] n solarium m.

sold [sauld] → SELL*.

solder ['sɔldə] n soudure f ● v souder.

soldering-iron n fer m à souder.

soldier ['səuldʒə] n soldat m.

sole 1 [səul] n ZOOL. sole f ; lemon ~, limande f.

sole 2 n [shoe] semelle f ● v ressemeler.

solemn ['sɔləm] a solennel ; grave (look).

solicitor [sə'lisitə] n avoué m.

solid ['sɔlid] a solide ; become ~, se solidifier ‖ substantiel (food) ‖ massif, plein (not hollow) ‖ solide, résistant ‖ FIG. sans interruption ; four ~ hours, quatre heures d'affilée.

solitude ['sɔlitju:d] n solitude f.

solo ['səuləu] a/n solo (m).

soloist n soliste m.

solve [sɔlv] v résoudre.

some [sʌm] a quelque, certain ; ~ day, un (de ces) jour(s) ‖ du, de l', de la, des ; ~ tea, du thé ; ~ people, certains mpl, certaines personnes ● pr une partie de, un peu de ; quelques-uns/-unes.

somebody ['sʌmbədi] pr quelqu'un ; ~ else, quelqu'un d'autre.

somehow [-hau] av d'une façon ou d'une autre ‖ pour une raison ou pour une autre.

someone [-wʌn] pr quelqu'un.

something [-θiη] *pr* quelque chose ; ∼ **else,** autre chose.

sometime [-taim] *av* [future] un jour (ou l'autre).

sometimes [-z] *av* quelque-fois, parfois.

somewhat [-wɔt] *av* quelque peu, un peu, assez.

somewhere [-wɛə] *av* quelque part ; ∼ **else,** ailleurs.

son [sʌn] *n* fils *m.*

song [sɔη] *n* chanson *f.*

sonic ['sɔnik] *a* : ∼ **bang,** bang *m* supersonique.

son-in-law *n* gendre *m.*

sonny *n* COLL. fiston *m.*

soon [su:n] *av* bientôt ; ∼ **after,** peu après ∥ tôt ; **as** ∼ **as,** aussitôt que, dès que ; ∼ **er** **or later,** tôt ou tard ∥ *I would* ∼ **er** (= *I would rather*), j'ai-merais mieux.

soot [sut] *n* suie *f.*

soothe [su:ð] *v* apaiser ∥ MED. calmer.

soothing *a* calmant.

sore [sɔ:] *a* douloureux, sen-sible ; *have a* ∼ *throat,* avoir mal à la gorge.

sorrow ['sɔrəu] *n* chagrin *m,* peine *f.*

sorrowful *a* affligé (person) ; pénible (news).

sorry ['sɔri] *a* navré, désolé, fâché ; *(I am)* ∼, (je vous demande) pardon !, excusez-moi !

sort [sɔ:t] *n* sorte, espèce *f* ∥ FIG. *be out of* ∼*s,* ne pas être dans son assiette ∥ COLL. ∼ *of*

(av) : *I* ∼ *of think that...,* j'ai comme une idée que... • *v* clas-ser, trier.

sought [sɔ:t] → SEEK*.

soul [səul] *n* âme *f* ∥ REL. *All* S∼s' *Day,* jour *m* des morts.

sound 1 [saund] *a* sain, bien portant (body) ∥ profond (sleep).

sound 2 *n* son, bruit *m* • *v* [voice] résonner, retentir ∥ AUT. ∼ *the horn,* klaxonner ∥ FIG. paraître, sembler.

sound barrier *n* mur *m* du son.

sound-effects *npl* bruitage *m.*

sound-film *n* film *m* sonore.

soundly *av* sainement ∥ [sleep] profondément.

sound-proof *v* insonoriser • *a* insonorisé.

sound-track *n* piste *f* sonore.

soup [su:p] *n* soupe *f,* potage *m.*

soup-plate *n* assiette creuse.

sour ['sauə] *a* sur, aigre ; vert (grapes) ∥ *turn* ∼, [milk] tour-ner, [wine] se piquer.

source [sɔ:s] *n* source *f.*

south [sauθ] *n* sud *m* ∥ [France] Midi *m* • *a* du sud • *av* vers le sud.

southerly ['sʌðəli], **south-ern** [-n] *a* du sud.

southerner *n* [France] Méri-dional *n.*

southwards ['sauθ-] *av* vers le Sud.

souvenir ['su:vniə] *n* souvenir *m.*

Soviet ['səuviet] *a* soviétique ● *n* soviet *m*.

sow* [səu] *v* semer (seed).

sown [səun] → SOW*.

spa [spɑː] *n* ville *f* d'eaux.

space [speis] *n* espace *m*.

spaceship *n* vaisseau spatial.

spade [speid] *n* AGR. bêche *f* ‖ [cards] pique *m*.

Spain [spein] *n* Espagne *f*.

span [spæn] → SPIN*.

Spaniard ['spænjəd] *n* Espagnol *n*.

Spanish ['spæniʃ] *a* espagnol ● *n* [language] espagnol *m*.

spank [spæŋk] *v* fesser, donner une fessée.

spanking *n* fessée *f*.

spanner ['spænə] *n* clé anglaise/à molette.

spare [spɛə] *v* épargner, économiser ‖ disposer de, accorder (time) ● *a* disponible, de trop ; libre ; **~ time**, moments perdus ‖ de réserve ; **~ room**, chambre *f* d'ami ‖ frugal (meal) ‖ TECHN. **~ parts**, pièces *fpl* de rechange ; **~ wheel**, roue *f* de secours ● *n* pièce *f* de rechange.

spark [spɑːk] *n* étincelle *f*.

sparking-plug *n* AUT. bougie *f* d'allumage.

sparkle ['-l] *v* étinceler, scintiller.

sparkling wine *n* (vin *m*) mousseux *m*.

sparrow ['spærəu] *n* moineau *m*.

spastic ['spæstik] *n* MED. handicapé (moteur).

spat [spæt] → SPIT* 2.

speak* [spiːk] *v* parler (English, etc.) ‖ parler (to, à) ; adresser la parole (to, à) ‖ TEL. *who's* **~ing** ?, qui est à l'appareil ?

speaker *n* orateur *n* (in public) ‖ *English* **~**, anglophone *n* ‖ RAD. haut-parleur *m* ‖ Pl enceintes *fpl*.

spear fishing *n* chasse sous-marine.

speargun ['spiəgʌn] *n* fusil sous-marin.

special ['speʃəl] *a* spécial ; **~** *delivery letter*, lettre *f* exprès ● *n* RAIL. train *m* supplémentaire.

specialist *n* spécialiste *n*.

speciality [ˌspeʃiˈæliti] *n* spécialité *f*.

specialize *v* se spécialiser.

specially *av* spécialement.

specimen ['spesimin] *n* spécimen *m*.

spectacle ['spektəkl] *n* spectacle *m* ‖ Pl lunettes *fpl*.

spectator [spek'teitə] *n* spectateur *n*.

sped [sped] → SPEED* 2.

speech [spiːtʃ] *n* parole *f* (faculty) ‖ discours *m*, allocution *f* (in public).

speechless *a* muet.

speed 1 [spiːd] *n* vitesse *f* ; *(at) full* **~**, à toute vitesse ; **~** *limit*, limitation *f* de vitesse.

speed* 2 *v* aller à toute vitesse ‖ AUT. [p.t. **~ed**] *be* **~ing**, faire un excès de vitesse ; **~up**, accélérer.

speed-boat n canot m automobile.

speedometer [spi'dɔmitə] n compteur m de vitesse.

speedy a rapide, prompt.

spell 1 [spel] n (courte) période.

spell* 2 v épeler ; [writing] orthographier ; ～ *badly*, faire des fautes d'orthographe.

spelling n [oral] épellation f ; [writing] orthographe f ; ～ *mistake*, faute f d'orthographe.

spelt [spelt] → SPELL* 2.

spend* [spend] v dépenser (money) ‖ passer (time) ‖ COLL. ～ *a penny*, aller au petit endroit (fam.).

spent [spent] → SPEND*.

sphere [sfiə] n sphère f.

spice [spais] n épice f, aromate m.

spicy ['-i] a épicé, relevé.

spider ['spaidə] n araignée f ; ～('s) web, toile f d'araignée.

spike [spaik] n pointe f.

spill* [spil] v renverser, répandre (liquid).

spilt [spilt] → SPILL*.

spin* [spin] v filer (wool) ‖ faire tourner (wheel) ; ～ a coin, jouer à pile ou face ‖ [ball] tournoyer ● n rotation f ‖ SP. effet m (on ball).

spinach ['spinidʒ] n épinards mpl.

spin-'dryer n essoreuse f.

spinster ['spinstə] n célibataire f ‖ vieille fille (pej.).

spiny ['spaini] a épineux ‖ ～ *lobster*, langouste f.

spiral ['spaiərəl] n spirale f.

spirit ['spirit] n esprit m (soul) ‖ humeur, disposition f (state of mind) ‖ Pl : in high ～s, joyeux ; low ～s, abattu ‖ CH., CULIN. ～s, alcool m ● v : ～ away, faire disparaître, escamoter.

spirit-lamp, spirit-stove n lampe f/réchaud m à alcool.

spiritual [-juəl] a spirituel, immatériel ● n chant religieux.

spiritualism n spiritisme m.

spit 1 [spit] n CULIN. broche f.

spit* 2 v cracher ● n crachat m.

spite [spait] n rancune ; malveillance f ‖ *in* ～ *of*, en dépit de, malgré.

spiteful a rancunier ; malveillant ; méchant (remark).

splash [splæʃ] n éclaboussement m (act) ; éclaboussure f (stain) ● v éclabousser.

splendid ['splendid] a splendide, magnifique.

splice [splais] v CIN. coller (film).

splinter ['splintə] n éclat m ‖ écharde f (under nail) ‖ ～ *proof glass*, vitre f de sécurité.

split* [split] v (se) fendre ‖ ～ *skirt*, jupe fendue ‖ PHYS. désintégrer (atom) ‖ FIG. ～ *the difference*, couper la poire en deux ; ～ *hairs*, couper les cheveux en quatre ; ～ *one's sides with laughter*, se tordre de rire ● n fente, fissure f ‖ déchirure *f* (tear) ‖ *Pl* [dance] do the ~s, faire le grand écart.

spoil* [spɔil] *v* gâter, abîmer (food, fruit) ‖ FIG. gâter (child); gâcher (holidays, etc.).

spoilt [spɔilt] → SPOIL*.

spoke 1 [spəuk] *n* [wheel] rayon *m*.

spoke 2, spoken [-n] → SPEAK*.

sponge [spʌnʒ] *n* éponge *f*; ~ *bag*, sac *m* de toilette ● *v* éponger.

sponsor ['spɔnsə] *n* RAD. annonceur *m*.

spontaneous [spɔn'teinjəs] *a* spontané.

spool [spuːl] *n* bobine *f*.

spoon [spuːn] *n* cuiller, cuillère *f*.

spoonful *n* cuillerée *f*.

sport [spɔːt] *n* sport *m*; jeu *m* de plein air; *go in for* ~/*do* ~, faire du sport ‖ COLL. chic type *m*.

sporting *a* sportif.

sports-car [-skɑː] *n* voiture *f* de sport.

sportsman [-smən] *n* sportif *m*; amateur *m* de sports.

spot [spɔt] *n* tache *f* (dirty mark) ‖ bouton *m* (pimple) ‖ endroit, lieu *m* (site); *on the* ~, sur les lieux (at the place); sur-le-champ (at once) ● *v* tacher ‖ repérer (recognize).

spotless *a* immaculé, net.

spotlight ['spɔtlait] *n* TH. projecteur, spot *m*.

spot-remover *n* détachant *m*.

spotted ['spɔtid] *a* tacheté, moucheté.

sprain [sprein] *n* MED. foulure, entorse *f* ● *v* : ~ *one's ankle*, se fouler la cheville.

sprang [spræŋ] → SPRING*.

sprawl [sprɔːl] *v* s'étaler, se vautrer.

spray *n* embruns *mpl* ‖ vaporisateur *m*, bombe *f*; *nasal* ~, nébuliseur *m* ● *v* vaporiser; pulvériser.

sprayer *n* vaporisateur *m*; pulvérisateur *m*.

spread [spred] *v* (s') étendre, étaler ‖ [bird] déployer (wings) ‖ CULIN. tartiner ‖ FIG. propager, répandre; [news, epidemics] se propager, se répandre ● *n* CULIN. crème *f* à tartiner.

spring [spriŋ] *v* bondir, sauter, s'élancer ‖ [liquid] jaillir ● *n* bond, saut *m* ‖ source *f* (of water) ‖ [season] printemps *m* ‖ TECHN. ressort *m*.

spring-board *n* tremplin *m*.

springy *a* élastique; souple.

sprinkle ['spriŋkl] *v* asperger, arroser (with water) ‖ saupoudrer (with salt, sugar) ● *n* pincée *f* (of salt).

sprint [sprint] *n* sprint *m*.

sprout [spraut] *n* pousse *f*; *Brussels* ~s, choux *mpl* de Bruxelles ● *v* germer.

sprung [sprʌŋ] → SPRING*.

spun [spʌn] → SPIN*.

spurt [spəːt] *v* : ~ (*out*), [liquid] gicler ● *n* giclée *f*, jet *m*.

spy [spai] n espion n ● v : ~ (upon), espionner, épier.

spy-glass n longue-vue, MIL. lunette f d'approche.

spying n espionnage m.

squalid ['skwɔlid] a misérable, sordide.

squall [skwɔːl] n bourrasque, rafale f.

squander ['skwɔndə] v dilapider, gaspiller.

square [skwɛə] n carré m || [chessboard] case f || [place] place f || TECHN. équerre f ● a carré; à angle droit || MATH. ~ root, racine carrée || COLL. vieux jeu ● v quadriller; ~d paper, papier quadrillé || MATH. élever au carré || FIG. s'accorder (with, avec).

squash [skwɔʃ] v écraser, presser ● n [orange], orangeade f || SP. squash m.

squat [skwɔt] v : ~ (down), s'accroupir || JUR. occuper illégalement ● a trapu.

squatter n squatter m.

squeeze [skwiːz] v serrer (hand); presser (orange); étreindre (in arms) ● n [arms] étreinte f; [hands] pression f.

squint [skwint] n strabisme m ● v loucher || ~-eyed, bigle, qui louche.

squirrel ['skwirl] n écureuil m.

squirt [skwəːt] n jet m, giclée f ● v (faire) gicler.

stable 1 [steibl] a stable.

stable 2 n écurie f.

stack [stæk] n AGR. meule f.

stadium ['steidjəm] n stade m.

staff [stɑːf] n personnel m || MIL. état-major m.

stag [stæg] n cerf m.

stage [steidʒ] n échafaudage m || estrade f || [journey] étape f || [rocket] étage m || AUT. [bus route] fare ~, section f || TH. scène f || FIG. phase, période f, stade m ● v mettre en scène, monter || FIG. organiser.

stage fright n trac m.

stagger ['stægə] v chanceler, tituber || échelonner; étaler (holidays, etc.).

staggering [-riŋ] a renversant, stupéfiant; bouleversant.

staging ['steidʒiŋ] n TH. mise f en scène.

staid [steid] a posé, sérieux.

stain [stein] n tache f ● v tacher, souiller || [material] se tacher/salir.

stained-glass n : ~ window, vitrail m.

stainless a TECHN. inoxydable (steel).

stair [stɛə] n marche f (step) || Pl escalier m.

staircase, stairway n escalier m.

stake [steik] n pieu, poteau m || FIG. enjeu m (bet); at ~, en jeu ● v FIG. jouer, miser.

stale [steil] a rassis (bread) || éventé (beer).

stalemate ['steil'meit] n [chess] pat m || FIG. impasse f.

stalk [stɔːk] n tige f; queue f.

stall [stɔːl] n COMM. [market] étal, éventaire m; [exhibition] stand *m*; *(newspaper)* ~, kiosque *m* (à journaux) ‖ *Pl* TH. (fauteuils *mpl* d') orchestre *m* • *v* AUT. caler (engine).

stammer ['stæmə] *v* bégayer • *n* bégaiement *m*.

stammerer [-rə] *n* bègue *n*.

stamp [stæmp] *n* timbre *m* ; *(postage)* ~, timbre(-poste) *m* ; ~ *book*, carnet de timbres ‖ COMM. estampille *f* • *v* timbrer, affranchir ; tamponner.

stamp-collector *n* philatéliste *n*.

stamp-machine *n* distributeur *m* automatique de timbres-poste.

stand* [stænd] *v* se tenir debout ‖ rester immobile (stationary), poser, placer (place) ‖ COLL. ~ *sb* *a* *drink*, payer un verre à qqn ‖ FIG. (usu neg.) (ne pas pouvoir) supporter (sb, sth) ‖ CULIN. [tea] infuser ‖ ~ *back*, se tenir en retrait, reculer ‖ ~ *off*, se tenir à l'écart ‖ ~ *out*, se détacher, se profiler ‖ ~ *up*, se lever ‖ COLL. ~ *sb* *up*, poser un lapin à qqn (fam.) • *n* position *f* ‖ SP. tribune *f* ‖ AUT. *(cab)*, station *f* de taxis ‖ FIG. résistance *f*.

standard ['stændəd] *n* niveau, degré *m* (d'excellence) ‖ FIG. modèle, type *m* ; critère *m* ; point *m* de vue • *a* de série, courant, standard ; ~ *time*, heure officielle.

standardize *v* normaliser.

stand-in *n* CIN. doublure *f*.

standing *n* station *f* debout ‖

durée *f* ; *a* *friend* *of* *long-* ~, un ami de longue date ‖ position *f*, rang *m* • *a* debout ‖ AUT. en stationnement ‖ SP. ~ *jump*, saut *m* sans élan ‖ TH. ~ *room*, place *f* debout.

standoffish *a* distant.

stank [stæŋk] → STINK*.

staple ['steipl] *n* agrafe *f* (for papers) • *v* agrafer.

stapler *n* agrafeuse *f*.

star [stɑː] *n* étoile *f*, astre *m* ‖ CIN. étoile, vedette, star *f* ‖ AUT. *four-*~/*two-*~ *(petrol)*, super *m*/(essence *f*) ordinaire (fam.) • *v* CIN. être la vedette.

starch [stɑːtʃ] *n* amidon *m* ‖ CULIN. fécule *f*.

starchy *a* CULIN. farineux ; ~ *food*, féculent *m*.

stare [stɛə] *v* : ~ *at*, regarder fixement ; dévisager • *n* regard *m* fixe.

starfish [tɑː] *n* étoile *f* de mer.

stark [stɑːk] *a* raide, rigide ‖ pur, absolu • *av* entièrement ; ~ *naked*, tout nu.

starkers ['stɑːkəz] *n* SL. à poil (fam.).

starry ['-ri] *a* étoilé.

start [stɑːt] *v* partir (for, pour) ; ~ *on* *a* *journey*, partir en voyage ‖ commencer, entreprendre (begin) ; ~ *again*, recommencer ‖ mettre en marche, lancer (machine) ‖ sursauter (jump) ‖ *[fire]* prendre • *n* commencement *m* ‖ départ *m*.

starter *n* AUT. démarreur *m*.

startle ['stɑːtl] *v* faire sursauter.

startling a saisissant, sensationnel (news).

starve [stɑːv] v souffrir de la faim, mourir de faim.

state [steit] n état m (condition) ‖ rang m (status) ‖ JUR. État m (nation) • v déclarer.

stateless a apatride.

statement n déclaration f; affirmation f (expression) ‖ rapport m (report) ‖ FIN. relevé m (de compte).

station ['steiʃn] n : RAD. (broadcasting) ∼, poste (émetteur) ‖ RAIL. gare f ‖ FIG. position f, rang m.

stationer's shop n papeterie f.

stationery ['steiʃənri] n papeterie f (materials).

station-master n chef m de gare.

station-wagon n AUT. break m.

statistics [stə'tistiks] n statistique f.

statue ['stætjuː] n statue f.

status ['steitəs] n position sociale; rang, standing m • a.

stay 1 [stei] n support m • v étayer.

stay 2 n séjour m • v demeurer, rester; ∼ at a hotel, loger à l'hôtel ‖ ∼ in, rester chez soi; [school] être en retenue ‖ ∼ out, rester dehors ‖ ∼ up, veiller.

stay-at-home a/n casanier.

steadfast [-fəst] a ferme, résolu.

steadily av fermement; constamment; régulièrement.

steady ['-i] a stable ‖ ferme (hand) ‖ régulier, continu (movement) ‖ attitré (friend).

steak [steik] n bifteck m.

steal* [stiːl] v voler; dérober (sth) ‖ FIG. se glisser furtivement.

steam [stiːm] n vapeur f ‖ buée f (on window).

steamer, steamship n paquebot m.

steel [stiːl] n acier m.

steep [stiːp] a à pic; escarpé; raide.

steeple ['stiːpl] n clocher m.

steer v conduire (vehicle); gouverner (ship).

steering-wheel n AUT. volant m.

stem [stem] n [flower] tige f; [fruit] queue f ‖ [pipe] tuyau m.

stench [stenʃ] n puanteur f.

stencil ['stensl] n pochoir m ‖ [typewriting] stencil m • v polycopier.

stenographer [ste'nɔgrəfə] n sténographe n.

stenography n sténographie f.

step 1 [step] n pas m ‖ marche f (stair) ‖ Pl escalier m ‖ FIG. mesure f; take ∼s, prendre des dispositions ‖ v faire un pas; marcher; ∼ aside, faire un écart ‖ ∼ back, reculer.

step- 2 pref.

'step,brother n demi-frère m.

stepdaughter n belle-fille.

stepfather n beau-père.

step-ladder n escabeau m.

stepmother n belle-mère.

stepsister n demi-sœur f.

stepson n beau-fils.

stereophonic ['steriə'fɔnik] a stéréophonique.

stereophony [-'fɔni] n stéréophonie f.

stereo system n COLL. chaîne f stéréo (fam.).

stern a sévère.

stew [stju:] n CULIN. ragoût m; [hare] civet m • v cuire dans son jus.

steward [stjuəd] n intendant m ‖ NAUT., AV. steward m.

stewardess n AV. hôtesse f.

stick* [stik] v enfoncer; piquer (pin) ‖ coller (stamp) ‖ CULIN. attacher ‖ ~ **out**, dépasser, faire saillie ‖ ~ **to**, s'accrocher à, ne pas démordre de ‖ n bâton m.

sticker n étiquette f, autocollant m.

sticking-plaster n sparadrap m.

stiff [stif] a raide (joint, leg); ~ **neck**, torticolis m ‖ ankylosé; get ~, s'ankyloser.

stiffen v raidir, rendre rigide.

stifle ['staifl] v étouffer, suffoquer.

stifling a étouffant (heat).

still 1 [stil] av encore, toujours • c cependant, quand même (nevertheless).

still 2 a calme, immobile, tranquille; keep ~!, ne bougez pas!

stillness n calme, silence m ‖ immobilité f.

stilt [stilt] n échasse f.

stimulate ['stimjuleit] v stimuler.

sting 1 [stiŋ] n ZOOL. dard m (organ); piqûre f (wound).

sting* 2 v [insect] piquer.

stingy ['stindʒi] a COLL. radin.

stink* [stiŋk] v puer.

stinking a puant, nauséabond.

stir [stə:] v remuer ‖ FIG. exciter, troubler, émouvoir.

stirring [-riŋ] a FIG. émouvant.

stitch [stitʃ] n [sewing] point m; [knitting] maille f ‖ [pain] point m de côté • v piquer, coudre.

stock [stɔk] n [tree] souche f ‖ CULIN. consommé m ‖ COMM. stock m, réserve f (supply); out of ~, épuisé; take ~, faire l'inventaire ‖ FIN. S~ Exchange, Bourse f des valeurs.

stocking ['stɔkiŋ] n bas m.

stock-taking n inventaire m.

stodgy ['stɔdʒi] a COLL. bourratif (food).

stole(n) ['stəul(n)] → STEAL*.

stomach ['stʌmək] n estomac m; on an empty ~, à jeun ‖ COLL. ventre m (belly).

stomach-ache n mal m d'estomac.

stone [stəun] n pierre f ‖ [fruit] noyau m.

stony a pierreux, de pierre.

stood [stud] → STAND*.

stool [stu:l] n tabouret m.

stop [stɔp] v (s') arrêter, ∥ *thief !* au voleur ! ∥ cesser (work) ∥ empêcher (*from*, de) ∥ boucher (hole) ∥ MED. plomber (tooth) ∥ PHOT. ∼ **down**, diaphragmer ∥ COLL. rester (remain) ∥ loger (at, à) ∥ descendre (at, à) ∥ ∼ **up**, boucher • n arrêt m (act) ; **come to a** ∼, s'arrêter, descendre (at, à) ∥ ∼ **over**, s'arrêter, ∥ [bus] arrêter m ∥ MUS. [organ] jeu m ∥ GRAMM. point m ∥ PHOT. diaphragme m.

stop-over n halte f ∥ AV. escale f.

stopper n bouchon m.

stop-press (news) n nouvelles fpl de dernière heure.

stop-watch n chronomètre m.

storage [stɔːridʒ] n emmagasinage m.

store [stɔː] n provision, réserve f ∥ COMM., US boutique f, GB grand magasin • v emmagasiner, entreposer ∥ mettre en réserve.

storey ['stɔːri] n étage m.

stork [stɔːk] n cigogne f.

storm [stɔːm] n orage m (thunderstorm).

storm-lantern n lampe-tempête f.

stormy a orageux.

story ['stɔːri] n histoire f, récit m ; *short* ∼, nouvelle f.

stout [staut] a corpulent, gros (fat) • n bière brune, stout m.

stove [stəuv] n poêle m.

stow [stəu] v ranger.

stowaway ['-əwei] n passager n clandestin.

straight [streit] a droit d'aplomb (picture) ∥ loyal, honnête (person) • av (tout) droit, directement ∥ ∼ **away**, tout de suite ∥ ∼ **out**, carrément.

straighten v (se) redresser.

strain [strein] v tendre (rope) ∥ tendre (one's ears) ∥ forcer (one's voice) ; ∼ a muscle, se claquer un muscle ∥ CULIN. passer, filtrer (liquid) • n tension f ∥ MED. foulure, entorse f (sprain).

strainer n passoire f.

strait [streit] n détroit m ∥ Pl : the S∼s of Dover, le pas de Calais.

strange [streindʒ] a étrange, bizarre (queer).

strangely av étrangement.

stranger n inconnu n.

strangle ['stræŋgl] v étrangler.

strap [stræp] n courroie, sangle f • v sangler.

straw [strɔː] n paille f.

strawberry ['-bri] n fraise f.

stray [strei] v s'égarer • a égaré, perdu.

stream [striːm] n ruisseau m (brook) ∥ courant m; *against the* ∼, à contre-courant; *down/up* ∼, en aval/amont.

streamer n serpentin m.

streamlined [-laind] a AUT., AV. aérodynamique, profilé.

street [striːt] n rue f; ∼ **door**, porte f d'entrée.

streetcar n US tramway m.

street-island n refuge m.

street-lamp, street-light n lampadaire m.

strength [streŋθ] n force f.

strengthen [-n] v fortifier.

stress [stres] n poussée, contrainte f || insistance f (emphasis) ; **lay ~ on**, insister sur || GRAMM. accent m (tonique) || MED. stress m • v insister sur || GRAMM. accentuer.

stretch [stretʃ] v tendre (rope) || étendre (one's arm) ; **~ one's leg**, allonger la jambe || ~ o. s., s'étirer || **~ out**, s'étendre, s'allonger ; s'étirer.

stretcher n brancard m.

strew* [struː] v semer, éparpiller.

strewn [-n] → STREW*.

stricken [strikn] → STRIKE*.

strict [strikt] a exact, précis (meaning) || sévère (person, discipline) || strict (orders).

strictly av strictement, rigoureusement.

stridden [stridn] → STRIDE*.

stride 1 [straid] n foulée, enjambée f.

stride* 2 v aller à grands pas.

strike 1 [straik] n coup m (blow) || grève f ; **go on ~**, se mettre en grève.

strike* 2 v frapper, donner un coup à || [bell, clock] sonner (hour) || frotter (match) || faire grève || **~ off, ~ out**, rayer.

striker n gréviste m.

striking a frappant, saisissant.

string [striŋ] n ficelle f (twine) ; lacet m (lace) || MUS. corde f.

strip [strip] n [fabric] bande f || [paper] ruban m • v (se) déshabiller.

strip cartoon n bande dessinée.

stripe [straip] n raie, rayure f || tissu m à raies • v rayer, zébrer.

strip light n tube m au néon.

strive* [straiv] v s'efforcer (to, de).

striven [strivn] → STRIVE*.

strode [stroud] → STRIDE*.

stroke 1 [strouk] n coup m (blow) || [pen] trait m || MED. attaque f || SP. coup m (movement) ; nage f (swimming).

stroke 2 v caresser.

stroll [stroul] v flâner • n petite promenade ; **go for a ~**, aller faire un tour.

stroller n promeneur, flâneur n.

strong [strɔŋ] a fort, vigoureux, robuste || solide (thing).

strong-box n coffre-fort m.

strongly av énergiquement, fortement || FIG. fermement ; **feel ~**, être ému, ressentir, s'indigner.

strong-minded [,-'maindid] a volontaire, décidé.

strove [strouv] → STRIVE*.

struck [strʌk] → STRIKE* 2.

struggle ['strʌgl] n lutte f, combat m ; **~ for life**, lutte pour la vie ; **class ~**, lutte des classes • v lutter, combattre.

stub [stʌb] n [cigarette] mégot m ‖ [chèque] talon m • v : ~ out, écraser (cigarette).

stubborn ['stʌbən] a têtu, entêté, obstiné.

stuck [stʌk] → STICK*.

stud [stʌd] n [shirt] bouton m.

student ['stju:dnt] n étudiant n.

studio ['stju:diəu] n [artist's] atelier m ‖ RAD. studio m.

studious ['stju:djəs] a studieux.

study ['stʌdi] n étude f ‖ bureau, cabinet m de travail (room) • v étudier ; faire des études ; be ~ing to be a doctor, faire ses études de médecine ‖ ~ for, préparer (examination).

stuff [stʌf] n COLL. truc, machin m ; choses fpl • v bourrer (fill) ‖ ~ up, boucher ‖ CULIN. farcir.

stuffed-up a : ~ nose, nez bouché.

stuffy a mal aéré (room) ‖ ennuyeux (book).

stumble ['stʌmbl] v trébucher.

stump [stʌmp] n [tree] souche f ‖ [cigarette] mégot m • v marcher lourdement ‖ COLL. [school] ~ed on, sécher sur.

stumper n COLL. colle f (question).

stun [stʌn] v abasourdir.

stung [stʌŋ] → STING*.

stunk [stʌŋk] → STINK*.

stunt [stʌnt] n tour m de force.

stunt flying n acrobaties aériennes.

stunt man n CIN. cascadeur m.

stupefy ['stju:pifai] v ahurir, stupéfier.

stupid ['stju:pid] a stupide, bête.

stupidity [stju:'piditi] n stupidité, bêtise f.

sturdy ['stə:di] a robuste, vigoureux, solide.

style [stail] n style m ; manière f ‖ COMM. modèle, genre m ‖ FIG. distinction f ; chic m.

stylish a élégant, chic.

stylus ['stailəs] n [record player] pointe f de lecture.

subconscious ['sʌb'kɔn/əs] n subconscient m.

subject ['sʌbdʒikt] a : ~ to, sujet à • n sujet m (matter) ‖ [school] matière f ‖ GRAMM. sujet m.

subjective [sʌb'dʒektiv] a subjectif.

subjunctive [səb'dʒʌŋtiv] n subjonctif m.

sublet* ['sʌb'let] v sous-louer.

submarine ['sʌbməri:n] a/n sous-marin (m).

submerge [səb'mə:dʒ] v submerger, immerger.

submit [səb'mit] v (se) soumettre (to, à).

subordinate [sə'bɔ:dnit] a GRAMM. subordonné.

subscribe [səb'skraib] v souscrire ‖ verser une cotisation (to, à) ‖ s'abonner (to, à) [newspaper].

subscriber n abonné n.

subscription [səb'skrip∫n] n cotisation f ‖ abonnement m.

substance ['sʌbstəns] n substance, matière f.

substantial [səb'stæn∫l] a substantiel, solide (firm) ‖ copieux (meal).

substitute ['sʌbstitjuːt] v substituer ● n remplaçant, suppléant n ‖ produit m de remplacement.

substi'tution n substitution f.

subtenant ['sʌb'tenənt] n sous-locataire n.

subtitle ['-,-] n sous-titre m.

subtle ['sʌtl] a subtil.

subtract [səb'trækt] v soustraire, retrancher (from, de).

subtraction n soustraction f.

suburb ['sʌbəːb] n faubourg m ‖ Pl banlieue f.

suburban [sə'bəːbn] a suburbain, de banlieue.

suburbanite [-ait] n COLL. banlieusard n.

subway ['sʌbwei] n passage souterrain ‖ US métro m.

succeed [sək'siːd] v succéder à ; réussir (in, à), parvenir (to, à).

success [-'ses] n succès m.

successful a couronné de succès (attempt) ‖ reçu (candidate).

successfully av avec succès.

such [sʌt∫] a tel ; pareil ; ~ a man, un tel homme ‖ [so great] si, tellement ; ~ a clever man, un homme si habile ‖ ~ as, comme, tel que ‖ ~ ... as, tel

... que ● av si, tellement ; ~ good coffee, du si bon café.

suck [sʌk] v sucer ‖ [infant] téter ‖ gober (egg) ● ~ in/up, aspirer ‖ SL. ~ up (to), faire de la lèche (à) [fam.].

sucker n SL. gogo m (fam.).

sucking-pig n cochon m de lait.

sudden ['sʌdn] a soudain, subit ; all of a ~, tout à coup.

suddenly av soudainement.

suffer ['sʌfə] v souffrir (from, de).

suffering [-riŋ] n souffrance f.

sufficient [sə'fi∫nt] a suffisant.

sufficiently av suffisamment.

suffix ['sʌfiks] n suffixe m.

sugar ['∫ugə] n sucre m ● v sucrer.

sugar-basin n sucrier m.

sugar-cane n canne f à sucre.

sugar-tongs npl pince f à sucre.

suggest [sə'dʒest] v suggérer, proposer.

suggestion n suggestion, proposition f.

suicide ['sjuisaid] n suicide m ; commit ~, se suicider.

suit [sjuːt] n tailleur m (woman's) ; costume, complet m (man's) ‖ [card game] couleur f ; follow ~, jouer la couleur, fournir ‖ FIG. faire de même ● v adapter, arranger ‖ convenir, aller, faire l'affaire.

suitable a convenable, approprié (to, à).

suit-case n valise f.

suite [swiːt] n appartement m ; [hotel] suite f.

sulk [sʌlk] v bouder.

sulky a boudeur, maussade.

sullen ['sʌlən] a morose, renfrogné (person).

sultana [səl'taːnə] n CULIN. raisin m de Smyrne.

sum [sʌm] n somme f ‖ Pl [school] calcul m • v : ~ **up**, récapituler, résumer.

summarize ['sʌməraiz] v résumer.

summary n sommaire, résumé m.

summer ['sʌmə] n été m • a estival, d'été ; ~ *holidays*, grandes vacances.

summer-school n cours mpl de vacances.

summit ['sʌmit] n sommet m.

sun [sʌn] n soleil m ; *in the ~*, au soleil.

sun-bath n bain m de soleil.

sun-bathe v prendre un bain de soleil.

sunbeam n rayon m de soleil.

sunburn n [red skin] coup m de soleil ; [dark skin] hâle m.

sunburnt a → SUNTANNED.

sundae ['sʌndei] n US glace f aux fruits.

Sunday ['sʌndi] n dimanche m ; ~ *school*, catéchisme m.

sunflower n tournesol m.

sung [sʌŋ] → SING*.

sun-glasses ['sʌnglɑːsiz] npl lunettes fpl de soleil.

sunk [sʌŋk] → SINK* 1.

sun-lamp n lampe f à rayons ultra-violets.

sunny a ensoleillé.

sunrise n lever m du soleil.

sunset n coucher m du soleil.

sunshade n ombrelle f (carried) ; parasol m.

sunshine n (lumière f du) soleil m.

sunstroke n MED. insolation f.

suntan n bronzage m • v bronzer, hâler.

suntanned a bronzé.

super ['sjuːpə] a COLL. formidable, super, génial (fam.).

superb [sjuːpəːb] a superbe.

superior [sjuːˈpiəriə] a/n supérieur (n).

superlative [sjuːˈpəːlətiv] a superlatif m.

'**super'market** n supermarché m.

,**super'natural** a surnaturel.

,**super'sonic** a supersonique.

superstition [ˌs(j)uːpəˈstiʃn] n superstition f.

superstitious [-ˈstiʃəs] a superstitieux.

supervise [-vaiz] v contrôler, surveiller.

supper ['sʌpə] n dîner m.

supple ['sʌpl] a souple, flexible.

supplement ['sʌplimənt] n supplément m • v compléter.

supply [səˈplai] n approvisionnement m, provision f (reserve) ‖ ~ *and demand*, l'offre f et la demande ‖ suppléant n (person) ; *be on ~*, faire un rem-

placement ● v fournir, approvisionner (*with*, en) ; ~ *with provisions*, ravitailler.

support [sə'pɔːt] v soutenir, supporter, entretenir, faire vivre (one's family) ● n appui, support m ; soutien m.

supporter n partisan m ‖ SP. supporter m.

suppose [sə'pəuz] v supposer ‖ *be ~ed to do*, être censé faire, devoir faire ; [nég.] ne pas avoir le droit de faire.

supposition [ˌsʌpə'ziʃn] n supposition f.

suppress [sə'pres] v étouffer (sob) ‖ réprimer, contenir (one's feelings).

suppression [-ʃn] n répression f ‖ refoulement m.

surcharge ['səːtʃɑːdʒ] n surcharge f (load) ‖ [letter] surtaxe f ● v surtaxer.

sure [ʃuə] a sûr, certain, assuré (person) ; *make ~ that*, s'assurer que ‖ certain (fact) ● av sûrement ‖ US pour sûr (fam.).

surely av sûrement, certainement.

surf [səːf] n vagues déferlantes.

surface ['səːfis] n surface f ; superficie f.

surfboard n planche f (de surf).

surf-riding n SP. surf m.

surgeon ['səːdʒn] n chirurgien n.

surgery [-ri] n MED. chirur-

gie f ; cabinet m (consulting-room).

surgical ['səːdʒikl] a : ~ *spirit*, alcool m à 90°.

surmount [səː'maunt] v surmonter, vaincre.

surname ['səːneim] n nom m de famille.

surpass [səː'pɑːs] v surpasser ; l'emporter sur.

surplus ['səːpləs] n surplus, excédent m.

surprise [sə'praiz] n surprise f ; *take sb by ~*, prendre qqn au dépourvu ● v surprendre ‖ étonner.

surprising a surprenant, étonnant.

surrogate ['sʌrəgeit] a de remplacement ; ~ *mother*, mère porteuse.

surround [sə'raund] v entourer.

surrounding a environnant.

surroundings npl alentours, environs mpl.

survey ['səːvei] n examen m, étude f ; enquête f ‖ vue générale ● [-'-] v embrasser du regard ‖ examiner (situation) ‖ arpenter (land).

suspect ['sʌspekt] n suspect n ● [sə'spekt] v soupçonner.

suspender [sə'spendə] n [stocking] jarretelle f.

suspender-belt n porte-jarretelles m inv.

suspense [sə'spens] n incertitude, indécision f ‖ suspense m ; *keep in ~*, tenir en haleine.

suspension bridge [-ʃən] n pont suspendu.

suspicion [səsˈpiʃn] n soupçon m.

suspicious [-əs] a soupçonneux (suspecting) ‖ suspect (suspect).

swallow 1 [ˈswɔləu] n hirondelle f.

swallow 2 v avaler.

swam [swæm] → SWIM*.

swamp [ˈswɔmp] n marécage, marais m.

swan [swɔn] n cygne m.

swank [swæŋk] v faire de l'épate ; crâner ; frimer (fam.).

swanky a snob, poseur (person) ‖ chic (thing).

swap [swɔp] n troc m • v troquer, échanger.

swarm [swɔːm] n [bees] essaim m • v [places] fourmiller, pulluler (with, de).

swarthy [ˈswɔːði] a basané, mat (skin).

sway [swei] v se balancer, osciller.

swear* [swɛə] v jurer, promettre (to, de) ‖ jurer (curse).

swear-word n juron m.

sweat [swet] n sueur, transpiration f ; in a ~, en nage ‖ COLL. no ~!, (y a) pas de problème ! • v transpirer, suer.

sweater n pull(-over) m.

Swede [swiːd] n Suédois n.

Sweden [-n] n Suède f.

Swedish a suédois.

sweep* [swiːp] v t balayer (with a broom), passer le balai dans ‖ ramoner (chimney) • n

coup m de balai ‖ (chimney)~, ramoneur m.

sweeper n balayeur m.

sweet [swiːt] a [taste] sucré [smell, taste] doux ; smell ~, sentir bon ‖ doux (water) ‖ FIG. gentil, mignon • n bonbon m (sugar) ‖ dessert m (dish).

sweeten v sucrer.

sweetheart n (petite) amie.

sweetness n douceur f.

sweet-shop n confiserie f.

swell 1 [swel] n enflure f • a COLL. chic.

swell* 2 v se gonfler ‖ MED. enfler.

swelling n MED. enflure f.

sweltering [ˈsweltəriŋ] a étouffant (heat).

swept [ˈswept] → SWEEP*.

swerve [swəːv] v AUT. faire une embardée • n écart m ‖ AUT. embardée f.

swift a rapide, prompt.

swiftly av vite, rapidement.

swiftness n rapidité f.

swim* [swim] v nager ; ~ across, traverser à la nage • n nage f ; have a ~, prendre un bain, se baigner.

swimmer n nageur n.

swimming n natation, nage f.

swimming-pool n piscine f.

swim-suit n maillot m de bain.

swindle [ˈswindl] n escroquerie f • v escroquer.

swindler n escroc m.

swine [swain] n porc m ‖ SL. salaud m (fam.).

swing 1 [swiŋ] n balancement

m (movement) ‖ balançoire *f* (device) ‖ SP. swing *m* ‖ FIG. *be in full ~*, battre son plein.

swing* 2 *v* se balancer (sway) ‖ pivoter (pivot).

Swiss [swis] *a/n* suisse (*n*).

switch [switʃ] *n* ELECTR. interrupteur *m* ● *v* ELECTR. *~ off*, éteindre ‖ *~ on*, allumer; AUT. mettre le contact.

switch-board *n* TEL. standard *m* téléphonique.

Switzerland ['switslənd] *n* Suisse *f*.

swollen ['swəulən] → SWELL* 2.

swop [swɔp] → SWAP.

sword [sɔːd] *n* épée *f*, sabre *m*.

swore, sworn [swɔː(n)] → SWEAR*.

swot [swɔt] *v* bûcher.

swum [swʌm] → SWIM*.

swung [swʌŋ] → SWING*.

syllable ['siləbl] *n* syllabe *f*.

syllabus [-əs] *n* [school] programme *m*.

symbol ['simbl] *n* symbole *m*; signe *m*.

symbolic [sim'bɔlik] *a* symbolique.

symmetrical [si'metrikl] *a* symétrique.

symmetry ['simitri] *n* symétrie *f*.

sympathetic [ˌsimpə'θetik] *a* compatissant ‖ compréhensif.

sympathy *n* compassion *f*; sympathie *f* ‖ condoléances *fpl*.

symphony ['simfəni] *n* symphonie *f*.

synagogue ['sinəgɔg] *n* synagogue *f*.

synonym ['sinənim] *n* synonyme *m*.

synonymous [si'nɔniməs] *a* synonyme (*with*, de).

syntax ['sintæks] *n* syntaxe *f*.

synthesis ['sinθisis] (*Pl* **-theses** [-θisiːz]) *n* synthèse *f*.

synthetic [-'θetik] *a* synthétique.

syphilis ['sifilis] *n* syphilis *f*.

syphilitic [ˌ-'litik] *a* syphilitique.

syringe ['sirinʒ] *n* seringue *f*.

syrup ['sirəp] *n* sirop *m*.

system ['sistim] *n* système *m* ‖ RAIL. réseau *m*.

t

t [tiː] *n* : *T-square*, té *m*.

tabby ['tæbi] *n* : *~(-cat)*, chat *n* de gouttière.

table ['teibl] *n* table *f*; *lay the ~*, mettre le couvert; *clear the ~*, desservir.

table-cloth *n* nappe *f*.

table d'hôte ['tɑːblˈdəut] *n* : *~ meal*, repas *m* à prix fixe.

tablemat *n* set *m* de table.

tablet ['tæblit] *n* MED. comprimé *m*; pastille *f*.

table-tennis n tennis m de table, Ping-Pong m.

taboo [tə'buː] n tabou m • v proscrire.

tackle [ˈtækl] n SP. plaquage m • v saisir ‖ SP. (rugby) plaquer.

tag [tæg] n étiquette f (label) ‖ chat perché (game).

tail [teil] n queue f ‖ Pl [coin] pile f; **heads or ~s**, pile ou face.

tailgate n AUT. hayon m.

tail-light n AUT. feu m arrière.

tailor [ˈteilə] n tailleur m.

tailor-made a : ~ **suit**, (costume) tailleur m.

take 1 [teik] n CIN. prise f de vues/son.

take* 2 v prendre, apporter, emporter (carry) ‖ emmener ; ~ **a friend home**, reconduire un ami chez lui ‖ ~ **a bath**, prendre un bain ‖ ~ **food**, s'alimenter ‖ ~ **notes**, prendre des notes ; ~ **on tape**, enregistrer au magnétophone ‖ [school] ~ **French**, faire du français ‖ ~ **an examination**, passer un examen ‖ COLL. ~ **it easy**, ne pas s'en faire ‖ MED. be ~n **ill**, tomber malade ‖ FIG. ~ **place**, avoir lieu, se passer ; ~ **time**, mettre/prendre du temps ‖ ~ **after**, tenir de ‖ ~ **away**, emmener, emporter ‖ ~ **back**, rapporter, reprendre ‖ ~ **down**, noter, inscrire ‖ ~ **in**, prendre (lodgers) ; être abonné à (newspaper) ‖ ~ **off**, enlever,

ôter (clothes) ; déduire, rabattre (sum) ; AV. décoller ‖ ~ **out**, RAIL. retirer (luggage) ; ~ **up**, ramasser (raise) ; CIN., PHOT. enrouler (film) ; se mettre à (hobby, business) ; embrasser (career) ; ~ **up room**, tenir de la place.

take-away a à emporter (food).

take-off n AV. décollage m.

take-up spool n bobine réceptrice.

tale [teil] n conte m.

talent [ˈtælənt] n aptitude f, talent m.

talk [tɔːk] v parler ; ~ **English**, parler anglais ‖ s'entretenir, causer de ‖ ~, répondre, répliquer • n paroles fpl ‖ propos mpl ‖ conversation f ; **have a ~ with sb**, s'entretenir avec qqn ‖ give a ~ **on**, faire une causerie sur ‖ **there is ~ of**, il est question de.

talkative [-ətiv] a bavard.

tall [tɔːl] a haut, élevé (building) ; grand (person) ; **how is he ?**, quelle est sa taille ? ; **grow ~**, grandir.

tame [teim] a apprivoisé • v domestiquer, apprivoiser.

tan [tæn] n hâle m ; (sun) bronzage m • v bronzer, brunir.

tangerine [ˌtænʒəˈriːn] n mandarine f.

tank [tæŋk] n réservoir m ‖ [fish] aquarium m ‖ **water ~**, citerne f.

tankard [ˈ-əd] n chope f.

tanker *n* bateau-citerne, pétrolier *m*.

tap 1 [tæp] *n* robinet *m* ● *v* TEL. brancher sur la table d'écoute.

tap 2 *v* tapoter.

tap-dancing *n* claquettes *fpl*.

tape [teip] *n* ruban *m* || *(magnetic)* ~, bande *f* (magnétique).

tape-measure *n* mètre-ruban *m*.

tape-recorder *n* magnétophone *m*.

tapestry ['tæpistri] *n* tapisserie *f*.

tappet ['tæpit] *n* AUT. culbuteur *m*.

tar [tɑː] *n* goudron *m* ● *v* goudronner.

target ['tɑːgit] *n* cible *f* || objectif *m*.

tart [tɑːt] *n* CULIN. tarte *f*.

task [tɑːsk] *n* tâche, besogne *f*.

taste [teist] *n* goût *m* ● *v* sentir (perceive) || goûter (test) || avoir un goût (of, de); it ~s good, cela a bon goût.

tasteless *a* insipide.

tattoo [tə'tuː] *n* tatouage *m* ● *v* tatouer.

taught [tɔːt] → TEACH*.

tax [tæks] *n* FIN. impôt *m*; taxe *f* ● *v* imposer, taxer.

tax-collector *n* percepteur *m*.

taxi ['tæksi] *n* taxi *m*.

taxi-driver *n* chauffeur *m* de taxi.

taxi-rank *n* station *f* de taxis.

taxpayer *n* contribuable *n*.

tea [tiː] *n* thé *m* (plant, drink); make ~, faire du thé || infusion, tisane *f* || goûter *m* (meal); high ~, thé-dîner *m*.

tea-break *n* pause-thé *f*.

tea-caddy *n* boîte *f* à thé.

teach* [tiːtʃ] *v* enseigner; ~ sb sth, ~ sth to sb, enseigner/apprendre qqch à qqn.

teacher *n* [primary school] instituteur *n*; [secondary school] professeur *m*.

teaching *n* enseignement *m*.

teacup *n* tasse *f* à thé.

team [tiːm] *n* attelage *m* (horses) || SP. équipe *f*; ~ member, équipier *n*.

tea-party *n* thé *m*.

teapot *n* théière *f*.

tear* 1 [tɛə] *v* déchirer || ~ away, arracher || ~ down, démolir (building) || ~ *n* déchirure *f*, accroc, trou *m*.

tear 2 [tiə] *n* larme *f*; pleurs *mpl*; burst into ~s, fondre en larmes.

tear-gas *n* gaz *m* lacrymogène.

tearoom *n* salon *f* de thé.

tease [tiːz] *v* taquiner.

tea-set *n* service *m* à thé.

teasing ['tiːziŋ] *a* taquin.

tea-spoon *n* petite cuillère.

tea-strainer *n* passe-thé *m*.

tea-towel *n* torchon *m* à vaisselle.

tea-trolley *n* table roulante.

technical ['teknikl] *a* technique.

technician [tek'niʃn] *n* technicien *n*.

technique [-'ni:k] n technique f.

technological [teknə'lɔdʒikl] a technologique.

technology [tek'nɔlədʒi] n technologie f.

teddybear ['tedibɛə] n ours m en peluche.

tedious ['ti:djəs] a ennuyeux.

teen-ager ['ti:neidʒə] n adolescent n.

teens [ti:nz] npl adolescence f; she's still in her ~, elle n'a pas encore vingt ans.

teeth [ti:θ] → TOOTH.

teetotaller ['ti:'təutlə] n abstinent, buveur m d'eau.

telecast ['telikɑ:st] n émission télévisée.

telecommunications npl télécommunications fpl.

telegram [-græm] n télégramme m.

telegraph [-grɑ:f] v télégraphier • n télégraphe m.

telepathy [ti'lepəθi] n télépathie f.

telephone ['telifəun] n téléphone m • v téléphoner.

ˌteleˈphoto n : ~ lens, téléobjectif m.

ˈteleˌprinter n télétype m.

telescope [-skəup] n longuevue f ‖ ASTR. télescope m.

televise [-vaiz] v téléviser.

television n télévision f.

tell* [tel] v dire ‖ raconter (story) ‖ discerner, distinguer ; I can't ~ which is which, je n'arrive pas à les distinguer ‖ ~ fortunes, dire la bonne aven-

ture ‖ savoir, décider ; you never can ~, on ne sait jamais ‖ COLL. ~ off, attraper (fam.) [scold].

telly ['teli] n COLL. télé f (fam.).

temp [temp] v faire du travail intérimaire • n dactylo f (etc.) intérimaire.

temper ['tempə] n humeur f; be in a bad/good ~, être ι de mauvaise/bonne humeur ; **keep/lose one's ~**, garder son sang-froid/se mettre en colère.

temperament ['temprəmənt] n tempérament m.

temperamental [-'mentl] a capricieux, instable.

temperature ['tempritʃə] n température f ‖ MED. take sb's ~, prendre la température de qqn ; **have/run a ~**, faire de la température.

temple 1 ['templ] n ARCH. temple m.

temple 2 n ANAT. tempe f.

temporary ['tempri] a temporaire ; intérimaire.

tempt [temt] v tenter, séduire.

temptation n tentation f.

tempting a tentant.

ten [ten] a/n dix (m).

tenant ['tenənt] n locataire n.

tend 1 [tend] v soigner.

tend 2 v : ~ to, tendre à, avoir tendance à.

tendency ['tendənsi] n tendance f (to, à).

tender a tendre (meat) ‖ sensible (painful) ‖ délicat (sub-ject).

tenderness n tendresse f (affection) ‖ [meat] tendreté f.

tennis ['tenis] n tennis m; play ~, jouer au tennis.

tennis-court n court m de tennis.

tennis-shoes npl (chaussures fpl de) tennis mpl.

tense [tens] n GRAMM. temps m.

tent [tent] n tente f.

tent-peg n piquet m de tente.

tepid ['tepid] a tiède.

term [tə:m] n terme m (end) ‖ [school] trimestre m ‖ Pl con-ditions fpl; [relationship] be on bad/good ~s, être en mau-vais/bons termes (with, avec) ‖ GRAMM. terme m ‖ FIG. in ~s of, en fonction de ; come to ~s, arriver à un accord.

terminal ['tə:minl] a terminal ‖ [school] trimestriel ● n ter-minus m ; air ~, aérogare f ‖ [computer] terminal m.

,termi'nation n fin f ‖ MED. ~ of pregnancy, interruption f de grossesse.

terminus [-əs] n terminus m.

terrace ['terəs] n ARCH. terrasse f.

terrible ['terəbl] a terrible ‖ affreux.

terrific [tə'rifik] a COLL. for-midable (good) ; fantastique (great).

terrify ['terifai] v terrifier.

terror ['terə] n terreur f.

terrorism [-rizm] n terrorisme m.

terrorist [-rist] n terroriste n.

terrorize [-raiz] v terroriser.

test [test] n épreuve f (trial) ‖ TV : ~ card, mire f de réglage ‖ [school] test, essai m ‖ give sb a ~, faire passer un test à qqn ; take a ~, passer un test ‖ AV. ~ pilot, pilote m d'es-sai ● v essayer; éprouver, expérimenter ‖ FIG. mettre à l'épreuve.

test-paper n [school] compo-sition f.

test-tube n éprouvette f.

text [tekst] n texte m; ~ book, manuel m scolaire.

textile ['tekstail] a/n textile (m).

Thames [temz] n Tamise f.

than [ðæn] c [comparison] que.

thank [θæŋk] v remercier (sb for sth, qqn de qqch) ; ~ you, (oui) merci ; no, ~ you, non, merci.

thanks [-s] npl remerciements mpl ‖ COLL. ~ (a lot) !, merci beaucoup ! ; ~ to, grâce à.

'Thanks,giving n : US ~ Day, jour m d'actions de grâces.

that [ðæt] (Pl those [ðəuz]) dem a ce, cet m, cette f ; ces pl ‖ ce/cet(te)...-là m (f) ; ces...-là pl ● dem pr ce, cela, ça m (person, thing) ; celui-là m, celle-là f ; ceux-là mpl, celles-là fpl ● av COLL. aussi, à ce point ; ~ high, haut comme

cela ● *rel pr* qui, que ‖ [time]
où, que ● *c* que.

thatch ['θæt∫] *n* chaume *m* ●
v couvrir de chaume ; **—ed**
cottage, chaumière *f*.

thaw [θɔː] *n* dégel *m*.

the [ðə/ði before vowel] *def
art* [sing.] le *m*, la *f*, l' [before
vowel or mute "*h*"] ; [pl.] les
m/fpl ‖ [= def.] ce *m*, cette *f*,
ces *m/fpl* ● *av* plus, d'autant
plus ; ~ **sooner**, ~ **better**, le
plus tôt sera le mieux.

theatre ['θiətə] *n* théâtre *m*.

theft [θeft] *n* vol *m* (robbery).

their [ðɛə] *poss a* leur(s).

theirs [ðɛəz] *poss pr* le/la leur,
les leurs ; à eux/elles.

them [ðem] *pers pr* les *m/fpl* ;
call ~, appelez-les ‖ leur
m/fpl ; *speak to* ~, parlez-leur
‖ eux *mpl*, elles *fpl* ; *to* ~, à
eux/elles.

theme [θiːm] *n* thème, sujet *m*.

themselves [ðəm'selvz] *pers
pr* [reflexive] se ; [inten-
sive, emphatic] eux-mêmes
mpl, elles-mêmes *fpl*.

then [ðen] *av* alors, à cette
époque (at that time) ‖ ensuite,
puis (next) ‖ donc, par conséquent (in that case) ● *a* de
cette époque, d'alors.

there [ðɛə] *av* là, y ‖ là,
endroit ; *I went* ~, j'y suis
allé ‖ ~ *is/are*, il y a.

thereabouts ['ðɛərəbauts] *av*
aux environs ‖ [time] environ.

therefore ['ðɛəfɔː] *av* par
conséquent, donc.

thermometer [θə'mɔmitə] *n*
thermomètre *m*.

Thermos ['θəːməs] *n* : [R] ~
(flask), bouteille *f* Thermos.
on dit que.

these [ðiːz] → THIS.

they [ðei] *pers pr* ils *mpl*, elles
fpl ‖ [people] on ; ~ *say that*,
on dit que.

thick [θik] *a* épais ‖ ~ *leaf
plant*, plante grasse.

thicken *v* (s') épaissir.

thickness *n* épaisseur *f*.

thief [θiːf] (*Pl* **thieves** [-vz])
n voleur *n*.

thigh [θai] *n* cuisse *f*.

thimble ['θimbl] *n* dé *m* (à
coudre).

thin [θin] *a* mince ; maigre
(person) ; *grow* ~, maigrir.

thing [θiŋ] *n* chose *f* ; objet
m ‖ *Pl* affaires (personnelles) ;
ustensiles *mpl* (implements) ;
tea ~s, service *m* à thé ‖ FIG.
créature *f*.

think* [θiŋk] *v* penser ‖ réfléchir (*about*, à) ‖ penser, croire ;
I ~ *so*, je le crois ‖ penser
(*about/of*, à) ‖ ~ *better of it*,
se raviser ‖ ~ *over*, réfléchir.

thinness ['θinnis] *n* maigreur
f.

third [θəːd] *a* troisième ‖ *T~
World*, Tiers Monde *m* ● *n*
troisième *n* ‖ tiers *m*.

thirst [θəːst] *n* soif *f*.

thirsty *a* assoiffé ; *be* ~, avoir
soif.

thirteen ['θəːtiːn] *a/n* treize
(*m*).

thirty ['θəːti] *a/n* trente (*m*).

this [ðis] (*Pl* **these** [ðiːz])

dem a ce m, cette f; ces pl; ce/cet(te)...-ci m(f); ces...-ci pl ● **dem** pr ceci, ce; what is ~?, qu'est-ce que c'est? ‖ celui-ci m, celle-ci f; ceux-/celles-ci m/f pl ● av : COLL. ~ far, jusqu'ici.

thistle [ˈθisl] n chardon m.

thorn [θɔːn] n épine f.

thorny a épineux.

thorough [ˈθʌrə] a complet (search); consciencieux (worker).

thoroughfare [-fɛə] n artère, rue f.

thoroughly av entièrement, complètement.

those [ðəuz] → THAT.

though [ðəu] c quoique, bien que ● av pourtant.

thought [θɔːt] → THINK* ● n pensée f; réflexion f.

thoughtless a étourdi, irréfléchi.

thousand [ˈθauznd] a/n mille (m).

thread [θred] n fil m ● v enfiler (needle).

threadbare a élimé, râpé.

threat [θret] n menace f.

threaten v menacer.

threatening a menaçant.

three [θriː] a/n trois (m).

threefold [-fəuld] a triple.

threshold [ˈθreʃəuld] n seuil m.

threw [θruː] → THROW*.

thrift [θrift] n économie, épargne f.

thrifty a économe.

thrill [θril] v frémir, frissonner ● n frisson m.

thriller n roman m à sensation.

thrilling a palpitant.

thrive* [θraiv] v prospérer, réussir.

thriven [ˈθrivn] → THRIVE*.

throat [θrəut] n gorge f.

through [θruː] p [space] au travers de, à travers; ~ the window, par la fenêtre ‖ [time] durant ‖ FIG. par l'intermédiaire de ● av à travers, d'un bout à l'autre ‖ TEL., en communication ● a : RAIL. direct.

throughout [θruːˈaut] av d'un bout à l'autre, entièrement ● p d'un bout à l'autre du.

throughway n autoroute f.

throve [θrəuv] → THRIVE*.

throw* [θrəu] v jeter, lancer (ball, etc.) ‖ ~ about, éparpiller ‖ ~ away, jeter; COLL. organiser (party) ‖ ~ back, renvoyer ‖ ~ out, rejeter; se défausser de (card).

thrower n SP. lanceur n.

thrown [θrəun] → THROW*.

thumb [θʌm] n pouce m ● v feuilleter (a book) ‖ COLL. ~ a lift, faire du stop.

thunder [ˈθʌndə] n tonnerre m.

thunder-clap n coup m de tonnerre.

thunder-storm n orage m.

Thursday [ˈθəːsdi] n jeudi m.

thus [ðʌs] av ainsi, de cette façon.

thyme [taim] n thym m.

tic [tik] n MED. tic m.

tick n [clock] tic-tac m ‖ [mark] coche f • v : ~ (off), cocher ‖ AUT. **~ over,** tourner au ralenti.

ticket ['tikit] n RAIL., TH. billet m ‖ AUT., COLL., P.-V. m (fam.). • v mettre des P.-V.

tickle ['tikl] v chatouiller • n chatouillement m.

tick-over n AUT. ralenti m.

tide [taid] n marée f; at high/low ~, à marée haute/basse.

tidy ['taidi] a propre, soigné (person); bien tenu, en ordre (room) • v : ~ (up), ranger, mettre en ordre.

tie [tai] n lien, nœud m ‖ (neck-)~, cravate f ‖ SP. match nul ‖ v lier, attacher; ~ a knot, faire un nœud ‖ SP. faire match nul ‖ ~ **up,** ficeler (parcel); ligoter (sb).

tiger ['taigə] n tigre m.

tight [tait] a serré (knot); tendu (rope) ‖ étroit (clothes) ‖ bloqué (nut) ‖ COLL. rond (fam.) [tipsy] • av fermement; hermétiquement • npl collant m.

tighten v tendre (rope) ‖ resserrer (screw).

tightly av étroitement.

tigress ['taigris] n tigresse f.

tile [tail] n [roof] tuile f ‖ [floor] carreau m.

till 1 [til] p [time] jusqu'à; ~ now, jusqu'ici/à présent; ~ then, jusqu'alors • c (jusqu'à ce) que ‖ not ~, pas avant que.

till 2 n tiroir-caisse m.

tilt [tilt] n pente, inclinaison f ‖ SP. joute f • v incliner ‖ ~ **over,** renverser.

timber ['timbə] n bois m de construction.

time [taim] n temps m ‖ période f, moment m; **have a good ~,** bien s'amuser ‖ [duration] a long ~, longtemps; **in no ~,** en moins de rien; we've got plenty of ~, nous avons tout le temps; a short ~, peu de temps ‖ [point in time] **what ~ is it ?,** quelle heure est-il ?; **on ~,** à l'heure; **in ~,** à temps; **before/behind ~,** en avance/en retard; at any ~, d'un moment à l'autre; **from ~ to ~,** de temps en temps; **at the same ~,** en même temps (as, que) ‖ **all the ~,** tout le temps ‖ limit, terme m [occasion] fois f; the first ~, la première fois; how many ~s ?, combien de fois ? ‖ MUS. beat ~, battre la mesure • v fixer l'heure de ‖ SP. chronométrer ‖ AUT. régler (ignition).

time-exposure n pose f.

timely a opportun, à propos.

time-switch n minuterie f.

time-table n emploi m du temps ‖ RAIL. horaire, indicateur m.

time zone n fuseau m horaire.

timid ['timid] a craintif (easily scared) ‖ timide (shy).

ti'midity n timidité f.

timing ['taimiŋ] n AUT.

(réglage m de la) distribution ‖ SP. chronométrage m.

timorous ['timərəs] a craintif.

tin [tin] n étain m ; ~ (plate), fer-blanc m ‖ boîte f de conserve (container) • v mettre en boîte (pack in tins) ; ~ned food, conserves fpl.

tinfoil ['tin'fɔil] n papier m d'aluminium.

tin-opener n ouvre-boîtes m.

tiny ['taini] a minuscule.

tip 1 [tip] n pourboire m (money) ‖ tuyau m (piece of advice) • v donner un pourboire.

tip 2 n bout m.

tipsy ['tipsi] a éméché (drunk).

tiptoe ['tiptəu] n : on ~, sur la pointe des pieds.

tire ['taiə] v (se) fatiguer.

tired [-d] a fatigué.

tireless a infatigable.

tiresome [-səm] a agaçant, ennuyeux (boring) ; pénible (tiring).

tissue ['ti∫u:] n ~ paper, papier m de soie ‖ mouchoir m en papier.

title [taitl] n titre m.

to [tu:] p (direction) à, vers ; he went ~ London, il est allé à Londres ; invite him ~ your house, invitez-le chez vous ‖ [time] it is five ~ ten, il est dix heures moins cinq ; jusque : ~ the end, jusqu'à la fin ‖ [+ indir. obj.] à ; give it ~ me, donnez-le moi ; pour ‖ [substitute for the infinitive] we didn't want to do it, but we had ~,

nous ne voulions pas le faire, mais il le fallait.

toad [təud] n crapaud m.

toadstool n champignon (souvent vénéneux).

toast [təust] n pain grillé ; a piece of ~, un toast ‖ FIG. give a ~ to sb, porter un toast à qqn • v faire griller (bread) ‖ porter un toast (to sb, à qqn).

toaster n grille-pain m inv.

tobacco [tə'bækəu] n tabac m.

tobacconist [-ənist] n marchand m de tabac.

today [tə'dei] av/n aujourd'hui (this day) ; what is ~ ?, quel jour sommes-nous ?

toe [təu] n orteil m.

toffee ['tɔfi] n caramel m.

together [tə'geðə] av ensemble.

togs [tɔgz] npl SL. fringues fpl (fam.).

toilet ['tɔilit] n toilettes fpl (w.-c.).

toilet-paper n papier m hygiénique.

token ['təukn] n marque f ; in ~ of, en témoignage de ; cadeau, souvenir m (keepsake) ‖ TEL. jeton m.

told [təuld] → TELL*.

tolerance ['tɔlrns] n tolérance f.

tolerant a tolérant, patient.

tolerate [-eit] v tolérer.

toll [təul] n : ~ (gate), (barrière f de) péage m.

tomato [tə'ma:təu] n tomate f.

tomb [tu:m] n tombe f.

tomcat ['tɔm'kæt] n matou m.

tomorrow [təˈmɔrəu] *av/n* demain ; ~ *morning*, demain matin ; *the day after* ~, après-demain ; *see you* ~*!*, à demain !

ton [tʌn] *n* tonne *f*.

tone [təun] *n* ton *m* ; tonalité *f*.

tongs [tɔŋz] *npl* pincettes *f*.

tongue [tʌŋ] *n* langue *f*.

tonight [təˈnait] *av/n* ce soir ; cette nuit.

tonsilitis [ˌtɔnsiˈlaitis] *n* angine *f*.

too [tu:] *av* trop ; ~ *far*, trop loin ; *one* ~ *many*, un de trop ‖ aussi, également.

took [tuk] → TAKE*.

tool [tu:l] *n* outil *m*.

tool-bag *n* trousse *f* à outils.

tooth [tu:θ] (*Pl* **teeth** [ti:θ]) *n* dent *f* ; *first teeth*, dents de lait ; *have a* ~ *out*, se faire arracher une dent.

toothache *n* : *have* ~, avoir mal aux dents.

toothbrush *n* brosse *f* à dents.

tooth-paste *n* dentifrice *m*.

toothpick *n* cure-dents *m*.

top 1 [tɔp] *n* toupie *f*.

top 2 *n* haut *m* ; *at the* ~ *of*, au haut de ; *on (the)* ~, sur le dessus ; *on* ~ *of*, en plus de ; *from* ~ *to bottom*, de fond en comble ‖ [mountain] sommet *m* ‖ [tree] cime *f* ● *a* supérieur, d'en haut, du dessus ; *at* ~ *speed*, à toute vitesse ; ~ *secret*, ultra-secret.

top-coat *n* pardessus *m*.

topic [ˈtɔpik] *n* sujet, thème *m*.

topical *a* d'actualité.

torch [tɔːtʃ] *n* lampe *f* de poche.

tore, torn [tɔː(n)] → TEAR* 1.

torrent [ˈtɔrənt] *n* torrent *m*.

tortoise [ˈtɔːtəs] *n* tortue *f*.

tortoise-shell *n* écaille *f*.

toss [tɔs] *v* lancer, jeter ; ~ *for sth*, tirer qqch à pile ou face.

total [ˈtəutl] *a/n* total (*m*).

totalize [-əlaiz] *v* totaliser.

totally *av* totalement.

touch [tʌtʃ] *v* toucher ‖ AV. ~ *down*, atterrir ‖ PHOT. ~ *up*, retoucher ● *n* [sense] toucher *m* ‖ contact *m*, pression ‖ FIG. *get in* ~ *with*, se mettre en rapport avec qqn.

touchdown *n* ASTR. atterrissage *m* ‖ SP. essai *m*.

touch-line *n* SP. ligne *f* de touche.

touchy *a* susceptible.

tough [tʌf] *a* dur (meat) tenace (person) ‖ difficile (task).

tour [tuə] *n* voyage *m* ; *conducted* ~, voyage organisé ; ~ *operator*, organisateur *m* de voyages ● *v* voyager ‖ visiter (country).

touring [-riŋ], **tourism** [-izm] *n* tourisme *m*.

tourist [-rist] *n* touriste *n*.

tousled [ˈtauzld] *a* échevelé.

tow [təu] *v* remorquer ‖ AUT. ~ *away*, mettre à la fourrière.

toward(s) [təˈwɔːd(z)] *p* [direction, time] vers ‖ FIG. envers, à l'égard de.

towel [ˈtauəl] *n* serviette *f* de

toilette (for face) ; essuie-mains *m inv* (for hands).

towel-rail *n* porte-serviettes *m inv.*

tower ['tauə] *n* tour *f.*

town [taun] *n* ville *f.*

town hall *n* mairie *f*, hôtel *m* de ville.

town planning *n* urbanisme *m.*

toxic ['tɔksik] *n/a* toxique *(m).*

toy [tɔi] *n* jouet *m* ● *v* jouer.

trace *n* trace *f* ● *v* tracer ‖ calquer (on transparent paper) ‖ FIG. retrouver (locate).

tracing-paper *n* papier-calque *m.*

track [træk] *n* trace, piste *f* ‖ SP. piste *f* ‖ RAIL. voie *f* ● *v* pister, suivre à la piste ‖ CIN. faire un travelling.

tracking shot *n* CIN. travelling *m.*

track-shoes *npl* SP. baskets *m/pl.*

track suit *n* SP. survêtement *m.*

tractor ['træktə] *n* tracteur *m.*

trade [treid] *n* métier *m* (craft) ‖ commerce *m* (business) ● *v* commercer, faire le commerce (*in*, de).

trade-union *n* syndicat *m* ; join a ~, se syndiquer.

trade-unionist *n* syndicaliste *n.*

tradition [trə'diʃn] *n* tradition *f.*

traditional *a* traditionnel.

traffic ['træfik] *n* AUT. circu-

lation *f* ; ~ jam, embouteillage *m* ; ~ lights, feux *mpl* de signalisation ; ~ sign, panneau *m* de signalisation ; ~ warden, contractuel *m* ‖ Av. trafic *m.*

tragedy ['trædʒidi] *n* tragédie *f.*

tragic *a* tragique.

trail [treil] *n* trace, piste *f.*

trailer *n* AUT. remorque *f* ; US caravane *f* ‖ CIN. film-annonce *m.*

train 1 [trein] *n* RAIL. train *m* ; on the ~, dans le train.

train 2 *v* instruire, exercer, former (pupils) ‖ dresser (animal) ‖ SP. (s') entraîner.

trainee [trei'ni:] *n* stagiaire *n* ; ~ period, stage *m.*

trainer *n* SP. entraîneur *m* ‖ Pl COLL. baskets *m/f pl* (shoes).

training *n* instruction, formation *f* ‖ [animal] dressage *m* ‖ SP. entraînement *m.*

tram [træm] *n* : ~(-car), tramway *m.*

trample ['træmpl] *v* piétiner.

tranquillizer ['træŋkwilaizə] *n* MED. tranquillisant *m.*

transatlantic ['trænzət'læntik] *a* transatlantique.

transfer 1 [træns'fəz] *v* transférer ‖ FIN. virer ‖ TEL. ~red charge call, communication *f* en PCV.

transfer 2 ['--] *n* changement, transfert *m* ‖ [picture] décalcomanie *f* ‖ RAIL. billet *m* de correspondance *f* ‖ FIN. virement *m.*

transform [træns'fɔ:m] v transformer.

transformation [ˌtrænsfə-'meiʃn] n transformation f.

trans'former n ELECTR. transformateur m.

transistor [træn'sistə] n RAD. transistor m; ~ (set), transistor m.

translate [træns'leit] v traduire (into, en).

translation n traduction f.

translator [-tə] n traducteur n.

transmission [trænz'miʃn] n RAD., TV émission f ‖ AUT. transmission f.

transmit [-'mit] v transmettre (to, à) ‖ RAD. émettre.

transmitter n transmetteur m ‖ RAD. émetteur m, station f.

transparency [træn'spɛərənsi] n diapositive f.

transparent a transparent.

transplant [træns'plɑːnt] v BOT. transplanter ‖ MED. greffer.

transport 1 ['trænspɔːt] n transport m ‖ ~ café, routier m.

trans'port 2 v transporter.

ˌtranspor'tation n transport m.

trap [træp] n piège m • v prendre au piège.

trash [træʃ] n COLL. camelote f.

travel ['trævl] v voyager; ~ 1st class/by train, voyager en première classe/en chemin de fer • n voyage m.

travel-agency, travel-bureau n agence f de voyage.

traveller [-lə] n voyageur n; ~'s cheque, chèque m de voyage.

travelling [-liŋ] a ambulant (person) • n voyages mpl.

trawler ['trɔːlə] n chalutier m.

tray [trei] n plateau m.

treacle ['triːkl] n mélasse f.

tread* [tred] v marcher (on, sur) ‖ ~ on, écraser.

treasure ['treʒə] n trésor m.

treasurer [-rə] n trésorier n.

treat [triːt] v traiter (sb) ; considérer (sth as, qqch comme); ~ sb to sth, payer qqch à qqn • n plaisir m, joie f; régal m (food).

treatment n MED. traitement m.

tree [triː] n arbre m.

trek [trek] n randonnée f.

tremble ['trembl] v trembler.

tremendous [tri'mendəs] a énorme, fantastique; formidable, terrible.

tremendously av terriblement, énormément.

trend [trend] n tendance f.

trendy a COLL. à la dernière mode, dernier cri; dans le vent.

trespass ['trespəs] v entrer sans permission; "no ~ing", « propriété privée, entrée interdite ».

trespasser n JUR. intrus n.

trestle ['tresl] n tréteau m.

trial ['traiəl] n essai m ‖ SP. épreuve f.

triangle ['traiæŋgl] n triangle m.

tributary ['tribjutri] n GEOGR. affluent m.

trick [trik] n farce f; *play a ~ on sb*, jouer un tour à qqn ‖ truc m ‖ ruse, astuce f; combine f ‖ [cards] levée f.

trickle ['trikl] v couler goutte à goutte.

tricky ['triki] a délicat (work, etc.) ‖ rusé, astucieux, retors (person).

trifle ['traifl] n bagatelle, vétille f ● *a ~*, (av) un peu.

trifling a insignifiant (thing).

trim [trim] v tailler (hedge) ‖ rafraîchir (hair) ‖ *~ with*, garnir de (coat) ● n ordre m; *in good ~*, en bon état; *give just a ~*, rafraîchir (haircut) ‖ SP. forme f.

trimaran ['traiməræn] n trimaran m.

trio ['tri:əu] n trio m.

trip 1 [trip] v trébucher (over, sur); *~ sb up*, faire trébucher qqn.

trip 2 n excursion f; voyage m ‖ SL. [drugs] trip m (arg.) ● v : *~ out*, planer (arg.).

tripe [traip] n tripes fpl.

tripod ['traipɔd] n trépied m.

triumph ['traiəmf] n triomphe m ● v triompher.

triumphal [trai'ʌmfl] a triomphal.

trod(den) ['trɔd(n)] → TREAD*.

trolley ['trɔli] n chariot m ‖ [supermarket] caddie m.

trolley-bus n trolleybus m.

trombone [trɔm'bəun] n MUS. trombone m.

troop [tru:p] n troupe f.

tropic ['trɔpik] n tropique m.

tropical a tropical.

trot [trɔt] v trotter ● n trot m.

trouble ['trʌbl] v tourmenter (pain) ‖ (s') inquiéter ‖ déranger, gêner; *may I ~ you for the salt ?*, puis-je vous demander le sel ? ‖ *don't ~!*, ne vous donnez pas la peine (to, de) ● n peine f, dérangement m (bother) ‖ difficulté f, ennui m; *what's the ~ ?*, qu'est-ce qui ne va pas ? ‖ AUT. engine *~*, panne f de moteur ‖ MED. *have heart ~*, être cardiaque ‖ POL. troubles mpl.

trousers ['trauzəz] npl pantalon m.

trout [traut] n truite f.

truant ['truənt] a : *play ~*, faire l'école buissonnière.

truck [trʌk] n RAIL. wagon-plateforme m ‖ AUT., US camion m.

true [tru:] a vrai, exact ‖ sincère, fidèle (friend) ‖ authentique (genuine) ‖ FIG. *come ~*, se réaliser.

truffle ['trʌfl] n BOT. truffe f.

truly ['tru:li] av vraiment ‖ sincèrement (sincerely).

trump [trʌmp] n [cards] atout m; *no-~(s)*, sans atout ● v [cards] couper.

trumpet ['trʌmpit] n trompette f.

truncheon ['trʌn/n] n matraque f.

trunk [trʌŋk] n [tree] tronc m ‖ [case] malle f ‖ [body] tronc m ‖ [elephant] trompe f.

trunk-call n TEL. communication interurbaine.

trunk-line n RAIL. grande ligne.

trunks [-s] npl : (swimming-) ~, slip/maillot m de bain.

trust [trʌst] n confiance f ‖ v avoir confiance en, se fier à ‖ confier (sb with sth, qqch à qqn).

trustworthy ['-,wə:ði] a digne de confiance.

truth [tru:θ] n vérité f.

truthful [-ful] a vrai, véridique.

try [trai] n essai m, tentative f; have a ~ at sth, essayer qqch ‖ SP. [rugby] essai m • v* essayer (to, de) ‖ ~ on, essayer (coat) ‖ ~ out, expérimenter, mettre à l'épreuve.

trying a pénible, fatigant.

tub [tʌb] n baquet m ‖ (bath)~, baignoire f.

tuba ['tju:bə] n MUS. tuba m.

tube [tju:b] n tube m ‖ AUT. inner ~, chambre f à air ‖ GB métro m; go by ~, prendre le métro.

tuck [tʌk] v : ~ in/up, border (sb in bed).

Tuesday ['tju:zdi] n mardi m.

tug [tʌg] v tirer (at, sur) remorquer • n saccade f; ~ of war, lutte f à la corde.

tuition [tju'iʃn] n enseignement m.

tulip ['tju:lip] n tulipe f.

tumble ['tʌmbl] v tomber ‖ renverser; ~ (down), culbuter.

tumbler n verre m.

tune [tju:n] n MUS. air m (melody); in ~, juste; out of ~, faux, désaccordé • v MUS. accorder ‖ TECHN. (up), régler (motor) ‖ RAD. in to a (radio) station, prendre un poste ‖ ~ up, MUS. s'accorder.

tuning n RAD. AUT. réglage m ‖ MUS. accord m.

tuning-fork n MUS. diapason m.

tunnel ['tʌnl] n tunnel m.

tunny ['tʌni] n thon m.

turbine ['tə:bin] n turbine f.

turbojet ['tə:bə'dʒet] n AV. turbo-réacteur m.

tureen [tə'ri:n] n soupière f.

turf [tə:f] n gazon m ‖ SP. turf m.

turkey ['tə:ki] n dinde f, dindon m.

turn [tə:n] n tour m ‖ tour m, promenade f (walk) ‖ it's your ~, c'est à votre tour ‖ [help] do sb a good ~, rendre un service à qqn ‖ penchant m, disposition f ‖ CULIN. done to a ~, cuit à point • v (faire) tourner ‖ se (re)tourner ‖ traduire (into, en) ‖ transformer (into, en) ‖ [coat] ~ inside out, retourner ‖ [milk] tourner ‖ ~ about, faire demi-tour ‖ ~ back, rebrousser chemin ‖ ~ down, rabattre (collar); baisser (gas); refuser (offer) ‖ ~ in, COLL. aller se coucher ‖ ~ off, éteindre (gas, etc.) ‖ ~ **on**, allumer ; [sex] exciter ‖ ~ **out**, fermer (gas) ; éteindre (light) ; FIG. exclure (sb) ; [things] se révéler ‖ ~ **over** tourner (pages) ; ~ **up**, arriver (come) ; relever (collar) ; retrousser (sleeves).

turning n [road] tournant m.

turnip ['tɜːnip] n navet m.

turn-out n foule, assistance f ; participation f.

turn-over n CULIN. chausson m.

turnpike ['tɜːnpaik] n US autoroute f à péage.

turntable n tourne-disque m ; plateau m.

turn-up n [trousers] revers m.

tusk [tʌsk] n défense f (d'éléphant, etc.).

tutor ['tjuːtə] n précepteur, répétiteur m.

tuxedo [tʌkˈsiːdəu] n US smoking m.

T.V. [ˌtiːˈviː] n COLL. télé f (fam.).

twang [twæŋ] n : nasal ~, ton nasillard.

tweed [twiːd] n tweed m.

tweezers ['twiːzəz] npl pince f à épiler.

twelfth [twelfθ] a douzième.

Twelfth-night n la nuit des Rois.

twelve [-v] a/n douze (m).

twentieth ['twentiiθ] a vingtième.

twenty [-ti] a/n vingt (m).

twice [twais] av deux fois ‖ ~ as much/many, deux fois plus.

twilight ['twailait] n crépuscule m.

twin [twin] a/n jumeau (n) ‖ ~ beds, lits jumeaux ‖ ~ cities, villes jumelées.

twine [twain] n ficelle f.

twinkle ['twiŋkl] v scintiller, étinceler.

twist [twist] v tordre ‖ s'enrouler ‖ [road] tourner ● n [road] lacet m ‖ SP. effet m (on ball).

twister n COLL. escroc m.

two [tuː] a/n deux (m).

twopence ['tʌpəns] npl deux pence (sum).

twopenny ['tʌpni] a de deux pence.

two-way switch n ELECTR. va-et-vient m inv.

type [taip] n type, genre m (kind) ‖ TECHN. caractère m d'imprimerie ● v taper (à la machine).

typewriter n machine f à écrire.

typewriting n dactylographie f.

typhoon [taiˈfuːn] n typhon m.

typical ['tipikl] a typique.

typing [taipiŋ] n dactylographie f, frappe f.

typist ['taipist] n dactylo f.

tyre ['taiə] n pneu m.

tyro ['taiərəu] n débutant, novice n.

u

u [juː]

UFO [ˈjufəu] n ovni m.

ugly [ˈʌɡli] a laid.

U.K. [ˌjuːˈkei] n = United Kingdom.

ultimately [ˈʌltimitli] av à la fin, finalement.

ultraviolet [ˌʌltrəˈvaiəlit] a ultraviolet.

umbrella [ʌmˈbrelə] n parapluie m.

umbrella-stand n porteparapluies m inv.

umpire [ˈʌmpaiə] n arbitre m.

UN [juːˈen] n = United Nations.

un- [ʌn-] pref.

unable [ʌnˈeibl] a incapable (to, de).

un'accustomed a inaccoutumé.

unanimous [juˈnæniməs] a unanime.

unanimously av à l'unanimité.

una'voidable a inévitable.

una'ware a : be ~ of, ignorer.

unawares [-z] av à l'improviste ; catch sb ~, prendre qqn au dépourvu.

un'bearable a insupportable, intolérable.

unbe'lievable a incroyable.

un'breakable a incassable.

un'button v déboutonner.

uncle [ˈʌŋkl] n oncle m.

un'comfortable a peu confortable ‖ FIG. mal à l'aise, inquiet (person).

un'conscious a ● MED. inconscient, inanimé ‖ n MED. inconscient m.

un'consciously av inconsciemment.

'un'cork v déboucher (bottle).

uncouth [ʌnˈkuːθ] a grossier (language) ‖ gauche (awkward).

un'cover v découvrir.

un'damaged a indemne, intact.

under [ˈʌndə(r)] p sous, audessous de ; ~ age, mineur ‖ [time] en moins de ● av audessous, en dessous ● pref.

'underclothes, **'underclothing** n sous-vêtements mpl ; lingerie f.

'underde'veloped a sousdéveloppé (country).

'under'done a saignant (meat) ; pas assez cuit (food).

underexposed [-riks'pəuzd] a PHOT. sous-exposé.

'under'go v subir (operation) ; supporter, endurer (trials).

'under'graduate n étudiant m (de licence).

'under'ground a souterrain ‖ FIG. clandestin ● n RAIL. métro m.

'under'line v souligner.

'under'neath p sous ● av (en) dessous, par dessous.

'underpants n caleçon m.

'under'pass n passage souterrain.
'under'pay v sous-payer.
'under'privileged a écono-
miquement faible.
'under'rate v sous-estimer.
'underside n dessous m.
'under'stand* v comprendre;
make o.s. understood, se faire
comprendre ‖ s'entendre à, être
versé dans (know how to).
understandable a compréhensible; intelligible.
understanding n compréhension f (act) ‖ intelligence f
(faculty) ‖ entente f.
'under'statement n litote f,
euphémisme m.
'under,study n TH. doublure
f • v TH. doubler.
,under'take* v entreprendre
(task) ‖ se charger; promettre
(to, de) [promise].
,under'taking n entreprise f
(task) ‖ engagement m, promesse f (promise).
'under'water a sous-marin.
underwear n = UNDER-
CLOTHES.
underworld n bas-fonds mpl.
'unde'served a immérité.
'un'do* v défaire, dénouer
(knots); *come ~ne*, se défaire,
se dénouer.
'un'dress v (se) déshabiller;
get ~ed, se déshabiller.
'un'duly av indûment, à tort.
un'easy a mal à l'aise
(anxious); gêné (embarrassed).
'un'eatable a immangeable.

'un'educated a ignorant,
inculte.
unem'ployed a inoccupé, en
chômage; *the ~*, les chômeurs.
unem'ployment n chômage
m.
un'equal a inégal.
un'even a inégal; accidenté
(ground) ‖ MATH. impair.
unex'pected a inattendu,
imprévu.
unex'pectedly av inopi-
nément, à l'improviste.
un'fair a injuste, déloyal.
un'faithful a infidèle.
unfaithfulness n infidélité f.
'un'favourable a défavorable.
'un'finished a inachevé,
incomplet.
'un'fold v déplier, déployer.
'unfore'seeable a imprévisible.
'unfore'seen a imprévu.
'unfor'gettable a inoubliable.
'unfor'givable a impardon-
nable.
un'fortunate a malheureux
(person); fâcheux.
unfortunately av malheureusement.
'un'friendly a inamical.
'un'happy a malheureux.
'un'healthy a malsain, insa-
lubre (climate); maladif (person).
'un'hurt a sain et sauf,
indemne.
uniform ['juːnifɔːm] a/n uniforme (m).

'unin'habited *a* inhabité, désert.

union ['juːnjən] *n* union *f* ‖ *(trade-)*~, syndicat *m*.

unionist *n* syndicaliste *n*.

unique [juːˈniːk] *a* unique.

uniquely *av* uniquement.

unisex ['juːniseks] *a* unisexe.

unit ['juːnit] *n* unité *f* ‖ TECHN. élément *m*.

unite [juːˈnait] *v* (s') unir.

united [-id] *a* uni; U~ States, Etats-Unis *mpl* ‖ U~ Nations, Nations unies, ONU *f*.

unity ['juːniti] *n* unité *f*.

universal [ˌjuːniˈvəːsl] *a* universel.

universe *n* univers *m*.

'uni'versity *n* université *f* • *a* universitaire.

'un'just *a* injuste.

unkempt [ʌnˈkemt] *a* hirsute.

un'kind *a* peu aimable, désobligeant; méchant (cruel).

'un'knowingly *av* inconsciemment, sans le savoir.

un'known *a* inconnu (to, de); à l'insu (to, de) • *n* MATH. inconnue *f*.

unleavened [ʌnˈlevnd] *a* : ~ bread, pain *m* azyme.

unless [ənˈles] *c* à moins que.

un'like *a* différent de.

un'likely *a* improbable, invraisemblable.

un'load *v* décharger (ship); désarmer (gun).

un'lock *v* ouvrir (door).

un'lucky *a* malheureux, malchanceux; be ~, ne pas avoir de chance.

un'married *a* célibataire; ~ *woman*, célibataire *f*.

un'necessary *a* inutile, superflu.

un'pack *v* défaire (case).

un'paid *a* impayé (bill); non rétribué (person, work).

un'pick *v* découdre.

un'pleasant *a* déplaisant, désagréable, pénible.

un'recognizable *a* méconnaissable.

un'ripe *a* vert, pas mûr.

unruly [ʌnˈruːli] *a* dissipé.

un'screw *v* dévisser.

un'seen *a* inaperçu.

un'settled *a* variable (weather); troublé (mind).

un'skilled *a* inexpert ‖ non qualifié (workman).

un'stitch *v* découdre.

un'stuck *a* : come ~, se décoller.

unsuc'cessful *a* infructueux (attempt); refusé (candidate); be ~, échouer.

un'suitable *a* impropre (thing); inopportun (time).

un'tidy *a* en désordre (room); négligé (dress); désordonné, sans soin (person).

un'tie *v* dénouer; délier, défaire (parcel).

until [ənˈtil] *av* → TILL.

un'timely *a* prématuré, inopportun.

un'usual *a* inhabituel.

un'well *a* indisposé, souffrant.

un'wind* *v* se dérouler, (se) dévider.

'un'wise a imprudent.

un'wittingly av sans le savoir.

up [ʌp] av vers le haut ; ~ there, là-haut ; ~ north, dans le nord ; vers un point (plus) important ; come ~ to sb, s'approcher de qqn ‖ walk ~ and down, faire les cent pas ; debout ; he is ~ at six, il est levé à six heures ‖ complètement ; fill ~ a glass, remplir un verre ; terminé ; time is ~!, c'est l'heure ! ‖ [activity] what's ~?, que se passe-t-il ? ; what's he ~ to ?, qu'est-ce qu'il fabrique ? ‖ [duty] it's ~ to you, c'est à vous (to, de) ‖ ~ to, [space] jusqu'à ; [time] ~ to now, jusqu'ici.

upkeep n entretien m.

upon [ə'pɔn] p → ON.

upper ['ʌpə] a supérieur.

uppermost a le plus haut, prédominant ● av en dessus.

upright a droit ; vertical, debout (person) ; hold o.s. ~, se tenir droit ● av : ~(ly), droit, verticalement.

'up'roar n tumulte, vacarme m.

up'set* [ʌp'set] v renverser, culbuter ‖ FIG. bouleverser, troubler ‖ MED. déranger (stomach).

upside-down ['ʌpsaid'daun] av à l'envers, sens dessus dessous.

'up'stairs av en haut, à l'étage supérieur.

up-to-date ['ʌptə'deit] a moderne.

upward ['ʌpwəd] a ascendant.

upwards av vers le haut, en montant.

uranium [juə'reinjəm] n uranium m.

urge [ə:dʒ] v pousser, exhorter (ask earnestly) ; encourager, inciter (incite) ● n forte envie.

urgency [-nsi] n urgence f.

urgent a urgent, pressé ; be ~, presser.

urgently av instamment.

us [ʌs] pr nous (obj. of we).

US(A) [,ju:es('ei)] = United States (of America).

usage ['ju:zidʒ] n usage m.

use [ju:s] n usage, emploi m ; make ~ of, user de ; in ~, usité ; out of ~, inusité ‖ utilité f, service m ; be of ~, être utile ; be of no ~, ne servir à rien ● [-z] v servir de, employer, utiliser ; what is it ~d for ?, à quoi cela sert-il ? ‖ consommer (gas, power).

used [-d] a oblitéré (stamp) ; d'occasion (car) ‖ [-t] be ~ to (doing), être habitué à (faire).

used to ['ju:stə] mod aux : [past] there ~ be, il y avait (autrefois).

useful ['ju:sfl] a utile, pratique ; be ~ for, servir à ; make o.s. ~, se rendre utile.

usefulness n utilité f.

useless a inutile ‖ nul.

uselessness n inutilité f.

user ['ju:zə] n utilisateur n, usager m.

usher [ˈʌʃə] n huissier m • v : ~ **in**, introduire ; ~ **out**, reconduire.

usherette [ˌʌʃəˈret] n TH. ouvreuse f.

USSR = Union of Soviet Socialist Republics.

usual [ˈjuːʒuəl] a habituel ; as ~, comme d'habitude.

usually av d'habitude, d'ordinaire, habituellement.

utensil [juːˈtensl] n ustensile m.

utmost [ˈʌtməust] a extrême ; le plus grand • n : at the ~, tout au plus ; do one's ~, faire tout son possible.

utter 1 [ˈʌtə] v pousser (cry) ; prononcer (words).

utter 2 a total, complet.

utterly av totalement, complètement.

U-turn n AUT. demi-tour m.

V

v [viː]

vacancy [ˈveiknsi] n (usu pl) [lodging] no ~ies, complet ‖ [work] embauche f.

vacant a vacant ‖ libre (room, taxi).

vacation [vəˈkeiʃn] n US vacances fpl.

vaccinate [ˈvæksineit] v vacciner ; get ~d, se faire vacciner.

vacci'nation n vaccination f.

vacuum bottle [ˈvækjuəm-ˈbɒtl] n bouteille isolante.

vacuum cleaner n aspirateur m.

vague [veig] a vague.

vaguely av vaguement.

vain [vein] a vain, inutile ; in ~, en vain.

vainly av en vain, vainement.

valid [ˈvælid] a valable (excuse) ‖ valable, valide

(ticket, passport) ; no longer ~, périmé.

valley [ˈvæli] n vallée f ; vallon m (small).

valuable [ˈvæljuəbl] a de valeur, précieux.

valuables [-z] npl objets mpl de valeur.

value [ˈvæljuː] n valeur f, prix m ; this article is good ~, cet article est avantageux ; ~ added tax, taxe f à la valeur ajoutée • v évaluer, estimer ; ~ highly, estimer.

valve [vælv] n soupape f.

van 1 n camionnette f.

van 2 n : [tennis] ~ in/out, avantage dedans/dehors.

vanish [ˈvæniʃ] v disparaître.

vanity [-iti] n vanité f.

vanity-case n boîte f à maquillage.

vantage [ˈvɑːntidʒ] n avantage m ‖ SP. [tennis] avantage m.

variance ['vɛəriəns] n : at ~ with, en désaccord avec.

varied [-id] a varié, divers.

variety [və'raiəti] n variété f ‖ TH., TV variétés fpl.

various ['vɛəriəs] a divers, différent.

variously av diversement.

varnish ['vɑːniʃ] v vernir • n vernis m.

varnish-remover n dissolvant m.

vary ['vɛəri] v varier ‖ différer.

vase [vɑːz] n vase m.

vaseline ['væsiliːn] n vaseline f.

VAT [viːeiˈtiː/væt] = Value Added Tax n T.V.A. f.

vault [vɔːlt] n SP. saut m à la perche • v sauter (à la perche).

veal [viːl] n CULIN. veau m.

vegetable ['vedʒtəbl] n légume m; early ~s, primeurs fpl • a végétal; ~ garden, jardin potager.

vegetarian [,vedʒiˈtɛəriən] a/n végétarien n.

vehicle ['viːikl] n véhicule m.

veil [veil] n voile m; voilette f • v voiler, dissimuler.

vein [vein] n veine f.

velvet ['velvit] n velours m.

vending ['vendiŋ] n vente f; ~ machine, distributeur m automatique.

vendor [-ɔː] n marchand n ambulant.

venom ['venəm] n venin m.

venomous a venimeux.

ventilate ['ventileit] v ventiler, aérer.

venti'lation n ventilation, aération f.

verb [vəːb] n verbe m.

verbal ['vəːbl] a verbal.

verge [vəːdʒ] n [road] accotement m.

verify ['verifai] v vérifier.

verso ['vəːsəu] n verso m.

vertical ['vəːtikl] a vertical.

vertigo ['vəːtigəu] n vertige m.

very ['veri] av très; ~ much, beaucoup; ~ well, très bien, d'accord ‖ [+ sup.] the ~ best, tout ce qu'il y a de mieux; the ~ first, le tout premier • a même; exactement; this ~ day, aujourd'hui même.

vest [vest] n maillot m de corps (undershirt).

vet [vet] n COLL. vétérinaire m.

veteran ['vetrən] n : war ~, ancien combattant.

veterinary ['vetrinri] a : ~ surgeon, vétérinaire n.

vex [veks] v contrarier, fâcher.

VHF [,viːeitʃˈef] abbr [= very high frequency] modulation f de fréquence.

via [vaiə] p via, par.

viaduct [-dʌkt] n viaduc m.

vibes [vaibz] n pl COLL. vibraphone m.

vicar ['vikə] n curé m (Roman Catholic); pasteur m (Church of England).

vice 1 [vais] n vice m.

vice 2 n TECHN. étau m.

vice versa ['vaisi'vəːsə] *av* vice versa.

vicious ['vi,-əs] *a* méchant (cruel) ‖ FIG. ~ *circle*, cercle vicieux.

victim ['viktim] *n* victime *f* ‖ sinistré *m* (of disaster).

victorious [vic'tɔːriəs] *a* victorieux ; vainqueur.

victoriously *av* victorieusement.

victory ['viktri] *n* victoire *f* ; *win a ~*, remporter la victoire (*over*, sur).

video ['vidiəu] *n* : ~ *cassette recorder*, magnétoscope *m*; ~ *tape*, bande *f* de magnétoscope ‖ US télévision *f*.

Viet-Nam ['vjet'næm] *n* Viêt-nam *m*.

Viet-Namese [,vjetnə'miːz] *a/n* vietnamien (*n*).

view [vjuː] *n* vue *f*; *in* ~, en vue; *come into* ~, apparaître ‖ PHOT. vue *f*, panorama *m* ‖ FIG. opinion *f*; *point of* ~, point *m* de vue.

viewer *n* TV téléspectateur *n* ‖ PHOT. visionneuse *f*.

view-finder *n* PHOT. viseur *m*.

vigorous ['vigrəs] *a* vigoureux.

vigorously *av* vigoureusement.

village ['vilidʒ] *n* village *m*.

vindictive ['vindiktiv] *a* rancunier.

vine [vain] *n* vigne *f* (grape-vine).

vinegar ['vinigə] *n* vinaigre *m*.

vine-grower ['vain,grəuə] *n* viticulteur *m*, vigneron *n*.

vine-harvest *n* vendange *f*.

vineyard ['vinjəd] *n* vignoble *m*, vigne *f*.

vintage ['vintidʒ] *n* vendange *f* (harvest); année *f* (year).

viola [vi'əulə] *n* MUS. alto *m*.

violence ['vaiələns] *n* violence *f*.

violent *a* violent.

violently *av* violemment.

violet ['vaiəlit] *n* BOT. violette *f*.

violin [,vaiə'lin] *n* violon *m*.

violinist *n* violoniste *n*.

violist [vi'əulist] *n* altiste *n*.

virgin ['vəːdʒin] *a/n* vierge (*f*) ‖ REL. *the (Blessed)* V~, la (Sainte) Vierge.

vir'ginity *n* virginité *f*.

virtual ['vəːtjuəl] *a* virtuel.

virtually *av* en fait, virtuellement.

virtue ['vəːtjuː] *n* vertu *f*.

virus ['vairəs] *n* virus *m*.

visa ['viːzə] *n* visa *m* ● *v* viser (passport).

visible ['vizəbl] *a* visible.

vision ['viʒn] *n* vision, vue *f* (sight) ‖ apparition *f* (ghost).

visit ['vizit] *n* visite *f* (call); *pay a* ~, rendre visite (*to*, à) ; séjour *m* (stay) ; *a* ~ *to Rome*, un voyage à Rome ● *v* visiter ; aller voir, rendre visite à (sb) ‖ faire un séjour (in town).

visitor *n* visiteur *n* ‖ touriste *n*.

visor ['vaizə] *n* visière *f* (peak) ‖ AUT. pare-soleil *m*.

vista ['vistə] *n* perspective *f*.

vitamin ['vitəmin] *n* vitamine *f*.

viva voce [,vaivə'vəusi] *a/av* oral(ement) ; de vive voix.

vivid ['vivid] *a* vif (colour, recollection).

vocabulary [və'kæbjuləri] *n* vocabulaire *m*.

vocation [və'keiʃn] *n* REL. vocation *f*.

vocational *a* professionnel ; ∼ **guidance**, orientation professionnelle.

voice [vɔis] *n* voix *f*.

voice-over *n* CIN. voix *f* off/hors champ.

volcano [vɔl'keinəu] *n* volcan *m*.

volley ['vɔli] *n* volée (of stones, etc.) ‖ (tennis) volée *f* ; on the ∼, de volée.

volleyball *n* SP. volley-ball *m*.

volt [vəult] *n* volt *m*.

voltage [-idʒ] *n* voltage *m* ; high ∼, (à) haute tension.

voltmeter *n* voltmètre *m*.

volume ['vɔljum] *n* volume *m* (book) ‖ [size] volume *m*.

voluntary ['vɔləntri] *a* volontaire.

volunteer [,vɔlən'tiə] *n* volontaire *n* ● *v* se proposer, offrir ses services (to do, pour faire).

voluptuous [və'lʌptjuəs] *a* voluptueux.

vote [vəut] *n* vote, scrutin *m* ; put to the ∼, mettre aux voix ● *v* voter.

voter *n* votant, électeur *n*.

vouch [vautʃ] *v* garantir ; se porter garant, répondre (for, de).

voucher *n* bon *m* ; luncheon ∼, ticket-repas *m* ‖ récépissé, reçu *m*.

vow [vau] *n* vœu *m*.

vowel ['vauəl] *n* voyelle *f*.

voyage ['vɔiidʒ] *n* voyage *m* (par mer), traversée *f* ● *v* voyager par mer.

voyager ['vɔiədʒə] *n* passager *n*.

vulgar ['vʌlgə] *a* vulgaire, grossier (coarse).

W

w ['dʌblju]

wad [wɔd] *n* [cotton-wool] tampon *m*.

wade [weid] *v* patauger ‖ traverser à gué.

waders [-əs] *npl* bottes *fpl* de pêche.

wag [wæg] *v* [dog] remuer (its tail, la queue).

wage *n* salaire *m* ; [worker] paye *f* ; [servant] gages *mpl*.

wage-earner n salarié n.

waggon ['wægən] n RAIL. wagon m (de marchandises) ‖ COLL. be on the (water) ~, être au régime sec.

wail [weil] v gémir ‖ W~ing Wall, Mur m des lamentations.

waist [weist] n taille, ceinture f; ~ measurement, tour m de taille.

waistcoat ['weiskəut] n gilet m.

wait [weit] v attendre (till, que); keep sb ~ing, faire attendre qqn ‖ ~ and see, voir venir ‖ ~ on, servir (at table, à table) ‖ ~ up, veiller, ne pas se coucher • n attente f; a 2-hour ~, 2 heures d'attente.

waiter n garçon m de café; ~!, garçon!

waiting n attente f; ~ list, liste f d'attente.

waiting-room n salle f d'attente.

waitress [-tris] n serveuse f; ~!, mademoiselle!

wake* [weik] v être éveillé ‖ ~ up, (se) réveiller.

Wales [weilz] n pays m de Galles.

walk [wɔ:k] n marche f (act) ‖ démarche f, allure f (manner) ‖ promenade f (stroll) ‖ go for a ~, faire une promenade ; take sb for a ~, emmener qqn en promenade ‖ allée f (footpath) • v marcher ; aller à pied ‖

~ a dog, promener un chien ‖ ~ on, poursuivre son chemin ‖ TH. faire de la figuration ‖ ~ out, sortir ‖ [workers] débrayer, se mettre en grève.

walker n marcheur n ; promeneur n.

walking stick n canne f.

walk-on n TH. figurant n.

wall [wɔ:l] n mur m.

wallet ['wɔlit] n portefeuille m.

Walloon [wɔ'lu:n] a/n wallon (n).

wall-to-wall carpet n moquette f.

walnut ['wɔ:lnət] n noix f (fruit) ‖ ~ (tree), noyer m.

waltz [wɔ:ls] n valse f.

wander ['wɔndə] v errer, se promener au hasard.

wandering [-riŋ] a errant (person) ‖ nomade (tribe).

want [wɔnt] v manquer de (lack) ‖ avoir besoin de (need) ; your hair ~s cutting, vos cheveux ont besoin d'être coupés ‖ vouloir, désirer (wish) ‖ demander (ask for) ; you are ~ed on the phone, on vous demande au téléphone • n besoin m ‖ désir m ‖ manque m ; for ~ of, par manque de, à défaut de.

wanted [-id] a demandé ‖ recherché (by the police).

war [wɔ:] n guerre f.

ward [wɔ:d] n [town] quartier m ‖ [person] pupille m.

warden ['wɔ:dn] n gardien n ‖ [youth hostel] père m/mère f aubergiste ‖ AUT. *traffic ~*, contractuel *m.*

wardrobe ['wɔːdrəub] *n* armoire, penderie *f.*

...ward(s) [-wədz] *suff* vers, en direction de.

warm [wɔːm] *a* chaud ‖ *be ~ : I am ~*, j'ai chaud ; *it is ~*, il fait chaud ‖ *get ~*, se réchauffer ‖ *game*] *you're getting ~!*, tu brûles ! • *v* chauffer ‖ *~ up*, réchauffer (meal) ‖ SP. s'échauffer.

warmly *av* chaudement ‖ FIG. chaleureusement.

warmth [-θ] *n* chaleur *f.*

warn [wɔːn] *v* avertir (inform) ‖ prévenir (forewarn).

warning *n* avertissement *m.*

warship *n* navire *m* de guerre.

wart [wɔːt] *n* verrue *f.*

wary ['wɛəri] *a* prudent.

was [wɔz/wɒz] → BE¹.

wash [wɔʃ] *n* lavage *m*, toilette *f* ; *have a ~*, se laver • *v* (se) laver ‖ faire sa toilette ; *~ one's hands*, se laver les mains ‖ *laundry*] faire la lessive ‖ *~ away*, enlever au lavage (stain) ‖ *~ down*, arroser (meal) ‖ *~ out*, faire partir au lavage ‖ *~ up*, faire la vaisselle.

washable *a* lavable.

wash-basin *n* lavabo *m.*

washing *n* lavage *m* ‖ lessive *f*, linge *m* ; *do the ~*, faire la lessive.

washing-machine *n* machine *f* à laver.

washing-powder *n* lessive *f.*

washing-up *n* vaisselle *f.*

wasp [wɔsp] *n* guêpe *f* ; *~s' nest*, guêpier *m.*

waste [weist] *a* inculte, en friche (land) ; *~ ground*, terrain *m* vague ‖ de rebut (material) • *n* déchets *mpl* ‖ FIG. gaspillage, gâchis *m* ; perte *f* (of time) • *v* gaspiller (squander) ; *~ one's time*, perdre son temps.

waste(-paper)-basket *n* corbeille *f* à papier.

watch 1 [wɔtʃ] *v* observer, regarder (look at) ‖ surveiller, faire attention à (look out) ‖ garder (tend) ‖ *~ for*, guetter ‖ *~ out*, prendre garde (for, à) ; *~ out!*, attention ! ‖ *~ over*, veiller sur, surveiller (child) • *n* guet *m* ; *keep ~*, monter la garde.

watch 2 *n* montre *f* ; *diver's ~*, montre *f* de plongée.

watch-dog *n* chien *m* de garde.

watch-maker *n* horloger *n.*

watchman *n* gardien *m* ‖ *(night) ~*, veilleur *m* de nuit.

watchword *n* mot *m* de passe.

water ['wɔːtə] *n* eau *f* ‖ NAUT. *high ~*, marée haute ; *low ~*, marée basse ‖ MED. *take the ~s at*, faire une cure (thermale) à ‖ *~* arroser (plants) ‖ *that makes my mouth ~*, cela me fait venir l'eau à la bouche ‖ *~ down*, diluer, couper d'eau (wine).

water-bottle *n* carafe *f.*

water-closet *n* cabinets, w.-c. *mpl.*

water-colour n aquarelle f.

water-cure n cure thermale.

waterfall n chute f (d'eau).

water heater n chauffe-eau m inv.

watering n arrosage m.

watering-can n arrosoir m.

watering-place n station thermale (spa).

waterproof a/n imperméable (m).

water-ski v faire du ski nautique.

water-skiing n ski m nautique.

water sports npl sports mpl nautiques.

watertight a étanche.

watt [wɔt] n watt m.

wave [weiv] n vague, lame f ‖ RAD. onde f; short ~, onde courte ‖ ondulation f (in hair) ‖ geste, signe m de la main ● v faire signe de la main ‖ agiter, déployer (flag) ‖ onduler.

wave-length n RAD. longueur f d'ondes.

wax n cire f ● v cirer, encaustiquer.

way [wei] n chemin m, voie f ‖ ~ in/out, entrée/sortie f; US ~ down, en bas ‖ route f, chemin m; on the ~ to, en route pour; lose one's ~, perdre son chemin ‖ passage m; give ~, céder; be in the ~, gêner (le passage) ‖ trajet m, distance f; it's a long ~ to, il y a loin jusqu'à ‖ côté m, direction f; which ~ are you going ?, de quel côté allez-vous ? ; this

~, par ici ; that ~, par là ; lead the ~, montrer le chemin ‖ FIG. façon, manière f (manner) ; have one's own ~, faire à sa guise ‖ ~ of life, manière de vivre ‖ by the ~, à propos ; out of the ~, exceptionnel, inhabituel ; go out of one's ~, se mettre en quatre ; under ~, en cours ‖ COLL. in the family ~, enceinte ‖ SL. no ~!, pas question ! (fam.).

we [wiː] pr [unstressed] nous ; on ‖ [stressed] nous autres.

weak [wiːk] a faible ‖ léger (tea) ‖ débile (health) ‖ grow ~, s'affaiblir.

weaken v (s') affaiblir, faiblir.

wealth [welθ] n richesse, fortune f.

wealthy a riche.

wean [wiːn] v sevrer.

weapon [wepən] n arme f.

wear 1 [wɛə] n (clothes) usage m ; for everyday ~, pour tous les jours ‖ (stores) habits, vêtements mpl ; men's ~, vêtements pour hommes ; evening ~, tenue f de soirée ● and tear, usure f.

wear* 2 v porter (dress) ‖ ~ well, faire de l'usage, durer ‖ user (one's clothes) ; ~ a hole in, faire un trou à, trouer ‖ ~ away, (s') user ‖ ~ down (heels) (s') user ‖ ~ out, (clothes) (s') user.

weary ['wiəri] a las.

weather ['weðə] n temps m ; bad/fine ~, mauvais/beau

temps ; *what's the* ~ *like* ?, quel temps fait-il ? ‖ ~ **forecast**, prévisions *fpl* météorologiques.

weathercock *n* girouette *f*.

weave* [wi:v] *v* tisser (fabric) ‖ tresser (basket).

weaving *n* tissage *m*.

wedding ['wediŋ] *n* mariage *m*, noce(s) *f(pl)* • *a* nuptial ; ~ **trip**, voyage *m* de noces.

wedding-ring *n* alliance *f*.

wedge [wedʒ] *n* coin *m*.

Wednesday ['wenzdi] *n* mercredi *m*.

weed [wi:d] *n* mauvaise herbe.

week [wi:k] *n* semaine *f*; *today* ~, dans huit jours ; *tomorrow* ~, (de) demain en huit ; *yesterday* ~, il y a eu hier huit jours.

week-day *n* jour *m* de semaine.

week-end *n* week-end *m*.

weekly *a/n* hebdomadaire (*m*) • *av* toutes les semaines.

weep* [wi:p] *v* pleurer ; ~ *for joy*, pleurer de joie.

weigh [wei] *v* peser.

weighing-machine *n* bascule *f*.

weight [weit] *n* poids *m*; *put on/lose* ~, prendre/perdre du poids ‖ SP. *put the* ~, lancer le poids.

weightlessness *n* apesanteur *f*.

weight-lifter *n* haltérophile *n*.

weight-lifting *n* poids et haltères *mpl*.

weighty *a* pesant, lourd.

welcome ['welkəm] *a* bienvenu ‖ *you are* ~ !, de rien !, il n'y a pas de quoi ! • *n* bienvenue *f* • *v* accueillir (avec plaisir) ; souhaiter la bienvenue.

well 1 [wel] *n* puits *m*.

well 2 *interj* eh bien ! ; tiens ! alors ? • *av* bien ; *very* ~, très bien ; ~ *done !*, bravo ! ‖ *as* ~, aussi, également • *a* : *he is* ~, il va bien ; *get* ~ *again*, guérir ; *you look* ~, vous avez bonne mine • *n* bien *m*; *wish sb* ~, vouloir du bien à qqn.

well-bred *a* bien élevé.

well-built *a* bien bâti.

wellington ['weliŋtən] *n* botte *f* de caoutchouc.

well-known *a* bien connu.

well-off *a* aisé, riche.

well-stocked [-stɔkt] *a* bien achalandé (shop).

well-to-do *a* COLL. riche.

Welsh [welʃ] *a* gallois • *n* [language] gallois *m* ‖ *Pl* Gallois *npl*.

Welshman *n* Gallois *m*.

Welshwoman *n* Galloise *f*.

welter-weight ['weltə-] *n* SP. poids mi-moyen.

went* [went] → GO*.

wept* [wept] → WEEP*.

were [wə;/wɛə] → BE*.

west [west] *n* ouest *m* ‖ occident *m* • *a* d'ouest, **W~ Indian**, Antillais *n* ; **W~ Indies**, Antilles *fpl* • *av* à l'ouest, vers l'ouest.

western [-ən] *a* occidental, de l'ouest • *n* CIN. western *m*.

westward(s) *a/av* à/vers
l'ouest.

wet [wet] *a* mouillé ; *get* ∼, se
mouiller ; *be* ∼ *through*, être
trempé jusqu'aux os ∥ *pluvieux*
(weather) ; *it is* ∼, il pleut ∥ ∼
paint!, attention à la peinture !
• *v* mouiller.

whale [weil] *n* baleine *f*.

wham! [wæm] *exclam* vlan !

wharf [wɔːf] (*Pl* **wharfs**/
wharves [-s/-vz]) *n* NAUT.
appontement, débarcadère *m*.

what [wɔt] *a* [interr.] quel(s)
m(pl), quelle(s) *f(pl)* [exclama-
tory] ∼ *an idea !*, quelle idée !
∥ [rel.] le/la/les..., qui/que ;
pr [interr.] que ?, quoi ?, qu'est-
ce qui/que ?, quel(s) *m(pl)*,
quelle(s) *f(pl)* ; ∼ *is it ?*, qu'est-
ce que c'est ? ; ∼ *about ... ?*,
que diriez-vous de ... ? ; ∼
for ?, pourquoi ? ; ∼ ... *like ?*,
comment ? (→ LIKE 2) ; ∼ *if*
... ?, et si ... ?, à supposer que
... ? ; *so* ∼ *?*, et alors ?, et puis
après ? ∥ [rel.] ce qui, ce que.

what'ever *pr* tout ce
qui/que/dont • *a* n'importe
quel ; quel que soit.

wheat [wiːt] *n* blé, froment *m*.

wheel [wiːl] *n* roue *f* ∥ AUT.
volant *m*. • *v* rouler (trolley).

wheel-barrow *n* brouette *f*.

wheel-chair *n* fauteuil
roulant.

when [wen] *a* [interr.] quand ?
∥ [rel.] le jour où, date à
laquelle • *pr* quand ; *since*
∼ *?*, depuis quand ? ; *till* ∼ *?*,

jusqu'à quand ? • *c* quand,
lorsque.

when'ever *c* toutes les fois
que.

where [wɛə] *av* [interr.] où ? ;
∼ *does he come from ?*, d'où
est-il ? ∥ [rel.] où • *c* où ; là où.

whereas [wɛər'æz] *c* tandis
que, alors que.

wherever [ˌwɛər'evə] *av* partout où, n'importe où, où que.

whet [wet] *v* aiguiser, affûter.

whether ['weðə] *c* [indir.
question] si ∥ [condition] ∼ ...
or, soit ... soit.

whetstone ['wetstəun] *n*
pierre *f* à aiguiser.

which [witʃ] *pr* [interr.]
lequel ? ∥ [relative] lequel, que,
lequel, laquelle, lesquel(le)s ; *of*
∼, dont ; ce qui, ce que • *a*
[interr.] quel ?

which'ever *pr* n'importe
lequel ... qui/que.

while [wail] *n* : *after a* ∼,
quelque temps après ; *once in*
a ∼, de temps à autre ∥ *it's*
not worth (your) ∼, cela n'en
vaut pas la peine • *v* : ∼ *away*,
passer (time) • *c* tandis que
(during the time that) ∥ tant
que (as long as).

whilst [wailst] *c* = WHILE.

whim [wim] *n* caprice *m*, fantaisie *f*.

whip [wip] *n* fouet *m* • *v*
fouetter ∥ CULIN. battre (eggs).

whirl [wɜːl] *v* tourbillonner.

whiskers ['wiskəz] *npl*
favoris *mpl* ∥ [cat's] mous-
taches *fpl*.

whisper ['wispə] v chuchoter ● n chuchotement m.

whistle ['wisl] n sifflet m; blow a ~, donner un coup de sifflet ‖ sifflement m ● v siffler.

white [wait] a/n blanc (m).

whiten ['waitn] v blanchir.

whitish v blanchâtre.

Whitsun(tide) ['witsn(taid)] n Pentecôte f.

who [hu:] pr [rel.] (subject) qui ‖ [interr.] (subject) qui ? ; (obj.) COLL. = WHOM.

whodunit [,hu:'dʌnit] n COLL. polar m (fam.).

whole [həul] a entier, complet (entire) ; the ~ night, toute la nuit ‖ CULIN. entier (milk) ‖ MUS. ~ note, ronde f ● n tout m, totalité f; the ~ of, tout, la totalité de, l'ensemble de ‖ as a ~ /on the ~, dans l'ensemble.

wholesale n : COMM. ~ price, prix m de gros ● av en gros.

wholesome ['həulsəm] a sain ‖ salubre (climate).

whole-wheat bread n pain complet.

wholly ['həuli] av tout à fait, entièrement.

whom [hu:m] pr [rel.] (object) que ‖ [interr.] qui ?, que ?

whose [hu:z] a/pr [rel.] (possessive) dont, de qui ‖ [interr.] à qui ? ; ~ hat is this ?, à qui est ce chapeau ? ; ~ is it ?, à qui est-ce ?

why [wai] av pourquoi ? ; ~ not ?, pourquoi pas ? ● interj eh bien !, quoi !.

wicked ['wikid] a méchant (evil).

wicket ['wikit] n guichet m.

wide [waid] a large ; how ~ is it ?, quelle est sa largeur ? ‖ ~ angle lens, grand-angle m ‖ vaste, étendu (plain) ‖ ample (dress) ‖ make ~r, élargir ● av loin ; ~ apart, très espacé ; ~ open, grand ouvert.

wide-awake a bien éveillé.

widen ['waidn] v (s')élargir.

widow ['widəu] n veuve f.

widower n veuf m.

width [widθ] n largeur f.

wife [waif] n (Pl wives [-vz]) n femme, épouse f.

wig [wig] n perruque f.

wild [waild] a sauvage (animal, person, plant) ; ~ strawberries, fraises fpl des bois ‖ impétueux, tumultueux (torrent) ‖ furieux, déchaîné (wind) ‖ COLL. fou, dingue (fam.) [with, de] ‖ FIG. fait au hasard (shot, guess) ● n désert ; ~ regions fpl désertiques/sauvages.

wildly av de façon extravagante, follement, violemment ‖ frénétiquement.

wilful [wilf] a entêté (stubborn) ‖ prémédité (intentional).

will 1 [wil] n volonté f; ill/good ~, mauvaise/bonne volonté.

will* 2 mod aux [future] he ~ come, il viendra ‖ [request] ~ you... ?, voulez-vous... ?

willing *a* consentant ; *be* ~ *to do*, être disposé à faire.

willingly *av* volontiers.

willow ['wilǝu] *n* : *(weeping)* ~, saule (pleureur).

willpower *n* volonté *f*.

wilt [wilt] *v* se faner.

win* [win] *v* gagner (money, prize) ‖ ~ *back*, regagner, reconquérir.

wind 1 [wind] *n* vent *m*.

wind* **2** [waind] *v* (road) serpenter ‖ enrouler (string) ‖ ~ *up*, remonter (spring, clock).

winding *a* sinueux (road, river).

windmill *n* moulin *m* à vent.

window ['windǝu] *n* fenêtre *f* ‖ guichet *m* (wicket) ‖ AUT., RAIL. glace *f* ‖ COMM. devanture, vitrine *f*.

window-pane *n* carreau *m*, vitre *f*.

window-shopping *n* : *go* ~, faire du lèche-vitrine.

windscreen, US **windshield** *n* AUT. pare-brise *m inv* ; ~ *washer*, lave-glace *m* ; ~ *wiper*, essuie-glace *m*.

wind-surf *n* planche *f* à voile • *v* : *go* ~*ing*, faire de la planche à voile.

windy *a* : *it is* ~, il fait du vent.

wine [wain] *n* vin *m*.

wine-cellar *n* cave *f*.

wing [wiŋ] *n* aile *f* ‖ SP. ailier *m*.

wink [wiŋk] *n* clin *m* d'œil ‖ COLL. *have forty* ~*s*, faire un petit somme ; *I didn't sleep a*

~ *all night*, je n'ai pas fermé l'œil de la nuit • *v* cligner des yeux.

winner *n* gagnant *n*, vainqueur *m*.

winning *a* gagnant.

winning-post *n* SP. poteau *m* d'arrivée.

winnings [-z] *npl* gains *mpl*.

winter ['wintǝ] *n* hiver *m* ; ~ *sports*, sports *mpl* d'hiver ; ~ *sports resort*, station *f* de sports d'hiver.

wipe [waip] *v* essuyer ; ~ *one's feet*, s'essuyer les pieds ‖ ~ *off*, effacer ‖ ~ *up*, nettoyer.

wire ['waiǝ] *n* fil métallique, fil *m* de fer ‖ ELECTR. fil *m* électrique ‖ télégramme *m* • *v* télégraphier.

wire-cutters *npl* cisailles *fpl*.

wisdom ['wizdm] *n* sagesse *f*.

wisdom-tooth *n* dent *f* de sagesse.

wise [waiz] *a* sage, expérimenté (learned) ; *a* ~ *man*, un sage ‖ *put sb* ~ *to*, mettre qqn au courant.

wisely *av* sagement, prudemment.

wish [wiʃ] *v* désirer, vouloir ; ~ *to do sth*, vouloir faire qqch ; *I* ~ *I were rich*, je voudrais être riche ‖ souhaiter ; ~ *sb a pleasant journey*, souhaiter bon voyage à qqn ; ~ *for sth*, souhaiter qqch • *n* désir, souhait *m* ; *best* ~*es*, meilleurs vœux ; *make a* ~, faire un vœu.

wishful *a* désireux (*of*, de);
d'envie (look); *that's* ~ *thinking*, c'est prendre ses désirs
pour des réalités.

wit [wit] *n* esprit *m*.

witch [wit͡ʃ] *n* sorcière *f*.

witchcraft *n* sorcellerie *f*.

with [wið] *p* avec ‖ [place]
chez; *he lives* ~ *us*, il habite
chez nous ‖ [cause] *shaking*
~ *cold*, tremblant de froid ‖
[manner] ~ *open arms*, à bras
ouverts; *coffee* ~ *milk*, café *m*
au lait ‖ [possession] *I have no
money* ~ *me*, je n'ai pas d'argent sur moi ‖ [in spite of]
~ *all his faults*, malgré tous
ses défauts ‖ MED. ~ *child*,
enceinte *af*.

withdraw* [wið'drɔː] *v* (se)
retirer.

wither ['wiðə] *v* (se) flétrir,
(se) faner.

within [wi'ðin] *av* à l'intérieur
● *p* à l'intérieur de (inside) ‖
[not beyond] ~ *call*, à portée
de voix; ~ *reach*, à portée; ~
an hour, en moins d'une heure.

with-it *a* SL. dans le vent.

without [wi'ðaut] *p* sans.

withstand* [wið'stænd] *v*
résister à.

witness ['witnis] *n* témoin *m*
● *v* être témoin de.

witty ['witi] *a* spirituel.

wives [waivz] → WIFE.

woke(n) [wəuk(n)] → WAKE*.

wolf [wulf] (*Pl* **wolves** [-vz])
n loup *m*.

wolf-cub *n* louveteau *m*.

woman ['wumən] (*Pl* **wo-**

men ['wimin]) *n* femme *f*;
~ *doctor*, femme *m* médecin.

woman-hater *n* misogyne *m*.

Women's Libber [-'libə] *n*
COLL. membre *m* du M.L.F.

**Women's Liberation
Movement** *n* Mouvement *m*
de libération de la femme,
M.L.F. *m*.

won [wʌn] → WIN*.

wonder ['wʌndə] *n* merveille
f, prodige *m* ‖ étonnement *m*;
no ~ *that*, (il n'est) pas étonnant que ● *v* [be filled with
wonder] s'émerveiller, s'étonner ‖ [ask o.s.] se demander
(*why*, pourquoi; ~ *whether*, si).

wonderful *a* merveilleux,
étonnant.

wonderfully *av* merveilleu-
sement, à merveille.

won't [wəunt] = *will not*.

wood [wud] *n* bois *m* (forest) ‖
bois *m* (material).

woodcutter *n* bûcheron *m*.

wooded [-id] *a* boisé.

wooden *a* de bois, en bois.

wool [wul] *n* laine *f*.

woollen [-n] *a* de laine ● *npl*
lainages *mpl*.

woolly *a* de/en laine.

word [wəːd] *n* mot, terme *m*;
~ *for* ~, mot à/pour mot ‖
parole *f*; *by* ~ *of mouth*, de
vive voix ‖ promesse, parole *f*;
give/keep one's ~, donner/te-
nir sa parole; *break one's* ~,
manquer à sa parole; *you may
take my* ~ *for it*, vous pouvez
m'en croire ‖ *rude* ~, gros mot

‖ *Pl* : *have* ~s *with sb*, se disputer avec qqn ● *v* exprimer.

wore [wɔːʳ] → WEAR*.

work [wəːk] *n* travail *m*; *at*
~, au travail; *hard at* ~, en
plein travail; *set to* ~, se
mettre au travail ‖ tâche *f* (sth
to be done) ‖ ouvrage *m*, œuvre
f (product); ~ *of art*, œuvre
d'art ‖ emploi *m* (job); *go to*
~, aller travailler; *out of* ~,
sans travail, en chômage ‖ *Pl*
mécanisme, mouvement *m* ● *v*
travailler (at, à) ‖ agir, opérer
‖ TECHN. (faire) fonctionner ‖
FIG. produire ‖ ~ *out*, calculer; résoudre (problem).

workbook *n* cahier *m* d'exer-
cices.

workday *n* jour *m* ouvrable.

worker *n* travailleur, ouvrier
n.

working *n* travail *m* ‖
TECHN. manœuvre *f*; fonctionnement *m*; *in* ~ *order*, en
ordre de marche ● *a* de travail
(clothes) ‖ ouvrable (day).

workman *n* ouvrier *m*.

workshop *n* atelier *m*.

work-to-rule *n* grève *f* du
zèle.

workwoman *n* ouvrière *f*.

world [wəːld] *n* monde *m* ‖
monde *m*, sphère *f*; *the sporting* ~, le monde du sport ● *a*
mondial ‖ SP. ~ *class*, (de)
classe internationale.

worm [wəːm] *n* ver *m*.

worm-eaten *a* mangé aux
vers.

wormy *a* véreux (fruit).

worn [wɔːn] → WEAR*.

worn-out *a* usé (shoes) ‖
éreinté (person).

worried [ˈwʌrid] *a* soucieux.

worry [ˈwʌri] *n* souci *m*;
inquiétude *f* (anxiety) ● *v*
(s')inquiéter, (se) tourmenter;
tracasser; *don't* ~, ne vous en
faites pas.

worse [wəːs] (comp. of *bad*,
ill) *a* pire, plus mauvais (more
nasty) ‖ plus grave (more
serious); *get* ~, empirer, s'aggraver; *make* ~, aggraver ●
av pis, plus mal; *so much
the* ~, tant pis ● *n* pire *m*; *be
the* ~ *for drink*, être ivre.

worsen [ˈwəːsn] *v* empirer,
s'aggraver.

worship [ˈwəːʃip] *n* culte *m* ●
v REL. adorer.

worst [wəːst] (sup. of *bad*, *ill*)
a le pire, le plus mauvais ‖ le
plus grave ● *av* le pis, le plus
mal ● *n* pire *m*; *at the (very)*
~, au pire.

worth [wəːθ] *a* : *be* ~, valoir;
is this book ~ *reading?*, ce
livre vaut-il la peine d'être lu?
‖ riche; *he is* ~ *a million*, il
est milliardaire ● *n* valeur *f*,
prix *m*; *get one's money's* ~,
en avoir pour son argent.

worthless *a* sans valeur, nul.

worthy [ˈwəːði] *a* digne, respectable.

would [wud] *mod aux* →
WILL; [cond.] *he* ~ *come if
you asked him*, il viendrait si
vous le lui demandiez ‖ [habit]
he ~ *go for a walk every day*,

il faisait une promenade tous les jours ‖ [willingness] ∼ you like to come with us ?, est-ce que vous aimeriez venir avec nous ? ‖ [nég.] the car ∼n't start, la voiture n'a pas voulu partir ‖ ∼ **rather** (= had rather) : I ∼ rather go now, j'aimerais mieux/je préférerais partir maintenant.

would-be ['wudbi:] a soi-disant, prétendu (so called).

wound 1 [waund] → WIND 2.

wound 2 [wu:nd] n blessure, plaie f • v blesser.

wove(n) ['wəuv(n)] → WEAVE*.

wrangler ['ræŋglə] n US cowboy m.

wrap [ræp] v envelopper; emballer, empaqueter (parcel) • n châle m (neckerchief) ‖ couverture f (rug).

wrapper n [newspaper] bande f ‖ [book] couverture f.

wrapping-paper n papier m d'emballage.

wreck [rek] n accident m ‖ NAUT. naufrage m (shipwreck) ; épave f (wrecked ship).

wreckage [-idʒ] n décombres mpl.

wrestle ['resl] v lutter • n lutte f.

wrestler n lutteur n ; catcheur n.

wrestling n lutte f; catch m.

wretch [retʃ] n malheureux n.

wretched [-id] a malheureux, infortuné (unhappy) ‖

misérable (poor) ‖ mauvais ; weather, sale temps.

wring [riŋ] v tordre (twist) ‖ essorer (wet clothes).

wringer n essoreuse f.

wrinkle ['riŋkl] n [skin] ride f ‖ [dress] faux pli • v (se) rider; (se) plisser ‖ [clothes] faire des faux plis.

wrist [rist] n poignet m.

wrist-watch n montre-bracelet f.

write* [rait] v écrire; ∼ in ink/pencil, écrire à l'encre/au crayon ‖ être écrivain, faire du journalisme ‖ rédiger (article) ‖ ∼ **back**, répondre (in a letter) ‖ ∼ **down**, noter ‖ ∼ **out**, écrire en toutes lettres.

writer n écrivain, auteur m ‖ [journalism] rédacteur n.

writing n écriture f (handwriting) ‖ rédaction f (act).

writing pad [-pæd] n bloc-notes m sing.

writing-paper n papier m à lettres.

written ['ritn] → WRITE*.

wrong [rɔŋ] a mal (not right) ‖ [person] be ∼, avoir tort ‖ faux, erroné (mistaken) ; it's ∼, c'est faux ; take the ∼ bus, se tromper d'autobus ; ∼ **side**, envers (of material) ‖ ∼ side out, à l'envers ‖ ∼ way, avaler de travers ‖ go the ∼ way, se tromper de chemin ‖ TEL. ∼ number, faux numéro ‖ MUS. ∼ note, fausse note ‖ FIG. dérangé, détraqué ; there's sth ∼ with the car, il y a qqch qui ne marche pas dans la voiture • *av* mal ‖ **go** ~, se tromper ‖ *you've got me* ~, vous m'avez mal compris • *n* mal *m* (evil) ‖ tort *m*, injustice *f*; **do** ~, faire du tort (*to*, à); **be in the** ~, être dans son tort

• *v* nuire à, faire du tort (harm).

wrongly *av* mal, à tort.

wrote [raut] → WRITE*.

wrought iron [ˌrɔːt'aiən] *n* fer forgé.

wrung [rʌŋ] → WRING*.

x [eks] *n* : X (*film*), (film) interdit aux moins de 18 ans.

xenophobe [ˌzenə'feub] *n* xénophobe *n*.

Xmas ['krisməs] *n* = CHRIST-MAS.

X-ray ['eks'rei] *n* rayons *mpl*

X; *have an* ~ (*examination*), se faire radiographier, passer à la radio (fam.) ‖ ~ *treatment*, radiothérapie *f* • *v* radiographier.

xylophone ['zailəfəun] *n* xylophone *m*.

y

y [wai]

yacht [jɔt] *n* yacht *m*.

yachtsman [-smən] *n* yachtsman *m*.

yard 1 [jɑːd] *n* cour *f* ‖ chantier *m*.

yard 2 *n* yard *m* (measure).

yawn [jɔːn] *v* bâiller • *n* bâillement *m*.

year [jəː] *n* an *m*, année *f*; *all the* ~ *round*, toute l'année.

year-book *n* annuaire *m*.

yearly *a/av* annuel(lement).

yearn [jəːn] *v* : ~ *for*, désirer ardemment.

yearning *n* vif désir *m*, envie *f*.

yeast [jiːst] *n* levure *f*.

yell [jel] *v* hurler • *n* hurlement *m*.

yellow ['jeləu] *a/n* jaune (*m*); *turn* ~, jaunir • *v* jaunir.

yellowish *a* jaunâtre.

yes [jes] *av* oui ‖ [emph.] si.

yesterday ['jestədi] *av/n* hier (*m*); *the day before* ~, avant-hier; ~ *evening*, hier soir.

yet [jet] *av* maintenant; *as* ~, jusqu'ici; *not* ~, pas encore ‖ [still] encore; [+comp.] ~ *richer*, encore plus riche ;

again, encore une fois • *c* cependant (however) ; néanmoins (nevertheless).

yew [ju:] *n* if *m*.

yield [ji:ld] *v* produire, rapporter (crop, fruit, profit) ‖ céder, abandonner (give in).

yoga ['jəugə] *n* yoga *m*.

yog(h)urt ['jəugə:t] *n* yogourt, yaourt *m*.

yogi ['jəugi] *n* yogi *m*.

yolk [jəuk] *n* jaune *m* d'œuf.

you [ju:] *pr* (subj. and obj. ; sg. and pl.) vous *sg/pl* ‖ [intimate] (subj.) tu *sg* ; (obj.) te, toi ‖ [emph.] vous autres *pl* ‖ on (one).

young [jʌŋ] *a* jeune ; ~ *people*, jeunes gens *mpl* ; ~ *boy*, petit garçon, garçonnet *m* ; ~ *girl*, fillette *f* ; ~ *man*, jeune homme *m* ‖ [comp.] my ~er *brother*, mon frère cadet ; *look* ~er, rajeunir.

youngster [-stə] *n* adolescent *n* ; gamin *m* (fam.).

your [jɔ:] *a* votre *m/f sing* ; vos *m/f pl* ‖ [intimate] ton *m sing*, ta *f sing*, tes *m/f pl*.

yours [jɔ:z] *pr* le/la vôtre, les vôtres ‖ [intimate] le tien, la tienne, les tiens, les tiennes ‖ à vous ; *a friend of* ~, un de vos amis ; ~ *truly*, sincèrement vôtre.

yourself [jɔ:'self] (*Pl* **yourselves** [-vz]) *reflex pr* vous-même(s) ‖ [intimate] toi-même • *emph pr* : *do it* ~, faites-le vous-même.

youth [ju:θ] *n* jeunesse *f* ‖ [collective] les jeunes *m/fpl*, la jeunesse *f* ‖ *Pl* ~*s* [-ðz] jeune homme, adolescent *m* (young man).

youth-hostel *n* auberge *f* de la jeunesse.

youth-hosteller ['-'hɔstələ] *n* ajiste *n*.

Z

z [zed ; US zi:]

Zairean [za:'i:riən] *a/n* zaïrois *n*.

zeal [zi:l] *n* zèle *m*, ardeur *f*.

zealous ['zeləs] *a* zélé.

zebra [zi:brə] *n* zèbre *m*.

zebra crossing *n* passage *m* pour piétons.

zero ['ziərəu] *n* zéro *m* ; *10 degrees below* ~, 10 degrés au-dessous de zéro ‖ MIL. ~ *hour*, heure H *f*.

zest [zest] *n* enthousiasme, entrain *m*.

zigzag ['zigzæg] *n* zigzag *m* • *v* zigzaguer.

zinc [ziŋk] *n* zinc *m*.

zip [zip] *v* : ~ (*up*)/~ *open*, fermer/ouvrir (avec une fermeture Éclair) • *n* ~ (*fastener*),

fermeture *f* Éclair ‖ ~ *bag*,
fourre-tout *m*.
zip code *n* US code postal.
zipper *n* US → ZIP.
zodiac ['zəudiæk] *n* zodiaque
m.
zone [zəun] *n* zone *f*.
zoo [zu:] *n* zoo *m*.

zoological [ˌzəuə'lɔdʒikl] *a*
zoologique.
zoology [zəu'ɔlədʒi] *n* zoologie *f*.
zoom [zu:m] *v* : PHOT. ~ *in*,
faire un zoom (*on*, sur).
zoom lens *n* PHOT., CIN.
zoom *m*.

Photocomposition M.C.P. – Fleury-les-Aubrais

IMPRIMERIE BREPOLS
Dépôt légal : Avril 1981.
N° 43171. – N° de série Éditeur 14995.
IMPRIMÉ EN BELGIQUE *(Printed in Belgium)*.
402052 K Janvier 1989.

fermeture *f* Éclair ‖ ∼ *bag*, fourre-tout *m*.

zip code *n* US code postal.

zipper *n* US → ZIP.

zodiac ['zəudiæk] *n* zodiaque *m*.

zone [zəun] *n* zone *f*.

zoo [zuː] *n* zoo *m*.

zoological [‚zəuə'lɔdʒikl] *a* zoologique.

zoology [zəu'ɔlədʒi] *n* zoologie *f*.

zoom [zuːm] *v* : PHOT. ∼ *in*, faire un zoom (*on*, sur).

zoom lens *n* PHOT., CIN. zoom *m*.

Photocomposition M.C.P. – Fleury-les-Aubrais

IMPRIMERIE BREPOLS
Dépôt légal : Avril 1981.
Nᵒ 43171. – Nᵒ de série Éditeur 14995.
IMPRIMÉ EN BELGIQUE *(Printed in Belgium).*
402052 K Janvier 1989.